2026

직업상담사 필기 2급

5주 완성

오승원

2026

직업상담사 **2급 필기**

5주완성

인쇄일 2026년 1월 1일 5판 1쇄 인쇄	**발행처** 시스컴 출판사	
발행일 2026년 1월 5일 5판 1쇄 발행	**발행인** 송인식	
등 록 제17-269호	**지은이** 오승원	
판 권 시스컴2026		
ISBN 979-11-6941-787-7 13320		
정 가 27,000원		

주소 서울시 금천구 가산디지털1로 225, 514호(가산포휴) | **홈페이지** www.nadoogong.com
E-mail siscombooks@naver.com | **전화** 02)866-9311 | **Fax** 02)866-9312

직업상담사 시험... 어떻게 하면 합격할 수 있을까?
시험 공부... 어떻게 하면 잘 할 수 있을까?
어떤 교재로 공부하면 합격에 도움이 될 수 있을까?
직업상담사 시험... 나도 혼자 공부할 수 있을까?

아마 직업상담사 시험을 준비하는 학습자라면 누구나 갖는 고민일 것이다.

고령화 · 저출산 · 팬데믹(pandemic) 등 패러다임의 시대적 변화로 인해 오늘날 급격하게 변화하고 있는 사회 환경의 변화에 적극적으로 대응할 수 있는 준비된 인력과 갈수록 경쟁이 치열해지는 노동시장에 부응할 수 있고, 직업세계의 변화에 신속하게 적응할 수 있는 직업상담사의 역할과 유연성 그리고 전문성이 매우 중요하게 대두되고 있다.

본 교재는 직업상담사 시험을 준비하는 수험생, 학교와 기관에서 직업상담 교육을 담당하는 교수자, 기업체, 공공기관, 평생교육기관 등에서 직업상담 관련 업무를 담당하고 있는 전문가 등 모든 사람들에게 도움이 될 수 있도록 구성하였다.

본 교재는 다음과 같은 특징으로 구성되어 있다.

첫째, 최근 10년간 기출문제를 철저히 분석해 시험에 자주 나오는 이론을 엄선하여 과목별 테마로 구성하였다. 단기합격을 위해 가장 필요한 것은 기출문제를 분석하고 시험에 나오는 내용만 공부하는 것이다. 본서는 빈출 이론 위주로 수록하여 단기에 합격하고자 하는 수험생들의 학습 효율을 최대한 끌어올릴 수 있다.

둘째, 이론과 문제를 따로 공부하는 것이 아닌 동시 학습이 가능하도록 구성하였다. 보조단의 '시험에 이렇게 나왔다'를 활용하여 학습한 이론이 어떻게 실제로 출제되었는지 바로 학습할 수 있다. 출제유형을 파악하기 용이하고 이론 학습 후 바로 문제풀이를 할 수 있어 복습의 효과도 기대할 수 있다.

셋째, 출제유형을 반영한 연습문제로 확실한 마무리를 지을 수 있다. 기출문제를 철저히 분석하여 시험에 출제되는 유형으로만 챕터별 연습문제를 구성하였다. 배운 내용을 복습하고 실제로 출제되는 유형을 확실히 파악할 수 있다.

독자 여러분의 합격을 진심으로 기원합니다.

— 직업상담사합격연구소

직업상담사 소개

직업상담사란?

직업상담사는 직업안정기관이나 교육훈련기관, 인력관련기관, 기업의 상담실, 초·중·고등학교 및 대학교 등에서 구인, 구직 등에 필요한 직업정보를 수집·분석하여 미취업자 및 구직자에게 구직, 전직 정보를 제공하고 이들의 직업선택이나 구직활동에 있어 전문적인 컨설팅이나 취업알선 상담을 하는 직업상담 전문가이다.

직업상담사의 업무

• **수행 업무**
  - 구직자들이 구직표(교육, 경력, 기술, 자격증, 구직직종, 원하는 임금 등을 포함)를 정확하게 작성 하도록 도와줌
  - 구직표를 제출하면 정확하게 되었는지를 검토하며 필요하면 수정
  - 청소년, 여성, 중·고령자, 실업자 등을 위한 직업지도 프로그램 개발과 운영
  - 취업이 곤란한 구직자(장애자, 고령자)에게 보다 많은 취업기회를 제공하고 구인난을 겪고 있는 기업에게 다양한 인력을 소개하기 위하여 구인처 및 구직자를 개척
  - 상담업무, 직업소개업무, 직업관련 검사실시 및 해석업무, 직업지도 프로그램 개발과 운영업무, 직업상담 행정업무 등
  - 구인·구직·취업알선상담·진학상담·직업적응상담 등 노동법규 관련 상담
  - 노동시장·직업세계 등과 관련된 직업정보를 수집, 분석하여 상담자에게 이들 정보를 제공
  - 직업적성 검사, 흥미검사 실시 및 해석을 수행

• **주요 상담업무**
  - 근로기준법을 비롯한 노동관계법규 등 노동시장에서 발생되는 직업과 관련된 법적·일반적 사항 에 대한 일반상담 실시
  - 구인·구직상담, 창업상담, 경력개발상담, 직업 적응상담, 직업전환상담, 은퇴후 상담 등의 각종 직업상담

진로 및 전망

노동부 지방노동관서, 고용안정센터, 인력은행 등 전국 19개 국립직업 안정기관과 전국 281개 시·군·구 소재 공공직업안정기관 및 민간 유·무료직업소개소 및 24개 국외 유료직업소개소 등의 직업상담원에 취업이 가능하다. 노동부 지방노동관서 등 직업소개 기관 직업상담원 채용시 직업상담사 자격소지자에게 우대할 예정이다.

우대현황

• 직업상담사 1급
직업상담사 2급 자격을 취득한 후 해당실무에서 2년 이상 종사한 자에게 직업상담사 1급의 응시자격이 주어짐

• 공무원(고용노동직류, 직업상담직)
2018년부터 국가공무원 공채 선발계획공고에서는 국가공무원 7급 및 9급 공채에서 행정직(고용노동직류)과 직업상담직(직업상담직류) 응시자가 직업상담사 2급 자격증을 보유할 경우 9급은 5%, 7급은 3% 가산점을 부여

• 학점인정
직업상담사 2급은 학점은행제 20학점 인정

시험 정보

- **자격명** : 직업상담사 2급(Vocational Counselor)
- **관련부처** : 고용노동부
- **시행 기관** : 한국산업인력공단
- **관련학과** : 대학 및 전문대학의 심리학과, 경영ㆍ경제학과, 법정계열학과, 교육심리학과 등
- **직무 분야** : 사회복지ㆍ종교
- **응시 자격** : 제한 없음

2급 필기 검정현황

2025년 합격률은 도서 발행 전에 집계되지 않았습니다.

연도	응시인원(명)	합격인원(명)	합격률(%)
2024	15,513	9099	58.7%
2023	16,060	9,440	58.8%
2022	18,090	8,778	48.6%
2021	24,155	13,364	55.3%
2020	19,074	11,827	62%
2019	22,283	11,690	52.5%
2018	23,328	12,235	52.4%
2017	19,484	9,517	48.8%
2016	20,516	10,289	50.2%
2015	19,595	10,221	52.2%
2014	21,381	11,223	52.5%
2013	21,202	9,991	47.1%
2012	21,876	8,747	40.0%

응시절차

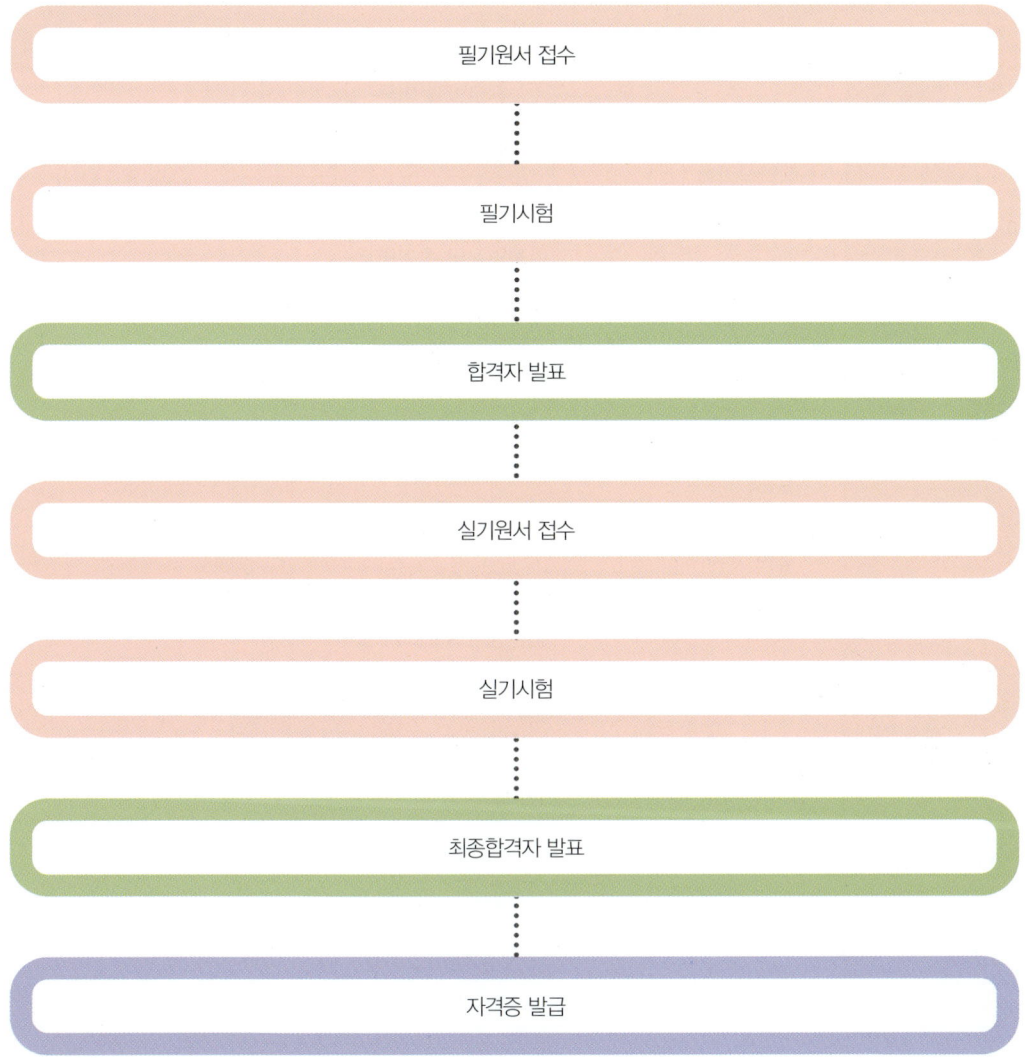

필기원서 접수

필기시험

합격자 발표

실기원서 접수

실기시험

최종합격자 발표

자격증 발급

※ Q-Net 홈페이지에서 원서 접수
※ 필기 및 실기 시험은 각각 1년에 3번씩 있음(시험 날짜는 홈페이지 참고)
※ 필기시험 면제 : 필기시험에 합격한 자에 대하여는 필기시험 합격자 발표일로부터 2년간 필기시험을 면제함

필기 시험 과목 및 문항 수

시험과목		세부과목	문항수(5점)
제1과목	직업심리학	진로발달 이론	20문항(100점)
		직업상담 진단	
		직업과 스트레스	
		직업상담 초기면담	
제2과목	직업상담 및 취업지원	직업상담의 이론	20문항(100점)
		직업상담 접근방법	
		진로상담	
		취업상담	
		직업복귀상담	
		직업훈련 상담	
		집단상담프로그램 운영	
		직업상담 협업 및 행정	
		취업지원행사운영	
제3과목	직업정보론	직업 및 산업 분류의 활용	20문항(100점)
		직업정보 수집	
		직업정보 제공	
제4과목	노동시장론	노동시장의 이해	20문항(100점)
		임금의 제개념	
		실업의 제개념	
제5과목	노동관계법규(Ⅰ)	노동 기본권과 개별근로관계법규, 고용관련 법규	20문항(100점)
		기타 직업상담 관련 법규	
합계			100문항

실기 시험 과목

과목명	주요항목	세부항목
직업상담실무	직업심리검사	검사 선택하기
		검사 실시하기
		검사결과 해석하기
	취업상담	구직자 역량 파악하기
		직업상담 기법 활용하기
		구직자 사정기법 활용하기
		직업정보 분석하기

시험 세부사항

구분	필기	실기
문항 유형	객관식 4지 택일형	필답형
시험 시간	2시간 30분(과목당 30분)	2시간 30분
합격 기준	- 100점을 만점으로 하여 과목 당 40점 이상 - 전과목 평균 60점 이상	100점을 만점으로 하여 60점 이상
응시 수수료	19,400원	20,800원

※ 실시기험 평가 방법 : 기존 출제유형(서술형, 단답형)+직업상담사례형 문제(1~2문제 내외)

🛠 시험제도 안내

원서접수 안내

- 한국산업인력공단 자격시험 홈페이지(www.q-net.or.kr)를 통한 인터넷 접수
- 필기접수 기간 내 수험원서 인터넷 제출
- 사진(6개월 이내에 촬영한 3.5cm×4.5cm, 120×160픽셀 사진파일(JPG), 수수료 전자결제)
- 시험 장소는 선착순으로 본인 선택

유의사항

- 필기시험 합격(예정)자 및 최종합격자 발표시간은 해당 발표일 09:00
- 접수된 응시자격서류 등은 일체 반환하지 않음
- 수수료 환불 및 접수취소 관련 사항은 www.q-net.or.kr을 참고
- 수험원서 및 답안지 등의 허위, 착오기재, 이중기재 또는 누락 등으로 인한 불이익은 일체 수험자 책임
- 접수된 응시자격서류가 허위 또는 위조한 사실이 발견될 경우에는 불합격처리 또는 합격을 취소함
- 필기시험 시 수험표, 신분증, 필기구(흑색 싸인펜 등) 지참
- 천재지변, 응시인원 증가, 감염증 확산 등 부득이한 사유 발생 시에는 시행일정을 별도로 지정할 수 있음
- 작업형 실기시험의 경우 종목에 따라 시행일정이 다를 수 있으므로 해당 종목의 종목별, 회별, 시행현황을 반드시 확인
- 원서접수 시 특정일·특정장소의 접수인원이 일정 인원 미만일 경우, 해당 시험일정이 통폐합됨에 따라 시험일 및 시험장소의 변경이 발생할 수 있음

- 모든 응시자격 서류는 원본제출이 원칙

- 실기시험 접수기간과 응시자격서류 제출기간이 다르므로 반드시 확인

- 소지품 정리시간 이후 전자 및 통신기기[휴대용 전화기, 휴대용 개인정보 단말기(PDA), 휴대용 멀티미디어 재생장치(PMP), 휴대용 컴퓨터, 휴대용 카세트, 디지털카메라, 음성파일 변환기(MP3), 휴대용 게임기, 전자사전, 카메라펜, 시각표시 외의 기능이 부착된 시계, 스마트워치 등]를 소지·착용 시는 당해시험 정지(퇴실) 및 무효처리 됨

- 전자 및 통신기기를 이용한 부정행위방지를 위해 필요시 수험자에게 금속탐지기를 사용하여 검색할 수 있으니, 시험응시에 참고

- 기타 문의사항은 HRD고객센터(☎1644-8000) 또는 우리 공단 소속기관으로 문의

※ 위 내용은 변경될 수 있으므로 원서접수 전 반드시 시험 공고를 확인하시기 바랍니다.

구성과 특징

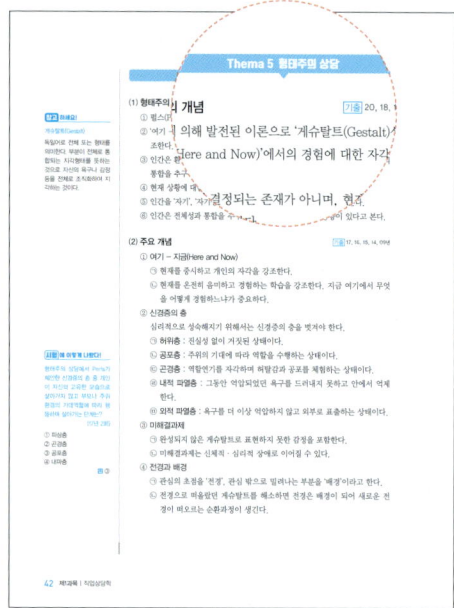

과목별 多출제 테마 엄선

기출문제를 철저히 분석하여 시험에 자주 출제되는 이론을 과목별 테마로 구성하였습니다.

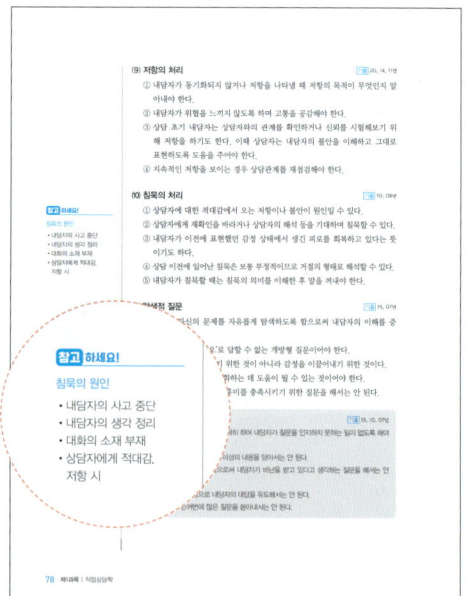

참고하세요

학습에 도움이 될만한 내용을 '참고하세요'를 통해 확인할 수 있습니다. 지식에 깊이를 더하고 합격에 한 걸음 더 다가갈 수 있습니다.

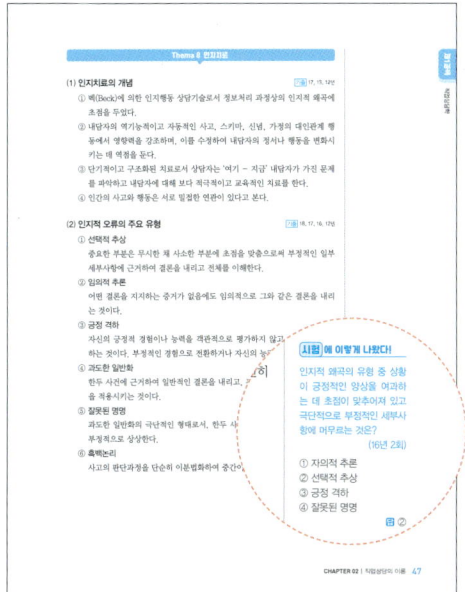

시험에 이렇게 나왔다

이론 옆의 '시험에 이렇게 나왔다'를 활용해 학습한 이론이 실제로 어떻게 출제되는지 바로 학습할 수 있어 효율적입니다.

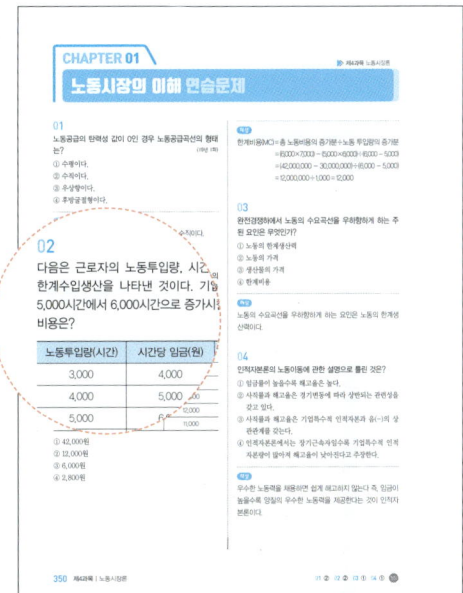

출제유형 반영 연습문제

기출문제를 철저히 분석하여 시험에 출제되는 유형으로만 챕터별 연습문제를 구성하였습니다. 꼼꼼한 해설로 모르는 부분 없이 확실하게 학습할 수 있습니다.

목 차

3과목 직업정보론

4과목 노동시장론

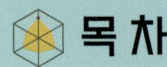

목 차

5과목 노동관계법규

제 1 과목

직업심리학

직업발달 이론

1 특성 – 요인 이론 제개념

Thema 1 특성 – 요인 이론 의의 및 특징과 가설

(1) 특성 – 요인 이론의 개념 기출 20, 18, 17, 14, 10, 07년

① 퍼슨스(Parsons)의 직업지도모델에 기초한 것으로 윌리암슨(Williamson), 헐(Hull) 등이 발전시킨 이론이다.
② 퍼슨스는 각 개인들의 측정된 능력을 과학적이고 합리적인 방법을 통하여 직업에서 요구하는 요인과 연결시키면 가장 좋은 선택이 된다고 주장하였다.
③ 개인적 흥미나 능력 등을 심리검사나 객관적 수단을 통해 밝혀내고자 하며 진단 과정을 매우 중요시한다.
④ 심리검사이론과 개인차 심리학에 기초한다.
⑤ 모든 사람은 자신에게 옳은 하나의 직업이 존재한다는 가정에서 출발하며 자신의 성격에 맞는 직업을 찾아야 만족하게 된다는 것이다.
⑥ 정신역동적 직업상담이나 내담자중심 직업상담에서와 같은 가설적 구성개념을 가정하지 않는다.

(2) 기본 가설[클레인과 위너(Klein & Weiner)] 기출 20, 19, 18, 17, 16, 13, 11, 08년

① 개인은 신뢰할만하고 타당하게 측정될 수 있는 독특한 특성들의 집합이다.
② 다양한 특성을 지닌 개인들이 주어진 직무를 성공적으로 수행해낸다 할지라도, 직업은 그 직업에서의 성공을 위한 매우 구체적인 특성을 지닐 것을 요구한다.
③ 모든 직업마다 성공에 필요한 독특한 특성을 가지고 있다.
④ 진로선택은 다소 직접적인 인지과정이므로 개인의 특성과 직업의 특성을 짝짓는 것이 가능하다.
⑤ 개인의 직업선호는 직선적 과정이며, 특성과의 연결에 의해 좌우된다.
⑥ 개인의 특성과 직업의 요구사항이 서로 밀접하게 관련을 맺을수록 직업적 성공의 가능성은 커진다.

Thema 2 홀랜드의 인성이론 ; 개요

(1) 개념

기출 20, 15, 14, 12, 10년

① 개인의 성격과 진로선택의 관계를 기초로 한 모델로서, 홀랜드는 사람들의 인성과 환경을 현실형, 탐구형, 예술형, 사회형, 진취형, 관습형으로 구분하고 효과적인 직업결정 방법을 제시하였다.

② "직업적 흥미는 일반적으로 성격이라고 불리는 것의 일부분이기 때문에 개인의 직업적 흥미에 대한 설명은 개인의 성격에 대한 설명이다."라는 가정에 기초하고 있다.

③ 직업선택은 타고난 유전적 소질과 환경적 요인 간 상호작용의 산물이다.

④ 직업선택은 개인 인성의 반영이며 직업선택 시 개인적인 만족을 주는 환경을 선택하고자 한다.

⑤ 진로선택에서 어떤 직업을 수용할 것인지 또는 거부할 것인지 스스로 계속 비교해보는 것이 중요하다.

⑥ 개인의 특성과 직업세계의 특징 간의 최적의 조화를 강조하며, 개인과 환경의 일치성은 개인의 흥미유형이 직업선택이나 직업적응과 밀접한 관계가 있다고 본다.

⑦ 사람들은 능력을 발휘하여 자신의 가치관에 따라 일할 수 있는 직업환경을 찾는다.

(2) 4가지 기본 가정

기출 20, 16, 15, 09년

① 사람들의 성격은 현실형, 탐구형, 예술형, 사회형, 진취형, 관습형 중 하나로 구분할 수 있다.

② 환경도 현실적 환경, 탐구적 환경, 예술적 환경, 사회적 환경, 진취적 환경, 관습적 환경으로 구분할 수 있으며 대부분 각 환경에는 그 성격유형과 일치하는 사람들이 있다.

③ 사람들은 자신의 능력과 기술을 발휘하고 태도와 가치를 표현하여 자신에게 맞는 역할을 수행할 수 있는 환경을 찾는다.

④ 개인의 행동은 성격과 환경의 상호작용에 의해 결정된다.

시험에 이렇게 나왔다!

Holland의 진로발달이론이 기초하고 있는 4가지 가정에 포함되지 않는 것은? (16년 1회)

① 사람들의 성격은 6가지 유형 중 하나로 분류될 수 있다.
② 직업환경은 6가지 유형 중 하나로 분류될 수 있다.
③ 개인의 행동은 성격에 의해 결정된다.
④ 사람들은 자신의 능력을 발휘하고 태도와 가치를 표현할 수 있는 환경을 찾는다.

답 ③

Thema 3 홀랜드의 인성이론 ; 6가지 직업성격 유형

(1) 현실형(R)

성격	• 솔직, 성실, 지구력, 건강 • 말이 적고 고집이 셈, 직선적, 단순함
선호활동	• 연장, 기계, 도구에 관한 체계적인 조직활동과 신체적인 현장 일을 선호 • 분명하고 질서정연하며 체계적인 일 선호 • 사회적 기술 부족, 대인관계가 요구되는 일에서 어려움
대표직업	기술자, 정비사, 조종사, 농부, 엔지니어, 전기ㆍ기계기사, 운동선수, 경찰, 건축사, 생산직, 운전자, 조사연구원, 목수 등

(2) 탐구형(I)

성격	• 논리적, 분석적, 합리적, 추상적, 과학적 • 지적 호기심이 많고 비판적, 내성적이고 신중함
선호활동	• 과제 지향적, 탐구를 수반하는 활동에 흥미, 과학적 탐구활동 선호 • 사회적이고 반복된 일에 관심이 없음 • 리더십 기술 부족
대표직업	과학자, 생물학자, 물리학자, 인류학자, 지질학자, 의료기술자, 약사, 의사, 연구원, 대학교수, 환경분석가, 분자공학자 등

(3) 예술형(A)

성격	• 자유분방, 개방적, 비순응적, 독창적, 개성적 • 풍부한 표현과 상상력, 예민한 감수성
선호활동	• 변화와 다양성을 좋아하고 틀에 박힌 것을 싫어함 • 규범적인 기술 부족 • 모호하고 자유롭고 상징적인 활동 선호
대표직업	예술가, 사진사, 시인, 만화가, 작곡가, 음악가, 무대감독, 작가, 배우, 소설가, 미술가, 무용가, 디자이너 등

(4) 사회형(S)

성격	• 사람과 어울리기 좋아함, 뛰어난 대인관계 • 친절, 이해심, 봉사적 • 감정적, 이상주의, 사회적, 교육적
선호활동	• 다른 사람을 돕는 것을 즐김 • 과학적이거나 도구 · 기계를 다루는 활동 능력 부족
대표직업	사회복지사, 사회기업가, 교육자, 교사, 종교지도자, 상담사, 바텐더, 임상치료사, 간호사, 언어재활사, 물리치료사, 서비스직 등

시험에 이렇게 나왔다!

Holland가 제시한 육각형 모델과 대표적인 직업유형을 바르게 짝지은 것은? (16년 1회)

① 현실적(R) 유형 – 비행기 조종사
② 탐구적(I) 유형 – 종교지도자
③ 관습적(C) 유형 – 정치가
④ 사회적(S) 유형 – 배우

답 ①

(5) 진취형(E)

성격	• 지배적, 지도력, 말을 잘하고 설득적 • 경쟁적, 야심적, 외향적, 낙관적, 열성적
선호활동	• 이익을 얻기 위해 타인을 선도, 통제, 관리하는 일 • 위신, 인정, 권위에 흥미 • 관찰적, 상징적, 체계적 활동은 흥미가 없으며 과학적 능력 부족
대표직업	정치가, 사업가, 기업경영인, 판사, 영업사원, 보험회사원, 관리자, 연출가, 펀드매니저, 부동산중개인, 언론인, 외교관 등

(6) 관습형(C)

성격	• 정확함, 세밀함, 조심성, 계획성 • 완고함, 책임감, 보수적이고 변화를 좋아하지 않음
선호활동	• 자료를 정리하고 구조화된 환경 선호, 사무적 · 계산적 활동에 흥미 • 정해진 원칙과 계획에 따라 자료를 기록, 정리하는 일 선호 • 변화에 약하고 융통성 부족
대표직업	공인회계사, 경제분석가, 사서, 은행원, 세무사, 법무사, 감사원, 경리사원, 일반공무원 등

시험에 이렇게 나왔다!

Holland의 성격유형 중 구조화된 환경을 선호하고, 질서정연하고 체계적인 자료정리를 좋아하는 것은? (17년 2회)

① 실제형
② 탐구형
③ 사회형
④ 관습형

답 ④

Thema 4 홀랜드의 인성이론 ; 육각형 모델

(1) 육각형 모델

육각형상의 대각선에 위치하면 대비되는 특성을 가지고 있다고 볼 수 있다.

① 현실과 사회형

② 탐구형과 진취형

③ 예술형과 관습형

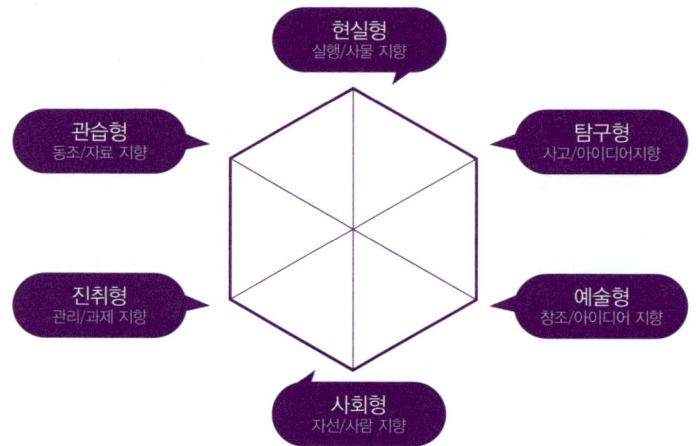

(2) 주요 개념

① 일관성

  ㉠ 유형 간의 내적 일관성을 말하는 것으로서 서로 얼마나 유사한가를 의미
  한다.

  ㉡ 육각형 둘레의 인접한 유형들은 유사성이 높으며, 떨어져 있는 유형들은
  유사성이 거의 없다.

② 변별성

  ㉠ 특정 유형의 점수가 다른 유형의 점수보다 높은 경우 변별성도 높다.

  ㉡ 유형의 점수가 비슷한 경우 변별성이 낮다고 할 수 있다.

  ㉢ 찌그러진 유형이 더 차별성이 있다. 모든 유형이 비슷한 유사성을 나타
  낸다면 그 사람은 특징이 없는 사람이라고 생각할 수 있다.

③ 정체성

　ㄱ 성격적 측면에서 개인의 목표, 흥미, 재능에 대한 명확한 청사진을 의미한다.

　ㄴ 환경적 측면에서 조직의 투명성과 안정성, 보상의 통합을 의미한다.

　ㄷ 자기직업상황(MVS)의 직업정체성 척도는 개인의 정체성을 측정하는 것이다. 따라서 이 검사점수가 높으면 직업목표를 가진 사람이라고 볼 수 있다.

④ 일치성

　ㄱ 개인의 유형과 소속되고자 하는 환경의 유형이 서로 부합하는 정도를 의미한다.

　ㄴ 개인의 유형과 비슷한 환경에서 일하거나 생활할 때 일치성이 높아진다.

⑤ 계측성

　ㄱ 유형들 내 또는 유형들 간의 관계는 육각형 모델 안에서 계측된다.

　ㄴ 유형들 간의 거리는 이론적인 관계에 반비례한다.

　ㄷ 육각형은 이론의 본질을 설명할 수 있는 것으로 상담자로 하여금 그 이론을 이해할 수 있도록 해준다.

시험 에 이렇게 나왔다!

Holland의 진로발달에 관한 육각형에서 서로 대각선에 위치하여 대비되는 특성을 지닌 유형들이 아닌 것은?
(17년 1회)

① 진취형(E)과 탐구형(I)
② 사회형(S)과 예술형(A)
③ 현실형(R)과 사회형(S)
④ 예술형(A)과 관습형(C)

답 ②

2 직업적응 이론 제개념

(1) 직업적응이론의 개념
기출 20, 19, 18, 17, 15, 14년

① 미네소타 대학의 롭퀴스트와 데이비스(Lofquist & Dawis)가 직업적응 프로젝트의 일환으로 연구해 성과를 토대로 성립한 이론으로서, 심리학적 분류체계인 미네소타 직업분류체계Ⅲ와 관련하여 발전한 이론이다.

② 직업적응 프로젝트는 근로자의 적응이 직업만족과 연관된다는 관점에서 출발하였다.

③ 직업적응이론은 개인의 욕구와 능력을 환경에서의 요구사항과 연관지어 직무만족이나 직무유지 등의 진로행동에 대해 설명한다.

④ 개인과 환경 간의 상호작용을 통한 욕구충족을 강조한다.

⑤ 인간은 일을 통해 개인적 욕구를 성취하도록 동기화됨을 강조한다.

⑥ '개인 – 환경 조화 상담'이라고도 한다.

(2) 직업적응 양식
기출 20, 19, 18, 17, 16, 14, 12, 11, 10, 09, 08년

① 직업성격적 측면

민첩성	과제 완성도에 대한 측면으로 정확성보다 속도를 중시한다.
역량	평균 활동수준을 의미하며 에너지 소비량과 연관된다.
리듬	활동에 대한 다양성을 의미한다.
지구력	다양한 활동 수준의 기간을 의미하며 환경과 상호작용 시간과 연관된다.

② 직업적응방식적 측면

끈기	자신에게 맞지 않는 환경에서 얼마나 오랫동안 견딜 수 있는지를 의미한다.
적극성	작업환경을 개인방식과 더 조화롭게 만들어가려고 노력하는 것을 의미한다.
융통성	작업환경과 개인환경 간의 부조화를 참아내는 정도를 의미한다.
반응성	작업성격의 변화로 인해 작업환경에 반응하는 정도이다.

(3) 관련 검사도구 기출 20, 19, 16, 13년

① 미네소타 중요성 질문지(MIQ ; Minnesota Importance Questionnaire)

㉠ 개인이 작업환경에 대해 지니는 20가지 욕구와 6가지 가치관을 측정하는 도구로 190문항으로 구성되어 있다.

성취	능력을 사용하고 성취에 대한 느낌을 얻으려는 욕구
지위	사회적 명성에 대한 욕구
편안함	스트레스를 받지 않고 편안한 환경에 대한 욕구
이타심	타인과 조화를 이루려는 욕구
자율성	자유롭게 생각하고 독립적으로 존재하려는 욕구
안정성	질서있고 예측이 가능한 환경에서 일하려는 욕구

㉡ 개인의 가치와 작업환경의 강화요인 간의 조화를 측정하는 데 사용된다.

② 미네소타 직무기술 질문지(MJDQ ; Minnesota Job Description Questionnaire)

㉠ 일의 환경이 MIQ에서 정의한 20가지 욕구를 만족시켜 주는 정도를 측정하는 도구이다.

㉡ 하위척도는 MIQ와 동일하다.

③ 미네소타 만족 질문지(MSQ ; Minnesota Satisfaction Questionnaire)

㉠ 직무만족의 원인이 되는 강화요인을 측정하는 도구이다.

㉡ 능력의 사용, 성취, 승진, 다양성, 활동, 작업조건, 회사의 명성, 인간자원의 관리체계 등의 척도로 구성되어 있다.

시험에 이렇게 나왔다!

직업적응 이론과 관련하여 개발된 검사도구가 아닌 것은? (16년 2회)

① MIQ(Minnesota Importance Questionnaire)
② JDQ(Job Description Questionnaire)
③ MSQ(Minnesota Satisfaction Questionnaire)
④ CMI(Career Maturity Questionnaire)

답 ④

3 발달적 이론

(1) 진로발달이론의 개념   기출 20, 15, 13, 07년

① 긴즈버그는 직업선택을 발달 과정으로 제시하였다.

② 진로선택 과정은 일생동안 계속 이루어지는 장기적인 발달과정이기 때문에 다양한 단계에서 도움이 필요하다.

③ 각 단계의 결정은 전후 단계의 결정과 밀접한 관련이 있다.

④ 직업선택은 가치관, 정서적 요인, 교육의 양과 종류, 환경 영향 등의 상호작용으로 결정되며 일련의 결정들이 계속적으로 이루어지는 과정이다.

⑤ 직업선택과정은 바람(wishes)과 가능성(possibility) 간의 타협이다.

⑥ 직업발달단계를 '환상기 – 잠정기 – 현실기' 3단계로 설명하였다.

(2) 직업발달단계   기출 20, 19, 18, 17, 16, 15, 14, 13, 11, 10년

① 환상기(6~11세)

㉠ 아동은 직업선택에 있어 자신의 능력이나 현실여건 등은 고려하지 않은 채 자신의 욕구를 중시한다.

㉡ 놀이와 상상을 통해 직업에 대해 생각하며 이 단계의 마지막에서는 놀이가 일 중심으로 변화되기 시작한다.

② 잠정기(11~17세)

㉠ 아동 및 청소년은 직업선택에 있어 자신의 흥미나 취미에 따라 직업을 선택하는 경향이 있다.

㉡ 이 단계의 후반에서는 능력과 가치관 등의 요인도 고려하지만 현실적인 여건은 그다지 고려하지 않기 때문에 여전히 비현실적이다.

시험 에 이렇게 나왔다!

긴즈버그(Ginzberg)의 진로 발달단계를 바르게 나열한 것은? (15년 2회)

① 놀이지향기 → 탐색기 → 흥미기

② 환상기 → 잠정기 → 현실기

③ 탐색기 → 구체화기 → 특수화기

④ 흥미기 → 전환기 → 가치기

답 ②

ⓒ 직업이 요구하는 수준의 조건을 점차적으로 인식한다.

흥미단계	흥미나 취미에 따라 좋고 싫음이 나뉘며 직업선택에 있어 중요한 요소이다.
능력단계	• 자신이 흥미를 느끼는 분야에서 성공할 수 있는 능력을 지니고 있는지 시험해보기 시작한다. • 직업에 대한 열망과 능력을 인식한다. • 다양한 직업이 있음을 깨닫고 직업마다 보수, 조건 등이 다르다는 사실을 처음으로 의식한다.
가치단계	• 직업선택에 있어 다양한 요인을 고려하게 된다. • 직업에 대한 가치를 인식하게 되며, 그 직업이 자신의 가치관 및 생애목표에 부합하는지 평가한다.
전환단계	• 직업선택 요인이 주관적 요인에서 현실적 요인으로 확장된다. • 직업선택에 대한 책임을 인식하게 된다.

③ 현실기(17세~성인 초기 또는 청·장년기)

ⓐ 청소년은 직업선택에 있어 자신의 개인적 요구와 능력 등 현실적인 요인을 직업에서 요구하는 조건과 부합해본다.

ⓑ 능력과 흥미를 통합하여 직업선택을 구체화시킨다.

ⓒ 개인의 정서 상태, 경제적 여건 등 현실적인 요인으로 인해 직업선택이 늦어지기도 한다.

탐색단계	교육과 경험을 쌓으며 본격적인 직업탐색이 시작된다.
구체화단계	직업목표를 구체화하고 직업결정에 있어 내적·외적 요인을 고려하여 특정 직업분야에 몰두한다.
특수화단계	진로결정에 있어 세밀한 계획을 세우고 고도로 세분화·전문화된 의사결정을 하게 된다.

시험에 이렇게 나왔다!

Ginzberg의 진로발달이론에서 잠정기(Tentative Period)의 하위단계가 아닌 것은? (17년 3회)

① 능력기
② 탐색기
③ 가치기
④ 전환기

답 ②

시험에 이렇게 나왔다!

Ginzberg가 제시한 진로발달단계에 해당되지 않는 것은? (16년 1회)

① 현실기
② 잠정기
③ 성숙기
④ 환상기

답 ③

(1) 진로발달이론의 개념

기출 20, 18, 15, 13, 12, 11년

① 긴즈버그의 진로발달이론을 비판하며 보완한 이론이다.

② 진로선택은 자아개념의 실현과정으로 전 생애를 걸쳐 진로가 발달한다는 이론이다.

③ 진로성숙은 개인이 속해 있는 연령단계에서 이루어져야 할 직업발달 과업에 대한 준비도로 간주된다.

④ 진로발달은 '성장기 – 탐색기 – 확립기 – 유지기 – 쇠퇴기'의 순환과 재순환단계를 거친다.

⑤ 진로성숙은 생애단계 내에서 성공적으로 수행된 발달과업을 통해 획득된다.

⑥ '전 생애', '생애역할', '자아개념'의 세 가지 개념을 통해 진로발달을 설명한다.

(2) 기본 가정

① 개인은 능력, 흥미, 성격에 있어서 각기 차이점을 가지고 있다.

② 개인은 각각에 적합한 직업적 능력을 가지고 있다.

③ 각 직업군에는 그 직업에 요구되는 능력, 흥미, 성격특성이 있다.

④ 개인의 진로유형의 본질은 지적 능력, 인성적 특성, 경제적 수준 등에 따라 결정된다.

⑤ 개인의 직업적 특성, 직업선호성, 자아개념은 시간과 경험을 통해 발달한다.

⑥ 직어발달은 자아개념을 발달시키고 실천해 나가는 것이다.

참고 하세요!

자아개념

수퍼의 진로발달이론의 중심이 되는 개념으로서, 인간이 자신의 자아 이미지와 일치하는 직업을 선택한다고 보았다. 즉, "나는 이런 사람이다."라고 느끼며 생각하던 바를 이룰 수 있는 직업을 선택하는 것이다.

시험에 이렇게 나왔다!

직업발달이론에 관한 설명으로 틀린 것은? (17년 1회)

① 특성 – 요인이론은 Parsons의 직업지도모델에 기초하여 형성되었다.

② Super의 생애발달단계는 환상기 – 잠정기 – 현실기로 구분한다.

③ 일을 승화의 개념으로 설명하는 이론은 정신분석이론이다.

④ Holland의 직업적 성격유형론에서 중요시하는 개념은 일관도, 일치도, 분화도 등이다.

답 ②

---

(3) 진로발달단계

기출 20~10, 07년

① 성장기(~14세)

ㄱ. 자기에 대한 지각이 생기며, 직업세계에 대한 기본적인 이해가 이루어진다.

ㄴ. 가정이나 학교에서 주요 인물과 동일시하여 자아개념을 발달시킨다.

ㄷ. 초기에는 욕구와 환상이 지배적이나 점차 사회참여와 현실검증력의 발달로 점차 흥미와 능력을 중시하게 된다.

환상기	욕구가 지배적이며 환상적인 역할수행이 중시된다.
흥미기	취향과 흥미가 진로의 목표와 내용을 결정하는 데 있어 중요요인이다.
능력기	직업의 요구조건을 고려하며 능력을 더욱 중시한다.

② 탐색기(15~24세)

학교생활, 여가활동, 시간제 일을 통해 자아를 검증하고 역할을 수행하며 직업탐색을 시도한다.

잠정기	자신의 욕구, 흥미, 능력, 가치 등을 고려하면서 잠정적으로 진로를 선택한다.
전환기	교육이나 훈련을 받으며, 직업선택에 있어서 보다 현실적인 요인을 중시한다.
시행기	적합하다고 판단되는 직업을 선택하여 종사하기 시작하며, 그 직업이 자신에게 적합한지 여부를 시험한다.

③ 확립기(25~44세)

자신에게 적합한 직업을 발견해서 종사하고 사회적 기반을 다지려고 노력한다.

시행기	자신이 선택한 일의 분야가 적합하지 않을 경우 적합한 일을 발견할 때까지 변화를 시도한다.
안정기	직업세계에서 안정과 만족감, 소속감, 지위 등을 갖게 된다.

④ 유지기(45~64세)

직업세계에서 자신의 위치가 확고해지고 자리를 유지하기 위해 노력하며 안정된 삶을 살아간다.

⑤ 쇠퇴기(65세 이후)

정신적·육체적 기능이 쇠퇴함에 따라 직업전선에서 은퇴하게 되며, 다른 새로운 역할과 활동을 찾게 된다.

시험에 이렇게 나왔다!

수퍼(Super)의 진로발달이론에서, '자기에 대한 지각이 생겨나고 직업세계에 대한 기본적 이해가 이루어지는 시기'와 그 하위단계들을 순서대로 바르게 나열한 것은?
(15년 2회)

① 성장기 : 흥미기 – 환상기 – 능력기
② 성장기 : 환상기 – 흥미기 – 능력기
③ 탐색기 : 흥미기 – 환상기 – 능력기
④ 탐색기 : 환상기 – 흥미기 – 능력기

답 ②

시험에 이렇게 나왔다!

Super의 진로발단계 중 결정화, 구체화, 실행 등과 같은 과업이 수행되는 단계는?
(20년 3회)

① 성장기   ② 탐색기
③ 확립기   ④ 유지기

답 ②

참고 하세요!

수퍼(Super)의 진로발달이론의 주요 개념으로는 순환과 재순환, 발달과업, 생애진로무지개, 진로아치문모델이 있다.

시험에 이렇게 나왔다!

Super의 이론이나 그의 생애진로 무지개 개념에 관한 설명으로 틀린 것은? (17년 2회)

① 사람은 동시에 여러 가지 역할을 함께 수행하며 발달단계마다 다른 역할에 비해 중요한 역할이 있다.
② 인생에서 진로발달 과정은 전 생애에 걸쳐 계속되며 성장, 탐색, 정착, 유지, 쇠퇴 등의 대주기(Maxi Cycle)를 거친다.
③ 진로발달에는 대주기 외에 각 단계마다 같은 성장, 탐색, 정착, 유지, 쇠퇴로 구성된 소주기(Mini Cycle)가 있다.
④ Super의 이론은 생애진로발달 과정에서 1회적인 선택 과정에 대해 구체적으로 잘 설명한다.

답 ④

(4) 후기 진로발달이론

기출 17, 14, 11, 08, 07년

① 개념

    ㉠ 수퍼(Super)의 초기 이론은 '성장기 – 탐색기 – 확립기 – 유지기 – 쇠퇴기'의 5단계를 거친다고 하였다.

    ㉡ 후기에 수퍼는 연령의 발달과 진로발달이 거의 관련이 없다는 입장을 취하게 되었으며, 단계를 마쳐서 얻어진 심리적 변화가 반드시 영속적인 것은 아니라고 보았다.

    ㉢ 진로발달은 순환과 재순환의 단계를 거치며 인생에서 진로발달 과정은 전 생애에 걸쳐 계속된다.

    ㉣ 진로발달은 성장, 탐색, 정착, 유지, 쇠퇴 등의 대주기를 거치며, 대주기 외에 각 단계마다 성장, 탐색, 정착, 유지, 쇠퇴로 구성된 소주기가 있다고 보았다.

② 생애진로 무지개

    ㉠ 전 생애적, 생애공간적 접근을 통해 삶의 단계와 역할을 묶고 다양한 역할들의 진로를 포괄적으로 나타낸 것이다.

    ㉡ 사람은 동시에 여러 가지 역할을 수행하며 발달단계마다 다른 역할에 비해 중요한 역할이 있다.

③ 진로아치문 모델

  ㉠ 인간발달의 생물학적, 심리학적, 사회경제적 결정인자로 직업발달이론을 설명한다.

  ㉡ 아치문의 각 부문들이 서로 상호작용하면서 정중앙의 자아개념이 발달한다고 설명한다.

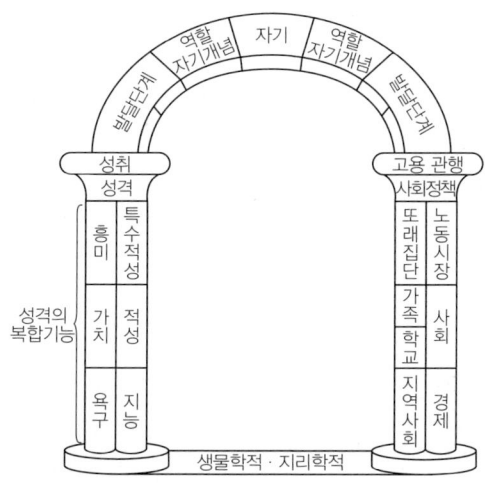

아치문의 바닥	생물학적 · 지리학적 측면을 의미한다.
아치문의 지붕	발달단계와 역할에 대한 자아개념으로 이루어진 상호작용적 측면을 의미한다.
아치문의 오른쪽 기둥	사회기둥으로 불리며 경제자원, 사회제도, 노동시장 등으로 이루어진 사회 정책적 측면을 의미한다.
아치문의 왼쪽 기둥	개인기둥으로 불리며 욕구, 지능, 가치, 흥미 등으로 이루어진 개인의 성격적 측면을 의미한다.

Thema 3 고트프레드슨의 직업포부 발달이론

(1) 직업포부 발달이론의 개념

기출 18, 12년

① 개인의 진로결정과 자아개념을 설명하는 이론이다.

② 진로발달 측면에서 사람이 어떻게 특정 직업에 매력을 느끼게 되는가를 설명한다.

③ 직업발달에서 자아개념은 진로선택의 중요한 요인이다.

④ 직업세계에서 자신의 사회적 공간, 지적 수준, 유형에 맞는 직업을 선택한다고 보았다.

⑤ 진로결정에 있어 제한과 타협이라는 개념을 중시하여 '제한 – 타협이론'으로도 불린다.

⑥ 자아개념이 발달하면서 직업포부에 대한 한계를 설정하는 방향으로 나아간다.

(2) 직업포부 발달관계

기출 19, 18, 15, 13, 12, 10, 09, 08년

단계	내용
1단계 힘과 크기 지향성	• 3~5세, 서열획득 단계이며 사고과정이 구체화된다. • 어른이 된다는 것의 의미를 알게 된다. • 자신의 직업에 대해 긍정적인 입장을 취하게 된다.
2단계 성역할 지향성	• 6~8세, 성역할을 획득하며 성의 발달에 의해 자아개념이 영향을 받는다. • 동성의 성인이 수행하는 직업을 선호하게 된다. • 자신이 선호하는 직업에 대해 보다 엄격한 평가를 내린다.
3단계 사회적 가치 지향성	• 9~13세, 사회계층에 개념이 생기고 사회적 가치를 인지하게 된다. • 상황 속 자아를 인식하게 된다. • 사회적 명성과 능력 등에 부합하는 직업을 추구하게 된다.
4단계 내적, 고유한 자아 지향성	• 14세 이후, 자아인식 및 자아정체감이 발달하여 자아성찰과 사회계층의 맥락에서 직업적 포부가 더욱 발달하게 된다. • 가능한 대안들 중 최선을 선택하게 된다.

시험 에 이렇게 나왔다!

고트프레드슨(Gottfredson) 의 직업포부발달단계에 관한 설명으로 틀린 것은?

(15년 2회)

① 힘과 크기 지향 – 사고과 정이 구체화 되며 어른이 된다는 것의 의미를 알게 된다.

② 성역할 지향 – 자아개념 이 성의 발달에 의해서 영향을 받게 된다.

③ 사회적 가치 지향 – 사회 계층에 대한 개념이 생기 면서 타인에 대한 개념이 완성된다.

④ 내적, 고유한 자아 지향 – 자아성찰과 사회계층 의 맥락에서 직업적 포부 가 더욱 발달하게 된다.

답 ③

Thema 4 타이드만과 오하라의 진로발달이론

(1) 타이드만과 오하라(Tiedeman & O'Hara)의 진로발달이론의 개념

기출 15, 14, 13, 12년

① 에릭슨의 심리사회적 발달이론과 수퍼의 이론에 영향을 받았다.

② 진로발달을 직업정체감을 형성해가는 연속적 과정으로 보았다.

③ 진로발달은 자신을 동일시하면서 계속적으로 분화와 통합의 과정을 거치면서 형성된다.

④ 개인이 연속적인 의사결정 과정을 통해 자아를 실현시키는 방법을 고려하면서 진로를 결정하는 방식으로 의사결정발달이론이라고도 한다.

(2) 직업정체감 형성과정

기출 19, 15년

① 예상기

문제를 한정하고 정보를 수집하여 대안들을 평가하고 선택하는 과정이다.

탐색기	• 잠정적인 진로목표를 설정하고 직업대안들을 탐색한다. • 진로목표를 위한 자신의 능력과 여건에 대해 예비평가를 한다.
구체화기	• 진로방향을 정하고 직업대안들을 구체화한다. • 가치관과 목표, 진로의 보수 등을 고려해 방향을 구체화한다.
선택기	• 하고 싶은 일과 하고 싶지 않은 일을 알게 되며 명확한 의사결정이 이루어진다. • 구체화된 대안 중 직업목표를 결정하고 의사결정에 임한다.
명료화기	• 선택한 의사결정을 분석하고 검토해본다. • 검토과정에서 미흡한 점이 있을 경우 이를 명확히 한다.

② 실천기

앞에서 내린 잠정적 결정을 실천에 옮기는 과정이다.

순응기	• 사회적 인정을 받고 조직에 적응하고자 하며, 수용적인 자세를 취한다. • 조직에 적응하기 위해 자신의 일면을 수정하거나 버리기도 한다.
개혁기	• 순응기보다 강경하고 주장적이다. • 능동적 태도를 보이게 되며 자신의 의지로 조직을 개혁하고자 하는 마음을 갖는다.
통합기	• 집단에 소속된 일원으로서 새로운 자아개념을 형성한다. • 조직의 요구에 자신의 욕구를 통합·조절한다.

참고 하세요!

• 분화 : 개인의 인지구조 발달에 따라 내적으로 나타나는 자아의 복잡한 발달 과정
• 통합 : 자신의 고유성과 직업세계의 고유성을 일치시키는 과정

시험 에 이렇게 나왔다!

직업발달을 탐색 – 구체화 – 선택 – 명료화 – 순응 – 개혁 – 통합의 직업정체감 형성과정으로 설명한 학자는?

(15년 1회)

① Super
② Crites
③ Tiedeman & O'Hara
④ Gottfredson

답 ③

4 욕구이론

(1) 욕구이론의 개념 〔기출〕20, 18, 17, 16, 15, 13, 08년

① 의의 및 특징

  ㉠ 사회와 환경의 영향을 상대적으로 많이 고려하는 이론이다.

  ㉡ 매슬로우의 욕구위계이론에 기초한다.

  ㉢ 개인의 욕구와 함께 초기 아동기의 경험이 직업선택에 있어 중요하다고 본다.

  ㉣ 욕구의 차이는 어린 시절의 부모 – 자녀 관계에 기인한다고 주장하였다.

  ㉤ 진로방향의 결정은 가족과의 초기관계에 있으며, 발달 초기 부모 행동으로서 부모의 유형이나 양육방식이 미치는 영향에 주목하였다.

  ㉥ 직업을 8개의 장(field)으로 나누었다.

② 5가지 가설

  ㉠ 개인이 가지고 있는 여러 가지 잠재적 특성의 발달에는 한계가 있다.

  ㉡ 개인의 유전적 특성의 발달은 개인의 유일하고 특수한 경험과 사회, 경제적 배경 및 문화적 배경 등에 영향을 받는다.

  ㉢ 개인의 흥미나 태도는 유전의 제약을 비교적 덜 받으며 주로 개인의 경험에 따라 발달유형이 결정된다.

  ㉣ 심리적 에너지는 흥미를 결정하는 중요한 요소이다.

  ㉤ 개인의 욕구와 만족 그리고 그 강도는 성취동기의 유발 정도에 따라 결정된다.

③ 문제점

  ㉠ 실증적인 근거가 결여되어 있다.

  ㉡ 검증하기가 매우 어렵다.

  ㉢ 진로상담을 위한 구체적 절차를 제공하지 못한다.

[시험]에 이렇게 나왔다!

직업발달이론 중 Maslow의 욕구위계이론에 기초하여 유아기의 경험과 직업선택에 관한 5가지 가설을 수립한 학자는? (17년 3회)

① Roe
② Gottfredson
③ Holland
④ Tuckman

답 ①

(2) 부모 – 자녀 관계와 직업선택   기출 20, 18, 16, 15, 10년

① 관계유형

로는 부모와 자녀 간 상호작용 유형에 따라 자녀의 욕구유형이 달라진다고 보았다.

㉠ 수용형

- 무관심형 : 수용적으로 대하지만 부모 – 자녀 간 친밀감이 형성되지 않는다. 자녀의 욕구에 대해 그리 민감하지 않으며 자녀가 어떤 것을 잘 하도록 강요하지도 않는다.
- 애정형 : 수용적으로 대하며 부모 – 자녀 간 친밀감을 형성한다. 관심을 기울이며 자녀의 요구에 응하고 독립심을 길러준다.

㉡ 회피형

- 무시형 : 자녀와 그다지 접촉이 없으며 부모로서 책임을 회피한다.
- 거부형 : 자녀에게 냉담하고 자녀의 의견을 전적으로 무시한다. 부족한 면을 지적하며 자녀의 요구를 거부한다.

㉢ 정서집중형

- 과보호형 : 자녀를 과보호함으로써 자녀를 의존적으로 만든다.
- 과요구형 : 자녀에게 엄격한 훈련을 시키고 무리한 요구를 한다.

② 직업선택

부모의 사랑을 받은 따뜻한 관계에서 성장한 사람은 인간지향적인 직종(예 서비스직, 단체직 등)을 선호하는 경향을 보이며, 부모의 사랑을 제대로 받지 못한 차가운 관계에서 성장한 사람은 비인간지향적인 직종(기술직, 과학직 등)을 선호하는 경향을 보인다.

시험 에 이렇게 나왔다!

Roe의 욕구이론에 관한 설명으로 옳은 것은? (15년 1회)

① 심리적 에너지가 흥미를 결정하는 중요한 요소라고 본다.
② 청소년기 부모 – 자녀 간의 관계에서 생긴 욕구가 직업선택에 영향을 미친다는 이론이다.
③ 부모의 사랑을 제대로 받지 못하고 거부적인 분위기에서 성장한 사람은 다른 사람들과 함께 하고 접촉하는 서비스 직종의 직업을 선호한다.
④ 직업군을 10가지로 분류한다.

정답 ①

시험 에 이렇게 나왔다!

로(Roe)의 욕구이론에 대한 설명으로 틀린 것은? (15년 3회)

① 부모에 대한 애착이 개인의 진로성숙과 유의미한 상관이 있다.
② 비인간지향적 직업군에는 기술직, 과학직, 옥외활동직이 해당된다.
③ Roe의 이론은 진로발달이론이라기 보다는 진로선택이론에 해당된다.
④ 부모의 양육방식에 따라 자녀는 사람지향적이거나 사람회피적인 직업을 갖게 된다.

정답 ①

(3) 직업분류체계 – 8가지 직업군

기출 20, 18, 17, 16, 14년

① 서비스직

　　㉠ 다른 사람의 욕구와 복지에 관심을 가지며 복지에 관련된 직업군

　　㉡ 사회산업 등 서비스 직업, 가이던스 등

② 비즈니스직

　　㉠ 상대방을 설득하며 거래를 성사하는 직업군

　　㉡ 공산품, 투자상품, 부동산 판매 등

③ 단체직

　　㉠ 기업의 조직과 효율적인 기능에 관련된 직업군

　　㉡ 사업, 제조업, 행정에 종사하는 관리직 등

④ 기술직

　　㉠ 상품과 재화의 생산·유지·운송과 관련된 직업군

　　㉡ 공학, 기능, 기계무역, 정보통신 등

⑤ 옥외활동직

　　농산물, 수산자원, 지하자원 기타 천연자원 등을 개발·보존·수확하는 직업군, 축산업에 관련한 직업군

⑥ 과학직

　　기술직과 달리 과학이론 및 그 이론을 특정한 환경에 적용하는 직업군

⑦ 예능직

　　창조적인 예술과 연예에 관련된 특별한 기술을 사용하는 직업군

⑧ 일반문화직

　　㉠ 개인보다 인류의 활동에 흥미를 가지며 문화유산의 보존 및 전수에 관련된 직업군

　　㉡ 교육, 법률, 언론인 등

시험에 이렇게 나왔다!

다음은 Roe가 제안한 8가지 직업 군집 중 어디에 해당하는가? (17년 2회)

- 상품과 재화의 생산·유지·운송과 관련된 직업을 포함하는 군집이다.
- 운송과 정보통신에 관련된 직업뿐만 아니라 공학, 기능, 기계무역에 관계된 직업들도 이 영역에 속한다.
- 대인관계는 상대적으로 덜 중요하며 사물을 다루는 데 관심을 둔다.

① 기술직(Technology)
② 서비스직(Service)
③ 비즈니스직(Business Contact)
④ 옥외활동직(Outdoor)

답 ①

(4) 직업분류체계 – 6단계 직업수준

① 고급 전문관리

  ㉠ 최고 경영자, 관리자, 정책 책임자 등 정책을 만들며 박사나 그에 준하는 교육수준이 요구됨

  ㉡ 중요하고 독립적이며 다양한 책임이 있음

② 중급 전문관리

  ㉠ 정책을 집행하거나 해석하며 석사학위 이상 또는 박사보다 낮은 교육수준이 요구됨

  ㉡ 부분적으로 독립된 지위를 갖거나 중간 정도의 책임이 있음

③ 준전문관리

  ㉠ 정책을 적용하거나 자신만을 위한 의사결정을 하며, 고등학교나 기술학교 또는 그에 준하는 교육수준이 요구됨

  ㉡ 낮은 수준의 책임이 있음

④ 숙련

  견습이나 다른 특수한 훈련 및 경험이 필요

⑤ 반숙련

  숙련직에 비해 낮은 수준의 훈련과 경험 필요

⑥ 비숙련

  단순반복적인 활동에 종사하기 위한 능력 이상이 요구되지 않음

참고 하세요!

로는 미네소타 직업평가 척도(MORS ; Minnesota Occupational Rating Scales)에 기초해 직업을 8개의 장(field)으로 나누었다.

시험 에 이렇게 나왔다!

Roe의 직업분류체계에 관한 설명으로 틀린 것은?
(16년 3회)

① 일의 세계를 8가지 장(Field)과 6가지 수준(Level)으로 구성된 2차원의 체계로 조직화했다.

② 원주상의 순서대로 8가지 장(Field)은 서비스, 사업상 접촉, 조직, 기술, 옥외, 과학, 예술과 연애, 일반문화이다.

③ 서비스 장(Field)들은 사람지향적이며 교육, 사회봉사, 임상심리 및 의술이 포함된다.

④ 6가지 수준(Level)은 근로자의 직업과 관련된 정교화, 책임, 보수, 훈련의 정도를 묘사하며, 수준1이 가장 낮고, 수준 6이 가장 높다.

답 ④

5 진로선택의 사회학습 이론

Thema 1 크롬볼츠 사회학습이론과 진로결정

(1) 사회학습이론의 개념 　　　　　　　　　　　　　　기출 18, 17, 16, 15, 13년

　① 크로볼츠(Krumboltz)는 학습이론의 원리를 직업선택의 문제에 적용하여 행동주의 방법을 통해 진로선택을 도와야 한다고 주장하였다.
　② 기존의 강화이론, 고전적 행동주의이론, 인지적 정보처리이론에 영향을 받았다.
　③ 유전적 요인과 특별한 능력이 진로결정과정에 미치는 영향을 고려하지만 진로선택결정에 영향을 미치는 삶의 사건들에 관심을 둔다.
　④ 개인과 환경이 상호작용을 통해 어떤 학습을 했는지 중점을 둔다.
　⑤ 학과 전환 등 진로의사결정과 관련된 개인의 행위들에 대해 관심을 둔다.
　⑥ 개인의 독특한 학습경험을 통해 성격과 행동을 설명할 수 있다고 가정한다.
　⑦ 진로결정 요인들이 상호작용하여 '자기관찰 일반화'와 '세계관 일반화'를 형성한다고 주장한다.

🔍 **자기관찰 일반화와 세계관 일반화** 　　　　　　　　　　　기출 13년

자기관찰 일반화와 세계관 일반화를 통해 미래를 예측하고 현재의 진로결정을 이해할 수 있다.
- **자기관찰 일반화** : 자신에 대한 관찰 결과 얻어진 태도, 가치관, 능력 등 자기 자신에 대한 일반화를 뜻한다.
- **세계관 일반화** : 자신의 환경에 대한 관찰 결과 얻어진 환경조건이나 미래에 대한 일들에 대해 예측이 가능해지게 되는 것이다.

(2) 진로결정에 영향을 미치는 요인 기출 20, 19, 18, 14, 12, 11, 10, 08년

① 환경적 요인과 심리적 요인이 있다.

    ㉠ 환경적 요인

      • 개인에게 영향을 미치거나 개인이 통제할 수 있는 영역 밖에 있는 것으로 '유전적 요인과 특별한 능력', '환경조건과 사건'을 제시하였다.

      • 상담을 통해 변화가 불가능

유전적 요인과 특별한 능력	개인의 진로기회를 제한하는 타고난 것으로서 물려받거나 생득적인 특성을 포함한다. 예 인종, 성별, 신체적 특징, 지능, 재능 등
환경조건과 사건	개인의 통제를 벗어나는 환경상의 조건이나 사회적 · 정치적 · 문화적 상황 등이다. 예 고용창출 여부, 사회정책, 훈련 가능 분야 등

    ㉡ 심리적 요인

      • 개인의 생각과 감정에 의해 행동을 결정할 수 있는 영역으로 '학습경험'과 '과제접근기술'을 제시하였다.

      • 상담을 통해 변화 가능

학습경험	• 도구적 학습경험 : 행동이나 인지적 활동에 대한 정적 · 부적 강화에 의해 학습된다. • 연상적 학습경험 : 연상에 의한 결과로 타인의 행동 관찰, 영화 등에 의해 학습된다.
과제접근기술	• 환경적 조건, 학습경험의 상호작용 등 개인이 환경을 이해하고 대치하며 미래를 예견하는 능력이나 경향을 의미한다. • 목표 설정, 대안 형성, 정보획득 등을 포함하는 기술이다. • 개인이 발달시켜온 기술 일체를 포함하는 것이지만 종종 바람직한 혹은 바람직하지 못한 결과를 통해 수정되기도 한다.

② 특정한 직업을 갖는 것은 개인이 통제할 수 없는 복잡한 환경적 요인의 결과이다.

시험 에 이렇게 나왔다!

다음의 내용을 주장한 학자는? (18년 2회)

> 특정한 직업을 갖게 되는 것은 단순한 선호나 선택의 기능이 아니고 개인이 통제할 수 없는 복잡한 환경적 요인의 결과이다.

① Krumboltz
② Dawis
③ Gelatt
④ Peterson

답 ①

6 새로운 진로 발달이론

Thema 1 인지적 정보처리이론

(1) 인지적 정보처리이론(CIP)의 개념 기출 18, 17, 13, 11년

① 피터슨(Peterson), 샘슨(Sampson), 리어든(Reardon)에 의해 개발된 이론이다.

② 개인이 어떻게 정보를 이용해서 자신의 진로문제해결 능력과 의사결정 능력을 향상시킬 수 있는가에 대해 중점을 둔다.

③ 진로문제를 개인의 인지적 의사결정 문제로 보며, 개인에게 학습 기회를 제공함으로써 개인의 처리능력을 발전시키는 것이 목적이다.

④ 진로선택 과정을 정보처리 과정으로 간주하며 진로선택 자체의 적결성보다는 인지적으로 정보를 처리하는 인간의 사고과정을 중요시한다.

⑤ 진로발달과 선택에서 내담자로 하여금 욕구를 분류하고 지식을 획득하여 자신의 욕구가 무엇인지 알 수 있도록 돕는다.

(2) 기본 가정 기출 17, 14, 13, 11, 10, 09년

① 진로선택은 인지적 과정 및 정의적 과정의 상호작용 결과이다.

② 진로를 선택한다는 것은 하나의 문제해결 활동이다.

③ 진로발달은 지식 구조의 끊임없는 성장과 변화를 포함한다.

④ 진로문제 해결은 고도의 기억력을 요하는 과제이다.

⑤ 진로상담의 최종목표는 진로문제의 해결이자 의사결정자인 내담자의 잠재력을 증진시키는 것이다.

⑥ 진로성숙은 진로문제를 해결할 수 있는 자신의 능력에 달려 있다.

(3) 진로문제 해결 과정 기출 20, 18, 13, 11년

의사소통 → 분석 → 통합 → 가치부여 또는 평가 → 실행

Thema 2 사회인지적 진로이론

(1) 사회인지적 진로이론(SCCT)의 개념
기출 20, 17, 13, 11, 10, 07년

① 반두라의 사회학습이론을 토대로 헥케트(Hackett), 브라운(Brown) 등에 의해 확장되었다.

② 진로발달과 선택에서 진로와 관련된 자신에 대한 평가와 믿음의 인지적 측면을 강조한다.

③ 인지적 측면의 변인으로서 결과기대와 개인적 목표가 자기효능감과 상호작용하여 개인의 진로 방향을 결정한다.

④ 개인의 삶은 외부환경요인, 개인과 신체적 속성 및 외형적 행동 간의 관계로 보고 환경, 개인적 요인, 행동 사이의 상호작용을 중시한다.

⑤ 개인의 진로선택과 수행에 영향을 미치는 성(性)과 문화적 이슈 등에 민감하다.

⑥ 개인이 사고와 인지는 기억과 신념, 선호, 자기지각에 영향을 미치며 이는 진로발달과정의 일부이다.

(2) 진로발달의 결정요인
기출 20, 17년

① 자기효능감

목표한 과업을 완성하기한 자신의 능력에 대한 신념을 말한다.

② 결과기대

어떤 과업을 수행했을 때 자신이나 타인에게 일어날 일에 대한 평가와 믿음이다.

③ 개인적 목표

결과를 성취하기 위한 개인의 의도를 뜻한다.

(3) 3축 호혜성 인과적 모형
기출 19, 12, 10년

① 개인과 환경 간 상호작용하는 인지적 영향을 분류하고 개념화하기 위한 모형이다.

② 진로발달을 단순한 결과물이 아닌 '개인적·신체적 속성', '외부환경요인', '외형적행동'의 끊임없는 상호작용의 결과로 간주한다.

③ '개인 – 행동 – 상황의 상호작용'에 의해 진로발달의 역동적 주체가 된다.

시험에 이렇게 나왔다!

사회인지 진로이론(SCCT ; Social Cognitive Career Theory)에 대한 설명으로 옳지 않은 것은? (17년 3회)

① Bandura의 사회학습이론에 토대를 두며 환경, 개인적 요인, 행동 사이의 상호작용을 중시한다.

② 개인의 진로선택과 수행에 영향을 미치는 성(Gender)과 문화적 이슈 등에 민감하다.

③ 개인의 사고와 인지는 기억과 신념, 선호, 자기지각에 영향을 미치며, 이는 진로발달 과정의 일부이다.

④ 진로발달의 기본이 되는 핵심개념으로 자아효능감과 수행결과, 개인적 목표를 들고 있다.

답 ④

---

(1) 가치중심적 진로접근 모형의 개념 기출 17, 13, 11년

① 인간행동이 개인의 가치에 의해서 상당 부분 영향을 받는다는 가정에서 시작되었다.

② 브라운(Brown)이 개발한 것으로서 다른 이론들과 달리 흥미를 진로결정에 큰 영향을 미치지 않는 것으로 보았다.

③ 가치가 행동역할을 합리화하는 데 매우 강력한 결정요인이라고 보았다.

④ 가치는 개인의 물려받은 특성과 경험의 상호작용에 의해 형성된다.

⑤ 개인의 행동을 이끄는 중요도에 따라 가치에 우선순위가 매겨진다.

(2) 기본 명제 기출 20, 19, 15, 14, 12, 11, 08년

① 개인이 우선권을 부여하는 가치들은 그리 많지 않다.

② 가치는 환경 속에서 가치를 담은 정보를 획득함으로써 학습된다.

③ 생애만족은 중요한 모든 가치들을 만족시키는 생애역할들에 의존한다.

④ 생애역할에서 성공은 학습된 기술, 인지적 · 정의적 · 신체적 적성 등 많은 요인들에 의해 결정된다.

⑤ 한 역할의 특이성은 역할 내에 있는 필수적인 가치들의 만족 정도와 직접 관련된다.

시험에 이렇게 나왔다!

진로이론에 관한 설명으로 옳은 것은? (17년 2회)

ㄱ. 사회인지적 진로이론 – 진로발달과 선택에서 진로와 관련된 자신에 대한 평가와 믿음을 강조한다.

ㄴ. 인지적 정보처리이론 – 내담자가 욕구를 분류하고 지식을 획득하여, 자신의 욕구가 무엇인지 알 수 있도록 돕는다.

ㄷ. 인지적 정보처리이론 – 학습경험을 형성하고 진로행동에 단계적으로 영향을 주는 구체적인 매개변인을 찾는 데 목표를 둔다.

ㄹ. 가치중심적 진로이론 – 흥미와 가치가 진로결정 과정에서 가장 중요한 작용을 한다.

① ㄱ, ㄴ   ② ㄱ, ㄷ
③ ㄴ, ㄹ   ④ ㄷ, ㄹ

답 ①

Thema 4 맥락주의

(1) 맥락주의의 개념

① 진로연구와 진로상담에 대한 맥락상의 행위설명을 확립하기 위해 고안되었다.

② 구성주의 철학적 입장을 토대로 한 것으로, 내담자가 현재의 행위와 후속적인 경험으로부터 어떻게 개인적인 의미를 구성하는지를 파악하고자 하는 것이다.

③ 진로환경에 관심을 가지며 진로에 영향을 미치는 다양한 환경적 요소를 고려한다.

④ 진리와 지식은 개인의 주관적인 흥미와 관심에 초점을 맞춘 것으로 보며, 환경 안에서 개인이 선택을 중시한다.

🔍 **구성주의**

• 일괄적으로 미리 결정된 학습목표를 거부하며 개인의 주체적인 선택을 중시한다.
• 구체적이고 세부적인 목표는 스스로 자신의 흥미와 관심, 수준 등을 고려하여 결정한다.

(2) 주요 개념

① 개인과 환경의 상호작용

맥락적 그물 안에서 이들 간의 관계와 상호작용에 초점을 두며 분리할 수 없는 하나의 단위로 본다.

② 행위

주요 관심대상이다. 행위란 인지적·사회적으로 방향 지어지는 것으로 일상의 경험을 반영하는 것으로 개념화한다.

③ 행위체계

복잡한 행위들이 사회적 의미를 포함시켜 직업의 관념에 근접한다.

㉠ 투사 : 사람들 간의 행위에 대한 일종의 합의

㉡ 진로 : 행위들 간의 연결을 통한 계획, 목표, 정서 및 인지의 결과

시험에 이렇게 나왔다!

진로발달에서 맥락주의(Contextualism)에 관한 설명으로 틀린 것은? (16년 2회)

① 행위는 맥락주의의 주요 관심대상이다.
② 개인보다는 환경의 영향을 강조한다.
③ 행위는 인지적·사회적으로 결정되며 일상의 경험을 반영하는 것이다.
④ 진로연구와 진로상담에 대한 맥락상의 행위설명을 확립하기 위하여 고안된 방법이다.

답 ②

직업발달 이론 연습문제

01

Holland 이론의 직업환경 유형과 대표 직업 간 연결이 틀린 것은? (18년 1회)

① 현실성 – 목수, 트럭운전사
② 탐구형 – 심리학자, 분자공학자
③ 사회형 – 정치가, 사업가
④ 관습형 – 사무원, 도서관 사서

해설

사회형의 특성은 사람들과 어울리기를 좋아하고 친절하고 이해심이 많다. 대표적 직업으로는 사회복지사, 종교지도자, 상담사 등이 있다. 정치가와 사업가는 지배적이고 진취적이고 경쟁적인 성향을 지니는 진취형에 해당한다.

02

진로선택 사회학습이론에 관한 설명으로 틀린 것은?

① 유전적 요인과 특별한 능력이 진로결정 과정에 미치는 영향을 고려하지 않았다.
② 진로선택 결정에 영향을 미치는 삶의 사건들에 관심을 두고 있다.
③ 전체 인생에서 각 개인의 독특한 학습 경험이 진로선택을 이끄는 주요한 영향 요인을 발달시킨다고 보았다.
④ 개인의 신념과 일반화는 사회학습 모형에서 매우 중요하다고 보았다.

해설

사회학습이론은 학과 전환 등 진로의사결정과 관련된 개인의 특수한 행위들에 대해 관심을 두고 있으며, 환경적 요인과 심리적 요인 모두 개인의 진로발달 과정에 영향을 미치는 것으로 보았다.

03

Bandura가 제시한 것으로, 어떤 과제를 수행하는 데 있어서 자신의 능력에 대한 믿음이 과제 시도의 여부와 과제를 어떻게 수행하는지를 결정한다는 것은?

① 자기통제이론
② 자기판단이론
③ 자기개념이론
④ 자기효능감이론

해설

자기효능감이론은 Bandura가 제시한 것으로 어떤 과제를 수행하는 데 있어서 자신의 능력에 대한 믿음이 과제 시도의 여부와 과제를 어떻게 수행하는지를 결정한다는 것이다.

04

개인의 특성과 직업을 구성하는 요인에 관심을 두며, 인생의 특정한 시기에서 의사결정을 하려고 할 때에 도움을 줄 수 있는 이론을 제시한 학자에 해당하지 않는 것은? (18년 1회)

① Williamson
② Parsons
③ Hull
④ Roe

해설

특성 – 요인에 관한 설명으로 이것은 고도로 개별적이고 과학적인 방법으로 개인과 직업을 연결시켜 과학적 측정방법을 통해 개인의 특성을 식별하여 직업적 특성에 연결시키는 것을 핵심으로 하는 이론으로 Roe는 이에 해당하지 않는다.

05

Holland의 유형 중 기술자, 정비사, 엔지니어 등이 속하는 것은? (18년 2회)

① 현실형
② 관습형
③ 탐구형
④ 사회형

해설

현실형은 솔직하고 실제적이며 성실하고 지구력이 있으며 소박하다. 체계적인 조직활동을 좋아하며 사회적 기술이 부족하다.

06

Lofquist와 Dawis의 직업적응이론에서 성격양식 차원에 관한 설명으로 틀린 것은?

① 민첩성 – 정확성보다는 속도를 중시한다.
② 역량 – 근로자들의 평균 활동수준을 의미한다.
③ 리듬 – 활동에 대한 단일성을 의미한다.
④ 지구력 – 다양한 활동수준의 기간을 의미한다.

해설

리듬은 활동에 대한 다양성을 의미한다.

07

Maslow가 제시한 자기실현한 사람의 특징이 아닌 것은?

① 부정적인 감정 표현을 억제한다.
② 현실을 왜곡하지 않고 객관적으로 지각한다.
③ 자신이 하는 일에 몰두하고 만족스러워 한다.
④ 즐거움과 아름다움을 느낄 수 있는 감상능력이 있다.

해설

자기실현한 사람은 자신의 감정 표현에 개방적이고 솔직하다.

08

다음 중 직업에 관련된 흥미를 측정하는 직업흥미검사가 아닌 것은?

① Strong Interest Inventory
② Vocational Preference Inventory
③ Kuder Interest Inventory
④ California Psychological Inventory

해설

캘리포니아 성격검사는 일반인의 심리적 특성을 이해하기 위해 제작된 것으로서 4개의 척도군과 20개의 하위척도를 포함한 성격검사이다. 직업흥미검사는 홀랜드(Holland)의 모형을 기초로 개발된 검사로 개인이 어떤 직업에 흥미와 관심이 있고 그 분야에서 성공할 가능성이 있는지 예측해 주는 검사이다. 시간상 제약이 있을 경우에는 직업흥미검사만으로도 직업선정이 가능하다.

09

개인의 진로발달과정에 사회나 환경의 영향을 상대적으로 많이 고려하는 이론은?

① Parsons의 특성요인이론(Trait – Factor Theory)
② 의사결정이론(Decision Making Theory)
③ Roe의 욕구이론(Need Theory)
④ Super의 발달이론(Developmental Theory)

해설

Roe의 욕구이론은 개인의 진로발달과정에서 사회나 환경의 영향을 가장 많이 고려하는 이론이다.

10

Super가 제시한 진로발달 단계를 순서대로 바르게 나열한 것은?

> ㄱ. 성장(Growth)
> ㄴ. 탐색(Exploratory)
> ㄷ. 유지(Maintenance)
> ㄹ. 쇠퇴(Decline)
> ㅁ. 확립(Establishment)

① ㄴ → ㄱ → ㅁ → ㄷ → ㄹ
② ㄱ → ㄴ → ㄷ → ㅁ → ㄹ
③ ㄴ → ㅁ → ㄱ → ㄷ → ㄹ
④ ㄱ → ㄴ → ㅁ → ㄷ → ㄹ

해설

Super의 직업발달 단계는 성장기 → 탐색기 → 확립기 → 유지기 → 쇠퇴기이다.

11

진로발달이론 중 인지적 정보처리관점에 해당하는 것은?

(18년 2회)

① 개인에게 학습기회를 제공함으로서 개인의 처리능력을 발전시킨다.
② 개인의 삶은 외부환경요인, 개인과 신체적 속성 및 외형적 행동 간의 상호작용이다.
③ 인간의 기능은 개인의 가치에 의해 상당부분 영향을 받는다.
④ 인간은 특성과 환경, 성격 등의 요인에 의하여 진로를 발전시킨다.

해설

인지정보처리관점에서는 개인에게 학습기회를 제공함으로써 개인의 처리능력을 발전시키는 것을 상담의 목적으로 한다.

12

개인의 욕구와 능력을 환경의 요구사항과 관련시켜 진로행동을 설명하고, 개인과 환경 간의 상호작용을 통한 욕구충족을 강조하는 이론은?

① 욕구이론
② 특성요인이론
③ 사회학습이론
④ 직업적응이론

해설

직업적응이론은 개인의 욕구와 능력을 환경의 요구사항과 관련시켜 진로행동을 설명하고 개인과 환경 간의 상호작용을 통한 욕구충족을 강조하는 이론이다.

13

Holland의 인성이론에서 한 개인이 자기 자신의 인성유형과 동일하거나 유사한 환경에서 일하고 생활할 때를 의미하는 개념은?

(18년 3회)

① 일관성
② 변별성
③ 정체성
④ 일치성

해설

홀랜드의 인성이론에서 일치성은 한 개인이 자기 자신의 인성유형과 동일하거나 유사한 환경에서 일하고 생활할 때를 의미하는 개념이다.

14

Krumboltz의 사회학습이론에서 개인의 진로에 영향을 미치는 요인에 해당하지 않는 것은?

① 유전적 요인
② 부모 특성
③ 환경 조건과 사건
④ 과제접근 기술

해설

크롬볼츠(Krumboltz)는 진로결정과정에 영향을 미치는 요인으로 유전적 요인과 특별한 능력, 환경적 조건과 사건, 학습경험, 과제접근 기술을 제시하였다.

15

Lofquist와 Dawis의 직업적응 이론에 나오는 4가지 성격양식 차원에 해당하지 않는 것은?

① 민첩성
② 역량
③ 친화성
④ 지구력

해설

4가지 성격양식 차원은 민첩성, 역량, 리듬, 지구력이다.

16

Roe의 욕구이론에서 제시한 직업군의 주요 특징으로 옳은 것은?

① 사업직(Business) : 대인관계가 중요하며 타인을 도와주는 행동을 취한다.
② 기술직(technology) : 대인관계가 중요하며 사물을 다루는데 관심을 둔다.
③ 서비스직(service) : 사람의 욕구와 복지에 관련된 직업군이다.
④ 단체직(organization) : 조직 내에서 인간관계의 질을 강조하는 직업군이다.

해설

서비스직은 기본적으로 다른 사람의 욕구와 복지에 관련된 직업군으로 주로 사회복지 등 서비스 직업이 이에 해당한다.

17

다음과 같은 유형의 직업세계에 가장 적합한 Holland의 성격유형은?

- 사서, 은행원, 행정관료
- 정확성과 꼼꼼함을 요구함
- 융통성과 상상력이 부족함

① 사회적 유형(S)　　② 현실적 유형(R)
③ 탐구적 유형(I)　　④ 관습적 유형(C)

해설

관습적 유형(C)에 해당하는 설명으로, 정확성과 꼼꼼함을 요구하면서 융통성과 상상력이 부족한 유형이며, 체계적이며 자료를 잘 처리하고 재생산하는 것을 좋아한다.

18

진로발달 이론가들 중에서 발달 단계별 특징 및 과제를 강조한 사람은? (18년 3회)

① Parsons　　② Holland
③ Krumboltz　　④ Super

해설

Super는 진로성숙은 생애 단계 내에서 성공적으로 수행된 발달과업을 통해 획득된다고 주장하였다. 이에 따라 발달 단계별 특징 및 과제를 제시하였다. 일반적 발달이론과 달리 Super는 발달의 불안정성은 정상이며, 성공적 발달변화에서 얼마든지 발생할 수 있는 일로 보았다. 발달과업은 각 발달단계에 따라 구체화(14~17세), 특수화(18~21세), 실행화(22~24세), 안정화(25~34세), 공고화(35세 이후)로 구분된다.

19

Gottfredson이 제시한 직업포부의 발달단계가 아닌 것은? (19년 1회)

① 성역할 지향성　　② 힘과 크기 지향성
③ 사회적 가치 지향성　　④ 직업 지향성

해설

Gottfredson의 직업포부의 발달단계는 힘과 크기 지향성, 성역할 지향성, 사회적 가치 지향성, 내적 고유한 자아 지향성이다.

20

다음 중 Maslow의 욕구위계이론과 가장 유사성이 많은 직무동기이론은? (19년 1회)

① 기대 – 유인가 이론
② Adams의 형평이론
③ Locke의 목표설정이론
④ Alderfer의 존재 – 관계 – 성장이론

해설

Maslow의 욕구위계이론은 Alderfer의 존재 – 관계 – 성장이론과 유사하다.

21

긴즈버그(Ginzberg)의 진로발달이론에 관한 설명으로 틀린 것은?

① 직업선택 과정은 바람(Wishes)과 가능성(Possibility) 간의 타협이다.
② 직업선택은 일련의 결정들이 계속적으로 이루어지는 과정이다.
③ 나중에 이루어지는 결정은 이전 결정의 영향을 받지 않는다.
④ 직업선택은 가치관, 정서적 요인, 교육의 양과 종류, 환경 영향 등의 상호작용으로 결정된다.

해설

각 단계의 결정은 전후 단계의 결정과 밀접한 관련이 있다.

22

Krumboltz의 사회학습 진로이론에서 삶에서 일어나는 우연한 일들을 자신의 진로에 유리하게 활용하는 데 도움되는 기술이 아닌 것은?

① 호기심(curiosity)
② 독립심(independence)
③ 낙관성(optimism)
④ 위험 감수(risk taking)

해설

Krumboltz의 계획된 우연 중 자신의 진로에 도움이 되는 기술은 호기심, 낙관성, 위험 감수, 인내심, 융통성이다.

23

Holland가 분류한 성격유형 중 기계, 도구에 관한 체계적인 조작활동을 좋아하나 사회적 기술이 부족한 유형은?

① 예술적 유형(A)　　② 현실적 유형(R)
③ 기업가적 유형(E)　④ 관습적 유형(C)

해설

현실적 유형에 대한 설명이다.

24

직업발달을 탐색 – 구체화 – 선택 – 명료화 – 순응 – 개혁 – 통합의 직업정체감 형성과정으로 설명한 것은?

(19년 1회)

① Super의 발달이론
② Ginzberg의 발달이론
③ Tiedeman과 O'Hara의 발달이론
④ Gottfredson의 발달이론

해설

① 성장기 → 탐색기 → 확립기 → 유지기 → 쇠퇴기
② 환상기 → 잠정기 → 현실기
④ 힘과 크기 지향성 → 성역할 지향성 → 사회적 가치 지향성 → 내적, 고유한 자아 지향성

25

Parsons가 제시한 특성 – 요인 이론의 기본 가정이 아닌 것은?

(19년 2회)

① 인간은 신뢰롭고 타당하게 측정할 수 있는 독특한 특성을 지니고 있다.
② 직업은 그 직업에서의 성공을 위해 매우 구체적인 특성을 지닐 것을 요구한다.
③ 진로선택은 다소 직접적인 인지과정이므로 개인의 특성과 직업의 특성을 짝 짓는 것이 가능하다.
④ 인성과 동일한 직업 환경이 있으며, 각 환경은 각 개인과 연결되어 있는 성격유형에 의해 결정된다.

해설

인성과 동일한 직업 환경이 있으며, 각 환경은 각 개인과 연결되어 있는 성격유형에 의해 결정된다는 것은 홀랜드 이론에 대한 설명이다.

26

Holland의 유형학에 기초한 진로관련 검사는?

① 마이어스 – 브리그스 유형지표(MBTI)
② 스트롱 – 캠벨 흥미검사(SCII)
③ 다면적 인성검사(MMPI)
④ 진로개발검사(CDI)

해설

스트롱 – 캠벨 흥미검사(SCII)는 진로성숙도 검사, 흥미유형 척도로 구성되며 이 중 직업흥미유형 척도를 홀랜드의 6각형 모형분류 체계에 기초를 두고 있다.

27

Super의 직업발달 단계를 바르게 나열한 것은?

① 성장기 → 확립기 → 탐색기 → 유지기 → 쇠퇴기
② 탐색기 → 성장기 → 유지기 → 확립기 → 쇠퇴기
③ 성장기 → 탐색기 → 확립기 → 유지기 → 쇠퇴기
④ 탐색기 → 유지기 → 성장기 → 확립기 → 쇠퇴기

해설

Super의 직업발달 단계는 성장기 → 탐색기 → 확립기 → 유지기 → 쇠퇴기이다.

28

Ginzberg의 진로발달 3단계가 아닌 것은? (19년 3회)

① 잠정기(Tentative Phase)
② 환상기(Fantasy Phase)
③ 현실기(Realistic Phase)
④ 탐색기(Exploring Phase)

해설

Ginzberg의 진로발달 단계는 환상기 → 잠정기 → 현실기이다.

29

다음은 Holland의 6가지 성격유형 중 무엇에 해당하는가?

- 다른 사람과 함께 일하거나 다른 사람을 돕는 것을 즐기지만 도구와 기계를 포함하는 질서정연하고 조직적인 활동을 싫어한다.
- 기계적이고 과학적인 능력이 부족하며 카운슬러, 바텐더 등이 해당한다.

① 현실적 유형(R)   ② 탐구적 유형(I)
③ 사회적 유형(S)   ④ 관습적 유형(C)

해설

사회적 유형에 대한 설명이다.

30

Bandura가 제시한 사회인지이론의 인과적 모형에 해당하지 않는 변인은?

① 외형적 행동   ② 개인적 기대와 목표
③ 외부환경 요인   ④ 개인과 신체적 속성

해설

사회인지이론의 인과적 모형은 개인적 · 신체적 속성, 외부환경요인, 외형적 행동의 상보적 인과관계를 수용함으로써 개인의 진로발달을 개인의 의지와 인지적 판단이 포함된 끊임없는 상호작용의 결과로 간주한다.

31

직업적응이론에서 개인의 가치와 직업 환경의 강화인 간의 조화를 측정하는 데 사용되는 검사는?

① 미네소타 중요도 검사(MIQ)
② 미네소타 만족 질문지(MSQ)
③ 미네소타 충족 척도(MSS)
④ 미네소타 직업평가 척도(MORS)

해설

미네소타 중요도 검사에 대한 설명이다.
② 직무만족의 원인이 되는 요인을 측정하는 도구로 능력의 사용, 성취, 승진, 활동, 다양성, 작업조건, 회사의 명성, 인간자원의 관리체계 등의 척도로 구성됨

32

진로선택에 관한 사회학습이론에서 개인의 진로발달 과정과 관련이 없는 요인은?

① 유전 요인과 특별한 능력 ② 환경 조건과 사건
③ 학습경험   ④ 인간관계기술

해설

사회학습이론에서 개인의 진로에 영향을 미치는 요인은 유전적 요인과 특별한 능력, 환경적 조건과 사건, 학습경험, 과제접근기술이다.

33

진로선택 사회학습이론에 관한 설명으로 틀린 것은?

① 유전적 요인과 특별한 능력이 진로결정 과정에서 미치는 영향을 고려하지 않았다.
② 진로선택 결정에 영향을 미치는 삶의 사건들에 관심을 두고 있다.
③ 전체 인생에서 각 개인의 독특한 학습 경험이 진로선택을 이끄는 주요한 영향요인을 발달시킨다고 보았다.
④ 개인의 신념과 일반화는 사회학습 모형에서 매우 중요하다고 보았다.

해설

크롬볼츠 사회학습이론에 대한 문제로 유전적 요인과 특별한 능력이 진로결정과정에 미치는 영향을 고려한다.

34

자기효능감에 영향을 미치는 요인과 가장 거리가 먼 것은?

① 대리경험
② 설득
③ 성취경험
④ 사회경제적 여건

해설

사회경제적 여건은 자기효능감에 영향을 미치는 요인이 아니다. 자기효능감에 영향을 미치는 4요인은 개인적인 수행 성취(성취경험), 간접경험(대리경험), 설득, 생리적 상태와 반응이다.

35

직업발달이론 중 발달적 이론에 관한 설명으로 옳은 것은?

① Super의 평생발달이론 : 광범위한 의미에서의 자아의 발달로, 개인의 종합적인 인지발달과 의사결정 과정이 중점이 된다.
② Ginzberg의 발달이론 : 직업발달단계를 환상기 – 잠정기 – 현실기의 3단계로 구분한다.
③ Tiedeman 과 O'Hara의 발달이론 : 사람들은 직업세계에서 자신의 사회적 공간, 지적 수준, 성 유형에 맞는 직업을 선택한다고 보았다.
④ Gottfredson의 직업포부 발달이론 : 생애공간 접근법이라고도 한다.

해설

① Tiedeman과 O'Hara의 의사결정발달이론에 관한 내용이다. 타이드만과 오하라는 자아정체감의 발달을 진로발달 과정에서 주요한 요소로 설명한다. 즉, 자아정체감이 발달하면서 진로 관련 의사결정 또한 이루어진다고 보았다.
③ Gottfredson의 직업포부 발달이론에 관한 내용이다. 고트프레디슨에 따르면 사람들은 자신의 자아 이미지에 알맞은 직업을 원하기 때문에 직업발달에 있어서 자아개념은 진로선택의 중요한 요인이 된다. 그는 직업포부의 발달단계 과정에서 사회경제적 배경과 지능수준을 강조하였고 사람들은 직업세계에서 자신의 사회적 공간, 지적수준, 성 유형에 맞는 직업을 선택한다고 보았다.
④ 생애공간 접근법은 Super의 이론이다. 수퍼는 개인의 진로발달과정을 자기실현 및 생애발달의 과정으로 보고, 여러 생활영역에서 개인의 진로발달을 나타내는 생애진로무지개를 제시하였다.

36

다음 중 특성 – 요인이론에 관한 설명으로 가장 적합한 것은?

① 자신이 선택한 투자에 최대한의 보상을 받을 수 있는 직업을 선택한다.
② 개인적 흥미나 능력 등을 심리검사나 객관적 수단을 통해 밝혀낸다.
③ 사회 · 문화적 환경 또는 사회구조와 같은 요인이 직업 선택에 영향을 준다.
④ 동기, 인성, 욕구와 같은 개인의 심리적 수단에 의해 직업을 선택한다.

해설

특성 – 요인이론은 개인의 특성과 직업의 성공적 요인을 합리적으로 매칭시키는 것을 중요시하는 이론으로, 심리검사와 같은 객관적 수단을 통해 흥미와 능력, 가치관 등 개인의 특성을 밝혀낸다.

37

직업발달이론에서 Parsons가 제안한 특성 – 요인이론의 핵심적인 가정은?

① 각 개인들은 객관적으로 측정될 수 있는 독특한 능력을 지니고 있으며, 이를 직업에서 요구하는 요인과 합리적인 추론을 통하여 매칭시키면 가장 좋은 선택이 된다.
② 분화와 통합의 과정을 거치면서 개인은 자아정체감을 형성해 가며, 이러한 자아정체감은 직업정체감의 형성에 중요한 기초요인이 된다.
③ 진로발달 과정은 유전요인과 특별한 능력, 환경조건과 사건, 학습경험, 과제접근기술 등의 네 가지 요인과 관계가 있다.
④ 초기의 경험이 개인이 선택한 직업에 대한 만족에 매우 중요한 요인이라고 강조하면서 개인의 성격유형과 직무 환경의 성격을 여섯 가지 유형으로 구분하고 있다.

해설

각 개인들은 객관적으로 측정될 수 있는 독특한 능력을 지니고 있으며, 이를 직업에서 요구하는 요인과 합리적인 추론을 통하여 매칭시키면 가장 좋은 선택이 된다.

38

로(Roe)의 욕구이론에 대한 설명과 가장 거리가 먼 것은?

① 가족과의 초기관계가 진로선택에 중요한 영향을 미친다.
② 로(Roe)는 성격이론과 직업분류 영역을 통합하는 데 관심을 두었다.
③ 직업과 기본욕구 만족의 관련성이 매슬로(Maslow)의 욕구위계론을 바탕으로 할 때 가장 효율적이라고 보았다.
④ 미네소타 직업평가척도에서 힌트를 얻어 직업을 7개의 영역으로 나누었다.

해설

로는 미네소타 직업평가척도(MORS ; Minnesota Occupational Rating Scales)에 기초해 직업을 8개의 장(field)으로 나누었다.

39

파슨스(Parsons)가 강조하는 현명한 직업선택을 위한 필수 요인이 아닌 것은?

① 자신의 흥미, 적성, 능력, 가치관 등 내면적인 자신에 대한 명확한 이해
② 현대사회가 필요로 하는 전망이 밝은 분야에서의 취업을 위한 구체적인 준비
③ 직업에서의 성공, 이점, 보상, 자격요건, 기회 등 직업세계에 대한 지식
④ 개인적인 요인과 직업관련 자격요건, 보수 등의 정보를 기초로 한 현명한 선택

해설

파슨스(Parsons)는 모든 사람은 자신에게 옳은 하나의 직업이 존재한다는 가정에서 출발하며 자신의 성격에 맞는 직업을 찾아야 만족하게 된다고 주장했다.

직업심리검사

2 직업심리검사의 이해

Thema 1 심리검사

(1) 의의   기출 19, 15, 13년

① 심리검사는 알아보려는 심리특성을 대표하는 행동진술문들을 표집해 놓은 측정도구이다.

② 심리적 특성을 파악하기 위해 양적 또는 질적으로 측정, 평가하는 절차이다.

③ 객관적 측정을 위해 표준화된 절차에 따라 실시한다.

시험에 이렇게 나왔다!

심리검사를 실시하는 목적 내지는 용도와 가장 거리가 먼 것은? (15년 2회)

① 예측   ② 진단
③ 분류   ④ 합리화

답 ④

(2) 심리검사의 용도   기출 13년

① 기술적 진단

② 개성 및 적성의 발견

③ 조사 및 연구

④ 미래 행동의 예측

(3) 주요 개념   기출 19, 18, 17, 16, 11, 10년

① 측정

　㉠ 일정한 규칙에 따라 대상이나 사건에 수치를 할당하는 것이다.

　㉡ 인간의 물리적 속성, 심리적 속성을 수치로 나타내는 것이다.

② 분류와 분류변인

　㉠ 분류는 측정대상을 속성에 따라 범주화하는 것이다.

　㉡ 독립변인은 분류변인과 처치변인으로 나뉘는데 이중 분류변인은 연령, 지능, 성격 등 피험자의 속성에 관한 개인차에 해당하며, 처치변인은 연구자가 통제하거나 변경시킬 수 있는 것들이다.

　㉢ 분류변인은 통제가 어렵기 때문에 내적 타당도가 낮으며 독립변인으로 사용 시 외적 타당도가 낮아진다.

시험에 이렇게 나왔다!

분류변인에 관한 설명으로 옳은 것은? (16년 2회)

① 인과성의 추론이 가능하다.
② 분류변인을 독립변인으로 사용하면 외적 타당도가 높아진다.
③ 연령, 지능, 성격특성, 태도 등과 같이 피험자의 속성에 관한 개인차 변인들을 말한다.
④ 내적 타당도가 높다.

답 ③

③ 표준화

표준화란 검사실시와 채점절차의 동일성을 유지하는 데 필요한 세부사항들을 잘 정리한 것이다. 표준화를 통해 검사에 영향을 미치는 외적 변인들을 가능한 한 제거해야 한다.

㉠ 표준화검사
- 정해진 절차에 따라 실시되고 채점된다. 즉, 모든 검사 조건이 수검자마다 동일하기 때문에 객관적이다.
- 신뢰도와 타당도가 높아 비교적 일관되고 정확히 측정할 수 있다.
- 규준집단에 비교해서 피검사자의 상대적 위치를 알 수 있다.
- 비통제적인 외부요인으로 인해 일어날 수 있는 무선적 오차를 완전히 제거하기는 어렵다.

㉡ 비표준화검사
- 기준을 갖추고 있지 않으며 검사의 실시와 채점이 주관적이다.
- 표준화검사에 비해 신뢰도와 타당도는 낮지만 수검자의 일상생활, 주관적 생각 등 표준화 검사에서 다루기 힘든 내용을 융통성 있게 다룰 수 있다.
- 규준집단에 비교하기보다는 피검사자의 고유한 특성을 파악하는 데 도움이 된다.

참고 하세요!

심리검사 표준화를 통해 검사자 변인, 채점자 변인, 실시상황 변인은 통제할 수 있지만 피검자(수검자) 변인은 통제하기 어렵다.

시험 에 이렇게 나왔다!

다음 (   )에 알맞은 심리검사 용어는? (17년 3회)

(   )란 검사의 실시와 채점 절차의 동일성을 유지하는 데 필요한 세부사항들을 잘 정리한 것을 말한다. 즉, 검사재료, 검사순서, 검사장소 등 검사실시의 모든 과정과 응답한 내용을 어떻게 점수화하는가 하는 채점차를 세부적으로 명시하는 것을 말한다.

① 일반화   ② 규준화
③ 표준화   ④ 규격화

답 ③

(1) 측정내용에 따른 분류 <small>기출 20, 18, 17, 11년</small>

① 인지적 검사

㉠ 일정한 시간 내 자신의 능력을 최대한 발휘하도록 하는 '극대수행검사'이다.

㉡ 정답이 있으며 시간제한이 있다.

㉢ 지능검사, 적성검사, 성취도검사 등이 해당한다.

- 지능검사 : 한국판 웩슬러 성인용 지능검사, 한국판 웩슬러 아동용 지능검사, 스탠포드 – 비내 지능검사 등
- 적성검사 : 일반적성검사, 차이적성검사, 특수적성검사 등
- 성취도검사 : 학업성취도검사, 표준학력검사 등

② 정서적 검사

㉠ 정서, 흥미, 태도 등을 측정하며 정직한 답변을 요구한다.

㉡ 일상생활에서의 습관적인 행동을 검토하는 '습관적 수행검사'이다.

㉢ 정답이 없으며 시간제한도 없다.

㉣ 성격검사, 흥미검사, 태도검사 등이 해당한다.

- 성격검사 : 미어스 – 브릭스 성격유형검사, 미네소타 다면적 인성검사, 캘리포니아 성격검사 등
- 흥미검사 : 직업선호도검사, 스트롱 – 캠벨 흥미검사, 쿠더 직업흥미검사 등
- 태도검사 : 직무만족도검사, 구직욕구검사 등

(2) 사용목적에 따른 분류 <small>기출 17, 16, 14, 12, 11, 09년</small>

① 규준참조검사

㉠ 개인의 점수를 다른 사람의 점수와 비교해서 상대적으로 어떤 수준인지를 알아보는 검사이다.

㉡ 규준이란 비교기준이 되는 점수를 의미한다.

㉢ 일반적으로 대부분의 심리검사가 규준참조검사이다.

㉣ 결과에 백분위, 표준점수, T점수가 있으면 대부분 규준참조검사이다.

② 준거참조검사

㉠ 검사점수를 다른 사람들과 비교하는 것이 아니라, 어떤 기준점수와 비교해서 이용하려는 검사이다.

㉡ 기준점수는 검사를 사용하는 기관, 조직의 특성, 검사의 시기, 목적 등에 따라 달라질 수 있다.

시험에 이렇게 나왔다!

다음의 설명에 해당하는 심리검사 용어는? (15년 2회)

대표 집단의 사람들에게 실시한 검사점수를 일정한 분포도로 작성한, 특정 검사점수의 해석에 필요한 기준이 되는 자료

① 규준 ② 표준
③ 준거 ④ 참조

답 ①

© 규준참조검사와 달리 규준을 갖고 있지 않으며 특정 당락점수만 가지고 있다.

② 대부분의 국가자격시험이 준거참조검사에 해당한다.

(3) 주요 질적 측정도구 [기출] 20, 19, 18, 17, 16, 15, 14, 13, 12년

① 자기효능감척도

어떤 과제를 어느 정도 수준으로 수행할 수 있는 능력을 갖추었다고 스스로 판단하는지의 정도를 측정하여 내담자가 과제를 잘 수행할 수 있는지를 과제의 난이도와 내담자의 확신도로 파악한다.

② 직업카드분류

㉠ 직업카드를 개발하고 이를 분류하는 활동이다.

㉡ 내담자의 직업에 대한 선호 및 흥미, 직업선택의 동기와 가치를 질적으로 탐색하는 방법이다.

㉢ 내담자의 가치관, 흥미, 직무기술, 라이프스타일 등의 선호형태를 측정하는 데 유용하다.

③ 직업가계도

㉠ 직업과 관련된 내담자의 가족 내 계보를 알아보는 도구로서 내담자의 고정관념, 직업의식, 직업가치, 직업선택 등에 대한 가족의 영향력을 분석하고 근본 원인을 파악한다.

㉡ 내담자의 가족이나 선조들의 직업특징에 대한 도표를 만든다. 가족치료에 활용할 수 있다.

④ 역할놀이내담자에게 가상 상황을 제시하여 취업에 필요한 면담이나 사용자와의 대화 등 다양한 영역에서 발휘되는 내담자의 사회적 기술들을 측정하기 위해 활용한다.

시험에 이렇게 나왔다!

심리검사는 다양한 기준을 적용하여 분류할 수 있다. 검사의 실시방법에 따른 분류에 해당하지 않는 것은?
(16년 3회)

① 규준참조검사와 준거참조검사
② 속도검사와 역량검사
③ 개인검사와 집단검사
④ 지필검사와 수행검사

답 ①

2 규준과 점수해석

Thema 1 대푯값과 분산

(1) 중심경향치로서의 대푯값 기출 20, 13년

① 평균
  ㉠ 집단의 모든 점수의 합을 전체 사례 수로 나눈 값이다.
  ㉡ 통계적 조작이 쉽고 가장 널리 사용된다.

② 중앙값
  ㉠ 집단의 모든 점수를 크기의 순서대로 배열했을 때 위치상 가장 중앙에 있는 값이다.
  ㉡ 중앙값을 기준으로 사례의 반이 이 점의 상위에, 나머지 반이 이 점의 하위에 위치한다.

③ 최빈값 : 집단에서 가장 자주 나오는 값이다.

시험에 이렇게 나왔다!

적성검사의 결과에서 중앙값이 의미하는 것은? (20년 4회)

① 100점 만점에서 50점을 획득하였다.
② 자신이 얻을 수 있는 최고 점수를 얻었다.
③ 적성검사에서 도달해야 할 준거점수를 얻었다.
④ 같은 또래 집단의 점수분포에서 평균 점수를 얻었다.

답 ④

> 🔍 **대푯값 구하기**
>
> • 평균
> 10, 15, 18, 21, 9, 11, 13, 23과 같이 사례 8개의 평균값을 구하는 경우 (10+15+18+21+9+11+13+23)/8=15, 즉 15가 평균이다.
>
> • 중앙값
> 7개의 사례 10, 15, 18, 21, 9, 11, 13을 크기의 순서대로 배열하면 9, 10, 11, 13, 15, 18, 21이다. 여기서 가장 중앙에 있는 값 13이 중앙값이 된다.
> 반면 10, 15, 18, 21, 9, 11, 13, 23과 같이 사례의 개수가 짝수개인 경우 크기의 순서대로 배열하면 9, 10, 11, 13, 15, 18, 21, 23에서 13과 15의 평균값, 즉 (13+15)/2=14가 중앙값이 된다.

(2) 산포도 기출 15, 14, 10년

① 범위 : 구간의 크기로서 '최댓값 − 최솟값+1'로 구한 값이다.

② 분산
  ㉠ 점수들이 서로 흩어진 정도를 의미한다.
  ㉡ 표준편차를 제곱한 값이다.

③ 표준편차
  ㉠ 각 점수들이 평균에서 얼마나 벗어났는지를 말한다.
  ㉡ 표준편차가 작을수록 집단은 동질적이며 클수록 이질적이라고 볼 수 있다.
  ㉢ 산포도 중에 가장 많이 활용된다.

시험에 이렇게 나왔다!

다음 중 표준편차가 가장 작은 것은? (15년 3회)

① 1, 5, 10, 15
② 7, 9, 10, 12
③ 3, 7, 10, 12
④ 5, 10, 15, 21

답 ②

Thema 2 표준오차와 정규분포

(1) 표준오차

기출 17, 13, 12년

① 표본의 평균이 실제 모집단의 평균과 얼마나 떨어져 있는지를 나타내는 수치이다.

② 검사의 표준오차는 검사점수의 신뢰도를 나타낸다.

③ 표준오차가 작을수록 표본의 대표성이 높기 때문에 표준오차는 작을수록 좋다.

④ 표준오차를 고려할 때 오차 범위 안의 점수 차이는 무시해도 된다. 다만, 표준오차가 너무 크다면 검사 자체가 무의미해진다.

(2) 정규분포

기출 20, 13, 10년

① 가우스분포라고도 한다.

② 사례 수가 충분할 경우 평균을 중심으로 연속적인 대칭의 종모양의 형태를 띤다.

③ 평균, 중앙값이 일치한다. 따라서 정규분포를 따르는 검사에서 규준에 비추었을 때 중앙값을 얻었다면 같은 연령집단의 점수분포의 평균점수를 얻은 것으로 볼 수 있다.

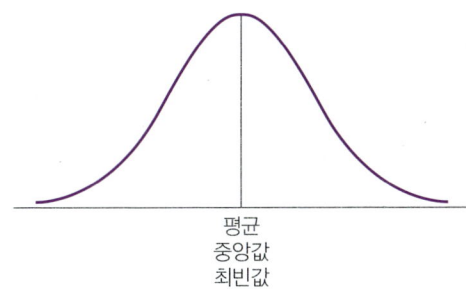

평균
중앙값
최빈값

시험 에 이렇게 나왔다!

검사 점수의 표준오차에 관한 설명을 옳은 것은?
(17년 1회)

① 검사의 표준오차는 클수록 좋다.

② 검사의 표준오차는 검사 점수의 타당도를 나타내는 수치다.

③ 표준오차를 고려할 때 오차 범위 안의 점수 차이는 무시해도 된다.

④ 검사의 표준오차는 표준편차의 다른 표현이다.

답 ③

(1) 원점수 기출 16, 07년

① 검사를 실시해 얻는 최초의 점수이다.

② 검사에 따라 원점수는 매우 다양하므로 그 자체로는 아무런 정보를 주지 못한다.

③ 서로 다른 검사의 결과를 동등하게 비교할 수 없다.

④ 척도의 종류로 볼 때 서열척도에 불과하며 등간척도가 아니다.

시험에 이렇게 나왔다!

심리검사에서 사용되는 원점수에 관한 설명으로 틀린 것은? (16년 3회)

① 그 자체로는 거의 아무런 정보를 주지 못한다.
② 기준점이 없기 때문에 특정 점수의 크기를 표현하기 어렵다.
③ 척도의 종류로 볼 때 등간척도에 불과할 뿐 사실상 서열척도가 아니다.
④ 서로 다른 검사의 결과를 동등하게 비교할 수 없다.

답 ③

> 🔍 **척도**
>
> • **명목척도** : 가장 낮은 수준의 척도로 대상 간의 차이만 구분 가능하며 대소 비교도 할 수 없다.
> • **서열척도** : 대상 간 차이의 구분과 순위관계에 대한 정보도 포함한다.
> • **등간척도** : 서열뿐만 아니라 대상 간 차이가 동일하다는 정보를 포함한다.
> • **비율척도** : 등간정보 외에 비율에 관한 정보도 포함한다. 절대영점이 존재하여 자료 간 가감승제가 가능하다.

(2) 규준 기출 19, 18, 15년

① 비교기준이 되는 점수를 의미한다.

② 다른 검사점수를 참고하여 개인점수의 상대적 위치를 앎으로써 검사 점수의 상대적인 해석이 가능하다.

③ 대표집단에서 실시한 검사 점수를 일정한 분포도로 작성하여 특정 검사 점수의 해석에 기준이 되는 자료이다.

④ 한 개인이 서로 다른 검사에서 얻은 결과를 비교할 수 있다.

(3) 백분위 점수 기출 19, 18, 12, 09, 07년

① 원점수 이하에 속하는 사례의 비율을 통해 나타내는 상대적 위치이다. 예를 들어 백분위 80은 그 점수보다 낮은 사람들이 전체의 80%를 차지한다는 의미이다.

② 특정 집단에서 차지하는 상대적 위치를 의미한다.

③ 개인의 점수를 100개의 동일한 구간에서 순위를 정한다.

④ 단순하고 직접적이며 집단 내에서 개인의 상대적인 위치를 살펴보는 데 적합하다.

시험에 이렇게 나왔다!

검사 결과로 제시되는 백분위 "95"에 관한 의미로 옳은 것은? (18년 2회)

① 검사 점수를 95% 신뢰할 수 있다는 의미이다.
② 전체 문제 중에서 95%를 맞추었다는 의미이다.
③ 내담자의 점수보다 높은 사람들이 전체의 95%가 된다는 의미이다.
④ 내담자의 점수보다 낮은 사람들이 전체의 95%가 된다는 의미이다.

답 ④

(4) 표준점수

기출 17, 15, 14, 13, 10년

① 원점수에서 평균을 뺀 후 표준편차로 나눈 값으로 평균이 0이고 표준편차가 1인 Z분포상의 점수로 변환한 점수를 의미한다.

② 개인의 점수가 평균으로부터 떨어져 있는 거리를 의미한다.

③ 원점수를 표준점수로 변환함으로써 상대적인 위치를 파악하고 검사 결과를 비교할 수 있다.

(5) 표준등급

기출 18, 16, 11년

① 스테나인 척도라고도 한다. 모든 원점수를 1~9등급으로 나눈 것이다.

② 원점수를 크기 순서로 배열한 후 각각의 구간에 일정한 점수나 등급을 부여한다.

③ 학교에서 실시하는 성취도검사나 적성검사의 점수를 정해진 범주에 집어넣어 학생들 간의 점수 차가 작을 때 생길 수 있는 지나친 확대해석을 미연에 방지할 수 있다.

표준등급	1	2	3	4	5	6	7	8	9
백분율(%)	4	7	12	17	20	17	12	7	4

시험 에 이렇게 나왔다!

표준화된 심리검사에서 표준점수에 관한 설명으로 옳은 것은? (17년 2회)

① 특정한 원점수 이하에 속하는 사례의 비율을 통해 나타내는 상대적 위치이다.
② 개인의 점수가 평균으로부터 떨어져 있는 거리이다.
③ 순차적이고 단계적인 발달의 과정이다.
④ 모집단을 대표할 수 있도록 표집한 규준집단에서의 자료이다.

답 ②

시험 에 이렇게 나왔다!

다음에 해당하는 규준은?
(16년 1회)

학교에서 실시하는 성취도검사나 적성검사의 점수를 정해진 범주에 집어넣어 학생들 간의 점수차가 작을 때 생길 수 있는 지나친 확대해석을 미연에 방지할 수 있다.

① 백분위 점수
② 표준점수
③ 표준등급
④ 학년규준

답 ③

3 신뢰도와 타당도

Thema 1 신뢰도의 개념

(1) 신뢰도 기출 19, 17, 14년

① 의의
  ⊙ 동일한 대상에 대해 같거나 유사한 측정도구를 사용하여 반복 측정할 경우 동일한 결과를 얻을 수 있는 정도를 의미한다. 즉, 일관성의 정도를 뜻한다.
  ⓛ 측정오차가 작을수록 신뢰도는 높은 경향이 있다.

② 신뢰도 계수
  ⊙ 결과의 일관성을 보여주는 값이다.
  ⓛ 0에서 1의 값을 가지며 0에 가까울수록 신뢰도는 낮으며 1에 가까울수록 신뢰도는 높다.

(2) 신뢰도에 영향을 주는 요인 기출 20, 19, 18, 15, 14, 12, 08년

① 검사문항의 수가 증가할수록 신뢰도는 증가한다.
② 문항반응 수가 적정 크기를 유지할수록 신뢰도는 증가한다.
③ 문항의 수가 많은 경우 신뢰도는 증가한다. 하지만 무작정 늘린다고 해서 정비례하여 커지는 것은 아니다.
④ 문항이 변별도가 높으면 신뢰도는 증가한다.
⑤ 개인차가 클수록 신뢰도 계수는 커진다. 개인차가 전혀 없다면 신뢰도 계수는 0이다.
⑥ 측정방법에 따라 달라질 수 있다.
⑦ 속도검사의 경우 신뢰도가 낮아질 수 있다.
⑧ 문항의 난이도가 지나치게 높거나 낮으면 신뢰도가 낮아진다.

Thema 2 신뢰도 검증 방법 ; 검사 – 재검사 신뢰도

(1) 개념

① 동일한 검사를 동일한 수검자에게 시간 간격을 두고 두 번 실시한다.

② 두 검사 점수 간의 상관계수에 의해 신뢰도를 추정하는 방법이다.

③ 신뢰도계수는 시간의 변화에 따라 얼마나 일관성이 있는지를 의미하므로 '안정성 계수'라고도 한다.

④ 오차의 근원은 시간 간격이다.

(2) 검사 – 재검사를 통해 신뢰도를 추정할 경우 충족되어야 할 조건 [기출] 16년

① 측정 내용 자체는 시간이 경과하더라도 변하지 않는다고 가정한다.

② 앞서 받은 검사의 경험이 뒤에 받은 검사에 영향을 미치지 않아야 한다.

③ 검사와 재검사 사이의 활동이 두 번째 검사에 영향을 미치지 않는다고 가정한다.

(3) 주요 단점

① 성숙효과

두 검사 사이의 간격이 너무 클 경우 측정대상의 속성이나 특성이 변화할 수 있다.

② 기억효과

두 검사 사이의 간격이 너무 짧을 경우 앞에서 답한 것을 기억해서 활용할 수 있다.

③ 반응민감성

검사를 치른 경험이 개인의 진점수를 변화시킬 수 있다.

④ 환경상의 변화

날씨, 소음, 환경 등 기타 방해요인으로 인해 두 검사결과의 차이가 발생할 수 있다.

[시험]에 이렇게 나왔다!

검사 – 재검사를 통해 신뢰도를 추정할 경우 충족되어야 할 조건이 아닌 것은?
(16년 1회)

① 두 검사가 근본적으로 측정하려 하는 영역에서 동일한 내용이 표집되어야 한다.

② 측정내용 자체는 일정 시간이 경과하더라도 변하지 않는다.

③ 점수에 영향을 미치지 않는다는 확신이 있어야 한다.

④ 어떤 학습활동이 두 번째 검사의 점수에 영향을 미치지 않는다.

[답] ①

[참고]하세요!

진점수란 심리검사를 여러 번 반복하여 실시할 경우 나타나는 전체 점수의 범위로 각 점수 간의 차이를 의미한다.

(1) 개념   기출 19, 16, 15, 14년

① 하나의 검사와 동일한 검사를 하나 더 개발해서 두 점수 간의 상관계수를 구하는 방법이다.

② 두 검사의 동등성 정도를 나타낸다는 점에서 '동등성 계수'라고도 한다.

③ 오차변량의 원인을 특정 문항의 표집에 기인한 것으로 가정한다.

④ 이미 신뢰성이 입증된 유사한 검사 점수와의 상관계수를 검토한다.

(2) 동형검사 신뢰도를 추정할 경우 충족되어야 할 조건   기출 16, 15년

① 두 검사가 근본적으로 측정하고자 하는 영역에서 동일한 내용이 표집되어야 한다.

② 두 검사의 문항형태, 문항 수, 난이도, 변별도, 문항내용, 시간제한, 구체적 설명 등이 동일해야 한다.

③ 문항 간 동질성이 높은 검사에서 적용하는 것이 좋다.

(3) 주요 단점

① 실제로 완벽한 동형검사를 제작하기 어렵다.

② 연습효과에 취약하다.

시험에 이렇게 나왔다!

오차변량의 원인을 특정 문항의 표집에 기인한 것으로 가정하는 신뢰도 계수는?
(15년 1회)

① 검사 – 재검사 신뢰도 계수
② 반분신뢰도 계수
③ 동형검사 신뢰도 계수
④ 크론바하 알파계수

답 ③

Thema 4 신뢰도 검증 방법 ; 반분 신뢰도

(1) 신뢰도의 개념

기출 18, 16, 13년

① 전체 문항 수를 반으로 나누어 두 부분이 같은 개념을 측정하는지 일치성·동질성 정도를 비교하는 방법이다.

② 한 검사를 어떤 집단에서 실시하고 그 검사 문항을 동형이 되도록 두 개의 검사로 나눈 다음 두 부분의 점수가 어느 정도 일치하는가를 상관계수를 통해 추정한다.

③ 하나의 검사로 한 번만 검사를 실시하므로 시간에 영향을 받지 않으며 비용 면에서 장점이 있다.

④ 둘로 구분된 문항이 얼마나 일관성이 있는가를 측정한다는 점에서 '내적합치도 계수'라고도 한다. 내적합치도 계수가 높으면 일관성이 높다고 볼 수 있다.

⑤ 검사 문항을 둘로 분리하기 위해 다양한 방법이 사용된다.

⑥ 반분법에 따라 신뢰도계수가 달라질 수 있다.

(2) 주요 추정 방법

기출 19, 16, 13년

① 전후반분법

  ㉠ 문항 순서에 따라 전반부와 후반부로 반분한다.

  ㉡ 문항 수가 적고 문항의 난이도가 고른 분포일 경우 적합하다.

  ㉢ 문항 수가 많거나 속도검사인 경우 또는 난이도에 따라 문항이 구성된 경우 적합하지 못하다.

② 기우양분법

  ㉠ 홀수와 짝수에 따라 반분하는 방법이다.

  ㉡ 문항 수가 많고 난이도에 따라 배열되어 있는 경우 적합하다.

  ㉢ 다른 신뢰도 추정방법에 비해 계수가 불합리하게 높게 나오는 경향이 있다.

③ 임의적 짝짓기법

  ㉠ 문항의 난이도와 문항의 총점 간의 상관계수를 토대로 반분하는 방법이다.

  ㉡ 통계치의 산포도를 작성하여 좌표상 가까이 위치한 문항끼리 짝을 지은 후 그중 한 문항을 임의로 선택한다.

(3) 주요 단점

① 문항 수와 상관계수는 비례하므로 반분하면 상관계수도 작아진다.

② 신뢰노가 낮을 경우 이질적인 문항들을 제거하거나 동질적인 문항을 개발하여 부가할 필요가 있다.

시험 에 이렇게 나왔다!

다음 중 반분신뢰도를 추정하는 방법과 가장 거리가 먼 것은? (13년 2회)

① 전후절반법
② 기우절반법
③ 짝진 임의배치법
④ 양분법

답 ④

시험 에 이렇게 나왔다!

속도 검사(Speed Test)에서 작용해서는 안되는 신뢰도는? (16년 1회)

① 검사 – 재검사 신뢰도
② 반분 신뢰도
③ 동형검사 신뢰도
④ 채점자간 신뢰도

답 ②

Thema 5 신뢰도 검증 방법 ; 문항내적합치도

(1) 개념

기출 16, 08년

① 한 검사 내의 각 문항들을 독립된 별개의 검사로 간주하고 문항들 간 일관성이나 합치성의 상관계수를 구한다.

② 한 검사에 포함된 문항들이 동질성이 있는지를 측정하고자 할 때 사용하며 '동질성 계수'라고도 한다.

③ 단일의 신뢰도 계수를 계산할 수 없는 반분법의 문제점을 고려하여 가능한 모든 반분신뢰도를 구한 다음 그 평균값을 신뢰도로 추정하는 방법이다.

(2) 주요 추정 방법

기출 18, 09년

① 크론바흐(Cronbach's) 알파계수

㉠ 문항이 세 개 이상의 보기로 구성된 검사에 사용하며 논문형, 평정형 등 이분법적으로 채점되지 않는 경우에 사용할 수 있다.

㉡ 0~1의 값을 가지며 값이 클수록 신뢰도가 높다.

② 쿠더 – 리차드슨 계수

㉠ 응답문항이 '네', '아니오' 등 두 가지일 경우 사용한다.

㉡ 문항 간 정답과 오답의 일관성을 종합적으로 추정한다.

(3) 주요 단점

① 문항의 난이도가 일정하지 않다면 신뢰도는 약해진다.

② 단일 요인이 아닌 여러 요인을 검사하는 도구라면 일관성 부족으로 인한 오차인지, 검사 내용의 이질성으로 인한 오차인지 분간하기 어렵다.

시험 에 이렇게 나왔다!

검사의 신뢰도 중의 하나인 Cronbach's α가 크다는 것이 나타내는 의미는?

(18년 3회)

① 검사 문항들이 동질적이라는 것을 의미한다.

② 검사의 예언력이 높다는 것을 의미한다.

③ 시간이 흐르더라도 검사 점수가 변하지 않는다는 것을 의미한다.

④ 검사의 채점 과정을 신뢰할 수 있다는 것을 의미한다.

답 ①

Thema 6 타당도 개념과 신뢰도와의 관계

(1) 타당도의 개념

기출 15, 12년

측정하고자 하는 개념, 속성을 실제로 측정하였는지, 얼마나 정확하게 측정하고 있는지의 정도를 의미한다.

(2) 신뢰도와 타당도의 관계

기출 20, 12년

① 타당도가 낮다고 하여 신뢰도도 낮은 것은 아니다.

② 타당도가 낮아도 신뢰도는 높을 수 있다.

③ 타당도가 높으면 신뢰도도 높다.

④ 신뢰도가 낮으면 타당도도 낮다.

⑤ 신뢰도가 높다고 하여 반드시 타당도가 높은 것은 아니다.

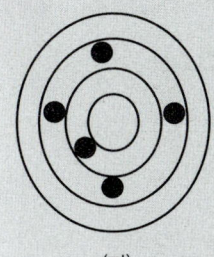 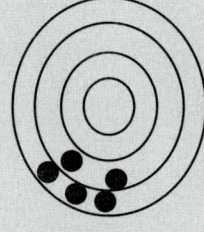 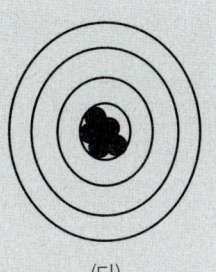

(가)   (나)   (다)

신뢰도는 일관성을 타당도는 정확성을 의미한다.

• (가)는 과녁에 꽂힌 점들이 분산되어 있어 일관성이 있지도 않으며 중앙에서 벗어나 정확하지도 않다. 따라서 신뢰도도 낮고 타당도도 낮다.

• (나)는 점들이 과녁의 같은 장소에 일관되게 꽂혀져 있으므로 일관성은 높으나 중앙에서 많이 벗어났으므로 정확성이 떨어진다. 따라서 신뢰도는 높으나 타당도는 낮다.

• (다)는 모든 점들이 과녁의 정중앙에 꽂혀져 있으므로 정확성도 높고 일관성도 높다. 따라서 신뢰도와 타당도가 모두 높다.

시험에 이렇게 나왔다!

직업상담사 자격시험 문항 중 대학수학능력을 측정하는 문항이 섞여있을 경우 가장 문제가 되는 것은? (15년 2회)

① 타당도   ② 신뢰도
③ 객관도   ④ 매력도

답 ①

참고하세요!

타당도는 신뢰도의 충분조건이며, 신뢰도는 타당도의 필요조건이다.

Thema 7 내용타당도

(1) 개념
기출 20, 19, 15, 11, 10, 09, 08, 07년

① 검사의 문항들이 그 검사가 측정하고자 하는 내용 영역을 얼마나 잘 반영하고 있는지를 의미한다.

② 논리적 사고에 입각한 논리적인 분석과정으로 판단하는 주관적 타당도이다.

③ 본질적으로 해당 분야 전문가의 판단에 의존한다.

④ 객관적인 자료에 근거하지 않으므로 타당도 계수를 산출하기 어렵다.

⑤ 성취도검사의 타당도를 평가하는 방법으로 많이 사용된다.

(2) 안면타당도(액면타당도)
기출 20, 19, 11, 08, 07년

① 내용타당도와 마찬가지로 검사의 문항들이 측정하고자하는 내용대로 실제로 측정하고 있는가 하는 것이다.

② 내용타당도는 전문가의 판단에 의존하지만 안면타당도는 일반인의 일반적인 상식에 준하여 분석한다.

③ 검사를 받는 사람들에게 그 검사가 타당한 것처럼 보이는가를 뜻한다.

시험 에 이렇게 나왔다!

타당도에 관한 설명으로 틀린 것은? (20년 1 · 2회)

① 안면타당도는 전문가가 문항을 읽고 얼마나 타당해 보이는지를 평가하는 방법이다.

② 검사의 신뢰도는 타당도 계수의 크기에 영향을 준다.

③ 구성타당도를 평가하는 방법으로 요인분석 방법이 있다.

④ 예언타당도는 타당도를 구하는데 시간이 많이 걸린다는 단점이 있다.

답 ①

Thema 8 준거타당도

(1) 개념

기출 17, 16, 15, 14, 13, 11, 10년

① 특정 준거에 근거해 어느 정도 관련성이 있는지를 확인한다.

② 이미 전문가가 만들어 놓은 신뢰도와 타당도가 검증된 측정도구에 의한 측정결과를 준거로 활용한다.

③ 검사와 준거 간의 상관관계를 분석해서 타당도를 확인한다.

④ 경험적 근거에 의해 타당도를 확인한다.

⑤ '준거관련타당도', '기준타당도'라고도 한다.

(2) 예언타당도(예측타당도)

기출 17, 16, 15년

① 검사의 점수를 가지고 다른 준거점수들을 얼마나 잘 예측해 낼 수 있는가 하는 정도를 의미한다.

② 미래행동에 대한 예측으로 새로 개발한 검사점수와 미래에 그 사람이 실제로 수행을 할 때의 수행수준 간의 상관 정도에 의해 결정된다.

③ 타당도 중에서 수치로 나타낼 수 있다.

(3) 동시타당도(공인타당도)

① 기존에 타당성을 인정받고 있는 검사와 새로 만든 검사 간의 상관관계에 의해 결정된다.

② 새로 개발되는 검사가 기존의 검사와 상관관계가 높다면 새로 개발되는 검사가 높은 타당도를 갖는다고 결론지을 수 있다.

시험 에 이렇게 나왔다!

한 검사에서의 점수와 나중에 그 사람이 실제로 직무를 수행할 때의 수행수준 간 관련성이 높을 때 그 검사는 어떤 타당도가 높다고 하는가?

① 구성타당도
② 내용타당도
③ 예언타당도
④ 동시타당도

답 ③

Thema 9 구성타당도

(1) 개념

기출 12년

① 검사가 추상적 개념인자들을 제대로 측정하고 있는 정도를 나타낸다.

② 적성, 흥미, 동기, 성격 등 객관적 관찰이 어려운 추상적인 개념을 얼마나 잘 측정하는지를 나타낸다.

③ 추상적 구성개념들을 관찰 가능한 행동 표본들로 구성한 것으로서 행동 표본들이 실제 그 검사로 측정하고자 하는 구성개념을 잘 반영하였는가 하는 것이다.

④ 계량적 방법에 의해 검증되며 과학적, 객관적이다.

⑤ '구인타당도', '개념타당도'라고도 한다.

(2) 수렴타당도(집중타당도)

기출 17, 10년

① 어떤 검사가 측정하고자 하는 개념과 관계있는 문항들의 상관관계를 보는 것이다.

② 검사의 결과가 이론적으로 관련이 있는 속성과 높은 상관이 있는지를 측정한다. 상관계수가 높을수록 타당도가 높다.

(3) 변별타당도(판별타당도)

① 어떤 검사가 측정하고자 하는 개념과 관계없는 문항들의 상관관계를 보는 것이다.

② 검사의 결과가 이론적으로 관련이 없는 속성과 낮은 상관이 있는지를 측정한다. 상관계수가 낮을수록 타당도가 높다.

(4) 요인분석법

기출 18, 16, 14년

검사문항이나 변인들 간의 상관관계를 분석해서 상관이 높은 문항이나 변인들을 묶어주는 통계적 방법이다.

시험에 이렇게 나왔다!

어떤 검사가 측정하고 있는 것이 이론적으로 관련이 깊은 속성과는 실제로 높은 상관계를 보이고, 관계가 없는 것과는 낮은 상관관계를 보이는 타당도는 어떤 것인가? (17년 3회)

① 준거관련 타당도
② 동시타당도
③ 수렴 및 변별 타당도
④ 예언타당도

답 ③

---

4 주요 심리검사

기출 19, 18, 16, 10년

Thema 1 심리검사 문항 난이도의 수준

(1) 난이도 지수

① 전체 응답자 중 특정 문항을 맞힌 사람들의 비율 P로 표시한다.

② $P = \dfrac{R}{N} \times 100$

③ R : 어떤 문항에 정답을 한 수

④ V : 총 사례 수

(2) 난이도의 수준

① P는 0.00~1.00 사이의 값을 가지며 지수가 높을수록 쉬운 문항이다.

② 문항이 너무 어렵거나 너무 쉬우면 검사 점수의 변량이 낮아져 검사의 신뢰도나 타당도가 낮아진다.

③ $P = 0.50$일 때 검사 점수의 분산도가 최대가 된다.

④ 문항의 난이도는 0.50이 바람직하나 각 문항들의 난이도를 모두 0.50으로 만들기는 어려울뿐더러 0.50으로 만들 필요는 없다. 평균값이 0.50이 되도록 검사를 구성하면 좋다.

⑤ 정답이 있는 사지선다형의 문항분석에서 주로 사용된다.

시험 에 이렇게 나왔다!

문항 난이도에 관한 설명으로 틀린 것은? (16년 3회)

① 문항 난이도 지주는 전체 응답자 중 특정 문항을 맞춘 사람들의 비율로서 0.0에서 1.0의 값을 갖는다.

② 문항이 어려울수록 검사점수의 변량이 낮아져서 검사의 신뢰도가 낮아진다.

③ 문항의 난이도가 0.5일 때 검사점수의 분산도가 최대가 된다.

④ 문항 난이도 지수가 높을수록 어려운 문제이다.

답 ④

---

(1) 해석 및 통보 시 유의사항
기출 20, 16, 15, 12, 09년

① 해석에 대한 내담자의 반응을 고려한다.

② 내담자에게 결과를 이야기할 때 가능한 이해하기 쉬운 언어를 사용한다.

③ 내담자의 방어를 최소화하기 위해 중립적이고 무비판적인 자세를 견지한다.

④ 상담자의 주관적 판단은 배제하고 검사점수에 대하여 중립적인 입장을 취한다.

⑤ 검사점수를 직접적으로 말해주기보다는 내담자의 진점수의 범위를 말해주는 것이 좋다.

⑥ 상담자가 일방적으로 해석하기보다 내담자 스스로 생각해서 자신의 진로를 결정하도록 도와주어야 한다.

⑦ 객관적이고 표준화된 자료를 활용하여 설명해준다.

⑧ 검사가 측정하는 것이 무엇인지, 측정하지 않는 것이 무엇인지 명확히 제시해준다.

⑨ 기계적으로 전달하지 않으며 해석과 설명을 함께 전달한다.

⑩ 내담자가 도출된 결론을 오해하지 않도록 주의한다.

⑪ 검사결과의 통보에 따른 정서적 반응까지 고려한다.

(3) 윤리적 문제와 관련한 유의사항
기출 14, 08년

① 목적과 절차를 충분히 설명해야 한다.

② 새로운 기법을 개발하고 표준화할 때 기존의 과학적 절차를 충분히 따라야 한다.

③ 신뢰도, 타당도에 관한 모든 제한점을 지적한다.

④ 평가 결과가 시대에 뒤떨어질 수 있음을 인정한다.

⑤ 적절한 훈련이나 교습, 감독을 받지 않은 사람들이 심리검사 기법을 자유롭게 이용하지 않도록 한다.

시험 에 이렇게 나왔다!

심리검사 해석 시 주의사항으로 틀린 것은? (20년 3회)

① 검사결과를 내담자에게 이야기해 줄 때 가능한 한 이해하기 쉽게 해주어야 한다.

② 내담자에게 검사의 점수보다는 진점수의 범위를 말해주는 것이 좋다.

③ 검사결과를 내담자와 함께 해석하는 것은 검사전문가로서는 해서는 안 되는 일이다.

④ 내담자의 방어를 최소화하기 위해 상담자는 중립적이고 무비판적이어야 한다.

답 ③

Thema 3 지능검사

(1) 한국판 웩슬러 성인용 지능검사(K − WAIS ; Korean Wechsler Adult Intelligence Scale)

기출 19, 18, 17, 15, 13, 12, 11, 09, 08, 07년

① 인지적 검사로 인지적 능력수준과 인지기능의 특성을 파악할 수 있다.

② 반응 양식이나 검사행동 양식으로 개인의 독특한 심리 특성을 파악할 수 있다.

③ 신뢰도와 타당도가 높은 편이다.

④ 평균 100, 표준편차 15를 적용한다.

⑤ 내담자의 직무능력을 언어성 능력과 동작성 능력으로 구분하여 분석하며 11개의 하위검사로 구성되어 있다.

    ㉠ 언어성 검사

      • 조직화된 경험과 지식에 바탕을 둔다.

      • 기본지식, 숫자외우기, 산수문제, 공통성문제, 이해문제, 어휘문제

    ㉡ 동작성 검사

      • 비교적 덜 조직화되어 있으면서 보다 즉각적인 문제해결능력을 요구한다.

      • 빠진 곳 찾기, 차례 맞추기, 토막 짜기, 모양 맞추기, 바꿔 쓰기

(2) 유동성 지능과 결정성 지능

기출 18, 15, 11년

① 성인기에 지능이 쇠퇴한다고 단정지었던 과거의 관점을 수정한 이론이다.

② 인간의 지능을 '유동성 지능'과 '결정성 지능'으로 구분하였다.

    ㉠ 유동성 지능

      • 개인의 선천적 지능이다.

      • 약 14세까지는 발달되다가 정상적인 노화나 뇌손상 등에 의해 감소한다.

      • 익숙지 않은 자극에 직면할 때 즉각적인 적응력과 융통성을 활용하여 문제를 해결하는 능력이다.

    ㉡ 결정성 지능

      • 훈련, 교육, 문화적 자극 등을 통해 개발된 지적 능력이다.

      • 경험과 학습에 의해 계속 발달하며 학업성취력의 기초가 된다.

      • 환경에 따라 40세까지 혹은 그 이후에도 발달이 가능하다.

참고 하세요!

언어성 검사 중 기본지식, 공통성문제, 이해문제, 어휘문제는 결정성 지능과 관련이 있다.

시험 에 이렇게 나왔다!

K − WAIS의 동작성 검사에 해당되지 않는 것은?
(17년 2회)

① 바꿔쓰기
② 토막짜기
③ 공통성 찾기
④ 빠진 곳 찾기

답 ③

Thema 4 성격검사

(1) 성격 5요인 검사

기출 20, 16, 15, 12, 11, 09, 07년

① 골드버그(Goldberg)에 의해 기존의 성격 5요인이 새롭게 발전되었다.

② 코스타(Costa)와 맥크레이(McCrae)는 성격 5요인을 기반으로 NEO인성검사를 개발하였다.

③ 이상자(異常者)의 진단, 학교에서의 부적응, 문제아의 발견, 진로 자료, 사원 채용과 배치 등에서 널리 이용된다.

④ 성격 5요인 검사의 5가지 차원은 다음과 같다.

ㄱ 외향성

타인과의 상호작용을 원하고 타인의 관심을 끌고자 하는 정도

ㄴ 호감성

타인과 편안하고 조화로운 관계를 유지하는 정도

ㄷ 성실성

사회적 규칙, 규범, 원칙 등을 기꺼이 지키려는 정도

ㄹ 정서적 불안정성

정서적으로 얼마나 안정되어 있는지의 정도

ㅁ 경험에 대한 개방성

세계에 대한 관심 및 호기심, 다양한 경험에 대한 추구 및 포용성의 정도

(2) 마이어스 – 브릭스 성격유형검사(MBTI ; Myers – Briggs Type Indicator)

기출 18, 16, 10, 09년

① 융(Jung)의 분석심리학에 의한 심리유형론을 토대로 자기보고식의 강제선택검사이다.

② 내담자가 선호하는 작업역할, 기능, 환경을 찾아내는 데 유용하다.

③ 4가지 양극차원으로 분류할 수 있다.

ㄱ 외향형(E)/내향형(I)

ㄴ 감각형(S)/직관형(N)

ㄷ 사고형(T)/감정형(F)

ㄹ 판단형(J)/인식형(P)

시험에 이렇게 나왔다!

성격 5요인(Big - 5) 검사의 하위요인으로 틀린 것은?
(16년 1회)

① 성실성
② 정서적 개방성
③ 외향성
④ 호감성

답 ②

시험에 이렇게 나왔다!

다음 내용을 다룬 검사는?
(16년 3회)

• 외향성과 내향성
• 사고와 감정
• 감각과 직관
• 판단과 인식

① GATB
② VPT
③ CPI
④ MBTI

답 ④

(3) 미네소타 다면적 인성검사(MMPI ; Minnesota Multiphasic Personality Inventory) 기출 16, 14, 10년

① 정신건강에 문제가 있는 사람을 측정하고 구별하기 위해 사용하는 자기보고식 검사이다.

② 정신과적 진단분류를 위한 검사이지만 성격특성에 관한 유추도 어느 정도 가능하다.

③ 실제 환자들의 반응을 토대로 경험적 제작방법에 의해 만들어졌다.

④ 검사태도를 측정하는 4가지 타당도 척도와 비정상행동을 측정하는 10가지 임상척도로 구성된다.

 ㉠ 타당도 척도

  • ?척도 : 무반응문항과 '예', '아니오' 모두 대답한 문항을 합하여 태도 측정

  • L척도 : 좋게 보이기 위한 고의적, 부정적 시도 측정

  • F척도 : 비전형적인 방식으로 응답하는 일반적인 생각이나 경험과 다른 정보 측정

  • K척도 : 정신적인 장애를 지니면서도 정상적인 프로파일을 보이는 사람 식별

 ㉡ 임상척도

  • 건강염려증(척도1)

  • 우울증(척도2)

  • 히스테리(척도3)

  • 반사회성(척도4)

  • 남성성 - 여성성(척도5)

  • 편집증(척도6)

  • 강박증(척도7)

  • 정신분열증(척도8)

  • 경조증(척도9)

  • 내향성(척도0)

시험 에 이렇게 나왔다!

정신건강에 문제가 있는 사람을 측정하고 구별하기 위해 사용하는 검사는?
(16년 2회)

① MBTI
② MMPI
③ 16PFI
④ CPI

답 ②

(1) 직업적성검사의 의의 [기출] 19년

① 개인이 맡은 특정 직무를 성공적으로 수행할 수 있는지 측정한다.

② 어떤 직업에서 얼마만큼 성공할 수 있을지 예측할 수 있다.

③ 적성이란 개인에게 요구되는 특수한 능력이나 잠재력을 의미하며 지능과 구분된다.

(2) 검사의 구성 [기출] 15, 14, 10년

① 미국에서 개발한 검사를 토대로 표준화한 것으로서 여러 특수검사를 포함하고 있다.

② 15개의 하위검사를 통해 9가지 분야의 적성을 측정할 수 있다. 15개의 직무군을 제공하며 9가지 영역으로 구분한다.

③ 15개의 하위검사 중 11개는 지필검사이고 4개는 기구를 사용하는 수행검사이다.

④ 타당도에 대한 증거가 미흡하다.

(3) 적성 내용 [기출] 20, 18, 15, 11년

① 형태지각

실물이나 도해 또는 표에 나타나는 것을 세부까지 바르게 지각하는 능력

② 사무지각

문자나 인쇄물, 전표 등의 세부를 식별하는 능력

③ 운동반응

눈과 손 또는 눈과 손가락을 함께 사용하여 빠르고 정확하게 운동할 수 있는 능력

④ 공간적성

공간상의 형태를 이해하고 평면과 물체의 관계를 이해하는 능력

⑤ 언어능력

언어의 뜻과 함께 그와 관련된 개념을 이해하고 사용하는 능력

⑥ 수리능력

신속하고 정확하게 계산하는 능력

⑦ 손의 재치

손을 마음대로 정교하게 조절하는 능력

[시험] 에 이렇게 나왔다!

다음에서 설명하고 있는 검사는? (15년 1회)

• 미국에서 개발한 검사를 토대로 표준화한 것으로서 여러 특수검사를 포함하고 있다.
• 11개의 지필검사와 4개의 기구검사로 구성되어 있으며, 이를 하위검사들을 조합해서 모두 9개의 적성을 검출해 내도록 되어있다.

① GATB 검사
② MBTI 검사
③ 직업선호도 검사
④ MMPI 검사

[답] ①

⑧ 손가락의 재치

　　손가락을 정교하고 신속하게 움직이는 능력

⑨ 지능

　　일반적인 학습능력 및 원리이해 능력, 추리, 판단하는 능력

(4) 검출되는 적성 요인

기출 18, 16, 15, 14, 10, 09년

하위검사	적성	측정방식
기구대조검사	형태지각	지필검사
형태대조검사	형태지각	지필검사
명칭비교검사	사무지각	지필검사
타점속도검사	운동반응	지필검사
표식검사	운동반응	지필검사
종선기입검사	운동반응	지필검사
평면도판단검사	공간적성	지필검사
입체공간검사	공간적성, 지능	지필검사
어휘검사	언어능력, 지능	지필검사
산수추리검사	수리능력, 지능	지필검사
계수검사	수리능력	지필검사
환치검사	손의 재치	수행검사
회전검사	손의 재치	수행검사
조립검사	손가락의 재치	수행검사
분해검사	손가락의 재치	수행검사

시험 에 이렇게 나왔다!

일반적성검사(GATB)에서 측정하는 직업적성이 아닌 것은? (15년 2회)

① 손가락 정교성
② 언어적성
③ 사무지각
④ 과학적성

답 ④

시험 에 이렇게 나왔다!

GATB 직업적성검사의 하위검사 중에서 둘 이상의 적성을 검출하는 데 이용되는 검사가 아닌 것은? (16년 1회)

① 입체공간검사
② 어휘검사
③ 산수추리검사
④ 기구대조검사

답 ④

(1) 직업흥미검사의 주요 종류 〔기출〕19, 18, 11, 10, 07년

① 스트롱(Strong) 방식

기존 직업인들의 직업선호도와 개인의 직업선호도의 일치 정도를 판단한다.

② 쿠더(Kuder) 방식

특정 직업군에서 나타나는 동질적 내용의 활동들을 토대로 개인의 직업선호도를 판단한다.

③ 홀랜드(Holland) 방식

사람들의 성격과 직업 활동의 유형을 분석한다.

(2) Strong 직로탐색검사 〔기출〕17, 11년

① 직업성숙도검사와 직업흥미검사로 구성되어 있다.

㉠ 직업성숙도검사 : 진로정체감, 가족일치도, 진로준비도, 진로합리성, 정보습득률 등 파악

㉡ 직업흥미검사 : 여가활동, 능력, 성격특성 등에 대한 문항을 통해 흥미유형을 포괄적으로 파악

② Strong 직업흥미검사

미국의 스트롱 흥미검사의 한국판으로서 개인의 흥미영역 세분화에 초점을 둔다.

㉠ 일반직업분류 : 홀랜드의 6가지 유형으로 구성되어 있으며, 흥미영역에 대한 포괄적인 정보 제공

㉡ 기본흥미척도 : 일반직업분류를 특정한 흥미들로 세분화한 흥미평가 제공

㉢ 개인특성척도 : 업무유형, 학습, 리더십, 모험심 등의 유형들에 대한 개인의 선호도 측정

[시험]에 이렇게 나왔다!

Strong 검사에 대한 설명으로 옳은 것은? (17년 2회)

① 기본흥미척도(BIS)는 Holland의 6가지 유형을 제공한다.
② Strong 진로탐색검사는 진로성숙도 검사와 직업흥미검사로 구성되어 있다.
③ 업무, 학습, 리더십, 모험심을 알아보는 기본흥미척도(BIS)가 포함되어 있다.
④ 개인특성척도(BSS)는 일반직업분류(GOT)의 하위척도로서 특정 흥미분야를 파악하는 데 도움이 된다.

[답] ②

(3) 직업선호도검사(VPI ; Vocational Preference Inventory)

기출 16, 15, 14, 13, 12, 10, 09년

① 홀랜드의 모형을 기초로 개발된 검사로서 직업 활동에 대한 선호도를 측정한다.

② 직업흥미유형을 현실형, 탐구형, 예술형, 사회형, 진취형, 관습형으로 구성하였다.

③ 개인에게 적합한 직업선정이 목표이다.

④ 검사결과에 반영되지 않은 자신의 능력, 적성, 가치관 등을 함께 고려하여 진로를 결정해야 한다.

⑤ 워크넷 제공 직업선호도검사는 L형과 S형으로 구분된다.

　⑦ L(Long)형

　　직업흥미검사, 성격검사, 생활사검사로 구성된다.

직업흥미검사	홀랜드 모형을 기초로 현실형, 탐구형, 예술형, 사회형, 진취형, 관습형으로 분류하여 개인이 적합한 직업을 선정할 수 있도록 돕는다.
성격검사	일상생활 속에서의 개인의 성향을 측정하는 것으로서 5가지 요인(외향성, 호감성, 성실성, 정서적 불안정성, 경험에 대한 개방성)으로 분류한다.
생활사검사	직업선택 시 고려될 수 있는 개인의 과거나 현재의 생활특성을 검사하는 것으로서 개인의 생활특성을 9가지 요인(대인관계지향, 독립심, 가족친화, 야망, 학업성취, 예술성, 운동선호, 종교성, 직무만족)으로 분류한다.

　ⓛ S(Short)형

　　직업흥미검사로만 구성되며 가장 많이 활용되는 홀랜드의 흥미이론을 기초로 한다.

시험에 이렇게 나왔다!

직업선호도 검사에 관한 설명으로 틀린 것은? (16년 1회)

① 직업흥미검사, 성격검사, 생활사검사로 구성되어 있다.

② 직업흥미검사는 Holland의 모형을 기초로 개발한 검사이다.

③ 생활사검사는 개인의 과거 또는 현재의 생활특성을 파악한다.

④ 직업흥미유형을 크게 현실형, 사회형, 탐구형, 예술형, 인내형, 진취형으로 구분한다.

답 ④

(1) 진로성숙의 개념

① 진로성숙이란 자기주도적 진로탐색에서 요구되는 능력과 태도, 행동 등으로서 자신의 진로계획과 진로선택을 통합·조정해 나아가는 발달단계의 연속이다.

② 자아의 이해, 일과 직업세계의 이해를 토대로 한다.

③ 각 단계마다 수행해야 할 발달과업이 있는데 이러한 발달과업의 인지 및 수행 여부를 파악하고 이를 통해 다음 단계로의 발달을 촉진 및 이해하는 데 중요한 조건으로 간주된다.

(2) 진로성숙도검사(CMI ; Career Maturity Inventory)

기출 19, 17, 16, 15, 14, 13, 11, 08, 07년

① 진로탐색 및 선택에 있어 태도와 능력이 얼마나 발달하였는지를 측정하는 표준화된 진로발달 검사도구이다.

② 크라이티스(Crites)가 개발하였다.

③ 태도척도와 능력척도로 구성된다.

　㉠ 태도척도

　　• 진로 결정성 : 선호하는 진로의 방향에 대한 확신의 정도(예 나는 선호하는 진로를 자주 바꾸고 있다)

　　• 참여도 : 진로선택 과정에 능동적으로 참여하는 정도(예 나는 졸업할 때까지는 진로선택 문제에 별로 신경을 쓰지 않겠다)

　　• 독립성 : 진로선택을 독립적으로 할 수 있는 정도(예 나는 부모님이 정해 주시는 직업을 선택하겠다)

　　• 지향성 : 진로결정에 필요한 사전 이해와 준비의 정도(예 일하는 것이 무엇인지에 대해 생각한 바가 거의 없다)

　　• 타협성 : 진로선택 시 욕구와 현실에 타협하는 정도(예 나는 하고 싶기는 하나, 할 수 없는 일을 생각하느라 시간을 보내곤 한다)

　㉡ 능력척도

　　• 자기평가 : 자신의 흥미, 성격 등을 명확히 이해하는 능력

　　• 직업정보 : 자신의 관심 분야의 직업세계에 대한 정보의 획득 및 분석 능력

　　• 목표선정 : 자신의 정보와 직업세계의 연결을 통한 합리적인 직업목표의 선정 능력

• 계획 : 자신의 직업목표를 달성하기 위한 실제적 계획 능력
• 문제해결 : 진로선택이나 의사결정과정에서 부딪히는 다양한 문제들을 해결하는 능력

(3) 진로발달검사(CDI ; Career Development Inventory) 기출 13, 11, 07년

① 수퍼(Super)의 진로발달의 이론적 모델에 근거하였다.
② 진로발달 및 직업성숙도, 진로결정을 위한 준비도, 경력관련 의사결정에 대한 참여 준비도 등을 측정한다.
③ 8개의 하위척도로 구성되어 있다.
  ㉠ CP(Career Planning) : 진로계획
  ㉡ CE(Career Exploration) : 진로탐색
  ㉢ DM(Decision Making) : 의사결정
  ㉣ WW(Word of Work Information) : 일의 세계에 대한 정보
  ㉤ PO(Knowledge of Preferred Occupational group) : 선호직업군에 대한 지식
  ㉥ CDA(Career Development Attitude) : 진로발달태도
  ㉦ CDK(Career Development Knowledge and skills) : 진로발달 지식과 기술
  ㉧ COT(Career Orientation Total) : 총체적 진로성향

시험 에 이렇게 나왔다!

심리검사에 관한 설명으로 옳은 것은? (16년 2회)
① CMI는 태도척도와 능력척도로 구성되며 진로선택 내용과 과정이 통합적으로 반영되었다.
② MBTI는 외향성 · 호감성 · 성실성 · 정서적 불안정성 · 경험개방성의 5요인으로 구성되어 있다.
③ MMPI에서 한 하위척도의 점수가 70이라는 것은 규준집단에 비추어볼 때 평균보다 한 표준편차 아래인 것을 의미한다.
④ 진로발달 검사의 경우 인간이 가진 보편적인 경향성을 측정하는 것이므로 미국에서 작성된 기존 규준을 우리나라에서 그대로 사용해도 무방하다.

답 ①

직업심리검사 연습문제

01

심리검사 중 질적 측정도구에 해당하지 않는 것은?

(18년 1회)

① 역할 놀이　　　② 제노그램
③ 카드 분류　　　④ 경력진단 검사

해설

경력진단 검사는 양적 측정도구에 해당되며 주요 경력진담검사로 경력결정검사, 경력태도검사, 경력개발검사 등이 있다.

02

일반적성검사(GATB)에 관한 설명으로 가장 적합한 것은?

① 2~3개 적성분야를 조합해서 15개의 직무군을 제공한다.
② 현재 국내의 GATB는 미국의 것을 토대로 했으며 타당화가 잘 되어 있다.
③ 하위검사에 지필검사는 포함되어 있지 않다.
④ 15개의 지필검사로 이루어져 있다.

해설

② 타당도에 대한 증거가 미흡하다.
③, ④ 15개의 하위검사 중 11개는 지필검사이고 4개는 기구를 사용하는 수행검사이다.

03

검사 – 재검사법을 이용한 신뢰도 측정에 대한 설명과 가장 거리가 먼 것은?

① 시간 간격이 너무 클 경우 측정대상의 속성이나 특성이 변화할 수 있다.
② 반응민감성의 영향으로 검사를 치르는 경험이 후속 반응에 영향을 줄 수 있다.
③ 앞에서 답한 것을 기억해서 뒤의 응답 시 활용할 수 있다.
④ 문항 간의 동질성이 높은 검사에서 적용하는 것이 좋다.

해설

동형검사 신뢰도에 대한 설명이다.

04

타당도 중에서 수치(예 타당도 계수)로 나타낼 수 있는 것은?

① 예언타당도
② 내용타당도
③ 구성타당도
④ 안면타당도

해설

예언타당도는 타당도 중에서 수치로 나타낼 수 있는 타당도이다.

05

검사의 신뢰도에 영향을 주는 요인과 가장 거리가 먼 것은?

(18년 1회)

① 개인차　　　② 문항수
③ 규준집단　　　④ 문항에 대한 반응수

해설

신뢰도는 측정도구가 측정하고자 하는 현상을 일관성 있게 측정하는 능력을 말한다. 측정의 오차가 적을수록 신뢰도는 높은 경향이 있다. 신뢰도 계수에 영향을 미치는 요인에는 개인차, 검사 문항의 수, 문항에 대한 반응 수, 신뢰도 측정방법 등이 있는데, 검사 문항의 수가 증가할수록 신뢰도는 증가하고 문항의 난이도가 지나치게 높거나 낮은 경우에는 신뢰도가 낮아진다. 또한 신뢰도 계수는 문항반응 수가 적정한 크기를 유지할 때 커진다.

06

표준화 검사의 특징으로 틀린 것은? (18년 2회)

① 검사의 실시와 채점이 객관적이다.
② 체계적 오차와 무선적 오차가 없다.
③ 신뢰도와 타당도가 비교적 높다.
④ 규준집단에 비교해서 피검사자의 상대적 위치를 알 수 있다.

해설

표준화는 검사의 실시와 채점 절차의 동일성을 유지하는 데 필요한 세부사항들을 잘 정리한 것을 말한다. 표준화는 검사 결과에 영향을 미치는 외적 변수들을 가능한 한 제거하는 것을 목표로 한다.

07

내담자의 직무능력을 언어능력과 동작성 능력으로 구분하여 분석하는 대표적인 검사는?

① 비문자형 종합검사(NATB)
② 웩슬러 성인용 지능검사(WAIS – Ⅲ)
③ FQ(Finger – Function Quotient)검사
④ 수정베타 검사법(제2판)

해설

웩슬러 성인용 지능검사(WAIS – Ⅲ)는 언어성 능력과 동작성 능력으로 구분하여 분석하는 대표적인 검사이다.

08

심리검사의 문항분석에 대한 설명으로 옳은 것은?

① 문항난이도 분석은 전체의 피검사 수를 답을 맞힌 피검사의 수로 곱한 것이다.
② 문항난이도 지수는 0.00에서 1.00의 범위 내에 있으며, 1.0은 모든 피검자가 답을 맞히기 쉬운 문항을 가리킨다.
③ 문항의 변별도 분석은 하위점수 피검자 수에서 상위점수 피검자 수를 뺀 다음 양 집단의 피검자 수로 나눈 것이다.
④ 문항변별도 분석은 하나의 검사가 단일한 구성개념이나 속성을 평가하고자 히는 목적이 달성정도를 검토할 때 사용한다.

해설

② 전체 응답 중 특정 문항을 맞춘 사람들의 비율을 말하며 0.00~ 1.00의 범위 내에 있다. 문항 난이도 지수가 높을수록 쉬운 문제이고, 문항이 어려울수록 검사의 신뢰도가 낮다.
① 문항난이도 분석은 전체의 피검자 수를 답을 맞힌 피검사의 수로 나눈 것이다.

09

검사실시에 영향을 미치는 외적 변수들을 최소화하는 것이 목표인 것은? (18년 2회)

① 타당화
② 표준화
③ 신뢰화
④ 규준화

해설

표준화 검사는 검사 실시에 영향을 미치는 외적변수들을 최소화하는 것을 목표로 한다. 즉, 검사재료, 시간제한, 검사순서, 검사장소 등 검사실시의 모든 과정과 응답한 내용을 어떻게 점수화하는지에 대한 채점절차를 세부적으로 명시하는 것을 말한다.

10

다음 중 직업에 관련된 흥미를 측정하는 직업흥미검사가 아닌 것은?

① Strong Interest Inventory
② Vocational Preference Inventory
③ Kuder Interest Inventory
④ California Psychological Inventory

해설

캘리포니아 성격검사는 일반인의 심리적 특성을 이해하기 위해 제작된 것으로서 4개의 척도군과 20개의 하위척도를 포함한 성격검사이다. 직업흥미검사는 홀랜드(Holland)의 모형을 기초로 개발된 검사로 개인이 어떤 직업에 흥미와 관심이 있고 그 분야에서 성공할 가능성이 있는지 예측해 주는 검사이다. 시간상 제약이 있을 경우에는 직업흥미검사만으로도 직업선정이 가능하다.

11

다음에 해당하는 규준은? (18년 3회)

> 학교에서 실시하는 성취도검사나 적성검사의 점수를 정해진 범주에 집어넣어 학생들 간의 점수차가 작을 때 생길 수 있는 지나친 확대 해석을 미연에 방지할 수 있다.

① 백분위 점수   ② 표준점수
③ 표준등급   ④ 학년규준

해설

③ 표준등급은 9등급이라고도 하며 원 점수를 1∼9등급까지의 범주로 나누는 것이다.
① 원점수를 백분율로 표시한 점수로 한 개인의 상대적 위치를 알 수 있다.
② 원점수를 표준점수로 변환, 분포의 표준편차를 이용하여 원점수가 평균으로부터 벗어난 거리를 표시한다.

12

어떤 사람의 심리검사 점수가 다른 사람과 비교하여 어느 위치에 있는지 알기 위해서 일반적으로 T점수로 변환하는데, 이러한 T점수의 평균과 표준편차는?

① 평균 0, 표준편차 1
② 평균 50, 표준편차 10
③ 평균 10, 표준편차 5
④ 평균 100, 표준편차 50

해설

T점수는 원점수를 평균 50, 표준편차 10으로 하는 점수분포로 변환한 점수이다.

13

한 연구자가 검사를 개발한 후 요인분석을 통해 그 검사가 검사개발의 토대가 된 이론을 잘 반영하는지를 확인하였다. 이 과정은 무엇을 확인하기 위한 것인가?

① 내용(content)타당도
② 동시(concurrent) 타당도
③ 준거(criterion − related)타당도
④ 구성(construct)타당도

해설

구성타당도는 검사가 해당 이론적 개념의 구성인자들을 제대로 측정하고 있는지를 정도를 나타나는데 객관적 관찰이 어려운 추상적 개념을 얼마나 잘 측정하는지를 나타내준다.

14

직업적성검사(GATB)에서 사무지각적성(Clerical Perception)을 측정하기 위한 검사는? (18년 3회)

① 표식검사
② 계수검사
③ 명칭비교검사
④ 평면도 판단검사

해설

명칭비교검사는 사무직각적성의 하위검사로 이는 잘못된 문자나 숫자를 교정하고 대조하는 능력, 직관적인 인지능력의 정확도나 비교하고 판별하는 능력을 말한다.

15

Crites가 개발한 직업성숙도검사(CMI)에서 태도척도에 해당되지 않는 것은? (19년 1회)

① 성실성   ② 독립성
③ 지향성   ④ 결정성

해설

Crites의 직업성숙도검사(CMI)에서 태도척도는 결정성, 참여성, 독립성, 성향(지향성), 타협성이다.

16

신뢰도가 높은 검사의 특성으로 옳은 것은?

① 공부를 잘하는 학생이 못하는 학생보다 더 좋은 점수를 받는다.
② 검사점수들이 정상분포를 이룬다.
③ 한 피검사자가 동일한 검사를 반복해서 받을 때 유사한 점수를 받는다.
④ 검사 문항의 난이도가 낮은 것부터 높은 것까지 골고루 분포되어 있다.

해설

신뢰도는 유사한 점수를 받는다는 것이 아니라 일치성을 나타내는 것, 즉 동일한 검사를 반복해서 받을 때 신뢰도가 높게 나타난다.

17

심리검사의 표준화를 통해 통제하고자 하는 변인이 아닌 것은?

① 검사자 변인

② 피검자 변인

③ 채점자 변인

④ 실시상황 변인

해설

피검자란 검사를 받는 사람을 의미하는데 검사를 받는 사람을 통제한다는 것은 맞지 않다.

18

다음은 무엇에 관한 설명인가?

> 실제로 무엇을 재는가의 문제가 아니라, 검사가 잰다고 말하는 것을 재는 것처럼 보이는 가의 문제이다. 즉, 검사를 받는 사람들에게 그 검사가 타당한 것처럼 보이는가를 뜻한다.

① 내용타당도(content validity)

② 준거관련 타당도(criterion – related validity)

③ 예언타당도(predictive validity)

④ 안면타당도(face validity)

해설

안면타당도에 대한 설명이다.

19

문항분석에서 다음의 P는 무엇인가?

$$P = \frac{R}{N} \times 100$$
단, R : 어떤 문항에 정답을 한 수
N : 총 사례 수

① 문항 난이도

② 문항 변별도

③ 오답 능률도

④ 문항 오답률

해설

문항의 난이도는 어떠한 문항이 좋은지, 그렇지 않은지 알기 위해 문항 하나하나를 분석하는 과정이다.

문항 난이도＝총 사례 수÷어떤 문항에 정답을 한 수×100

20

직업적성 검사의 측정에 대한 설명으로 옳은 것은?

(19년 1회)

① 개인이 맡은 특정 직무를 성공적으로 수행할 수 있는지를 측정한다.

② 일반적인 지적 능력을 알아내어 광범위한 분야에서 그 사람이 성공적으로 수행할 수 있는지를 측정한다.

③ 직업과 관련된 흥미를 알아내어 직업에 관한 의사결정에 도움을 주기 위한 것이다.

④ 개인이 가지고 있는 기질이라든지 성향 등을 측정하는 것으로 개인에게 습관적으로 나타날 수 있는 어떤 특징을 측정한다.

해설

직업적성검사는 특수한 직종에 맞는 사람을 선발할 목적으로 사용하는 것으로 GATB직업적성검사가 대표적이다.

21

다음 사례에서 검사 – 재검사 신뢰도 계수는? (19년 2회)

> 100명의 학생들이 특정 심리검사를 받고 한 달 후에 동일한 검사를 다시 받았는데 두 번의 검사에서 각 학생들의 점수는 동일했다.

① -1.00
② 0.00
③ +0.50
④ +1.00

해설

검사 – 재검사 신뢰도는 같은 검사를 동일한 피검자들에게 시간 간격을 두고 두 번 실시하여 두 검사간의 상관계수를 산출한다.

상관계수 값은 -1.00~+1.00 값을 가지므로 반복 측정 시 점수에 변동이 없으면 신뢰도는 최대치인 +1.00 값을 가지게 된다.

22

점수유형 중 그 의미가 모든 사람에게 단순하고 직접적이며, 한 집단 내에서 개인의 상대적인 위치를 살펴보는데 적합한 것은?

① 원 점수
② T점수
③ 표준점수
④ 백분위점수

해설

백분위점수는 개인이 표준화된 집단에서 차지하는 상대적 위치를 가리키는 것으로, 개인의 점수를 100개의 동일한 구간에서 순위를 정한다.

23

다음은 심리검사의 타당도 중 어떤 것을 설명한 것인가?

> • 논리적 사고에 입각한 논리적인 분석과정으로 주관적 타당도이다.
> • 본질적으로 해당분야 전문가의 판단에 의존한다.

① 구성타당도
② 예언타당도
③ 내용타당도
④ 동시타당도

해설

내용타당도에서 타당도는 그 검사가 측정하고자 의도하는 속성을 얼마나 정확하게 측정하고 있는가를 의미한다.

24

미네소타 욕구 중요도 검사(MIQ)에 관한 설명으로 틀린 것은? (19년 2회)

① 특질 및 요인론적 접근을 배경으로 개발되었다.
② 20개의 근로자 욕구를 측정한다.
③ 주 대상은 13세 이상의 남녀이며 초등학교 고학년 이상의 독해력이 필요하다.
④ 6개의 가치요인을 측정한다.

해설

16세 미만인 자에게는 발달적으로 일에 대한 가치나 요구가 정립되어 있지 않으므로 사용하기에는 부적합하다.

25

심리검사의 유형과 그 예를 짝지은 것으로 틀린 것은? (19년 3회)

① 직업흥미검사 – VPI
② 직업적성검사 – AGCT
③ 성격검사 – CPI
④ 직업가치검사 – MIQ

해설

직업적성검사 – GATB이다.

26

어떤 직업상담사가 내담자의 지능을 알아보기 위해 정확도가 보장된 체중계로 내담자의 몸무게를 측정하였다. 측정의 신뢰도와 타당도에 관한 설명으로 옳은 것은?

① 신뢰도와 타당도가 모두 낮은 측정이다.
② 신뢰도와 타당도가 모두 높은 측정이다.
③ 타당도는 낮지만 신뢰도는 높은 측정이다.
④ 신뢰도와 낮지만 타당도는 높은 측정이다.

해설

체중계는 지능을 측정하는 도구가 아니므로 타당도는 낮으나 정확한 체중계이므로 신뢰도는 높다.

27

이미 신뢰성이 입증된 유사한 검사점수와의 상관계수로 검증하는 신뢰도는?

① 검사 – 재검사 신뢰도　② 동형검사 신뢰도
③ 반분 신뢰도　　　　　　④ 채점자 간 신뢰도

해설

② 동형검사 신뢰도는 이미 신뢰성이 입증된 유사한 검사 점수와의 상관계수로 검증
① 하나의 검사(동일한 검사)를 서로 다른 시기에 두 번 실시하여 검사점수들의 상관계수를 구하는 방법
③ 해당 검사를 문항수가 같도록 반씩 나누어서 개인별로 두 개의 점수를 구하여(일관성) 두 점수 간 상관계수를 계산하는 방법
④ 채점이 일관성이 있는가를 상관계수로 나타낸 것으로 채점자들 간의 객관도 및 채점에 대한 일관성 정도와 연관이 있음

28

Strong 검사에 대한 설명으로 옳은 것은?

① 기본흥미척도(BIS)는 홀랜드의 6가지 유형을 제공한다.
② 스트롱 진로탐색검사는 진로성숙도 검사와 직업흥미검사로 구성되어 있다.
③ 업무, 학습, 리더십, 모험심을 알아보는 기본흥미척도가 포함되어 있다.
④ 개인특성척도(BSS)는 일반직업분류(GOT)의 하위척도로서 특정흥미분야를 파악하는 데 도움이 된다.

해설

Strong 직업흥미검사
미국의 스트롱 흥미검사의 한국판으로서 개인의 흥미영역 세분화에 초점을 둔다.
• 일반직업분류 : 홀랜드의 6가지 유형으로 구성되어 있으며, 흥미영역에 대한 포괄적인 정보 제공
• 기본흥미척도 : 일반직업분류를 특정한 흥미들로 세분화한 흥미평가 제공
• 개인특성척도 : 업무유형, 학습, 리더십, 모험심 등의 유형들에 대한 개인의 신호도 측정

29

진로성숙도검사(CMI) 중 태도척도의 하위영역과 문항의 예가 틀리게 연결된 것은?

① 결정성(Decisiveness) – 나는 선호하는 진로를 자주 바꾸고 있다.
② 관여도(Involvement) – 나는 졸업할 때까지는 진로선택 문제에 별로 신경을 쓰지 않을 것이다.
③ 타협성(Compromise) – 나는 부모님이 정해주시는 직업을 선택하겠다.
④ 지향성(Orientation) – 일하는 것이 무엇인지에 대해 생각한 바가 거의 없다.

해설

'나는 부모님이 정해주시는 직업을 선택하겠다.'는 독립성이다. 타협성 문항의 예는 '나는 하고 싶기는 하나 할 수 없는 일을 생각하느라 시간을 보내곤 한다.'이다.

30

Wechsler 지능검사에서 결정적 지능과 관련이 있는 소검사는?

① 이해, 공통성　　　② 어휘, 토막 짜기
③ 기본지식, 모양 맞추기　④ 바꿔 쓰기, 숫자 외우기

해설

기본지식, 어휘문제, 이해문제, 공통성문제 등은 결정적 지능과 관련이 있다.

31

심리검사에서 규준에 대한 설명으로 옳은 것은? (19년 3회)

① 한 집단의 특성을 가장 간편하게 표현하기 위한 개념으로 그 집단의 대푯값을 말한다.
② 한 집단의 수치가 얼마나 동질적인지를 표현하기 위한 개념으로 점수들이 그 집단의 평균치로부터 벗어난 평균거리를 말한다.
③ 서로 다른 체계로 측정한 점수들을 동일한 조건에서 비교하기 쉬운 개념으로 원점수에서 평균을 뺀 후 표준편차로 나눈 값을 말한다.
④ 원점수를 표순화된 집단의 검사점수와 비교하기 위한 개념으로 대표집단의 검사점수 분포도를 작성하여 개인의 점수를 해석하기 위한 것이다.

32

원점수가 가장 높은 사람부터 낮은 사람까지 순서대로 나열한 것은? (16년 2회)

> ㄱ. 원점수 65점
> ㄴ. 백분위 점수 70점
> ㄷ. 표준점수(Z점수) 1점
> ㄹ. T점수 75점
> ※ 평균 50, 표준편차 10

① ㄴ - ㄱ - ㄹ - ㄷ 　② ㄴ - ㄷ - ㄱ - ㄹ
③ ㄹ - ㄱ - ㄷ - ㄴ 　④ ㄹ - ㄴ - ㄱ - ㄷ

33

직업흥미검사에 관한 설명으로 틀린 것은?

① 특정한 직업분야를 지향하도록 만드는 심리상태를 하나의 객관화된 도식으로 제시하였다.
② 기초적 지향성을 자료(D), 관념(I), 사람(P), 사물(T) 지향으로 분류한다.
③ 모두 8가지 직업군을 사용하고 있다.
④ 지향성 분류는 Prediger의 분류체계를 기초로 하였다.

34

직업선호도 검사에 관한 설명으로 틀린 것은?

① 직업흥미검사, 지능검사, 생활사 검사로 구성된다.
② 직업흥미검사의 목적은 개인에게 적합한 직업선정에 있다.
③ 생활사 검사는 개인의 과거 또는 현재의 생활특성을 통해 직업선택시 고려될 수 있는 정보를 제공한다.
④ 시간상 제약이 있을 경우에는 직업흥미검사만으로도 직업선정이 가능하다.

35

심리검사에 관한 설명으로 틀린 것은?

① 대부분의 심리검사는 준거참조검사이다.
② 측정의 오차가 작을수록 신뢰도는 높은 경향이 있다.
③ 검사의 신뢰도가 높으면 타당도도 높게 나타나지만 항상 그런 것은 아니다.
④ 검사가 측정하고자 하는 심리적 구인(구성개념)을 정확하게 측정하는 것은 타당도의 개념이다.

36

Wechsler 지능검사의 소검사 중 피검자의 상태에 따라 변동 · 손상되기 가장 쉬운 것은?　　　　(17년 3회)

① 상식　　　　　　　② 산수
③ 공통성　　　　　　④ 숫자 외우기

해설

언어성 검사인 숫자외우기는 피로, 불안 등 피검자의 상태에 따라 쉽게 변동될 수 있다.

37

GATB 직업적성검사에 대한 설명으로 틀린 것은?

① 지필검사와 동작검사로 구성되어 있다.
② 모두 8개 영역의 적성을 검출한다.
③ 지능도 측정한다.
④ 모두 15개 하위검사로 이루어져 있다.

해설

15개의 하위검사를 통해 9가지 분야의 적성을 측정할 수 있다.

직무분석

1 직무분석의 제개념

Thema 1 직무분석의 개념

(1) 직무분석의 의의
기출 17, 13, 12, 07년

① 직무 관련 정보를 수집 · 분석하여 조직적 · 과학적으로 체계화하고 필요한 직무정보를 제공한다.
② 직무 내용과 직무 수행을 위해 요구되는 직무조건을 밝히는 절차이다.
③ 테일러(Taylor)의 시간연구와 길브레스(Gilbreth)의 동작연구에서 시작되었다.
④ 제1차 세계대전 중 미군의 인사분류위원회에서 직무분석의 용어를 가장 먼저 사용했다.
⑤ 다양한 목적으로 활용할 수 있으며, 특히 직업정보로 활용하는 데 기초적인 자료를 제공한다.

(2) 직무분석의 용어
기출 20, 13년

① 작업요소
  ㉠ 직무와 연관된 동작, 움직임, 정신적 과정 등 작업활동 중 더 이상 나눌 수 없는 최소 단위의 작업이다.
  ㉡ 가장 세밀한 수준에 위치한다.
② 과업
  어떤 목적을 달성하기 위해 하는 신체적 · 정신적 노력으로서의 구체적이고 명확한 작업활동이다.
③ 직무
  ㉠ 한 사람이 수행하는 임무나 작업이다.
  ㉡ 주어진 업무와 과업이 매우 높은 유사성을 갖는 것을 말한다.
④ 직위
  ㉠ 사람마다 책임이 존재하여 작업이 수행될 경우 그 작업을 의미한다.
  ㉡ 직무상의 지위를 의미한다.

(3) 직무분석의 목적 기출 18, 13년

① 직무에서 어떤 활동이 이루어지는지, 작업조건이 어떠한지를 기술하기 위한 것이다.
② 직무를 수행하는 사람에게 요구되는 지식, 기술, 능력, 책임 등의 정보를 활용하기 위함이다.
③ 직무 정보를 체계화하여 관련 정보들을 활용할 수 있도록 하기 위함이다.
④ 인사관리나 노무관리를 수행하기 위해 필요한 정보를 얻기 위한 것이다.

(4) 직무분석의 용도 기출 19, 18, 16, 14, 13, 10년

① 모집공고 및 선발
② 배치 및 승진 등 인사관리
③ 경력개발 및 진로상담
④ 교육 및 훈련
⑤ 직무수행평가 및 인사결정(인사고과)
⑥ 직무평가의 기초자료
⑦ 직무 재설계 및 작업환경 개선
⑧ 적정인원 선정 및 인력수급계획 수립
⑨ 직무분류

시험에 이렇게 나왔다!

직무분석의 용도를 모두 고른 것은? (16년 1회)

ㄱ. 모집공고와 인사선발
ㄴ. 배치, 경력개발 및 진로상담
ㄷ. 교육 및 훈련
ㄹ. 직무의 재설계 및 작업환경 개선

① ㄱ, ㄷ
② ㄱ, ㄴ, ㄹ
③ ㄱ, ㄷ, ㄹ
④ ㄱ, ㄴ, ㄷ, ㄹ

답 ④

(1) 직무분석 6단계

기출 18년

① 1단계 – 행정적 단계, 준비단계

    ㉠ 어떤 직무를 분석할 것인지 결정한다.

    ㉡ 직무분석을 왜 하는지 결정한다.

    ㉢ 조직원들에게 직무분석의 필요성을 인식시킨다.

    ㉣ 직무분석에서 수집할 정보의 종류와 범위를 명시한다.

    ㉤ 실제로 담당할 사람들의 역할과 책임을 할당한다.

② 2단계 – 직무분석 설계단계

    ㉠ 직무에 관한 자료를 얻을 출처와 인원수를 결정한다.

    ㉡ 자료수집 방법을 결정한다.

    ㉢ 설문지법 사용 시 설문지를 직접 만들 것인지 혹은 구입해서 쓸 것인지를 결정한다.

    ㉣ 직무분석 방법을 결정한다.

③ 3단계 – 자료수집과 분석단계

    ㉠ 직무분석의 목적에 따라 어떤 정보를 수집할 것인지 분명히 한다.

    ㉡ 직무분석의 목적과 관련된 직무요인의 특성을 찾는다.

    ㉢ 직무정보 출처로부터 실제 자료들을 수집한다.

    ㉣ 수집된 정보의 타당성 여부를 현직자나 상사들이 재검토한다.

    ㉤ 직무와 관련하여 수집된 정보를 분석하고 종합한다.

④ 4단계 – 결과정리 단계

    ㉠ 직무기술서를 작성한다.

    ㉡ 작업자 명세서를 작성한다.

    ㉢ 작업자의 직무수행평가에 사용할 평가요인 및 수행기준을 결정한다.

    ㉣ 직무평가에 사용할 보상요인을 결정한다.

    ㉤ 유사한 직무들을 묶어서 직무군으로 분류한다.

⑤ 5단계 – 직무분석 결과의 배포단계

    ㉠ 직무분석 결과를 조직 내 실제로 사용할 관련 부서들에 배포한다.

    ㉡ 관련 부서들은 그 결과를 모집, 채용, 배치, 교육, 고과, 인력수급계획 등에 활용한다.

⑥ 6단계 – 통제단계, 최신의 정보로 수정하는 단계

    ㉠ 시간의 흐름에 따른 직무상의 변화를 반영하여 직무정보를 최신화한다.

    ㉡ 조직 내 직무기술서 및 작업자명세서의 사용자로부터 피드백을 받는다.

    ㉢ 이러한 통제단계는 다른 모든 단계에 영향을 미칠 수 있다.

시험 에 이렇게 나왔다!

직무분석의 자료수집과 분석단계에 해당하지 않는 것은? (18년 2회)

① 직무분석의 목적에 따라 어떤 정보를 수집할 것인지를 분명히 한다.

② 직무분석 목적과 관련된 직무요인의 특성을 찾는다.

③ 직무분석에서 수집할 정보의 종류와 범위를 명시한다.

④ 수집된 정보가 타당한 것인지 현직자나 상사들이 재검토한다.

답 ③

---

(2) 직무분석 3단계　　　　　　　　　　　　　　　　기출 19, 18, 09년

① 1단계 – 직업분석

직업이 요구하는 연령, 성별, 교육, 신체적 특질 등을 명시한 직업명세서를 작성한다.

② 2단계 – 직무분석

㉠ 직무를 구성하고 있는 내용과 직무를 수행하기 위해 요구되는 조건을 기술하기 위해 직무명세서를 작성한다.

㉡ 직무명세서를 토대로 작업명세서를 작성한다.

③ 3단계 – 작업분석

㉠ 작업의 공정과 방법을 개선하거나 표준화하는 것이 목적이다.

㉡ 작업요소별 동작이나 시간 등을 분석하여 불필요한 동작을 제거한다.

🔍 **직무기술서와 직무명세서**　　　　　　　　　기출 16, 14, 09, 08, 07년

• **직무기술서** : 분석대상이 되는 직무에서 어떤 과제가 이루어지는지 또는 작업조건이 어떠한지 기술한 것으로 직무의 명칭, 조직 내 위치, 임금, 직무정의, 직무 목적, 직무 요약, 직무 환경 등이 포함된다.

• **직무명세서** : 직무를 수행하는 사람에게 요구되는 인간적 요건이 무엇인지 제시한 것으로 적성, 지식, 능력, 성격, 가치, 태도 경험 등이 포함된다.

시험 에 이렇게 나왔다!

직무명세서에 관한 설명으로 옳은 것은? (16년 1회)

① 분석대상이 되는 직무에서 어떤 활동이나 과제가 이루어지고 작업조건이 어떠한지를 알아내어서 그러한 것들을 기술해 놓은 것이다.

② 직무를 수행하는 사람에게 요구되는 지식, 기술, 능력 등과 같은 인간적 요건이 무엇인지에 관한 정보를 제시해 놓은 것이다.

③ 분석자가 직접 사업장을 방문하여 작업자가 하는 직무 활동을 상세하게 관찰하여 그 결과를 기술하여 놓은 것이다.

④ 각 직무에 대하여 공정하고 적절한 임금수준을 결정하기 위하여 각 직무의 내용과 성질을 고려하여 직무들간의 상대적인 가치를 결정하여 놓은 것이다.

답 ②

(1) 직무분석의 유형

기출 20, 19, 17, 16, 15, 14, 07년

① 작업자중심 직무분석

㉠ 직무를 수행하는 데 요구되는 지식, 기술, 능력 등 작업자의 재능에 초점을 둔다.

㉡ 직무 자체의 내용보다 직무요건 중 특히 인적 요건을 중점적으로 다루는 직무명세서를 작성하는 데 중요한 정보를 제공한다.

㉢ 직무에 관계없이 표준화된 분석도구를 만들기가 비교적 용이하다.

㉣ 직무들에서 요구되는 인간 특성의 유사 정도를 양적으로 비교하는 것이 가능하다.

② 과제중심 직무분석

㉠ 직무에서 수행하는 과제나 활동이 어떠한 것들인지 파악하는 데 초점을 둔다.

㉡ 직무 자체의 내용을 중점적으로 다루는 직무기술서를 작성하는 데 중요한 정보를 제공한다.

㉢ 직무에서 이루어지는 과제나 활동들이 직무마다 다르기 때문에 분석하고자 하는 직무 각각에 대해 표준화된 분석도구를 만들기 어렵다.

(2) 능력요구척도

기출 17년

① 작업자중심 직무분석의 대표적인 예이다.

② 52가지 능력 요인들에 대한 행동 중심 평가척도로 구성된다.

③ 인지능력 중에서 지각속도, 공간지향, 시각화는 기계적 능력과도 연관된다.

④ '직무능력조사표'라는 명칭으로 알려져 있다.

(3) 직위분석질문지　　기출 19, 16, 15, 14, 12, 10년

① 작업자중심 직무분석의 대표적인 예이다.

② 표준화된 분석도구로 직무수행에 요구되는 지식, 기술, 능력 등 인간적 요건을 밝히는 데 초점을 둔다.

③ 각 직무마다 어느 정도 수준의 인간적인 요건이 요구되는지 양적으로 알려준다.

④ 194개의 문항으로 구성된다. 187개의 작업자 활동과 관련된 항목과 7개의 임금 관련 항목이다.

⑤ '정보입력, 정신과정, 작업결과, 타인들과의 관계, 직무맥락, 직무요건'의 6가지 주요 범주가 있다.

(4) 기능적 직무분석　　기출 17년

① 과제중심 직무분석의 대표적인 예이다.

② 직무정보를 모든 직무에 존재하는 자료, 사람, 사물 기능으로 분석한다.

③ 작업자의 직무활동을 정확하게 정의하고 측정하기 위한 방법이다.

직무분석 자료 분석 시 고려사항　　기출 19, 15, 09년

- 사실 그대로를 반영하여야 한다.
- 최신의 정보를 반영하여야 한다.
- 가공하지 않은 원상태의 자료여야 한다.
- 논리적으로 체계화되어야 한다.
- 여러 가지 목적으로 활용될 수 있어야 한다.

시험에 이렇게 나왔다!

직무분석 자료의 분석 시 고려해야 할 사항과 가장 거리가 먼 것은? (15년 2회)

① 논리적으로 체계화되어야 한다.
② 여러 가지 목적으로 활용될 수 있어야 한다.
③ 필요에 따라 가공된 정보로 구성해야 한다.
④ 가장 최신의 정보를 반영하고 있어야 한다.

답 ③

2 직무분석의 방법

Thema 1 최초분석법

(1) 최초분석의 개념

① 직접 작업현장을 방문해 분석하는 것으로 참고문헌이나 자료가 적거나 그 분야에 많은 경험과 지식을 갖춘 사람이 거의 없을 때 실시한다.

② 시간과 노력이 많이 소요된다.

③ 직무내용이 단순하고 반복작업인 경우 적합하다.

(2) 최초분석법의 종류　　기출 20~15, 13, 12, 10, 09, 08, 07년

① 중요사건기법(결정적사건법)

㉠ 직무적성과 관련된 효과적인 행동과 비효과적인 행동의 사례를 수집하고 직무성과에 효과적인 수행요건을 추출하여 분류하는 방법이다.

㉡ 직무수행에 중요한 역할을 한 사건을 중심으로 구체적 행동을 범주별로 분류하고 분석한다.

㉢ 직무행동과 직무성과 간 관계를 직접적으로 파악할 수 있다.

㉣ 직무를 성공적으로 수행하는 데 중요한 역할을 하는 행동들을 밝힐 수 있다.

㉤ 일상적인 수행과 관련된 지식, 기술, 능력이 배제될 수 있으며 과거의 결정적 사건들에 대해 왜곡하여 기술할 가능성이 있다는 것이 단점이다.

㉥ 직무분석가의 주관이 개입될 수 있다.

② 체험법

㉠ 직무분석가 자신이 직접 직무활동에 참여하여 체험함으로써 직무자료를 얻는다.

㉡ 의식의 흐름, 감각적인 내용 등 직무의 내부구조에 이르기까지 분석이 가능하다.

㉢ 상당한 기간 동안 체험이 어렵고 실제 종사하고 있는 담장자의 심리상태에 도달하기 힘들다.

㉣ 일시적 체험이기 때문에 전반으로 확대해석하는 것에는 한계가 있다.

㉤ 주관적 체험이 근거가 되므로 정확성과 객관성이 떨어진다.

③ 관찰법

㉠ 직무분석가가 직접 사업장을 방문하여 직무활동을 관찰하고 그 결과를 기술한다.

㉡ 비교적 단순하고 반복적인 직무를 분석하는 데 적합하다.

ⓒ 직접 목격하면서 실제적인 내용을 파악하기 때문에 정확한 결과를 얻을 수 있다.

② 직무분석가가 그 직업에 대한 풍부한 경험을 가지고 있을 시 예리한 통찰력으로 많은 자료를 수집할 수 있다.

ⓜ 작업자의 설명을 들으면서 분석할 수 있으므로 보다 정확한 결과를 얻을 수 있다.

ⓗ 정신적인 활동이 주를 이루는 직무에는 적합하지 않다.

ⓢ 많은 시간이 소요되는 직무에 적용하기 어렵다.

ⓞ 직무분석가의 주관이 개입될 수 있다.

④ 면접법

ㄱ 특정 직무에 대해 숙련된 기술과 지식을 가지고 있는 작업자를 방문하여 면담을 통해 분석한다.

ㄴ 직무수행 활동이나 직무수행에 필요한 기술을 파악하기 위해 작업자에게 직접 질문한다.

ㄷ 보다 완전하고 정확한 직무자료를 얻을 수 있다.

ㄹ 직무수행자의 정신적 활동까지 파악할 수 있다.

ㅁ 분석해야 할 직무가 많을 경우 시간과 노력이 다소 소요된다.

ㅂ 면접에 참여시켜야 하는 인원이 많을 경우 적합하지 않다.

ㅅ 수량화된 정보를 얻는 데 적합하지 않다.

⑤ 설문지법

ㄱ 설문지를 배부하여 직무의 내용과 특징을 기술하도록 한다.

ㄴ 비교적 저렴하고 모든 직무에 적용이 가능하다.

ㄷ 면접법과 달리 수량화된 정보를 얻을 수 있다.

ㄹ 많은 사람들로부터 짧은 시간 내에 분석이 필요한 경우 유용하다.

ㅁ 설문지 작성을 위해 직무에 대한 어느 정도 사전지식이 요구된다.

ㅂ 응답자의 응답 태도 및 낮은 회수율이 문제될 수 있다.

참고 하세요!

그 외에 녹화법, 작업일지법 등이 있다.

시험 에 이렇게 나왔다!

직무분석을 위해 면접을 실시할 때 유의해야 할 사항이 아닌 것은? (17년 3회)

① 면접대상자들의 상사를 통하여 대상자들에게 면접을 한다는 사실과 일정을 알려주도록 한다.

② 보다 정확한 정보를 얻기 위하여 응답자들이 가급적 "예" 또는 "아니요"로 답하도록 한다.

③ 노사 간의 불만이나 갈등에 관한 주제에 어느 한쪽의 편을 들지 않는다.

④ 작업자가 방금 한 이야기를 요약하거나 질문을 반복함으로써 작업자와의 대화가 끊기지 않도록 한다.

답 ②

(1) 비교확인법

기출 19, 13, 10, 08년

① 분석된 자료를 참고로 하여 현재의 직무상태를 비교 및 확인하는 방법이다.

② 대상 직무에 대한 참고문헌이 충분하고 일반적으로 널리 알려진 경우 유용하다.

③ 수행작업이 다양하고 범위가 넓어 단시간 관찰을 통한 분석이 어려운 경우 적합한 방법이다.

④ 한 가지 비교만으로는 직무분석을 완전히 수행할 수 없으며 다른 방법과 상호 보완하는 것이 바람직하다.

시험에 이렇게 나왔다!

교과과정을 개발하는데 활용되며, 교육훈련을 목적으로 교육목표와 교육내용을 비교적 단시간 내에 추출하는데 효과적인 직무분석 방법은?

(16년 1회)

① 데이컴법
② 비교확인법
③ 관찰법
④ 체험법

답 ①

---

(2) 데이컴법

기출 16, 14, 11년

① 그룹토의법의 한 종류로 교과과정을 개발할 때 주로 사용하는 방법이다.

② 교육훈련을 목적으로 교육목표와 교육내용을 비교적 단시간 내에 추출하는데 효과적이다.

③ 8~12명의 분석협조자로 구성된 데이컴위원회가 사전에 준비한 쾌적한 장소에 모여 2박 3일 정도의 집중적인 워크숍으로 데이컴 차트를 완성함으로써 작업을 마친다.

④ 데이컴 분석가가 진행을 맡으며 진행 과정에서 서기나 옵저버의 의견은 반영되지 않는다.

⑤ 소집단의 브레인스토밍 기법을 활용한다.

(3) 브레인스토밍법

기출 14년

① 소규모의 전문가 집단이 자유로운 토의를 통해 직무분석을 한다.

② 진행이 빠르고 비용이 적게 든다.

③ 참가자의 지식 수준에 따라 분석 내용이 좌우될 수 있다.

3 직무평가

Thema 1 직무평가의 방법

(1) 직무평가의 의의
기출 17, 12, 11, 10, 09년

① 직무의 내용과 성질을 고려하여 직무들 간 상대적 가치를 결정하는 것이다.

② 각 직무에 대해 공정하고 적절한 임금수준을 결정하기 위한 것이다.

③ 직무분석과 달리 직무에 대한 가치판단이 개재될 수 있다.

(2) 직무평가의 방법
기출 19, 11, 07년

① 질적 평가방법

서열법	• 가장 오래되고 간단한 방법으로 전체적 관점에서 각 직무를 비교하여 순위를 정한다. • 신속하고 간편하나 직무의 수가 많고 복잡할 경우 실효성이 없다. • 직무의 어떤 요소가 특별히 가치 있는지 보편적인 지침이 없다.
분류법	• 서열법에서 발전된 방식으로 기준에 따라 사전에 만들어 놓은 등급에 각 직무를 맞추어 넣는다. • 직무내용이 표준화되어 있지 않은 직무의 경우에도 평가가 용이하다. • 상세분석이 불가능하고 분류기준이 명확하지 않을 수 있다.

② 양적 평가방법

점수법	• 직무를 구성요소로 분해하고 요소별로 중요도에 따라 점수를 부여하여 점수를 계산한다. • 고려되는 요인은 숙련도, 정신적 · 육체적 노력의 정도, 책임, 작업조건 등이다. • 직무의 상대적 가치를 객관적으로 비교 가능하나 적합한 평가요소의 선정이 어렵고 시간과 비용이 많이 소요된다.
요인비교법	• 핵심이 되는 몇 개의 대표직무를 정해 요소별로 직무평가를 한 후, 다른 직무들을 대표직무의 평가요소와 비교하여 상대적 가치를 결정한다. • 유사직무 간 비교가 용이하며 기업의 특수직무에 적합하도록 설계 가능하다. • 대표직무에 대한 평가의 정확성이 떨어질 경우 전체 직무평가에 영향을 미친다. • 측정 척도의 구성이 어렵고 비용이 많이 소요된다.

시험에 이렇게 나왔다!

직무평가에 관한 설명으로 틀린 것은? (12년 1회)

① 직무의 상대적 가치를 결정하므로 직무 분석과는 달리 직무에 대한 가치판단을 할 수 있다.

② 직무 간의 내용과 성질에 따라 임금 형평성을 결정할 수 있다.

③ 대표적인 직무평가 방법 중 하나는 식역 특성 분석이다.

④ 직무평가 방법들 간의 차이는 조직 성공 기여도, 노력 정도, 작업 조건 등 주로 비교과정에 어떠한 준거를 사용하는 지에 달려 있다.

답 ③

직무분석 연습문제

01

다음 중 직무분석의 목적으로 가장 적합한 것은? (18년 1회)

① 해당 직무에서 어떤 활동이 이루어지고 작업조건이 어떠한지를 기술하고, 직무를 수행하는 사람에게 요구되는 지식, 기술, 능력 등의 정보를 활용하는 데 있다.

② 조직 내에서 직무들의 내용과 성질을 고려하여 직무들 간의 상대적인 가치를 결정함으로써 여러 직무들에 대해 서로 다른 임금수준을 결정하는 데 있다.

③ 개인이 직무를 얼마나 잘 수행하는지를 알아내어 인사관리와 개인발전 및 연구에 활용하는 데 있다.

④ 직무수행의 결과를 예측하기 위하여 여러 직무들의 준거를 개발하고 선발결정을 하는데 있다.

해설

직무분석을 하는 목적은 직무기술서나 작업자 명세서를 만들고 이로부터 얻어진 정보를 여러 가지로 활용하는 데 있다.

02

직무분석 결과의 용도와 가장 거리가 먼 것은? (18년 3회)

① 인사선발
② 교육 및 훈련
③ 동료다면평가
④ 직무평가

해설

직무분석 결과는 모집과 인사선발, 교육 및 훈련, 직무평가, 인사고과, 직무재설계 등에 활용된다.

03

직무분석을 위한 자료수집 방법에 대한 설명으로 틀린 것은?

① 관찰법은 직무의 시작에서 종료까지 많은 시간이 소요되는 직무에는 적용이 곤란하다.

② 면접법은 자료의 수집에 많은 시간과 노력이 들고, 수량화된 정보를 얻는데 적합하지 않다.

③ 설문지법은 관찰법이나 면접법과는 달리 양적인 정보를 얻는데 적합하며 많은 사람들로부터 짧은 시간 내에 정보를 얻을 수 있다.

④ 중요사건법은 일상적인 수행에 관한 정보를 수집하므로 해당 직무에 대한 포괄적인 정보를 얻을 수 있다.

해설

중요사건기록법은 종업원이 직무에서 성과를 낸 지식, 기술, 능력을 수집하는 직무분석방법으로 일상적인 수행과 관련된 지식, 기술, 능력이 배제될 수 있다.

04

직무분석을 실시할 때 분석할 대상직업에 대한 자료가 부족하여 실시하는 최초분석법의 분석방법이 아닌 것은?

① 면담법
② 체험법
③ 비교확인법
④ 설문법

해설

최초분석법은 면담법(면접법), 관찰법, 체험법(경험법), 설문지법, 녹화법, 작업일지법, 중요사건기록법(결정적 사건법) 등이다.

05

다음 중 일반적인 직무분석의 3단계에 포함되지 않는 것은?

① 직업분석(Occupational Analysis)
② 직무분석(Job Analysis)
③ 직업수준분석(Job Level Analysis)
④ 작업분석(Task Analysis)

해설

직무분석의 단계는 직업분석 − 직무분석 − 작업분석이다.

06

직무분석의 방법과 가장 거리가 먼 것은? (19년 2회)

① 요소비교법
② 면접법
③ 중요사건법
④ 질문지법

해설

직무분석에는 최초분석법(면담법(면접법), 관찰법, 체험법(경험법), 설문지법(질문지법), 녹화법, 작업일지법, 중요사건기록법(결정적 사건법)), 비교확인법, 데이컴법이 있다.

07

직무분석 자료의 특성과 가장 거리가 먼 것은?

① 직무분석 자료는 사실 그대로를 반영하여야 한다.
② 직무분석 자료는 가공하지 않은 원상태의 자료이어야 한다.
③ 직무분석 자료는 과거와 현재의 정보를 모두 활용해야 한다.
④ 직무분석 자료는 논리적으로 체계화해야 한다.

해설

직무분석 자료는 최신의 정보를 반영하여야 한다.

08

다음 중 직무분석 결과의 활용 용도와 가장 거리가 먼 것은?

① 신규 작업자의 모집
② 종업원의 교육훈련
③ 인력수급계획 수립
④ 종업원의 사기조사

해설

직무분석의 용도로는 모집공고 및 인사선발, 선발된 사람의 배치, 승진 등 인사관리, 직무수행평가 및 인사결정, 직무평가의 기초자료, 직무의 재설계 및 작업환경개선, 산업안전관리, 해당 직무에 필요한 적정인원 산정, 향후 인력수습계획 수립, 직무분류 등이 있다.

09

과업지향적 직무분석방법 중 기능적 직무분석의 세 가지 차원이 아닌 것은?

① 기술(Skill)
② 자료(Data)
③ 사람(People)
④ 사물(Things)

해설

기능적 직무분석은 직무정보를 모든 직무에 존재하는 자료, 사람, 사물 기능으로 분석하는 방법이다. 작업에 대해 기술할 때 사용하는 언어의 부정확성 문제를 해결하기 위한 것으로 작업자의 직무활동을 정확하게 정의하고 측정하기 위한 방법이며 기능적 직무분석을 통해 과제 수행 시 작업자가 진행하는 절차나 과정에 대한 정보, 어떤 물리적·정신적 및 인간관계상의 맥락에서 과제가 수행되는가에 관한 정보를 얻을 수 있다.

CHAPTER 04

경력개발과 직업전환

1 경력개발

Thema 1 경력개발 프로그램

(1) 경력개발의 의의

① 경력이란 일과 관련된 경험, 즉 조직에서 축적한 개인 특유의 경험, 직위 등 이력서에 나타난 직무들의 집합이다.

② 경력개발이란 자신의 진로를 결정하고 실행에 옮기는 것을 돕기 위해 평가, 상담, 계획수립 및 훈련 등을 실시하는 것이다.

(2) 경력개발 프로그램을 위한 조사연구   기출 19, 17, 16, 13, 11, 09, 07년

① 요구분석, 니즈평가

　㉠ 현 시점에서 어떤 훈련이 필요한지에 대해 조사한다. 누구를 대상으로 어떤 프로그램을 만들 것인지 우선적으로 알아보는 것이다.

　㉡ 가장 중요한 문제점이 무엇이지 파악할 수 있으며 가장 먼저 고려되는 과정이다.

② 파일럿 연구

　㉠ 특정 경력개발 프로그램을 대규모로 적용하기 전에 소규모 집단에 시범적으로 실시하는 것이다.

　㉡ 프로그램에 대한 피드백을 받을 수 있으며 개발된 경력개발 프로그램을 본격적으로 정착시키는 데 활용할 수 있다.

(3) 경력개발 프로그램의 유형   기출 20, 19, 18, 17, 16, 15, 14, 13, 10년

① 자기평가도구

대부분 조직들이 경력개발 프로그램을 실시하고자 할 때 최초로 시행하며 자신의 역할, 흥미, 태도 등을 묻는 질문지를 활용한다.

　㉠ 경력워크숍

신입사원을 대상으로 부서 배치 후 6개월 이내에 자신의 미래의 모습을 목표로 정하고 목표 달성을 위한 계획을 작성하여 제출하게 한다. 자율적으로 경력목표를 달성할 수 있도록 지원한다.

시험 에 이렇게 나왔다!

다음은 어떤 경력개발 프로그램 개발 과정에 해당하는가? (16년 3회)

특정 경력개발 프로그램을 대규모로 적용하기 전에 소규모 집단에 시범적으로 실시하는 과정을 말한다. 프로그램 참여자로부터 프로그램에 대한 평가와 피드백을 받은 후, 그에 대한 대책을 마련하여 개발된 경력개발 프로그램을 본격적으로 정착시키는 데 활용된다.

① 요구조사(Need Assessment)
② 자문(Consulting)
③ 팀 빌딩(Team building)
④ 파일럿 연구(Pilot Study)

답 ④

ⓛ 경력연습책자

자신의 장단점을 파악하고 목표를 명확히 하여 구체적인 계획을 세우는 과제들로 구성된 책자이다.

② 개인상담

자신의 경력목표를 설정하고 목표달성 방법과 가능성을 명확히 한다. 종업원의 흥미, 목표, 현재 직무활동, 경력목표 등에 상담 내용 초점을 둔다.

③ 정보제공

조직의 각종 경력정보를 쉽고 자세하게 알려줄 수 있는 방법이다.

ⓐ 사내공모제도

신규사업 진출을 위해 사내에서 인재를 모집하는 제도이다.

ⓛ 경력자원기관

직무기술서, 교육훈련 프로그램 안내서, 퇴직계획관련 안내서 등 다양한 자료를 비치하여 종업원의 경력개발을 돕는다.

④ 종업원평가

ⓐ 평가기관제도

조직구성원의 경력개발을 위해 전문가로부터 개인의 종합적인 평가를 받는다. 기업의 새로운 인재를 선발하기 위해 직원들의 관리능력을 평가하며, 일반적으로 2~3일에 걸쳐 지필검사, 면접, 집단토의, 경영게임 등 다양한 형태의 연습을 실습을 통해 한 뒤 복수의 전문가들에게 종합적인 평가를 받는다. 미국의 AT&T사에서 처음 운영하였다.

ⓛ 조기발탁제

우수한 직원들을 조기에 승진시키는 능력중심의 인사관리제도이다. 잠재력이 높은 종업원을 초기에 발견하고 특별한 경력경험을 제공한다.

⑤ 종업원개발

ⓐ 멘토십 시스템

신입사원이 쉽게 조직에 적응하도록 후견인이 도와주는 시스템이다. 경우에 따라 동료 간에서도 가능하다.

ⓛ 직무순환제

다양한 직무를 경험하게 함으로써 여러 분야의 능력을 개발시킬 수 있다.

ⓒ 훈련 프로그램

경력개발을 위한 다양한 훈련 프로그램으로서 훈련을 실시할 때 어떤 훈련이 필요한지에 대한 니즈평가를 가장 먼저 고려해야 한다.

시험에 이렇게 나왔다!

신입사원을 대상으로 부서 배치 후 6개월 이내에 자신이 도달하고 싶은 미래의 모습을 경력목표로 정하고 목표에 도달하기 위한 계획을 작성, 제출하도록 하여 자율적으로 경력목표를 달성할 수 있도록 지원하는 것은? (16년 2회)

① 경력워크숍
② 직무순환
③ 사내 공모제
④ 조기발탁제

답 ①

시험에 이렇게 나왔다!

경력개발 프로그램을 설계할 때 누구를 대상으로 어떤 경력평가 프로그램을 만들지 알아보는 평가는? (17년 1회)

① 슈퍼(Super) 평가
② 니즈평가
③ 직무평가
④ 조직평가

답 ②

(1) 다운사이징의 개념

① 조직의 축소화를 의미하는 것으로서 불경기로 인해 기업의 규모를 축소하거나 감원하는 구조조정이다.
② 단기전략이 아닌 장기경영전략으로 흑자를 내기 위해 의도적으로 기구를 축소 · 단순화하거나 폐쇄한다.

(2) 다운사이징 시대의 경력개발 　　　　　기출 15, 13, 11, 09, 08년

① 장기고용이 어렵고 고용기간이 점차 짧아지기 때문에 다른 부서나 분야로의 수평이동에 중점을 두어야 한다.
② 융통성을 갖춘 인력이 필요하며 변화되는 환경에 적응하기 위해 끊임없이 학습하고 대처능력을 가져야 하며 변화하는 직무를 해낼 수 있어야 한다.
③ 기술, 제품, 개인의 숙련주기가 짧아져 경력개발은 단기, 연속 학습단계로 이어진다.
④ 조직구조의 수평화로 개인의 자율권 신장과 능력개발에 초점을 두어야 한다.
⑤ 일시적인 경력개발이 아니라 계속적인 평생학습이 요구된다.
⑥ 새로운 직무를 수행하는 데 관련한 재교육이 요구된다.
⑦ 불가피하게 퇴직한 사람들을 위한 퇴직자 관리 프로그램이 필요하다.

경력개발 단계별 과제

- **초기** : 조직에 적응하도록 방향을 설정, 지위와 책임을 깨닫고 만족스런 수행을 증명, 개인적인 목적과 승진기회의 관점에서 경력개발 탐색, 승진 또는 지위변경 계획 실행
- **중기** : 경험에 대한 이해증진, 이동기회의 제공, 직무의 효율적 활용, 지속적인 교육과 훈련, 보상체계 확대
- **후기** : 은퇴시기를 예측, 효과적 계획 수립

2 직업전환

Thema 1 직업전환 상담

(1) 직업전환의 의의　　　　　　　　　　　　기출 19, 17, 12, 10, 08년

① 실업이나 기타 이유 등으로 인해 다른 직업으로 전환하는 것이다.

② 노동인구 중 젊은 층의 비율이 높은 경우, 경제구조가 완전고용 상태일 경우, 단순직 근로자의 비율이 높은 경우, 여성근로자의 비율이 높은 경우 직업전환이 촉진될 수 있다.

(2) 실업자의 직업전환 상담　　　　　　　　　　기출 12, 11년

① 직업상담에서 실업자에게 생애훈련적 사고를 갖도록 조언하고 촉구하며 참여하도록 권고한다.

② 조직에서 청년기, 중년기, 정년 전 등 작업경력의 전환점에서 적절한 훈련 내지 조언을 실시하는 경력개발계획을 추진해야 한다.

③ 청년기 실업자는 직업전환이 많은 편이므로 경력, 학력, 관심사항 등 일반적인 평가방법에 의존해도 큰 무리가 없다.

④ 실업자는 나이가 많을수록 직업전환이 불리하므로 청년기에서 성인기로 갈수록 직업전환을 고려하지 않는 경향이 있다.

(3) 직업전환 상담 시 고려사항　　　　　　　　기출 19, 18, 14, 13, 12, 10, 09년

① 직업을 전환하고자 하는 내담자의 변화에 대한 인지능력에 대해 우선적으로 탐색해야 한다.

② 내담자가 전환할 직업에 대한 기술과 능력, 나이와 건강, 직업전환에 대한 동기화 여부 등을 일차적으로 고려한다.

③ 실직에 대한 충격완화, 직업상담 및 적응을 위한 프로그램, 직업정보의 제공, 은퇴 후의 진로 계획을 돕는 것이 병행되어야 한다.

참고 하세요!

내담자의 성격이 직업의 요구와 달라 생기는 직업적응 문제가 생긴다면 직업전환을 고려하는 것이 바람직하다.

시험에 이렇게 나왔다!

내담자의 적성과 흥미 또는 성격이 직업적 요구와 달라 생긴 직업적응문제를 해결하는데 가장 적합한 방법은?
(17년 1회)

① 스트레스 관리 방안 모색
② 직업 전환
③ 인간관계 개선 프로그램 제공
④ 갈등관리 프로그램 제공
답 ②

(1) 주요 실업 관련 프로그램　　　　　　　　　　　　　기출 18, 14, 09년

① 실업충격 완화 프로그램

② 실업스트레스 대처 프로그램

③ 취업동기 증진 프로그램

④ 구직활동 증진 프로그램

⑤ 직업전환 프로그램

⑥ 직업복귀 프로그램

시험 에 이렇게 나왔다!

다음 중 실업자를 위한 프로그램과 가장 거리가 먼 것은? (18년 3회)

① 직업전환 프로그램
② 인사고과 프로그램
③ 실업충격 완화 프로그램
④ 직업 복귀 훈련 프로그램

답 ②

(2) 주요 직업지도 프로그램　　　　　　기출 16, 15, 12, 11, 10, 08, 07년

① 자신에 대한 탐구 프로그램

② 직업세계 이해 프로그램

③ 직장 스트레스 대처 프로그램

④ 직업 적응 프로그램

⑤ 조기퇴직 프로그램

⑥ 은퇴 후 경력계획 프로그램

⑦ 생애계획 프로그램

⑧ 취업알선 프로그램

(3) 직업지도 프로그램 선정 시 고려사항　　　　　　　　　기출 19년

① 비용이 적게 드는 경제성을 지녀야 한다.

② 실시가 용이해야 한다.

③ 활용하고자 하는 목적에 부합해야 한다.

④ 효과를 평가할 수 있어야 한다.

(4) 청소년을 위한 진로교육모형   기출 16, 11, 10년

① 1단계 – 진로인식

　ㄱ 6~12세경의 초등학교 수준

　ㄴ 일의 세계와 일의 소중함에 대한 인식

　ㄷ 일과 사회에 대한 기초적인 가치관 형성

② 2단계 – 진로탐색

　ㄱ 12~15세경의 중학교 수준

　ㄴ 자신의 능력과 적성에 대해 이해

　ㄷ 잠정적인 장래의 직업계획 수립

③ 3단계 – 진로준비

　ㄱ 15~22세의 고등학교 · 대학교 수준

　ㄴ 흥미와 소질, 취미와 적성을 정확히 파악

　ㄷ 진로계획 수립 및 실천

④ 4단계 – 취업

　ㄱ 대략 18세 또는 22세 이후의 고등학교 · 대학교 졸업 후의 수준

　ㄴ 성공적인 직업수행을 위해 노력

　ㄷ 직업을 통해 자아실현

시험에 이렇게 나왔다!

진로교육을 실시하기 위한 지도단계를 순서대로 바르게 나열한 것은? (16년 2회)

ㄱ. 진로탐색단계
ㄴ. 진로인식단계
ㄷ. 진로준비단계
ㄹ. 취업

① ㄱ → ㄴ → ㄷ → ㄹ
② ㄴ → ㄱ → ㄷ → ㄹ
③ ㄷ → ㄱ → ㄴ → ㄹ
④ ㄱ → ㄷ → ㄴ → ㄹ

답 ②

경력개발과 직업전환 연습문제

01

경력개발 프로그램 중 종업원 개발 프로그램과 가장 거리가 먼 것은?

① 훈련 프로그램
② 평가 프로그램
③ 후견인 프로그램
④ 직무순환 프로그램

해설

평가 프로그램은 종업원 개발 프로그램이 아니라 종업원 평가 프로그램에 해당된다.

02

조직 구성원의 경력개발을 위하여 전문가로부터 개인의 능력, 성격, 기술 등에 관해 종합적인 평가를 받는 프로그램은?

① 평가 기관(Assessment Center)
② 경력자원기관(Career Resource Center)
③ 경력 워크숍(Career Worshop)
④ 경력연습 책자(Career Workbook)

해설

평가기관은 조직 구성원의 경력개발을 위하여 전문가로부터 개인의 능력, 기술 등에 대해 종합적인 평가를 받는 프로그램으로, 기업의 새로운 인재를 선발하기 위해 직원들의 관리능력을 평가하는 제도이다.

03

경력개발 프로그램에서 종업원 평가에 사용하는 방법이 아닌 것은? (18년 2회)

① 경력 워크숍   ② 평가기관
③ 심리검사   ④ 조기발탁제

해설

종업원평가에 사용하는 방법은 평가기관, 심리검사, 조기발탁제 등이 있다.

04

경력개발을 위해 종업원들에게 다양한 직무를 경험하게 함으로써 여러 분야의 능력을 개발시키려는 제도는?

① 사내공모제
② 조기발탁제
③ 후견인제
④ 직무순환제

해설

① 기업이 사내에서 널리 인재를 모집하는 제도
② 잠재력이 높은 종업원을 조기에 발견하려는 제도
③ 상사가 후견인이 되어 도와주는 제도

05

직업전환을 원하는 내담자를 상담할 때 고려해야 할 사항과 가장 거리가 먼 것은? (19년 1회)

① 나이와 건강을 고려해야 한다.
② 부모의 기대와 아동기 경험을 분석한다.
③ 직업을 전환하는 데 동기화가 되어 있는지 알아본다.
④ 직업을 전환하는 데 필요한 기술을 가지고 있는지 평가해야 한다.

해설

직업전환을 희망하는 내담자 상담 시 상담사는 전환될 직업에 대한 내담자의 성공기대 수준이나 기존 직업에 대한 애착 수준에 앞서 내담자의 변화에 대한 인지능력을 탐색하여야 하므로 부모의 기대와 아동기 경험은 고려사항이 아니다.

06

신입사원이 조직에 쉽게 적응하도록 상사가 후견인이 되어 도와주는 경력개발 프로그램은?

① 종업원지원 시스템   ② 멘토십 시스템
③ 경력지원 시스템   ④ 조기발탁 시스템

해설

멘토십 시스템은 상사가 후견인이 되어 종업원이 조직에 쉽게 적응하도록 도와주는 프로그램이다.

07

다음 중 전직을 예방하기 위해 퇴직의사 보유자에게 실시하는 직업상담 프로그램으로 가장 적합한 것은?

① 직업복귀 프로그램
② 실업충격완화 프로그램
③ 조기퇴직계획 프로그램
④ 직장스트레스 대처 프로그램

해설

① 경력단절자가 재취업 시
② 구조조정이나 해고에 의해 충격을 받았을 때
③ 은퇴를 앞두고 있을 시

08

경력개발을 위한 교육훈련을 실시할 때 가장 먼저 고려해야 하는 사항은?

① 사용 가능한 훈련방법에는 어떤 것들이 있는지에 대한 고찰
② 현 시점에서 어떤 훈련이 필요한지에 대한 요구분석
③ 훈련프로그램의 효과를 평가하고 개선할 수 있는 방안을 계획하고 수립
④ 훈련방법에 따른 구체적인 프로그램 개발

해설

교육훈련 프로그램 개발 단계

- 요구(니즈)평가 : 훈련의 필요성에 대한 요구분석
- 목표설정 : 목표를 명확히 설정
- 훈련설계 : 훈련방법에 따른 구체적인 프로그램 개발
- 훈련시행 : 훈련전문가에 의해 훈련프로그램 시행
- 훈련평가 : 프로그램의 효과를 평가하고 개선방안을 계획하고 수립

직업과 스트레스

1 스트레스의 의미

Thema 1 스트레스의 개념

시험 에 이렇게 나왔다!

스트레스 요인과 상황에 관한 설명으로 틀린 것은?
(17년 1회)

① 좌절 – 원하는 목표가 지연되거나 차단될 때이다.
② 과잉부담 – 개인의 능력을 벗어난 일이나 요구일 때이다.
③ 갈등 – 두 가지의 긍정적인 일들이 갈등을 일으킬 때이다.
④ 생활의 변화 – 부정적인 사건이 제한된 시간 내에 많을 때이다.

답 ④

(1) 스트레스의 개념

① 스트레스(Stress)는 외부압력과 그에 대항하는 긴장을 의미한다.

② 외부의 압력을 스트레스원이라 하며 원상태로 되돌아가려는 반작용을 스트레스라고 한다.

(2) 스트레스의 원인　　　　　　　　　　　　　기출 19, 17, 15, 12년

① 좌절

㉠ 원하는 목표가 지연되거나 차단될 때 경험하는 정서상태이다.

㉡ 목표지향적 행동의 차단이며 이러한 차단은 영구적이거나 일시적이다.

㉢ 장애물은 외적인 것과 내적인 것으로 구분할 수 있다.

• 외적인 장애물 : 물리적 요인, 사회경제적 요인 등

• 내적인 장애물 : 신체적 요인, 심리적 요인 등

② 갈등

㉠ 두 가지 동기들이 갈등을 일으킬 때 경험하는 정서상태이다.

㉡ 특정 동기는 다른 동기들과 갈등을 야기할 수 있으며 스트레스를 유발한다.

시험 에 이렇게 나왔다!

승진을 하려면 지방근무를 해야만 하고, 서울근무를 계속하려면 승진기회를 잃는 경우에 겪는 갈등의 유형은?
(19년 1회)

① 접근 – 접근 갈등
② 회피 – 회피 갈등
③ 접근 – 회피 갈등
④ 이중접근 갈등

답 ③

• 접근 – 접근 : 두 개의 정적 유의성을 띠고 있는 바라직하면서도 상호배타적인 행동목표가 동시에 나타나는 경우 발생

• 접근 – 회피 : 동일한 행동목표가 정적 유의성과 부적 유의성을 동시에 나타내 보이는 경우 발생

• 회피 – 회피 : 두 개의 부적 유의성을 띠고 있는 상호배타적인 행동목표가 동시에 나타나는 경우 발생

• 이중접근 – 회피 : 접근 – 회피 갈등을 보이는 두 개의 행동목표 중 어느 하나만을 선택할 수밖에 없는 경우 발생

③ 생활의 변화

    ㉠ 결혼, 이사, 이혼 등 평소 익숙하던 생활환경이 변화할 때 경험하는 정서 상태이다.

    ㉡ 생활의 변화에 따라 적응성 에너지가 갑자기 많이 소모되므로 질병에 취약해질 수 있다.

④ 과잉부담

    ㉠ 개인을 능력을 벗어난 일이나 요구로 인해 경험하는 부정적인 정서상태이다.

    ㉡ 사회가 복잡해지고 지나친 경쟁 속에서 과잉부담이 일어날 가능성이 커진다.

🔍 **스트레스의 부정적 효과**

• 주의집중이 어렵고 능률이 떨어지며 불안과 분노, 우울과 무감동 등 심리적 악영향을 유발한다.

• 위장 질환, 심장순환계 질환 등 각종 신체적 악영향을 유발한다.

스트레스의 긍정적 효과 [기출] 18년

• 자극을 받고 도전하려는 욕구를 자극한다.

• 개인적 성장, 자기 향상 증진 등의 기능을 한다.

• 더 큰 스트레스에 대한 면역기능이 생긴다.

참고 하세요!

적정 수준의 스트레스는 긍정적인 효과를 불러일으키기도 한다.

Thema 2 셀리에의 일반적응증후군(GAS)

(1) 개념

① 셀리에(Selye)는 물리적 자극 혹은 공포나 위협 등의 심리적 자극 등 어떠한 종류의 스트레스를 가해도 모두 공통적인 반응을 보인다는 것에 주목하였다.

② 일반적응증후군(GAS ; General Adaptation Syndrome) 현상은 자극 내용 여하를 막론하고 자극에 대한 항상 일정한 증상을 나타낸 다는 점에서 고안되었다.

③ 결론적으로 스트레스는 스트레스원에 대처하여 평온한 상태를 유지하기 위한 저항 또는 도피반응이라는 것이다.

시험에 이렇게 나왔다!

Selye가 제시한 일반적응증후군의 반응단계에 해당하지 않는 것은? (16년 3회)

① 경계단계
② 적응단계
③ 저항단계
④ 소진단계

답 ②

(2) 일반적응증후군의 3단계

① 경고단계

㉠ 스트레스 자극을 받았을 때 나타나는 최초의 신체적 반응이다.

㉡ 스트레스에 의해 체온이 떨어지고 심박수가 빨라지는 쇼크단계와 신체의 자동적 방어기제에 의해 순간적으로 대항하는 역쇼크단계로 이루어진다.

② 저항단계

㉠ 스트레스에 대한 경고반응으로 비상동원체계가 작동되었음에도 불구하고 스트레스가 지속되는 경우 저항단계로 접어든다.

㉡ 스트레스 유발요인에 대한 저항력과 면역력이 일시적으로 증가하지만 스트레스가 지속되는 경우 신체의 전반적인 기능이 저하된다.

㉢ 저항력이 높아지고 초기의 신체적 변화가 없어진다. 만성 불안증·신경증 사람들이 이 단계에 속한다.

③ 소진단계

㉠ 유해한 스트레스의 노출이 장기간 지속되어 신체 에너지가 고갈상태에 이른다.

㉡ 신체의 저항력과 면역력이 붕괴되어 탈진상태로 이어질 수 있으며 질병과 죽음을 유발할 수 있다.

Thema 3 라지루스와 포크만의 스트레스 인지적 평가이론

(1) 개념

① 라지루스와 포크만(Lazarus & Folkman)은 스트레스를 유발하는 사건 자체보다 그 사건에 대한 개인의 지각 및 인지 과정을 중시하였다.

② 스트레스는 개인과 환경 간 상호작용이라고 주장하였다.

(2) 스트레스 인지 평가과정

① 1차 평가

　㉠ 자신에게 스트레스를 유발하는 사건이 얼마나 위협적인지 평가한다.

　㉡ 사건에 대한 평가로서 사건이 나에게 어떤 의미를 주는지에 대한 평가이다.

② 2차 평가

　㉠ 스트레스에 대한 자신의 대처능력에 대한 평가이다.

　㉡ 스트레스 사건에 대해 무엇을 할 수 있는지에 대한 평가이다.

③ 3차 평가(재평가)

　㉠ 새로운 정보를 이용한 평가로서 처음의 평가가 수정되는 것이다.

　㉡ 본질적으로 1차 및 2차 평가와 크게 다르지 않다.

시험 에 이렇게 나왔다!

Lazarus의 스트레스 이론에 관한 설명으로 틀린 것은?
(16년 3회)

① 스트레스 사건 자체보다 지각과 인지 과정을 중시하는 이론이다.

② 1차 평가는 사건이 얼마나 위협적인지를 평가하는 것이다.

③ 2차 평가는 자신의 대처 능력에 대한 평가이다.

④ 3차 평가는 자신의 스트레스 반응에 대한 평가이다.

답 ④

Thema 4 여크스 – 도슨의 역U자형 가설

(1) 개념

① 여크스 – 도슨(Yerkes – Dodson)은 직무에 대한 스트레스가 너무 높거나 낮으면 직무수행능력이 떨어지는 역U자형 양상을 보인다고 주장했다.

② 역U자형 곡선은 욕구나 긴장이 증대되는 경우 어느 정도 수준에 이르기까지 수행능력이 증가하다가 그 이후에는 오히려 감소한다는 사실을 반영한 것이다.

③ 스트레스 수준이 너무 높거나 낮으면 건강이나 작업능률에 부정적인 영향을 미치므로 스트레스를 적정 수준으로 유지하는 것이 바람직하다고 보았다.

(2) 스트레스 강도에 따른 성과 수준

① 너무 낮은 스트레스

동기부여가 부족하고 생산성이 저하된다.

② 중간 정도의 스트레스

㉠ 적절한 긴장감과 경쟁의식을 가질 수 있다. 생산성이 증대된다.

㉡ 기분이 상쾌해지고 기억력 · 집중력이 증대된다.

③ 너무 높은 스트레스

㉠ 스트레스 해소를 위한 시간과 노력이 소비된다.

㉡ 초조, 불안, 긴장, 혼란, 두통, 건강, 생산성 저하 등이 유발된다.

시험에 이렇게 나왔다!

스트레스와 직무수행 간의 관계에 관한 설명으로 옳은 것은? (18년 2회)

① 스트레스가 많을수록 직무수행이 떨어지는 일차함수 관계이다.
② 어느 수준까지만 스트레스가 많을수록 직무수행이 떨어진다.
③ 일정시점 이후에 스트레스 수준이 증가하면 수행실적은 오히려 감소하는 역U형 관계이다.
④ 스트레스와 직무수행은 관계가 없다.

답 ③

Thema 5 홈스와 레어의 사회재적응척도와 생활변화단위

(1) 개념

① 홈스와 레어(Holmes & Rahe)는 사회재적응척도(LCU ; Life Change Unit)를 개발하여 생활사건이 유발하는 스트레스의 양을 측정하고자 했다.

② 사람들이 직면하게 되는 43개항의 주요 변화가 개인에게 얼마나 영향을 미치는가를 1년간 측정해 수치로 나타내었다. 이 수치를 생활변화단위라고 한다.

③ 생활의 변화는 평소 익숙하던 생활환경이 바뀐 때를 의미하며 홈스와 레어는 스트레스의 개념을 생활의 변화에 의해 깨진 정신생리적 안정을 되찾아 본래의 항정상태로 돌아가는 데 필요한 기간과 노력의 양으로 설명하였다.

(2) 생활변화단위

① 0~150 미만 : 스트레스가 거의 없음(질병 발생 가능성 없음)

② 150~199 : 경도의 생활위기(35%의 질병 발생 가능성 있음)

③ 200~299 : 중중도의 생활위기(50%의 질병 발생 가능성 있음)

④ 300 이상 : 중증도의 생활위기(80%의 질병 발생 가능성 있음)

🔍 스트레스에 관한 생리적 연구
기출 18, 17, 15, 13년

• 17 – 하이드로록시코티코스테로이드(17 – OHCS ; 17 – Hydroxycorticosteroids)는 부신피질에서 방출되는 호르몬 가운데 전해질 대사나 당질대사에 관여하는 호르몬을 총칭한다. 특히 스트레스의 생리적 지표로 매우 중요하게 사용되는 것으로서 대표적으로 코티졸(Cortisol)이 이 호르몬에 포함된다.

• 코티졸은 스트레스 호르몬으로서 코티졸 분비로 혈중 포도당이 증가하면서 세포가 스트레스 상황을 극복할 수 있도록 에너지를 공급하므로 스트레스 통제 호르몬으로도 불린다.

• 장기간 스트레스에 노출되거나 무리한 운동을 할 경우 코티졸이 과다분비되어 만성피로증후군을 유발한다.

• 만성스트레스는 코티졸의 지속적인 과다분비를 유도하여 결국 코티졸 기능을 파괴함으로써 스트레스에 대한 신체 저항력을 떨어뜨린다.

시험 에 이렇게 나왔다!

스트레스에 관한 설명으로 옳은 것은? (17년 1회)

① 스트레스 수전과 수행은 U형 관계를 가진다.

② B유형 행동은 관상동맥성 질환과 밀접한 관련이 있다.

③ 외적통제자는 스트레스 상황에 노출되더라도 크게 위험을 느끼지 않는다.

④ 코티졸은 부신피질에서 방출하는 스트레스 통제 호르몬이다.

답 ④

2 직업 관련 스트레스

Thema 1 직무·조직관련 스트레스 요인

(1) 과제특성 기출 07년

① 복잡한 과제는 정보과부하를 야기하므로 상대적으로 높은 인지활동을 요구하며 그로 인해 스트레스를 높이는 조건이 될 수 있다. 개인이 갖고 있는 일 처리능력은 한계가 있으므로 과제가 복잡하지면 그만큼 스트레스에 쉽게 노출될 수 있다.

② 지루함과 단조로움도 기계화 및 자동화 시대에 살고 있는 오늘날 가장 위험한 스트레스 요인이 될 수 있다. 단조로운 자동화는 조립대 히스테리(Assembly – line Hysteria) 증상이라고도 한다.

(2) 역할갈등 기출 20~11, 09~07년

① 역할담당자가 자신의 지위와 역할전달자의 역할기대가 상충되는 상황에서 지각하는 심리적 상태이다.

② 조직에서 자신이 생각하는 역할과 상급자가 생각하는 역할 간 차이에서 기인한다.

③ 공식적이고 구조적인 조직에서는 주로 구조적 변수(의사결정의 참여 등) 때문에 역할갈등이 발생한다.

④ 비공식적이고 비구조적인 조직에서는 주로 인간관계 변수(동료와의 관계 등) 때문에 역할갈등이 발생한다.

⑤ 역할갈등의 유형에는 네 가지가 있다.

ㄱ 개인 간 역할갈등
직업에서의 요구와 직업 이외의 요구 간의 갈등에서 발생

ㄴ 개인 내 역할갈등
개인의 복잡한 과제, 개인이 수행하는 직무의 요구와 개인의 가치관이 다를 때 발생

ㄷ 송신자 간 역할갈등
두 명 이상의 요구가 갈등을 일으킬 때 발생

ㄹ 송신자 내 역할갈등
업무 지시자가 서로 배타적이고 양립할 수 없는 요구를 요청할 때 발생

시험에 이렇게 나왔다!

다음에 해당하는 직무 및 조직관련 스트레스 요인은?
(15년 1회)

역할담당자가 자신의 지위와 역할전달자의 역할기대가 상충되는 상황에서 지각하는 심리적 상태이다.

① 역할갈등
② 역할과다
③ 과제특성
④ 역할모호성

답 ①

(3) 역할모호성 기출 18, 14, 10년

① 역할담당자가 역할전달자의 역할기대에 대해 명확히 알지 못함으로써 발생하는 심리적 상태이다.

② 개인의 역할이 명확하지 않을 때 발생한다.

③ 개인적 갈등의 범주에 속하는 것으로서 자기역할을 수행하는 데 필요하다고 느끼는 정보를 보유하지 못하거나 전달받지 못하는 경우에 주로 나타난다.

④ 급격한 환경변화에 적응하기 위한 기술습득의 도전 양상으로 나타나며, 특히 하위계층보다는 중·상위계층에서 보다 높은 수준으로 지각된다.

(4) 산업·조직문화와 풍토

집합주의 문화와 개인주의 문화의 충돌은 근로자에게 스트레스원이 된다.

① 집합주의 문화

㉠ 친족이나 연고 등을 중시한다.

㉡ 근로자 개인과 조직 간의 관계를 보다 도덕적인 관점에서 이해한다.

㉢ 근로자는 관리자나 동료와의 유대 때문에 조직에 몰입하는 경향이 있다.

② 개인주의 문화

㉠ 개인의 성취력을 최우선으로 하며 친족이나 연고 등은 중시하지 않는다.

㉡ 근로자 개인과 조직 간의 관계를 계약의 관점에서 계산적으로 이해한다.

㉢ 근로자는 직무 자체나 개인적 보상 때문에 조직에 몰입하는 경향이 있다.

시험 에 이렇게 나왔다!

직무 스트레스를 조절하는 변인과 가장 거리가 먼 것은? (14년 1회)

① 성격의 유형
② 역할 모호성
③ 통제의 위치
④ 사회적 지원

답 ②

🔍 **일중독과 소진현상** 기출 20, 16, 10, 07년

일중독	소진
• 과잉 적응 증후군 • 일을 많이 하고 좋아해 자신을 몰아넣는 증상 • 일을 하지 않으면 불안하고 강박적인 양상을 보임 • 주말이나 휴일에도 쉴 수 없음	• 탈진 증후군 • 일에 자신의 에너지를 다 쏟아 붓다가 일로부터 자신이 소외당하면서 겪는 심리적·행동적 증상 • 인생에 환멸을 느끼고 불면증 발생

참고 하세요!

프리드만(Friedman)과 로젠만(Rosenman)이 제시한 A/B 성격유형이 기초가 되었다.

(1) A/B 성격유형   기출 17, 16, 15, 12, 11, 10, 09년

① A 성격유형

   ㉠ 공격적이고 경쟁적이어서 스트레스 상황에서 B 성격유형의 행동보다 훨씬 많은 스트레스를 받는다.

   ㉡ 현대 산업사회에서는 A 성격유형의 사람들의 비중이 늘어나고 있다.

   ㉢ 스트레스 상황에 노출되면 A 성격유형이 B 성격유형보다 더 많은 부정과 투사기제를 사용한다.

   ㉣ 능동적, 공격적 성향을 가지고 있으며 직무수행에 있어 경쟁 및 성취 지향, 신속성, 완벽함을 추구한다.

② B 성격유형

   ㉠ 성취욕구와 포부수준이 A 성격유형보다 낮아 일로부터 스트레스를 느낄 가능성이 적다.

   ㉡ 수동적, 방어적 성향을 가지고 있으며 직무수행에 있어 느긋함과 차분함, 일처리에 있어서 여유로운 대처, 상황의 수용 등을 특징으로 한다.

③ A/B 성격유형의 비교

A 성격유형	B 성격유형
• 성급하다. • 쉽게 화를 내며, 공격적이고 참을성이 없다. • 데드라인적 행동양식을 가진다. • 극단적인 경쟁심의 소유자로 자기 자신과 타인에 대해 도전적이다. • 동시에 두 가지 이상의 일을 한다. • 근무시간을 철저히 지키고 장시간 노동을 한다. • 자기 자신의 가치에 불안하기 때문에 자신의 성공을 타인의 성공과 비교한다. • 사람들과 정서적으로 접촉하는 경우가 드물다.	• 여유롭고 느긋하다. • 차분한 성격과 평온함을 특징으로 한다. • 생활을 향유하고 일의 예가 되는 것을 거부한다. • 우월성을 항상 시사하려고 하지 않는다. • 일의 결과보다 과정을 즐긴다. • 시간에 대한 걱정이 덜하고 여유를 가진다. • 자신감이 있기 때문에 타인의 의견에 따라 자아를 상실하지 않는다. • 유머와 센스가 있고 자신의 실패에 대해서도 미소를 지을 수 있다.

시험 에 이렇게 나왔다!

개인관련 스트레스 요인인 A유형 행동을 보이는 사람의 특성으로 틀린 것은?
(16년 1회)

① 일의 결과보다는 과정을 즐긴다.
② 쉽게 화를 낸다.
③ 많은 일을 성취하려 한다.
④ 스트레스 상황에서 과제를 더 빨리 포기한다.

답 ①

(2) 통제의 소재(통제의 위치) 기출 19, 18, 13, 12년

① 내적 통제자

ⓐ 어떤 행위의 결과가 자신의 행위에 달려 있다고 본다.

ⓑ 외적 통제자보다 자신의 노력에 따른 보상에 기대가 높다.

ⓒ 복잡한 과제상황에 더 적극적으로 대처하지만 스트레스 상황에 대한 통제력이 더 이상 유용하지 못하다고 판단하게 되면 스트레스에 대한 대처 노력을 쉽게 포기하는 경향이 있다.

② 외적 통제자

ⓐ 자신의 삶에서 중요한 사건들이 주로 타인이나 외부에 의해 결정된다고 보기 때문에 스트레스의 영향력을 감소시키려는 노력을 하지 않는 편이다.

ⓑ 부정적 사건에 민감하게 반응하고 자기방어적인 성향을 보임으로써 스트레스 상황에 대한 대처능력이 떨어지고 실제 생활에서 비교적 높은 수준의 스트레스를 경험하는 것으로 나타나고 있다.

(3) 사회적 지원(지지) 기출 18, 10년

① 직무수행자의 직무 스트레스를 완화할 수 있도록 해 주고 스트레스 상황에서 심리적 · 신체적 도움을 주는 것으로 조직 내적 · 외적 요인이다.

② 조직 내적 요인으로는 직장 상사, 동료, 부하 등이 있다.

③ 조직 외적 요인으로는 가족 등이 있다.

④ 사회적 지원이 제공되면 우울이나 불안 같은 직무 스트레스 반응이 감소한다.

⑤ 스트레스 출처를 약화시키지만 스트레스의 출처로부터 야기된 권태감, 직무 불만족 자체를 감소시키는 것은 아니다.

시험에 이렇게 나왔다!

직무 스트레스에 영향을 주는 요인에 관한 설명과 가장 거리가 먼 것은? (17년 3회)

① B 성격유형의 사람들은 A 성격유형의 사람들보다 성취욕구와 포부수준이 더 높기 때문에 일로부터 스트레스를 느낄 가능성이 적다.

② 내적 통제자보다 외적 통제자들은 자신의 삶에서 중요한 사건들이 주로 타인이나 외부에 의해 결정된다고 보기 때문에 스트레스의 영향력을 감소시키려는 노력을 하지 않는 편이다.

③ 스트레스 자체를 없애기는 어렵기 때문에 스트레스의 출처를 예측하는 것이 스트레스를 완화하는 데 중요한 역할을 한다.

④ 사회적 지원은 스트레스의 출처를 약화시키지만 스트레스의 출처로부터 야기된 권태감, 직무 불만족 자체를 감소시키는 것은 아니다.

답 ①

시험에 이렇게 나왔다!

Seeman의 개념적 틀을 이용하여 Blauner가 규정한 비소외적 상태에 해당되지 않는 것은? (17년 3회)

① 목적
② 자유와 통제
③ 사회적 통합
④ 자기실현

답 ④

(1) 직무 소외   기출 17, 14년

시만과 브라우너(Seeman & Blauner)의 직무 소외 관련 연구에서는 4가지 비소외적 상태와 4가지 소외양상을 열거하였다.

① 비소외적 상태
  ㉠ 목적
  ㉡ 사회적 통합
  ㉢ 자기몰입
  ㉣ 자유와 통제

② 소외양상
  ㉠ 무기력감
  ㉡ 무의미감
  ㉢ 고립감
  ㉣ 자기상실감

(2) 구조조정(조직 감축)에서 살아남은 구성원들의 전형적인 반응

기출 20, 18, 13, 12, 11, 07년

① 살아남은 구성원들도 조직에 대한 신뢰감을 상실한다.
② 일부 구성원들은 다른 직무나 낮은 수준의 직무로 이동하는 것을 감수한다.
③ 더 많은 일을 해야 하기 때문에 과로하며 종종 불이익도 감수하려고 한다.
④ 감축대상이 된 동료들에 대한 미안함과 자신도 언제 감축대상이 될지 모르는 불안함으로 인해 조직 몰입에 어려움을 느낀다.
⑤ 조직의 분위기가 침체되고 사기가 저하된다.
⑥ 조직 감축이 불공정하다고 느끼는 경우 분노나 공격적 성향을 드러내어 인간관계의 악화를 초래한다.
⑦ 이직 의향이나 이직률이 높아지는 등 조직으로부터의 이탈현상이 발생할 수 있다.

3 스트레스의 관리 및 예방

Thema 1 스트레스 대처

(1) 스트레스 예방 및 대처를 위한 노력 〔기출〕 20, 19, 18, 14, 09, 08년

① 가치관을 전환시켜야 한다.

② 목표지향적 초고속심리에서 과정중심적 사고방식으로 전환해야 한다.

③ 스트레스에 정면으로 도전해야 한다.

④ 균형 있는 생활을 해야 한다.

⑤ 취미 · 오락을 통해 생활장면을 전환하는 활동을 규칙적으로 해야 한다.

(2) 스트레스 관리전략 〔기출〕 20, 17, 11년

① 1차적 관리 – 스트레스 요인 중심(출처지향적 관리전략)

  ㉠ 조직 수준의 스트레스 관리전략으로 직무 스트레스의 직접적인 원인을 수정한다.

  ㉡ 스트레스 자체를 없애기는 어렵기 때문에 스트레스의 출처를 예측하는 것이 스트레스를 완화하는 데 중요한 역할을 한다.

  ㉢ 직무재설계, 직무확대, 참여적 관리 등이 있다.

② 2차적 관리 – 스트레스 반응 중심(반응지향적 관리전략)

  ㉠ 개인 수준의 스트레스 관리전략으로 직무 스트레스로 인한 다양한 증상을 완화한다.

  ㉡ 이완훈련, 바이오피드백, 대처기술, 시간관리, 생활스타일 관리, 상담 및 정신치료 등이 있다.

③ 3차적 관리 – 스트레스 증후 중심(증후지향적 관리전략)

  ㉠ 직무 스트레스로 인해 발생한 각종 장애를 치료한다.

  ㉡ 약물치료, 심리치료 등이 있다.

시험 에 이렇게 나왔다!

스트레스의 예방 및 대처방안으로 틀린 것은? (14년 2회)

① 가치관을 전환시켜야 한다.

② 과정중심적 사고방식에서 목표지향적 초고속심리로 전환해야 한다.

③ 균형있는 생활을 해야 한다.

④ 취미, 오락을 통해 생활장면을 전환하는 활동을 규칙적으로 해야 한다.

답 ②

직업과 스트레스 연습문제

01

직업관련 스트레스 요인에 관한 설명으로 옳은 것은?

① 개인의 책임한계나 직무의 목표가 명료하지 않을 때 발생하는 것은 역할갈등이다.

② 스트레스 상황에 대한 통제력이 더 이상 유용하지 못하다고 판단하게 되면 외적 통제자들은 스트레스에 대한 대처노력을 쉽게 포기한다.

③ 공식적이고 구조적인 조직은 동료와의 관계와 같은 인간관계 변수 때문에 역할 갈등이 발생한다.

④ 스트레스 상황에 노출되면 A유형 행동이 B유형 행동보다 더 많은 부정과 투사기제를 사용한다.

해설

① 개인의 책임한계나 직무의 목표가 명료하지 않을 때 발생하는 것은 역할모호이다. 역할갈등은 조직에서 자신이 생각하는 역할과 상급자가 생각하는 역할 간 차이에 기인한 스트레스원이다. 개인의 책임한계나 목표가 명료하지 않을 때 스트레스가 높아진다.

③ 비공식적이고 비구조적인 조직에서는 인간관계가 주요 역할갈등을 일으켜 스트레스원이 된다.

02

다음 설명에 해당하는 행동특성을 바르게 짝지은 것은?

ㄱ	• 점심을 먹으면서도 서류를 본다. • 아무 것도 하지 않고 쉬면 견딜 수 없다. • 주말이나 휴일에도 쉴 수가 없다.
ㄴ	• 열심히 일을 했지만 성취감보다는 허탈감을 느낀다. • 인생에 환멸을 느낀다. • 불면증이 생긴다.

① ㄱ : 내적 통제소재, ㄴ : 외적 통제소재

② ㄱ : A형 성격, ㄴ : B형 성격

③ ㄱ : 과다 과업지향성, ㄴ : 과다 인간관계지향

④ ㄱ : 일 중독증, ㄴ : 소진

해설

ㄱ은 쉬지 못하고 일을 하고 있어야 마음 놓이는 일 중독증에 대한 설명이고, ㄴ은 성취감보타 허탈감을 느끼는 탈진상태인 소진에 대한 설명이다.

03

다음에 해당하는 스트레스 관리전략은?

> 예전에는 은행원들이 창구에 줄서서 기다리는 고객들에게 가능한 빨리 서비스를 제공하고자 스트레스를 많이 받았었는데, 고객 대기표(번호표) 시스템을 도입한 이후 이러한 스트레스를 많이 줄일 수 있게 되었다.

① 반응지향적 관리전략

② 증후지향적 관리전략

③ 평가지향적 관리전략

④ 출처지향적 관리전략

해설

출처지향적 관리전략은 직무스트레스의 출처의 수와 강도를 줄이고 예방한다.

04

A 유형의 행동 특징에 관한 설명으로 틀린 것은? (17년 2회)

① 근무 시간을 철저하게 지키고, 항상 긴박감을 느낀다.

② 평소 활동이 공격적이고 적대적이며 참을성이 없다.

③ 시간에 대한 걱정이 덜 하고 여유를 가진다.

④ 사내의 활동이 경쟁적이며 승부에 집착한다.

해설

③은 B유형의 행동 특징에 대한 설명이다.

05

Selye가 제시한 스트레스의 단계에 해당하지 않는 것은?

① 경계단계(Alarm Stage)
② 저항단계(Resistance Stage)
③ 재발단계(Recurrence Stage)
④ 탈진단계(Exhaustion Stage)

해설

셀리에(Selye)가 제시한 일반적응증후군(스트레스 반응)의 3
단계는 경계(경고)단계 → 저항단계 → 탈진(소진)단계이다.

06

스트레스의 원인 중 역할갈등은 어디에 해당하는가?

(17년 3회)

① 직무 관련 스트레스원
② 개인 관련 스트레스원
③ 조직 관련 스트레스원
④ 물리적 환경 관련 스트레스원

해설

① 과제특성, 역할과부하, 역할갈등, 역할모호성, 의사결정
   참여 등은 직무 관련 스트레스원에 해당
② A유형 행동, B유형 행동 등
③ 조직구조, 조직풍토, 집단응집력, 지도유형 등
④ 소음, 온도, 조명, 사무실 설계 등

07

A형 성격유형에 대한 설명과 가장 거리가 먼 것은?

① 시간의 절박감과 경쟁적 성취욕이 강하다.
② 관상동맥성 심장병(CHD)에 걸릴 확률이 높다.
③ 비경쟁적 상황에서는 의외로 타인과의 경쟁심이나 적대
   감이 없다.
④ 직무 스트레스의 주요 원천이다.

해설

A형 성격유형은 비경쟁적 상황에서도 타인과 경쟁하는 것이
특징이다.

08

스트레스 상황에 대처하는 행동으로 가장 거리가 먼 것
은?

(16년 2회)

① 친구를 만나 실컷 수다를 떤다.
② 이불을 뒤집어쓰고 잠을 자버린다.
③ 정해진 시간을 꼭 지키려 애쓴다.
④ 현실을 직시하고 타협이나 양보를 한다.

해설

시간을 꼭 지키려 애쓰게 되면 스트레스를 더 받게 된다.

09

개인의 변화를 목표로 하는 2차적 스트레스 관리전략에
해당하지 않는 것은?

① 이완훈련
② 바이오피드백
③ 직무재설계
④ 스트레스관리훈련

해설

직무재설계는 1차적 스트레스 관리에 해당된다. 이완훈련,
바이오피드백, 스트레스 관리훈련, 신체단련, 영양섭취 등은
2차적 스트레스 관리에 해당된다.

10

팀 생산성을 높이기 위해서 부하들을 철저히 감독하라는
사장의 요구와 작업능률을 높이려면 자발적으로 일할 수
있는 분위기를 만들어 주어야 한다는 부하들의 요구 사
이에서 고민하는 팀장의 스트레스 원인은?

① 송신자 내 갈등
② 개인 간 역할갈등
③ 개인 내 역할갈등
④ 송신자 간 갈등

해설

송신자 간 갈등은 두 명 이상의 요구가 갈등을 발생하는 상
황이다.

11

조직에서의 스트레스를 매개하거나 조절하는 요인들 중 개인 속성이 아닌 것은?

① type A형과 같은 성격 유형
② 친구나 부모와 같은 주변인의 사회적 지지
③ 상황을 개인이 통제할 수 있느냐에 대한 신념
④ 부정적인 사건들에서 빨리 벗어나는 능력

해설

친구나 부모와 같은 주변인의 사회적 지지정도는 사회적 차원으로 개인속성이 아닌 상황적 속성에 해당한다.

12

직무 스트레스에 관한 설명으로 틀린 것은?   (18년 1회)

① 직장 내 소음, 온도와 같은 물리적 요인이 직무 스트레스를 유발할 수 있다.
② 직무 스트레스를 일으키는 심리사회적 요인으로 역할 갈등, 역할 과부하, 역할 모호성 등이 있다.
③ 사회적 지지가 제공되면 우울이나 불안 같은 직무 스트레스 반응이 감소한다.
④ 직무 스트레스는 직무만족과 부정적 관계에 있으며, 모든 스트레스는 항상 직무수행 성과를 떨어뜨린다.

해설

적당한 수준의 직무스트레스는 직무수행의 발전을 가져오는 원동력이다.

13

조직감축에서 살아남은 구성원들이 조직에 대해 보이는 전형적인 반응은?

① 살아남은 구성원들은 조직에 대해 높은 신뢰감을 가지고 있다.
② 더 많은 일을 해야 하고, 종종 불이익도 감수한다.
③ 살아남은 구성원들은 다른 직무나 낮은 수준의 직무로 이동하는 것을 거부한다.
④ 조직감축에서 살아남은데 만족하며 조직 몰입을 더욱 많이 한다.

해설

② 조직 감축에서 살아남은 구성원들은 과로하며 종종 불이익도 감수하려는 반응을 보인다.
① 살아남은 구성원들도 조직에 대한 신뢰감을 상실하여 종종 불이익도 감수한다.
③ 심지어는 일부 구성원들은 더 낮은 직무의 자리로 이동하는 것을 감수한다.
④ 조직 몰입에 어려움을 겪기도 한다.

14

직무스트레스에 관한 설명으로 옳은 것은?

① 17 − OHCS라는 당류부신피질 호르몬은 스트레스의 생리적 지표로서 매우 중요하게 사용된다.
② B형 행동유형이 A형 행동유형보다 높은 스트레스 수준을 유지한다.
③ Yerkes와 Dodson의 U자형 가설은 스트레스 수준이 낮으면 작업능률이 높아진다는 가설이다.
④ 일반적응증후(GAS)는 저항단계, 경계단계, 소진단계 순으로 진행되면서 사람에게 나쁜 결과를 가져다준다.

해설

② A 유형은 공격적이고 경쟁적이어서 스트레스 상황에서 B 유형의 행동보다 훨씬 많은 스트레스를 받는다.
③ Yerkes와 Dodson의 U자형 가설은 직무에 대한 스트레스가 너무 높거나 낮으면 직무수행능력이 떨어진다는 것이다.
④ 경고단계, 저항단계, 소진단계로 진행된다.

15

역할 갈등의 발생에 대한 설명으로 틀린 것은?   (18년 3회)

① 직업에서의 요구와 직업 이외의 요구가 다를 때 발생한다.
② 개인이 수행하는 직무의 요구와 개인의 가치관이 다를 때 발생한다.
③ 개인에게 요구하는 두 사람 이상의 요구가 다를 때 발생한다.
④ 개인의 책임한계와 목표가 명확하지 않아서 역할이 분명하지 않을 때 발생한다.

해설

④는 역할모호성에 대한 설명으로 역할모호성은 역할이 분명하지 않을 때 발생한다.

16

스트레스에 관한 설명으로 틀린 것은?

① 스트레스 여부는 상황에 대한 개인의 주관적 해석에 의존한다.
② 스트레스 여부는 상황에 대한 통제 가능성에 의존한다.
③ A유형에 비해 B유형의 사람들이 스트레스를 덜 받는 경향이 있다.
④ 내적 통제자에 비해 외적 통제자가 스트레스 상황에 대한 대처능력이 뛰어나다.

해설

외적 통제자에 비해 내적 통제자가 스트레스 상황에 대한 대처능력이 뛰어나다. 내적통제자는 스트레스에 크게 위협을 느끼지 않는다.

17

스트레스에 관한 설명으로 옳은 것은? (19년 1회)

① 스트레스에 대한 일반적응증후는 경계, 저항, 탈진 단계로 진행된다.
② 1년간 생활변동 단위(Life Change Unit)의 합이 90인 사람은 대단히 심한 스트레스를 겪는 사람이다.
③ A유형의 사람은 B유형의 사람보다 스트레스에 더 인내력이 있다.
④ 사회적 지지가 스트레스의 대처와 극복에 미치는 영향력은 거의 없다.

해설

스트레스에 대한 일반증후는 경계 – 저항 – 탈진(소진)이다.
② 생활변동 단위의 합이 0~150 미만은 스트레스가 거의 없고, 150~190은 경도의 생활위기이며, 200~299는 중등도의 생활위기이고, 300 이상은 중증도의 생활위기이다.

18

조직에 영향을 미치는 직무 스트레스의 결과와 가장 거리가 먼 것은?

① 직무수행 감소
② 직무 불만족
③ 상사의 부당한 지시
④ 결근 및 이직

해설

상사의 부당한 지시는 직무 스트레스의 결과가 아니라 원인이다.

19

직무 스트레스를 촉진시키거나 완화하는 조절 요인이 아닌 것은?

① A/B 성격유형
② 통제 소재
③ 사회적 지원
④ 반복적이고 단조로운 직무

해설

직무 스트레스를 촉진시키거나 완화하는 조절 요인은 사회적 지원, 성격유형, 통제의 소재(위치)이다.

제 **2** 과목

직업상담학

CHAPTER 01
직업상담의 개념

1 직업상담의 기초

Thema 1 직업상담 : 정의와 목적

참고 하세요!

직업상담의 주요 요인으로는 대안탐구, 내담자 특성평가, 직업적 가능성에 대한 명료성, 개인적 정보와 실제적 자료와의 통합, 직업정보의 소개, 의사결정 등이 있다.

(1) 직업상담의 정의

내담자와 상담자의 구조화된 관계 속에서 내담자가 자기 자신에 대한 정보와 사실을 탐색 · 수용하고, 자기에 관해 확인된 사실들을 토대로 적절한 직업을 선택하여 직장생활에 잘 적응하도록 도와주는 행동이다. 인생 전반에 걸친 직업상담을 돕는다.

① **직업상담** : 상담의 기본원리와 기법에 바탕을 두고 직업선택, 직업적응, 전환, 은퇴 등 일련의 과정에서 발생하는 문제를 예방 · 처치하는 활동

② **직업지도** : 직업에 대한 적합한 준비를 하여 직업인으로서 만족할 만한 생활을 영위하도록 돕는 활동

③ **직업훈련** : 직업을 갖고자 하는 자에게 기능, 지식, 태도를 개발하도록 도와주는 활동

(2) 직업상담의 목적   기출 20, 17, 14, 07년

① 직업문제를 인식하고 확고한 진로결정을 돕는다.

② 현실적인 자기이미지의 형성을 돕는다.

③ 명백한 직업목표의 설정을 돕는다.

④ 진로계획의 수립을 돕는다.

⑤ 합리적인 의사결정능력의 증진을 돕는다.

⑥ 내담자의 능력을 성장시킨다.

시험 에 이렇게 나왔다!

직업상담의 목적과 가장 거리가 먼 것은? (17년 3회)

① 내담자가 이미 잠정적으로 선택한 진로결정을 확고하게 해 주는 것이다.

② 개인의 직업목표를 명백하게 해 주는 과정이다.

③ 내담자가 자기 자신과 직업세계에 대해 알지 못했던 사실을 발견하도록 도와주는 것이다.

④ 내담자가 최대한 고소득 직업을 선택하도록 돕는 것이다.

답 ④

Thema 2 직업상담 ; 원리와 직업발달에 영향을 주는 요인

(1) 직업상담의 기본원리   기출 19, 16, 15, 14, 13, 12, 11, 10, 08년

① 직업선택의 초점에 맞추어 상담을 전개한다.

② 내담자의 특성에 대한 객관적 파악, 신뢰관계[라포(Rapport)] 형성 후 실시한다.

③ 내담자의 의사결정과정에 도움을 주어야 한다.

④ 변화하는 직업세계의 이해와 진로정보활동의 중심이다.

⑤ 각종 심리검사를 활용하여 합리적인 결과를 도출할 수 있지만 지나친 의존을 하면 안 된다.

⑥ 상담윤리 강령을 준수한다.

⑦ 진로발달이론에 근거한 상담을 한다.

⑧ 내담자의 전생애적 발달과정을 반영해야 한다.

⑨ 내담자에 대한 차별적 진단과 지원의 자세를 견지해야 한다.

(2) 개인의 진로발달에 영향을 주는 요인[톨버트(Tolbert)]   기출 20, 17, 12, 10년

① 직업적성

② 직업흥미

③ 인성

④ 직업성숙도와 발달

⑤ 성취도

⑥ 가정 · 성별 · 인종

⑦ 장애물

⑧ 교육정도

⑨ 경제적 조건 등

참고 하세요!

라포(Rapport) 형성

라포란 상담자와 내담자 간의 친근감을 의미하는 것으로 이를 위해서는 자연스런 분위기 조성, 인간존중의 가치관을 가지고 내담자를 대하고, 내담자를 비판하지 않으며, 친절해야 한다. 또한 은혜를 베푼다는 인상을 주지 않고 동등한 입장을 취해야 한다.

시험에 이렇게 나왔다!

직업상담의 기본 원리에 관한 설명으로 틀린 것은?
(16년 1회)

① 직업상담은 변화하는 직업 세계에 대한 이해를 토대로 이루어져야 한다.

② 직업상담은 신뢰관계를 형성한 후 인간의 성격 특성과 재능에 대한 이해를 토대로 진행되어야 한다.

③ 직업상담은 내담자의 전생애적 발달과정을 반영할 수 있어야 한다.

④ 가장 핵심적인 요소는 진로 혹은 직업의 결정이므로 개인의 의사결정보다는 직업세계의 이해에 대한 상담이 우선되어야 한다.

답 ④

(1) 직업상담사의 자질 `기출` 19년

① 냉철함과 통찰력

② 객관성

③ 신중한 태도

④ 도덕적 판단

⑤ 공감적 이해

⑥ 심리학적 지식

⑦ 직업정보의 분석 능력

⑧ 지나치지 않은 동정심

시험 에 이렇게 나왔다!

직업상담사에게 요구되는 역할과 가장 거리가 먼 것은?
(18년 3회)

① 직업정보를 분석하고 구인 · 구직 정보제공
② 구직자의 직업적 문제를 진단하고 해결 및 지원
③ 노동통계를 분석하여 새로운 직업전망을 예견하여 미래의 취업정보를 제공
④ 직업상담실을 관리하며 구직자의 행동을 조정 및 통제

답 ④

(2) 직업상담사의 역할 `기출` 20, 19, 18, 15, 13, 12, 11, 09, 08, 07년

① **상담자** : 내담자의 직업과 관련한 상담을 수행한다.

② **정보 분석자** : 분석을 통해 직업정보의 수집, 분석, 가공, 관리, 환류에 의한 정보를 축적하고 내담자에게 제공한다.

③ **(검사도구)해석자** : 내담자의 직업과 관련된 심리검사를 해석한다.

④ **(직업문제)처치자** : 내담자의 직업문제를 진단 및 분류하고 처치한다.

⑤ **조언자** : 내담자의 직업관련 문제를 해결할 수 있도록 조언한다.

⑥ **(직업지도 프로그램)개발자** : 다양한 직업지도 프로그램을 개발한다.

⑦ **지원자** : 프로그램을 실제로 적용하고 결과 평가를 통해 프로그램을 보완한다.

⑧ **협의자** : 직업정보 기관 및 단체들과 유기적인 관계를 구축하고 협의한다.

⑨ **관리자** : 상담 과정에서 일어나는 일련의 업무를 관리하고 통제한다.

⑩ **연구 및 평가자** : 직업관련 변화에 따라 주기적인 조사 · 연구를 하고, 상담 프로그램 개발을 위한 연구를 하고 평가한다.

Thema 4 상담의 구조화와 라포

(1) 상담의 구조화

기출 20, 17, 16, 13, 10, 08년

① 내용

㉠ 상담자는 내담자와 상담의 기본을 맞추어가며 내담자의 상담에 대한 불안감을 감소시킬 수 있다.

㉡ 상담자는 내담자에게 상담 주기와 시간, 상담 내용과 비밀 보장 등에 대해 설명한다.

㉢ 상담자는 내담자에게 상담의 성격, 상담자의 역할과 한계, 내담자의 태도 등을 설명하고 인식시킨다.

㉣ 상담자는 내담자에게 검사도구의 기능과 한계에 대해 설명한다.

㉤ 상담자는 내담자가 상담내용을 잘 이행할 것을 기대하고 있음을 분명히 한다.

② 상담의 구조화를 위한 요소

㉠ 상담 목표

㉡ 상담자의 역할

㉢ 내담자의 역할

㉣ 상담 주기와 시간 그리고 장소

㉤ 상담 비용

(2) 라포(Rapport) 형성

기출 20, 18, 17, 15, 11, 08, 07년

① 내용

㉠ 상담자와 내담자 간 친근감을 의미한다.

㉡ 상담 초기 이루어진다.

② 라포(Rapport) 형성을 위한 요소

㉠ 자연스런 분위기를 조성한다.

㉡ 인간존중의 가치관을 가지고 내담자를 대한다.

㉢ 은혜를 베푼다는 인상을 주지 않고 동등한 입장을 취해야 한다.

㉣ 내담자의 말에 공감하며 내담자를 있는 그대로 수용해야 한다.

㉤ 내담자를 비판하지 않으며, 적극적이고 친절해야 한다.

시험 에 이렇게 나왔다!

직업상담과정의 구조화단계에서 상담자의 역할에 관한 설명으로 옳은 것은? (17년 1회)

① 내담자에게 상담자의 자질, 역할, 책임에 대해서 미리 알려줄 필요가 없다.

② 내담자에게 검사나 과제를 잘 이행할 것을 기대하고 있다는 것을 분명히 밝힌다.

③ 상담 중에 얻은 내담자에 대한 비밀을 지키는 것은 당연하므로 사전에 이것을 밝혀두는 것은 오히려 내담자를 불안하게 만든다.

④ 상담과정은 예측할 수 없으므로 상담 장소, 시간, 상담의 지속 등에 대해서 미리 합의해서는 안 된다.

답 ②

시험에 이렇게 나왔다!

직업상담의 과정을 순서대로
바르게 나열한 것은?
(16년 1회)

① 관계형성 – 진단 및 측정
 – 개입 – 목표설정 – 평가
② 관계형성 – 목표설정 – 진
 단 및 측정 – 개입 – 평가
③ 관계형성 – 진단 및 측정
 – 목표설정 – 개입 – 평가
④ 관계형성 – 목표설정 –
 개입 – 진단 및 측정 – 평가
답 ③

시험에 이렇게 나왔다!

상담의 목표설정 과정에 관
한 설명으로 틀린 것은?
(17년 2회)

① 전반적인 목표는 내담자의
 욕구들에 의해 결정된다.
② 현존하는 문제를 평가하
 고 나서 목표설정 과정으
 로 들어간다.
③ 상담자는 목표설정에 개
 입하지 않는다.
④ 내담자의 목표를 끌어내
 기 위한 기법에는 면접안
 내가 있다.
답 ③

(1) 일반적인 직업상담의 과정   기출 18, 16, 12, 08년

① 관계형성과 구조화

㉠ 내담자와 상담자 간 상호존중과 라포를 형성한다.

㉡ 이해와 존중의 자세를 취하며 구조화 작업이 이루어지도록 한다.

② 진단과 측정

㉠ 직업문제와 심리검사를 통해 내담자의 특성을 파악한다.

㉡ 표준화된 심리검사도구를 이용하여 개인의 흥미, 적성, 가치 등을 측정
함으로써 내담자가 자신의 문제를 진단할 수 있도록 돕는다.

③ 목표 설정

진단을 통해 내담자가 바라는 목표를 함께 설정한다.

④ 개입과 중재

내담자가 목표를 달성할 수 있도록 개입하거나 중재한다.

⑤ 종결과 평가

상담자의 중재가 얼마나 효과적으로 적용되었는지 평가한다.

(2) 직업상담의 과정에 따른 고려사항   기출 20, 19, 18, 15, 14, 13, 10년

① 초기

㉠ 내용

• 앞으로 나아갈 방향과 목표를 설정하고 확인

• 상담자와 내담자 간 라포(Rapport) 형성

㉡ 고려사항

• 상담관계[라포(Rapport)] 형성

• 심리적인 문제 파악

• 목표 설정과 전략 수립

• 상담의 구조화

② 중기

㉠ 내용

• 상담의 개입이 적극적으로 이루어짐

• 대안을 탐색하고 해결을 시도함

㉡ 고려사항

• 문제해결을 위한 구체적 시도

• 내담자의 저항 해결

③ 종결
   ㉠ 내용
     • 종결에 따른 평가
     • 목표 달성의 확인과 지속적인 지도를 통해 변화를 유지
   ㉡ 고려사항
     • 합의한 목표 달성 평가
     • 종결 문제 다루기
     • 이별 감정 다루기

(3) 일반적인 직업상담의 과정 기출 18, 16년
   ① 관계형성
      내담자와 상담자 간 상호존중과 라포를 형성한다.
   ② 진단 및 측정
      심리검사를 통한 개인적 특성을 측정함으로써 자기이해를 돕고 문제를 진단한다.
   ③ 목표설정
      진단을 통해 내담자의 목표와 목표의 우선순위를 설정한다.
   ④ 개입
      목표달성을 돕기 위해 상담자는 중재, 처치, 상담 등의 개입을 한다.
   ⑤ 평가
      목표에 얼마나 도달했는지, 개입이 얼마나 효과적이었는지 평가한다.

시험 에 이렇게 나왔다!

직업상담 초기 접수면접에서 이루어지는 주된 내용은?
(18년 1회)

① 행동수정
② 과제물 부여
③ 내담자 심리평가
④ 상담관계 형성

답 ④

참고 하세요!

직업상담 과정은 한 가지 유형으로 정해진 것이 아니라 다양하기 때문에 하나를 기준으로 다른 여러 가지 유형을 유추해야 한다.

(1) 집단직업상담의 의의

① 상담자는 적은 시간에 많은 내담자를 상담할 수 있다.

② 내담자 간 감정을 공유하고 서로 피드백을 할 수 있다.

③ 타인의 노력에 학습하는 등 내담자 간 상호관계를 형성할 수 있다.

④ 협력을 기대하는 등 내담자의 공동체의식을 함양시키고 자기이해를 향상시킬 수 있다.

(2) 상담 시 고려사항   기출 17, 13, 11, 10, 07년

① 구성

㉠ 내담자의 성격과 배경, 연령 등을 고려해야 한다.

㉡ 구성원이 이질적이면 다양한 자극을 받을 수 있으나, 갈등이 생길 수 있다.

㉢ 구성원이 동질적이면 서로를 이해하는 데 도움이 되나, 새로이 변화하는데 어려움이 있을 수 있다.

㉣ 집단 내 집단상담자는 리더 1명이며, 보조진행자를 두기도 한다.

② 크기

한 상담자에게 6~10명 정도의 인원이 적절하다.

③ 횟수

상담은 가능한 최소화하는 것이 좋다. 주에 한두 번이 적절하다.

④ 환경

외부의 방해를 받지 않으면서 신체활동이 자유로운 공간이 좋다.

⑤ 기타

㉠ 집단발달 과정을 촉진하기 위해 게임을 활용할 수 있다.

㉡ 회기가 끝난 후 각자 경험보고서를 쓰게 할 수 있다.

시험 에 이렇게 나왔다!

효과적인 집단상담을 위해 고려해야 할 사항이 아닌 것은? (17년 3회)

① 집단발달 과정 자체를 촉진시켜 주기 위하여 의도적으로 게임을 활용할 수 있다.

② 매 회기가 끝난 후 각 집단 구성원에게 경험보고서를 쓰게 할 수 있다.

③ 집단 내의 리더십을 확보하기 위해 집단상담자는 반드시 1인이어야 한다.

④ 집단상담 장소는 가능하면 신체 활동이 자유로운 크기가 좋다.

답 ③

(3) 장점과 단점

기출 13, 12, 11, 10, 07년

① 장점

    ㉠ 시간적·경제적으로 효율적이다.

    ㉡ 일대일 상담보다 부담이 적고 상호 영향을 받기 때문에 더 쉽게 받아들인다.

    ㉢ 내담자의 성장을 촉진한다.

    ㉣ 서로를 관찰하고 피드백을 주고받을 수 있다.

    ㉤ 피드백을 받아 자신에 대한 통찰력이 생긴다.

    ㉥ 성숙도가 낮은 내담자에게 적합하다.

    ㉦ 대인관계능력과 사회성을 키울 수 있다.

    ㉧ 소속감을 느낄 수 있다.

② 단점

    ㉠ 개인에게 신경 쓸 수 있는 시간이 적어져 개인적인 문제를 충분히 다룰 수 없다.

    ㉡ 비밀유지가 어렵다.

    ㉢ 구성원 모두를 만족시킬 수 없다.

    ㉣ 압력으로 피드백을 강요받을 수 있다.

    ㉤ 개인의 개성이 사라질 수 있다.

    ㉥ 목적에 맞는 집단을 구성하기 어렵다.

    ㉦ 상담자의 역량에 따라 집단상담의 운영이 어려울 수 있다.

시험에 이렇게 나왔다!

진로개발프로그램을 운영하는 방법의 하나인 집단진로상담에 관한 설명으로 옳은 것은? (17년 2회)

① 참여하고자 하는 학생들 중 사전조사를 통해서 책임의식이 있는 학생들로 선발한다.
② 참여하는 학생들은 목표와 기대가 동일하기 때문에 개인차를 고려하지 않는다.
③ 프로그램 단계별로 나타나는 집단의 역동성은 문제를 복잡하게 만들기 때문에 무시하는 것이 좋다.
④ 다양한 정보습득과 경험을 해야 하기 때문에 참여 학생들은 진로발달상 이질적일수록 좋다.

답 ①

참고하세요!

Tolbert는 집단직업상담의 요소를 목표, 과정, 비밀유지, 집단구성, 리더, 일정 등으로 제시하였다.

(1) 톨버트(Tolbert)가 제시한 집단직업상담 활동 기출 18년

① 자기탐색

구성원들은 상호 수용적으로 자신의 가치와 태도 등을 탐색

② 상호작용

구성원들은 자신의 계획과 목표에 대해 서로 피드백

③ 개인정보의 검토 및 목표의 연결

구성원들은 피드백을 통해 개인정보를 검토하고 목표와 연결

④ 직업정보의 획득과 검토

목표를 이루기 위해 자신의 관심 직업정보를 획득하고 구성원들과 함께 자료를 검토

⑤ 의사결정

개인정보와 직업정보를 토대로 구체적인 실행을 위한 의사결정

시험에 이렇게 나왔다!

다음 중 Butcher가 제안한 집단직업상담을 위한 3단계 모형에 해당하지 않는 것은?
(16년 3회)

① 탐색단계
② 계획단계
③ 전환단계
④ 행동단계

답 ②

(2) 부처(Butcher)의 집단직업상담 3단계 모델 기출 20, 19, 16, 15, 13, 12, 11, 10년

① 탐색단계

자신의 흥미, 적성에 대한 탐색과 탐색결과에 대한 피드백

② 전환단계

집단구성원들은 자기 지식을 직업세계와 연결하고 가치관의 변화를 시도하여, 자신의 가치와 피드백 간의 불일치를 해결

③ 행동단계

목표를 설정하고 목표달성을 위해 정보를 수집, 공유하여 행동으로 옮김

Thema 8 사이버 직업상담기법

(1) 사이버 직업상담기법의 특징

기출 15, 14, 12년

① 필요성

ⓐ 인터넷을 통한 상담으로 경제적이고 효율적이다.

ⓑ 익명성이 보장되어 심리적 부담이 적고 솔직한 상담이 가능하다.

ⓒ 자료를 쉽게 찾아볼 수 있다.

② 단계

주요 진로논점 파악하기 → 핵심 진로논점 분석하기 → 진로논점 유형 정하기 → 답변내용 구상하기 → 직업정보 가공하기 → 답변 작성하기

(2) 장점과 단점

기출 17, 13, 11년

① 장점

ⓐ 개인의 신상을 공개하지 않아도 되므로 전달 내용 자체에 귀를 기울일 수 있다.

ⓑ 대면상담에 비해 내담자의 자발적 참여가 높아 문제해결에 대한 동기가 높아진다.

ⓒ 얼굴을 직접 마주하지 않으므로 자신의 행동이나 감정에 대한 즉각적인 판단이나 비판을 신경 쓰지 않아도 된다.

② 단점

ⓐ 내담자가 자신의 정보를 선택적으로 공개할 수 있다.

ⓑ 내담자가 언제든 상담을 종료할 수 있다.

ⓒ 대면상담에 비해 깊이 있는 소통이 어렵다.

ⓓ 상담자가 내담자의 상담 내용을 신뢰하기 어렵다.

ⓔ 네트워크 시스템의 불안정에 따른 문제가 생길 수 있다.

ⓕ 익명성에 따른 부적절한 대화가 문제될 수 있다.

ⓖ 습관적으로 상담을 요청할 수 있다.

시험에 이렇게 나왔다!

사이버 직업상담의 장점이 아닌 것은? (17년 3회)

① 개인의 지위, 연령, 신분, 권력 등을 짐작할 수 있는 사회적 단서가 제공되지 않으므로 전달되는 내용 자체에 많은 주의를 기울이고 의미를 부여할 수 있다.

② 내담자의 자발적 참여로 상담이 진행되는 경우가 대면상담에 비해 압도적으로 많으므로 내담자들이 문제해결에 대한 동기가 높다고 할 수 있다.

③ 내담자 자신의 정보가 제한되며 상담의 저항 같은 것에 영향을 받지 않아 상담을 쉽게 마무리할 수 있다.

④ 상담자와 직접 얼굴을 마주하지 않기 때문에 자신의 행동이나 감정에 대한 즉각적인 판단이나 비판을 염려하지 않아도 된다.

답 ③

2 직업상담의 문제유형

기출 20, 19, 17, 16, 15, 14, 13, 12, 11, 10, 07년

Thema 1 윌리암슨(Williamson)의 직업선택 문제유형

(1) 무결정(전혀 선택하지 않는 경우)

① 내담자 자신이 무엇을 원하는지 모르는 경우로 진로에 대한 인식이 부족한 상태

② 원하는 몇 가지 직업이 있지만 선택을 못 하는 경우

(2) 불확실한 결정(직업선택의 확신이 부족한 경우)

① 선택한 진업에 대해 확신이 부족한 상태

② 자신감이 없으며 타인으로부터 성공할 것이라는 위안을 받으려는 상태

③ 실패에 대한 두려움과 자신에 대한 불신과 이해부족으로 확신이 부족한 상태

(3) 모순 또는 차이(흥미와 적성의 불일치)

① 내담자 자신의 흥미와 적성이 일치하지 않는 선택을 한 경우

② 흥미는 있으나 적성이 부족하거나, 적성은 있으나 흥미를 느끼지 못하는 상태

(4) 어리석은 선택(현명하지 못한 직업선택)

① 흥미가 별로 없거나 적성이 맞지 않는 분야를 선택한 경우

② 성격과 부합하지 않는 직업을 선택한 경우

③ 야망을 채우기 위해 직업을 선택하려는 경우

④ 작은 성공 가능성만을 가지고 직업을 선택하는 경우

⑤ 지나치게 안정적인 직업만을 선택하는 경우

⑥ 본인의 능력보다 더 높거나 낮은 역량을 요하는 직업을 선택하는 경우

시험에 이렇게 나왔다!

Williamson이 분류한 직업선택의 주요 문제영역이 아닌 것은? (16년 2회)

① 직업 무선택
② 직업 선택의 확신 부족
③ 정보의 부족
④ 현명하지 못한 직업선택

답 ③

Thema 2 보딘(Bordin)의 직업선택 문제유형

(1) 의존성

자신이 해결해야 하는 직업 문제를 다른 사람에게 의존함으로써 스스로 해결하지 못하는 유형

(2) 정보의 부족

직업선택과 관련된 정보가 부족하여 문제 해결에 어려움이 있는 유형

(3) 자아 – 갈등

자아개념과 심리기능 사이의 갈등으로 인해 직업선택 등 중요한 결정을 내려야 하는 상황에서 갈등하는 유형

(4) 선택의 불안

자신이 원하는 일이 사회적인 요구에서 벗어날 때 선택에 따른 문제를 경험하는 유형

(5) 확신 부족

직업 결정에 확신이 부족하여 스스로 답을 내린 후에도 단지 확인을 위해 상담자를 찾는 유형

시험에 이렇게 나왔다!

Bordin의 분류에서 다음에 해당하는 직업문제의 심리적 원인은? (18년 3회)

> 한 개인이 어떤 일을 하고 싶은데 중요한 타인이 다른 일을 해주기를 원하거나 직업들과 관련된 긍정적 유인가와 부정적인 유인가 사이에서 내적 갈등을 경험하고 있다.

① 직업선택에 대한 불안
② 정보의 부족
③ 의존성
④ 자아 갈등

답 ①

Thema 3 크릿츠(Crites)의 직업선택 문제유형

(1) 적응 문제

① 적응형

흥미와 적성이 일치하는 유형

② 부적응형

흥미가 일치하지 않거나 적성이 일치하지 않는 유형

시험에 이렇게 나왔다!

직업상담의 문제유형에 대한 Crites의 분류 중 가능성이 많아서 흥미를 느끼는 직업들과 적성에 맞는 직업들 사이에 결정을 내리지 못하는 것은? (17년 1회)

① 다재다능형
② 우유부단형
③ 불충족형
④ 비현실형

답 ①

(2) 결정 문제

① 우유부단형

흥미와 적성에 관계없이 직업을 결정하지 못하는 유형

② 다재다능형

재능이 많아 흥미와 적성 사이에서 직업을 갈등하는 유형

(3) 현실 문제

① 불충족형

흥미를 느끼지만 자신의 적성보다 낮은 적성을 요구하는 직업을 선택하는 유형

② 강압형

흥미는 없지만 적성에 따라 어쩔 수 없이 직업을 선택하는 유형

③ 비현실형

흥미를 느끼지만 적성이 없는 유형 또는 자신의 적성보다 높은 적성을 요구하는 직업을 선택하는 유형

시험에 이렇게 나왔다!

Crites의 직업선택분류 유형에서 비현실형에 해당하는 것은? (16년 1회)

① 흥미를 느끼는 분야도 없고 적성에 맞는 분야도 없는 사람
② 흥미를 느끼는 분야는 있지만, 그 분야에 대한 적성을 가지고 있지 못한 사람
③ 흥미나 적성 유형에 상관없이 어떤 분야를 선택할지 결정을 못한 사람
④ 적성에 따라 직업을 선택했지만 그 직업에 대해 흥미를 못 느끼는 사람

답 ②

Thema 4 필립스(Phillips)의 진로문제 분류

(1) 자기탐색과 발견

자신의 능력이 어느 정도인지 어떤 진로를 원하는지 등 자기탐색과 발견이 필요한 경우

(2) 선택을 위한 준비

흥미와 적성과 직업 간의 관계, 관심 있는 직업에 대한 정보 등이 필요한 경우

(3) 의사결정 과정

진로선택 또는 직업선택 방법의 습득, 선택과 결정에의 장애요소 발견 등이 필요한 경우

(4) 선택과 결정

진로를 선택해야만 하는 상황에서 만족할만한 결정이 필요한 경우

(5) 실천

선택에 대한 만족 여부와 확신의 정도를 확인하는 경우

시험에 이렇게 나왔다!

필립스(Phillips)가 제시한 상담목표에 따른 진로문제의 분류 범주를 따른다면, 내담자가 자기의 능력이 어느 정도인지, 어떤 분야의 직업을 원하는지, 왜 일하는 것이 싫은지 등의 고민을 가지고 있는 경우 상담의 초점은 어디에 두어야 하는가? (15년 2회)

① 자기탐색과 발견
② 선택의 준비도
③ 의사결정 과정
④ 선택과 결정

답 ①

01

직업상담의 목표와 거리가 가장 먼 것은?   (18년 1회)

① 적성과 흥미를 탐색하고 확대한다.
② 진로발달이나 직업문제에 대한 처치를 한다.
③ 새로운 노동시장의 영역을 개척한다.
④ 직업과 관련된 문제해결에 관심을 갖는다.

해설

진로상담의 목표 중의 하나는 내담자로 하여금 이미 잠정적으로 선택한 진로결정을 확고하게 해 주는 것이다.

02

상담종결 시 내담자의 종결 준비도를 알아볼 수 있는 내용과 거리가 가장 먼 것은?

① 적응능력이 증진되었는가?
② 호소문제나 증상이 줄어들었거나 제거되었는가?
③ 다른 사람과 관계를 맺는 수준이 증진되었는가?
④ 자신의 감정을 상담자에게 개방할 준비가 되었는가?

해설

직업상담의 종결단계에서 일반상담의 종결단계에서처럼 상담사는 상담종결에 대한 내담자의 준비도를 평가하고 상담을 통해 얻은 학습을 강화시킨다.

03

Tolbert가 제시한 집단직업상담의 요소에 대한 설명으로 옳은 것은?   (18년 2회)

① 일정 : 가능한 모임의 횟수를 늘려야 한다.
② 집단구성 : 2~4명 정도의 소규모 집단에서 구성원들 간의 상호작용과 피드백이 촉진된다.
③ 과정 : 집단직업상담의 과정은 5가지 유형의 활동으로 이루어진다.
④ 리더 : 집단의 리더는 상담의 목표가 달성되었는지 평가하고 구성원에게 피드백한다.

해설

집단직업상담은 유사한 직업적 문제를 지닌 여러 명의 내담자들을 대상으로 이루어지므로, 다른 사람들과 함께 공유하고 발달적 패턴과 함께 자신만이 독특하게 가지고 있는 자질들에 대해서도 통찰력을 가질 수 있게 한다. Tolbert는 집단직업상담의 요소를 목표, 과정, 비밀유지, 집단구성, 리더, 일정 등으로 제시하였다.

04

상담 초기과정의 활동으로 가장 거리가 먼 것은?

① 상담의 목표를 설정한다.
② 내담자와 라포(Rapport)를 형성한다.
③ 내담자의 심리상태를 평가한다.
④ 내담자의 문제행동에 대한 대안을 찾아본다.

해설

내담자의 문제행동에 대한 대안을 탐색하는 것은 상담의 중기과정의 활동에 해당한다.

05

다음 중 상담사가 상담목표를 설정할 때 고려해야 할 사항으로 가장 적합한 것은?

① 달성하기 어렵더라도 이상적인 관점에서 상담목표를 세운다.
② 내담자가 바라는 구체적이고 긍정적인 변화를 상담목표로 삼는다.
③ 상담의 방향을 내담자와 공유하기 위해 추상적인 상담목표를 세운다.
④ 내담자의 문제를 가장 잘 파악하고 있는 부모와 함께 상담목표를 설정한다.

해설
상담의 목표설정은 상담전략의 선택 및 개입에 관한 기초를 제공해 주는 것으로 내담자가 바라는 구체적이고 긍정적인 변화를 상담목표로 삼는다.

06
Gysbers가 제시한 직업상담의 목적에 관한 설명으로 옳은 것은? (18년 3회)
① 생애진로발달에 관심을 두고, 효과적인 사람이 되는 데 필요한 지식과 기능을 습득하게 한다.
② 직업선택, 의사결정 기술의 습득 등이 주요한 목적이고, 직업상담 과정에는 진단, 문제분류, 문제 구체화 등이 들어가야 한다.
③ 자기관리 상담모드가 주요한 목적이고, 직업정보 탐색과 직업결정, 상담만족 등에 효과가 있다.
④ 직업정보를 스스로 탐색하게 하고 자신을 사정하게 하는 능력을 갖추도록 돕는다.

해설
기스버그(Gysbers)가 제시한 직업상담의 목적은 미래의 행동을 예측하고 발달을 촉구하며 직업문제를 처치하고 지식과 기능을 자극하고, 개인의 결함을 극복하며 유능성을 개발하는 데 있다.

07
직업상담의 문제유형에 대한 Crites의 분류 중 '부적응형'에 대한 설명으로 옳은 것은?
① 적성에 따라 직업을 선택했지만 그 직업에 흥미를 느끼지 못하는 사람
② 흥미를 느끼는 분야는 있지만 그 분야에 필요한 적성을 가지고 있지 못하는 사람
③ 흥미나 적성의 유형이나 수준과는 상관없이 어떤 분야를 선택할지 결정하지 못하는 사람
④ 흥미를 느끼는 분야도 없고 적성에 맞는 분야도 없는 사람

해설
흥미를 느끼는 분야도 없고 적성에 맞는 분야도 없는 사람은 부적응형에 속한다.
① 강압형
② 비현실형
③ 우유부단형

08
상담 종결 단계에서 다루어야 할 사항이 아닌 것은? (19년 1회)
① 상담 종결 단계에 대한 내담자의 준비도를 평가하고 상담을 통해 얻은 학습을 강화시킨다.
② 남아 있는 정서적 문제를 해결하고 내담자와 상담사 간의 의미 있고 밀접했던 관계를 적절하게 끝맺는다.
③ 상담사와 내담자가 협력하여 앞으로 나아갈 방향과 상담목표를 설정하고 확인해 나간다.
④ 학습의 전이를 극대화하고 내담자의 자기신뢰 및 변화를 유지할 수 있는 자신감을 증가시킨다.

해설
③의 경우는 상담의 초기 단계에서 다루어야 할 사항이다.

09
정신역동적 직업상담에서 Bordin이 제시한 진단범주가 아닌 것은?
① 의존성
② 자아 갈등
③ 정보의 부족
④ 개인의 흥미

해설
Bordin이 제시한 진단범주는 의존성, 자아갈등, 정보의 부족, 선택의 불안, 문제없음(확신의 결여)이다.

10

직업상담의 기본 원리와 가장 거리가 먼 것은?

① 윤리적인 범위 내에서 상담을 전개하여야 한다.

② 산업구조변화, 직업정보, 훈련정보 등 변화하는 직업세계에 대한 이해를 토대로 이루어져야 한다.

③ 각종 심리검사 결과를 기초로 합리적인 판단을 이끌어 낼 수 있어야 하지만 심리검사에 대해 과잉의존해서는 안 된다.

④ 개인의 진로 혹은 직업결정에 대한 상담으로 전개되어야 하며, 자칫 의사결정능력에 대한 훈련으로 전환되지 않도록 유의한다.

해설

직업상담은 진로 혹은 직업결정에 대한 상담이므로 개인의 의사결정과정을 도우며, 필요하면 훈련을 실시한다.

11

직업상담사의 요건 중 '상담업무를 수행하는데 가급적 결함이 없는 성격을 갖춘 자'에 대한 사례와 가장 거리가 먼 것은? (19년 1회)

① 지나칠 정도의 동정심

② 순수한 이해심을 가진 신중한 태도

③ 건설적인 냉철함

④ 두려움이나 충격에 대한 공감적 이해력

해설

직업상담사의 자질요건으로는 상담업무를 수행하는 데 있어 가급적 결함이 없는 성격이어야 한다. 즉, 정서적으로 분리된 지나치지 않은 동정심이 필요하다. 또한 순수한 이해심을 가진 신중한 태도, 건설적인 냉철함, 두려움이나 충격에 대한 공감적 이해력, 통일된 동일시, 도덕적 판단 등이 필요하다.

12

Butcher의 집단직업상담을 위한 3단계 모델 중 전환단계의 내용으로 옳은 것은?

① 흥미와 적성에 대한 측정

② 내담자의 자아상과 피드백 간의 불일치의 해결

③ 목표 달성 촉진을 위한 자원의 탐색

④ 자기 지식과 직업세계의 연결

해설

전환단계에서 집단구성원들은 자기 지식을 직업세계와 연결하고, 일과 삶의 가치를 조사하며, 가치관의 변화를 꾀한다.

①, ② 탐색단계

③ 행동단계

13

진로상담의 원리에 관한 설명으로 틀린 것은? (19년 2회)

① 진로상담은 진학과 직업선택, 직업적응에 초점을 맞추어 전개되어야 한다.

② 진로상담은 상담사와 내담자 간의 라포가 형성된 관계 속에서 이루어져야 한다.

③ 진로상담은 항상 집단적인 진단과 처치의 자세를 견지해야 한다.

④ 진로상담은 상담윤리 강령에 따라 전개되어야 한다.

해설

진로상담은 차별적 진단과 처치의 자세를 견지해야 한다.

14

직업상담사의 역할과 가장 거리가 먼 것은? (19년 3회)

① 직업정보의 수집 및 분석

② 직업관련 이론의 개발과 강의

③ 직업관련 심리검사의 실시 및 해석

④ 구인, 구직, 직업적응, 경력개발 등 직업관련 상담

해설

직업상담사는 내담자 스스로 진로 및 직업과 관련한 중요한 의사결정을 합리적으로 내릴 수 있도록 지원하는 역할이지 이론의 개발과 강의를 하는 역할이 아니다.

15

직업상담의 요인과 가장 거리가 먼 것은?

① 대안탐구
② 내담자 특성평가
③ 직업적 가능성에 대한 명료성
④ 개인적 정보와 실제적 자료와의 분리

해설

내담자의 개인적 정보와 실제적 자료를 통합하여 객관적 분석을 해야 한다. 직업상담의 요인으로는 대안탐구, 내담자 특성평가, 직업적 가능성에 대한 명료성, 개인적 정보와 실제적 자료와의 통합, 직업정보의 소개, 의사결정 등이 있다.

16

직업상담 과정에서 내담자와 상담자 간의 관계형성에 도움을 줄 수 있는 조건과 가장 거리가 먼 것은?

① 공감적 이해
② 무조건적 수용
③ 친화감 형성
④ 내담자 문제 분석

해설

내담자와 상담자 간 친근한 관계형성, 즉 라포형성을 위한 요소는 다음과 같다.

- 자연스런 분위기를 조성한다.
- 인간존중의 가치관을 가지고 내담자를 대한다.
- 내담자를 비판하지 않으며, 적극적이고 친절해야 한다.
- 은혜를 베푼다는 인상을 주지 않고 동등한 입장을 취해야 한다.
- 내담자의 말에 공감하며 내담자를 있는 그대로 수용해야 한다.

CHAPTER 02

직업상담의 이론

1 기초상담 이론의 종류

Thema 1 정신분석적 상담 ; 특징과 기법

(1) 정신분석적 상담의 개념

① 정의적 접근을 하는 상담이론들은 대부분 프로이트의 정신분석이론에서 출발했다고 볼 수 있다.

정부 및 공공기관 주도로 생산·운영되므로 무료로 제공된다.

② 프로이트의 정신분석학은 인간에 대해 결정론적이며 욕망에 의해 동기화된 존재로 가정한다.

③ 통찰을 통해 현재의 문제를 이해하고 이를 해결하기 위해서 어린 시절 아동기의 경험과 무의식을 중요시한다.

④ 인간의 적응을 방해하는 요소를 억압된 충동으로 본다.

참고 하세요!

프로이트의 결정론에 의하면 인간의 행동은 우연히 일어나는 것이 아니라는 것이다. 즉, 우리가 밝혀내고 이해할 통찰력만 가지고 있다면 모든 행동은 의미를 가지고 있다는 것이다.

(2) 정신분석적 상담의 특징

기출 18, 17, 15, 14, 11년

① 인생 초기의 아동기 과정을 중요시하며, 문제의 근원을 과거 경험에서 찾는다.

② 심리성적 결정론에 기초한다.

③ 내담자의 유아기적 갈등과 감정을 중요시한다.

④ 무의식을 의식적 수준으로 끌어올려 문제를 만들어낸 원인을 제거하고자 한다.

⑤ 내담자의 심리적 문제는 증상 형성에서 비롯된다.

⑥ 무의식적 자료와 방어를 탐색하는 작업이다.

⑦ 자유연상, 꿈의 분석, 저항의 분석 등 직관적인 방법을 활용한다.

⑧ 상담자의 '텅 빈 스크린(Blank – Screen)'으로서의 역할을 강조한다.

참고 하세요!

성격 발달단계로서 '구강기 → 항문기 → 남근기 → 잠복기 → 생식기'를 제시한다.

(3) 정신분석적 상담의 주요 기법

기출 19, 18, 16, 14, 13, 12, 10, 08년

① 자유연상

내담자로 하여금 마음속에 떠오르는 생각과 감정 등을 의식을 거치지 않고 표현하도록 하는 것이다.

② 전이의 분석

㉠ 전이란 내담자가 과거에 느꼈던 감정이나 생각을 상담자에게 옮기는 것이다.

㉡ 상담자는 전이를 분석하여 내담자의 무의식적인 갈등과 감정의 문제를 해소하도록 돕는다.

③ 통찰

내담자의 문제행동의 원인과 해결방법을 이해하고 수용하는 과정으로 무의식 속에 있던 것들의 의미를 깨닫게 한다.

④ 해석

자유연상이나 꿈, 저항, 전이 등을 분석하고 그 속에 담긴 행동상의 의미를 내담자에게 지적하고 설명한다. 해석을 통해 자유연상이 촉진된다.

⑤ 꿈의 분석

㉠ 수면 중에는 방어가 약화되므로 억압된 욕망과 감정의 의식이 나타난다. 따라서 꿈은 무의식적 동기를 이해하는 데 중요한 수단이 된다.

㉡ 상담자는 현재몽 속에 상징화되어 감추어진 잠재몽의 정체를 밝혀야 한다. 잠재몽은 현재몽에 대한 자유연상을 통해 더 쉽게 이해할 수 있다.

⑥ 훈습

㉠ 내담자의 갈등과 방어를 탐색하고 이를 해석해 나가는 것이다.

㉡ 반복, 정교화, 확대 등의 활동들로 이루어지며 이전에는 회피하였던 무의식적 자료를 이해하고 활용할 수 있을 때까지 반복한다.

㉢ 바인셸(Weinshel)의 훈습 단계는 '내담자의 저항 → 상담자의 저항에 대한 해석 → 내담자의 해석에 대한 반응'이다.

시험 에 이렇게 나왔다!

정신분석적 상담에서 내담자가 과거의 중요한 인물에게서 느꼈던 감정이나 생각을 상담자에게 투사하는 현상은? (16년 2회)

① 증상형성
② 전이
③ 저항
④ 자유연상

답 ②

시험 에 이렇게 나왔다!

정신분석에 관한 설명으로 틀린 것은? (16년 3회)

① 분석가의 중립적 태도는 내담자의 전이를 촉진시키는 데 중요하다.
② 해석은 자유연상이나 꿈, 저항, 전이 등을 분석하여 그 의미를 설명해 주는 것이다.
③ 저항에 대한 주의를 환기시킨 후에 저항을 해석 해주어야 한다.
④ 현재몽은 잠재몽에 대한 자유연상을 통해 더 쉽게 이해할 수 있다.

답 ④

Thema 2 정신분석적 상담 ; 주요 방어기제

(1) 억압(Repression)

① 원초아를 자아가 억압하여 의식 밖으로(무의식으로) 추방하는 것을 말한다.
② 프로이트는 억압을 방어기제 중 가장 중요한 것으로 보았다.

(2) 반동형성(Reaction Formation)

나타내기 힘든 감정이나 행동을 정반대의 형태로 표현하는 것이다.

(3) 투사(Projection)

자기 마음속에 두면 불안하고 받아들일 수 없는 것으로 외부의 환경 탓으로 돌리는 것이다.

(4) 부정(Denial)

이별이나 질병 등 받아들이기 힘든 사실을 무의식으로 부정하는 것이다.

시험 에 이렇게 나왔다!

직장상사에게 야단맞은 사람이 부하직원이나 식구들에게 트집을 잡아 화풀이를 하는 것은 스트레스에 대한 방어적 대처 중 어떤 개념과 가장 일치하는가? (13년 3회)

① 합리화(Rationalization)
② 동일시(Identification)
③ 보상(Compensation)
④ 전위(Displacement)

답 ④

(5) 전위(Displacement)

어떤 대상에 대하여 느낀 감정을 다른 대상에게 표출하는 것이다.

(6) 퇴행(Regression)

성장이나 정지가 아니라 오히려 저급한 초기단계의 상태나 행동으로 후퇴하는 것이다.

(7) 주지화(Intellectualization)

감정적으로 부담스러운 일을 추상적·관념적으로 바꾸어 생각하는 것이다.

(8) 동일시(Identification)

타인의 특성을 받아들여 자신의 일부로 만드는 방법이다.

(9) 대치(Substitution)

본능의 욕구 충족을 위한 최초의 본능적 선택대상이 장애 때문에 이루어질 수 없게 될 때 강한 억압이 없다면 새로운 대상 추구가 생긴다.

(10) 합리화(Rationalization)

① 실패에 대하여 그럴듯한 변명을 함으로써 긴장을 해소하려는 것이다.

② 신포도의 논리라고도 한다.

(11) 승화(Sublimation)

본능적인 욕구나 원시적 에너지 등을 사회적으로 인정될 수 있는 행동방식으로 표출하는 것이다.

(12) 보상(Compensation)

다른 데서 과잉 충족하는 것을 말한다.

(13) 격리(Isolation)

부정적인 감정을 의식으로부터 격리시켜 무의식 속에 억압하는 것이다.

🔍 불안의 3가지 유형(Freud) 기출 20, 18년

• **도덕적 불안**
원초아와 초자아 간 갈등에 의해 발생한다.

• **신경증적 불안**
자아가 본능적 충동인 원초아를 통제하지 못할 경우 발생할 수 있는 불상사에 대해 위협을 느낌으로써 나타난다.

• **현실적 불안**
외부세계에서 실제적인 위협을 지각함으로써 발생한다. 객관적 불안이라고도 한다.

시험 에 이렇게 나왔다!

직무스트레스에 대한 대처방안 중의 하나로 이솝우화에 나오는 '여우와 신 포도 이야기'처럼 생각하는 것은? (12년 2회)

① 투사(Projection)
② 억압(Repression)
③ 합리화(Rationalization)
④ 주지화(Intellectualization)

답 ③

시험 에 이렇게 나왔다!

정신분석상담에서 Freud가 제시한 불안의 유형에 해당하지 않는 것은? (18년 2회)

① 현실적 불안
② 심리적 불안
③ 신경증적 불안
④ 도덕적 불안

답 ②

(1) 개념

① 프로이트를 떠나 아들러와 그의 후계자들에 의해 발달된 성격이론이다.

② 인간에 대해 사회적으로 동기화된다고 보았다.

③ 인간의 성장가능성과 잠재력을 중시하였다.

④ 개인의 행동은 무의식에 지배되는 것이 아닌 의식에 의한 것으로 본다.

(2) 특징

기출 20, 17, 16, 13, 11, 10, 09년

① 사회적 관계와 사회적 동기를 강조한다.

② 내담자의 잘못된 가치와 목표수정을 도우며 행동수정보다는 동기수정에 초점을 둔다.

③ 내담자가 열등감을 극복할 수 있도록 돕는다.

④ 내담자가 건전한 사회적 관심을 갖고 사회의 구성원으로 기여할 수 있도록 돕는다.

⑤ 상담과정에서 주관적 해석을 중시한다.

⑥ 의식적인 선택과 책임, 삶의 의미 등을 강조한다.

🔍 **프로이트 정신분석 상담이론과 아들러 개인주의 상담이론의 비교** 기출 15년

정신분석 상담이론	개인주의 상담이론
• 생물학적 욕구와 초기 경험 중시 • 인간을 원초아, 자아, 초자아로 구분 • 결정론(인간의 행동은 결정되어 있음) • 인간은 무의식과 본능의 지배를 받는 존재이자 무기력한 존재	• 인간은 사회적인 충동에 의해 동기화 • 과거에 대한 지각이 행동에 영향을 미침 • 인간의 성격은 통합적인 관점에서 분리될 수 없음 • 인간은 합리적인 결정과 목표를 지향하며 행동하고 변화하는 창조적인 존재

시험에 이렇게 나왔다!

Adler의 개인주의 상담에 관한 설명으로 옳은 것은?

(17년 1회)

① 내담자의 잘못된 가치보다는 잘못된 행동을 수정하는 데 초점을 둔다.

② 상담자는 조력자의 역할을 하며 내담자가 상담을 주도적으로 이끈다.

③ 상담과정은 사건의 객관성보다는 주관적 지각과 해석을 중시한다.

④ 내담자의 사회적 관심보다는 개인적 열등감의 극복을 궁극적 목표로 삼는다.

답 ③

시험에 이렇게 나왔다!

프로이트(Freud)의 정신분석과 아들러(Adler)의 개인심리학의 특징을 순서대로 나열한 것으로 가장 적합한 것은? (15년 1회)

① 생물학적 토대 - 사회심리학적 토대

② 목적론 강조 - 인과론 강조

③ 총제주의 - 환원주의

④ 꿈의 분석 - 각본(Script) 분석

답 ①

Thema 4 실존주의 상담

(1) 실존주의 상담의 개념

기출 16, 12, 10년

① 이론적 모델보다는 실존주의 철학을 적용한 것이다.

② 인간은 자기인식능력이 있으며, 이를 통해 자신의 선택한 삶을 책임이 있다.

③ 자유와 책임의 양면에 대한 자각을 중시한다.

④ 대면적 관계를 중시한다.

(2) 얄롬(Yalom)이 제시한 인간의 궁극적 관심사

기출 20년

① 죽음

② 자유

③ 소외

④ 무의미성

(3) 실존주의 상담의 목표

기출 20, 16, 12, 10년

① 내담자가 자신의 선택에 대해 책임질 수 있는 방법으로 행동하도록 돕는다.

② 내담자가 현재를 인식하고 피해자적 역할에서 벗어날 수 있도록 한다.

③ 내담자가 자신의 가치를 판단할 수 있도록 하고, 인생에 대한 방향설정을 돕는다.

참고 하세요!

얄롬(Yalom)은 실존주의 상담이론의 학자로서 인간의 네 가지 궁극적 관심사를 제시하였다. 일반적으로 실존주의 상담이론에서 상담자들이 제시한 궁극적 관심사는 '자유와 책임', '삶의 의미성', '죽음과 비존재', '진실성'이다.

시험에 이렇게 나왔다!

실존주의 상담에 관한 설명으로 틀린 것은? (16년 3회)

① 실존주의 상담의 궁극적 목적은 치료이다.

② 실존주의 상담은 대면적 관계를 중시한다.

③ 인간에게 자기지각의 능력이 있다고 가정한다.

④ 자유와 책임의 양면성에 대한 지각을 중시한다.

답 ①

(1) 형태주의 상담의 개념　　　　　　기출 20, 18, 15, 14, 13, 12, 10, 09, 07년

① 펄스(Perls)에 의해 발전된 이론으로 '게슈탈트(Gestalt)상담'이라고도 한다.

② '여기 – 지금(Here and Now)'에서의 경험에 대한 자각과 개인의 책임을 강조한다.

③ 인간은 환경에 의해 결정되는 존재가 아니며, 현재의 감정, 사고, 행동 등의 통합을 추구하는 존재로 본다.

④ 현재 상황에 대한 자각에 초점을 둔다.

⑤ 인간을 '자기', '자기상', '존재'의 세 가지 성격으로 구성된다고 본다.

⑥ 인간은 전체성과 통합을 추구하는 존재로 완성되려는 경향이 있다고 본다.

(2) 주요 개념　　　　　　기출 17, 16, 15, 14, 09년

① 여기 – 지금(Here and Now)

　　㉠ 현재를 중시하고 개인의 자각을 강조한다.

　　㉡ 현재를 온전히 음미하고 경험하는 학습을 강조한다. 지금 여기에서 무엇을 어떻게 경험하느냐가 중요하다.

② 신경증의 층

　　심리적으로 성숙해지기 위해서는 신경증의 층을 벗겨야 한다.

　　㉠ 허위층 : 진실성 없이 거짓된 상태이다.

　　㉡ 공포층 : 주위의 기대에 따라 역할을 수행하는 상태이다.

　　㉢ 곤경층 : 역할연기를 자각하며 허탈감과 공포를 체험하는 상태이다.

　　㉣ 내적 파열층 : 그동안 억압되었던 욕구를 드러내지 못하고 안에서 억제한다.

　　㉤ 외적 파열층 : 욕구를 더 이상 억압하지 않고 외부로 표출하는 상태이다.

③ 미해결과제

　　㉠ 완성되지 않은 게슈탈트로 표현하지 못한 감정을 포함한다.

　　㉡ 미해결과제는 신체적 · 심리적 장애로 이어질 수 있다.

④ 전경과 배경

　　㉠ 관심의 초점을 '전경', 관심 밖으로 밀려나는 부분을 '배경'이라고 한다.

　　㉡ 전경으로 떠올랐던 게슈탈트를 해소하면 전경은 배경이 되어 새로운 전경이 떠오르는 순환과정이 생긴다.

(3) 접촉장애 유형
기출 20, 18, 14년

① 내사
외부로부터 무비판적으로 받아들이면서 발생한다.

② 투사
개인의 생각이나 욕구 등을 타인의 것으로 생각한다.

③ 반전
타인이 자신에게 해주기를 바라는 행동이나 자신이 타인에게 해주고 싶은 행동을 자기 자신에게 하는 것이다.

④ 융합
밀접한 관계의 두 사람이 서로 동일하다고 느끼면서 발생한다.

⑤ 편향
감당하기 힘든 자극에 노출될 때 압도당하지 않으려 자신의 감각을 둔화시켜 노출을 피하거나 약화시키는 것이다.

(4) 상담의 주요 기법
기출 19, 18, 17, 10년

① 빈 의자 기법
내담자에게 상대방이 맞은 편 의자에 앉아 있다고 상상하며 대화를 나누도록 한다. 상대방을 이해하고 자신이 감정을 자각하도록 하는 기법이다.

② 직면
내담자의 진정한 동기를 직면시키는 기법이다.

③ 역할연기
내담자에게 어떤 장면을 상상하여 실제로 연출해보이도록 하는 기법이다.

④ 머물러있기
내담자에게 감정들을 회피하지 않고 견디도록 하는 기법이다.

⑤ 반전
내담자에게 평소와 반대로 행동을 해보도록 함으로써 통제해온 부분을 표출하도록 하는 기법이다.

⑥ 꿈 작업

⑦ 과장하기

시험 에 이렇게 나왔다!

형태주의적 상담 이론에 관한 설명으로 옳은 것은?
(18년 1회)

① 융합 : 자신의 요구나 감정 혹은 생각 등을 타인의 것으로 왜곡하여 지각
② 내사 : 부모나 사회의 영향을 받거나 스스로의 경험에 의해 형성
③ 투사 : 중요한 타인과 자신과의 경계를 짓지 못하고 의존적인 관계를 형성
④ 편향 : 외부의 타인에게 표출할 행동을 자신의 대상으로 행하는 것

답 ②

시험 에 이렇게 나왔다!

다음 주 형태주의 상담기법과 가장 거리가 먼 것은?
(18년 2회)

① 꿈 작업
② 빈 의자 기법
③ 과장하기
④ 탈중심화

답 ④

(1) 교류분석적 상담의 개념   기출 16, 10년

① 번(Bern)은 과거의 결정의 변화 가능성과 현재 새로운 결정을 내릴 수 있는 개인의 능력을 강조했다.

② 대부분의 다른 이론들과 달리 계약적이고 의사결정적이다.

③ 내담자의 삶에 방향에 대한 새로운 의사결정을 도와주며, 어린 시절 결정된 부적절한 방식에 대한 대안 학습을 격려한다.

④ 인간을 자율적이고 자유로우며, 선택할 수 있고 그에 책임질 수 있는 존재로 본다.

⑤ 개인 간, 개인 내부의 자아 간 상호작용을 분석하기 위한 구조를 제공한다.

⑥ 인간의 성격을 '부모자아', '성인자아', '어린이자아'로 구분한다.

(2) 성격구조   기출 18, 17, 15, 10, 09, 07년

① 부모자아(P ; Parent)

　㉠ 5세 이전 부모로부터 받은 영향을 그대로 재현하는 자아이다.

　㉡ '비판적 부모 자아'와 '양육적 부모 자아'로 구분된다.

② 성인자아(A ; Adult)

　㉠ 정상적으로 기능하는 자아이다. 합리적이고 현실적이며 적절한 해결책을 찾는다.

　㉡ 부모자아와 어린이 자아의 갈등을 중재한다.

③ 어린이자아(C : Child)

　㉠ 어린아이처럼 행동하는 자아이다.

　㉡ '자유 어린이 자아', '순응적 어린이 자아', '어린이 교수 자아'로 구분된다.

시험에 이렇게 나왔다!

교류분석적 상담에 관한 설명으로 틀린 것은? (16년 3회)

① 대부분의 다른 이론과는 달리 계약적이고 의사결정적이다.
② 새로운 결정을 내릴 수 있는 개인의 능력을 강조한다.
③ 현재를 온전히 음미하고 경험하는 학습을 강조한다.
④ 개인 간 그리고 개인 내부의 상호작용을 분석하기 위한 구조를 제공한다.

답 ③

시험에 이렇게 나왔다!

성격에 대한 자아 상태를 부모(P), 성인(A), 아동(C)으로 구분하여 타인들과의 상호작용을 통해 자아 상태를 분석하는 상담 접근법은? (15년 3회)

① 행동주의 상담
② 교류분석적 상담
③ 인지 · 정서적 상담
④ 특성 – 요인 상담

답 ②

(3) 주요 분석

기출 19, 17, 15, 14, 08년

① 구조분석

　㉠ 부모자아, 성인자아, 어린이자아를 구분하고 이해와 적절한 활용을 돕는다.

　㉡ 오염과 배제의 문제가 발생한다.

　　• 오염 : 다른 자아를 침범하는 것

　　• 배제 : 자아 간 폐쇄적인 상태로 한 또는 두 가지의 자아를 제대로 사용하지 못하는 것

② 교류분석

　㉠ **상보교류** : 상호교류하고 있어 상대방에게 기대한 대로 반응이 오는 경우이다.

　㉡ **교차교류** : 두 사람의 교류가 기대한 대로 반응이 오지 않는 경우이다.

　㉢ **이면교류** : 두 사람의 교류가 표면상 의미와 숨어 있는 의미를 동반하는 경우이다.

③ 게임분석

　㉠ 이면교류를 정형화한 것이다.

　㉡ 애정이나 인정 자극을 얻기 위해 게임을 하지만 대부분 좋지 않은 결과로 끝난다.

④ 각본분석

　㉠ 각본신념을 깨닫고 '여기 – 지금'의 인생유형을 확인한다.

　㉡ 인생각본은 어린 시절 사고, 행동을 반복하는 것으로 이를 변화시키는 과정으로 부적응적 사고를 효율적으로 변화시킨다.

　㉢ 각본분석을 통해 내담자의 각본 형성 과정과 함께 각본에 따른 삶의 양상과 각본을 정당화시키기 위해 사용하는 라켓감정과 게임을 밝힐 수 있다.

시험에 이렇게 나왔다!

교류분석 상담의 상담 과정에서 내담자 자신의 부모자아, 성인자아, 어린이자아의 내용이나 기능을 이해하는 방법은? (17년 2회)

① 구조분석
② 의사교류분석
③ 게임분석
④ 생활각본분석

답 ①

제2과목 직업상담학

(1) REBT의 개념

기출 19, 14, 13, 10, 07년

① 엘리스(Ellis)에 의해 개발된 이론으로서 인지이론과 행동주의적 요소를 결합한 것이다.

② 인간이 합리적인 사고는 할 수 있지만 비합리적인 사고도 할 수 있다고 본다.

③ 내담자의 비합리적인 사고에 대한 합리적인 논박을 통해 사고를 변화시키고자 한다.

④ 상담자의 교육적 접근을 강조하며, 비합리적이거나 비논리적인 내담자에게 효율적이다.

⑤ 과학적 사고를 통해 구체적으로 행동한다.

⑥ 인지가 인간의 심리에서 가장 중요한 요소이다.

⑦ 역기능적 사고는 정서장애의 중요한 결정요인이다.

⑧ 과거보다는 현재에 초점을 둔다.

(2) ABCDE(ABCDEF) 모델

기출 15, 13, 10, 09년

A ; Activating Event(선행사건)	내담자의 정서적 혼란을 가져오게 되는 사건이다.
B ; Belief System(신념체계)	선행사건에 의해 경험하게 되는 내담자의 비합리적 신념 체계이다.
C ; Consequence(결과)	비합리적 신념을 통해 사건을 해석함으로써 불안, 초조, 분노 등 정서적·행동적 결과가 나타나는 것이다.
D ; Dispute(논박)	비합리적 신념의 결과를 논리적·현실적인 원리를 제시하여 반박하는 것이다.
E ; Effect(효과)	논박의 결과로 내담자의 비합리적 신념의 결과가 해소되며, 합리적 신념으로 전환되는 것이다.
F ; Feeling(감정)	논박의 효과로 인한 합리적인 신념에서 비롯된 수용적이고 긍정적인 태도, 감정이다.

시험에 이렇게 나왔다!

REBT 상담의 ABCDE원리에 비추어 볼 때 〈보기〉에서 "B"에 해당하는 것은? (15년 1회)

가. 현실적으로 부모와 선배에게 상의를 함
나. 직업상담사 시험에 실패하여 실망한 우울한 상태임
다. 불안, 자기혐오, 분노 등을 느끼게 되어 어떤 대처를 함
라. 일이 뜻대로 진행되지 않는다면 끔찍할 것이라는 생각을 함

① 가   ② 나
③ 다   ④ 라

답 ④

Thema 8 인지치료

(1) 인지치료의 개념

기출 17, 13, 12년

① 벡(Beck)에 의한 인지행동 상담기술로서 정보처리 과정상의 인지적 왜곡에 초점을 두었다.

② 내담자의 역기능적이고 자동적인 사고, 스키마, 신념, 가정의 대인관계 행동에서 영향력을 강조하며, 이를 수정하여 내담자의 정서나 행동을 변화시키는 데 역점을 둔다.

③ 단기적이고 구조화된 치료로서 상담자는 '여기 – 지금' 내담자가 가진 문제를 파악하고 내담자에 대해 보다 적극적이고 교육적인 치료를 한다.

④ 인간의 사고와 행동은 서로 밀접한 연관이 있다고 본다.

(2) 인지적 오류의 주요 유형

기출 18, 17, 16, 12년

① 선택적 추상

중요한 부분은 무시한 채 사소한 부분에 초점을 맞춤으로써 부정적인 일부 세부사항에 근거하여 결론을 내리고 전체를 이해한다.

② 임의적 추론

어떤 결론을 지지하는 증거가 없음에도 임의적으로 그와 같은 결론을 내리는 것이다.

③ 긍정 격하

자신의 긍정적 경험이나 능력을 객관적으로 평가하지 않고 격하시켜 평가하는 것이다. 부정적인 경험으로 전환하거나 자신의 능력을 낮추어 본다.

④ 과도한 일반화

한두 사건에 근거하여 일반적인 결론을 내리고, 관계없는 상황에도 그 결론을 적용시키는 것이다.

⑤ 잘못된 명명

과도한 일반화의 극단적인 형태로서, 한두 사건에 기초하여 자신을 완전히 부정적으로 상상한다.

⑥ 흑백논리

사고의 판단과정을 단순히 이분법화하여 중간이 없는 경우이다.

시험에 이렇게 나왔다!

인지적 왜곡의 유형 중 상황이 긍정적인 양상을 여과하는 데 초점이 맞추어져 있고 극단적으로 부정적인 세부사항에 머무르는 것은?

(16년 2회)

① 자의적 추론
② 선택적 추상
③ 긍정 격하
④ 잘못된 명명

답 ②

직업상담의 이론 연습문제

01

정신분석적 상담에서 훈습의 단계에 해당하지 않는 것은?

① 환자의 저항
② 분석의 시작
③ 분석자의 저항에 대한 해석
④ 환자의 해석에 대한 반응

해설

훈습(Working Through)이란 내담자의 갈등과 방어를 탐색하고 해석해 나가는 과정으로 정서적(감정적) 통찰로 이끄는 것을 방해하는 저항을 반복적이고 점진적으로 정교하게 탐색(해석)하는 것을 말한다. 훈습의 단계는 '환자의 저항 → 분석자의 저항에 대한 해석 → 환자의 해석에 대한 반응'이다.

02

직무 스트레스에 대한 대처 방안 중의 하나로 이솝우화에 나오는 여우와 신 포도 이야기처럼 생각하는 것은?

(18년 3회)

① 투사(Projection)
② 억압(Repression)
③ 합리화(Rationalization)
④ 주지화(Intellectualization)

해설

합리화란 수용할 수 없는 것을 그럴듯한 변명으로 정당화시키는 것으로 좌절된 욕구를 합리화 하는 것이다.

03

게슈탈트상담의 상담기법으로 적절하지 않은 것은?

① 꿈을 이용한 작업
② 자기 부분들과의 대화를 통한 자각
③ 자각을 증가시키기 위한 숙제의 사용
④ 상담사 – 내담자 사이에 드러나는 전이의 분석

해설

상담자와 내담자 사이에 드러나는 전이의 분석은 정신분석 상담이다.

04

개인주의 상담에서 허구적 최종목적론에 관한 설명으로 틀린 것은?

① 인간의 행동을 유도하는 상상된 중심목표를 설명하기 위한 것이다.
② 허구나 이상이 현실을 보다 더 효과적으로 움직인다.
③ 인간은 현실적으로 전혀 실현 불가능한 많은 가공적인 생각에 의해서 살아가고 있다.
④ 인간의 행동은 미래에 대한 기대에 의해 좌우되기보다는 과거경험에 의해서 더 좌우된다.

해설

개인주의상담

인간의 행동은 과거경험에 의해 좌우되기 보다는 미래에 대한 기대에 의해서 좌우된다.

05

인지상담에서 주장하는 인지적 오류를 모두 고른 것은?

(17년 3회)

ㄱ. 자동적 사고	ㄴ. 흑백논리
ㄷ. 자극 일반화	ㄹ. 임의적 추론
ㅁ. 선택적 추상화	

① ㄱ, ㄴ, ㄷ   ② ㄱ, ㄴ, ㅁ
③ ㄱ, ㄷ, ㄹ   ④ ㄴ, ㄹ, ㅁ

해설

ㄱ. 자동적 사고는 벡(A. T. Beck)이 제안한 인지적 성격이론의 주요 개념으로, 마음속에 계속적으로 진행되는 인지의 흐름이다.

ㄷ. 자극 일반화 : 어떤 자극이나 상황에서 어떤 행동이 강화된 결과로 그와 다른 어떤 자극이나 상황에서도 그 행동이 일어날 가능성이 증가하는 것이다.

06

다음 중 교류분석(Transactional Analysis)에서 주로 사용되는 개념은?

① 집단무의식
② 자아상태(부모 – 성인 – 아동)
③ 전경과 배경
④ 비합리적 신념

해설

교류분석은 의사거래분석 이론이라고도 하며 인간의 약점이나 결함보다는 인간의 강점에 초점을 두는 이론이다. 주요 개념으로 게임과 라켓분석, 생활각본분석, 스트로크(Stroke) 등이 있다.

07

형태주의 상담에 관한 설명으로 틀린 것은?

① 인간은 과거와 환경에 의해 결정되는 존재로 보았다.
② 개인의 발달초기에서의 문제들을 중요시한다는 점에서 정신분석적 상담과 유사하다.
③ 현재 상황에 대한 자각에 초점을 두고 있다.
④ 개인이 자신의 내부와 주변에서 일어나는 일들을 충분히 자각할 수 있다면 자신이 당면하는 삶의 문제들을 개인 스스로가 효과적으로 다룰 수 있다고 가정한다.

해설

형태주의(게슈탈트) 상담은 경험적이며, 실존적이며, 가장 중요한 시제는 현재이며 지금 이 순간을 감지해 완선히 경험할 수 있는 학습을 강조한다.

08

Ellis의 합리적 정서치료의 정신건강 기준에 관한 설명으로 옳은 것은?

① 사회적 관심 : 자신의 삶에 책임감이 있고 독립적이다.
② 관용 : 변화에 대해 수긍하고 타인에게 편협한 견해를 갖지 않는다.
③ 몰입 : 실수하는 사람들을 비난하지 않는다.
④ 과학적 사고 : 깊게 느끼고 구체적으로 행동할 수 있다.

해설

엘리스(Ellis)는 인간을 합리적 사고를 할 수 있는 존재로 가정하고, 과학적 사고를 통하여 구체적으로 행동할 수 있는 존재라고 보았다.

09

인간을 과거나 환경에 의해 결정되는 존재가 아니라 현재의 사고, 감정, 행동의 전체성과 통합을 추구하는 존재로 보는 상담접근법은? (15년 2회)

① 정신분석학적 상담
② 형태주의 상담
③ 개인주의 상담
④ 교류분석적 상담

해설

형태주의 상담
• 펄스(Perls)에 의해 발전된 이론으로 게슈탈트(Gestalt)상담이라고도 한다.
• '여기 – 지금(Here and Now)'에서의 경험에 대한 자각과 개인의 책임을 강조한다.
• 인간은 환경에 의해 결정되는 존재가 아니며, 현재의 감정, 사고, 행동 등의 통합을 추구하는 존재로 본다.

10

내담자가 빈 의자를 앞에 놓고 어떤 사람이 실제 앉아 있는 것처럼 상상하면서 이야기를 하는 치료기법을 사용하는 상담이론은? (19년 1회)

① 게슈탈트 상담   ② 현실요법적 상담
③ 동양적 상담   ④ 역설적 상담

게슈탈트 상담의 기본개념은 선행사건이 마음속에 있는 미해결 문제를 해결하는 것을 추구하는 것으로 욕구와 감정의 자각, 빈의자 기법, 과장하기 등의 기법이 있다.

11
다음 설명에 해당하는 상담이론은?   (19년 1회)

> 인간은 합리적인 사고를 할 수 있는 동시에 비합리적인 사고의 가능성도 가지고 있는 존재이며, 따라서 내담자의 모든 행동적/정서적 문제는 경험적으로 타당성이 없는 비논리적이고 비합리적인 사고로 인해 발생한 것이라고 보았다.

① 합리적 정서행동 상담
② 현실치료적 상담
③ 형태주의 상담
④ 정신분석적 상담

① 합리적 정서행동 상담(Ellis) : 비합리적인 신념을 최소화하거나 합리적인 신념으로 전환시키는 것이다.
② 현실치료적 상담(William Glasser) : 상담자가 내담자의 문제를 해결하고 사회의 현실적 요구에 대처하는 데 초점을 둔다.
③ 형태주의 상담(Perls) : 지나치게 과거를 중심으로 해석하는 정신분석을 비판하며 게슈탈트 치료를 발전시켰다.
④ 정신분석적 상담(Freud) : 어린 시절의 경험, 결정론, 무의식, 방어기제, 전이가 주요 개념이다.

12
Perls의 형태주의 상담이론에서 제시한 기본가정으로 옳은 것은?
① 인간은 전체로서 현상적 장을 경험하고 지각한다.
② 인간의 행동은 행동이 일어난 상황과 관련해서 의미있게 이해될 수 있다.
③ 인간은 자기의 환경조건과 아동기의 조건을 개선할 수 있는 능력이 있다.
④ 인간은 결코 고정되어 있지 않으며 계속적으로 재창조한다.

Perls는 문제의 원인을 과거경험에서 찾지만, 문제해결은 상담 받고 있는 그 순간의 느끼는 감정과 생각에서 찾았으며, 지금 – 여기(Here and Now)를 중요하게 다루었다.

13
다음 대화는 교류분석 이론의 어떤 유형에 해당하는가?

> A : 철수야, 우리 눈썰매 타러 갈래?
> B : 나이에 맞는 행동 좀 해라. 난 그런 쓸데없는 짓으로 낭비할 시간이 없어!

① 암시적 교류
② 직접적 교류
③ 이차적 교류
④ 교차적 교류

두 사람 사이에 복수의 자아 상태가 개입되어 상호 충돌함으로써 서로의 기대가 어긋나는 것을 교차적 교류라 한다.

14
인지치료에서 다루는 인지적 오류와 그 예를 바르게 짝지은 것은?
① 선택적 추론 – 90%의 성공도 나에게는 실패
② 양분법적 논리 – 지레 짐작하기
③ 과일반화 – 영어시험을 망쳤으니 이번 시험은 완전히 망칠거야
④ 과소평가 – 요리도 못하니 난 엄마로서 자격이 없어

인지치료에서 다루는 인지적 오류에는 선택적 추상, 임의적 추론, 긍정 격하, 과일반화, 잘못된 명명, 흑백논리 등이 있다. 그중 과일반화는 한두 사건에 근거하여 일반적인 결론을 내리고, 관계없는 상황에도 그 결론을 적용시키는 것이다.

15

직업상담 중 대본분석 평가항목이나 질문지를 사용하고, 게임과 삶의 위치분석, 가족모델링 등의 상담기법을 활용하는 것은?

① 교류분석적 상담
② 실존주의 상담
③ 형태주의 상담
④ 개인주의 상담

해설

교류분석 상담은 에릭번(Eric Berne)의 이론으로, 구조분석(P – 부모 자아, A – 성인자아, C – 아동자아) → 교류분석(상보적, 교차적, 이면적) → 게임분석 → 각본분석으로 이루어진다.

16

교류분석(TA)에 대한 설명으로 가장 적합한 것은?

(15년 3회)

① 어린 시절의 결단에 기초한 삶의 계획을 생활양식이라 한다.
② 의사교류에서 교차적 의사교류가 가장 건강하다고 할 수 있다.
③ 사람들은 애정이나 인정 자극(Stroke)을 얻기 위해 게임을 한다.
④ 개인 내부에서 이루어지는 다양한 자아들 간의 상호작용을 의사교류라 한다.

해설

① 인생각본에 대한 설명이다.
② 의사교류에서 가장 건강한 유형은 교차적 의사교류가 아닌 상보교류이다. 교차적 의사교류는 교류 당사자 간 갈등을 유발한다.
④ 두 사람의 자아 상태 사이에서 이루어지는 다양한 자아 간 상호작용을 의사교류라 한다.

17

성격에 대한 자아 상태를 부모(P), 성인(A), 아동(C)으로 구분하여 타인들과의 상호작용을 통해 자아 상태를 분석하는 상담 접근법은?

① 행동주의 상담
② 교류분석적 상담
③ 인지 · 정서적 상담
④ 특성 – 요인 상담

해설

교류분석적 상담이론

• 성격에 대한 자아 상태를 부모(P), 성인(A), 아동(C)으로 구분
• 타인들과의 상호작용을 통해 자아 상태를 분석
• 대부분의 다른 이론들과 달리 계약적이고 의사결정적
• 내담자의 삶에 방향에 대한 새로운 의사결정을 도와주며, 어린 시절 결정된 부적절한 방식에 대한 대안 학습을 격려

CHAPTER 03

직업상담의 접근방법

1 특성 – 요인 직업상담

Thema 1 특성 – 요인 직업상담 ; 개념과 특징

시험에 이렇게 나왔다!

특성 – 요인 이론에 관한 설명으로 옳은 것은?
(16년 2회)

① 행동주의의 영향을 많이 받았다.
② 특성은 특정 상황에 대해서만 타당한 것으로 여겨진다.
③ 특성은 학습되는 것이다.
④ 개개인은 신뢰할 만하고 타당하게 측정될 수 있는 고유한 특성의 집합이다.

답 ④

(1) 특성 – 요인 직업상담의 개념　　　　　　　　　기출 18, 07년

① 윌리암슨(Williamson)이 발전시킨 상담으로 파슨스(Parsons)의 직업이론 모델에 기초한다.
② 개인, 직업 그리고 개인과 직업 사이의 관계성을 연결하는 것에 초점을 둔다.
③ 특성은 적성, 흥미, 가치관 등 검사에 의해 측정 가능한 개인의 특징이다.
④ 요인은 직업에서 요구하는 성실성, 책임감 등의 특징이다.

(2) 특성 – 요인 직업상담의 특징　　　기출 20, 18, 17, 16, 14, 13, 10, 09, 08년

① 내담자에 대한 객관적 이해에 중점을 둔다.
② 개개인은 신뢰할 만하고 타당하게 측정될 수 있는 고유한 특성의 집합이라고 본다.
③ 상담자 중심의 상담으로서, 상담자는 교육자로서 내담자의 인지적 측면에 주로 관여하며 주도적인 역할을 수행한다.
④ 과학적이고 객관적인 자료를 중시하고 합리적인 문제해결 방법을 따른다.
⑤ 직업과 사람을 연결시키는 심리학적 관점을 토대로 한다.
⑥ 사례나 사례연구를 중요한 자료로 삼으며 심리검사나 객관적 수단을 통해 개인적 흥미나 능력을 밝혀낸다.

Thema 2 특성 – 요인 직업상담 ; 과정

(1) 파슨스(Parsons)의 특성 – 요인 직업상담 3요소 [기출] 15, 12, 08, 07년

① 개인의 분석

자기 자신에 대한 올바른 이해로서 내담자에 대한 객관적인 분석이다.

② 직업의 분석

직업세계에 대한 체계적인 분석으로 다양한 직업정보를 제공한다.

③ 과학적 조언

과학적 · 합리적인 문제해결을 위한 것이다.

(2) 윌리암슨(Williamson)의 특성 – 요인 직업상담의 과정

[기출] 20, 19, 18, 17, 15, 12, 11, 10, 09년

① 분석

내담자에 대한 자료수집에 관련된 표준화된 심리검사를 사용한다.

② 종합

내담자의 성격, 장단점 등에 대한 이해를 얻기 위해 정보를 종합한다.

③ 진단

내담자의 문제원인과 해결을 위한 방법을 진단한다.

④ 예측 또는 처방

진단을 통해 여러 결과를 예측하고 처방한다.

⑤ 상담 또는 치료

자료를 바탕으로 문제를 해결할 수 있도록 협동적 · 능동적으로 상담한다.

⑥ 추수지도

내담자가 상담에서 학습한 내용을 새로운 문제가 야기되었을 때에도 적용할 수 있도록 지속적으로 돕는다.

시험에 이렇게 나왔다!

특성요인 직업상담에 관한 설명으로 옳은 것은? (16년 3회)
① 상담의 내용은 내담자의 흥미나 선호에 기반한다.
② 상담자의 역할은 지지자의 역할과 같다.
③ 과학적이고 합리적인 문제해결 방법을 따른다.
④ 상담자는 반응적이고 배려적 역할을 한다.

답 ③

2 내담자 중심 직업상담

Thema 1 내담자중심 직업상담 ; 개념과 특징

(1) 내담자중심 직업상담의 개념 <기출> 14년

① 로저스(Rogers)의 내담자중심 상담이론에 뿌리를 두고 있다.

② 내담자들은 선천적인 잠재력과 자기실현 경향성을 가지고 있다고 본다.

③ 내담자들은 스스로 문제를 해결하고 의사결정을 할 수 있다고 본다.

④ 특성 – 요인 직업상담과 반대의 입장을 취한다.

(2) 내담자중심 직업상담의 특징 <기출> 18, 17, 14, 13, 12, 09년

① 비지시적 상담이 원칙이다.

② 자기와 직업에 대한 경험의 부족 또는 정보의 왜곡으로 인해 의사결정에 어려움이 있다고 본다.

③ 내담자는 자기와 경험의 불일치로 인해 어려움이 있으므로 직업문제를 진단하는 것은 불필요하며 개인이 경험한 세계에 초점을 맞춘다.

④ 구체적 상담기법보다 상담사의 태도를 강조하였다.

⑤ 몇몇 내담자중심 상담사들은 일반적 적응과 직업적 적응 사이에 관련성이 크지 않다고 보았다.

⑥ 경험에 대해 개방적이 되도록 돕고 성장을 촉진시킨다.

⑦ 일치성 회복을 위해 내담자의 불안을 줄이고 자기의 책임을 수용하도록 돕는다.

⑧ 일치성의 정도에 따라 내담자중심 직업상담의 결과가 달렸다.

⑨ 내담자의 내적 기준에 대한 신뢰를 향상시키도록 돕는다.

🔍 내담자중심 상담이론

- 로저스의 상담이론에서 시작되어 '인간중심 상담', '비지시적 상담'이라고도 한다.
- 내담자가 자아개념을 가지고 자신의 길을 찾고 건설적으로 변화하도록 돕는다.
- 내담자의 자기인식과 주관적인 경험을 강조한다.
- 내담자와의 관계를 중요시하며, 인간을 현상학적 존재로 본다.
- 조언, 설득, 가르침 등의 기법은 사용하지 않는다.
- 동일한 상담 원리를 정상적인 상태의 사람이나 정신적으로 부적응 상태의 사람 모두에게 적용한다.
- 상담은 모든 건설적인 대인관계의 실제 사례 중 하나에 불과하다.

시험에 이렇게 나왔다!

내담자중심 상담이론에 관한 설명으로 틀린 것은?
(18년 1회)

① 다양한 진로 관련 검사 결과에 기초하여 상담을 진행한다.

② Rogers는 직업과 관련된 의사결정에 대해 구체적으로 언급하지 않았다.

③ 몇몇 내담자중심 상담사들은 일반적 적응과 직업적 적응 사이에 관련성이 크지 않다고 보았다.

④ 직업정보는 내담자의 입장에서 필요할 때에만 상담과정에 도입한다.

답 ①

시험에 이렇게 나왔다!

내담자중심 상담의 상담목표가 아닌 것은? (17년 2회)

① 내담자의 내적 기준에 대한 신뢰를 증가시키도록 도와주는 것

② 경험에 보다 개방적이 되도록 도와주는 것

③ 지속적인 성장 경향성을 촉진시켜 주는 것

④ 내담자의 자유로운 선택과 책임의식을 증가시켜 주는 것

답 ④

특성 - 요인 직업상담과 내담자중심 직업상담의 비교

특성 – 요인 직업상담	내담자중심 직업상담
내담자는 문제를 스스로 해결 못하는 나약한 존재	내담자는 문제를 스스로 해결할 수 있는 능력이 있음
상담자중심	내담자중심, 상담자는 보조
관계 형성이 중요	공감과 라포 형성 중요
지시적, 충고와 설득	비지시적, 수용적 분위기
내담자의 감정적 측면을 소홀히 하는 경향	객관적 자료의 중요성을 간과하는 경향
개인의 과거경험을 중시	개인의 현재 상태를 중시
문제를 중시	개인을 중시
상담 전 심리진단이 필요	상담 전 심리진단이 필요하지 않음

(3) 상담사에게 필요한 태도 기출 19, 16, 09, 08년

① 일치성과 진실성

내담자와의 관계에서 상담자의 감정이나 생각을 진실되고 개방적으로 솔직하게 표현한다.

② 공감적 이해

내담자의 내면세계와 경험을 공감하도록 노력한다.

③ 무조건적 수용

내담자의 말을 비판하거나 평가하지 않고 조건 없이 그대로 수용하며 존중한다.

현상학적 장

- 경험적 세계, 주관적 경험을 뜻한다.
- 개인의 '여기 – 지금(Here and Now)'에서 주관적인 경험을 의미한다.

실현화 경향성

- 유기체의 성장과 향상을 지지한다.
- 유기체를 유지하는 데 기여하며, 그 이상으로 성장과 발달을 촉진한다.
- 인간은 자신을 유지하고 성장시키려는 경향을 가진다. 이를 자기실현화 경향성이라고 한다.
- 살아 있는 모든 것에서 볼 수 있다.

시험에 이렇게 나왔다!

내담자중심 상담 이론의 특징이 아닌 것은? (16년 1회)

① 동일한 상담원리를 정상적 상태에 있는 사람이나 정신적으로 부적응 상태에 있는 사람 모두에게 적용한다.
② 상담은 모든 건설적인 대인관계의 실제 사례 중 단지 하나에 불과하다.
③ 실험에 기초한 귀납적인 접근방법이며 실험적 방법을 상담과정에 적용한다.
④ 상담의 과정과 그 결과에 대한 연구조사를 통하여 개발되어 왔다.

답 ③

시험에 이렇게 나왔다!

인간중심상담의 실현화 경향성에 관한 설명으로 틀린 것은? (17년 1회)

① 유기체의 성장과 향상, 즉 발달을 촉진하고 지지한다.
② 성숙의 단계에 포함된 성장의 모든 국면에 영향을 준다.
③ 동물을 제외한 살아있는 모든 사람에서 볼 수 있다.
④ 유기체를 향상시키는 활동으로부터 도출된 기쁨과 만족을 강조한다.

답 ③

(1) 반응의 범주화 기출 17년

스나이더(Snyder)는 상담자가 내담자중심 직업상담을 하는 동안 보일 수 있는 반응을 구분하고, 그에 따라 어떤 반응범주를 사용할지에 대한 체계를 개발했다.

① **안내를 수반하는 범주** : 상담자가 내담자로 하여금 이야기해야 할 것이 무엇인지 제시한다. 면접의 방향을 결정짓는 범주이다.

② **감정에 대한 비지시적 반응범주** : 해석이나 충고, 비평이나 제안 없이 내담자가 표현하는 감정을 재진술하게 한다.

③ **감정에 대한 준지시적 반응범주** : 내담자의 감정에 대해 해석하는 범주로 내담자의 정서나 반응에 대한 상담자의 의미부여 또는 해석 등의 반응이 포함된다.

④ **지시적 상담범주** : 상담자가 내담자의 생각을 변화시키려 시도하거나 내담자의 생각에 상담자의 가치를 주입하려 하는 범주이다.

(2) 검사의 사용과 해석 기출 18, 17, 12, 10, 07년

로저스는 상담 전 심리검사가 필요하지 않다고 보았다. 하지만 패터슨(Tatterson) 등 몇몇 내담자중심 직업상담자들은 내담자에 대한 객관적 이해가 목적이 아닌 내담자의 자기명료화를 위해 필요하다고 제안하였다.

① 상담자는 심리검사의 장단점과 제한점을 알고 있어야 한다.

② 검사결과 해석에 내담자가 참여하도록 한다.

③ 내담자가 알고자 하는 정보와 관련된 검사의 가치와 제한점을 설명한다.

④ 검사결과를 입증하기 위한 더 많은 자료가 수집될 때까지는 시험적인 태도로 조심스럽게 제시되어야 한다.

⑤ 내담자의 요청이 있을 시 내담자에게 필요한 정보를 제공하기 위해 사용한다.

⑥ 결과를 전할 때 평가적인 말투를 사용해서는 안 된다.

⑦ 직업정보 제공 시 내담자에게 영향을 주거나 내담자를 조작하기 위해 사용하지 않는다.

⑧ 직업정보는 내담자 스스로 얻도록 돕는다.

⑨ 직업정보에 대한 내담자의 감정과 태도가 자유롭게 표현되어야 한다.

3 정신역동적 직업상담

Thema 1 정신역동적 직업상담

(1) 정신역동적 직업상담의 개념

기출 20, 17, 10년

① 정신분석학과 특성 – 요인 이론 및 직업상담의 개념을 통합한 것으로 보딘(Bordin)에 의해 발전되었다.

② 정신분석학에 뿌리를 두고 내담자중심 직업상담에 영향을 받은 것이다.

③ 심리학적 요인을 중시하는 이론으로서 내담자의 욕구와 발달과정에 초점을 두며, 욕구를 직업선택의 주요 요인으로 간주한다.

> **참고하세요!**
>
> 특성 – 요인 이론과 마찬가지로 개인과 직업 사이의 관계성을 연결하는 것에 초점을 둔다.

(2) 보딘(Bordin)의 직업상담 과정

기출 19, 09년

① 탐색과 계약 설정 : 상담전략에 대한 합의가 이루어지는 단계이다.

② 핵심 결정 : 내담자의 목표를 성격 변화 등으로 확대할 것인지 고민하는 단계이다. 개인의 성격에 맞추어 직업을 변경할 것인지, 직업에 맞추어 성격을 변화할 것인지 결정한다.

③ 변화를 위한 노력 : 내담자가 선택한 부분에 대하여 변화를 모색하고 자아인식 및 자아 이해를 확대해나가며, 지소적인 변화를 모색한다.

> **시험에 이렇게 나왔다!**
>
> 정신역동적 직업상담을 구체화한 Bordin이 제시한 직업상담의 3단계의 과정이 아닌 것은? (19년 2회)
>
> ① 관계설정
> ② 탐색과 계약설정
> ③ 핵심 결정
> ④ 변화를 위한 노력
>
> 답 ①

(4) 보딘(Bordin)의 직업상담 기법

기출 19, 17, 16, 13, 12, 11, 09년

① 명료화 : 직업문제와 관련된 내담자의 생각이 어떤 것인지에 초점을 두고 요약한다. 상담자는 개방형 질문, 부드러운 명령, 단순화된 진술 등의 형태를 취한다.

② 비교 : 두 가지 이상의 주제들에 우선순위를 두어 내담자의 현재 문제와 과거의 역동적 현상들 사이의 유사성이나 차이점들을 보다 분명하게 부각시키기 위해 대비시킨다. 개인의 발달과 진로 발달의 상호관계를 설명할 때뿐만 아니라 새로운 방향을 찾기 위해 내담자의 과거 행동과 현재 행동을 비교할 수도 있어 직업상담의 중간 단계에서 많이 사용된다.

③ 소망 – 방어체계에 대한 해석 : 상담자는 내담자의 내적 동기 상태와 진로결정 과정 사이의 관계를 자각하도록 인식시킨다. 즉, 내담자의 자기인식을 돕는 과정으로 다른 두 가지 기법에 비해 치료적인 목적을 가지고 있다.

> **시험에 이렇게 나왔다!**
>
> 정신역동적 직업상담에서 Bordin이 제시한 상담자의 반응범주에 해당하지 않는 것은? (16년 1회)
>
> ① 비교
> ② 명료화
> ③ 소망 – 방어체계에 대한 해석
> ④ 감정에 대한 준지시적 반응범주
>
> 답 ④

4 발달적 직업상담

Thema 1 발달적 직업상담

(1) 발달적 직업상담의 개념 기출 20, 16년

① 내담자의 생애단계를 통한 진로발달의 측면을 중시한다.

② 내담자의 개인적 및 사회적 발달이 촉진될 수 있도록 돕는다.

③ 직업의사결정 문제와 직업성숙도 사이의 긴밀한 관계에 초점을 둔다.

④ 긴즈버그(Ginzberg), 수퍼(Super), 고트프레드슨(Gottfredson) 등이 대표적인 학자이다.

⑤ 진로발달은 전 생애에 걸쳐 이루어지는 과정이므로 과거와 현재 그리고 미래까지 고려해야 한다고 본다.

⑥ 진로발달은 행동의 변화 가능성을 전제로 하며, 진로발달을 개인과 환경의 상호 작용에 의한 적응 과정이라고 보았다.

⑦ 수퍼는 내담자의 잠재력에도 중점을 두어 '문제의 평가', '개인의 평가', '예언평가'를 제시하였다.

(2) 발달적 직업상담에서 정보가 갖추어야 할 조건 기출 17년

① 부모와 개인의 직업적 수준과 그 차이, 그리고 그들의 적성, 흥미, 가치들 간의 관계

② 사회경제적 측면에서 수준별 직업의 유형 및 그러한 직업들의 특성

③ 직업의 이동 방향과 비율을 결정하는 요인에 대한 정보

④ 특정 직업분야의 접근가능성과 개인의 적성, 가치관, 성격특성 등의 요인들 간의 관계

참고 하세요!

수퍼(Super)는 '진단(Diagnosis)'이라는 표현 대신 '평가(Appraisal)'라는 용어를 사용하였다. '평가'라는 표현이 '진단'보다 더 포괄적이고 긍정적이기 때문이다.

(3) 수퍼(Super)의 발달적 직업상담의 6단계
기출 20, 19, 17, 16, 15, 13, 12, 10, 09년

① 문제 탐색 및 자아개념 묘사

비지시적 방법으로 문제를 탐색하고 자아개념을 묘사한다.

② 심층적 탐색

지시적 방법으로 진로탐색을 위한 문제를 설정한다.

③ 자아 수용 및 통찰

비지시적 방법으로 사고와 감정을 명료화한다.

④ 현실 검증

지시적 방법으로 심리검사, 직업정보, 과외활동 경험 등을 통해 수집된 사실적 자료들을 탐색한다.

⑤ 태도, 감정의 탐색과 처리

비지시적인 방법으로 현실검증에서 얻은 태도, 감정을 탐색하고 처리한다.

⑥ 의사 결정

비지시적인 방법으로 의사결정을 위한 대안과 행동을 검토하고 직업을 결정한다.

(4) 직업상담의 평가
기출 16년

수퍼는 내담자의 잠재력에 초점을 두어 다음 세 가지 평가유형을 제시하였다.

① 문제의 평가

내담자가 겪고 있는 어려움이나 직업상담에 대한 내담자의 기대를 평가한다.

② 개인의 평가

내담자의 심리적 · 사회적 및 신체적 차원에서 개인의 상태에 대한 통계적 분석 및 사례 분석이 이루어진다.

③ 예언 평가

문제의 평가와 개인의 평가 및 내담자의 직업적 평가를 토대로 내담자가 성공하고 만족할 수 있는 것에 대한 예언이 이루어진다.

시험 에 이렇게 나왔다!

Super의 발달적 직업상담에서 의사결정에 이르는 단계를 바르게 나열한 것은?

(16년 2회)

ㄱ. 문제탐색
ㄴ. 태도와 감정의 탐색과 처리
ㄷ. 심층적 탐색
ㄹ. 현실 검증
ㅁ. 자아 수용
ㅂ. 의사 결정

① ㄱ → ㄴ → ㄷ → ㄹ → ㅁ → ㅂ
② ㄱ → ㄷ → ㄴ → ㄹ → ㅁ → ㅂ
③ ㄱ → ㄷ → ㄹ → ㅁ → ㄴ → ㅂ
④ ㄱ → ㄷ → ㄹ → ㄴ → ㅁ → ㅂ

답 ③

시험 에 이렇게 나왔다!

발달적 직업상담에서 Super가 제시한 평가의 종류 중 내담자가 겪고 있는 어려움이나 직업상담에 대한 내담자의 기대를 평가하는 것은?

(16년 1회)

① 문제평가
② 현실평가
③ 일차평가
④ 내용평가

답 ①

5 행동주의 직업상담

Thema 1 행동주의 직업상담 ; 불안감소기법과 학습촉진기법

(1) 행동주의 직업상담의 개념
기출 11, 07년

① 직업의사결정에 영향을 미치는 학습과정을 다룬다.

② 내담자의 부적응행동의 원인을 밝히고 적응행동으로 대치시키는 데 초점을 둔다.

③ 의사결정 문제의 원인이 되는 불안을 감소(제거)하고 새로운 적응행동을 학습시키며 직업결정기술을 습득하는 것을 목표로 한다.

④ 굿스타인(Goodstein)은 의사결정 문제의 원인으로 불안을 강조하고 내담자의 문제 유형을 우유부단과 무결단성으로 구분하였다.

🔍 **굿스타인의 내담자 문제유형**

• 우유부단
 − 진로발달이 미성숙하여 정보의 결핍이 원인이다.
 − 정보를 제공하면 결정력이 상승한다.
• 무결단성
 − 직업선택에 있어 환경의 요구나 압력으로 인해 무력감을 경험하는 것이다.
 − 정보가 주어지고 상담이 끝나도 결정을 내리지 못한다.

시험에 이렇게 나왔다!

다음 설명에 해당하는 행동주의 상담기법은? (17년 3회)

• 불안에 역제지하는 방법으로 사용한다.
• 대인관계에서 오는 불안의 제거에 효과적이다.
• 이 기법의 목표는 내담자로 하여금 광범위한 대인관계의 상황에 효과적으로 대처하기 위해 필요한 기술과 태도를 갖추게 하는 데 있다.

① 모델링
② 주장훈련
③ 자기관리 프로그램
④ 행동계약

답 ②

(2) 불안감소기법
기출 20, 18, 15, 14, 13, 12, 11, 10, 08년

① 체계적 둔감법

불안과 공포를 가진 환자의 자극에 대한 위계목록을 작성한 다음 낮은 수준의 자극에서 높은 수준의 자극으로 불안조건을 점차로 노출시켜 둔감화시킨다. 널리 사용되고 있는 고전적 기법이다.

② 금지조건형성

내담자에게 추가적 강화 없이 불안반응을 일으킬 만한 단서를 지속적으로 제시함으로써 불안감정을 점차적으로 소거한다.

③ 주장훈련

대인관계에서 오는 불안을 해소하는 방법으로서 내담자로 하여금 불안 이외의 감정을 표현하도록 하여 불안을 제거한다.

④ 홍수법

불안과 공포를 가진 환자에게 단번에 강한 공포자극을 지속적으로 노출시켜 불안을 제거한다.

(3) 학습촉진기법

기출 18, 16, 13, 12, 10, 09년

① **행동조성** : 행동을 세분화하여 단계별로 구분한 후 각 단계마다 강화를 제공한다. 원하지 않는 행동에 대해서는 강화를 받지 못하도록 하기 때문에 결국 원하는 행동을 할 수 있게 된다.

② **변별학습** : 자극을 서로 구별하는 것으로서 자신의 능력과 태도 등을 변별하고 비교하게 하는 방법이다.

③ **토큰경제** : 널리 사용되고 있는 방법으로 바람직한 행동이 일어날 때 보상을 하는 방법이다.

④ **강화** : 내담자의 행동에 따라 긍정적 반응이나 부정적 반응을 보임으로써 내담자의 바람직한 행동을 유도한다.

(4) 강화와 처벌

기출 17, 12, 11, 10, 09년

스키너(Skinner)의 조작적 조건형성의 대표 개념이다.

① **강화** : 행동의 빈도수를 강화시킨다.

　㉠ **정적 강화** : 자극을 부여하여 바람직한 반응의 확률을 높인다.

　㉡ **부적 강화** : 자극을 제거하여 바람직한 반응의 확률을 높인다.

　㉢ **강화계획**

　　• **계속적 강화계획** : 원하는 반응이 나타날 때까지 반응의 빈도에 관계없이 강화를 부여한다.

　　• **간헐적 강화계획** : 시간과 강도에 변화를 주어 강화를 부여하여 원하는 반응에 대한 빈도를 증가시킬 수 있다.

고정간격 강화계획	일정 시간이 경과하면 강화를 부여 예 월급, 주급, 일당 등
변동간격 강화계획	불규칙한 시간으로 강화를 부여 예 비정기적 포상 등
고정비율 강화계획	원하는 반응이 나타난 다음 강화를 부여 예 성과급 등
변동비율 강화계획	변동적인 비율을 적용하여 불규칙한 횟수의 원하는 행동이 나타난 다음 강화를 부여 예 슬롯머신, 복권 등

② **처벌** : 행동의 빈도수를 약화시킨다.

　㉠ **정적 처벌** : 자극을 부여하여 바람직하지 못한 반응의 확률을 낮춘다.

　㉡ **부적 처벌** : 자극을 제거하여 바람직하지 못한 반응의 확률을 낮춘다.

시험에 이렇게 나왔다!

행동주의적 상담기법 중 학습촉진 기법이 아닌 것은?
(16년 2회)

① 강화
② 변별학습
③ 대리학습
④ 체계적 둔감화

답 ④

시험에 이렇게 나왔다!

강화이론에서 제시한 강화계획(Reinforcement Schedule) 중 불규칙한 횟수의 바람직한 행동 후 강화요인을 제공하는 것은? (11년 3회)

① 계속적 강화
② 고정간격강화
③ 변동간격 강화
④ 변동비율 강화

답 ④

(1) 주요 상담기법

기출 매년 출제

① 체계적 둔감법

　㉠ 특정한 상황에서 형성된 불안에 대해 자극을 단계적으로 높여감으로써 내담자의 불안반응을 경감 또는 제거한다.

　㉡ 병존할 수 없는 새로운 반응을 통해 부적응적 반응을 제지하는 상호제지의 원리를 사용한다.

　　• 1단계 : 근육이완을 통해 긴장에서 벗어나도록 한다.

　　• 2단계 : 낮은 수준에서 높은 수준의 자극으로 불안 위계목록을 작성한다.

　　• 3단계 : 불안을 유발하는 상황을 단계적으로 높여감으로써 불안반응을 경감한다.

② 스트레스 접종

　예상되는 신체적·정신적 긴장을 약화시켜 내담자가 충분히 자신의 문제를 다룰 수 있도록 준비시킨다.

③ 인지적 재구조화

　부정적 사고 대신 긍정적인 자기적응적 사고를 가지도록 한다.

④ 자기주장훈련

　대인관계에 있어 불안을 해소하기 위한 방법이다. 불안 이외의 감정을 표현하도록 하여 대인관계에서의 불안을 제거한다.

⑤ 토큰경제

　바람직한 행동이 이루어졌을 때 그에 상응하는 토큰(보상)을 준다.

⑥ 자기관리프로그램

　내담자가 자기지시적인 삶을 영위하고 상담자에게 의존하지 않도록 상담자가 내담자와 지식을 공유하며 자기강화기법을 적극적으로 활용한다.

⑦ 과잉교정

　문제행동에 대한 대안행동이 거의 없거나 효과적인 강화인자가 없을 때 유용한 기법으로서 파괴적이고 폭력적인 행동을 수정하는 데 효과적이다.

⑧ 행동조성

　목표에 도달하기 위한 하위과정의 행동들을 단계적으로 학습한다.

시험에 이렇게 나왔다!

다음 중 예상되는 신체적, 정신적인 긴장을 약화시켜 내담자가 충분히 자신의 문제를 다룰 수 있도록 준비시키는데 사용되는 인지적 행동주의 기법은? (16년 3회)

① 인지적 재구조화
② 스트레스 접종
③ 사고정지
④ 행동계약

답 ②

시험에 이렇게 나왔다!

행동주의상담에서 문제행동에 대한 대안행동이 거의 없거나 효과적인 강화 인자가 없을 때 유용한 기법으로써 파괴적이고 폭력적인 행동을 수정하는 데 효과적인 것은? (16년 1회)

① 과잉교정
② 모델링
③ 반응가
④ 자기지시기법

답 ①

⑨ 타임아웃

내담자가 긍정적 강화를 받을 기회를 박탈시킨다.

⑩ 사고정지

내담자가 부정적인 인지를 억압하거나 제거함으로써 비생산적이고 자기패배적인 사고와 심상을 통제하도록 도우며, 불안제거에 사용한다.

⑪ 행동계약

외적인 행동변화 촉진기법으로 두 사람이나 그 이상의 사람들이 정해진 기간 내에 각자가 해야 할 행동을 분명하게 정해놓은 후, 그 내용을 서로가 지키기로 계약을 맺는다.

(2) 행동주의 상담의 치료기술 기출 19, 17, 12, 10, 09년

① 내적인 행동변화 기술

㉠ 체계적 둔감법

㉡ 스트레스 접종

㉢ 인지적 재구조화

㉣ 사고정지

㉤ 근육이완훈련

㉥ 정서적 상상 등

② 외적인 행동변화 기술

㉠ 자기주장훈련

㉡ 토큰경제

㉢ 자기관리프로그램

㉣ 대리학습(모델링)

㉤ 역할연기

㉥ 혐오치료 등

시험 에 이렇게 나왔다!

행동주의적 접근의 상담기법 중 공포와 불안이 원인이 되는 부적응 행동이나 회피행동을 치료하는 데 가장 효과적인 기법은? (15년 1회)

① 타임아웃 기법
② 모델링 기법
③ 체계적 둔감법
④ 행동조성법

답 ③

6 포괄적 직업상담

Thema 1 포괄적 직업상담

(1) 포괄적 직업상담의 개념 기출 19, 18, 17, 14, 10, 08, 05년

① 크릿츠(Crites)가 제시한 것으로 특성 – 요인이론, 정신분석이론, 행동주의 이론, 인간중심이론 등 다양한 상담이론을 절충하고 통합한 것이다.

② 논리적인 것과 경험적인 것을 절충시킨 모형이다.

③ 진단은 변별적이고 역동적인 성격을 가지고 있다.

④ 검사의 역할을 중시하며 검사를 효율적으로 사용한다.

⑤ 직업적성검사, 직업흥미검사 등을 활용하여 내담자의 문제를 분류한다.

⑥ 진로성숙도검사(CMI ; Career Maturity Inventory)와 같은 도구를 이용하여 내담자의 직업선택에 대한 능력과 태도를 검토한다.

⑦ '진로선택', '의사결정', '기술습득', '일반적 적용의 고양' 등이 목적이다.

⑧ '면담', '검사해석', '직업정보' 등의 과정을 통해 목적을 달성한다.

(2) 포괄적 직업상담의 과정 기출 19, 08년

① 진단

　㉠ 내담자의 진로문제를 진단하기 위한 단계이다.

　㉡ 내담자에 대한 검사자료와 상담을 통한 자료를 수집한다.

② 명료화 또는 해석

　㉠ 내담자의 문제를 분류하고 명료화하는 단계이다.

　㉡ 직업심리검사를 통해 내담자의 의사결정과정을 방해하는 행동을 확인하고 명료화한다.

　㉢ 상담자와 내담자가 협력해서 대안을 탐색한다.

③ 문제해결

　㉠ 문제해결을 위해 취해야 할 행동을 적극적으로 참여하여 결정하는 단계이다.

　㉡ 도구적 학습에 초점을 둔다.

　㉢ 상담자는 얻어진 자료를 바탕으로 직업문제 해결을 위해 직업정보를 제공할 수 있다.

시험에 이렇게 나왔다!

다음과 같은 직업상담에 대한 견해를 제시한 학자는?
(18년 2회)

• 직업상담의 과정에는 진단, 문제분류, 문제구체화, 문제해결의 단계 등이 포함되어야 하며, 직업상담의 목적에는 직업선택, 의사결정기술의 습득, 일반적 적응의 고양 등이 포함되어야 한다.

• 의사결정 기술의 습득, 일반적 적용의 고양 등이 포함되어야 한다.

① Maola
② Gysbers
③ Crites
④ Krivatsy

답 ③

시험에 이렇게 나왔다!

직업상담의 과정을 진단, 문제분류, 문제구체화, 문제해결의 단계로 구분한 학자는?
(17년 2회)

① Crites
② Krumboltz
③ Super
④ Gysbers

답 ①

(3) 포괄적 직업상담의 기법과 유형 기출 20, 17, 14, 13, 11년

① 기법

- ㉠ 초기단계 : 발달적 접근법과 내담자중심 접근법을 활용해 내담자의 문제 원인과 탐색을 촉진한다.
- ㉡ 중간단계 : 정신역동적 접근법을 활용해 문제의 원인이 되는 요인을 명료히 밝혀 제거한다.
- ㉢ 마지막단계 : 특성 – 요인적 접근법과 행동주의적 접근법을 활용해 상담자는 능동적·지시적 태도로 내담자의 문제해결에 개입한다.

② 유형

- ㉠ 변별적 진단검사 : 직업성숙도검사, 직업적성검사, 직업흥미검사 등
- ㉡ 역동적 진단검사 : 다양한 자료를 통해 심리측정 자료에 의한 통계적 오류를 보완
- ㉢ 결정적 진단검사 : 직업선택과 의사결정과정에서 나타나는 문제를 체계적으로 분석

(4) 평가 기출 14, 12, 11, 10, 09년

① 긍정적 평가

- ㉠ 다양한 직업상담방법의 단점을 보완하고 장점을 통합한 것이다.
- ㉡ 여러 상담이론의 체계를 가져옴으로써 체계적인 진단이 가능하다.
- ㉢ 상담자로 하여금 다양한 내담자들의 문제에 대해 폭넓게 적용할 수 있다.

② 부정적 평가

직업상담에는 적합하나 적응문제들을 깊이 있게 다루지는 못한다는 한계가 있다.

제2과목 직업상담학

시험 에 이렇게 나왔다!

포괄적 직업상담에서 초기, 중간, 마지막 단계 중 중간 단계에서 주로 사용하는 접근법은? (17년 3회)

① 발달적 접근법
② 정신역동적 접근법
③ 내담자중심 접근법
④ 행동주의적 접근법

답 ②

시험 에 이렇게 나왔다!

포괄적 직업상담 프로그램의 문제점에 해당하는 것은?
(12년 2회)

① 직업결정 문제의 원인으로 불안에 대한 이해와 불안을 규명하는 방법이 결여되어 있다.
② 직업상담의 문제 중 진학상담과 취업상담에 적합할 뿐 취업 후 직업적응 문제들을 깊이 있게 다루지 못하고 있다.
③ 직업선택에 미치는 내적 요인의 영향을 지나치게 강조한 나머지 외적 요인의 영향에 대해서는 충분하게 고려하고 있지 못하다.
④ 직업상담사 교훈적 역할이나 내담자의 자아를 명료화하고 자아실현을 시킬 수 있는 적극적 태도를 취하지 않는다면 내담자에게 직업에 대한 정보를 효과적으로 알려줄 수 없다.

답 ②

CHAPTER 03

직업상담의 접근방법 연습문제

01

특성 – 요인 상담에서 Strong과 Schmidt가 중요하게 생각한 상담사의 특성과 거리가 가장 먼 것은? (18년 1회)

① 신뢰 ② 전문성
③ 매력 ④ 공감

해설

스트롱과 슈미트(Strong & Schmidt)는 상담사의 특성을 전문성, 신뢰성, 매력성의 순서로 중요하다고 보았다.

02

비지시적 상담을 원칙으로 자아와 일에 대한 정보 부족혹은 왜곡에 초점을 맞춘 직업상담은? (18년 2회)

① 정신분석 직업상담
② 내담자중심 직업상담
③ 행동적 직업상담
④ 발달적 직업상담

해설

내담자중심 상담은 로저스의 내담자중심 상담이론의 기본개념에 뿌리를 두고 있으면서 비지시적 상담을 원칙으로 자아와 일에 대한 정보 부족 혹은 왜곡에 초점을 맞춘다.

03

직업상담에서 특성 – 요인이론에 관한 설명으로 옳은 것은?

① 대부분의 사람들은 여섯 가지 유형으로 성격 특성을 분류할 수 있다.
② 각각의 개인은 신뢰할 만하고 타당하게 측정될 수 있는 고유한 특성의 집합이다.
③ 개인은 일을 통해 개인적 욕구를 성취하도록 동기화되어 있다.
④ 직업적 선택은 개인의 발달적 특성이다.

해설

특성 – 요인 상담은 개인의 특성과 직업의 성공적 요인을 합리적으로 매칭시키는 것을 중요시하기 때문에 흥미, 적성, 가치관 등 개인의 특성파악을 중요시하였다.

04

내담자 중심 직업상담에서 상담자가 지녀야 할 태도 중 내담자로 하여금 개방적 자기탐색을 촉진하여 그가 지금 – 여기에서 경험하는 감정을 자각하도록 하는 요인은?

① 일치성
② 일관성
③ 공감적 이해
④ 무조건적 수용

해설

로저스(Rogers)의 인간중심상담에서 상담자가 지녀야 할 태도 중 일치성에 해당된다.
③ 공감적 이해 : 상담자가 내담자가 경험하는 감정을 파악하고 이해하는 것
④ 무조건적 수용 : 상담자는 아무런 조건 없이 수용적인 태도로써 내담자를 존중하며, 따뜻하게 수용

05

Parsons가 제안한 특성 – 요인 이론에 관한 설명으로 틀린 것은? (19년 1회)

① 고도로 개별적이고 과학적인 방법을 통해 개인과 직업을 연결하는 것이 핵심이다.
② 사람들은 누구나 신뢰롭고 타당하게 측정될 수 있는 독특한 특성을 지니고 있다.
③ 특성이란 숨어 있는 특질이나 원인이 아니라 기술적인 범주이다.
④ 직업선택은 직접적인 인지과정이기 때문에 개인의 특성과 직업의 특성을 연결하는 것이 가능하다.

해설

특성 – 요인 이론은 적성, 흥미, 동기 등 개인의 특성을 파악하여 내담자와 직업을 연결하는 이론이다.

06

특성 – 요인 직업상담과정의 단계를 순서대로 나열한 것은?

ㄱ. 종합	ㄴ. 진단
ㄷ. 분석	ㄹ. 상담 또는 치료
ㅁ. 사후지도	ㅂ. 예측

① ㄷ → ㄱ → ㄴ → ㅂ → ㄹ → ㅁ
② ㄷ → ㄴ → ㅂ → ㄱ → ㄹ → ㅁ
③ ㄷ → ㄹ → ㄴ → ㄱ → ㅂ → ㅁ
④ ㄷ → ㅂ → ㄴ → ㄱ → ㄹ → ㅁ

해설

Williamson의 특성 – 요인 직업상담과정은 분석 → 종합 → 진단 → 예측 → 상담 또는 치료 → 추후지도단계이다.

07

행동주의 상담에서 외적인 행동변화를 촉진시키는 방법은?

① 체계적 둔감법
② 근육이완훈련
③ 인지적 모델링과 사고중지
④ 상표제도

해설

외적 행동변화 촉진법은 토큰법, 모델링, 주장훈련, 행동계약, 행동시연, 역할연기, 상표제도 등이다.

08

정신역동 상담이론에 관한 설명으로 옳은 것은?

① 정신분석에서 해석은 목적 지향적으로 이루어진다.
② 개인심리학에서는 내담자의 심리내적인 갈등이 가장 중시된다.
③ 정신분석에서 내담자가 상담자에게 느끼는 모든 감정은 전이의 표현이다.
④ 개인심리학에서 상담자는 내담자에 대한 광범위한 격려의 사용을 권장한다.

해설

① 정신분석에서 해석은 과거의 결정요인을 밝히는 과거지향적인 성격이 강하다.
② 내담자의 심리내적인 갈등이 가장 중시되는 것은 정신분석적 상담이론이다.
③ 정신분석에서 전이는 내담자가 과거의 중요한 인물(부모, 형제 등)에게서 느꼈던 감정이나 생각을 상담자에게 투사하는 현상을 말한다. 즉, 내담자가 상담자에게 느끼는 모든 감정이 전이의 표현은 아니다.

09

행동주의 직업상담 프로그램의 문제점에 해당하는 것은?

(19년 2회)

① 직업결정 문제의 원인으로 불안에 대한 이해와 불안을 규명하는 방법이 결여되어 있다.
② 진학상담과 취업상담에 적합하지만 취업 후 직업적응 문제들을 깊이 있게 다루지 못하고 있다.
③ 직업선택에 미치는 내적 요인의 영향을 지나치게 강조한 나머지 외적 요인의 영향에 대해서는 충분하게 고려하고 있지 못하다.
④ 직업상담사가 교훈적 역할이나 내담자의 자아를 명료화하고 자아실현을 시킬 수 있는 적극적 태도를 취하지 않는다면 내담자에게 직업에 대한 정보를 효과적으로 알려 줄 수 없다.

해설

② 포괄적 상담의 문제점

③ 정신역동적 상담의 문제점

④ 내담자중심 상담의 문제점

10

Crites가 제시한 직업상담 과정에 포함되지 않는 것은?

(19년 3회)

① 진단

② 문제분류

③ 정보 제공

④ 문제구체화

해설

Crites가 제시한 직업상담 과정은 진단 → 문제의 명료화와 해석(문제분류 – 문제구체화) → 문제해결단계이다.

11

포괄적 직업상담 과정에 대한 설명으로 틀린 것은?

① 내담자가 직업선택에서 가졌던 문제들을 상담한다.

② 내담자가 자신의 내부와 주변에서 일어나는 일들을 충분히 자각하게 한다.

③ 직업심리검사를 통해 내담자의 문제를 명료화한다.

④ 상담과 검사를 통해 얻어진 자료를 바탕으로 직업정보를 제공한다.

해설

직업상담의 문제 중 진학상담과 취업상담에 적합할 뿐 취업 후 직업적응 문제들을 깊이 있게 다루지 못하고 있다는 단점을 가지고 있다.

12

Bordin의 정신역동적 진로상담기법과 가장 거리가 먼 것은?

① 비교

② 순수성

③ 명료화

④ 소망 – 방어체계에 대한 해석

해설

Bordin의 정신역동적 진로상담기법은 명료화, 비교, 소망 – 방어체계에 대한 해석이다.

13

Williamson의 특성 – 요인 직업상담에서 검사의 해석단계에 이용할 수 있다고 제시한 상담기법은?

① 가정

② 반영

③ 변명

④ 설명

해설

Williamson의 특성 – 요인 직업상담에서 검사의 해석단계 상담기법은 직접충고, 설명, 설득이다.

14

행동주의 상담기법 중 내담자가 긍정적 강화를 받을 기회를 박탈시키는 것은?

(19년 3회)

① 타임아웃

② 혐오치료

③ 자극통제

④ 토큰경제

해설

타임아웃이란 내담자로 하여금 긍정적 강화를 받을 기회를 박탈시키는 기법으로, 긍정적 강화가 많은 상황에서 적은 상황으로 이동시킴으로써 강화물을 얻을 수 있는 기회로부터 제외시키는 것이다.

15

다음에서 진우 엄마가 사용하고 있는 기법은?

> 책을 전혀 읽지 않는 진우를 위해 진우 엄마는 방에 동화책을 가득 늘어놓았다. 방안 가득 쌓인 책을 진우가 만지면 "그 책은...에 대한 이야기다."라고 설명해 주고, 흥미를 보이면 한 페이지씩 읽어주었다. 함께 쇼핑을 할 때에도 서점 근처에 가면 칭찬해 주고, 진우가 서점에 들어가자고 했을 때는 진우가 좋아하는 만화책을 사주었으며, 책을 한 페이지라도 읽으면 원하는 장난감을 사게 했다. 장난감을 사는 재미에 얇은 책을 읽기 시작한 진우는 차츰 책읽기에 재미를 붙이기 시작했다.

① 조형법　　　　② 토큰법
③ 타임아웃　　　④ 변별적 강화

해설

조형(Shaping)은 복잡한 도달점 행동을 습득시키기 위해 그 행동에 접근하는 근사한 모든 행동을 소단계로 나누어 각 소단계의 행동을 단계적으로 강화하여 나아가는 방법으로, 내담자의 행동 중 상담자가 바라는 행동에 대해서만 강화를 주고, 그렇지 않은 행동은 강화해 주지 않는다.
② 토큰법(상표제도) : 외적행동변화 촉진기법, 적절한 행동을 할때마다 직접 확인할 수 있는 강화물을 부여하는 체계적 기법에 해당
③ 타임아웃 : 부적응행동치료기법, 부적절한 행동을 했을 때 긍정적 강화의 기회를 일시적으로 박탈하는 기법
④ 변별적 강화 : 정적 강화(칭찬, 선물등 유쾌한 자극)를 제공하거나, 부적강화(청소, 숙제 등 혐오자극)를 제거하는 것

16

행동주의 상담에서 내적인 행동변화를 촉진시키는 방법이 아닌 것은?
① 체계적 둔감법
② 근육이완훈련
③ 인지적 모델링과 사고정지
④ 상표제도

해설

상표제도는 외적행동변화 촉진기법에 해당된다.

CHAPTER 04

직업상담의 기법

1 초기면담의 의미

Thema 1 초기면담의 개념

참고 하세요!

상담자와 내담자 간의 신뢰를 쌓고 친근한 관계형성이 이루어지기 때문에 매우 중요한 과정이다.

(1) 초기면담의 개념

① 직업상담에서 내담자와 상담자가 처음 만나 실시하는 면담이다.

② 상담자는 내담자의 문제를 이해하고 다룰 수 있을지 평가하며, 내담자는 상담자를 신뢰할 수 있을지 생각한다.

(2) 초기면담의 유형   기출 19, 18, 16, 13, 11년

① 내담자 대 상담자 솔선수범 면담

㉠ 내담자에 의해 시작된 면담 : 상담자는 내담자의 목적을 파악하기 위해 경청해야 한다.

㉡ 상담자에 의해 시작된 면담 : 상담자는 내담자에게 상담을 실시하는 이유를 설명하여 내담자의 불안을 완화시켜야 한다.

② 정보지향적 면담

초기면담이 목적이 정보수집에 있다면 상담자에게 초점을 맞추어 진행해야 한다. 이때 상담자는 탐색하기, 개방형질문, 폐쇄형질문을 사용할 수 있다.

㉠ 탐색하기 : '누가, 무엇을, 어디서, 어떻게'로 시작하는 질문이다. '왜'라는 질문은 내담자를 방어적인 위치에 두기 때문에 삼가는 것이 좋다.

㉡ 폐쇄형질문 : '예', '아니오'와 같이 제한된 응답을 요구한다. 단시간에 많은 정보를 얻는 데 효과적이나 정교하고 구체적인 정보를 얻는 데 한계가 있다.

㉢ 개방형질문 : 내담자에 말할 수 있는 시간을 충분히 부여하여 가능한 많은 대답을 얻는다. 심층적인 정보를 얻는 데 효과적이나 질문에 익숙하지 않은 내담자에게는 부담을 줄 수 있다.

③ 관계지향적 면담

㉠ 재진술 : 내담자가 말한 내용을 재진술하는 것으로서 내담자의 메시지에 초점을 두고 적극적으로 듣고 있음을 알려준다. 내담자에 대한 반사적 반응이다.

㉡ 감정의 반향 : 내담자의 메시지 이면의 정서적 요소를 표현한다. 여러 수준에서 이루어지며 공감을 전달한다.

Thema 2 초기면담의 요소

(1) 라포형성

기출 18, 17, 15, 11년

① 상담자와 내담자 간의 친근감을 의미하는 것이다.

② 이를 위해서는 자연스런 분위기 조성하고, 인간존중의 가치관을 가지고 내담자를 대해야 한다. 또한 내담자를 비판하지 않으며, 친절해야 한다.

③ 은혜를 베푼다는 인상을 주지 않고 동등한 입장을 취해야 한다.

④ 상담관계에 필요한 사항과 진행 방향에 대해 안내를 함으로써 내담자의 불안을 감소시키고 긴장감을 풀어주며 친밀감을 형성시킨다.

(2) 언어적 · 비언어적 행동

기출 16, 15, 14, 12년

① 언어적 행동

㉠ 내담자에게 중요한 것이 무엇인지 논의하거나 이해시키려는 열망을 보여주는 것이다.

㉡ 의사소통, 재진술, 이해 가능한 언어 사용, 적절한 호칭의 사용, 유머의 사용, 개방적 질문 사용 등이 해당한다.

② 비언어적 행동

㉠ 상담자가 관심을 가지고 열린 상태가 되어 내담자를 끌어들이는 매우 효과적인 방법이다.

㉡ 미소, 몸짓, 기울기, 눈 맞춤, 끄덕임, 내담자와 유사한 언어 사용, 경청하는 태도 등이 해당한다.

🔍 도움이 되지 않는 행동

언어적 행동	비언어적 행동
타이르기, 비난하기, 권유하기, 충고하기, 달래기, 광범위한 질문, 과도한 해석, 지시하기 · 요구하기, 생색내기, 내담자가 이해하지 못하는 단어 사용하기, 자신에 대해 많이 이야기하기	조소하기, 입을 꽉 다물기, 단호히 결단하기, 하품하기, 내담자를 멀리 쳐다보기, 언짢은 표정 짓기, 내담자로부터 돌아앉거나 떨어져 앉기, 손가락질하기, 너무 빠르거나 너무 느리게 이야기하기

(3) 감정이입

기출 19, 12년

상담자가 길을 잃어버리지 않고 마치 자신이 내담자 세계에서의 경험을 하는 듯한 능력이다. 내담자의 입장에서 공감을 가질 수 있으며 지각, 의미소통의 기법 등이 있다.

시험에 이렇게 나왔다!

다음 내담자를 상담할 경우 가장 먼저 해야 할 것은?
(17년 2회)

갑자기 구조조정 대상이 되어 직장을 떠난 40대 후반의 남성이 상담을 받으러 왔다. 전혀 눈 마주침도 못하며, 상당히 위축되어 있는 상태이고 미래에 대한 불안감을 호소하고 있다.

① 관계 형성
② 상담자의 전문성 소개
③ 상담 구조 설명
④ 상담목표 설정

답 ①

시험에 이렇게 나왔다!

직업상담에서 도움이 되는 면담행동이 아닌 것은?
(15년 3회)

① 이해 가능하고 명료한 말을 사용한다.
② 충고한다.
③ 가끔 고개를 끄덕인다.
④ 개방적 질문을 한다.

답 ②

(4) 직면(맞닥뜨림)

기출 17, 08년

① 내담자로 하여금 행동의 특정 측면을 검토해 보고 수정하게 하며 통제하도록 도전하게 하는 것이다.

② 내담자는 외부에 비친 자신의 모습을 되돌아보고, 현재 상황과 그 결과를 분명하게 알 수 있다.

③ 통찰의 순간을 경험하게 되며 효율적인 생활과 타인과의 바람직한 관계형성을 위해 어떻게 변화하는지 각성할 수 있다.

④ 약점보다는 강점을 직면시키는 것이 좋다. 적절한 직면은 내담자의 성장을 유도할 수 있으나 상담자가 직면에 실패하면 내담자에게 해로울 수 있다.

(5) 즉시성

기출 20, 14년

① 상담자가 자신의 바람은 물론 내담자의 느낌, 인상, 기대 등에 대해 깨닫고 대화를 나누는 것으로서 상담과정의 주제로 삼는다. 상담이 생산적으로 전개되도록 하는 상담자의 기술이다.

② 다음과 같은 경우 유용하게 사용된다.

    ㉠ 방향감이 없는 경우

    ㉡ 신뢰성에 문제가 제기될 경우

    ㉢ 상담자와 내담자 간 상당한 사회적 거리감이 있는 경우

    ㉣ 상담자와 내담자 간 친화력이 있는 경우

    ㉤ 내담자의 의존성이 있는 경우

    ㉥ 내담자의 역의존성이 있는 경우

    ㉦ 긴장감이 감도는 경우

③ 즉시성의 종류는 다음과 같다.

    ㉠ **관계 즉시성** : 상담자와 내담자 간 관계가 긴장되어 있는지, 지루한지, 생산적인지 등 그 관계의 질에 대해 내담자와 이야기를 나누는 상담자의 능력이다.

    ㉡ **지금 – 여기에서의 즉시성** : 현재 발생하고 있는 어느 특정 교류에 대해 의논하는 것이다. 내담자는 특정 사실을 공개하거나 숨기고 있는 자신에 대해 상담자가 어떻게 생각하는지를 알고자 할 수 있으며, 상담자는 그 순간 내담자의 생각과 느낌을 탐색한다.

시험에 이렇게 나왔다!

초기 면담의 주요 요소 중 내담자로 하여금 행동의 특정 측면을 검토해 보고 수정하게 하며 통제하도록 도전하게 하는 것은? (17년 3회)

① 계약
② 감정이입
③ 리허설
④ 직면

답 ④

시험에 이렇게 나왔다!

직업상담을 위해 면담을 하는 중 즉시성(Immediacy)을 사용하기에 적합하지 않은 경우는? (20년 3회)

① 방향감이 없는 경우
② 신뢰성에 의문이 제기되는 경우
③ 내담자가 독립성이 있는 경우
④ 상담자와 내담자 간에 사회적 거리감이 있는 경우

답 ③

(6) 리허설(연습)

기출 16, 11, 09년

① 내담자에게 선정된 행동을 연습하거나 실천하도록 함으로써 내담자가 계약을 실행하는 기회를 최대화하도록 도와주는 것이다.

② 리허설의 유형은 다음과 같다.

  ㉠ **명시적 리허설** : 내담자가 하고자 하는 것을 말로 표현하거나 행위로 보이는 것이다.

  ㉡ **암시적 리허설** : 원하는 것을 상상하거나 숙고해보는 것이다.

(7) 유머

상담과정에서의 긴장감을 없애고 내담자의 저항이나 심리적 고통을 경감하며, 내담자에게 상황을 분명하게 지각하도록 할 수 있다.

(8) 계약

목표 달성에 포함된 과정과 최종결과에 초점을 두는 것으로 내담자의 행동, 사고 등의 변화를 촉진하는 계약이 강조된다. 상담자는 계약의 초점이 내담자의 변화에 있음을 강조해야 한다.

(9) 상담자 노출하기

자신의 사적인 정보를 드러내 보임으로써 자기 자신을 다른 사람이 알 수 있도록 하는 것이다. 내담자의 측면에서는 성공적인 상담을 위해 유용한 반면, 상담자 측면에서는 꼭 필요한 것은 아니며, 언제 어느 정도로 노출할지 충분한 숙고가 필요하다.

시험 에 이렇게 나왔다!

내담자에게 선정된 행동을 연습하거나 실천토록 함으로써 내담자가 계약을 실행하는 기회를 최대화 하도록 도와주는 것은? (16년 1회)

① 리허설
② 계약
③ 감정이입
④ 유머

답 ①

Thema 3 상담면접의 주요 기법

(1) 공감

기출 20, 19, 15, 12, 11, 10년

① 상담자가 자신이 직접 경험하지 않고도 내담자의 감정을 거의 같은 수준으로 이해하는 능력이다.

② 내담자가 전달하려는 내용에서 한 걸음 더 나아가 그 내면적 감정에 대해 반영하는 것이다.

③ 상담자는 내담자의 세계를 상담자 자신의 세계인 것처럼 경험하지만 객관적 위치에서 벗어나면 안 된다.

④ 지금 - 여기에서의 내담자의 감정과 경험을 정확하게 이해하는 것이다.

⑤ 내담자의 자기 탐색과 수용을 촉진시킨다.

공감적 이해의 5가지 수준

기출 19, 18, 14년

수준1	내담자의 언어 및 행동 표현에 대해 별다른 주의를 기울이지 않아 내담자가 표현한 내용으로부터 벗어났다. 내담자가 명백하게 표현한 감정조차도 제대로 인식하지 못한다.
수준2	내담자가 표현한 표면적인 감정에 반응하긴 하나 내담자의 의도와 관련된 중요한 감정이나 의사를 제외하고 소통을 한다. 내담자가 표현한 의미를 왜곡시키기 때문에 내담자가 표현한 것과 일치하지 않는다.
수준3	내담자가 표현한 것과 본질적으로 같은 정서와 의미를 표현하여 상호 교류한다. 대인관계 기능을 촉진하는 기초 수준의 공감 반응이나, 보다 내면적인 감정에는 반응하지 못한다.
수준4	내담자 스스로 표현한 것보다 더 내면적인 감정을 표현하면서 의사소통을 한다. 이전에는 표현할 수 없었던 감정을 더 표현하면서 경험하도록 독려한다.
수준5	내담자의 표면적 감정은 물론 내면적인 감정에 대해 정확하게 반응한다. 이렇게 함으로써 내담자의 내면적인 자기탐색과 동일한 몰입 수준에서 의사소통이 가능하며, 이전에는 깨닫지 못했던 감정들을 명료하게 경험한다.

시험 에 이렇게 나왔다!

다음에 대해 가장 수준이 높은 공감적 이해와 관련된 반응은? (18년 2회)

우리 집은 왜 그리 시끄러운지 모르겠어요. 집에서 영 공부할 마음이 없어요.

① 시끄러워도 좀 참고하지 그러니.

② 그래, 집이 시끄러우니까 공부하는 데 많이 힘들지?

③ 식구들이 좀 더 조용히 해주면 공부를 더 잘 할 수 있을 것 같단 말이지.

④ 공부하기 싫으니까 핑계도 많구나.

답 ③

(2) 직면

기출 18, 16, 14, 10, 07년

① 내담자가 모르고 있거나 인정하기를 거부하는 생각과 느낌에 대해 주목하 도록 한다.

② 상담자는 내담자의 말과 행동 사이의 불일치가 있는 경우나 말에 모순이 있 는 경우 직접적으로 지적한다.

③ 내담자의 문제를 있는 그대로 확인 시켜 주어 내담자가 자신의 문제를 회피 하지 않고 현실적인 대처방안을 찾을 수 있도록 도전시킨다.

④ 내담자에 대해 평가하거나 비판하는 인상을 주어서는 안 되며, 내담자가 보 인 객관적인 행동과 인상에 대해 서술적으로 표현하는 것이 바람직하다.

(3) 요약과 재진술

기출 20, 18, 17, 09년

① 내담자가 전달하는 이야기의 표면적 의미를 상담자가 다른 말로 바꾸어서 말하는 것이다.

② 상담자는 내담자가 전달하려는 내용을 다른 말과 용어를 사용하여 내담자 에게 되돌려 줌으로써 상담자가 내담자의 이야기에 귀를 기울이면서 그를 이해하려 노력하고 있음을 내담자에게 전달할 수 있다.

③ 내담자의 이야기를 요약하고 재진술할 때는 내용에 초점을 맞추어야 한다.

(4) 명료화

기출 20, 18, 14년

① 내담자의 말 속에 포함되어 있는 불분명한 측면을 상담자가 분명하게 밝혀 자기 이해를 촉진시킨다.

② 어떤 문제의 밑바닥에 깔려 있는 혼란스러운 감정과 갈등을 가려내어 분명 히 해주는 것이다.

③ 내담자가 말한 내용 이상의 추가적인 의미를 부여하지 않는다는 점에서 '요 약과 재진술'과 유사하다.

제2과목 직업상담학

시험 에 이렇게 나왔다!

상담기법에 관한 설명으로 옳은 것은? (16년 3회)

① 경청은 내담자의 행동을 제외한 모든 말을 항상 세심하게 주목하는 것을 말한다.

② 반영은 내담자의 말을 정 확하게 반복하여 되돌려 주는 기법이다.

③ 명료화는 내담자의 말이 나 행동 이면에 있는 무 의식적 갈등을 가설의 형 태로 제시하는 것이다.

④ 직면은 내담자가 모르고 있거나 인정하기를 거부 하는 생각과 느낌에 대해 주목하도록 하는 것이다.

답 ④

참고 하세요!

'요약과 재진술'은 내담자가 말한 이야기에 요점을 그대 로 재확인시키기 위한 것이 며, '명료화'는 내담자가 말 한 이야기의 요점을 더욱 분 명하고 명확하게 부각시키 기 위한 것이다.

(5) 수용

기출 18, 15년

① 내담자의 이야기에 주의를 집중하고, 내담자를 인격적으로 존중하고 있음을 보여주는 것이다.

② 내담자의 감정, 경험 및 한 인간으로서의 가치와 자유인으로서의 잠재력에 대해 긍정적인 존중과 관심을 전달하는 것이다.

기출 16년

🔍 수용적 존중의 수준

수준1	일하기 싫으니 핑계를 대는구나.
수준2	몸이 조금 아프다고 자꾸 조퇴하면 안 되지.
수준3	몸이 아프면 힘들지. 그동안 좀 무리했지.
수준4	아플 땐 쉬어야지. 건강해야 일도 잘 할 수 있지.
수준5	그래. 자네니깐 그만큼이나 참았지. 자네 웬만하면 조퇴하지 않는 거 알지.

(6) 반영

기출 20년

① 내담자의 감정, 생각, 태도 말 등을 상담자가 다른 참신한 말로 부연하는 것이다.

② 말로 표현된 내용 자체보다는 표현에 담긴 밑바탕에 흐르는 감정을 파악하여 그대로 되돌려 주는 것이 효과적이다.

③ 내담자가 전달하고자 하는 의사의 본질을 스스로 볼 수 있다.

④ 내담자의 태도를 거울에 비추어 주듯이 보여줌으로써 내담자의 자기 이해를 도와줄 뿐만 아니라 내담자로 하여금 자기가 이해받고 있다는 인식을 줄 수 있다.

⑤ 내담자의 말뿐만 아니라 비언어적 행동인 자세, 몸짓, 목소리, 눈빛 등에서 나타나는 감정까지도 반영해야 한다.

시험에 이렇게 나왔다!

다음에서 설명하고 있는 것은? (15년 1회)

상담에서 기본적으로는 내담자의 감정, 경험 및 잠재력에 대해 긍정적인 존중과 관심을 전달하는 것이고, 궁극적으로는 내담자를 한 인간으로서의 가치와 자유인으로서의 잠재력에 대해 매우 깊은 긍정적 존중을 전달하는 것

① 공감
② 반영적 경청
③ 내용의 재진술
④ 수용적 존중

답 ④

시험에 이렇게 나왔다!

다음 설명에 해당하는 집단 상담 기법은? (20년 4회)

• 말하고 있는 집단원이 자신이 무엇을 말하는가를 잘 알 수 있게 돕는 것
• 말하고 있는 집단원의 말의 내용과 감정을 이해하고 있음을 알리며 의사소통하는 것

① 해석하기
② 연결짓기
③ 반영하기
④ 명료화하기

답 ③

(7) 해석

기출 19, 18, 13년

① 내담자가 직접 진술하지 않은 내용이나 개념을 그의 과거 경험이나 진술을 토대로 하여 추론해서 말하는 것이다.
② 내담자가 자기의 문제를 새로운 각도에서 이해하도록 경험과 행동의 의미를 설명한다.
③ 내담자가 자신의 문제에 대한 통찰력을 갖게 하며 사건들을 스스로 해석하도록 돕는다.

(8) 경청

기출 18, 16, 10년

① 내담자의 말과 행동에 비중을 두어야할 것을 선택하여 주목한다.
② 경청할 때 적극적으로 선택하여 듣는 것만이 중요한 것은 아니며, 상담자는 내담자의 말을 주목하여 듣고 있음을 전달할 필요가 있다.
③ 적극적인 경청자세로 내담자는 상담자가 자신을 존중하고 있으며, 자신의 이야기에 관심이 있다고 느낄 수 있다.
④ 내담자의 음조를 인식하며 일반화, 왜곡됨 등을 경청함으로써 내담자의 표현의 불일치를 인식한다.

🔍 반영적 경청과 적극적 경청

• **반영적 경청** : 내담자가 말하는 것을 조용히 들어 주는 것에서 더 나아가 상담자가 적절히 반응하는 것이다.
• **적극적 경청** : 내담자의 말은 물론 내담자의 심정까지 파악하는 것이다. 즉, 내담자가 표현하는 언어적인 의미 외에 비언어적인 의미까지 이해하는 것이다.

시험에 이렇게 나왔다!

직업상담의 기초기법에 대한 설명으로 틀린 것은?
(18년 3회)

① 수용 : 내담자의 이야기에 주의집중하고 내담자를 인격적으로 존중하는 기법이다.
② 명료화 : 내담자의 말 속에 포함되어 있는 불분명한 측면을 상담사가 분명하게 밝히는 기법이다.
③ 해석 : 내담자가 전달하는 이야기의 표면적 의미를 상담사가 다른 말로 바꾸어서 말하는 기법이다.
④ 탐색적 질문 : 내담자로 하여금 자신과 자신의 문제를 자유롭게 탐색하도록 허용함으로써 내담자의 이해를 증진시키는 개방적 질문 기법이다.

답 ③

(9) 저항의 처리 기출 20, 14, 11년

① 내담자가 동기화되지 않거나 저항을 나타낼 때 저항의 목적이 무엇인지 알아내야 한다.

② 내담자가 위협을 느끼지 않도록 하며 고통을 공감해야 한다.

③ 상담 초기 내담자는 상담자와의 관계를 확인하거나 신뢰를 시험해보기 위해 저항을 하기도 한다. 이때 상담자는 내담자의 불안을 이해하고 그대로 표현하도록 도움을 주어야 한다.

④ 지속적인 저항을 보이는 경우 상담관계를 재점검해야 한다.

(10) 침묵의 처리 기출 10, 09년

① 상담자에 대한 적대감에서 오는 저항이나 불안이 원인일 수 있다.

② 상담자에게 재확인을 바라거나 상담자의 해석 등을 기대하며 침묵할 수 있다.

③ 내담자가 이전에 표현했던 감정 상태에서 생긴 피로를 회복하고 있다는 뜻이기도 하다.

④ 상담 이전에 일어난 침묵은 보통 부정적이므로 거절의 형태로 해석할 수 있다.

⑤ 내담자가 침묵할 때는 침묵의 의미를 이해한 후 말을 꺼내야 한다.

참고 하세요!

침묵의 원인

- 내담자의 사고 중단
- 내담자의 생각 정리
- 대화의 소재 부재
- 상담자에게 적대감, 저항 시

(11) 탐색적 질문 기출 15, 07년

① 내담자 자신의 문제를 자유롭게 탐색하도록 함으로써 내담자의 이해를 증진시킨다.

② 가능한 '예', '아니오'로 답할 수 없는 개방형 질문이어야 한다.

③ 내담자의 정보를 얻기 위한 것이 아니라 감정을 이끌어내기 위한 것이다.

④ 내담자의 문제를 명료화하는 데 도움이 될 수 있는 것이어야 한다.

⑤ 상담자 자신의 관심과 흥미를 충족시키기 위한 질문을 해서는 안 된다.

참고 하세요!

질문은 상담의 특성상 '예', '아니오'와 같이 제한된 응답을 요구하는 폐쇄형 질문보다는 많은 대답이 가능한 개방형 질문의 형태를 띠어야 한다.

🔍 상담면접 시 피해야 할 질문 기출 15, 10, 07년

- **모호한 질문** : 질문의 방향을 명확히 하여 내담자가 질문을 인지하지 못하는 일이 없도록 해야 한다.
- **이중질문** : 한 질문에 두 가지 이상의 내용을 담아서는 안 된다.
- **'왜' 질문** : 의문사를 남용함으로써 내담자가 비난을 받고 있다고 생각하는 질문을 해서는 안 된다.
- **유도질문** : 특정 방향으로 내담자의 대답을 유도해서는 안 된다.
- **폭탄형 질문** : 한꺼번에 많은 질문을 쏟아내서는 안 된다.

Thema 4 효과적인 직업상담을 위한 기법

(1) 상담에서 대화의 의미

① 효과적인 직업상담을 위해 상담의 기본원리와 기법을 따라야 한다.

② 직업상담은 일상적인 대화가 아닌 내담자의 적응을 돕기 위한 목적이 있으므로 상담자와 내담자 간 일대일 관계를 통해 내담자를 심리적으로 돕는 생산적 관계가 되어야 한다.

(2) 상담에서 대화를 가로막는 상담자의 반응

① 상담자 경험의 진술

상담자와 내담자가 똑같은 상황에서 똑같은 경험을 하기는 어렵다. 따라서 상담자가 자신의 경험을 진술하는 것은 좋지 않다.

② 가르치기

상담자의 가르치기는 내담자의 의존적 태도나 방어적 태도를 유발하기 때문에 상담 시 내담자를 가르치듯이 대화를 하는 것은 좋지 않다.

③ 너무 이른 조언

상담 초기에 내담자의 특성을 알지 못하는 상황에서 상담자의 조언은 부적합하다.

④ 지나친 질문

질문은 내담자를 수동적인 위치에 두게 하므로 가능한 한 줄이는 것이 좋다.

2 구조화된 면담법의 의미

기출 20, 14, 13, 09, 08년

Thema 1 생애진로주제(Life Career Themes)의 역할모형

(1) 작업자 역할

① 자료 – 관념 – 사람 – 사물[프레디저(Prediger)]

㉠ 작업영역을 '자료(Data), 관념(Idea), 사람(People), 사물(Thing)'의 4가
지 대상으로 구분하였다.

㉡ '자료 – 관념', '사람 – 사물'로 구분되는 이차원적인 체계에 해당한다.

② 직업적 성격 및 작업환경[홀랜드(Holland)]

직업적 분류체계를 '현실적, 탐구적, 예술적, 사회적, 진취적, 관습적 성격
및 환경'의 6가지 모형으로 구분한다. 홀랜드 모형은 많은 흥미검사에서 사
용된다.

③ 기술 확인[볼레스(Bolles)]

기술의 범주로 '자기관리 기술, 기능적 · 전환적 기술, 일의 내용 기술'의 3
가지를 제시했다.

(2) 학습자 역할

① 학습자 형태 – 콜브(Kolb)

㉠ 개인에게 나타나는 학습형태는 유전의 결과, 과거생활경험, 가족, 학교
등과 같은 현재 환경의 요구 등에 의해 결정된다고 보았다.

㉡ 학습이 어떻게 지각되고 어떤 과정을 통해 전개되는가에 기초하여 학습
모형을 개발하였다.

㉢ 학습형태검사(LSI ; Learning Style Inventory)라고 불리는 자기보고식
검사를 개발하고 다음의 학습유형을 제시하였다.

집중형	• 추상적 개념화와 활동적 실험에 유용하다. • 생각을 실제적으로 적용하는 데 강점이 있다. • 비정서적이고 사람보다 사물을 다루는 것을 좋아한다. 　예 기술자 등
확산형	• 확고한 경험과 사려 깊은 관찰에 유용하다. • 상상력과 다양한 관계의 구조화에 강점이 있다. • 집중형과 상반된 강점을 가진다. 사람에 관심이 많고 정서적인 경향이 있다. 　예 상담자, 관리자 등
동화형	• 추상적 개념화와 사려 깊은 관찰에 유용하다. • 관찰을 통해 귀납적 이론을 이끌어내는 데 강점이 있다. • 사람에 대한 관심은 적고 추상적 개념에 관심이 많다. • 실제적 적용에 관한 응용과학보다는 기초과학과 수학에 적합하다. 　예 연구자, 기획자 등
적응형	• 확고한 경험과 활동적 실험에 유용하다. • 새로운 경험을 통해 실험과 계획을 이끌어내는 데 강점이 있다. • 동화형과 상반된 강점을 가진다. 분석적 능력보다는 시행착오나 직관을 통해 문제를 해결하려는 경향이 있다. 　예 기업가, 판매자 등

② 학습 형태 – 캔필드(Canfield)

　조건, 내용, 양식, 기대를 학습 형태 분류변인으로 제시했다.

(3) 개인 역할

① 아들러(Adler)의 생애형태

　㉠ 세계와 개인의 관계에 관한 세 가지 과제로 일, 사회, 성(性)을 제시하였다.

　㉡ 개인이 사회적 환경에서 자신의 위치를 발견하기 위해 노력해야 한다.

　㉢ 개인은 각자 주위환경을 다루기 위해 개인적 논리를 가지고 있다고 보았다.

　㉣ 개인은 인생과제에 반응해야 한다.

　㉤ 한 가정에서 태어난 두 아이는 결코 동일한 상황에서 자라는 아이로 볼 수 없다고 하였다.

② 대뇌반구의 기능

　㉠ **좌반구** : 언어를 구상하고 언어정보를 저장하며, 가치를 배우고 사회적 역량의 근원을 준비하는 것 등과 연결된다.

　㉡ **우반구** : 공간과 지각형태, 방향적 지향성, 시각적 묘사 등을 포함한 비언어적 통합기능과 연결된다.

시험 에 이렇게 나왔다!

Kolb의 학습형태검사(LSI)에서 추상적 개념화와 활동적 실험에 유용한 사고형은?
(13년 2회)

① 집중형
② 확산형
③ 동화형
④ 적응형

답 ①

(1) 생애진로사정(LCA ; Life Career Assessment)의 개념

기출 20, 17, 16, 15, 13, 12, 11, 10, 08, 07년

① 상담자와 내담자가 처음 만났을 때 이용할 수 있는 구조화된 면접기법으로서 내담자의 정보나 행동을 이해하고 해석할 수 있는 질적인 평가절차이다.

② 가장 기초적인 직업상담 정보를 얻을 수 있다. 검사해석의 예비적 단계에서 특히 유용하다.

③ 아들러의 개인심리학에 기초를 둔 것으로 내담자와 환경과의 관계를 이해할 수 있는 정보를 제공한다.

④ 비교적 짧은 시간 내에 내담자에 대한 정보를 수집하는 단계이다.

⑤ 작업자, 학습자, 개인의 역할 등을 포함한 다양한 생애역할에 대한 정보를 탐색해간다.

⑥ 직업상담의 주제와 관심을 표면화하는 데 덜 위험적인 방법의 단계로서 내담자와 긍정적인 관계를 형성하는 데 도움이 된다.

⑦ 내담자 생애에 대한 근본적인 접근(태도, 신념, 가치관 등)을 통해 내담자 스스로 생애를 이해하도록 돕는다.

⑧ 인쇄물이나 소책자, 지필도구 등 표준화된 진로사정 도구는 학교나 훈련기관에서의 부정적인 선입견을 가지고 있을 가능성이 있으므로 가급적 사용을 삼간다.

⑨ '진로사정, 전형적인 하루, 감정과 장애, 요약'으로 이루어진다.

(2) 생애진로사정의 구조

기출 19, 18, 17, 16, 14, 13, 12, 11, 09, 07년

① 진로사정

내담자가 일의 경험 또는 훈련이나 학습 과정에서 가장 좋았던 것과 싫었던 것에 대해 질문하며 여가시간의 활용, 우정관계 등을 탐색한다.

직업경험	• 이전 직업 • 가장 좋았던/싫었던 점
교육 또는 훈련과정과 관련된 문제	• 그간의 교육 및 훈련에 대한 평가 • 가장 좋았던/싫었던 점 • 지식, 기술, 기능 등의 수준
여가활동	• 여가시간 활용 • 사회활동 • 사랑과 우정 관계

참고 하세요!

아들러는 개인과 세계의 관계를 '일', '사회', '성(性)'의 세 가지 인생과제로 구분하였다.

시험 에 이렇게 나왔다!

생애진로사정에 관한 설명으로 틀린 것은? (16년 3회)

① 상담자와 내담자가 처음 만났을 때 이용할 수 있는 구조화된 면접기법이며 표준화된 진로사정 도구의 사용이 필수적이다.

② Adler의 심리학 이론에 기초하여 내담자와 환경과의 관계를 이해하는 데 도움을 주는 면접기법이다.

③ 비판단적이고 비위협적인 대화 분위기로써 내담자와 긍정적인 관계를 형성하는 데 도움이 된다.

④ 생애진로사정에서는 작업자, 학습자, 개인의 역할 등을 포함한 다양한 생애역할에 대한 정보를 탐색해간다.

답 ①

② 전형적인 하루

내담자가 생활을 어떻게 조직하는지를 시간의 흐름에 따라 체계적으로 기술한다.

의존적 – 독립적 차원	• 의존 강도 • 타인에게 의사결정 주장
자발적 – 체계적 차원	• 안정적이고 틀에 박힌 일 • 끈기 있고 주의 깊음

③ 감정과 장애

ㄱ 내담자가 스스로 생각하는 3가지 주요 강점 및 장애에 대해 질문한다.

ㄴ 내담자가 직면하고 있는 문제나 환경적 장애를 탐구하며, 이를 극복하기 위해 가지고 있는 대처자원이나 잠재력을 탐구한다.

주요 강점	• 내담자가 가지고 있는 자원 • 내담자에게 요구되는 자원
주요 장애	• 강점과 관련된 장애 • 주제와 관련된 장애

④ 요약

ㄱ 내담자 스스로 자신에 대해 알게 된 내용을 요약해보도록 함으로써 자기인식을 증진시킨다.

ㄴ 내담자의 문제 해결과 장애 극복을 위해 목표달성계획을 세울 수 있도록 한다.

요약	• 생애주제에 동의 • 내담자 자신의 용어 사용 • 목표설정과 연결

(3) 생애진로사정을 통해 얻을 수 있는 정보

① 내담자의 직업경험 및 교육수준의 객관적 정보

② 내담자의 가치관 및 자기인식의 정도

③ 내담자의 기술과 유능성에 대한 자기평가 및 상담자의 평가 정보

시험에 이렇게 나왔다!

생애진로사정 부분에서 전형적인 하루 동안 검토되어야 할 성격차원으로 옳은 것은?
(17년 3회)

① 수용적 – 회피적
② 경쟁적 – 협동적
③ 의존적 – 독립적
④ 내향적 – 외향적

답 ③

시험에 이렇게 나왔다!

다음 (　) 안에 알맞은 용어로 바르게 짝지어진 것은?
(16년 1회)

생애진로사정의 구조는 진로사정, (ㄱ), 강점과 장애, 그리고 (ㄴ)(으)로 이루어진다.

① ㄱ : 진로요약,
　 ㄴ : 하루에 대한 묘사
② ㄱ : 일의 경험,
　 ㄴ : 요약
③ ㄱ : 전형적인 하루,
　 ㄴ : 요약
④ ㄱ : 훈련과정과 관심사,
　 ㄴ : 내담자 자신의 용어 사용

답 ③

Thema 3 직업가계도(Genogram)

참고 하세요!

오키쉬(Okishi)는 직업선택이 가족 간 상호작용의 영향을 받는다고 강조하였다. 가족구조 역할이라는 폭넓은 시각에서 내담자의 정보를 이해하는 데 도움을 받을 수 있다.

시험 에 이렇게 나왔다!

진로상담 시 사용하는 가계도(Genogram)에 관한 설명으로 틀린 것은? (16년 2회)

① 가족의 미완성된 과제를 발견할 수 있으며 그것은 개인에게 심리적인 압박으로 작용할 것이다.
② 3세대 내에 포함된 가족들이 가장 선호한 직업이 내담자에게도 무난한 직업이 될 것이다.
③ 가족은 개인이 직업을 선택하는 방식이나 자신을 지각하는데 영향을 미칠 것이다.
④ 가계도는 직업선택과 관련된 무의식적 과정을 밝히는 데 도움이 될 것이다.

답 ②

(1) 직업가계도의 개념

① 직업과 관련된 내담자의 가족 3대에 나타나는 직업특징을 알아보는 기법으로서 내담자의 직업의식, 직업선택, 직업태도에 대한 가족의 영향력을 분석하는 질적 평가기법이다.
② 직업상담의 초기과정에서 정보수집을 위해 사용된다.
③ 내담자의 가족이나 선조들의 직업 특징에 대한 시각적 표상을 얻기 위해 도표를 만든다.
④ 개인에게 심리적인 압박으로 작용하는 가족의 미완성된 과제를 발견할 수 있다.
⑤ 직업선택과 관련된 무의식적인 과정을 밝히는 데 도움을 받을 수 있다.

(2) 직업가계도의 활용

① 직업에 대한 고정관념을 알아본다.
② 직업적 가치와 흥미에 대한 근본적인 원인을 알아본다.
③ 내담자에게 영향을 미친 모델이 누구인지 탐색한다.
④ 직업기회의 결과에 대한 기대를 알아본다.

(3) 직업가계도를 그릴 때 관심을 가져야 할 요인

① 3~4세대 가계에 있어서 대표적 직업
② 여러 가족 구성원들의 직업에 전형적으로 두드러진 지위와 가치의 서열화
③ 가족 구성원들의 진로선택 형태와 방법
④ 가족의 경제적 기대와 압력
⑤ 가족의 일의 가치
⑥ 내담자가 성장할 때의 또래 집단 상황

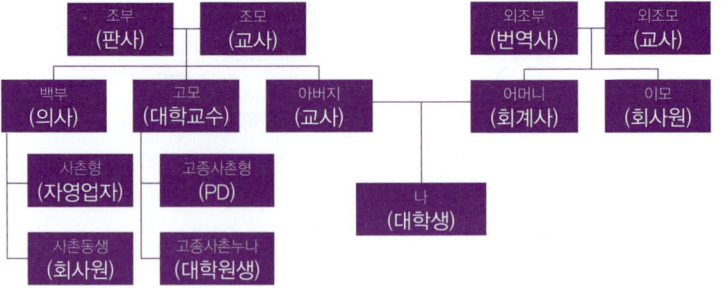

3 내담자 사정의 의미

Thema 1 동기·역할사정

(1) 개요
기출 19, 12, 10년

① 동기와 역할을 사정하는 데 자기보고법이 가장 많이 사용된다.

② 동기가 부족한 경우 인지적 명확성 부족이 많은 영향을 끼친다. 자기보고법은 인지적 명확성이 있는 내담자에게 효과적이며, 인지적 명확성이 낮은 경우 개인상담을 실시한 후 직업상담으로 전환하는 것이 바람직하다.

③ 역할사정은 여러 가지 생애역할 중에서 어떤 역할들이 상호보완적이며, 보상적 혹은 상충적인지를 확인하는 것이다.

(2) 낮은 동기를 가지고 있을 때 대처방안
기출 20, 16년

① 진로선택에 대한 중요성 증가시키기

② 좋은 선택이나 전환을 할 수 있는 자기효능감 증가시키기

③ 기대한 결과를 이끌어 낼 수 있는지에 대한 확신 증가시키기

④ 높은 수준의 수행을 강화시켜 수행기준의 필요성 인식시키기(내담자의 낮은 자기효능감 증진)

(3) 상호역할관계 사정
기출 20, 19, 18, 17, 16년

① 질문을 통해 사정하기

내담자가 개입하고 있는 생애역할 나열, 내담자의 가치들을 이용해 순위 결정, 각 역할에 소요되는 시간의 양 추정, 상충적 · 보충적 · 보완적 역할 찾아내기 등

② 동그라미로 역할관계 그리기

역할관계상의 문제, 즉 가치갈등, 역할과부하 등을 파악하고 이를 최소화할 수 있는 이상적인 역할관계를 그림

③ 생애 – 계획연습으로 전환시키기

각 생애단계에서 내담자의 가치와 시간의 요구 간의 갈등이 발생하는지, 이 경우 갈등의 속성은 무엇인지, 내담자 또한 삶의 다양한 역할들 간의 관계를 파악할 수 있는지, 마음속에 떠오르는 생애계획을 토대로 개선역구를 알 수 있는지 등을 탐색

시험에 이렇게 나왔다!

동기사정하기에서 내담자가 성공에 대해 낮은 동기를 가지고 있을 때 대처하는 방안과 거리가 먼 것은? (16년 2회)

① 진로선택에 대한 중요성 증가시키기

② 낮은 수준의 수행을 강화시켜 수행기준의 필요성을 인식시키기

③ 좋은 선택이나 전환을 할 수 있는 자기효능감 증가시키기

④ 기대한 결과를 이끌어 낼 수 있는 지에 대한 확신 증가시키기

답 ②

시험에 이렇게 나왔다!

역할사정에서 상호역할관계를 사정하는 방법이 아닌 것은? (16년 3회)

① 질문을 통해 사정하기

② 동그라미로 역할관계를 그리기

③ 역할의 위계적 구조 작성하기

④ 생애 – 계획 연습으로 전환하기

답 ③

(1) 개요

기출 09년

① 가치란 사람의 기본 신념을 말한다.

② 가치는 동기의 원천이자 개인의 일상적인 만족의 근거가 된다. 전반적인 달성목표의 원천이나 개인의 수행기준이 되기도 한다.

(2) 자기보고식 가치사정법

기출 16, 15, 11, 07년

① 과거의 선택 회상하기

직업선택, 여가선택 등 과거 선택에 있어서의 경험을 파악하며, 그것을 선택한 기준에 대해 조사한다.

② 자유시간과 금전의 사용

자신에게 자유시간이 주어지는 경우 또는 예상치 못한 돈이 주어지는 경우 이를 어떠한 목적으로 어떻게 사용할 것인지 상상하도록 한다.

③ 존경하는 사람 기술하기

자신이 존경하는 사람이 누구인지를 기술한다.

④ 백일몽 말하기

자신이 가지고 있는 개인적인 환상으로서의 백일몽을 이야기하도록 한다.

⑤ 절정경험 조사하기

⑥ 체크목록 가치에 순위 매기기

목록 중 중요하다고 생각되는 가치와 중요하지 않다고 생각되는 가치에 대해 +, - 표시를 하도록 하여 그 결과에 대해 순위를 매긴다.

 에 이렇게 나왔다!

자기보고식 가치사정법이 아닌 것은? (16년 1회)

① 과거의 선택 회상하기
② 존경하는 사람 기술하기
③ 난관을 극복한 경험 기술하기
④ 백일몽 말하기

답 ③

Thema 3 흥미사정

(1) 개요

기출 17, 11년

① 흥미란 개인의 관심, 호기심 등을 일으키는 어떠한 것이다.

② 흥미사정의 목적은 다음과 같다.

  ㉠ 자기인식 발전시키기

  ㉡ 여가선호와 직업선호 구별하기

  ㉢ 직업대안 규명하기

  ㉣ 직업 · 교육상 불만족 원인 규명하기

  ㉤ 직업탐색 조장하기

(2) 수퍼(Super)가 제시한 흥미사정 기법

기출 19, 18, 14년

① 표현된 흥미

  ㉠ 내담자에게 직업에 대해 '좋다', '싫다'를 말하도록 묻는 질문을 통해 흥미를 파악하는 방법이다.

  ㉡ 직업 분야에 대해 어느 정도 좋아하는지 분류하거나 체크리스트 등을 통해 파악할 수 있다.

② 조사된 흥미

  ㉠ 가장 많이 사용하는 방법으로 다양한 활동에 대해 좋고 싫음을 묻는 표준화된 심리검사를 통해 흥미를 파악하는 방법이다.

  ㉡ 특정 직업에 종사하는 사람들의 흥미와 유사성의 정도를 비교한다.

③ 조작된 흥미

  ㉠ 사람들이 자신이 좋아하거나 즐기는 활동과 연관된다는 것을 가정에 기초한 것이다.

  ㉡ 활동에 대해 질문을 하거나 활동에 참여하는 사람들이 어떻게 시간을 보내는지 관찰하는 방법이다.

  ㉢ 작업경험에 대한 분석을 통해 파악이 가능하다.

시험 에 이렇게 나왔다!

직업상담 시 흥미사정의 목적과 가장 거리가 먼 것은?
(17년 3회)

① 여가선호와 직업선호 구별하기

② 직업탐색 조장하기

③ 직업 · 교육상 불만족 원인 규명하기

④ 기술과 능력 범위 탐색하기

답 ④

---

4 목표설정 및 진로시간 전망

Thema 1 목표설정

시험 에 이렇게 나왔다!

직업상담의 상담목표에 관한 설명으로 틀린 것은?
(17년 1회)

① 상담목표 설정은 상담전략 및 개입의 선택과 관련이 있다.
② 하위목표들은 보편적으로 이해되는 수준이면 된다.
③ 내담자의 기대나 가치를 반영하여야 한다.
④ 상담목표는 가능한 현실적이고 실현가능해야 한다.
답 ②

(1) 목표설정의 의의   기출 17년

① 상담전략의 선택이나 개입에 관한 상담의 방향을 제시한다.
② 내담자의 욕구에 의해 결정된다.
③ 상담자와 내담자가 협조하여 함께 목표 실현 가능성을 탐색한다.
④ 상담자는 개입을 통해 내담자의 목표달성을 촉진하고 도와야 한다.

(2) 상담목표설정의 방향   기출 18, 17, 16, 14, 13, 11년

① 구체적이어야 한다. 추상적인 목표를 세워서는 안 된다.
② 내담자가 원하고 바라는 것이어야 한다. 내담자의 기대를 반영해야 하며 내담자가 바라는 긍정적인 변화를 목표로 설정한다.
③ 실현가능해야 한다. 가능한 현실적이어야 하며, 이상적 관점에서 목표를 세워서는 안 된다.
④ 상담자의 기술과 양립 가능해야 한다. 상담자 능력 이상의 도움을 필요할 경우 다른 상담자에게 의뢰하는 것이 좋다.

시험 에 이렇게 나왔다!

내담자에 대한 상담목표의 특성이 아닌 것은? (16년 2회)

① 구체적이어야 한다.
② 내담자가 원하고 바라는 것이어야 한다.
③ 실현가능해야 한다.
④ 인격성장을 도와야 한다.
답 ④

(3) 내담자의 목표설정 확인   기출 17년

① 현존하는 문제를 평가하고 나서 목표설정과정으로 들어간다.
② 내담자의 목표를 끌어내기 위한 기법으로 '면접안내'가 있다.
③ 목표가 설정되면 상담자는 내담자와 함께 실현가능성을 탐색한다.
④ 하위목표에 대한 안내를 확립한다.
⑤ 목표에 대한 내담자의 몰입도를 평가한다.

(4) 내담자의 목표 몰입도 확인을 위한 질문

기출 18년

① 목표와 행위목표를 구체화할 수 있는가?

② 목표 성취에 대한 계획이 있는가?

③ 목표달성을 위해 상담자와 협응할 수 있는가?

④ 동기에 방해가 될 만한 요인은 무엇인가?

(5) 내담자의 목표 실현성 확인을 위한 질문

① 자신을 얼마나 통제할 수 있는가?

② 목표가 달성 가능한 것인가?

③ 목표를 달성하기 위해 해야 할 일은 무엇인가?

④ 목표를 성취하지 못하도록 방해하는 요인은 무엇인가?

⑤ 언제까지 목표를 성취해야 한다고 생각하는가?

🔍 **면접안내를 위한 질문**

'면접안내'는 내담자의 목표를 이끌어내기 위한 기법이다.

• 상담의 결과물로 무엇을 원하는가?

• 상담으로 무엇을 달성하고자 하는가?

• 상담이 끝나면 어떻게 달라져 있을 것 같은가?

시험 에 이렇게 나왔다!

진로상담에서 내담자의 목표 몰입도를 평가하기 위한 상담사의 언어반응으로 적절하지 않은 것은? (18년 1회)

① "목표도달을 위해 몇 가지 작업을 할 것입니다. 당신은 필요한 작업을 하는데 기꺼이 응할 수 있나요?"

② "이런 목표로 상담할 때 당신의 동기에 방해가 될 만한 것이 무엇인가요?"

③ "우리는 당신의 목표와 행위목표를 구체화시켜볼 것입니다. 이런 목표를 구체화하는데 서면계약이 도움이 될 것 같네요."

④ "목표를 성취해야 한다고 느끼는 시기는 언제이며, 마음속에 어떤 시간계획을 가지고 있나요?"

답 ④

(1) 진로시간전망의 의의

① 진로에 관한 과거, 현재, 미래의 정신적인 상을 의미한다.

② 미래에 대한 내담자의 관심을 증가시키고 현재의 행동을 미래의 목표에 연결시키며 미래에 초점을 맞추어 자신의 미래를 설계하는 것이다.

(2) 진로시간전망 검사지의 용도   기출 15년

① 미래에 대한 희망을 심어 주기 위한 것이다.

② 미래가 실제인 것처럼 느끼도록 하기 위한 것이다.

③ 계획에 대해 긍정적인 태도를 강화하기 위한 것이다.

④ 미래의 방향을 이끌어 내기 위한 것이다.

(3) 진로시간전망 검사지의 사용목적   기출 19, 16, 14, 10년

① 미래에 대한 희망을 심어준다.

② 미래에 대한 방향 설정을 가능하게 한다.

③ 미래가 실제인 것처럼 느끼게 한다.

④ 계획에 대해 긍정적인 태도를 강화한다.

⑤ 현재의 행동을 미래의 결과와 연계시킨다.

⑥ 목표설정을 촉구한다.

⑦ 진로의식을 높인다.

⑧ 진로계획 기술을 연습한다.

시험 에 이렇게 나왔다!

진로시간전망 검사지를 사용하는 주요 목적이 아닌 것은? (16년 1회)

① 목표설정의 촉구
② 계획기술의 연습
③ 진로계획의 수정
④ 진로의식의 고취

답 ③

Thema 3 원형검사

(1) 원형검사의 의미

기출 20, 18, 14, 09년

① 코틀(Cottle)의 진로시간전망검사방법이다.

② 가장 효과적인 시간전망 개입도구이다.

③ 과거, 현재, 미래를 뜻하는 세 개의 원을 이용하여 개개인의 시간전망을 어떤 시간차원이 지배하는지, 개개인이 어떻게 시간차원과 연관되는지 평가할 수 있다.

④ 진로시간전망 개입은 시간에 대한 심리적 경험의 세 가지 측면으로 방향성, 변별성, 통합성을 제시한다.

(3) 진로시간전망 개입의 3가지 측면

기출 20, 19, 16, 09년

① 방향성

    ㉠ 시간차원의 전망으로 과거, 현재, 미래에 대한 개념을 사용하며, 각각의 전망은 삶의 질에 대해 무엇인가 다른 측면에 기여한다는 원리를 기초로 한다.

    ㉡ 미래지향성을 증진시키기 위해 미래에 대한 낙관적인 입장을 구성하는 것을 목표로 한다.

② 변별성

    ㉠ 시간차원 내 사건의 강화와 확장의 원리를 기초로 한다. 변별된 미래는 개인의 목표설정에 의미 있는 맥락을 제공한다.

    ㉡ 미래를 현실처럼 느끼도록 하고 미래 계획에 대한 긍정적 태도를 강화시키며 목표설정이 신속히 이루어지도록 하는 것을 목표로 한다.

③ 통합성

    ㉠ 시간차원의 관계성을 기초로 한다.

    ㉡ 현재 행동과 미래의 결과를 연결시키며, 계획한 기법의 실습을 통해 진로인식을 증진시키는 것을 목표로 한다.

참고 하세요!

원의 배치에 따른 시간관계성

- 어떤 것도 접해 있지 않은 원 – 시간차원의 고립
- 경계선에 접해 있는 원 – 시간차원의 연결
- 부분적으로 중첩된 원 – 시간차원의 연합
- 완전히 중첩된 원 – 시간차원의 통합

시험 에 이렇게 나왔다!

원형검사에 기초한 시간정망 개입에서 세 가지 국면 중 미래를 현실처럼 느끼게 하고 미래 계획에 대한 긍정적 태도를 강화시키며 목표설정을 신속하게 하는 데 목표를 둔 것은? (16년 2회)

① 방향성　② 변별성
③ 주관성　④ 통합성

답 ②

5 내담자의 인지적 명확성 사정

Thema 1 인지적 명확성의 이해

(1) 인지적 명확성의 개념 기출 19, 18, 14, 10, 07년

① 자신의 강점과 약점을 객관적으로 평가하고, 그 평가를 환경적 상황에 연결시킬 수 있는 능력이다.

② 내담자에게 인지적 명확성이 없는 경우 개인상담 후 직업상담을 실시한다. 인지적 명확성이 늦은 사람은 상대적으로 자기이해 능력이 부족하기 때문에 직업문제 인식 및 해결에 어려움을 겪을 수 있다.

③ 내담자에게 인지적 명확성이 있는 경우 바로 직업상담을 실시한다. 인지적 명확성이 높은 사람은 자기이해 능력이 높아 자기지식을 환경에 적용할 수 있다.

(2) 인지적 명확성을 사정할 때 고려사항 기출 20, 16, 13, 12년

① 심리적 문제로 인지적 명확성이 부족한 경우 진로문제에 대한 결정은 당분간 보류하는 것이 좋다.

② 직장을 처음 구하는 사람, 직업전환을 하는 사람, 직업적응 중에 있는 사람에 대해 직업상담에 관한 접근은 서로 다르다.

③ 내담자의 동기를 고려해야 한다.

④ 직장인으로서의 역할은 다른 생애 역할과 복잡하게 얽혀 있으므로 직업계획이나 재적응을 생각할 때 다른 생애 역할도 고려해야 한다.

⑤ 직장을 처음 구하는 사람에게 상담자는 가장 먼저 내담자의 자기인식 수준을 탐색해야 한다.

(3) 직업상담 과정에서의 사정단계 기출 18년

① 1단계

    ㉠ 인지적 명확성 존재

    ㉡ 인지적 명확성이 있는가?

② 2단계

    ㉠ 내담자의 동기 존재 여부

    ㉡ 동기가 있는가?

③ 3단계

    ㉠ 내담자의 자기진단

    ㉡ 자기진단을 통해 자신을 노출하고 있는가?

④ 4단계

    ㉠ 내담자의 자기진단 탐색

    ㉡ 자기진단을 확인했는가?

    내담자와의 관계 → 인지적 명확성에 대한 사정 → 예/아니오 → '예'일 경우 직업상담/'아니오'일 경우 개인상담

(4) 인지적 명확성의 원인과 그에 따른 직업상담 과정 기출 18년

① 정보결핍 – 직업상담을 실시

    단순 지식의 부족, 읽기 문제나 학습장애 등 정보사용 불능에 의한 성장결핍, 필요정보와 불필요정보의 변별력 불능에 의한 과도한 정보 등

② 경미한 정신건강 문제 – 다른 치료 후 직업상담을 실시

    낮은 효능감이 다른 선택사항에 대한 고려를 방해하는 경우, 잘못된 결정방식이 진지한 결정을 방해하는 경우, 비논리적 사고나 다른 배재적 사고유형에서 의사결정 방해가 나타나는 경우 등

③ 심각한 정신건강 문제 – 다른 치료 후 직업상담을 실시

    정신증으로 인해 직업선택 능력이 심각하게 손상된 경우, 심각한 약물 남용 장애 등

④ 외적 요인

    일시적 위기, 장기적 스트레스 등

⑤ 고정관념

    경험부족, 가치관 고착에 따른 고정성, 심리적 문제에 따른 고정성, 의무감에 대한 집착 등

시험 에 이렇게 나왔다!

내담자의 인지적 명확성을 위한 직업상담 과정을 바르게 나열한 것은? (18년 3회)

① 내담자와의 관계 → 진로와 관련된 개인적 사정 → 직업선택 → 정보통합과 선택

② 직업탐색 → 내담자와의 관계 → 정보통합과 선택 → 직업선택

③ 내담자와의 관계 → 인지적 명확성/동기에 대한 사정 → 예/아니오 → 직업상담/개인상담

④ 직업상담/개인상담 → 내담자와의 관계 → 인지적 명확성/동기에 대한 사정 → 예/아니오

답 ③

Thema 2 인지적 명확성 부족의 유형과 면담기법

(1) 단순오정보 – 정확한 정보 제공

기출 16년

- 내담자 : 그 대학은 부자들만 들어갈 수 있어요.
- 상담자 : 학생은 그 대학에 대해 부정적인 감정을 가지고 있군요. 그 대학 학생 중 강남 출신은 10% 밖에 안 되는데요. 과거에는 강남 출신이 많았는데 점차 바뀌고 있어요.

(2) 복잡한 오정보 – 논리적 분석

- 내담자 : 전 아직 결정을 못했어요. 그 대학에 다니는 3명의 학생들을 아는데 그들 모두 강남 출신인걸요.
- 상담자 : 학생이 말한 것을 논리적인 입장에서 생각해 봅시다. 그 대학의 전체 학생 수는 약 5,000명이에요. 학생은 그들 중 3명만 만나고는 그와 같은 결론을 내린 거예요. 사실에 근거해서 결정을 내리는 것이 중요해요.

(3) 구체성 결여 – 구체화시키기

기출 15, 12년

- 내담자 : 사람들은 요즘 취직을 하기가 어렵다고들 해요.
- 상담자 : 어떠한 사람들을 이야기하시는지 짐작이 안 되네요.
- 내담자 : 모두 다예요. 제가 상의할 수 있는 상담자, 담당 교수님들, 심지어는 친척들까지도요. 정말 그런가요?
- 상담자 : 그래요? 그럼 사실이 어떤지 알아보도록 하죠.

시험에 이렇게 나왔다!

다음은 인지적 명확성이 부족한 내담자와의 상담내용이다. 상담사가 주로 다루고 있는 내담자 특성으로 가장 적합한 것은?

내담자 : 사람들이 요즘은 취직을 하기가 어렵다고들 해요.
상담자 : 어떠한 사람들을 이야기하시는지 짐작이 안 되네요.
내담자 : 모두 다예요. 제가 상의할 수 있는 상담사, 담당교수님들, 심지어는 친척들까지도요. 정말 그런가요?
상담자 : 그래요? 그럼 사실이 어떤지 알아보도록 하죠.

① 파행적 의사소통
② 구체성의 결여
③ 가정된 불가능
④ 강박적 사고

답 ②

(4) 가정된 불가능 · 불가피성 – 논리적 분석 및 격려 기출 19, 16, 13, 11, 09년

- **내담자** : 난 시험에 합격할 수 없을 것 같아요.
- **상담자** : 그동안 학생은 공부를 매우 열심히 한 걸로 아는데요.
- **내담자** : 하지만 단념했어요. 내 친구는 시험이 어렵다고 했어요.
- **상담자** : 시험에 불합격할 것이라고 생각하고 있군요. 그 이유는 친구가 어렵다고 했기 때문이고요. 그러면 친구와 학생의 공통점을 알아보기로 하죠.

(5) 원인과 결과 착오 – 논리적 분석 기출 17, 11, 10, 07년

- **내담자** : 난 사업을 할까 생각중이에요. 그런데 그 분야에서 일하는 여성들은 대부분 이혼을 한대요.
- **상담자** : 선생님은 사업을 하면 이혼을 할까봐 두려워하시는군요. 직장여성들의 이혼율과 다른 분야에 종사하는 여성들에 대한 통계를 알아보도록 하죠.

(6) 파행적 의사소통 – 저항에 초점 맞추기

- **상담자** : 제가 내준 과제인 진로일기를 작성하는 데 많은 어려움이 있다고 하셨지요. 지금 하는 일을 조절하도록 도와드리면 도움이 될 것 같네요.
- **내담자** : 그거 괜찮은 생각 같네요. 그런데 오늘 제가 새 컴퓨터를 보아둔 것이 있어요. 그 생각만 하면 즐거워요.
- **상담자** : 진로문제가 선생님의 주요 관심사 같은데요. 제가 그러한 것을 제안할 때마다 선생님께서는 회피하시는 것 같군요. 진로일기를 작성하고 나서 선생님의 진로문제가 해결되면 어떤 느낌이 들까요?

시험에 이렇게 나왔다!

상담 장면에서 인지적 명확성이 부족한 내담자를 위한 개입방법이 아닌 것은?
(19년 3회)

① 잘못된 정보를 바로 잡아줌
② 구체적인 정보를 제공함
③ 원인과 결과의 착오를 바로 잡아줌
④ 가정된 불가피성에 대해 지지적 상상을 제공함

답 ④

(7) 잘못된 의사결정방식 – 의사결정도움

- **내담자** : 저는 어떻게 해야 할지 모르겠어요. 중요한 결정을 할 때, 그것을 해내고 극복하고 싶어요. 선생님께서는 이 학교가 제가 처음 지원서를 낸 학교이기 때문에 선택한 사실을 알고 계세요?
- **상담자** : 학생은 의사결정을 하는 데 불안을 많이 느끼는 것 같네요. 그런 불안감을 계속 가지고만 있지 말고 선택을 하세요. 우선 어떤 결정을 할 때 불안을 느끼는지, 불안을 어떻게 다루는지를 보도록 하죠. 그런 다음 결정을 할 때의 체계적인 방법에 대해 살펴보도록 하죠.

(8) 양면적 사고 – 역설적 사고   기출 09년

- **내담자** : 나는 기계공학 전공 말고는 아무것도 생각할 수 없어요. 그 외의 일을 한다는 것을 생각해 본적도 없어요.
- **상담자** : 학생이 기술자가 되지 못한다면 재앙이라도 일어날 것처럼 들리는군요. 그런데 학생은 기계공학을 하기에는 성적이 좋지 않군요.
- **내담자** : 그래서 미칠 것 같아요. 난 낙제할 것 같아요.
- **상담자** : 학생 인생에서 다른 대안을 생각해보지 않는다면 정말 문제가 되겠네요. 그렇다면 다음 주까지 "난 기계공학이 아니면 안 돼."라는 생각을 계속해 보는 거예요. 생각을 바꿀 필요가 있다고 동의했지만, 그렇게 하지 않도록 해 보는 거예요.

(9) 자기인식의 부족 – 은유 또는 비유 사용   기출 19, 17, 16년

- **내담자** : 난 호의를 가지고 사람들을 대하는데, 그들이 왜 그렇게 반응하는지 이해할 수 없어요.
- **상담자** : 사람들이 선생님의 기대에 부응하지 않을 때 화가 좀 나시겠어요.
- **내담자** : 네, 곧 우울해져요. 난 사무실에서 왕따예요.
- **상담자** : 사람들이 선생님을 어떻게 보는지에 대해서 이야기나 속담, 동화를 비유해서 말씀해 보시겠어요?
- **내담자** : 이건 좀 이상하게 들릴텐데요. 난 미운 오리새끼 같아요.
- **상담자** : 미운 오리새끼는 나중에 아름다운 백조가 되어 모두에게 환영받잖아요.

⑽ 걸러내기 - 재구조화

> • **내담자** : 제 상관은 저한테 잘했다는 말을 한 번도 한 적이 없어요. 항상 제 흉을 봐요. 지난번에도 제가 오른손잡이라고 불평을 하는 거예요.
>
> • **상담자** : 선생님의 상관은 항상 선생님께만 관심이 있는 것처럼 보이는군요. 자, 그렇다면 대안을 찾아볼까요? 그 상관의 의도가 어떻든 간에 선생님이 일하는 데 영향을 주는 것 같군요. 물론 상관의 행동이 유쾌하지는 않겠지만, 선생님이 그것에 대해 꽤 많이 신경을 쓰고 있는 것 같네요. 다른 사람들도 알고 있을 거라 생각되는데요.

⑾ 비난하기 - 직면, 논리적 분석

> • **내담자** : 저는 우리 아버지를 꼭 닮았어요. 아버지는 회사에서도 술을 드세요. 사람들은 저를 보고 아버지를 닮아서 그렇다고들 해요. 저도 요즘은 그 말이 사실이라는 생각이 들어요.
>
> • **상담자** : 선생님의 술과 관련된 문제가 아버지 때문이라는 소리로 들리는군요. 과연 그것이 사실인지 생각해 보세요. 물론 알코올중독이 유전적 요인을 가지고 있다고 하니 선생님의 부친이 어느 정도 문제 상황에 일조한 것이 사실일 수 있겠지요. 그렇지만 선생님은 그동안 문제해결을 위해 무엇을 했나요?

⑿ 강박적 사고 - 인지 · 정서 · 행동기법(REBT)의 합리적 논박   기출 19년

> • **내담자** : 저는 변호사가 될 거예요. 우리 아버지도, 할아버지도, 제 형도 변호사예요.
>
> • **상담자** : 학생은 자신이 변호사가 될 거라고 확신하고 있네요.
>
> • **내담자** : 예, 물론이에요.
>
> • **상담자** : 만약 변호사가 안 된다면 어떤 일이 벌어질까요?
>
> • **내담자** : 모든 것이 엉망이 되겠지요. 끔찍할 거예요.
>
> • **상담자** : 학생은 학생이 하길 바라는 것을 하지 못했을 때 끔찍하게 느끼는군요. 그럼 ABCDE모형에 맞춰서 이야기를 해 보도록 하죠.

시험에 이렇게 나왔다!

다음 상담과정에서 필요한 상담기법은? (19년 2회)

> 내담자 : 전 의사가 될 거예요. 저희 집안은 모두 의사들이거든요.
> 상담자 : 학생은 의사가 될 것으로 확신하고 있네요.
> 내담자 : 예. 물론이지요.
> 상담자 : 의사가 되지 못한다면 어떻게 되나요?
> 내담자 : 한 번도 그런 경우를 생각해 보지 못했습니다. 의사가 안 된다면 내 인생은 매우 끔찍할 것입니다.

① 재구조화
② 합리적 논박
③ 정보제공
④ 직면

답 ②

6 내담자의 정보 및 행동에 대한 이해

Thema 1 내담자의 정보 및 행동에 대한 이해기법

(1) 전이된 오류 정정하기 [기출] 20, 18, 17, 15, 14, 12, 11년

① 정보의 오류

내담자가 실제 경험과 행동을 이야기함에 있어서 제대로 이야기하지 않을 때 나타난다. 내담자가 직업세계에 대해 충분한 정보를 알고 있다고 잘못 생각하는 경우 상담자는 보충질문을 하거나 되물음으로써 잘못을 정확히 인식시켜주어야 한다.

ⓐ 이야기 삭제

ⓑ 불확실한 인물의 인용 : 모호한 명사(대명사) 사용

ⓒ 불분명한 동사의 사용 : 모호한 동사 사용

ⓓ 참고자료의 불충분한 사용 : 사건, 장소, 사람 등을 구체적으로 이야기 하지 않음

ⓔ 제한된 어투의 사용 : 자신의 세계를 제한하는 말 사용

② 한계의 오류

제한된 기회 및 선택에 대한 견해를 갖고 있는 내담자들이 스스로 자신의 견해를 제한하기 위해 '예외 인정하지 않기', '불가능을 가정하기', '어쩔 수 없음을 가정하기' 등의 방법을 사용한다.

ⓐ 예외 인정하지 않기 : '항상, 절대로, 모두, 아무도' 등 사용

ⓑ 불가능을 가정하기 : '할 수 없다, 안 된다, 해서는 안 된다' 등 사용

ⓒ 어쩔 수 없음을 가정하기 : '해야만 한다, 선택의 여지가 없다' 등 사용

③ 논리적 오류

내담자가 논리적으로 맞지 않는 말을 진술함으로써 의사소통까지 방해하는 경우이다.

ⓐ 잘못된 인간관계 오류 : 자신이 선택이나 통제에 개입할 수 없으므로 책임감도 없다는 식으로 생각하는 경우

ⓑ 마음의 해석 : 다른 사람의 마음을 읽을 수 있다고 생각하는 경우

ⓒ 제한된 일반화 : 한 사람의 견해가 모든 사람들에게 공유된다는 개인적으로 생각하는 경우

(2) 가정 사용하기 기출 20, 17년

① 내담자의 행동을 예측하기 위해 내담자에게 그 행동이 존재했다는 것처럼 가정하고 이야기한다.

② 가정에는 단순한 지시가 적절하다.

③ 내담자의 방어를 최소화하고 내담자의 행동을 추측할 수 있다.

(3) 왜곡된 사고 확인하기

① 결론 도출, 재능에 대한 지각, 지적 및 정보의 부적절, 부분적인 일반화 그리고 관념 등에서 정보의 한 부분만을 보는 경우이다.

② 여과하기, 정당화하기, 극단적인 생각, 과도한 일반화, 인격화, 인과응보의 오류, 마음 읽기 등에 의해 사고가 왜곡된다.

(4) 의미 있는 질문 사용하기

① 질문은 강제적인 응답의 의지를 담기보다는 공손한 명령 형태를 띤다.

② 내담자의 주의를 요하는 질문들을 사용하며 대답의 범위를 열어 놓으며 내담자의 자유롭고 다양한 반응을 유도하여 대답하기 쉽게 느끼도록 한다.

(5) 저항감 재인식하기 및 다루기 기출 17, 13년

① 내담자가 직설, 불신, 상담자의 능력과 방법 헐뜯기, 함축에 대한 도전, 책임에 대한 도전 등 다양한 전술로 의사소통을 고의로 방해할 경우 전략을 통해 내담자를 이해한다.

② 변형된 오류 수정하기, 내담자와 친숙해지기, 은유 사용하기, 대결하기 등의 전략이 있다.

(6) 근거 없는 믿음 확인하기 기출 07년

① 확신을 갖고는 있지만 근거는 제시할 수 없는 경우이다.

② 내담자에게 그 믿음이 근거가 없는 잘못된 것이라는 것을 알게 함으로써 다른 대안을 찾게 한다.

③ 거절당한다는 것은 단지 특별한 직업을 갖지 못한다는 것임을 깨닫게 한다.

시험에 이렇게 나왔다!

내담자의 정보 및 행동을 이해하기 위해 사용하는 변형된 오류 수정하기와 은유 사용하기는 무엇을 위한 기법인가? (17년 2회)

① 왜곡된 사고 확인하기
② 분류 및 재구성하기
③ 전이된 오류 정정하기
④ 저항감 다루기

답 ④

(7) 분류 및 재구성하기 기출 15, 12년

① 내담자에게 자신의 세계를 다른 각도에서 볼 수 있도록 기회를 제공한다.

② 역설적 의도 기법은 내담자가 수행불안이나 예기불안이 있는 행동을 할 때 도움을 줄 수 있다.

기출 16, 12년

🔍 역설적 의도의 원칙

역설적 의도 기법은 내담자의 표현을 분류하고 재구성하기 위해 사용한다.

- 저항하기
- 시간 제한하기
- 변화 꾀하기
- 목표행동 정하기
- 변화전략 세우기
- 내담자 언어 재구성하기 등

(8) 반성의 장 마련하기

① 내담자의 독단적인 사고를 밝히는 것에서부터 시작해 지식의 불확실성, 일반화된 지식과의 비교 등의 과정을 통해 전반적인 반성적 판단이 이루어지게끔 한다.

② 내담자 자신, 타인, 세계 등에 대한 부정적인 판단을 내리는 과정을 알 수 있도록 상황을 만들어 준다.

(9) 변명에 초점 맞추기 기출 18년

① 자신의 행동의 부정적인 면을 줄이고 자신의 긍정적인 면을 계속 유지하는 것이다.

② 스나이더(Snyder) 등은 내담자의 변명을 다음과 같이 구분하였다.

   ㉠ 책임 회피하기 : 부정, 알리바이, 비난 등

   ㉡ 결과를 다르게 조직하기 : 축소, 훼손, 정당화 등

   ㉢ 책임 변형시키기 : "그렇게 할 수밖에 없었어요.", "이건 정말 제가 아니에요." 등

시험 에 이렇게 나왔다!

직업상담 시 내담자의 표현을 분류하고 재구성하기 위해 사용하는 역설적 의도의 원칙이 아닌 것은? (16년 1회)

① 재구성 계획하기
② 저항하기
③ 시간 제한하기
④ 변화 꾀하기

답 ①

시험 에 이렇게 나왔다!

Snyder 등은 직업상담을 하면서 접할 수 있는 내담자의 변명을 종류별로 구분하였다. 다음 중 변명의 종류가 다른 것은? (18년 2회)

① 축소
② 비난
③ 정당화
④ 훼손

답 ②

7 대안개발과 의사결정

Thema 1 직업정보 수집과 대안선택

(1) 대안선택의 의의

① 내담자의 의사결정을 돕기 위함이다.

② 대안개발은 직업정보를 자료로 사용할 수 있다.

③ 대안개발에 사용되는 자료는 표준화된 직업정보가 적합하다.

(2) 직업정보 수집 및 대안개발의 4단계

① 1단계 – 직업분류 제시하기

② 2단계 – 대안 목록 만들기

③ 3단계 – 목록 줄이기

④ 4단계 – 직업정보 수집하기

(3) 내담자의 대안목록의 직업들이 실현 불가능할 때 상담전략 기출 19, 15, 13, 11, 09년

① 상담자의 견해는 내담자의 상황을 토대로 해야 한다.

② 브레인스토밍 과정을 통해 내담자의 대안직업 대다수가 부적절한 것임을 명확히 한다.

③ 내담자가 실현 불가능한 직업들에 정서적 열정을 소모하기 전에 신속히 개입해야 한다.

④ 객관적 증거나 논리를 바탕으로 대화한다.

⑤ 내담자에게 대안 직업에 대한 인식의 폭을 넓히도록 유도한다.

⑥ 어떠한 경우에든 내담자를 특정 방향으로 가도록 설득할 권리가 없음을 명심한다.

⑦ 최종의사결정은 내담자가 해야 함을 확실히 한다.

시험에 이렇게 나왔다!

내담자가 수집한 대안목록의 직업들이 실현 불가능할 때 사용하는 상담전략으로 가장 적합한 것은? (15년 3회)

① 직업상담사의 개인적 경험을 적극 활용한다.

② 내담자에게 가장 알맞아 보이는 직업을 골라준다.

③ 브레인스토밍 과정을 통해 내담자의 대안직업 대다수가 부적절한 것임을 명확히 한다.

④ 내담자가 그 직업들을 시도해 본 후 어려움을 겪게 되면 개입한다.

답 ③

(1) 진로의사결정 유형[하렌(Harren)]   기출 19년

① 합리적 유형

② 직관적 유형

③ 의존적 유형

(2) 6개의 생각하는 모자   기출 20, 18, 17, 16, 14, 13, 12, 11, 10, 09년

에드워드 드 보노(Edward de Bono)가 개발한 진로의사결정 촉진방법이다. 내
담자에게 6가지 색의 생각하는 모자를 써보게 하여 각각의 모자의 색에 해당하
는 역할을 수행하게 하고 의사결정을 용이하게 하는 것이다.

① **백색**

본인과 직업들에 대한 사실만을 고려한다. 중립적, 객관적 사고를 반영한다.

② **적색**

직관에 의존하고 직감에 따라 행동한다. 직관에 의한 감정과 느낌을 반영한다.

③ **흑색**

모든 일이 잘 안 될 것이라고 생각한다. 비관적, 부정적, 비판적인 느낌을
반영한다.

④ **황색**

모든 일이 잘 될 것이라고 생각한다. 낙관적인 느낌을 반영한다.

⑤ **녹색**

새로운 대안들을 찾으려고 노력하고 문제를 다른 각도에서 바라본다. 창조
적, 아이디어 생산을 반영한다.

⑥ **청색**

다른 모자의 사용법을 조절하는 사회자로서의 역할을 반영한다. 이성적, 합
리적으로 생각한다.

시험 에 이렇게 나왔다!

6개의 생각하는 모자(Six
Thinking Hat)는 직업상담 중
재와 관련된 단계들 중 무엇
을 위한 것인가? (16년 2회)

① 직업정보의 수집
② 의사결정의 촉진
③ 보유기술의 파악
④ 시간관의 개선

답 ②

Thema 3 직업선택의 결정모형

(1) 기술적 직업결정 모형
기출 16, 13, 12, 10, 08년

① 타이드만과 오하라(Tiedman & O'hara) 모형

　㉠ 진로발달을 '자기정체감 분화', '발달과업 수행', '심리사회적 위기 해결의 지속적인 과정'으로 보았다.

　㉡ 직업선택을 결정하는 기간을 '기대의 기간'과 '실행 및 조정의 기간'으로 구분하였다.

　㉢ 진로발달단계를 자기정체감을 지속적으로 구별해내고 발달과제를 처리하는 과정으로 설명하며 시간의 틀 내에서 개념화하였다.

② 힐튼(Hilton) 모형

　㉠ 직업선택결정단계를 '전제단계', '계획단계', '인지부조화 단계'로 구분하였다.

　㉡ 복잡한 정보에 접근하게 되는 구조에 근거를 둔 이론으로서, 진로결정 과정을 계획과 전제 간의 불균형점을 조사해보고 부조화가 없을 때 행위화시키는 과정으로 설명한다.

(2) 처방적 직업결정 모형[겔라트(Gelatt) 모형]
기출 16, 12, 09, 07년

① 직업선택의 결과보다 과정을 중시하였다.

② 3차원으로 분리된 '예언적 체계', '가치체계', '결정준거'에서 각 체계마다 정보를 입수함으로써 훌륭한 선택결정이 가능하다고 보았다.

③ 의사결정과정은 다음과 같다.

　㉠ 목표의식 : 직업목표를 수립한다.

　㉡ 정보수집 : 관련 직업정보를 수집한다.

　㉢ 대안열거 : 선택 가능한 직업목록을 작성한다.

　㉣ 대안의 결과 예측 : 선택했을 때 예상되는 결과를 예측한다.

　㉤ 대안의 실현 가능성 예측 : 각 결과들의 실현 가능성을 예측한다.

　㉥ 가치평가 : 결과들의 가치평가를 한다.

　㉦ 의사결정 : 대안을 선택한다.

　㉧ 평가 및 재투입 : 의사결정에 대한 평가와 피드백을 한다.

시험에 이렇게 나왔다!

인간이 복잡한 정보에 접근하게 되는 구조에 근거를 둔 이론으로 직업선택결정 단계를 전체단계, 계획단계, 인지부조화단계로 구분한 직업결정모형은? (16년 1회)

① 타이드만과 오하라(Tiedeman&O'Hara)의 모형
② 힐튼(Hilton)의 모형
③ 브룸(Vroom)의 모형
④ 수(Hsu)의 모형

답 ②

참고하세요!

직업선택 결정모형은 직업적 행위에 대한 개념들을 상호 비교하여 설명하기 위해 정리된 방법을 제공한다. 기술적 직업결정모형은 일반적인 방식을 나타내고자 시도한 이론이며, 처방적 직업결정모형은 실수를 감소시키고 더 나은 선택을 할 수 있도록 돕는 의도에서 시도된 이론이다.

01

상담의 초기면접 단계에서 일반적으로 고려할 사항이 아닌 것은?

① 통찰의 확대
② 목표의 설정
③ 상담의 구조화
④ 문제의 평가

해설

상담의 초기면접 단계에서는 상담관계 형성, 내담자의 문제 파악, 상담목표 및 전략수립, 상담의 구조화 등을 한다.

02

생애진로사정 시 전형적인 하루를 탐색할 때 초점을 두어야 하는 요소는?

① 독립적 또는 의존적 성격인가?
② 여가시간에 무엇을 하는가?
③ 살아가면서 필요한 자원은 무엇인가?
④ 하루를 살면서 가장 좋았던 것은 무엇인가?

해설

생애진로사정 시 내담자의 전형적인 하루를 탐색할 때 내담자가 의존적인지 또는 독립적인지, 자발적인지 또는 체계적인지 자신의 성격차원을 파악하도록 돕는다. 또한 상담자는 내담자가 생활을 어떻게 조직하는지를 시간의 흐름에 따라 체계적으로 기술해야 하는데 이때 상담자는 내담자의 타인에 대한 의존도와, 내담자가 변화에 익숙한지, 아니면 안정된 일상을 선호하는지를 탐구해야 한다.

03

인지적 명확성 문제의 원인 중 경미한 정신건강 문제의 특성으로 옳은 것은?   (18년 1회)

① 심각한 약물남용 장애
② 잘못된 결정방식의 진지한 결정 방해
③ 경험부족에서 오는 고정관념
④ 심한 가치관 고착에 따른 고정성

해설

경미한 명확성의 저하 원인으로 경미한 정신건강문제가 있는데 이는 잘못된 결정방식이 진지한 결정을 방해하는 등으로 문제가 다른 선택을 방해하는 경우이다.

04

6개의 생각하는 모자(six thinking hats) 기법에서 사용하는 모자 색깔이 아닌 것은?

① 갈색
② 녹색
③ 청색
④ 흑색

해설

6개의 생각하는 모자기법은 에드워드 보노(Edward de Bono)에 의해 개발된 것으로 모자색깔은 흰색, 빨강, 검정, 노랑, 초록, 파랑이다.

05

다음에 해당하는 Super가 제시한 흥미사정 기법은?

> 활동에 대해 질문을 하거나 활동에 참여하는 사람들이 어떻게 시간을 보내는지 관찰한다. 이 기법은 사람들이 자신이 좋아하거나 즐기는 활동과 연관된다는 것을 가정한다.

① 표현된 흥미
② 조작된 흥미
③ 선호된 흥미
④ 조사된 흥미

해설

② 조작된 흥미기법은 Super가 제시한 흥미사정기법의 3가지 중 하나로 관찰을 통해 흥미를 파악하는 방법이다.
① 어떤 활동이나 직업에 대해 좋고 싫음을 간단하게 말하도록 요청한다.
④ 특정 직업에 종사하는 사람들의 흥미와 유사점이 있는지를 비교한다.

06

진로시간전망 검사 중 Cuttle이 제시한 원형검사에서 원의 크기가 나타내는 것은?

① 과거, 현재, 미래
② 방향성, 변별성, 통합성
③ 시간차원에 대한 상대적 친밀감
④ 시간차원의 연결 구조

해설

코틀의 원형검사는 각각 과거 – 현재 – 미래를 뜻하는 세 개의 원을 이용하여 어떤 시간차원이 개개인의 시간전망을 지배하는지 그리고 개개인이 어떻게 시간차원과 연관이 되는지를 평가하기 위해 고안해서 만든 것이다. 여기서 원은 과거, 현재, 미래를, 원의 크기는 시간차원에 대한 상대적 친밀감을, 원의 배치는 시간차원 연관성을 나타낸다.

07

생애진로사정의 구조에서 전형적인 하루가 갖는 정보유형은?

① 내담자의 의존적 – 독립적, 자발적 – 체계적 특성
② 일의 경험, 훈련 과정과 관심사, 오락
③ 주요 장점과 장애물
④ 생애주제에 대한 동의, 목표설계와 관련된 정보

해설

생애진로사정의 구조에서 내담자의 전형적인 하루는 그 내담자가 의존적인지 독립적인지. 자발적인지 체계적 특성을 지니고 있는지를 알게 해준다.

08

다음 중 효과적인 적극적 경청을 위한 지침과 가장 거리가 먼 것은?

① 내담자의 음조를 경청한다.
② 사실 중심적으로 경청한다.
③ 내담자의 표현의 불일치를 인식한다.
④ 내담자가 보이는 일반화, 빠뜨린 내용, 왜곡을 경청한다.

해설

적극적 경청이란 내담자에게 초점을 유지하면서 내담자가 표현하는 행동. 생각과 감정을 이해하려고 노력하는 것이다.

09

다음 사례에서 직면기법에 가장 가까운 반응은? (18년 2회)

> 집단모임에서 여러 명의 집단원들로부터 부정적인 피드백을 맡은 한 집단원에게 다른 집단원이 그의 느낌을 묻자 아무렇지도 않다고 하지만 그의 얼굴 표정이 몹시 굳어있을 때, 지도자가 이를 직면하고자 한다.

① "○○씨, 지금 느낌이 어떤가요?"
② "○○씨가 방금 아무렇지도 않다고 하는 말이 어쩐지 믿기지 않는군요."
③ "○○씨, 내가 만일 ○○씨처럼 그런 지적을 받았다면 기분이 몹시 언짢겠는데요."
④ "○○씨는 아무렇지도 않다고 말하지만, 지금 얼굴이 아주 굳어있고 목소리가 떨리는군요. 내적으로 지금 어떤 불편한 감정이 있는 것 같은데, ○○씨의 반응이 궁금하군요."

해설

직면이란 내담자가 모르고 있거나 인정하기를 거부하는 생각과 느낌에 대해 주목하도록 하는 것이다.

10

생애진로사정의 구조에서 중요주제에 해당하지 않는 것은? (18년 3회)

① 요약
② 평가
③ 강점과 장애
④ 전형적인 하루

해설

생애진로사정의 구조는 진로사정, 전형적인 하루, 강점과 장애, 요약으로 이루어진다.

11

초기상담의 유형 중 정보지향적 면담에 관한 설명으로 옳지 않은 것은?

① 재진술과 감정의 반향 등이 주로 이용된다.
② '예', '아니오'와 같은 특정하고 제한된 응답을 요구한다.
③ '누가, 무엇을, 어디서, 어떻게'로 시작되는 개방형 질문이 사용된다.
④ 상담의 틀이 상담사에게 초점을 맞추어 진행된다.

해설
초기면담은 정보지향적 면담과 관계지향적 면담으로 나누어지는데 정보지향적 면담은 상담의 틀이 상담자에게 초점을 맞추어 진행된다.

12

다음 중 의사결정의 촉진을 위한 "6개의 생각하는 모자(Six Thinking Hats)" 기법의 모자 색상별 역할에 관한 설명으로 옳은 것은?

① 청색 – 낙관적이며, 모든 일이 잘 될 것이라고 생각한다.
② 적색 – 직관에 의존하고, 직감에 따라 행동한다.
③ 흑색 – 직관에 의존하고, 직감에 따라 행동한다.
④ 황색 – 새로운 대안들을 찾으려 노력하고, 문제들을 다른 각도에서 바라본다.

해설
① 청색 – 다른 모자의 사용법을 조절하는 사회자로서의 역할을 반영한다. 이성적, 합리적으로 생각한다.
③ 흑색 – 모든 일이 잘 안 될 것이라고 생각한다. 비관적, 부정적, 비판적인 느낌을 반영한다.
④ 황색 – 모든 일이 잘 될 것이라고 생각한다. 낙관적인 느낌을 반영한다.

13

개방적 질문의 형태와 가장 거리가 먼 것은?

① 시험이 끝나고서 기분이 어떠했습니까?
② 지난주에 무슨 일이 있었습니까?
③ 당신은 학교를 좋아하지요?
④ 당신은 누이동생을 어떻게 생각하는지요?

해설
③은 '네', '아니오'로 대답 가능한 폐쇄형 질문에 해당된다.

14

초기 상담과정에서 상담사가 수행해야 할 내용으로 옳지 않은 것은?
(19년 1회)

① 상담사의 개입을 시도한다.
② 상담과정에서 필요한 과제물을 부여한다.
③ 조급하게 내담자에 대한 결론을 내리지 않는다.
④ 상담과정과 역할에 대한 서로의 기대를 명확히 한다.

해설
상담사의 개입은 내담자의 문제해결 단계인 상담 중기단계에서 이루어진다.

15

직업상담의 초기면담을 마친 후에 상담사가 면담을 정리하기 위해 검토해야 할 사항과 가장 거리가 먼 것은?

① 사전자료를 토대로 내렸던 내담자에 대한 결론은 얼마나 정확했는가?
② 상담에 대한 내담자의 기대와 상담사의 기대는 얼마나 일치했는가?
③ 내담자에 대하여 어떤 점들을 추가적으로 평가해야 할 것인가?
④ 내담자에게 적절한 직업을 추천하였는가?

해설
④의 경우는 상담초기와는 거리가 멀며 상담중기 이후에 이루어져야 한다.

16

내담자가 수집한 직업목록의 내용이 실현 불가능할 때, 상담사의 개입 방안으로 옳지 않은 것은?

① 브레인스토밍 과정을 통해 내담자의 부적절한 직업목록 내용을 명확히 한다.
② 최종 의사결정은 내담자가 해야 함을 확실히 한다.
③ 내담자가 그 직업들을 시도해본 후 어려움을 겪게 되면 개입한다.
④ 객관적인 증거나 논리로 추출한 것에 대해서 대화해야 한다.

해설

내담자가 시도한 후 어려움을 겪을 때 개입하는 것이 아니라 내담자에게 직업에 대한 인식의 폭을 넓힐 수 있도록 개입한다.

17

다음 사례에서 면담 사정 시 사정단계에서 확인해야 하는 내용으로 가장 적합한 것은?

> 중2 남학생인 내담자는 소극적인 성격으로 대인관계에 어려움을 겪고 있고 진로에 대한 고민을 한 적이 없고 학업도 게을리 하고 있다.

① 내담자의 잠재력, 내담자의 자기진단
② 인지적 명확성, 정신건강 문제, 내담자의 동기
③ 내담자의 자기진단, 상담자의 정보제공
④ 동기문제 해결, 상담자의 견해수용

해설

내담자 자신에 대한 객관적인 이해(인지적 명확성), 정신건강 문제, 직업에 대한 동기, 흥미 등을 확인하여야 한다.

18

다음 내용에 대한 상담자의 반응 중 공감적 이해 수준이 가장 높은 것은?   (19년 2회)

> 일단 저에게 맡겨주신 업무에 대해서는 너무 간섭하지 마세요. 제 소신껏 창의적으로 일하고 싶습니다.

① "네가 알아서 할 일을 내가 부당하게 간섭한다고 생각하지 않았으면 좋겠어."
② "네가 지난번에 처리했던 일이 아마 잘못 됐었지?"
③ "믿고 맡겨준다면 잘 할 수 있을 것 같은데, 간섭받는다는 기분이 들어 불쾌했구나."
④ "네 기분이 나쁘더라도 상사의 지시대로 하는 게 좋을 것 같아."

해설

공감(내용+감정 반영)은 상대를 인정하는 것으로 시작되어 점차적으로 감정을 존중하는 것으로 마감된다.

19

역할사정에서 상호역할관계를 사정하는 방법이 아닌 것은?

① 질문을 통해 사정하기
② 동그라미로 역할관계 그리기
③ 역할의 위계적 구조 작성하기
④ 생애 – 계획 연습으로 전환시키기

해설

직업상담은 진로 혹은 직업결정에 대한 상담이므로 개인의 의사결정과정을 도우며, 필요하면 훈련을 실시한다.

20

상담사의 기본 기술 중 내담자가 전달하려는 내용에서 한 걸음 더 나아가 그 내면적 감정에 대해 반영하는 것은?

① 해석
② 공감
③ 명료화
④ 적극적 경청

해설

공감(감정 이입)은 "상담자가 길(객관적 자세)을 전혀 잃어버리지 않고 마치 자신이 내담자의 세계 속으로 들어가 경험을 한 듯한 능력"을 의미한다.

21

다음은 어떤 상담기법에 대한 설명인가?

> 내담자가 직접 진술하지 않은 내용이나 개념을 그의 과거 경험이나 진술을 토대로 하여 추론해서 말하는 것

① 수용
② 요약
③ 직면
④ 해석

해설

① 내담자의 이야기에 주의를 집중하고 내담자를 인격적으로 존중하는 기법
② 내담자가 전달하는 이야기의 표면적 의미를 상담자가 다른 말로 바꾸어서 말하거나 상담내용을 정리하는 것
③ 내담자가 모르거나 인정하기를 거부하는 생각, 느낌에 주목하게 하여 내담자가 외부에 비친 자신의 모습을 보고 통찰을 경험하도록 하는 기법

22

인간중심 상담에서 중요하게 요구되는 상담자의 태도로 옳은 것은?

> ㄱ. 해석   ㄴ. 진솔성
> ㄷ. 공감적 이해   ㄹ. 무조건적 수용
> ㅁ. 맞닥뜨림

① ㄱ, ㄴ, ㄷ
② ㄴ, ㄷ, ㄹ
③ ㄱ, ㄹ, ㅁ
④ ㄴ, ㄷ, ㅁ

해설

인간중심(내담자 중심) 상담에서 상담자가 갖추어야 할 태도는 진솔성, 공감적 이해와 경험, 무조건적인 긍정적 수용이다.

23

다음 중 상담의 초기 단계와 가장 거리가 먼 것은?

(19년 2회)

① 상담의 구조화
② 목표설정
③ 상담관계 형성
④ 내담자의 자기탐색과 통찰

해설

상담의 초기 단계는 상담관계 형성, 심리적 문제(내담자의 문제 평가), 상담목표 및 전략 수립, 상담의 구조화 등이다.

24

진로시간전망 검사지를 사용하는 주요 목적과 가장 거리가 먼 것은?

(19년 2회)

① 목표설정의 촉구
② 계획기술의 연습
③ 진로계획의 수정
④ 진로의식의 고취

해설

수정이 아니라 진로계획에 대한 긍정적 태도 강화이다. 이외의 주요 목적에는 미래의 방향 설정 가능, 미래에 대한 희망 제시, 미래의 모습 실재하는 것으로 느낌, 현재 행동을 미래의 결과와 연계, 진로 목표 설정, 진로계획의 기술 연습, 진로의식 고취 등이 있다.

25

다음 상담과정에서 필요한 상담기법은?

> • 내담자 : 전 아직 결정을 못했어요. 그 대학에 다니는 3명의 학생들을 아는데 그들 모두 강남 출신인걸요.
> • 상담자 : 학생이 말한 것을 논리적인 입장에서 생각해 봅시다. 그 대학의 전체 학생 수는 약 5,000명이에요. 학생은 그들 중 3명만 만나고는 그와 같은 결론을 내린 거예요. 사실에 근거해서 결정을 내리는 것이 중요해요.

① 논리적 분석
② 정확한 정보 제공
③ 저항에 초점 맞추기
④ 구체화시키기

해설

내담자가 복잡한 오정보를 가지고 있는 경우로서 논리적 분석이 필요하다.

26

다음에서 설명하고 있는 생애진로사정의 구조는?(19년 3회)

> 개인이 자신의 생활을 어떻게 조직하는지를 발견하는 것이다. 내담자가 그들 자신의 생활을 체계적으로 조직하는지 아니면 매일 자발적으로 반응하는지 결정하는데 도움을 준다.

① 진로사정   ② 전형적인 하루
③ 감정과 장애   ④ 요약

해설

전형적인 하루에 대한 설명이다. 생애진로사정의 구조에 '감정'과 장애는 없다. 감정이 아니라 '강점'이다.

27

자기인식이 부족한 내담자를 사정할 때 인지에 대한 통찰을 재구조화하거나 발달시키는 데 적합한 방법은?

① 직면이나 논리적 분석을 해준다.
② 불안에 대처하도록 심호흡을 시킨다.
③ 은유나 비유를 사용한다.
④ 사고를 재구조화한다.

해설

자기인식이 부족한 내담자
인지적 명확성이 부족한 내담자 유형 중 자기인식이 부족한 내담자를 상담할 때 은유나 비유가 효과적이다.

28

진로시간전망 검사자의 사용목적과 가장 거리가 먼 것은?

① 진로 태도를 인식하기 위해
② 미래의 방향을 끌어내기 위해
③ 계획에 대해 긍정적 태도를 강화하기 위해
④ 현재의 행동을 미래의 결과와 연계시키기 위해

해설

진로 태도를 인식하기 위함이 아니라 진로의식을 높이기 위함이며, 검사지를 한다고 하여 미래의 직업의식이 늘어나거나 이미 정해진 진로계획이 수정되지 않는다. 이외의 진로시간전망 검사자의 사용 목적으로는 미래지향적 목적, 계획기술 연습하기, 목표설정 촉구하기 등이 있다.

29

상담자가 길을 전혀 잃어버리지 않고 마치 자신이 내담자의 세계에서 경험을 하는듯한 능력을 의미하는 상담기법은?

① 직면   ② 즉시성
③ 리허설   ④ 감정이입

해설

감정이입에 대한 설명이다.

30

Dagley가 제시한 직업가계도를 그릴 때 관심을 가져야 할 요인과 가장 거리가 먼 것은?

① 가족구성원들의 진로선택 형태와 방법
② 내담자가 성장할 때의 또래집단 상황
③ 가족의 경제적 기대와 압력
④ 특정 직업에 대한 가계 유전적 장애

해설

Dagley는 특성요인 상담이론 학자로 직업 선택 시 집안의 환경 등의 직업 성향 등에 영향을 받았다고 하였으나 유전적 장애는 포함되지 않는다.

31

다음 중 내담자의 동기와 역할을 사정함에 있어서 자기보고법이 적합한 내담자는? (19년 3회)

① 인지적 명확성이 낮은 내담자
② 인지적 명확성이 높은 내담자
③ 흥미가치가 낮은 내담자
④ 흥미가치가 높은 내담자

해설

내담자의 동기와 역할을 사정함에 있어서 자기보고법이 가장 많이 사용되며 인지적 명확성이 높은 내담자에게 효과적이다. 인지적 명확성이 낮은 내담자는 자기보고에 익숙하지 않고 명료성이 낮아 자기해석이 어렵다. 그러므로 인지적 명확성이 낮은 경우 우선적으로 개인 상담을 실시한 후 자기보고를 통해 직업상담으로 전환하는 것이 바람직하다.

32

초기면담의 유형 중 정보지향적 면담을 위한 상담기법과 가장 거리가 먼 것은?

① 재진술   ② 탐색해 보기
③ 폐쇄형 질문   ④ 개방형 질문

해설

정보지향적 면담은 탐색해 보기, 폐쇄형 질문(폐쇄적 질문), 개방형 질문(개방적 질문) 등이다.

33

다음 내담자의 진술에 가장 수준이 높은 수용적 존중 반응은?

> 저 오늘 몸이 아파서 조퇴를 했어요. 좀 더 견뎌보려고 했는데 참을 수가 없었어요.

① 아플 땐 쉬어야지 건강해야 일도 잘 할 수 있지.
② 그래, 자네니깐 그만큼이나 참았지. 자네 웬만하면 조퇴하지 않는 거 알지.
③ 몸이 조금 아프다고 자꾸 조퇴하면 안 되지.
④ 몸이 아프면 힘들지. 그동안 좀 무리했지.

해설

수용적존중 반응

수용적 존중은 내담자의 감정. 경험 및 잠재력에 대해 긍정적인 존중과 관심을 전달하는 것이다. 상대방의 느낌과 감정을 충분히 존중하고 이해하는 반응은 ②이다.

34

상담을 효과적으로 진행하는 데 장애가 되는 면담 태도는?

① 내담자와 유사한 언어를 사용하는 태도
② 분석하고 충고하는 태도
③ 비방어적 태도로 내담자를 편안하게 만드는 태도
④ 경청하는 태도

해설

분석하고 충고하는 면담태도는 내담자에게 방어적이고 상담에 부정적 자세를 갖게 할 수 있으니 지양해야 한다.

35

다음 내용은 어떤 오류가 발생한 경우인가?

> 내담자들은 자신의 직업세계에 대해서 충분한 정보를 알고 있다고 잘못 생각하는 경우가 많다. 예를 들어, "내 상사가 그러는데 나는 책임감이 없대요."라고 반응하는 경우이다.

① 삭제
② 참고자료
③ 어투의 사용
④ 불분명한 동사사용

해설

정보의 오류

내담자의 정보 및 행동에 대한 이해기법에서 전이된 오류의 유형 중 정보의 오류, 그중에서도 삭제에 관한 내용이다.

36

생애진로사정의 과정에 해당하지 않는 것은?

① 내담자의 과거 직업에 대한 전문지식 분석
② 내담자의 과거 직업경력에 대한 정보수집
③ 내담자의 가계도(Genogram) 작성
④ 내담자가 가진 자원과 장애물에 대한 평가

해설

진로사정에서 일경험을 사용해 내담자의 직업경험과 교육수준을 알 수 있을 뿐 전문지식을 분석하는 것은 아니다.

37

다음 면담에서 인지적 명확성이 부족한 내담자의 유형과 상담자의 개입방법이 바르게 짝지어진 것은?

> 내담자 : 난 사업을 할까 생각중이에요. 그런데 그 분야에서 일하는 여성들은 대부분 이혼을 한대요.
> 상담자 : 선생님은 사업을 하면 이혼을 할까봐 두려워하시는군요. 직장여성들의 이혼율과 다른 분에에 종사하는 여성들에 대한 통계를 알아보도록 하죠.

① 구체성의 결여 – 구체화시키기
② 파행적 의사소통 – 저항에 다시 초점 맞추기
③ 강박적 사고 – RET 기법
④ 원인과 결과 착오 – 논리적 분석

해설

내담자가 '일하는 여성'(=원인)으로 인해 '이혼'(=결과)을 한다는 잘못된 연결을 하고 있으므로 객관적 정보를 제시하여 논리적으로 해결하도록 한다.

1 직업상담사의 윤리

Thema 1 상담 윤리강령과 반윤리적 행동

(1) 상담 윤리강령의 기능
기출 19, 17년

① 내담자의 복리 증진
② 지역사회의 도덕적 기대 존중
③ 상담자 자신의 사생활과 인격 보호
④ 직무수행 중의 갈등 해결 지침 제공
⑤ 전문직으로서 상담기능 보장

(2) 직업상담사의 반윤리적 행동[레빈슨(Levenson)]
기출 20, 15, 12, 10년

① 비밀누설
② 자신의 전문적 능력 초월
③ 자신이 갖지 않은 전문성의 주장
④ 내담자에게 자신의 가치 속이기
⑤ 내담자에게 의존성 심기
⑥ 내담자와의 성적 행위
⑦ 이해갈등
⑧ 의심스런 계약
⑨ 부당한 광고
⑩ 과중한 요금
⑪ 태만함 등

시험에 이렇게 나왔다!

상담 윤리강령의 역할과 기능을 모두 고른 것은?
(17년 1회)

ㄱ. 내담자의 복리 증진
ㄴ. 지역사회의 도덕적 기대 존중
ㄷ. 전문직으로서의 상담기능 보장
ㄹ. 상담자 자신의 사생활과 인격 보호
ㅁ. 직무수행 중의 갈등 해결 지침 제공

① ㄱ, ㄴ, ㄷ
② ㄴ, ㄷ, ㄹ
③ ㄱ, ㄴ, ㄹ, ㅁ
④ ㄱ, ㄴ, ㄷ, ㄹ, ㅁ

답 ④

Thema 2 상담심리사 윤리강령 주요 내용

(1) 전문가로서의 태도

① 전문적 능력

  ⊙ 준비된 역량 범위 안에서 전문적인 서비스와 교육을 제공한다.

  ⓒ 문화, 신념, 종교, 인종, 성적 지향, 성별 정체성, 신체적 또는 정신적 특성 등에 대한 자신의 편견을 자각하고 이를 극복하기 위해 노력해야 한다.

  ⓒ 자신의 활동분야에 있어 정보와 지식을 유지하기 위해 지속적인 교육과 연수의 필요성을 인식하고 참여해야 한다.

  ⓔ 능력의 한계를 인식할 경우 지도감독이나 전문적 자문을 받을 책무가 있다.

② 성실성

  ⊙ 자신의 신념, 가치 등이 상담에 미칠 영향력을 자각해야 한다.

  ⓒ 내담자에게 상담의 목표와 이점, 한계와 위험성, 상담료 등을 명확히 알려야 한다.

  ⓒ 능력의 한계로 상담자를 도울 수 없을 때, 전문가의 지원을 받는 등 적절한 조치를 취하고, 직무수행을 제한할지 아니면 중단할지 여부를 결정해야 한다.

  ⓔ 내담자가 더 이상 도움을 필요로 하지 않거나 상담자가 도움이 될 가능성이 없을 때 상담 관계를 종결해야 한다.

  ⓜ 개인의 이익을 위해 상담전문직의 가치와 품위를 훼손해서는 안 된다.

(2) 사회적 책임 기출 11년

① 사회와의 관계

  ⊙ 사회의 윤리와 도덕기준을 존중하고 사회공익과 상담분야의 발전을 위해 최선을 다한다.

  ⓒ 상담비용을 책정할 때 상담심리사들은 내담자의 재정상태를 고려해야 한다. 상담료가 적절하지 않을 때에는 대안적 서비스를 받을 수 있도록 돕는다.

  ⓒ 필요 시 무료 혹은 저가의 보수로 자신의 전문성을 제공하는 사회적 공헌 활동에 참여한다.

② 다른 전문직과의 관계

  ⊙ 함께 일하는 다른 전문적 집단의 특성을 존중하고, 상호 협력적 관계를 도모한다.

참고 하세요!

출처 : 한국상담심리학회

시험에 이렇게 나왔다!

카운슬러 윤리강령을 기반으로 한 직업상담사의 기본윤리로 가장 적합한 것은?

(18년 2회)

① 상담자는 내담자가 이해하고 수용할 수 있는 한도 내에서 상담기법을 활용한다.

② 상담자는 내담자 개인이나 사회에 위험이 있다고 판단이 될지라도 개인의 정보를 보호해 줄 수 있는 포용력이 있어야 한다.

③ 상담자는 내담자가 도움을 받지 못하는 상담임이 확인된 경우라도 초기 구조화한 대로 상담을 지속적으로 진행하여야 한다.

④ 내담자에 대한 정보가 교육장면이나 연구장면에서 필요할 경우 내담자와 합의한 후 개인 정보를 밝혀 활용하면 된다.

답 ①

ⓒ 내담자가 정신건강 전문가의 서비스를 받고 있음을 알게 되면 상담 사실을 그 전문가에게 알리도록 권유하고 긍정적이고 협력적인 치료관계를 맺도록 한다.

ⓒ 상담심리사는 내담자 의뢰나 소개와 관련한 비용을 수취하거나 요구하지 않는다.

ⓔ 공적인 자리에서 개인의 의견을 말하는 경우 그것이 개인적인 의견에 불과하며 상담사 전체의 견해나 입장이 아님을 분명히 한다.

③ 자문

㉠ 자신이 자문에 참여하는 개인 또는 기관에 도움을 주는 데 필요한 자질과 능력을 갖추었는지를 스스로 검토하고 자문에 임해야 한다.

ⓒ 자문에 임할 때 자신의 가치관, 지식, 한계성, 욕구에 대한 깊은 자각이 있어야 하고 자문의 초점은 사람이 아니라 풀어나가야 할 문제 자체에 두어야 한다.

ⓒ 자문 대상자가 스스로 의사결정자가 되도록 도와주어야 한다.

(3) 상담관계 기출 13년

① 다중관계

㉠ 객관성과 전문적인 판단에 영향을 미칠 수 있는 다중 관계는 피해야 한다.

ⓒ 내담자와 상담 이외의 다른 관계가 있다면, 특히 자신이 내담자의 상사이거나 지도교수 혹은 평가를 해야 하는 입장에 놓인 경우라면 그 내담자를 다른 전문가에게 의뢰한다.

ⓒ 내담자와의 관계에서 상담료 이외의 어떠한 금전적, 물질적 거래를 해서는 안 된다.

② 성적관계

㉠ 자신의 지위를 이용하여 성희롱 또는 성추행을 포함한 성적 접촉을 해서는 안 된다.

ⓒ 상담관계가 종결된 이후 적어도 3년 동안은 내담자와 성적 관계를 맺지 않아야 한다. 그 후에라도 가능하면 내담자와 성적인 관계는 갖지 않는다.

(4) 정보의 보호 및 관리 기출 20, 19, 18, 17, 16, 14, 15, 13, 11, 08년

① 사생활과 비밀보호

㉠ 내담자의 민감 정보를 다룰 때 특히 주의해야 하고, 상담과 관련된 모든 정보의 관리에 있어 개인정보 보호와 관련된 법을 준수해야 한다.

ⓒ 사생활과 비밀유지에 대한 내담자의 권리를 최대한 존중해야 할 의무가 있다.

ⓒ 내담자의 사생활 보호에 대한 권리는 존중되어야 하나, 내담자나 내담자가 위임한 법정 대리인의 요청에 의해 제한될 수 있다.

ⓔ 문서 및 구두 보고 시 사생활에 관한 정보를 포함해야 할 경우 그 목적과 밀접한 관련이 있는 정보만을 포함시킨다.

② 기록

㉠ 법, 규정 혹은 제도적 절차에 따라 상담기록을 일정기간 보관한다. 보관 기간이 경과된 기록은 파기해야 한다.

㉡ 상담의 녹음 및 기록에 관해 내담자의 동의를 구한다.

㉢ 상담과 관련된 기록을 보관하고 처리하는 데 있어서 비밀을 보호해야 하며, 이를 타인에게 공개할 때에는 내담자의 직접적인 동의를 받아야 한다.

㉣ 내담자가 합당한 선에서 기록물에 대한 열람을 요청할 경우 열람할 수 있도록 한다. 단, 기록물에 대한 열람이 내담자에게 해악을 끼친다고 사료될 경우 내담자의 기록열람을 제한한다.

③ 비밀보호의 한계

㉠ 내담자의 생명이나 타인 및 사회의 안전을 위협하는 경우 내담자의 동의 없이도 내담자에 대한 정보를 관련 전문인이나 사회에 알릴 수 있다.

㉡ 내담자가 감염성이 있는 치명적인 질병이 있다는 확실한 정보를 가졌을 때 그 질병에 위험한 수준으로 노출되어 있는 제삼자에게 그러한 정보를 제공할 수 있다.

㉢ 법원이 내담자의 동의 없이 상담심리사에게 상담관련 정보를 요구할 경우 내담자의 권익이 침해되지 않도록 법원과 조율하여야 한다.

㉣ 미성년인 내담자가 학대를 당하고 있는 경우, 내담자가 아동학대를 하는 경우 내담자에 관한 정보를 사회 당국 및 관련 당사자에게 제공해야 한다.

㉤ 내담자 정보를 공개할 경우 그 사실을 내담자에게 알려야 한다.

㉥ 비밀보호의 예외 및 한계에 관한 타당성이 의심될 때 동료 전문가 및 학회의 자문을 구한다.

㉦ 여러 전문가로 구성된 팀이 개입하는 경우 상담심리사는 팀의 존재와 구성을 내담자에게 알린다.

시험에 이렇게 나왔다!

상담사의 윤리적 태도와 행동으로 옳은 것은? (17년 2회)

① 내담자와 상담관계 외에도 사적으로 친밀한 관계를 형성한다.
② 과거 상담사와 성적 관계가 있었던 내담자라도 상담관계를 맺을 수 있다.
③ 내담자의 사생활과 비밀보호를 위해 상담 종결 즉시 상담기록을 폐기한다.
④ 비밀보호의 예외 및 한계에 관한 갈등상황에서는 동료 전문가의 자문을 구한다.

답 ④

참고 하세요!

출처 : 한국카운슬러협회

(1) 사회관계

기출 12, 11, 10년

① 자기가 속한 기관의 목적 및 방침에 모순되지 않는 활동을 할 책임이 있다. 만일 그의 전문적 활동이 소속 기관의 목적과 모순되고, 윤리적 행동 기준에 관하여 직무수행 과정에서의 갈등을 해소할 수 없을 경우에는 그 소속 기관과의 관계를 종결해야 한다.

② 사회 윤리 및 자기가 속한 지역 사회의 도덕적 기준을 존중하며, 사회 공익과 자기가 종사하는 전문직의 바람직한 이익을 위하여 최선을 다한다.

③ 자기가 실제로 갖추고 있는 자격 및 경험의 수준을 벗어나는 인상을 타인에게 주어서는 안 되며, 타인이 실제와 다른 인식을 가지고 있을 경우 이를 시정해 줄 책임이 있다.

(2) 전문적 태도

기출 20, 16, 13, 11, 09, 07년

① 상담에 대한 이론적, 경험적 훈련과 지식을 갖추는 것을 전제로 하며, 내담자를 보다 효과적으로 도울 수 있는 방법에 관하여 꾸준히 연구 노력하는 것을 의무로 삼는다.

② 내담자의 성장 촉진 및 문제의 해결 및 예방을 위하여 시간과 노력상의 최선을 다한다.

③ 자기의 능력 및 기법의 한계를 인식하고, 전문적 기준에 위배되는 활동을 하지 않는다. 만일, 자신의 개인 문제 및 능력의 한계 때문에 도움을 주지 못하리라고 판단될 경우에는, 다른 전문직 동료 및 기관에게 의뢰한다.

시험 에 이렇게 나왔다!

직업상담사의 윤리강령에 관한 설명으로 가장 거리가 먼 것은? (16년 1회)

① 상담자는 상담에 대한 이론적, 경험적 훈련과 지식을 갖춘 것을 전제로 한다.

② 상담자는 내담자의 성장. 촉진과 문제 해결 및 방안을 위해 시간과 노력상의 최선을 다한다.

③ 상담자는 자신의 능력 및 기법의 한계 때문에 내담자의 문제를 다른 전문적 동료나 기관에 의뢰해서는 안 된다.

④ 상담자는 내담자가 이해. 수용할 수 있는 한도 내에서 기법을 활용한다.

답 ③

(3) 개인정보의 보호

기출 15, 14, 10년

① 내담자 개인 및 사회에 임박한 위험이 있다고 판단될 때 극히 조심스러운 고려 후에만, 내담자의 사회생활 정보를 적정한 전문인 혹은 사회 당국에 공개한다.

② 상담에서 얻은 임상 및 평가 자료에 관한 토의는 사례 당사자에게 도움이 되는 경우 및 전문적 목적에 한하여 할 수 있다.

③ 내담자에 관한 정보를 교육장면이나 연구용으로 사용할 경우에는, 내담자와 합의한 후 그의 정체가 전혀 노출되지 않도록 해야 한다.

(4) 내담자의 복지

기출 16, 11, 09년

① 상담 활동의 과정에서 소속 기관 및 비전문인과의 갈등이 있을 경우, 내담자의 복지를 우선적으로 고려하고 자신의 전문적 집단의 이익은 부차적인 것으로 간주한다.

② 내담자가 자기로부터 도움을 받지 못하고 있음이 분명할 경우에는 상담을 종결하려고 노력한다.

③ 상담의 목적에 위배되지 않는 경우에 한하여, 검사를 실시하거나 내담자 이외의 관련 인물을 면접한다.

(5) 상담 관계

기출 18년

① 상담 전에 상담의 절차 및 있을 수 있는 주요 국면에 관하여 내담자에게 설명한다.

② 자신의 주관적 판단에만 의존하지 않고, 내담자와의 협의하에 상담 관계의 유형, 방법 및 목적을 설정하고 결과를 토의한다.

③ 내담자가 이해 · 수용할 수 있는 한도에서 상담의 기법을 활용한다.

(6) 타 전문직과의 관계

기출 17, 10년

① 상호 합의한 경우를 제외하고는 타 전문인으로부터 도움을 받고 있는 내담자에게 상담을 하지 않는다. 공동으로 도움을 줄 경우에는 타 전문인과의 관계와 조건에 관하여 분명히 할 필요가 있다.

② 자기가 아는 비전문인의 윤리적 행동에 관하여 중대한 의문을 발견했을 경우 그러한 상황을 시정하는 노력을 할 책임이 있다.

③ 자신의 전문적 자격이 타 전문분야에서 오용되는 것을 피하며, 자신의 이익을 위해 타 전문직을 손상시키는 언어 및 행동을 삼간다.

시험 에 이렇게 나왔다!

직업상담사가 지켜야 할 윤리사항으로 옳은 것은?
(16년 2회)

① 습득된 직업정보를 가지고 다니면서 직업을 찾아준다.

② 습득된 직업정보를 먼저 가까운 사람들에게 알려준다.

③ 상담에 대한 이론적 지식보다는 경험적 훈련과 직관을 앞세워 구직활동을 도와준다.

④ 내담자가 자기로부터 도움을 받지 못하고 있음이 분명한 경우에는 상담을 종결하려고 노력한다.

답 ④

시험 에 이렇게 나왔다!

상담자의 윤리강령으로 옳지 않은 것은? (17년 3회)

① 상담활동의 과정에서 소속기관 및 비전문인과 갈등이 있을 때 내담자의 복지를 우선적으로 고려한다.

② 타 전문인과 상호합의가 없었지만 내담자가 간절히 원하면 타 전문인으로부터 도움을 받고 있는 내담자라도 상담한다.

③ 자신의 개인 문제 및 능력의 한계 때문에 도움을 주지 못하리라고 판단될 경우는 다른 전문가 동료 및 관련기관에 의뢰한다.

④ 사회공익과 자기가 종사하는 전문직의 바람직한 이익을 위하여 최선을 다한다.

답 ②

2 직업상담사의 보호

Thema 1 건강장해 예방조치(산업안전보건법령)

(1) 고객의 폭언 등으로 인한 건강장해 예방조치(산업안전보건법 제41조)

사업주는 주로 고객을 직접 대면하거나 「정보통신망 이용촉진 및 정보보호 등에 관한 법률」에 따른 정보통신망을 통하여 상대하면서 상품을 판매하거나 서비스를 제공하는 업무에 종사하는 근로자(이하 "고객응대근로자")에 대하여 고객의 폭언, 폭행, 그 밖에 적정 범위를 벗어난 신체적·정신적 고통을 유발하는 행위(이하 "폭언 등")로 인한 건강장해를 예방하기 위하여 고용노동부령으로 정하는 바에 따라 필요한 조치를 하여야 한다(제41조 제1항).

(2) 산업안전보건법 시행규칙 제41조

사업주는 건강장해를 예방하기 위하여 다음의 조치를 해야 한다.
① 폭언 등을 하지 않도록 요청하는 문구 게시 또는 음성 안내
② 고객과의 문제 상황 발생 시 대처방법 등을 포함하는 고객응대업무 매뉴얼 마련
③ 고객응대업무 매뉴얼의 내용 및 건강장해 예방 관련 교육 실시
④ 고객응대근로자의 건강장해 예방을 위하여 필요한 조치

Thema 2 건강장해 발생에 대한 조치(산업안전보건법령)

(1) 고객의 폭언 등으로 인한 건강장해 발생 등에 대한 조치(산업안전보건법 제41조)

① 사업주는 고객의 폭언 등으로 인하여 고객응대근로자에게 건강장해가 발생하거나 발생할 현저한 우려가 있는 경우에는 업무의 일시적 중단 또는 전환 등 대통령령으로 정하는 필요한 조치를 하여야 한다(제41조 제2항).

② 고객응대근로자는 사업주에게 ①에 따른 조치를 요구할 수 있고, 사업주는 고객응대근로자의 요구를 이유로 해고 또는 그 밖의 불리한 처우를 해서는 아니 된다(제41조 제3항).

> **참고 하세요!**
>
> (1)의 ②를 위반하여 해고나 그 밖의 불리한 처우를 한 자는 1년 이하의 징역 또는 1천만원 이하의 벌금에 처한다(제170조).

과태료 부과기준(시행령 제119조)

①에 따른 필요한 조치를 하지 않은 경우 1차 위반은 300만원, 2차 위반은 600만원, 3차 이상 위반은 1,000만원의 과태료를 부과한다.

(2) 산업안전보건법 시행령 제41조

"업무의 일시적 중단 또는 전환 등 대통령령으로 정하는 필요한 조치"란 다음의 조치 중 필요한 조치를 말한다.

① 업무의 일시적 중단 또는 전환

②「근로기준법」에 따른 휴게시간의 연장

③ 폭언 등으로 인한 건강장해 관련 치료 및 상담 지원

④ 관할 수사기관 또는 법원에 증거물·증거서류를 제출하는 등 고객응대근로자 등이 같은 항에 따른 폭언 등으로 인하여 고소, 고발 또는 손해배상 청구 등을 하는 데 필요한 지원

CHAPTER 05

▶ 제2과목 직업상담학

직업상담 행정 연습문제

01

상담사가 비밀유지를 파기할 수 있는 경우와 거리가 가장 먼 것은?

(18년 1회)

① 내담자가 자살을 시도할 계획이 있는 경우
② 비밀을 유지하지 않는 것이 효과적이라고 슈퍼바이저가 말하는 경우
③ 내담자가 타인을 해칠 가능성이 있는 경우
④ 아동학대와 관련된 경우

해설

내담자의 생명이나 타인 및 사회의 안전을 위협하는 경우 내담자의 동의 없이도 내담자에 대한 정보를 알릴 수 있다. 그러나 비밀을 유지하지 않는 것이 효과적이라고 슈퍼바이저가 말하더라도 비밀유지를 파기해서는 안 되며, 비밀보호의 예외 및 한계에 관한 타당성이 의심될 때에 상담사는 전문가 및 학회의 자문을 구한다.

02

상담내용에 대한 비밀을 지키지 않아도 되는 상황을 모두 고른 것은?

> ㄱ. 내담자가 자신이나 다른 사람을 위험에 빠뜨릴 가능성이 클 때
> ㄴ. 내담자의 법적 보호자가 내담자의 정보를 구할 때
> ㄷ. 법적으로 정보의 공개가 요구되는 경우
> ㄹ. 내담자가 감염성이 있는 치명적인 질병에 걸린 경우

① ㄱ, ㄷ
② ㄱ, ㄴ, ㄹ
③ ㄴ, ㄹ
④ ㄱ, ㄷ, ㄹ

해설

상담자는 내담자의 법적 보호자라고 할지라도 내담자의 정보를 함부로 누설해서는 안 된다.

03

상담의 비밀보장 원칙에 대한 예외사항이 아닌 것은?

(19년 1회)

① 상담사가 내담자의 정보를 학문적 목적에만 사용하려고 하는 경우
② 미성년 내담자가 학대를 받고 있다는 사실이 보고되는 경우
③ 내담자가 타인의 생명을 위협할 가능성이 있다고 판단되는 경우
④ 내담자가 자기의 생명을 위협할 가능성이 있다고 판단되는 경우

해설

상담에서 얻은 임상 및 평가 자료에 관한 정보는 사례 당사자에게 도움이 되는 경우, 전문적 목적에 한하여 제공할 수 있으나 내담자에 관한 정보를 교육장면이나 연구용으로 사용할 경우에는 내담자와 합의한 후 그 정체가 전혀 노출되지 않도록 주의하여야 한다.

04

상담 윤리강령의 역할 및 기능과 가장 거리가 먼 것은?

① 내담자의 복리 증진
② 지역사회의 경제적 기대 부응
③ 상담자 자신의 사생활과 인격보호
④ 직무수행 중의 갈등 해결 지침 제공

해설

지역사회의 도덕적 기대 존중이다.

05

상담에서 비밀보장 예외의 원칙과 가장 거리가 먼 것은?

① 상담자가 슈퍼비전을 받아야 하는 경우
② 심각한 범죄 실행의 가능성이 있는 경우
③ 내담자가 자살을 실행할 가능성이 있는 경우
④ 상담을 의뢰한 교사가 내담자의 상담 자료를 요청하는 경우

해설

상담을 의뢰한 교사가 내담자의 자료를 요청하더라도 상담자는 비밀을 누설해서는 안 된다.

06

상담자가 내담자와 상담한 내용에 대해 보고할 의무가 없는 상황은?

① 내담자가 적개심이 강할 때
② 가족을 폭행했을 때
③ 내담자가 범법행위를 했을 때
④ 미성년자로 성적인 학대를 당한 희생자일 때

해설

비밀유지의 상황이라도 적개심이 심하게 표현되고 위험한 행동으로 위협을 받는 상황이라면 보고해야 하지만, 단지 적개심이 있다고 해서 보고하지는 않는다.

07

직업상담자가 지켜야 할 윤리적 행동과 가장 거리가 먼 것은?

① 내담자에 관한 정보를 교육과 연구를 위해 임의로 적극 활용한다.
② 내담자를 좀 더 효율적으로 도울 수 있는 방법을 꾸준히 연구 개발한다.
③ 내담자와 협의 하에 상담관계의 형식, 방법, 목적을 설정하고 토의한다.
④ 자신이 종사하는 전문직의 바람직한 발전을 위하여 최선을 다한다.

해설

내담자에 관한 정보를 교육장면이나 연구용으로 사용할 경우에는, 내담자와 합의 한 후 그의 정체가 전혀 노출되지 않도록 해야 한다. 또한 상담에서 얻은 임상 및 평가 자료에 관한 토의는 사례 당사자에게 도움이 되는 경우 및 전문적 목적에 한하여 할 수 있다.

08

직업상담사의 윤리에 관한 설명으로 옳은 것은?

① 내담자 개인 및 사회에 임박한 위험이 있다고 판단되더라도 개인정보와 상담내용에 대한 비밀을 유지해야 한다.
② 자기의 능력 및 기법의 한계를 넘어서는 문제에 대해서는 다른 전문가에게 의뢰해야 한다.
③ 심층적인 심리상담이 아니므로 직업상담은 비밀 유지 의무가 없다.
④ 상담을 통해 내담자가 도움을 받지 못하더라도 내담자보다 먼저 종결을 제안해서는 안 된다.

해설

자기의 능력 및 기법의 한계를 인식하고, 전문적 기준에 위배되는 활동을 하지 않는다. 만일, 자신의 개인 문제 및 능력의 한계 때문에 도움을 주지 못하리라고 판단될 경우에는, 다른 전문직 동료 및 기관에게 의뢰한다.

09

직업상담사의 윤리에 관한 설명으로 옳은 것은?

① 직업상담사는 내담자 개인 및 사회에 임박한 위험이 있다고 판단되더라도 개인정보와 상담내용에 대한 비밀을 유지해야 한다.
② 직업상담사는 자신이 실제로 갖추고 있는 자격 및 경험의 수준을 벗어나는 인상을 주어서는 안 된다.
③ 직업상담은 심층적인 심리상담이 아니므로 비밀 유지 의무가 없다
④ 직업상담사는 내담자가 상담을 통해 도움을 받지 못하더라도 먼저 종결하려고 해서는 안 된다.

해설

① 사회의 안전을 위협하는 경우 내담자의 동의 없이도 내담자에 대한 정보를 관련 전문인이나 사회에 알릴 수 있다.
③ 상담과 관련된 모든 정보의 관리에 있어 개인정보 보호와 관련된 법을 준수해야 한다.
④ 내담자가 더 이상 도움을 필요로 하지 않거나 상담자가 도움이 될 가능성이 없을 때 상담 관계를 종결해야 한다.

제 **3** 과목

직업정보론

CHAPTER 01
직업정보의 제공

1 직업정보의 이해

Thema 1 직업정보의 이해

(1) 직업정보의 개념 〔기출〕 20, 18년

① 직업정보란 직업에 관한 모든 자료를 의미한다.

② 진로계획에 사용하는 직무에 관한 사실이다.

③ 구인구직 등 취업에 관한 정보와 고용동향, 노동통계, 직업구조의 변화, 임금의 변화 등으로 구성한다.

④ 직위, 직무, 직업 등에 관한 모든 종류의 정보이며 정보를 수집하고 분석하여 제공한다.

⑤ 처음 직업을 선택하거나 이직을 원하는 사람들에게 유용하다.

⑥ 직업정보는 일의 환경이나 특징 등 알지 못했던 직업세계와 직업비전 등에 대해 알 수 있도록 정보를 제공한다.

⑦ 근로자가 더 좋은 생활 형태를 비교하고 분석할 수 있도록 하여 근로생애 설계에 도움을 주는 것이 목적이다.

⑧ 직업에 대한 동기부여와 흥미유발은 물론 직업에 대한 인식과 태도의 변화를 가져오게 할 수 있다.

⑨ 직업정보는 명확한 목표를 세우고 계획적으로 수집하여야 한다. 우연히 획득되거나 출처가 불명확한 직업정보라면 내용이 풍부하다고 해도 직업정보로서 가치가 없다고 판단한다.

(2) 직업정보의 유형 〔기출〕 19, 18, 17, 15, 14, 11, 10, 09년

직업정보에는 인쇄물, 면담, 관찰, 경험, 체험, 시청각 자료 등의 유형이 있다.

유 형	비용	접근성	학습자의 참여도
인쇄물	저렴하다	용이하다	수동적이다
면담	저렴하다	제한적이다	적극적이다
관찰	비싸다	제한적이다	수동적이다
경험	비싸다	제한적이다	적극적이다
체험	비싸다	제한적이다	적극적이다
시청각 자료	비싸다	제한적이다	수동적이다

(2) 직업직업정보의 기능

기출 20, 18, 17, 15, 14, 13, 11, 07년

① 인력배치를 효율적으로 할 수 있어 노동생산성을 증가시킬 수 있다.

② 이직 시 노동자들이 자신의 능력과 적성을 발휘할 수 있는 직업을 찾을 때 기초가 될 수 있다.

③ 노동시장에 정확하고 신속한 직업정보를 제공할 수 있다.

④ 적재적소에 인력을 배치하여 노동의 유동을 억제할 수 있어 인적자본의 효율성을 꾀할 수 있다.

⑤ 마찰적 실업을 줄일 수 있다.

⑥ 다양한 직업을 간접적으로 경험할 기회를 제공할 수 있다.

⑦ 여러 가지 직업적 대안을 제공할 수 있다.

⑧ 브레이필드(Brayfield)는 직업정보의 기능을 '정보적 기능', '재조정 기능', '동기화 기능'으로 제시했다.

　㉠ 정보적 기능

　　내담자의 의사결정을 돕고 직업에 대한 정보와 지식을 증가시킨다.

　㉡ 재조정 기능

　　내담자 자신의 선택을 점검하고 재조정할 수 있다.

　㉢ 동기화 기능

　　내담자가 의사결정 과정에 적극 참여함으로써 자신의 선택에 대해 책임감을 갖도록 한다.

2 직업정보의 종류

🔍 민간직업정보와 공공직업정보의 비교

구 분	민간직업정보	공공직업정보
정보제공의 지속성	한시적	지속적
직업 분류	자의적 분류	객관적 분류
조사 직업의 범위	제한적	포괄적
정보의 구성	그 자체로 완결적인 정보	기초적인 정보
다른 정보와의 관련성	낮음	높음
정보획득 비용	보통 유료	보통 무료

(1) 민간직업정보

기출 19~16, 14, 12~08년

① 민간업체(잡코리아, 사람인, 인크루트 등)가 생산하고 관리하는 직업정보이다.

② 필요한 시기에 활용될 수 있도록 신속하게 생산되어 한시적으로 운영한다.

③ 비교적 단기간에 채용환경, 시장 및 취업상황 등을 조사하여 제공한다.

④ 목적에 맞도록 해당 분야 및 직종을 제한적으로 선택하여 조사한다.

⑤ 정보생산자의 임의적 기준 또는 시사적인 관심이나 흥미를 유도할 수 있도록 해당 직업을 분류한다.

⑥ 정보 자체의 효과는 크나 부가적인 파급효과는 작다.

⑦ 객관적인 기준에 따라 분류된 정보가 아니기 때문에 다른 직업정보와 관련이 낮다.

⑧ 민간이 제공하기 위해서는 상당한 시간과 비용이 소모되기 때문에 대부분 유료로 제공된다.

(2) 공공직업정보

기출 20~13, 11~09년

① 중앙정부, 지방정부, 정부산하단체, 기관 등에서 생산하고 관리하는 직업정보이다.

② 공익적인 목적으로 생산하고 제공한다.

③ 특정 시기에 국한되지 않고 지속적으로 조사하여 제공한다.

④ 장기 계획, 목표에 따라 정보체계의 개선작업 수행이 가능하다.

⑤ 특정 분야에 국한되지 않고 전체 산업에 걸친 직종을 대상으로 한다.

⑥ 국내나 국제적으로 인정되는 객관적 기준에 따라 분류한다.

⑦ 특정 정보만 강조하지 않고 보편적이고 기초적인 직업정보체계로 구성된다.

⑧ 관련한 다른 직업정보와 관련이 높아 비교 · 활용이 용이하다.

⑨ 광범위하게 이용할 수 있으며 객관적인 평가가 가능하다.

⑩ 정부, 기관의 주도로 운영하므로 대부분 무료로 제공된다.

시험에 이렇게 나왔다!

공공직업정보의 일반적인 특성을 모두 고른 것은?
(16년 1회)

ㄱ. 필요한 시기에 최대한 활동되도록 한시적으로 신속하게 생산되어 운영한다.
ㄴ. 특정분야 및 대상에 국한하지 않고, 전체 산업 및 업종에 걸친 직종을 대상으로 한다.
ㄷ. 특정시기에 국한하지 않고 지속적으로 조사, 분석하여 제공된다.
ㄹ. 관련 직업정보간의 비교 · 활용이 용이하다.

① ㄱ, ㄴ, ㄷ, ㄹ
② ㄱ, ㄴ, ㄷ
③ ㄱ, ㄴ, ㄹ
④ ㄴ, ㄷ, ㄹ

답 ④

시험에 이렇게 나왔다!

공공직업정보와 비교하여 민간직업정보의 특성에 관한 설명으로 옳은 것은?
(14년 2회)

① 정보생산자의 임의적 기준이나 관심위주로 직업을 분류한다.
② 특정시기에 국한하지 않고 전체 산업 및 업종에 걸쳐진 직종을 대상으로 한다.
③ 국내 또는 국제적으로 인정된 분류체계에 근거한다.
④ 광범위한 이용가능성에 따라 직접적이고 객관적인 평가가 가능하다.

답 ①

3 직업정보 제공 자료

Thema 1 한국직업사전의 이해

시험 에 이렇게 나왔다!

한국직업사전에 대한 설명으로 틀린 것은? (19년 2회)

① 수록된 직업들은 직무분석을 바탕으로 조사된 정보들로서 유사한 직무를 기준으로 분류한 것이다.

② 본 직업정보는 직업코드, 본직업명, 직무개요, 수행직무 등이 해당된다.

③ 수록된 각종 정보는 사업체 표본조사를 통해 조사된 내용으로 근로자의 직업(직무) 평가 자료로서의 절대적 기준을 제시한다.

④ 급속한 과학기술 발전과 산업구조 변화 등에 따라 변동하는 직업세계를 체계적으로 조사 분석하여 표준화된 직업명과 기초직업정보를 제공할 목적으로 발간된다.

답 ③

(1) 한국직업사전의 개념

① 급변하는 산업구조에 따라 변동하는 직업세계를 체계적으로 조사하여 표준화된 직업명과 기초직업정보를 제공할 목적으로 발간된다.

② 구직자에 대한 취업알선, 청소년에 대한 진로선택 및 상담지도, 기업 인사담당자의 인사관리업무 및 직업훈련과정 개발과 직업 전문가의 직업연구, 노동정책 수립 등에 중요한 참고자료가 된다.

③ 수록된 직업들은 직무분석을 바탕으로 수많은 일을 조직화하여 유사한 직무를 분류한 것이다. 유사한 직무가 어떻게 수행되는가에 대한 포괄적인 연구의 결과가 수록되어 있다.

④ 수록된 직업정보들은 크게 다섯 가지 항목, '직업코드', '본직업명', '직무개요', '수행직무', '부가 직업정보'로 구성되어 있다.

⑤ 직업세계의 다양성과 각각의 직업에 대한 근무환경 등 세부정보를 확인할 수 있다는 장점이 있다.

⑥ 직무분석기법을 통해 분석된 정보로서 임금정보나 향후 전망 등에 대한 정보는 얻을 수 없다는 단점이 있다.

(2) 이용 시 유의사항   기출 19년

① 이익단체의 권리나 주장, 근로자의 직무평가자료로 사용할 수 없다.

② 정규교육, 숙련기간, 작업강도 등 각종 정보를 쟁의 및 소송의 기초자료로 사용할 수 없다.

③ 경제, 시장, 정책 등에 의해 달라질 수 있으므로 한국직업사전에 수록된 정보는 절대적인 자료가 될 수 없다.

④ 한국직업사전의 각종 정보는 사업체의 표본조사를 통해 조사된 내용으로 의도적인 목적으로 사용될 수 없다.

Thema 2 한국직업사전의 구성

(1) 직업코드

기출 15, 13, 11년

① 특정 직업을 구분하는 단위로 한국고용직업분류(KECO)의 세분류 4자리 숫자로 표기한다.

② 직업코드 4자리에서 첫 번째는 대분류, 두 번째는 중분류, 세 번째는 소분류, 네 번째는 세분류를 나타낸다. 세분류 내에서는 가나다순으로 배열한다.

③ 동일한 직업에 여러 개의 코드가 포함될 경우 직무의 유사성을 고려하여 가장 타당한 하나의 코드를 부여한다.

(2) 본직업명

① 일반적으로 해당 직업으로 알려진 명칭이나 통상적으로 호칭되는 것으로 한국직업사전에 그 직무내용이 기술된 명칭이다.

② 특별히 부르는 명칭이 없는 경우 직무내용과 특수성을 고려하여 쉽게 이해할 수 있는 명칭을 부여하였다.

③ 직업명칭은 작업자, 상위책임자, 인사담당자의 의견을 수렴하여 결정한다.

(3) 직무개요

직무담당자의 직무 활동, 활동의 대상과 목적, 사용하는 기계·설비 등, 사용자재, 만들어진 생산품, 수반되는 지식 등을 간략하게 기술하였다.

(4) 수행직무

① 직무 목적을 완수하기 위해 수행하는 구체적인 작업 내용을 작업 순서에 따라 서술한 것이다. 순서 파악이 어려운 경우 중요도순, 빈도순으로 기술하였다.

② 작업자가 사용하는 기계 등과 관련하여 작업자가 무엇을, 어떻게, 왜 하는가를 정확하게 표현한다.

③ 평이하고 이해하기 쉽게 기술하였다.

(5) 부가 직업정보

기출 17, 12, 10년

'정규교육, 숙련기간, 직무기능, 직업강도, 육체활동, 작업장소, 작업환경, 유사명칭, 관련직업, 자격·면허, 한국표준산업분류 코드'의 내용을 담는다.

시험에 이렇게 나왔다!

한국직업사전에 수록된 직업 정보는 크게 5가지 항목으로 구분할 수 있다. 이에 대한 설명으로 틀린 것은?

(15년 2회)

① 본직업명 – 산업현장에서 일반적으로 해당 직업으로 알려진 명칭 혹은 그 직무가 통상적으로 호칭되는 것으로 '한국직업사전'에 그 직무내용이 기술된 명칭이다.

② 직업코드 – 특정 직업을 구분해 주는 단위로서 '한국고용직업분류'의 세분류 5자리 숫자로 표기하였다.

③ 수행직무 – 직무담당자가 직무의 목적을 완수하기 위하여 수행하는 구체적인 작업내용을 작업순서에 따라 서술한 것이다.

④ 부가 직업정보 – 정규교육, 숙련기간, 직무기능, 작업강도, 육체활동 등을 포함한다.

답 ②

참고하세요!

본직업명을 부여할 때는 가급적 외래어를 피하나 우리말 표기에 현장감이 없는 경우 외래어표기법에 따라 외래어로 표기한다.

(1) 정규교육

기출 19, 17, 15, 14, 13, 08, 07년

① 직무를 수행하는 데 필요한 일반적인 정규교육수준을 의미하는 것으로 평균 학력을 나타내는 것은 아니다.

② 현행 우리나라 정규교육과정의 연한을 고려하여 6단계로 분류하고 있으며 독학, 검정고시 등을 통해 정규교육과정을 이수하였다고 판단되는 기간도 포함한다.

수준	교육 정도
1	6년 이하(초졸 정도)
2	6년 초과~9년 이하(중졸 정도)
3	9년 초과~12년 이하(고졸 정도)
4	12년 초과~14년 이하(전문대졸 정도)
5	14년 초과~16년 이하(대졸 정도)
6	16년 초과(대학원 이상)

(2) 숙련기간

기출 19, 18, 17, 16, 13, 11, 10, 07년

① 정규교육과정을 이수한 후 해당 직업의 직무를 평균적인 수준으로 스스로 수행하기 위해 필요한 각종 교육, 훈련, 숙련기간을 의미한다.

② 해당 직업에 필요한 자격 · 면허를 취득하는 취업 전 교육 및 훈련기간뿐만 아니라 취업 후에 이루어지는 관련 자격 · 면허 취득 교육 및 훈련기간도 포함한다. 또한 자격 · 면허가 요구되는 직업은 아니지만 해당 직무를 평균적으로 수행하기 위한 각종 교육 · 훈련기간, 수습교육, 기타 사내교육, 현장훈련 등이 포함된다.

시험 에 이렇게 나왔다!

직업의 정규교육, 숙련기간, 직무기능 등의 직업정보를 제공하는 것은? (15년 1회)

① 한국표준직업분류
② 한국직업전망
③ 한국직업사전
④ 한국표준산업분류

답 ③

시험 에 이렇게 나왔다!

한국직업사전의 숙련기간에 대한 설명으로 틀린 것은?
(16년 1회)

① 정규교육과정을 이수한 후 해당 직업의 직무를 평균적인 수준으로 스스로 수행하기 위하여 필요한 각종 교육, 훈련, 숙련기간을 의미한다.

② 해당직업에 필요한 자격, 면허를 취득하는 취업전 교육 및 훈련기간이 해당되며, 취업후에 이루어지는 관련 자격 · 면허 취득 교육 및 훈련기간은 포함되지 않는다.

③ 해당 직무를 평균적으로 수행하기 위한 각종 교육 · 훈련기간, 수습교육, 기타 사내교육, 현장훈련 등이 포함된다.

④ 해당직무를 평균적인 수준 이상으로 수행하기 위한 행상훈련은 숙련기간에 포함되지 않는다.

답 ②

③ 단, 해당 직무를 평균적인 수준 이상으로 수행하기 위한 향상훈련은 숙련기간에 포함되지 않는다.

수준	숙련기간
1	약간의 시범 정도
2	시범 후 30일 이하
3	1개월 초과~3개월 이하
4	3개월 초과~6개월 이하
5	6개월 초과~1년 이하
6	1년 초과~2년 이하
7	2년 초과~4년 이하
8	4년 초과~10년 이하
9	10년 초과

(3) 직무기능

기출 20, 15, 14, 12, 11, 10, 09, 08, 07년

① 직업 종사자가 직무를 수행하는 과정에서 '자료', '사람', '사물'과 맺는 관련된 특성을 나타낸다.

② 각각의 작업자 직무기능은 광범위한 행위를 표시하고 있으며 작업자가 '자료', '사람', '사물'과 어떤 관련을 가지고 있는지를 보여준다.

③ 세 가지 관계 내에서의 배열은 아래에서 위로 올라가면서 단순한 것에서 차츰 복잡한 것으로 향하는 특성을 보여주지만 그 계층적 관계가 제한적인 경우도 있다.

  ㉠ 자료와 관련된 기능

  정보, 지식, 개념 등 세 가지 종류의 활동으로 배열되어 있는데, 어떤 것은 광범위하며 어떤 것은 범위가 협소하다. 또한 각 활동은 상당히 중첩되어 배열 간의 복잡성이 존재한다.

  ㉡ 사람과 관련된 기능

  위계적 관계가 없거나 희박하다. 서비스 제공이 일반적으로 덜 복잡한 사람 관련 기능이며, 나머지 기능들은 기능의 수준을 의미하는 것은 아니다.

  ㉢ 사물과 관련된 기능

  작업자가 기계와 장비를 가지고 작업하는지 혹은 기계가 아닌 도구나 보조구를 가지고 작업하는지에 기초하여 분류된다. 또한 작업자의 업무에 따라 사물과 관련되어 요구되는 활동수준이 달라진다.

시험 에 이렇게 나왔다!
한국직업사전의 직무기능에 해당하지 않는 것은?
(15년 1회)
① 환경   ② 자료
③ 사물   ④ 사람
답 ①

수준	자료	사람	사물
0	종합	지문	설치
1	조정	협의	정밀작업
2	분석	교육	제어조작
3	수집	감독	조작운전
4	계산	오락제공	수동조작
5	기록	설득	유지
6	비교	말하기 – 신호	투입 – 인출
7	–	서비스 제공	단순작업
8	관련 없음	관련 없음	관련 없음

④ 직무기능의 세부영역

㉠ 자료

만질 수 없으며 숫자, 단어, 기호, 생각, 개념 그리고 구두상 표현을 포함한다.

시험 에 이렇게 나왔다!

한국직업사전의 부가정보 중
"자료"에 관한 설명으로 틀
린 것은? (15년 1회)

① 종합 – 사실을 발견하고
지식개념 또는 해석을 개
발하기 위해 자료를 종합
적으로 분석한다.
② 분석 – 조사하고 평가하
며, 평가와 관련된 대안
적 행위의 제시가 빈번하
게 포함된다.
③ 계산 – 사칙연산을 실시
하고 사칙연산과 관련하
여 규정된 활동을 수행하
거나 보고한다. 수를 세
는 것도 포함된다.
④ 기록 – 데이터를 옮겨 적
거나 입력하거나 표시한다.
답 ③

0 종합	사실을 발견하고 지식개념 또는 해석을 개발하기 위해 자료를 종합적으로 분석한다.
1 조정	데이터의 분석에 기초하여 시간, 장소, 작업순서, 활동 등을 결정한다. 결정을 실행하거나 상황을 보고한다.
2 분석	조사하고 평가한다. 평가와 관련된 대안적 행위의 제시가 빈번하게 포함된다.
3 수집	자료, 사람, 사물에 관한 정보를 수집 · 대조 · 분류한다. 정보와 관련한 규정된 활동의 수행 및 보고가 자주 포함된다.
4 계산	사칙연산을 실시하고 사칙연산과 관련하여 규정된 활동을 수행하거나 보고한다. 수를 세는 것은 포함되지 않는다.
5 기록	데이터를 옮겨 적거나 입력하거나 표시한다.
6 비교	자료, 사람, 사물의 쉽게 관찰되는 기능적 · 구조적 · 조합적 특성을 (유사성 또는 표준과의 차이) 판단한다.

㉡ 사람

인간과 인간처럼 취급되는 동물을 다루는 것을 포함한다.

0 자문	법률적으로나 과학적, 임상적, 종교적, 기타 전문적인 방식에 따라 사람들의 전인격적인 문제를 상담하고 조언하며 해결책을 제시한다.
1 협의	정책을 수립하거나 의사결정을 하기 위해 생각이나 정보, 의견 등을 교환한다.
2 교육	설명이나 실습 등을 통해 어떤 주제에 대해 교육하거나 훈련(동물 포함)시킨다.
3 감독	작업절차를 결정하거나 작업자들에게 개별 업무를 적절하게 부여하여 작업의 효율성을 높인다.

4 오락제공	무대공연이나 영화, TV, 라디오 등을 통해 사람들을 즐겁게 한다.
5 설득	상품이나 서비스 등을 구매하도록 권유하고 설득한다.
6 말하기 – 신호	언어나 신호를 사용해서 정보를 전달하고 교환한다. 보조원에게 지시하거나 과제를 할당하는 일을 포함한다.
7 서비스 제공	사람들의 요구 또는 필요를 파악하여 서비스를 제공한다. 즉각적인 반복이 수반된다.

© 사물

사람과 구분되는 무생물로서 물질, 재료, 기계, 공구, 설비, 작업도구 및 제품 등을 다루는 것을 포함한다.

0 설치	기계의 성능, 재료의 특성, 작업장의 관계 등에 대한 지식을 적용하여 연속적인 기계가공작업을 수행하기 위한 기계 및 설비의 준비, 공구 및 기타 기계장비의 설치 및 조정, 가공물 또는 재료의 위치조정, 제어장치 설정, 기계의 기능 및 완제품의 정밀성 측정 등을 수행한다.
1 정밀작업	설정된 표준치를 달성하기 위하여 궁극적인 책임이 존재하는 상황하에서 신체부위, 공구, 작업도구를 사용하여 가공물 또는 재료를 가공, 조종, 이동, 안내하거나 또는 정위치시킨다. 그리고 도구, 가공물 또는 원료를 선정하고 작업에 알맞게 공구를 조정한다.
2 제어조작	기계 또는 설비를 시동, 정지, 제어하고 작업이 진행되고 있는 기계나 설비를 조정한다.
3 조작운전	다양한 목적을 수행하고자 사물 또는 사람의 움직임을 통제하는 데 있어 일정한 경로를 따라 조작되고 안내되어야 하는 기계 또는 설비를 시동, 정지하고 그 움직임을 제어한다.
4 수동조작	기계, 설비 또는 재료를 가공, 조정, 이동 또는 위치할 수 있도록 신체부위, 공구 또는 특수장치를 사용한다. 정확도 달성 및 적합한 공구, 기계, 설비 또는 원료를 산정하는 데 있어서 어느 정도의 판단력이 요구된다.
5 유지	기계 및 장비를 시동, 정지하고 그 기능을 관찰한다. 체인징가이드, 조정타이머, 온도게이지 등의 계기의 제어장치를 조정하거나 원료가 원활히 흐르도록 밸브를 돌려주고 빛의 반응에 따라 스위치를 돌린다. 이러한 조정업무에 판단력은 요구되지 않는다.
6 투입 – 인출	자동적으로 또는 타 작업원에 의하여 가동, 유지되는 기계나 장비 안에 자재를 삽입, 투척, 하역하거나 그 안에 있는 자재를 다른 장소로 옮긴다.
7 단순작업	신체부위, 수공구 또는 특수장치를 사용하여 기계, 장비, 물건 또는 원료 등을 정리, 운반, 처리한다. 정확도 달성 및 적합한 공구, 장비, 원료를 선정하는 데 판단력이 요구되지 않는다.

(4) 작업강도

기출 20, 18, 16~07년

① 해당 직업의 직무를 수행하는 데 필요한 육체적 힘의 강도를 나타낸 것으로 5단계로 분류한다.

② 작업강도는 심리적·정신적 노동강도는 고려하지 않는다.

구분	정의
아주 가벼운 작업	• 최고 4kg의 물건을 들어 올리고 때때로 장부, 소도구 등을 들어 올리거나 운반한다. • 앉아서 하는 작업이 대부분을 차지하지만 직무수행상 서거나 걷는 것이 필요할 수도 있다.
가벼운 작업	• 최고 8kg의 물건을 들어올리고, 4kg 정도의 물건을 빈번히 들어올리거나 운반한다. • 걷거나 서서하는 작업이 대부분일 때 또는 앉아서 하는 작업일지라도 팔과 다리로 밀고 당기는 작업을 수반할 때에는 무게가 매우 적을지라도 이 작업에 포함된다.
보통 작업	최고 20kg의 물건을 들어올리고, 10kg 정도의 물건을 빈번히 들어올리거나 운반한다.
힘든 작업	최고 40kg의 물건을 들어올리고, 20kg 정도의 물건을 빈번히 들어올리거나 운반한다.
아주 힘든 작업	40kg 이상의 물건을 들어올리고, 20kg 이상의 물건을 빈번히 들어올리거나 운반한다.

③ 각각의 작업강도는 '들어올림', '운반', '밈', '당김' 등을 기준으로 결정하였는데 이것은 일차적으로 힘의 강도에 대한 육체적 요건이며, 일반적으로 이러한 활동 중 한 가지에 참여한다면 그 범주를 기준으로 사용한다.

구분	정의
들어올림	물체를 주어진 높이에서 다른 높이로 올리거나 내리는 작업
운반	손에 들거나 팔에 걸거나 어깨에 메고 물체를 한 장소에서 다른 장소로 옮기는 작업
밈	물체에 힘을 가하여 힘을 가한 쪽으로 움직이게 하는 작업(때리고, 치고, 발로 차고, 페달을 밟는 일도 포함)
당김	물체에 힘을 가하여 힘을 가한 반대쪽으로 움직이게 하는 작업

시험 에 이렇게 나왔다!

한국직업사전의 부가직업정보 중 작업강도에 관한 설명으로 옳은 것은? (16년 2회)

① 작업강도는 해당 직업의 직무를 수행하는 데 필요한 육체적 힘의 강도를 나타낸 것으로 3단계로 분류하였다.
② 작업강도는 심리적·정신적 노동강도는 고려하지 않았다.
③ 보통작업은 최고 40kg의 물건을 들어올리고 20kg 정도의 물건을 빈번히 들어올리거나 운반한다.
④ 운반이란 물체를 주어진 높이에서 다른 높이로 올리거나 내리는 작업을 의미한다.

답 ②

(5) 육체활동

① 해당 직업의 직무를 수행하기 위해 필요한 신체적 능력을 나타내는 것으로 균형감각, 웅크림, 손, 언어력, 청각, 시각 등이 요구되는 직업인지를 보여준다.

② 조사대상 사업체 및 종사자에 따라 다소 상이할 수 있으므로 전체 직업 종사자의 육체활동으로 일반화하기에는 무리가 있다.

구분	정의
균형감각	손, 발, 다리 등을 사용하여 사다리, 계단, 발판, 경사로, 기둥, 밧줄 등을 올라가거나 몸 전체의 균형을 유지하고 좁거나 경사지거나 또는 움직이는 물체 위를 걷거나 뛸 때 신체의 균형을 유지하는 것이 필요한 직업이다.
웅크림	허리를 굽히거나 몸을 앞으로 굽히고 뒤로 젖히는 동작, 다리를 구부려 무릎을 꿇는 동작, 다리와 허리를 구부려 몸을 아래나 위로 굽히는 동작, 손과 무릎 또는 손과 발로 이동하는 동작 등이 필요한 직업이다.
손사용	일정기간의 손사용 숙련기간을 거쳐 직무의 전체 또는 일부분에 지속적으로 손을 사용하는 직업으로 통상적인 손사용이 아닌 정밀함과 숙련을 필요로 하는 직업에 한정한다.
언어력	말로 생각이나 의사를 교환하거나 표현하는 직업으로 개인이 다수에게 정보 및 오락제공을 목적으로 하는 직업이다.
청각	단순히 일상적인 대화내용 청취 여부가 아니라 작동하는 기계의 소리를 듣고 이상 유무를 판단하거나 논리적인 결정을 내리는 청취활동이 필요한 직업이다.
시각	일상적인 눈 사용이 아닌 시각적 인식을 통해 반복적인 판단을 하거나 물체의 길이, 넓이, 두께를 알아내고 물체의 재질과 형태를 알아내기 위한 거리와 공간관계를 판단하는 직업이다. 또한 색의 차이를 판단할 수 있어야 하는 직업이다.

(6) 작업장소

해당 직업의 직무가 주로 수행되는 장소를 나타내는 것으로 실내 · 실외 종사비율에 따라 구분한다.

구분	정의
실내	눈, 비, 바람과 온도변화로부터 보호를 받으며, 작업의 75% 이상이 실내에서 이루어지는 경우
실외	눈, 비, 바람과 온도변화로부터 보호를 받지 못하며, 작업의 75% 이상이 실외에서 이루어지는 경우
실내 · 외	작업이 실내 및 실외에서 비슷한 비율로 이루어지는 경우

(7) 작업환경

기출 16, 15, 14, 10, 09년

① 해당 직업의 직무를 수행하는 작업자에게 직접적으로 물리적, 신체적 영향을 미치는 작업장의 환경요인을 나타낸 것이다.

② 작업자의 작업환경을 조사하는 담당자는 일시적으로 방문하고 또한 정확한 측정기구를 가지고 있지 못한 경우가 일반적이기 때문에 조사 당시에 조사자가 느끼는 신체적 반응 및 작업자의 반응을 듣고 판단한다.

③ 온도, 소음·진동, 위험내재 및 대기환경이 미흡한 직업은 근로기준법, 산업안전보건법 등의 법률에서 제시한 금지직업이나 유해요소가 있는 직업 등을 근거로 판단할 수 있다.

④ 작업환경 기준도 산업체 및 작업장에 따라 달라질 수 있으므로 절대적인 기준이 될 수 없다.

구분	정의
저온·고온	작업장의 온도상태가 신체적으로 불쾌감을 느낄 정도로 저·고온상태인지, 그리고 두드러지게 신체적 반응을 일으킬 정도로 저·고온으로 급변하는가를 결정한다.
다습	작업자가 습기에 빈번하게 노출되어 있는지를 결정한다. 구체적으로 신체의 일부분이 수분이나 액체에 직접 접촉되는 경우가 빈번하고, 신체에 불쾌감을 느낄 정도로 작업장 대기 중에 수증기가 충만한지를 판정한다.
소음·진동	작업자에게 영향을 끼치는 소음·진동상태가 존재하는지를 판단해서 결정한다. 작업자의 심신에 피로를 주는 청각장애 및 생리적인 영향을 끼칠 정도의 소음, 전신을 떨게 하고 팔과 다리의 근육을 긴장시키는 연속적인 진동이 있는지를 판정한다.
위험내재	작업자가 제반 위험에 노출되어 있는지를 결정한다. 여기서 제반 위험이란 기계적 위험, 전기적 위험, 화상, 폭발, 방사선 위험, 기타의 위험성을 의미한다.
대기환경 미흡	작업자가 직무를 수행하는 장소의 대기상태를 파악한다. 작업자가 직무를 수행하는 데 방해가 되거나 건강을 해칠 수 있는 물질(냄새, 분진, 연무, 가스, 환기 등)이 사실상 대기 중에 다량 포함되어 있는지를 판정한다.

(8) 유사명칭

기출 17, 11, 09년

① 현장에서 본직업명을 명칭만 다르게 부르는 것으로 본직업명과 사실상 동일하다. 따라서 직업 수 집계에서 제외된다.

② 예를 들어, '보험모집원'은 '생활설계사', '보험영업사원'이라는 유사명칭을 가지는데, 이는 동일한 직무를 다르게 부르는 명칭이다.

(9) 관련직업

① 본직업명과 기본적인 직무에 있어서 공통점이 있으나 직무의 범위, 대상 등에 따라 나누어지는 직업이다.

② 하나의 본직업명에는 두 개 이상의 관련 직업이 있을 수 있으며, 직업 수 집계에 포함된다.

(10) 자격·면허

① 해당 직업에 취업 시 소지할 경우 유리한 자격증 또는 면허를 나타내는 것으로 현행 국가기술자격법 및 개별법령에 의해 정부주관으로 운영하고 있는 국가자격 및 면허를 수록한다.

② 한국산업인력공단, 대한상공회의소 등에서 주관·수행하는 시험에 해당하는 자격과 각 부처에서 개별적으로 시험을 실시하는 자격증을 중심으로 수록하였다.

③ 단, 민간에서 부여하는 자격증은 제외한다.

(11) 한국표준산업분류 코드

① 해당 직업을 조사한 산업을 나타내는 것으로 '한국표준산업분류'의 소분류 산업을 기준으로 한다.

② 두 개 이상의 산업에 걸쳐 조사된 직업에 대해서도 해당 산업을 모두 표기하였으며, 대분류 기준의 모든 산업에 포함되는 일부 직업은 대분류의 소분류 산업을 모두 표기하는 것이 아니라 제조업, 도매 및 소매업 등 대분류 산업을 기준으로 표기하였다.

③ 단, 산업분류는 수록된 산업에만 해당 직업이 존재하는 것을 의미하는 것이 아니라 그 직업이 조사된 산업을 나타내고 있다. 따라서 타 산업에서도 해당 직업이 존재할 수 있다.

(12) 한국표준직업분류 코드

해당 직업의 '한국고용직업분류' 세분류 코드에 해당하는 '한국표준직업분류'의 세분류 코드를 표기한다.

(13) 조사연도 기출 19년

해당 직업의 직무조사가 실시된 연도를 나타낸다.

시험에 이렇게 나왔다!

한국직업사전의 부가직업정보에 해당되지 않는 것은? (17년 1회)

① 직무기능(DPT)
② 숙련기간
③ 자격·면허
④ 직무개요

답 ④

※ 한국직업전망은 한국고용정보원에서 해마다 발간되므로 새로운 개정 내용을 참조하시기 바랍니다.

(1) 한국직업전망의 개념 〔기출〕 17, 14, 13년

① 진로와 직업을 결정하고자 하는 청소년 및 일반 구직자에게 다양한 직업정
보를 제공하기 위해 기획되었다.

② '○○○○년 한국직업전망'은 우리나라를 대표하는 17개 분야의 약 196개 직
업에 대한 상세 정보를 수록하고 있다.

③ 청소년의 진로와 진학을 상담하는 진로진학상담교사, 구직자의 취업을 돕
고 고용센터 직업상담원, 노동시장 정책 입안자, 연구자에게도 중요한 자료
로 활용될 것으로 기대된다.

④ 하는 일, 근무환경 등 일반적인 직업정보 외에 향후 10년간의 일자리 전망
과 이유를 제공함으로써 이용자들이 미래의 직업세계 변화에 대한 이해를
높이도록 하였다.

⑤ 고용전망 결과를 설명할 수 있는 요인들을 제시하기 위해 정량적 전망과 정
성적 전망을 종합적으로 분석하고 활용하였다. 고용 전망 결과는 향후 10년
간의 연평균 고용증감률을 고려하여 5개 구간으로 나누어 제시하였다.

(2) 직업 선정기준과 분류체계 〔기출〕 18, 17, 13, 12, 11, 10, 09년

① 수록 직업 선정기준

  ㉠ '○○○○년 한국직업전망'에 수록되는 직업의 선정은 한국고용직업분류의
  세분류 직업에 기초하여 종사자 수가 일정 규모(3만명) 이상인 경우를
  원칙으로 한다.

  ㉡ 그 밖에 청소년 및 구직자의 관심이 높거나 직업정보를 제공할 가치가
  있다고 판단되는 직업을 추가 선정한다.

  ㉢ 한국고용직업분류의 세분류 직업 중 승진을 통해 진입하게 되는 관리직
  은 제외하였다. 또한 직무가 유사한 직업들은 하나로 통합하거나 소분류
  수준에서 통합하였다. 예를 들어 한식·중식·일식으로 나뉘는 주방장
  및 조리사의 경우에 '주방장 및 조리사'로 통합하였다.

② 분류체계

  한국고용직업분류를 기준으로 대분류 명칭 및 직업명칭을 유지하되, 수록
  직업의 개수가 너무 많거나(20개 이상) 적은 경우(5개 미만)는 대분류를 통
  합·분할하였다.

(3) 일자리 전망 방법 기출 17, 13년

① 1차 과정 – 정량적, 정성적 분석

  ㉠ 정량적 전망과 정성적 전망을 종합적으로 분석하여 1차안을 도출한다.

  ㉡ 정량적 전망조사는 한국고용정보원의 「중장기 인력수급전망」을 참조한다.

  ㉢ 정성적 전망조사는 「정성적 직업전망 조사」 등을 참조하며, 경력 10년 이상의 현직자 또는 학계, 협회 등의 전문가 두 명을 대상으로 진행한다.

② 2차 과정 – 외부 전문가 검증

  ㉠ 1차 분석과정을 통해 정리된 전망 결과에 대해 직업별로 관련 협회나 연구소 등의 산업 또는 현장전문가로부터 검증을 한다.

  ㉡ 1차안과 배치되는 의견에 대해 재검토를 실시한다.

③ 3차 과정 – 최종 검증

  ㉠ 2차로 도출된 전망 결과에 대해 직업전문가들로 구성된 내부 연구진의 토론을 통해 상호 검증을 거친다.

  ㉡ 「중장기 인력수급전망」과 「정성적 직업전망 조사」 간 차이가 큰 직업에 대해 집중 논의한다.

  ㉢ 3차에 걸친 과정을 통해 최종 전망 결과를 확정한다.

시험에 이렇게 나왔다!

한국직업전망(○○○○년)에 관한 설명으로 틀린 것은?
(17년 1회)

① 직업전문가 및 재직자의 정성적 전망결과를 기반으로 하되 정량적 전망을 일부 반영하여 결과를 도출했다.

② 정성적 전망조사는 직업전망 수록직업을 대상으로 평균 5명의 재직자 및 전문가에게 실시했다.

③ 수록직업은 한국고용직업분류(KECO)에 기초하여 종사자수가 일정규모 이상이거나 청소년 및 일반구직자로부터 높은 관심을 받는 직업 등을 우선으로 선정했다.

④ KECO의 세분류 직업 429개 중 승진이나 경력개발을 통해 진입하는 관리직을 제외하였고, 직무가 유사한 직업은 소분류 단위로 통합했다.

답 ①

Thema 5 한국직업전망의 구성

(1) 일반 직업정보

① **대표직업명** : 다른 직업정보나 통계자료와의 연계성을 높이기 위해 가능한 '한국고용직업분류'의 세분류 수준의 명칭을 사용했다. 여러 세분류 직업들이 합쳐진 경우에는 소분류 수준의 명칭을 사용하였다. 산업현장에서 실제 불리는 명칭이 대표 직업명과 다른 경우 대피 직업명과 병기하거나 내용 중 포함하였다.

② **하는 일** : 해당 직업 종사자가 일반적으로 수행하는 업무 내용과 과정에 대해 서술하였다. 여러 직업을 포함하는 경우에는 세부 직업별로 하는 일을 서술하였다.

③ **근무환경** : 해당 직업 종사자의 일반적인 근무시간, 근무형태(교대근무, 야간근무 등), 근무장소, 육체적·정신적 스트레스 정도, 산업안전 등에 대해 서술하였다.

④ **성별·연령·학력·임금** : 직업 종사자의 성별, 연령, 학력 등 인적 특성과 임금 자료는 통계청의 '지역별고용조사' 자료를 활용하였다.

성별	직업 종사자의 남녀비율
연령	20대 이하 / 30대 / 40대 / 50대 / 60대 이상
학력	고졸 이하 / 전문대졸 / 대졸 / 대학원졸 이상
임금	하위 25% / 중위 50% / 상위 25% 단, 통계조사 샘플 수가 30명 미만으로 적은 경우 통계의 신뢰성을 고려하여 임금을 제시하지 않음

⑤ **되는 길**

　㉠ **교육 및 훈련** : 해당 직업에 종사하는 데 필요한 학력과 전공, 직업훈련기관 및 훈련과정 등을 소개하였다.

　㉡ **관련 학과** : 일반적 입직 조건을 고려하여 대학에 개설된 대표 학과명을 수록하거나, 특성화고등학교, 직업훈련기관, 직업전문학교의 학과명을 수록하였다.

　㉢ **관련 자격** : 해당 직업에 종사하기 위해 반드시 필요하거나 취업에 유리한 국가자격(기술, 전문)을 수록하였다. 그 외에 민간공인자격이나 외국 자격 중 업무 수행이나 취업에 필요하거나 유용한 것도 수록하였다.

⑥ **적성 및 흥미** : 해당 직업에 취업하거나 업무를 수행하는 데 필요하거나 유리한 적성, 성격, 흥미, 지식 및 기술 등을 수록하였다.

⑦ **경력 개발** : 해당 직업 관련 활동 분야나 이직, 전직 가능 분야를 수록하였다. 직업에 따라 승진이나 창업 등 경력개발 내용이 포함되는 경우도 있다.

시험 에 이렇게 나왔다!

한국직업전망의 구성체계에 포함된 항목이 아닌 것은?
(15년 3회)

① 교육/훈련/자격
② 직업전망
③ 연도별 산업동향
④ 적성 및 흥미

답 ③

(2) 일자리 전망

① **고용전망 결과** : 향후 10년간 해당 직업의 일자리 규모에 대한 전망과 변화 요인을 기술하였다. 연평균 고용증감률을 감소(−2% 미만), 다소 감소(−2% 이상 −1% 이하), 현 상태 유지(−1% 초과 +1% 미만), 다소 증가(1% 이상 2% 이하), 증가(2% 초과) 등 5개 구간으로 구분하고 그래픽으로 시각화하여 제시하였다.

② **고용전망 요인** : 고용에 영향을 미치는 요인들은 인구구조 및 노동인구 변화, 대내외 경제 상황 변화, 기업의 경영 전략 변화, 산업특성 및 산업구조 변화, 과학기술 발전, 기후변화와 에너지 부족, 가치관과 라이프스타일의 변화, 정부정책 및 법·제도 변화 등 8가지 범주를 바탕으로 하되, 직업에 따라 유연하게 활용하였다. '정성적 직업전망조사', 산업경기전망 등 각종 보고서, 통계청 통계자료, 현장전문가 인터뷰 등을 활용하여 고용전망 결과를 설명할 수 있는 요인들을 제시했다.

(3) 부가 직업정보

① **관련직업** : 워크넷 직업·진로에서 서비스하는 약 800개 직업을 중심으로 자격이나 전공, 경력 등을 고려하여 곧바로 혹은 추가 교육훈련을 통해 진입이 가능한 직업을 제시하였다.

② **분류코드** : 한국고용직업분류와 한국표준직업분류의 세분류 코드를 제공하였다. 해당 직업이 소분류 수준이라면 하위에 포함된 분류코드 여러 개가 제공된다.

③ **관련정보처** : 직업정보와 관련된 정부부처, 공공기관, 협회, 학회 등의 기관명칭, 전화번호, 홈페이지 주소를 제공하였고, 유용한 웹사이트도 수록하였다.

시험에 이렇게 나왔다!

한국직업전망의 직업별 정보 구성체계에 해당하지 않는 것은? (16년 1회)

① 하는 일
② 근무환경
③ 산업전망
④ 직업전망

답 ③

(1) 한국직업전망의 일자리 전망 결과　기출 20년

전망	직업명
증가(19)	의사, 간병인, 컴퓨터보안전문가, 에너지공학기술자, 간호사, 사회복지사, 네트워크시스템개발자, 항공기조종사, 생명과학연구원, 수의사, 한식목공, 항공기객실승무원 등
다소 증가(69)	경영 및 진단전문가, 기자, 손해사정사, 임상심리사, 택배원, 직업상담사 및 취업알선원, 경찰관, 노무사, 약사 및 한약사, 보육교사, 연예인 및 스포츠매니저, 미용사, 방사선사, 영양사, 행사기획자, 환경공학기술자, 회계사 등
유지(82)	건축가, 경비원, 초등학교교사, 회계 및 경리사무원, 기계공학기술자, 상품판매원, 주방장 및 조리사, 금융 및 보험관련사무원, 감정평가전문가, 경기감독 및 코치, 미술가, 버스운전원, 번역가, 도선사 및 항해사, 선장, 패션디자이너, 화물차 및 특수차운전원, 장례지도사, 관세사, 금융 및 보험관련사무원, 경비원, 대학교수, 경매사, 비서, 아나운서 및 리포터 등
다소 감소(28)	건축목공, 단순노무종사자, 사진가, 텔레마케터, 조적공 및 석공, 바텐더, 이용사, 결혼상담 및 웨딩플래너, 계산원 및 패효원, 보석세공원, 바텐더, 비파괴검사원, 악기제조원, 작물재배 종사자, 외환딜러, 측량가, 캐드원, 콘크리트공 등
감소(2)	어업 종사자, 인쇄 및 사진현상관련조작원

Thema 7 한국직업정보시스템

(1) 한국직업정보시스템의 의의

① 한국직업정보시스템(KNOW ; Korea Network for Occupations and Workers)은 청소년과 구직자들의 진로 및 경력설계, 진로상담, 구인·구직 등에 도움을 주기 위해 개발되었다.

② 현장에서 요구되는 지식, 업무수행능력, 성격 등을 체계적으로 제시한다.

③ 워크넷(www.work.go.kr)의 직업정보 카테고리를 통해 '직업정보 찾기'를 제공한다.

(2) 정보 찾기

기출 20, 19, 16, 13, 12, 11년

① 조건별 검색

㉠ 평균연봉 : 3,000만원 미만 / 3,000~4,000만원 미만 / 4,000~5,000만원 미만 / 5,000만원 이상

㉡ 직업전망 : 매우 밝음(상위 10% 이상) / 밝음(상위 20% 이상) / 보통(중간 이상) / 전망 안 좋음(감소예상직업)

② 하위 메뉴 검색

분류별 찾기	9가지 분류 기준으로 직업정보를 검색할 수 있다.
지식별 찾기	경제와 회계, 영업과 마케팅 공학과 기술 등 33개 지식분야 중 자신이 가지고 있는 지식 최소 5개 이상을 선택함으로써 직업정보를 검색할 수 있다.
업무수행능력별 찾기	읽고 이해하기, 말하기 등 44개 능력분야 중 자신이 가지고 있는 업무수행능력을 최소 7개 이상 선택함으로써 직업정보를 검색할 수 있다.
통합찾기	지식, 흥미, 업무환경 등 여러 항목들 중 자신이 소유하거나 선호하는 항목을 최소 10개 이상 선택함으로써 직업정보를 검색할 수 있다.
신직업·창직 찾기	외국에는 있지만 국내에는 없는 다양한 신직업 정보와 창조적 아이디어와 활동을 통한 창직 정보를 청소년, 인문사회계열, 이공계열, 3050여성, 중장년, 창업직종, 창조직업 등으로 분류하여 직업정보를 검색할 수 있다.
대상별 찾기	대상별로 유망한 직업과 도전하기 적합한 직업정보를 인문계 대졸 청년, 3050여성, 중장년 등으로 분류하여 직업정보를 검색할 수 있다.
이색직업별 찾기	경영·기획·금융, 보건·의료, 과학·공학·IT, 문화·예술, 스포츠·동물 등 직종별로 분류하여 직업정보를 검색할 수 있다.
테마별 찾기	음식, 호텔, 수송, 게임, 순수예술, 의료, 광고·마케팅, 건설·교통 능 20가지 테마별로 분류하여 직업정보를 검색할 수 있다.

시험에 이렇게 나왔다!

한국직업정보시스템(워크넷 직업·진로)에서 '나의 특성에 맞는 직업 찾기' 방법이 아닌 것은? (16년 1회)

① 지식으로 찾기
② 업무수행능력으로 찾기
③ 학력수준으로 찾기
④ 통합 찾기

답 ③

Thema 8 학과정보와 학과검색

(1) 학과정보의 목적
① 워크넷의 직업 · 진로 카테고리를 통해 제공된다.
② 학과정보와 직업정보의 유기적 관계를 통해 학과정보에서 진출직업 정보로의 이동을 가능하게 함으로써 보다 편리하게 이용할 수 있다.
③ 학과별 적성과 흥미, 관련학과, 취득 자격, 진출직업정보, 취업현황, 이색학과 정보 등을 소개한다.

(2) 학과검색(계열별 검색) 기출 20, 19, 18, 13, 12, 11, 10, 09년
① 인문계열
언어학과, 국어국문학과, 문예창작학과, 일어일문학과, 문헌정보학과, 문화인류학과, 고고미술사학과, 심리학과, 상담심리학과 등
② 사회계열
경영학과, 글로벌비즈니스학과 경제학과, 호텔경영학과, 항공서비스학과, 광고홍보학과, 금융보험학과, 회계학과, 세무학과, 무역학과, 법학과, 사회복지학과, 신문방송학과, 정보미디어학과, 정치외교학과, 행정학과, 보건행정학과, 의무행정학과, 비서학과, 지리학과 등
③ 교육계열
교육학과, 교육공학과, 교육심리학과, 평생교육학과, 유아교육학과, 특수교육학과, 초등교육학과, 국어교육학과, 수학교육학과, 컴퓨터교육학과, 수해양산업교육과, 미술교육과, 체육교육과, 보건교육과 등
④ 자연계열
수학과, 통계학과, 물리학과, 화학과, 지구과학과, 천문우주학과, 수의학과, 애완동물학과, 주거환경학과, 농업학과, 축산학과, 바이오시스템공학과, 바이오산업학과, 수산양식학과, 해양생명과학과, 산림자원학과, 임산공학과, 가정관리학과, 식품생명공학과, 아동가족학과, 소비자학과, 식품공학과, 제과제빵과, 의류 · 의상학과, 패션산업학과 등
⑤ 공학계열
건축학과, 건축공학과, 조경학과, 토목공학과, 도시공학과, 교통공학과, 기계공학과, 지능로봇과, 자동차공학과, 메카트로닉스공학과, 전기공학과, 안경광학과, 재료공학과, 반도체 · 세라믹공학과, 섬유공학과, 바이오섬유소재학과, 컴퓨터공학과, 항공우주공학과, 해양공학과, 소방방재학과 등

참고 하세요!
학과검색은 키워드검색(학과명, 전공, 기타 관련 키워드)과 계열별 검색이 가능하다.

시험 에 이렇게 나왔다!
워크넷(직업 · 진로)에서 학과정보를 계열별로 검색하고자 할 때 선택할 수 있는 계열이 아닌 것은? (18년 3회)
① 문화관광계열
② 교육계열
③ 자연계열
④ 예체능계열
답 ①

⑥ 의약계열

의학과(의예과), 치의학과(치의예과), 한의학과, 간호학과, 약학과, 제약학과, 보건관리학과, 재활학과, 물리치료학과, 작업치료학고, 의료공학과, 치기공과, 치위생과, 임상병리학과, 방사선과, 응급구조학과 등

⑦ 예체능계열

산업디자인학과, 시각디자인학과, 패션디자인학과, 공예학과, 도예학과, 사진학과, 방송영상과, 연극영화학과, 무용학과, 사회체육학과, 스포츠과학과, 운동처방학과, 경호학과, 성악과, 작곡과, 국악과, 실용음악과 등

⑧ 이색학과정보

신재생에너지과(과학/정보통신), 미술치료과(보건의료/교육), 서비스유통과(문화/예술/스포츠), VMD과(경영/금융/보안), 웨딩이벤트과(방송/이벤트), 제철산업과 · 장례복지가 · 자동차딜러과(기타) 등

🔍 **학과검색 내용**   기출 16, 14, 11년

- 학과소개
- 관련학과/교과목/취득자격면허
- 개설대학
- 진출직업
- 취업현황

시험에 이렇게 나왔다!

한국직업정보시스템(워크넷 직업 · 진로)에서 제공하는 학과정보 중 사회계열에 해당하지 않는 학과는?
(16년 2회)

① 경제학과
② 정치외교학과
③ 문헌정보학과
④ 신문방송학과

답 ③

01

민간직업정보의 일반적인 특징과 가장 거리가 먼 것은?

① 한시적으로 정보가 수집 및 가공되어 제공된다.

② 객관적인 기준을 가지고 전체 직업에 관한 일반적인 정보를 제공한다.

③ 직업정보 제공자의 특정한 목적에 따라 직업을 분류한다.

④ 통상적으로 직업정보를 유료로 제공한다.

해설

객관적인 기준을 가지고 전체 직업에 관한 일반적인 정보를 제공하는 것은 공공직업정보에 해당한다. 민간직업정보는 객관적이고 공통적인 기준에 따라 분류되지 않으므로 다른 직업정보와의 비교가 적고 활용성도 낮다.

02

공공직업정보와 비교한 민간직업정보의 일반적 특성에 관한 설명으로 틀린 것은? (17년 1회)

① 필요한 시기에 최대한 활용되도록 한시적으로 신속하게 생산되어 운영된다.

② 국제적으로 인정되는 객관적인 기준에 근거하여 직업을 분류한다.

③ 특정한 목적에 맞게 해당분야 및 직종을 제한적으로 선택한다.

④ 시사적인 관심이나 흥미를 유도할 수 있도록 해당 직업을 분류한다.

해설

객관적인 기준을 가지고 전체 직업에 관한 일반적인 정보를 제공하는 것은 공공직업정보에 해당한다.

03

한국직업전망(2019)의 수록직업 선정에 관한 설명으로 틀린 것은?

① 수록직업은 한국표준직업분류의 중분류 직업에 기초하여 종사자 수가 일정 규모 이상인 경우를 원칙으로 선정하였다.

② 청소년 및 구직자의 관심이 높거나 직업정보를 제공할 가치가 있다고 판단되는 직업을 추가 선정하였다.

③ 직업선정 시 KECO의 세분류 직업 429개 중 승진을 통해 진입하게 되는 관리직은 제외하였다.

④ 직무가 유사한 직업들은 하나로 통합하거나 소분류(3 – digits) 수준에서 통합하였다.

해설

「2019 한국직업전망」의 수록 직업 선정은 한국고용직업분류(KECO)의 세분류 직업에 기초하여 종사자수가 일정 규모 이상인 경우를 원칙으로 선정하였다.

04

한국직업사전에서 제공하는 부가 직업정보에 대한 설명으로 틀린 것은?

① 정규교육은 해당 직업의 직무를 수행하는 데 필요한 일반적인 정규교육 수준을 의미하는 것으로 해당 직업 종사자의 평균 학력을 나타낸다.

② 숙련기간은 정규교육 과정을 이수한 후 해당 직업의 직무를 평균적인 수준으로 스스로 수행하기 위하여 필요한 각종 교육기간, 훈련기간 등을 의미한다.

③ 작업강도는 해당 직업의 직무를 수행하는 데 필요한 육체적 힘의 강도를 나타내며, 심리적 · 정신적 노동강도는 고려하지 않았다.

④ 관련 직업은 본직업명과 기본적인 직무에 있어서 공통점이 있으나 직무의 범위, 대상 등에 따라 나누어지는 직업이다.

해설

정규교육은 직무를 수행하는데 필요한 일반적인 정규교육수준을 의미하는 것이나, 해당 직업종사자의 평균학력을 나타내는 것은 아니다.

05

공공직업정보와 비교하여 민간직업정보의 특성에 관한 설명으로 옳은 것은? (17년 2회)

① 정보생산자의 임의적 기준이나 관심 위주로 직업을 분류한다.
② 특정 시기에 국한하지 않고 전체 산업 및 업종에 걸쳐진 직종을 대상으로 한다.
③ 국내 또는 국제적으로 인정된 분류체계에 근거한다.
④ 광범위한 이용 가능성에 따라 직접적이고 객관적인 평가가 가능하다.

해설

②, ③, ④는 공공직업 정보의 특성이다.

06

민간직업정보와 비교한 공공직업정보의 특성에 관한 설명과 가장 거리가 먼 것은?

① 필요한 시기에 최대한 활용되도록 한시적으로 신속하게 생산 및 운영된다.
② 광범위한 이용가능성에 따라 공공직업정보체계에 대한 직접적이며 객관적인 평가가 가능하다.
③ 특정 분야 및 대상에 국한되지 않고 전체 산업 및 업종에 걸친 직종 등을 대상으로 한다.
④ 직업별로 특정한 정보만을 강조하지 않고 보편적인 항목으로 이루어진 기초적인 직업정보 체계로 구성되어 있다.

해설

민간직업정보의 특성에 대한 설명이다.

07

한국직업사전에서 알 수 있는 직업관련 정보가 아닌 것은?

① 표준산업분류코드   ② 직무개요
③ 수행직무   ④ 임금수준

08

공공직업정보의 일반적인 특성에 해당되는 것은? (18년 1회)

① 필요한 시기에 최대한 활용되도록 한시적으로 신속하게 생산·제공된다.
② 특정 분야 및 대상에 국한되지 않고 전체 산업의 직종을 대상으로 한다.
③ 정보 생산자의 임의적 기준에 따라 관심이나 흥미를 유도할 수 있도록 해당 직업을 분류한다.
④ 유료로 제공된다.

해설

② 공공직업정보는 특정 분야 및 대상에 국한 되지 않고 전체 산업 및 업종에 걸친 직종 등을 대상으로 하고, 민간직업정보는 특정한 목적에 맞게 해당분야 및 직종을 제한적으로 선택한다.
① 정보제공이 지속적이다.
③ 직업의 분류 기준이 객관적, 일관적, 포괄적이다.
④ 정보 획득 비용이 무료이다.

09

한국직업사전에서 다음에 해당하는 작업강도는? (18년 1회)

> 최고 40kg의 물건을 들어 올리고 20kg정도의 물건을 빈번히 들어 올리거나 운반한다.

① 가벼운 작업   ② 보통 작업
③ 힘든 작업   ④ 아주 힘든 작업

해설

작업강도는 해당 직업의 직무를 수행하는데 필요한 육체적 힘의 강도를 나타낸 것으로 5단계로 분류하였는데 지문의 내용은 힘든 작업에 해당한다.

해설

한국직업사전에서는 직업코드, 본직업명, 직무개요, 수행직무, 부가직업정보(정규교육, 숙련기간, 직무기능, 작업강도, 육체활동, 작업장소, 작업환경, 유사명칭, 관련직업, 자격·면허, 한국표준산업분류 코드, 한국표준직업분류 코드, 조사연도)를 알 수 있다.

10

한국직업전망에 관한 설명으로 옳은 것은?

① 한국직업전망은 2001년부터 발간되기 시작하였다.
② 한국직업전망의 수록직업 선정 기준은 한국표준직업분류의 세분류에 근거한다.
③ 직업에 대한 고용전망은 감소, 다소 감소, 다소 증가, 증가 등 4개 구간으로 구분하여 제시한다.
④ 해당 직업 종사자의 일반적인 근무시간, 근무형태, 육체적 · 정신적 스트레스 정도 등을 근무환경으로 서술한다.

해설

한국직업전망(2019)는 직업별로 대표 직업명, 하는 일, 근무환경, 성별/연령/학력/임금, 되는 길(교육 및 훈련, 관련 학과, 관련 자격 및 면허), 적성 및 흥미, 경력개발, 향후 10년간 (2018 – 2027)의 일자리 전망과 이유, 관련직업, 분류 코드, 관련 정보처 등으로 구성된다.
① 1999년도부터 발간되기 시작했다.
② 한국고용직업분류의 세분류에 근거한다.
③ 직업에 대한 고용전망은 감소, 다소 감소, 유지, 다소 증가, 증가 등 5개 구간으로 구분하여 제시한다.

11

한국직업사전의 부가 직업정보 중 숙련기간에 포함되지 않는 것은?

① 해당 직업에 필요한 자격 · 면허를 취득하는 취업 전 교육 및 훈련 기간
② 취업 후에 이루어지는 관련 자격 · 면허 취득 교육 및 훈련 기간
③ 해당 직무를 평균적으로 수행하기 위한 각종 교육 · 훈련, 수습 교육 등의 기간
④ 해당 직무를 평균적인 수준 이상으로 수행하기 위한 향상 훈련 기간

해설

해당 직무를 평균적인 수준 이상으로 수행하기 위해 향상훈련기간은 숙련기간에 포함되지 않는다.

12

직업정보를 사용하는 목적과 가장 거리가 먼 것은?

(18년 1회)

① 직업정보를 통해 근로생애를 설계할 수 있다.
② 직업정보를 통해 전에 알지 못했던 직업세계와 직업비전에 대해 인식할 수 있다.
③ 직업정보를 통해 과거의 직업탐색, 은퇴 후 취미활동 등에 필요한 정보를 얻을 수 있다.
④ 직업정보를 통해 일을 하려는 동기를 부여받을 수 있다.

해설

직업정보는 직업에 대한 정보를 제공하므로 은퇴 후 취미활동에 대한 정보와는 관련이 적다.

13

직업정보에 대한 설명으로 틀린 것은?

① 현재 고려중인 직업의 선택의 수를 줄이기 위해서 사용할 수 있다.
② 직업정보를 제공하는 인쇄매체는 직업체험보다 학습자 참여도가 수동적이다.
③ 직업정보를 수집할 때는 항상 최신의 자료인가 확인한다.
④ 직업정보 수집을 목적으로 할 때 직업체험은 인쇄매체보다 접근성이 우수하다.

해설

다양한 직업정보의 유형 중 접근성이 가장 뛰어난 것은 인쇄매체이며 직업체험은 접근성이 매우 제한적이다.

14

공공직업정보의 일반적인 특성에 대한 설명으로 틀린 것은?

① 전 산업 및 직종을 대상으로 지속적으로 조사 · 분석한다.
② 보편적 항목으로 이루어진 기초정보가 많다.
③ 관련 직업 간 비교가 용이하다.
④ 단시간에 조사하고 특정 목적에 맞게 직종을 제한적으로 선택한다.

해설

단시간에 조사하고 특정 목적에 맞게 직종을 제한적으로 선택하여 직업정보를 제공하는 것은 민간직업정보의 특징이다.

15

한국직업사전의 부가직업정보 중 '수준 4'에 해당하는 숙련기간은?

① 시범 후 30일 이하 ② 3개월 초과~6개월 이하
③ 1년 초과~2년 이하 ④ 4년 초과~10년 이하

한국직업사전의 부가직업정보 중 숙련기간은 정규교육과정을 이수한 후 해당 직업의 직무를 평균적인 수준으로 스스로 수행하기 위하여 필요한 각종 교육, 훈련, 숙련기간을 의미한다. 수준 4에 해당하는 숙련기간은 3개월 초과~6개월 이하이다.

16

직업상담 시 제공하는 직업정보의 기능과 역할에 대한 설명으로 틀린 것은? (18년 2회)

① 여러 가지 직업적 대안들의 정보를 제공한다.
② 내담자의 흥미, 적성, 가치 등을 파악하는 것이 직업정보의 주기능이다.
③ 경험이 부족한 내담자에게 다양한 직업들을 간접적으로 접할 기회를 제공한다.
④ 내담자가 자신의 선택이 현실에 비추어 부적당한 선택이었는지를 점검하고 재조정해 볼 수 있는 기초를 제공한다.

직업정보의 주기능은 내담자에게 내담자가 원하는 분야에 대한 다양한 직업적 대안에 대한 정보를 제공하는 것이지 내담자의 흥미, 적성, 가치 등을 파악하는 것은 아니다.

17

민간직업정보와 공공직업정보의 일반적 특성에 대한 설명으로 틀린 것은? (18년 3회)

① 민간직업정보와 공공직업정보는 모두 유료로 구매하여 활용해야 한다.
② 민간직업정보는 불연속적이고 단기적이며, 공공직업정보는 연속적이고 장기적이다.
③ 민간직업정보는 다른 정보와의 연계 및 비교 가능성이 낮고, 공공직업정보는 다른 정보와의 연계 및 비교 가능성이 높다.

④ 민간직업정보에 조사·수록되는 직업의 범위는 제한적인 경우가 많으나, 공공직업정보는 전산업이나 직종에 걸쳐 포괄적인 경우가 많다.

민간직업정보는 영리를 목적으로 하여 정보를 제공하므로 유료이지만, 공공직업정보는 무료로 정보를 제공한다.

18

직업정보의 일반적인 평가 기준과 가장 거리가 먼 것은?

① 어떤 목적으로 만든 것인가 ② 얼마나 비싼 정보인가
③ 누가 만든 것인가 ④ 언제 만들어진 것인가

직업정보를 평가할 때 중요한 기준은 정보의 정확성, 신뢰성 등이다. 따라서 누가 만들었는지, 어떤 목적으로 누구의 자금지원을 받아 만들었는지를 파악해야 한다. 또한 정보는 시간이 흐르면 가치가 없어지는 경우가 많기 때문에 언제 만들어진 것인지도 파악해야 한다.

19

다음은 한국직업사전에서 해당 직업의 직무를 수행하는데 필요한 일반적인 정규교육 수준에 대한 설명이다. ( )에 알맞은 것은?

(ㄱ) : 9년 초과~12년 이하(고졸 정도)
(ㄴ) : 14년 초과~16년 이하(대졸 정도)

① ㄱ : 수준 2, ㄴ : 수준 4
② ㄱ : 수준 3, ㄴ : 수준 5
③ ㄱ : 수준 4, ㄴ : 수준 6
④ ㄱ : 수준 5, ㄴ : 수준 7

정규교육 수준
• 수준 1 : 6년 이하(무학 또는 초졸 정도)
• 수준 2 : 6년 초과~9년 이하(중졸 정도)
• 수준 3 : 9년 초과~12년 이하(고졸 정도)
• 수준 4 : 12년 초과~14년 이하(전문대졸 정도)
• 수준 5 : 14년 초과~16년 이하(대졸 정도)
• 수준 6 : 16년 초과(대학원 이상)

20

직업정보를 전달하는 유형별 특징에 관한 다음 표의
(   )에 알맞은 것은?

유형	비용	학습자 참여도	접근성
인쇄물	저	(ㄱ)	용이
시청각자료	(ㄴ)	수동	제한
직업경험	고	적극	(ㄷ)

① ㄱ – 수동, ㄴ – 고, ㄷ – 제한
② ㄱ – 수동, ㄴ – 고, ㄷ – 적극
③ ㄱ – 적극, ㄴ – 저, ㄷ – 제한
④ ㄱ – 적극, ㄴ – 저, ㄷ – 적극

해설

인쇄물은 '수동'이고, 시청각자료는 '고'이며, 직업경험은 '제
한'이다.

21

공공직업정보의 일반적인 특성을 모두 고른 것은?

> ㄱ. 필요한 시기에 최대한 활용되도록 한시적으로 신속하
>   게 생산되어 운영한다.
> ㄴ. 특정분야 및 대상에 국한하지 않고 전체 산업 및 업종
>   에 걸친 직종을 대상으로 한다.
> ㄷ. 특정시기에 국한하지 않고 지속적으로 조사·분석하
>   여 제공된다.
> ㄹ. 관련 직업정보 간의 비교·활용이 용이하다.

① ㄱ, ㄴ, ㄷ   ② ㄱ, ㄴ, ㄹ
③ ㄱ, ㄷ, ㄹ   ④ ㄴ, ㄷ, ㄹ

해설

필요한 시기에 최대한 활용되도록 한시적으로 신속하게 생
산되어 운영하는 정보는 민간직업정보의 특성이다.

22

워크넷(직업·진로)에서 제공하는 학과정보 중 공학계열
에 해당하는 학과가 아닌 것은?

① 생명과학과   ② 건축학과
③ 안경광학과   ④ 해양공학과

해설

생명과학과는 자연계열이다.

23

한국직업전망의 직업별 정보 구성체계에 해당하지 않는
것은?   (19년 1회)

① 하는 일   ② 근무환경
③ 산업전망   ④ 관련 정보처

해설

한국직업전망(2019)은 대표 직업명, 하는 일, 근무환경, 성
별·연령·학력분포, 되는 길(교육 및 훈련, 관련 학과, 관련
자격), 적성 및 흥미, 경력개발, 관련 정보(관련 직업, 분류 코
드, 관련 정보처) 등으로 직업별 정보 체계를 구성하였다.

24

한국직업전망에서 정의한 고용변동 요인 중 불확실성 요
인에 해당하는 것은?

① 인구구조 및 노동인구 변화
② 정부정책 및 법·제도 변화
③ 과학기술 발전
④ 가치관과 라이프스타일 변화

해설

불확실성 요인은 정부정책 및 법·제도 변화, 대·내외 경제
상황 변화, 기업의 경영전략이다. 인구구조 및 노동 인구 변
화, 산업특성 및 산업구조 변화, 과학기술 발전, 기후변화와
에너지 부족, 가치관과 라이프스타일 변화는 확실성 요인에
해당된다.

25

공공 직업정보의 일반적인 특성이 아닌 것은?   (19년 3회)

① 전체 산업이나 직종을 대상으로 한다.
② 조사 분석 및 정리, 제공에 상당한 시간 및 비용이 소요
  되므로 유로제공이 원칙이다.
③ 지속적으로 조사분석하여 제공되며 장기적인 계획 및
  목표에 따라 정보체계의 개선작업 수행이 가능하다.
④ 직업별로 특정한 정보만을 강조하지 않고 보편적인 항
  목으로 이루어진 기초적인 직업정보체계로 구성된다.

해설

공공 직업정보는 무료로 제공된다.

26

민간직업정보의 일반적인 특성에 관한 설명으로 옳은 것은?

① 특정한 목적에 맞게 해당분야 및 직종을 제한적으로 제시하는 경향이 있다.
② 특정시기에 국한되지 않고 지속적으로 제공된다.
③ 무료로 제공된다.
④ 다른 정보에 미치는 영향이 크며 연관성이 높은 편이다.

해설

민간 직업정보의 특징은 정보제공이 불연속적, 한시적, 집중적이며 직업의 분류 및 구분이 자의적, 임의적, 주관적이다. 또한 특정 직업에 대한 제한적 정보를 조사·수록하며 다른 정보와 관련성이 낮고, 유료인 대신 신속성이 있다.
②, ③, ④ 공공 직업정보의 특성이다.

27

한국직업사전의 부가 직업정보에 대한 설명으로 옳은 것은?

① 정규교육 : 해당직업 종사자의 평균학력을 나타낸다.
② 조사연도 : 해당 직업의 직무조사가 실시된 연도를 나타낸다.
③ 작업강도 : 해당 직업의 직무를 수행하는 데 필요한 육체적·심리적·정신적 힘의 강도를 나타낸다.
④ 유사명칭 : 본직업명과 기본적인 직무에 있어서 공통점이 있으나 직무의 범위, 대상 등에 또는 나누어지는 직업이다.

해설

조사연도는 해당 직업의 직무조사가 실시된 연도를 나타낸다.

28

한국직업사전의 부가 직업정보 중 숙련기간에 대한 설명으로 틀린 것은?

① 정규교육과정을 이수한 후 해당 직업의 직무를 평균적인 수준으로 스스로 수행하기 위하여 필요한 각종 교육기간, 훈련기간 등을 의미한다.
② 해당 직업에 필요한 자격·면허를 취득하는 취업 전 교육 및 훈련기간뿐만 아니라 취업 후에 이루어지는 관련 자격·면허 취득 교육 및 훈련 기간도 포함된다.
③ 자격·면허가 요구되는 직업은 아니지만 해당 직무를 평균적으로 수행하기 위한 각종 교육·훈련, 수습교육, 기타 사내교육, 현장훈련 등의 기간이 포함된다.
④ 5수준의 숙련기간은 4년 초과~10년 이하이다.

해설

5수준의 숙련기간은 6개월~1년 이하이다.

29

2019 한국직업전망에서 세분류 수준의 일자리 전망 결과가 '증가' 및 '다소 증가'에 해당하는 직업명을 모두 고른 것은?

> ㄱ. 연예인 및 스포츠매니저
> ㄴ. 간병인
> ㄷ. 네트워크시스템개발자
> ㄹ. 보육교사
> ㅁ. 임상심리사

① ㄱ, ㄴ, ㄷ, ㅁ, ㅂ
② ㄴ, ㄹ, ㅂ
③ ㄱ, ㄷ, ㄹ, ㅁ
④ ㄱ, ㄴ, ㄷ, ㄹ, ㅁ, ㅂ

해설

제시된 예는 모두 '증가'에 해당된다. 이외에도 증가에 해당하는 직업으로는 간병인, 네트워크시스템개발자, 컴퓨터보안전문가, 한의사, 사회복지사, 간호사가 있고, 다소증가에 해당하는 직업으로는 연예인 및 스포츠매니저, 보육교사, 임상심리사, 감독 및 연출자, 경호원, 만화가 및 애니메이터, 행사기획자 등이 있다.

CHAPTER 02

직업 및 산업분류의 활용

1 직업분류의 이해

Thema 1 한국표준직업분류의 이해

(1) 한국표준직업분류의 의의

한국표준직업분류(KSCO ; Korea Standard Classification of Occupations)는 직업분류를 우리나라의 직업구조와 실태에 맞도록 표준화한 것이다.

(2) 한국표준직업분류(2018, 제7차)의 개정   기출 19년

① 지난 개정 이후 시간 경과를 고려하여 전면 개정 방식으로 추진하되, 중분류 이하 단위 분류 체계를 중심으로 개정을 추진하였다.

② 국제표준직업분류(ISCO)의 분류 기준, 적용 · 원칙, 구조 및 부호 체계 등 직업 분류 기본 틀은 기존 체계를 유지하였으며, 특히 2007년 7월 개정작업에 이어 국제표준직업분류(ISCO – 08) 개정 내용을 추가로 반영하였다.

③ 국내 노동시장 직업구조의 변화 특성을 반영하여 전문 기술직의 직무영역 확장 등 지식 정보화 사회 변화상을 반영하고 사회 서비스 일자리 직종을 세분 및 신설하였다. 고용규모 대비 분류항목 수가 적은 사무 및 판매 · 서비스직 분류는 세분하고 자동화 · 기계화 진전에 따른 기능직 및 기계 조작직 분류는 통합하였다.

④ 관련 분류 간 연계성, 통합성을 제고하고, 직업분류체계의 일관성을 유지하기 위해 2016년 9월 제정 · 고시된 한국표준교육분류(KSCED)와 2017년 1월 개정 · 고시된 한국표준산업분류(KSIC)의 내용을 명칭변경, 분류신설 등에 반영하였다. 또한 한국표준직업분류(KSCO)와 특수분류인 고용직업분류(KECO)가 세분류 수준에서 일대일로 연계될 수 있도록 복수연계 항목을 세분하였다.

(3) 한국표준직업분류(2018, 제7차) 개정의 특징 기출 19년

① **전문 기술직의 직무영역 확장 등 지식 정보화 사회 변화상 반영**

  ⊙ 4차 산업혁명 등 ICT's 기반의 기술 융·복합 및 신성장 직종을 분류체계에 반영하여 데이터 분석가, 모바일 애플리케이션 프로그래머, 산업 특화 소프트웨어프로그래머 등을 신설하였다.

  ⊙ 문화·미디어 콘텐츠와 채널의 생산 및 유통구조가 다변화됨에 따라 신성장 직종인 미디어 콘텐츠 창작자, 사용자 경험 및 인터페이스 디자이너, 공연·영화 및 음반 기획자 등을 신설하거나 세분하였다.

  ⊙ 과학기술 고도화에 따라 로봇공학 기술자 및 연구원을 상향 조정하고, 대형재난 대응 및 예방의 사회적 중요성을 고려하여 방재 기술자 및 연구원을 신설하였다.

② **사회 서비스 일자리 직종 세분 및 신설**

  ⊙ 저출산·고령화에 따른 돌봄·복지 일자리 수요 증가를 반영하여 노인 및 장애인 돌봄 서비스 종사원, 놀이 및 행동치료사를 신설하고, 임상심리사, 상담 전문가 등 관련 직종을 상향 조정하였다.

  ⊙ 여가 및 생활 서비스 일자리 수요 증가를 반영하여 문화 관광 및 숲·자연환경 해설사, 반려동물 훈련사, 개인 생활 서비스 종사원 등을 신설하였다.

③ **고용규모 대비 분류항목이 적은 사무 및 판매·서비스직 세분**

  이제까지 포괄적 직무로 분류되어 온 사무직의 대학 행정 조교, 증권 사무원, 기타 금융 사무원, 행정사, 중개 사무원을 신설하고, 판매·서비스직의 소규모 상점 경영 및 일선 관리 종사원, 대여 제품 방문 점검원 등의 직업을 신설 또는 세분하였다.

④ **자동화·기계화 진전에 따른 기능직 및 기계 조작직 직종 통합**

  제조 관련 기능 종사원, 과실 및 채소 가공 관련 기계 조작원, 섬유 제조 기계 조작원 등은 복합·다기능 기계의 발전에 따라 세분화된 직종을 통합하였다.

시험 에 이렇게 나왔다!

한국표준직업분류의 주요 개정(제7차) 방향 및 특징에 대한 설명으로 틀린 것은?

(19년 3회)

① 지난 개정 이후 시간 경과를 고려하여 전면 개정 방식으로 추진하되, 중분류 이하 단위 분류 체계를 중심으로 개정을 추진하였다.

② 대형재난 대응 및 예방의 사회적 중요성을 고려하여 방재 기술자 및 연구원을 신설하였다.

③ 포괄적 직무로 분류되어 온 사무직의 대학행정 조교, 증권 사무원, 기타 금융 사무원, 행정사, 중개 사무원을 신설하였다.

④ 제조 관련 기능 종사원, 과실 및 채소 가공 관련 기계 조작원, 섬유 제조 기계 조작원 등은 복합·다기능 기계의 발전에 따라 통합되었던 직종을 세분하였다.

답 ④

Thema 2 한국표준직업분류 ; 직업의 조건

시험에 이렇게 나왔다!

다음 (   )에 알맞은 것은?
(16년 3회)

국제표준직업분류(ISCO –
08)에서 (   )은(는) '자영
업을 포함하여 특정한 고용
주를 위하여 개별 종사자들
이 수행하거나 또는 수행해
야 할 일련의 업무와 과업
(Tasks and Duties)'으로
설정하고 있다.

① 직무   ② 직업
③ 직위   ④ 직군

답 ①

(1) 직업의 정의

국제표준직업분류(ISCO – 08)에서 직무는 '자영업을 포함하여 특정한 고용주를 위하여 개별 종사자들이 수행하거나 또는 수행해야 할 일련의 업무와 과업'으로 설정하고 있으며, 직업은 '유사한 직무의 집합'으로 정의된다. 여기에서 유사한 직무란 '주어진 업무와 과업이 매우 높은 유사성을 갖는 것'을 의미한다.

(2) 직업의 조건

① 계속성

직업은 유사성을 갖는 직무를 지속적으로 수행하는 계속성을 가져야 하는데 '일의 계속성'이란 일시적인 것을 제외한 다음에 해당하는 것을 말한다.

㉠ 매일, 매주, 매월 등 주기적으로 행하는 것
㉡ 계절적으로 행해지는 것
㉢ 명확한 주기는 없으나 계속적으로 행해지는 것
㉣ 현재 하고 있는 일을 계속적으로 행할 의지와 가능성이 있는 것

② 경제성

경제적인 거래 관계가 성립하는 활동을 수행해야 함을 의미한다. 따라서 무급 자원봉사와 같은 활동이나 전업학생의 학습행위는 경제활동 혹은 직업으로 보지 않는다. 직업의 성립에는 비교적 엄격한 경제성의 기준이 적용되는데, 노력이 전제되지 않는 자연발생적인 이득의 수취나 우연하게 발생하는 경제적인 과실에 전적으로 의존하는 활동은 직업으로 보지 않는다.

시험에 이렇게 나왔다!

직업성립의 일반요건과 가장
거리가 먼 것은? (16년 2회)
① 윤리성
② 경제성
③ 계속성
④ 사회보장성

답 ④

③ 윤리성과 사회성

윤리성은 비윤리적인 영리행위나 반사회적인 활동을 통한 경제적인 이윤추구는 직업 활동으로 인정되지 못한다는 것이다. 사회성은 보다 적극적인 것으로서 모든 직업 활동은 사회 공동체적인 맥락에서 의미 있는 활동, 즉 사회적인 기여를 전제조건으로 하고 있다는 점을 강조한다.

④ 기타

속박된 상태에서의 제반활동은 경제성이나 계속성의 여부와 상관없이 직업으로 보지 않는다.

> **🔍 한국표준직업분류에서 직업으로 보지 않는 경우**
>
> - 이자, 주식배당, 임대료(전세금, 월세) 등과 같은 자산 수입이 있는 경우
> - 연금법, 국민기초생활보장법, 국민연금법 및 고용보험법 등의 사회보장이나 민간보험에 의한 수입이 있는 경우
> - 경마, 경륜, 경정, 복권 등에 의한 배당금이나 주식투자에 의한 시세차익이 있는 경우
> - 예·적금 인출, 보험금 수취, 차용 또는 토지나 금융자산을 매각하여 수입이 있는 경우
> - 자기 집의 가사 활동에 전념하는 경우
> - 교육기관에 재학하며 학습에만 전념하는 경우
> - 시민봉사활동 등에 의한 무급 봉사적인 일에 종사하는 경우
> - 사회복지시설 수용자의 시설 내 경제활동
> - 수형자의 활동과 같이 법률에 의한 강제노동을 하는 경우
> - 도박, 강도, 절도, 사기, 매춘, 밀수와 같은 불법적인 활동

Thema 3 한국표준직업분류 ; 직업 대분류와 직능수준

(1) 직업 대분류

① 국제표준직업분류(ISCO)에서 정의한 직능수준(Skill Level)은 정규교육을 통해서만 얻을 수 있는 것은 아니며, 비정규적인 직업훈련과 직업경험을 통하여서도 얻게 된다.

② 따라서 분류에서 사용되는 기본개념은 정규교육 수준에 의해 분류되는 것이 아니라, 직무를 수행하는 데 필요한 특정업무의 수행능력이다.

③ 이러한 기본 개념에 의하여 설정된 분류체계는 국제적 특성을 고려하여 4개의 직능수준으로 구분하고, 직무능력이 정규교육(또는 직업훈련)을 통하여서 얻어지는 것이라고 할 때 국제표준교육분류(ISCED – 11)상의 교육과정 수준에 의하여 정의된다.

(2) 직능수준

① 제1직능 수준

수행과업	일반적으로 단순하고 반복적이며 때로는 육체적인 힘을 요하는 과업을 수행한다. 간단한 수작업 공구나 진공청소기, 전기장비들을 이용한다. 과일을 따거나 채소를 뽑고 단순 조립을 수행하며, 손을 이용하여 물건을 나르기도 하고 땅을 파기도 한다.
직무교육	최소한의 문자이해와 수리적 사고능력이 요구되는 간단한 직무교육으로 누구나 수행할 수 있다.
교육수준	제1직능 수준의 일부 직업에서는 초등교육이나 기초적인 교육(ISCED 수준 1)을 필요로 한다.

② 제2직능 수준

요구능력	일반적으로 완벽하게 읽고 쓸 수 있는 능력과 정확한 계산능력, 그리고 상당한 정도의 의사소통능력을 필요로 한다.
직무교육	일부 전문적인 직무훈련과 실습과정이 요구되며, 훈련실습기간은 정규훈련을 보완하거나 정규훈련의 일부 또는 전부를 대체할 수 있다. 운송수단의 운전이나 경찰 업무를 수행하기도 한다. 일부의 직업은 중등학교 졸업 후 교육(ISCED 수준 4)이나 직업교육기관에서의 추가적인 교육이나 훈련을 요구할 수도 있다.
교육수준	보통 중등 이상의 교육과정의 정규교육 이수(ISCED 수준 2, 수준 3) 또는 이에 상응하는 직업훈련이나 직업경험을 필요로 한다.

③ 제3직능 수준

요구능력	복잡한 과업과 실제적인 업무를 수행할 정도의 전문적인 지식을 보유하고 수리계산이나 의사소통능력이 상당히 높아야 한다.
직무교육	일정한 보충적 직무훈련 및 실습과정이 요구될 수 있으며, 정규훈련과정의 일부를 대체할 수도 있다. 또한 유사한 직무를 수행함으로써 경험을 습득하여 이에 해당하는 수준에 이를 수도 있다. 시험원과 진단과 치료를 지원하는 의료관련 분야나 스포츠관련 직업이 대표적이다.
교육수준	일반적으로 중등교육을 마치고 1~3년 정도의 추가적인 교육과정(ISCED 수준 5) 정도의 정규교육 또는 직업훈련을 필요로 한다.

④ 제4직능 수준

요구능력	매우 높은 수준의 이해력과 창의력 및 의사소통능력이 필요하다.
직무교육	일정한 보충적 직무훈련 및 실습이 요구된다. 또한 유사한 직무를 수행함으로써 경험을 습득하여 이에 해당하는 수준에 이를 수도 있다. 분석과 문제해결, 연구와 교육 그리고 진료가 대표적이다.
교육수준	일반적으로 4년 또는 그 이상 계속하여 학사, 석사나 그와 동등한 학위가 수여되는 교육수준(ISCED 수준 6)의 정규교육 또는 훈련을 필요로 한다.

(3) 대분류별 직능 수준

대분류	대분류 항목	직능 수준
1	관리자	제4직능 수준 혹은 제3직능 수준
2	전문가 및 관련 종사자	제4직능 수준 혹은 제3직능 수준
3	사무 종사자	제2직능 수준
4	서비스 종사자	제2직능 수준
5	판매 종사자	제2직능 수준
6	농림 · 어업 숙련 종사자	제2직능 수준
7	기능원 및 관련 기능 종사자	제2직능 수준
8	장치 · 기계 조작 및 조립 종사자	제2직능 수준
9	단순노무 종사자	제1직능 수준
A	군인	제2직능 수준 이상

시험에 이렇게 나왔다!

한국표준직업분류의 대분류에서 제4직능 수준 혹은 제3직능 수준을 필요로 하는 것은? (17년 2회)

① 관리자
② 사무 종사자
③ 서비스 종사자
④ 기능원 및 관련 기능 종사자

답 ①

시험에 이렇게 나왔다!

한국표준직업분류 대분류와 직능수준이 틀리게 연결된 것은? (17년 1회)

① 관리자 – 제4직능 수준 혹은 제3직능 수준 필요
② 판매 종사자 – 제2직능 수준 필요
③ 군인 – 제2직능 수준 필요
④ 단순노무 종사자 – 제1직능 수준 필요

답 ③

(1) 직업분류의 일반원칙 $\quad$ 기출 16년

① 포괄성의 원칙

우리나라에 존재하는 모든 직무는 어떤 수준에서든지 분류에 포괄되어야 한다. 특정한 직무가 누락되어 분류가 불가능할 경우에는 포괄성의 원칙을 위배한 것으로 볼 수 있다.

② 배타성의 원칙

동일하거나 유사한 직무는 어느 경우에든 같은 단위직업으로 분류되어야 한다는 점이다. 하나의 직무가 동일한 직업단위 수준에서 2개 혹은 그 이상의 직업으로 분류될 수 있다면 배타성의 원칙을 위반한 것이라 할 수 있다.

(2) 다수 직업 종사자의 분류 원칙 $\quad$ 기출 20, 18, 15, 13, 10, 07년

한 사람이 전혀 상관성이 없는 두 가지 이상의 직업에 종사할 경우에 그 직업을 결정하는 일반적 원칙은 다음과 같다.

① 취업시간 우선 원칙

가장 먼저 분야별로 취업시간을 고려하여 보다 긴 시간을 투자하는 직업으로 결정한다.

② 수입 우선 원칙

위의 경우 분별하기 어려운 경우는 수입이 많은 직업으로 결정한다.

③ 조사 시 최근의 직업 원칙

위의 두 가지 경우로 판단할 수 없는 경우에는 조사시점을 기준으로 최근에 종사한 직업으로 결정한다.

시험 에 이렇게 나왔다!

다음은 한국표준직업분류에서 직업분류의 일반 원칙이다. ( )에 알맞은 것은?
(16년 2회)

동일하거나 유사한 직무는 어느 경우에든 같은 단위직업으로 분류되어야 한다. 하나의 직무가 동일한 직업단위 수준에서 2개 혹은 그 이상의 직업으로 분류될 수 있다면 ( )의 원칙을 위반한 것이라 할 수 있다.

① 단일성   ② 배타성
③ 포괄성   ④ 경제성
답 ②

시험 에 이렇게 나왔다!

한국표준직업분류에서 다수 직업종사자의 분류원칙이 아닌 것은? (15년 1회)

① 주된 직무 우선의 원칙
② 취업시간 우선의 원칙
③ 수입 우선의 원칙
④ 조사 시 최근의 직업 원칙
답 ①

(3) 포괄적인 업무에 대한 직업분류 원칙 기출 20, 19, 18, 16, 15, 14, 13, 11, 10, 09, 08, 07년

동일한 직업일지라도 사업체에 따라 직무범위에 차이가 날 수 있다. 직무의 범위가 분류에 명시된 내용과 일치하지 않을 경우 다음과 같은 순서에 따라 분류원칙을 적용한다.

① 주된 직무 우선 원칙

2개 이상의 직무를 수행하는 경우는 수행되는 직무내용과 관련 분류항목에 명시된 직무내용을 비교·평가하여 관련 직무 내용상의 상관성이 가장 많은 항목에 분류한다.

예 교육과 진료를 겸하는 의과대학 교수는 강의, 평가, 연구 등과 진료, 처치, 환자상담 등의 직무내용을 파악하여 관련 항목이 많은 분야로 분류한다.

② 최상급 직능수준 우선 원칙

수행된 직무가 상이한 수준의 훈련과 경험을 통해서 얻어지는 직무능력을 필요로 한다면, 가장 높은 수준의 직무능력을 필요로 하는 일에 분류하여야 한다.

예 조리와 배달의 직무비중이 같을 경우에는 조리의 직능수준이 높으므로 조리사로 분류한다.

③ 생산업무 우선 원칙

재화의 생산과 공급이 같이 이루어지는 경우 생산단계에 관련된 업무를 우선적으로 분류한다.

예 한 사람이 빵을 생산하여 판매도 하는 경우에는 판매원으로 분류하지 않고 제빵사 및 제과원으로 분류한다.

시험 에 이렇게 나왔다!

한국표준직업분류에서 포괄적인 업무에 대한 분류원칙에 해당하지 않는 것은?
(16년 1회)

① 주된 직무 우선 원칙
② 최상급 직능수준 우선 원칙
③ 다수 취업시간 우선 원칙
④ 생산업무 우선 원칙

답 ③

(1) 대분류1 : 관리자

① 의회의원처럼 공동체를 대리하여 법률이나 규칙을 제정하고, 정부를 대표·대리하며 정부 및 공공이나 이익단체의 정책을 결정하고 이를 지휘·조정한다. 정부, 기업, 단체 또는 그 내부부서의 정책과 활동을 기획·지휘 및 조정하는 직무를 수행한다.

② 현업을 겸할 경우에는 직무시간의 80% 이상을 다른 사람의 직무를 분석, 평가, 결정하거나 지시하고 조정하는 데 사용하는 경우에만 관리자 직군으로 분류한다.

③ 이 대분류에 포함되는 대부분의 직업은 제4수준과 제3수준의 직무능력을 필요로 한다.

④ 중분류로는 11 공공기관 및 기업 고위직, 12 행정·경영 지원 및 마케팅 관리직, 13 전문 서비스 관리직, 14 건설·전기 및 생산 관련 관리직, 15 판매 및 고객 서비스 관리직이 있다.

(2) 대분류2 : 전문가 및 관련 종사자　　　기출 17, 15, 12년

① 주로 자료의 분석과 관련된 직종으로 물리, 생명과학 및 사회과학 분야에서 높은 수준의 전문적 지식과 경험을 기초로 과학적 개념과 이론을 응용하여 해당 분야를 연구, 개발 및 개선하고 집행한다.

② 전문지식을 이용하여 의료 진료활동과 각급학교 학생을 지도하고 예술적인 창작활동이나 스포츠 활동 등을 수행한다.

③ 전문가의 지휘하에 조사, 연구 및 의료, 경영에 관련된 기술적인 업무를 수행한다.

④ 이 대분류에 포함되는 대부분의 직업은 제4수준과 제3수준의 직무능력을 필요로 한다.

⑤ 중분류로는 21 과학 전문가 및 관련직, 22 정보 통신 전문가 및 기술직, 23 공학 전문가 및 기술직, 24 보건·사회복지 및 종교 관련직, 25 교육 전문가 및 관련직, 26 법률 및 행정 전문직, 27 경영·금융전문가 및 관련직, 28 문화·예술·스포츠 전문가 및 관련직이 있다.

시험 에 이렇게 나왔다!

한국표준직업분류의 "대분류 2 전문가 및 관련 종사자"에 속하지 않는 직업은?
(15년 3회)

① 기상예보관
② 경찰관
③ 웹마스터
④ 운동경기 코치

답 ②

(3) 대분류3 : 사무 종사자

① 관리자, 전문가 및 관련 종사자를 보조하여 경영방침에 의해 사업계획을 입안하고 계획에 따라 업무를 추진하며 당해 직업에 관련된 정보의 기록, 보관, 계산 및 검색 등의 업무를 수행한다.

② 금전취급 활동, 법률 및 감사, 상담, 안내 및 접수와 관련하여 사무적인 업무를 주로 수행한다.

③ 이 대분류에 포함되는 대부분의 직업은 제2수준의 직무능력을 필요로 한다.

④ 중분류로는 31 경영 및 회계 관련 사무직, 32 금융 사무직, 33 법률 및 감사 사무직, 34 상담 · 안내 통계 및 기타 사무직이 있다.

(4) 대분류4 : 서비스 종사자   기출 13년

① 공공안전이나 신변보호, 의료보조, 이 · 미용, 혼례 · 장례, 운송, 여가 · 스포츠, 조리 및 음식 관련 서비스 등 대인 서비스를 제공하는 업무를 수행한다.

② 이 대분류에 포함되는 대부분의 직업은 제2수준의 직무능력을 필요로 한다.

③ 중분류로는 41 경찰 · 소방 및 보안관련 서비스직, 42 돌봄 · 보건 및 개인생활 서비스직, 43 운송 및 여가 서비스직, 44 조리 및 음식 서비스직이 있다.

(5) 대분류5 : 판매 종사자   기출 13년

① 영업활동을 통해 상품이나 서비스를 판매하거나 인터넷 등 통신을 이용하거나 상점이나 거리 및 공공장소에서 상품을 판매 또는 임대한다.

② 상품을 광고하거나 상품의 품질과 기능을 홍보하며, 매장에서 계산을 하거나 요금정산 등의 활동을 수행한다.

③ 이 대분류에 포함되는 대부분의 직업은 제2수준의 직무능력을 필요로 한다.

④ 중분류로는 51 영업직, 52 매장 판매 및 상품 대여직, 53 통신 및 방문 · 노점 판매 관련직이 있다.

시험 에 이렇게 나왔다!

한국표준직업분류에서 다음 중분류를 포괄하는 대분류에 해당하는 것은? (17년 3회)

> 과학 전문가 및 관련직, 정보통신 전문가 및 기술직, 공학 전문가 및 기술직, 보건 · 사회복지 및 종교 관련직, 교육 전문가 및 관련직, 법률 및 행정 전문직, 경영 · 금융 전문가 및 관련직, 문화 · 예술 · 스포츠 전문가 및 관련직

① 서비스 종사자
② 기술공 및 준전문가
③ 전문가 및 관련 종사자
④ 기능원 및 관련 기능 종사자

답 ③

(6) 대분류6 : 농림 · 어업 숙련 종사자

① 자기 계획과 판단에 따라 농산물, 임산물 및 수산물의 생산에 필요한 지식과 경험을 기초로 작물을 재배 · 수확하고 동물을 번식 · 사육하며, 산림을 경작 · 보존 및 개발하고, 물고기 및 기타 수생 동식물을 번식 및 양식하는 직무를 수행한다.

② 이 대분류에 포함되는 대부분의 직업은 제2수준의 직무능력을 필요로 한다.

(7) 대분류7 : 기능원 및 관련 기능 종사자

① 광업, 제조업, 건설업 분야에서 관련된 지식과 기술을 응용하여 금속을 성형하고 각종 기계를 설치 및 정비한다.

② 작업은 손과 수공구를 주로 사용하며 기계를 사용하더라도 기계의 성능보다 사람의 기능이 갖는 역할이 중요하다.

③ 이 대분류에 포함되는 대부분의 직업은 제2수준의 직무능력을 필요로 한다.

(8) 대분류8 : 장치 · 기계조작 및 조립 종사자

① 기계를 조작하여 제품을 생산하거나 대규모적이고 때로는 고도의 자동화된 산업용 기계 및 장비를 조작하고 부분품을 가지고 제품을 조립하는 업무로 구성된다.

② 운송장비의 운전업무도 포함된다.

③ 이 대분류에 포함되는 대부분의 직업은 제2수준의 직무능력을 필요로 한다.

(9) 대분류9 : 단순노무 종사자 기출 20, 15, 13, 12, 11년

① 주로 간단한 수공구의 사용과 단순하고 일상적이며, 어떤 경우에는 상당한 육체적 노력이 요구되고, 거의 제한된 창의와 판단만을 필요로 하는 업무를 수행한다.

② 몇 시간 혹은 몇십 분의 직무훈련으로 업무수행이 충분히 가능한 직업이 대부분이다.

③ 직능수준이 낮으므로 단순 노무직 내부에서의 직업 이동은 상대적으로 매우 용이한 편이라고 할 수 있다.

④ 이 대분류에 포함되는 대부분의 직업은 제1수준의 직무능력을 필요로 한다.

(10) 대분류A : 군인 기출 13, 09년

① 의무 복무 여부를 불문하고 현재 군인 신분을 유지하고 있는 군인을 말한다.

② 직업정보 취득의 제약 등 특수 분야이므로 직무를 기준으로 분류하는 것이 아니라 계급을 중심으로 분류하였다.

③ 국방과 관련된 정부기업에 고용된 민간인, 국가의 요청에 따라 단기간 군사훈련 또는 재훈련을 위해 일시적으로 소집된 자 및 예비군은 제외한다.

④ 이 대분류에 포함되는 대부분의 직업은 제2수준 이상의 직무능력을 필요로 한다.

시험에 이렇게 나왔다!

한국표준직업분류에서 다음 개념에 해당하는 대분류는? (15년 2회)

주로 수공구의 사용과 단순하고 일상적이며, 어떤 경우에는 상당한 육체적 노력이 요구되고, 거의 제한된 창의와 판단만을 필요로 하는 업무를 수행한다. 대부분 단시간의 직업 내 훈련(On the Job Training)으로 업무수행이 충분히 가능하며, 일반적으로 제1수준의 직무능력을 필요로 한다.

① 단순노무 종사자
② 장치 · 기계조작 및 조립 종사자
③ 기능원 및 관련 기능 종사자
④ 판매 종사자

답 ①

Thema 6 한국고용직업분류

(1) 한국고용직업분류의 의의

① 한국고용직업분류(KECO ; Korea Employment Classification of Occupations)는 노동시장 상황과 수요, 현실적 직업구조 등을 반영하여 직무를 체계적으로 분류한 것이다.

② 고용구조조사를 통해 얻어진 데이터를 분석하여 각 분류단위·구조를 노동시장에 적합하도록 작성한 것이다.

③ 고용 관련 행정DB나 통계조사자료의 결과를 집계하고 비교하기 위한 통계목적으로 활용되고 있다.

(2) 한국고용직업분류(2018)의 기준

① **직능유형을 우선 적용** : 누구나 쉽게 이해하여 적용할 수 있도록 직능유형에 따른 분류원칙을 견지하였으며 대분류 및 중분류 단위는 직능유형을 우선적으로 고려하고, 소분류 단위에서는 직능수준을 고려하였다.

② **분류항목 구분** : 기존 24개의 중분류 중심 분류체계에서 10개의 실질적인 대분류 중심 분류체계로 전환하였고, 0~9까지 10가지 유형으로 구분되어 직업코드의 첫 번째 자리로 대분류를 식별할 수 있다. 대분류 10개 항목, 중분류 35개 항목, 소분류 136개 항목, 세분류 450개 항목으로 구성된다.

(3) 한국고용직업분류(2018)의 개정 방향

① 국가통계 활용성 제고를 위해 세분류 단위에서 직무 포괄범위를 일치시켰다.

② 널리 통용되는 직업 명칭을 사용하고 의미전달이라는 목적에 부합하도록 간명한 직업명을 사용하였다.

③ 일 – NCS – 자격 – 훈련 – 직업정보 간의 연계, 고용행정DB 및 통계조사 이용 등 고용노동행정의 근간이 되는 분류 틀로 활용한다는 기존 방향도 견지하였다.

2 산업분류의 이해

Thema 1 한국표준산업분류의 이해

(1) 정의
기출 20, 19, 16, 15, 13, 12, 07년

① 산업이란 유사한 성질을 갖는 산업활동에 주로 종사하는 생산단위의 집합이다.

② 산업활동이란 각 생산단위가 노동, 자본, 원료 등 자원을 투입하여 재화 또는 서비스를 생산 또는 제공하는 일련의 활동과정이다.

참고하세요!

산업활동의 범위에는 영리적 · 비영리적 활동이 모두 포함되나, 가정 내의 가사활동은 제외된다.

(2) 분류의 목적
기출 17, 16, 15, 14, 13, 12, 11년

① 한국표준산업분류(KSIC)는 생산단위(사업체 단위, 기업체 단위 등)가 주로 수행하는 산업활동을 그 유사성에 따라 체계적으로 유형화한 것이다.

② 산업활동에 의한 통계자료의 수집, 제표, 분석 등을 위해서 활동 분류 및 범위를 제공하기 위한 것으로, 통계법에서는 산업통계자료의 정확성, 비교성을 위하여 모든 통계작성기관이 이를 의무적으로 사용하도록 규정하고 있다.

③ 통계작성 목적 이외에도 일반 행정 및 산업정책 관련 법령에서 그 법령의 적용대상 산업영역을 한정하는 기준으로 준용되고 있다.

(3) 분류의 기준
기출 20, 18, 15, 14, 13, 12, 11, 10, 09년

산업분류는 생산단위가 주로 수행하고 있는 산업활동을 그 유사성에 따라 유형화한 것으로, 이는 다음과 같은 분류기준에 의하여 분류된다.

① 산출물(생산된 재화 또는 제공된 서비스)의 특성
  ㉠ 산출물의 물리적 구성 및 가공 단계
  ㉡ 산출물의 수요처
  ㉢ 산출물의 기능 및 용도
② 투입물의 특성
  원재료, 생산 공정, 생산기술 및 시설 등
③ 생산활동의 일반적인 결합형태

시험에 이렇게 나왔다!

한국표준산업분류의 분류 목적에 대한 설명으로 틀린 것은? (16년 3회)

① 생산단위가 주로 수행하는 산업 화동을 그 유사성에 따라 체계적으로 유형화한다.
② 산업 활동에 의한 통계자료의 수집, 제표, 분석 등을 위하여 활동카테고리를 제공한다.
③ 통계법에서는 산업통계자료의 정확성, 비교성을 위하여 모든 통계작성기관이 이를 선택적으로 사용하도록 규정하고 있다.
④ 일반 행정 및 산업정책 관련 법령에서 적용대상 산업영역을 한정하는 기준으로 준용되고 있다.

답 ③

(4) 산업분류의 적용원칙

기출 20~12, 10~07년

① 생산단위는 산출물뿐만 아니라 투입물과 생산공정 등을 함께 고려하여 그들의 활동을 가장 정확하게 설명된 항목에 분류해야 한다.

② 복합적인 활동단위는 우선적으로 최상급 분류단계(대분류)를 정확히 결정하고, 순차적으로 중 · 소 · 세 · 세세분류 단계 항목을 결정하여야 한다.

③ 산업활동이 결합되어 있는 경우에는 그 활동단위의 주된 활동에 따라서 분류하여야 한다.

④ 수수료 또는 계약에 의하여 활동을 수행하는 단위는 동일한 산업활동을 자기계정과 자기책임 하에서 생산하는 단위와 같은 항목에 분류하여야 한다.

⑤ 자기가 직접 실질적인 생산활동은 하지 않고, 다른 계약업자에 의뢰하여 재화 또는 서비스를 자기계정으로 생산하게 하고, 이를 자기명의로, 자기 책임 아래 판매하는 단위는 이들 재화나 서비스 자체를 직접 생산하는 단위와 동일한 산업으로 분류하여야 한다. 다만, 제조업의 경우에는 이들 이외에 제품의 성능 및 기능, 고안 및 디자인, 원재료 구성 설계, 견본 제작 등에 중요한 역할을 하고 자기계정으로 원재료를 제공하여야 한다.

⑥ 동일 단위에서 제조한 재화의 소매활동은 별개 활동으로 분류하지 않고 제조활동으로 분류되어야 한다. 그러나 자기가 생산한 재화와 구입한 재화를 함께 판매한다면 그 주된 활동에 따라 분류한다.

⑦ '공공행정 및 국방, 사회보장 사무' 이외의 교육, 보건, 제조, 유통 및 금융 등 다른 산업활동을 수행하는 정부기관은 그 활동의 성질에 따라 분류하여야 한다. 반대로, 법령 등에 근거하여 전형적인 공공행정 부문에 속하는 산업활동을 정부기관이 아닌 민간에서 수행하는 경우에는 공공행정 부문으로 포함한다.

⑧ 생산단위의 소유 형태, 법적 조직 유형 또는 운영 방식은 산업분류에 영향을 미치지 않는다. 이런 기준은 경제활동 자체의 특징과 관련이 없기 때문이다. 즉, 동일 산업활동에 종사하는 경우, 법인, 개인사업자 또는 정부기업, 외국계 기업 등인지에 관계없이 동일한 산업으로 분류한다.

⑨ 공식적 생산물과 비공식적 생산물, 합법적 생산물과 불법적인 생산물을 달리 분류하지 않는다.

시험에 이렇게 나왔다!

한국표준산업분류의 적용원칙에 관한 설명으로 틀린 것은? (16년 1회)

① 산업활동이 결합되어 있는 경우에는 그 활동단위의 주된 활동에 따라서 분류되어야 한다.
② 생산단위는 산출물뿐만 아니라 투입물과 생산공정 등을 함께 고려하여 그들의 활동을 가장 정확하게 설명된 항목에 분류해야 한다.
③ 수수료 또는 계약에 의하여 활동을 수행하는 단위는 자기계정과 자기 책임하에서 생산하는 단위와 별도항목으로 분류되어야 한다.
④ 복합적인 활동단위는 우선적으로 최상급 분류단계(대분류)를 정확히 결정하고, 순차적으로 중, 소, 세, 세세분류 단계 항목을 결정하여야 한다.

답 ③

(5) 분류 구조 및 부호 체계   기출 19, 18, 16, 14, 13, 12, 11년

① 분류구조는 알파벳 문자를 사용하는 대분류, 2자리 숫자를 사용하는 중분류, 3자리 숫자를 사용하는 소분류, 4자리 숫자를 사용하는 세분류, 5자리 숫자를 사용하는 세세분류의 5단계로 구성된다.

② 부호 처리를 할 경우에는 아라비아 숫자만을 사용하도록 했다.

③ 권고된 국제분류(ISIC)를 기본체계로 하였으나, 국내실정을 고려하여 국제분류의 각 단계 항목을 분할·통합 또는 재그룹화하여 독자적으로 분류항목과 분류부호를 설정하였다.

④ 분류항목 간에 산업내용의 이동을 가능한 억제하였으나 일부 이동내용에 대한 연계분석 및 시계열연계를 위하여 부록에 수록된 신구 연계표를 활용하도록 하였다.

⑤ 중분류의 번호는 01부터 99까지 부여하였으며, 대분류별 중분류 추가 여지를 남겨 놓기 위하여 대분류 사이에 번호 여백을 두었다.

⑥ 소분류 이하 모든 분류의 끝자리 숫자는 0에서 시작하여 9에서 끝나도록 하였다. 9는 기타 항목을 의미하며 앞에서 명확하게 분류되어 남아 있는 활동이 없는 경우에는 9 기타 항목이 필요 없는 경우도 있다. 또한 각 분류 단계에서 더 이상 하위분류가 세분되지 않을 때 0을 사용한다(예를 들면 중분류 02 임업, 소분류는 020).

시험 에 이렇게 나왔다!

한국표준산업분류의 분류구조 및 부호체계에 관한 설명으로 옳은 것은? (16년 1회)

① 부호처리를 할 경우에는 알파벳 문자와 아라비아 숫자를 함께 사용토록 했다.

② 권고된 국제분류 ISIC Rev.4를 기본체계로 하였으나, 국내실정을 고려하여 독자적으로 분류항목과 분류부호를 설정하였다.

③ 중분류의 번호는 001부터 999까지 부여하였으며, 대분류별 중분류 추가여지를 남겨놓기 위하여 대분류 사이에 번호 여백을 두었다.

④ 소분류 이하 모든 분류의 끝자리 숫자는 01에서 시작하여 99에서 끝나도록 하였다.

답 ②

(1) 통계단위의 개념

기출 19~13, 11, 10, 09년

① 통계단위란 생산단위의 활동(생산, 재무활동 등)에 관한 통계작성을 위하여 필요한 정보를 수집 또는 분석할 대상이 되는 관찰 또는 분석단위를 말한다.

② 관찰단위는 산업활동과 지리적 장소의 동질성, 의사결정의 자율성, 자료수집 가능성이 있는 생산단위가 설정되어야 한다.

③ 생산활동과 장소의 동질성의 차이에 따라 통계단위는 다음과 같이 구분된다.

구분	하나 이상 장소	단일 장소
하나 이상 산업활동	기업집단 단위	지역 단위
	기업체 단위	
단일 산업활동	활동유형 단위	사업체 단위

(2) 사업체 단위의 정의

기출 16, 15, 12년

① 사업체 단위란 공장, 광산, 상점, 사무소 등과 같이 산업활동과 지리적 장소의 양면에서 가장 동질성이 있는 통계단위이다.

② 일정한 물리적 장소에서 단위 산업활동을 독립적으로 수행하며, 영업잉여에 관한 통계를 작성할 수 있고, 생산에 관한 의사결정에 있어서 자율성을 갖고 있는 단위이므로, 장소의 동질성과 산업활동의 동질성이 요구되는 생산통계 작성에 가장 적합한 통계단위라고 할 수 있다.

(3) 기업체 단위의 정의

기출 19, 16년

① 기업체 단위란 재화 및 서비스를 생산하는 법적 또는 제도적 단위의 최소 결합체이다.

② 재원배분에 관한 의사결정에서 자율성을 갖고 있다.

③ 기업체는 하나 이상의 사업체로 구성될 수 있다는 점에서 사업체와 구분되며, 재무관련 통계작성에 가장 유용한 단위이다.

참고하세요!

실제 운영 면에서 사업체 단위에 대한 정의가 엄격하게 적용될 수 있는 것은 아니다. 실제 운영상 사업체 단위는 '일정한 물리적 장소 또는 일정한 지역 내에서 하나의 단일 또는 주된 경제활동에 독립적으로 종사하는 기업체 또는 기업체를 구성하는 부분 단위'라고 정의할 수 있다.

시험에 이렇게 나왔다!

다음에서 설명하고 있는 것은? (16년 1회)

한국표준산업분류상 통계단위 중 하나로 "재화 및 서비스를 생산하는 법적 또는 제도적 단위의 최소 결합체로서 자원배분에 관한 의사결정에서 자율성을 갖고 있으며, 재무 관련 통계작성에 가장 유용하다."

① 산업 ② 기업체
③ 산업활동 ④ 사업체

답 ②

Thema 3 한국표준산업분류 ; 통계단위의 산업결정

(1) 생산단위의 활동 형태
기출 17, 13, 12, 10, 07년

생산단위 산업활동은 일반적으로 주된 산업활동, 부차적 산업활동 및 보조적 활동이 결합되어 복합적으로 이루어진다.

① **주된 산업활동** : 산업활동이 복합 형태로 이루어질 경우 생산된 재화 또는 제공된 서비스 중에서 부가가치(액)가 가장 큰 활동을 말한다.

② **부차적 산업활동** : 주된 산업활동 이외의 재화 생산 및 서비스 제공 활동을 말한다.

③ **보조적 활동** : 회계, 창고, 운송, 구매, 판매 촉진, 수리 서비스 등이 포함되는 활동이다. 즉, 모 생산단위에서 사용되는 비내구재 또는 서비스를 제공하는 활동으로서 생산활동을 지원해 주기 위하여 존재한다. 생산활동과 별개의 독립된 장소에서 이루어질 경우 지역 통계 작성을 위하여 보조단위에 관한 정보를 별도로 수집할 수 있다. 주된 활동과 부차적 활동은 보조적 활동의 지원 없이는 수행될 수 없다.

(2) 산업결정방법
기출 20, 19, 17, 15, 14, 13, 11, 10, 09, 07년

① 생산단위의 산업활동은 그 생산단위가 수행하는 주된 산업활동(판매 또는 제공하는 재화 및 서비스)의 종류에 따라 결정된다. 이러한 주된 산업활동은 산출물(재화 또는 서비스)에 대한 부가가치(액)의 크기에 따라 결정되어야 하나, 부가가치(액) 측정이 어려운 경우에는 산출액에 의하여 결정한다.

② 상기의 원칙에 따라 결정하는 것이 적합하지 않을 경우에는 그 해당 활동의 종업원 수 및 노동시간, 임금 및 급여액 또는 설비의 정도에 의하여 결정한다.

③ 계절에 따라 정기적으로 산업을 달리하는 사업체의 경우에는 조사시점에서 경영하는 사업과는 관계없이 조사대상 기간 중 산출액이 많았던 활동에 의하여 분류한다.

④ 휴업 중 또는 자산을 청산 중인 사업체의 산업은 영업 중 또는 청산을 시작하기 이전의 산업활동에 의하여 결정하며, 설립 중인 사업체는 개시하는 산업활동에 따라 결정한다.

⑤ 단일사업체의 보조단위는 그 사업체의 일개 부서로 포함하며, 여러 사업체를 관리하는 중앙 보조단위(본부, 본사 등)는 별도의 사업체로 처리한다.

제3과목 직업정보론

시험 에 이렇게 나왔다!

한국표준산업분류에서 생산단위의 활동형태에 관한 설명으로 틀린 것은? (17년 3회)

① 모 생산단위의 생산품을 포장하기 위한 캔, 상자 및 유사제품의 생산은 보조단위로 본다.
② 주된 산업활동이란 산업활동이 복합형태로 이루어질 경우 생산된 재화 또는 제공된 서비스 중 부가가치(액)가 가장 큰 활동을 의미한다.
③ 부차적 산업활동은 주된 산업활동 이외의 재화 생산 및 서비스 제공 활동을 의미한다.
④ 보조활동에는 회계, 운송, 구매, 판매 촉진, 수리서비스 등이 포함된다.

답 ①

시험 에 이렇게 나왔다!

한국표준산업분류의 산업결정방법에 관한 설명으로 틀린 것은? (17년 2회)

① 생산단위의 산업활동은 그 생산단위가 수행하는 주된 산업활동의 종류에 따라 결정된다.
② 계절에 따라 정기적으로 산업을 달리하는 사업체의 경우에는 조사시점의 경영하는 산업에 의해 결정된다.
③ 휴업 중 또는 자산을 청산중인 사업체의 산업은 영업 중 또는 청산을 시작하기 전의 산업활동에 의해 결정된다.
④ 설립 중인 사업체의 산업은 개시하는 산업활동에 따라 결정한다.

답 ②

직업 및 산업분류의 활용 연습문제

01

한국표준산업분류에 관한 설명으로 틀린 것은?

① 산업 활동의 범위에서 영리적, 비영리적 활동 및 가정 내의 가사활동 등을 모두 포함한다.
② 한국표준산업분류는 통계목적 이외에도 일반행정 및 산업정책관련 법령에서 적용대상 산업 영역을 한정하는 기준으로 준용되고 있다.
③ 산업분류는 산출물 투입물의 특성, 생산 활동의 일반적인 결합 형태와 같은 기준에 의하여 분류된다.
④ 사업체 단위는 공장, 광상, 상점, 사무소 등으로 산업 활동과 지리적 장소의 양면에서 가장 동질성이 있는 통계단위이다.

해설

산업활동의 범위에는 영리적 · 비영리적 활동이 모두 포함되나, 가정 내의 가사활동은 제외된다.

02

한국표준산업분류에서 산업분류의 적용원칙에 관한 설명으로 틀린 것은? (16년 3회)

① 생산단위는 산출물뿐만 아니라 투입물과 생산공정 등을 함께 고려하여 그들의 활동을 가장 정확하게 설명된 항목에 분류해야 한다.
② 복합적인 활동단위는 우선적으로 세세분류단계를 정확히 결정하고, 순차적으로 세, 소, 중 단계 항목을 결정하여야 한다.
③ 동일단위에서 제조한 재화의 소매활동은 별개 활동으로 파악되지 않고 제조활동으로 분류 되어야 한다. 그러나 자기가 생산한 재화와 구입한 재화를 함께 판매한다면 주 주된 활동에 따라 분류한다.
④ "공공행정 및 국방 , 사회보장사무" 이외의 다른 산업활동을 수행하는 정보기관은 그 활동의 성질에 따라 분류하여야 한다.

해설

복합적인 활동단위는 우선적으로 최상급 분류단계(대분류)를 정확히 결정하고, 순차적으로 중, 소, 세, 세세분류 단계 항목을 결정하여야 한다.

03

한국표준산업분류에서 각 생산단위가 노동, 자본, 원료 등 자원을 투입하여, 재화 또는 서비스를 생산 또는 제공하는 일련의 활동 과정은?

① 산업   ② 산업활동
③ 생산활동   ④ 생산

해설

한국표준산업분류에서 산업활동이란 '각 생산단위가 노동, 자본, 원료 등 자원을 투입하여, 재화 또는 서비스를 생산 또는 제공하는 일련의 활동과정'이라 정의한다. 산업활동의 범위에는 영리적, 비영리적 활동이 모두 포함되나 가정 내의 가사활동은 제외된다.

04

한국표준직업분류에서 포괄적인 업무에 대한 직업분류원칙에 해당하는 것은?

① 최상급 직능수준 우선 원칙
② 포괄성의 원칙
③ 취업시간 우선의 원칙
④ 조사 시 최근의 직업 원칙

해설

한국표준직업분류에서 포괄적인 업무에 대한 직업분류 원칙에는 주된 직무 우선 원칙, 최상급 직능수준 우선 원칙, 생산 업무 우선 원칙이 있다.

05

한국표준산업분류의 분류목적에 관한 설명으로 틀린 것은?

(17년 1회)

① 산업활동에 의한 통계자료의 수집, 제표, 분석 등을 위해서 활동카테고리를 제공한다.
② 일반 행정 및 산업정책관련 법령에서 적용대상 산업영역을 한정하는 기준으로 준용된다.
③ 취업알선을 위한 구인·구직안내 기준으로 사용된다.
④ 산업통계 자료의 정확성, 비교성을 위하여 모든 통계작성기관이 의무적으로 사용해야 한다.

해설

취업알선을 위한 구인·구직안내 기준으로 사용되는 것은 한국표준직업분류이다.

06

한국표준직업분류에서 직업의 성립 조건에 해당하지 않는 것은?

① 경제성   ② 윤리성
③ 사회성   ④ 우연성

해설

직업의 성립조건은 계속성, 윤리성과 사회성, 속박된 상태가 아니어야 한다.

07

다음 한국표준산업분류에서 통계단위를 구분하는 표의 (   )에 알맞은 것은?

	하나 이상의 장소	단일 장소
하나 이상의 산업활동	(ㄱ)	지역단위
	기업체 단위	
단일 산업활동	활동유형단위	(ㄴ)

① ㄱ : 사업집단, ㄴ : 기업체 단위
② ㄱ : 경영집단, ㄴ : 활동체 단위
③ ㄱ : 기업집단, ㄴ : 기업체 단위
④ ㄱ : 기업집단, ㄴ : 사업체 단위

해설

기업집단/기업체 단위는 하나 이상의 장소에서 이루어지는 하나 이상의 산업활동이고, 사업체 단위는 단일 장소에서 이루어지는 단일 산업활동이다.

08

다음은 한국표준직업분류의 어떤 직능 수준에 해당하는 설명인가?

(17년 3회)

> 일반적으로 중등교육을 마치고 1~3년 정도의 추가적인 교육과정(ISCED 수준 5b) 정도의 정규교육 또는 직업훈련을 필요로 한다.

① 제1직능 수준   ② 제2직능 수준
③ 제3직능 수준   ④ 제4직능 수준

해설

제3직능수준에 해당되는 설명이다.

09

한국표준산업분류의 산업결정방법에 관한 설명으로 틀린 것은?

① 생산단위의 산업 활동은 그 생산단위가 수행하는 주된 산업 활동의 종류에 따라 결정된다.
② 계절에 따라 정기적으로 산업을 달리하는 사업체의 경우에는 조사시점에 경영하는 사업과는 관계없이 조사대상 기간 중 산출액이 많았던 활동에 의하여 분류된다.
③ 단일사업체의 보조단위는 그 사업체의 일개 부서로 포함하지 않고 별도의 사업체로 처리한다.
④ 휴업 중 또는 자산을 청산중인 사업체의 산업은 영업 중 또는 청산을 시작하기 이전의 산업활동에 의하여 결정하며, 설립 중인 사업체는 개시하는 산업활동에 따라 결정한다.

해설

단일사업체의 보조단위는 그 사업체의 일개 부서로 포함하며, 여러 사업체를 관리하는 중앙보조단위(본부)는 별도의 사업체로 처리한다.

10

한국표준산업분류에서 산업분류의 적용원칙에 관한 설명으로 틀린 것은?

① 생산단위는 산출물뿐만 아니라 투입물과 생산공정 등을 함께 고려하여 그들의 활동을 가장 정확하게 설명된 항목으로 분류해야 한다.

② 복합적인 활동단위는 우선적으로 최상급 분류단계(대분류)를 정확히 결정하고, 순차적으로 중, 소, 세, 세세분류 단계 항목을 결정해야 한다.

③ 공식적 생산물과 비공식적 생산물, 합법적 생산물과 불법적인 생산물을 달리 분류해야 한다.

④ 산업활동이 결합되어 있는 경우에는 그 활동단위의 주된 활동에 따라서 분류해야 한다.

해설

공식적 생산물과 비공식적 생산물, 합법적 생산물과 불법적인 생산물을 달리 분류하지 않는다.

11

한국표준직업분류의 대분류와 직능수준이 틀리게 연결된 것은?

① 관리자 – 제4직능 수준 혹은 제3직능 수준 필요

② 판매 종사자 – 제2직능 수준 필요

③ 농림·어업 숙련 종사자 – 제3직능 수준 필요

④ 단순노무 종사자 – 제1직능 수준 필요

해설

농림·어업 숙련 종사자는 제2직능 수준 필요이다. 제3직능 수준은 전문가 및 관련 종사자, 관리자가 해당한다.

12

한국표준직업분류에서 한 사람이 전혀 상관성이 없는 두 가지 이상의 직업에 종사할 경우에 그 직업을 결정하는 일반적 원칙이 아닌 것은? (18년 1회)

① 더 높은 직위에 있는 직업으로 결정한다.

② 수입(소득이나 임금)이 많은 직업으로 결정한다.

③ 조사시점을 기준으로 최근에 종사한 직업으로 결정한다.

④ 분야별로 취업시간을 고려하여 보다 긴 시간을 투자하는 직업으로 결정한다.

해설

다수직업 종사자의 직업분류원칙은 취업시간우선의 원칙, 수입우선의 원칙, 조사 시 최근의 직업우선의 원칙 등이다.

13

한국표준직업분류의 대분류에서 제2직능 수준을 필요로 하는 항목이 아닌 것은?

① 전문가 및 관련 종사자

② 사무 종사자

③ 서비스 종사자

④ 기능원 및 관련 기능 종사자

해설

전문가 및 관련 종사자는 제4직능 수준 혹은 제3직능 수준을 필요로 한다.

14

한국표준산업분류의 분류구조 및 부호체계에 대한 설명으로 틀린 것은? (18년 2회)

① 분류구조는 대분류(알파벳 문자 사용), 중분류(2자리 숫자 사용), 소분류(3자리 숫자 사용), 세분류(4자리 숫자 사용)의 4단계로 구성된다.

② 부호처리를 할 경우에는 아라비아 숫자만을 사용토록 했다.

③ 권고된 국제분류 ISIC Rev.4를 기본체계로 하였으나, 국내실정을 고려하여 국제분류의 각 단계 항목을 분할, 통합 또는 재그룹화하여 독자적으로 분류 항목과 분류부호를 설정하였다.

④ 중분류의 번호는 01부터 99까지 부여하였으며, 대분류별 중분류 추가여지를 남겨놓기 위하여 대분류 사이에 번호 여백을 두었다.

해설

한국표준산업분류의 분류구조는 알파벳 문자를 사용하는 데 대분류, 2자리 숫자를 사용하는 중분류, 3자리 숫자를 사용하는 세분류, 5자리 숫자를 사용하는 세세분류의 5단계로 구성된다.

15

낮에는 제조업체에서 금형공으로 일하고, 밤에는 대리운전을 하는 경우, 한국표준직업분류에서 직업을 결정하는 일반적 원칙이 아닌 것은?

① 주된 직무 우선 원칙
② 취업시간 우선의 원칙
③ 수입 우선의 원칙
④ 조사 시 최근의 직업 원칙

> **해설**
>
> 다수직업 종사자의 직업분류원칙으로는 취업시간 우선의 원칙, 수입 우선의 원칙, 조사 시 최근의 직업 원칙 등이 있다.

16

한국표준직업분류에서 다음은 무엇에 대한 설명인가?

> 직무수행능력의 높낮이를 말하는 것으로 정규교육, 직업훈련, 직업경험 그리고 선천적 능력과 사회 문화적 환경 등에 의해 결정된다.

① 직능수준   ② 직업수준
③ 직무수준   ④ 과업수준

> **해설**
>
> 국제표준직업분류(ISCO)에서 정의한 직능수준(Skill Level)은 정규교육을 통해서만 얻을 수 있는 것은 아니며, 비정규적인 직업훈련과 직업경험을 통하여서도 얻게 된다.

17

한국고용직업분류(2018)의 대분류에 해당하지 않는 것은?

① 군인
② 건설 · 채굴직
③ 설치 · 정비 · 생산직
④ 연구직 및 공학 기술직

> **해설**
>
> 교육 · 법률 · 사회복지 · 경찰 · 소방직 및 군인으로 들어가 있다.

18

한국표준산업분류의 적용원칙에 대한 설명으로 옳은 것은? (18년 3회)

① 생산단위는 투입물과 생산공정을 배제한 산출물만을 고려하여 그들의 활동을 가장 정확하게 설명된 항목에 분류하여야 한다.
② 복합적인 활동단위는 우선적으로 세세분류를 정확히 결정하고, 순차적으로 세 · 소 · 중 · 대분류 단계 항목을 결정하여야 한다.
③ 산업활동이 결합되어 있는 경우에는 그 활동단위의 주된 활동에 따라서 분류하여야 한다.
④ 수수료 또는 계약에 의하여 활동을 수행하는 단위는 동일한 산업활동을 자기계정과 자기책임하에서 생산하는 단위와 다른 항목에 분류하여야 한다.

> **해설**
>
> ③ 산업활동이 결합되어 있는 경우에는 그 활동단위의 주된 활동에 따라 분류해야 한다.
> ② 순차적으로 중, 소, 세, 세세분류 단계 항목을 결정해야 한다.
> ① 생산단위는 산출물뿐만 아니라 투입물과 생산공정 등을 함께 고려하여 그들의 활동을 가장 정확하게 설정된 항목에 분류해야 한다.
> ④ 수수료 또는 계약에 의하여 활동을 수행하는 단위는 자기계정과 자기책임하에서 생산하는 단위와 동일항목에 분류해야 한다.

19

한국고용직업분류(2018)의 개정방향 및 주요 개정내용에 대한 설명으로 틀린 것은?

① 대분류 및 중분류 단위는 직능수준을 우선적으로 고려하였으며, 직능유형은 소분류 단위에서 고려되었다.
② 기존 24개의 중분류 중심 분류체계에서 10개의 실질적인 대분류 중심 체계로 전환하였다.
③ 대분류, 중분류 단위의 직업명은 직업묶음이라는 의미로서의 '~직'으로 통일하여 사용하였다.
④ 우선적으로 널리 통용되는 직업 명칭을 사용하였으며, 의미전달이라는 언어 수단 본래의 목적에 부합되도록 가능한 한 간명한 직업명을 사용하였다.

대분류와 중분류 단위에서 직능유형을 우선적으로 적용하였으며 소분류 단위에서 직능수준을 함께 적용하였다.

20

한국표준산업분류의 분류기준이 아닌 것은?

① 산출물의 특성
② 투입물의 특성
③ 생산단위의 활동형태
④ 생산활동의 일반적인 결합형태

한국표준산업분류(2017)의 산업분류기준은 산출물과 투입물의 특성, 생산활동의 일반적인 결합형태이다.

21

한국표준직업분류의 직업분류 원칙에 대한 설명으로 틀린 것은?

① 동일하거나 유사한 직무는 어느 경우에든 같은 단위직업으로 분류한다.
② 2개 이상의 직무를 수행하는 경우는 수행되는 직무내용과 관련 분류 항목에 명시된 직무내용을 비교·평가하여 관련 직무내용상의 상관성이 가장 높은 항목에 분류한다.
③ 수행된 직무가 상이한 수준의 훈련과 경험을 통해 얻어지는 직무능력을 필요로 한다면, 가장 높은 수준의 직무능력을 필요로 하는 일에 분류한다.
④ 재화의 생산과 공급이 같이 이루어지는 경우는 공급단계에 관련된 업무를 우선적으로 분류한다.

생산업무 우선의 원칙은 재화의 생산과 공급이 같이 이루어지는 경우 생산단계에 관련된 업무를 우선적으로 분류한다는 원칙이다. ①은 배타성의 원칙, ②는 주된 직무 우선의 원칙, ③은 최상급 직능수준 우선 원칙에 대한 설명이다.

22

한국표준직업분류에서 직업에 대한 설명으로 가장 거리가 먼 것은?

① 유사성을 갖는 직무를 계속하여 수행하는 계속성을 가져야 한다.
② 노력이 전제되지 않는 자연발생적인 이득의 수취나 우연하게 발생하는 경제적인 과실에 전적으로 의존하는 활동은 직업으로 보지 않는다.
③ 경제성은 비윤리적 영리 행위나 반사회적인 활동을 통한 경제적인 이윤추구는 직업 활동으로 인정되지 못한다는 것이다.
④ 직업 화동은 사회 공동체적인 맥락에서 의미 있는 활동 즉, 사회적인 기여를 전제조건으로 하고 있다.

비윤리적인 영리행위나 반사회적인 활동을 통한 경제적인 이윤추구는 직업 활동으로 인정되지 못한다는 것은 직업의 조건 중 윤리성에 해당한다. 경제성은 경제적인 거래 관계가 성립하는 활동을 수행해야 하며 무급 자원봉사와 같은 활동이나 전업학생의 학습행위는 경제활동 혹은 직업으로 보지 않는다는 것이다.

23

다음은 무엇에 관한 정의인가?

> 유사한 성질을 갖는 산업 활동에 주로 종사하는 생산단위의 집합

① 직업
② 산업
③ 일(task)
④ 요소작업

① 유사성을 갖는 직무의 집합
③ 어떤 특정 목적을 달성하기 위해 수행하는 업무활동
④ 업무활동의 가장 작은 구성단위로 더 이상 나눌 수 없는 최소한의 작업단위

24

한국표준산업분류의 통계단위는 생산활동과 장소의 동질성의 차이에 따라 다음과 같이 구분된다. (   )에 알맞은 것은?

(19년 1회)

	하나 이상의 장소	단일 장소
하나 이상의 산업활동	×××	×××
	×××	
단일 산업활동	( )	×××

① 기업집단 단위　　　② 지역 단위
③ 기업체 단위　　　　④ 활동유형 단위

해설

구분	하나 이상 장소	단일 장소
하나 이상 산업활동	기업집단 단위	지역 단위
	기업체 단위	
단일 산업활동	활동유형 단위	사업체 단위

25

한국표준직업분류에서 대분류와 직능수준과의 관계로 틀린 것은?

① 관리자 – 제4직능 수준 혹은 제3직능 수준 필요
② 사무 종사자 – 제2직능 수준 필요
③ 판매 종사자 – 제2직능 수준 필요
④ 군인 – 제1직능 수준 필요

해설

한국표준직업분류의 대분류 A는 군인이며, 제2직능 수준 이상 필요이다.

26

한국표준직업분류에서 직업으로 보지 않는 활동을 모두 고른 것은?

(19년 2회)

> ㄱ. 이자, 주식배당 등과 같은 자산 수입이 있는 경우
> ㄴ. 예·적금 인출, 보험금 수취, 차용 또는 토지나 금융자산을 매각하여 수입이 있는 경우
> ㄷ. 사회복지시설 수용자이 시설 내 경제 활동
> ㄹ. 수형자의 활동과 같이 법률에 의해 강제 노동을 하는 경우

① ㄱ, ㄷ　　　　　② ㄴ, ㄹ
③ ㄱ, ㄴ, ㄷ　　　④ ㄱ, ㄴ, ㄷ, ㄹ

해설

제시된 예는 모두 직업으로 인정되는 않는 경우의 예이다.

27

한국표준직업분류에서 다음에 해당하는 직업분류 원칙은?

(19년 3회)

> 교육과 진료를 겸하는 의과대학 교수는 강의, 평가, 연구 등과 진료, 처치, 환자상담 등의 직무내용을 파악하여 관련 항목이 많은 분야로 분류한다.

① 취업 시간 우선 원칙
② 최상급 직능수준 우선 원칙
③ 조사 시 최근의 직업 원칙
④ 주된 직무 우선 원칙

해설

주된 직무 우선의 원칙은 한 사람이 2가지 이상의 직무 수행 시 상관성이 높은 주요 직무에 따라 직업을 분류하는 것이다.

직업 관련 정보의 이해

1 직업훈련 정보의 이해

Thema 1 HRD – Net & Q – Net

시험에 이렇게 나왔다!

국가 직업훈련에 관한 정보를 검색할 수 있는 정보망은? (17년 3회)

① JT – Net
② T – Net
③ HRD – Net
④ Training – Net

답 ③

(1) HRD – Net 기출 20, 19, 18, 17, 16, 15, 12, 10년

① 한국고용정보원이 운영하는 국가 직업훈련에 관한 정보를 검색할 수 있는 직업능력개발정보망이다.

② 직업능력개발 관련 훈련기관·훈련과정 정보를 수집 및 가공하여 제공하는 사이트이다.

③ 고용센터, 지방자치센터, 훈련과정·비용 등 직업능력개발사업과 관련한 안정적이고 효율적인 행정업무 수행을 지원한다.

④ 홈페이지 및 모바일 서비스를 통해 다양한 직업능력개발정보를 제공한다.

⑤ 개편된 HRD – Net 사이트에서는 메인화면에서 '구직자'와 '근로자'를 구분하였으며, 한 번의 검색으로 '훈련 – 자격증 – 일자리' 정보를 한눈에 조회할 수 있다. 또한, 하위페이지에서 '직업훈련정보', '일자리', '직업정보', '지식정보센터', '훈련지원안내', 'HRD 길라잡이'의 카테고리 메뉴를 제공한다.

시험에 이렇게 나왔다!

Q – Net에서 제공하는 자격정보에 관한 설명으로 틀린 것은? (17년 2회)

① 국가자격정보는 한국산업인력공단에서 시행하는 자격정보만을 제공한다.
② 국가공인민간자격 정보를 민간자격정보서비스(www.pqi.or.kr)와 연계하여 제공한다.
③ 국가기술자격 통계연보를 제공한다.
④ 미국, 호주, 독일 등 외국의 자격제도 운영현황 정보를 제공한다.

답 ①

(2) Q – Net

① 한국산업인력공단이 운영하는 자격정보시스템으로 국가자격 및 시험정보 포털이다.

② 한국산업인력공단에서 시행하는 자격정보는 물론 대한상공회의소, 영화진흥위원회, 한국원자력안전기술원, 한국인터넷진흥원 등 공공기관을 비롯하여 보건복지부, 고용노동부 등 다양한 정부부처 및 산하기관, 단체에서 시행하는 자격종목에 관한 정보를 제공한다.

(3) 취업, 훈련, 자격 관련 유용한 사이트 [기출] 19, 18, 16, 12년

① 월드잡플러스(WORLDJOB+)

한국산업인력공단에서 운영하며, 청년들의 해외진출을 지원하는 일환으로서 흩어져 있는 해외취업·창업·인턴·봉사 등 관련 정보들을 통합적으로 제공한다.

② 공공데이터포털(DATA)

한국정보화진흥원에서 운영하며, 공공기관이 생성, 취득하여 관리하는 공공데이터를 한 곳에서 제공한다.

③ 외국인고용관리시스템(EPS)

한국고용정보원에서 운영하며, 외국인근로자의 체계적인 도입·관리를 위한 채용 및 취업지원 서비스를 제공한다.

④ 일모아(ILMOA)

한국고용정보원에서 운영하며, 정부 및 지방자치단체에서 추진하는 사업을 위한 업무지원시스템이다.

⑤ 커리어넷(CareerNet)

한국직업능력개발원에서 운영하며, 개인의 삶의 질 향상과 국가의 경쟁력 강화라는 두 테마의 중요한 연결고리인 국민의 진로개발을 지원하기 위한 역할을 수행한다.

⑥ 민간자격정보서비스(pqi)

한국직업능력개발원에서 운영하며, 개개인의 능력개발에 필요한 자격정보를 제공하고 민간자격제도 등을 지원하기 위한 역할을 수행한다.

[시험]에 이렇게 나왔다!

해외취업·창업·인턴·봉사 등의 해외진출 관련 정보를 통합하여 제공하는 사이트는? (16년 2회)

① 월드잡플러스(worldjob.or.kr)
② 일모아사이트(ilmoa.go.kr)
③ 커리어넷(career.go.kr)
④ 빅데이터(data.go.kr)

[답] ①

2 워크넷의 이해

(1) 워크넷(Work – net)의 의의　기출 19, 18, 16년

① 워크넷은 고용노동부 산하의 한국고용정보원에서 운영하는 고용안정정보망으로 구직·구인정보 및 직업·진로정보를 제공하는 대표적인 취업정보 사이트이다.

② 민간취업포털과 지자체 일자리정보를 쉽고 빠르게 검색할 수 있도록 통합 일자리 서비스를 제공한다.

③ 직업심리검사, 취업가이드, 취업지원프로그램 등 각종 취업지원서비스는 물론 일자리/인재 동향, 통계간행물/연구자료 등 고용동향 서비스를 제공한다.

④ 온라인 e – 채용마당 서비스, 청년채용서비스, 직업·진로서비스, 취약계층을 위한 채용정보 등을 제공한다.

⑤ 주요메뉴는 채용정보, 직업·진로, 고용복지정책, 훈련정보 및 인재정보로 구성되어 있다.

(2) 채용정보 주요메뉴

① 공채기업관 및 공공기관, 정부지원 일자리, 강소기업 및 청년친화강소기업과 중견기업 등으로 구분하여 채용정보를 제공한다.

② 근무지역별, 역세권별, 산업단지별, 직종별, 조건 등을 선택하여 검색할 수 있도록 서비스를 제공한다.

시험 에 이렇게 나왔다!

워크넷에 대한 설명으로 틀린 것은? (18년 1회)

① 직업심리검사, 취업가이드, 취업지원프로그램 등 각종 취업지원서비스를 제공한다.

② 기업회원은 워크넷에서 인재정보 검색할 수 있고, 허위구인 방지를 위해 고용센터에 방문하여 구인신청서를 작성해야 한다.

③ 청년친화 강소기업, 공공기관, 시간선택제일자리, 기업공채 등의 채용정보를 제공한다.

④ 직종별, 근무지역별, 기업형태별 채용정보를 제공한다.

답 ②

(3) 채용정보 상세검색

기출 19, 18, 17, 16, 15, 14, 13, 11년

직종	최대 10개 선택 가능
지역	지역별(최대 10개 선택 가능)/역세권별/산업단지별
경력	전체/신입/경력(경력범위 입력)/관계없음
학력	전체/중졸이하/고졸/대졸(2~3년)/대졸(4년)/석사/박사/학력무관
고용형태	기간의 정함이 없는 근로계약/기간의 정함이 없는 근로계약[시간(선택)제]/기간의 정함이 있는 근로계약/기간의 정함이 있는 근로계약[시간(선택)제]/파견근로/대체인력채용
희망임금	관계없음/연봉/월급/일급/시급(희망임금 범위 입력)
워크넷 입사지원	워크넷 입사지원 가능 여부
기업형태	전체/대기업/공무원/공기업/공공기관/강소기업/코스피/코스닥/중견기업/외국계기업/일학습병행기업/벤처기업/청년친화강소기업/가족친화인증기업
채용구분	상용직/일용직
근무형태	주7일/주6일/주5일/주4일/주3일/주2일/주1일/격일
근로시간단축	근로시간단축 여부
교대근무여부	2교대/3교대
식사제공	1식/2식/3식/중식비지급
기타 복리후생	통근버스/기숙사/차량유지비/교육비지원/자녀학자금지원/주택자금/기타
우대조건	전체/청년층/장년/여성
기타 우대사항	장애인희망채용/병역특례/자격면허/전공/외국어 등

제3과목 직업정보론

시험에 이렇게 나왔다!

워크넷(구직)에서 제공하는 채용정보 중 기업형태별 검색에 해당하지 않는 것은?
(16년 1회)

① 강소기업
② 대기업
③ 중소기업
④ 일학습병행기업

답 ③

시험에 이렇게 나왔다!

워크넷(구직)에서 채용정보 검색조건에 해당하지 않는 것은? (16년 2회)

① 희망임금
② 학력
③ 경력
④ 연령

답 ④

(1) 직업과 진로 기본메뉴

직업심리검사, 직업정보, 학과정보, 진로상담 등의 메뉴를 설치하여 정보를 검색할 수 있도록 서비스를 제공하고 있다.

(2) 직업심리검사

기출 20, 18, 17, 15, 14, 13, 12, 10, 09년

① 청소년(청소년 직업흥미검사 등 8종), 성인(직업선호도검사 L · S형, 성인용 직업적성검사 등 12종)을 대상으로 개인의 능력과 흥미, 성격 등 다양한 심리적 특성을 객관적으로 측정할 수 있는 직업심리검사를 제공한다.

　㉠ 청소년 직업흥미검사
- 직업적 흥미 탐색 및 적합 직업/학과 안내
- 6개 일반흥미유형(현실형/탐구형/예술형/사회형/진취형/관습형)과 13개 기초흥미분야 측정
- 하위척도는 3가지(활동/자신감/직업)
- 약 30분 소요

　㉡ 성인용 직업선호도검사
- L형(60분), S형(25분) 2가지 유형
- L형은 흥미검사,/성격검사/생활검사로 구성, 개인의 흥미유형 및 성격과 생활사 특성을 측정하여 적합 직업 탐색
- S형은 흥미검사로만 구성, 개인의 흥미유형 및 적합 직업 탐색
- 공통 하위척도는 흥미검사(현실형/탐구형/예술형/사회형/진취형/관습형)

② 직업심리검사를 통해 자신에 대한 이해를 돕고 개인의 특성에 보다 적합한 진로분야를 선택할 수 있다.

③ 온라인 검사는 실시 후 바로 결과표가 제공된다.

④ 청소년 대상 검사 중 '대학 전공 흥미검사', 성인 대상 검사 중 '준고령자 직업선호도검사', '이주민 취업준비도 검사', '중장년 직업역량검사'는 온라인으로만 실시할 수 있다.

시험에 이렇게 나왔다!

워크넷(직업 · 진로)에서 제공하는 정보가 아닌 것은?
(16년 3회)

① 학과정보
② 직업동영상
③ 신직업
④ 국가직무능력표준(NCS)
답 ④

시험에 이렇게 나왔다!

워크넷 직업 · 진로에서 제공하는 청소년 직업흥미검사의 하위척도가 아닌 것은?
(17년 3회)

① 활동척도
② 자신감척도
③ 직업척도
④ 가치관척도
답 ④

(3) 직업정보

기출 20, 19, 17, 13, 12년

① 조건별 검색(평균연봉, 직업전망) : 평균연봉은 3,000만원 미만/3,000~4,000 만원 미만/4,000~5,000만원 미만/5,000만원 이상으로 구분, 직업전망은 매우밝음(상위 10% 이상)/밝음(상위 20% 이상)/보통(중간이상)/전망 안 좋음(감소예상직업)으로 구분

② 키워드검색(교육/의료/방송/과학기술 등), 분류별 찾기(9개 분야별 분류), 지식별 찾기, 업무수행능력별 찾기, 통합찾기(지식/업무수행능력/흥미/선호하는 업무환경), 신직업·창직 찾기, 대상별 찾기(청소년/인문계 대졸 청년/3050여성), 이색직업별 찾기, 테마별 찾기(20가지 테마 등)

③ 한국직업전망 : 우리나라를 대표하는 17개 분야 약 200여개 직업에 대한 상세정보 수록

④ 한국직업사전 : 직업명 검색, 한국고용직업분류별, 한국표준직업분류별, 한국표준산업분류별 직업 검색을 제공하며, 특히 교육수준, 숙련기간, 작업강도, 작업장소, 직무기능별(자료/사람/사물) 맞춤형 검색 제공

시험 에 이렇게 나왔다!

직업, 자격 정보를 제공하는 정보서 또는 인터넷 사이트와 제공내용이 틀리게 짝지어진 것은? (17년 1회)
① 한국직업사전 – 직업별 평균 임금
② 한국직업전망 – 직업별 향후 일자리수 전망
③ Q – NET(q – net.or.kr) – 자격종목별 합격률
④ 민간자격정보서비스(pqi. or.kr) – 자격별 발급기관

답 ①

시험 에 이렇게 나왔다!

워크넷(직업진로)에서 제공하는 학과정보가 아닌 것은?
(16년 3회)

① 관련학과/교과목
② 개설대학
③ 진출직업
④ 졸업자 평균연봉

답 ④

(4) 학과정보

기출 20, 18, 14, 13, 12년

① 계열별 검색 : 인문계열/사회계열/교육계열/자연계열/공학계열/의약계열/예체능계열

인문계열	언어학과, 국어국문학과, 문예창작학과, 신학과, 철학과, 윤리학과, 국제지역학과, 일본학과, 심리학과 등
사회계열	경영학과, 경제학과, 법학과, 행정학과, 비서학과, 지리학과 등
교육계열	교육학과, 교육공학과, 교육심리학과, 특수교육과 등
자연계열	수학과, 통계학과, 생명공학과, 수의학과, 농학과, 동물생명공학과, 식품공학과, 바이오산업공학과, 임산공학과, 아동가족학과, 소비자주거학과, 식품영양학과 등
공학계열	화학공학과, 건축학과, 건축설비학과, 조경학과, 도시공학과, 환경공학과, 컴퓨터공학과, 해양공학과 등
의약계열	의학과, 치의학과, 한의학과, 간호학과 의료공학과 등
예체능계열	산업디자인학과, 패션디자인학과, 공예학과, 조소과, 회화과, 경호학과 등

② 키워드 검색, 조건별(학과계열, 취업률) 검색

③ 학과소개, 관련학과 · 교과목, 개설대학, 진출분야, 취업현황으로 구성

🔍 **학과정보 유의사항**

• 공학계열은 보통 ○○공학과라는 명칭으로 구성되어 있다. 하지만 건축학과, 건축설비학과, 조경학과도 공학계열에 포함시킨다.

• 식품공학과, 임산공학과, 생명공학과, 바이오산업공학과, 동물생명공학과 등은 ○○공학과라는 명칭으로 되어 있지만 자연계열로 분류한다.

• 수의학과는 자연계열로 분류한다.

Thema 3 워크넷 ; 고용복지정책

(1) 고용정책 검색

① **분야별 검색** : 전체/취업지원/일자리창출/고용안전망/직업능력개발/근로조 건개선/안심일터/노사관계

② **지원유형별 검색** : 전체/현금현물/서비스이용권/대납/대여/감면 · 면제/교 육 · 용역/융자 · 융자알선/시설이용/정보제공

③ **지원대상별 검색** : 전체/구직자/근로자/기업인 · 사업주

④ **생애주기별검색** : 전체/영유아/아동청소년/청년/중장년/노년기

(2) 주요 구직자취업역량 강화프로그램

기출 19, 13년

① **성취프로그램**

구직자들이 자신감을 회복하고 구직기술을 습득할 수 있도록 도와주는 프 로그램으로서 성공적인 취업을 위해 취업준비를 하는 일반구직자를 대상으 로 한다.

② **단기집단상담 프로그램**

필요한 부분만 선택하여 수강하는 단기과정을 제공하며, 개인적인 사정으 로 장기간 참여가 어려운 사람들을 위한 프로그램이다.

③ **Wici지원 프로그램**

Women Immigrant's Career Identity 프로그램으로 여성결혼이민자들에 게 취업정보를 제공함으로써 한국사회에 성정적으로 취업할 수 있도록 지 원하는 프로그램이다.

④ **CAP+ 프로그램**

청년층 이하의 직업진로선택과 취업준비를 지원하는 프로그램이다.

⑤ **성장(성공장년) 프로그램**

50세 이상의 중장년 구직자들의 인생 2막을 설계하고 재취업 의지를 높일 수 있도록 지원하는 프로그램이다.

참고 하세요!

그 밖의 구직자취업역량 강 화프로그램으로는 취업희망 프로그램, 행복내일취업지 원프로그램, 취업능력향상 프로그램Ⅰ · Ⅱ, 경력단절 여성프로그램, allA프로그램, 청년취업역량프로그램, 청 년지원프로그램, 일자리희 망프로그램이 있다.

시험에 이렇게 나왔다!

고용노동부에서 실시하는 직 업상담(취업지원) 프로그램 중 취업을 원하는 결혼이민 여성(한국어소통 가능자)을 대상으로 하는 것은?

(19년 3회)

① Wici 취업지원 프로그램
② CAP+ 프로그램
③ allA 프로그램
④ Hi 프로그램

답 ①

3 자격제도의 이해

(1) 기술 · 기능 주요 분야

기출 20, 19, 18, 17, 16, 12, 10, 09년

직무분야	중직무분야	주요 자격종목
14 건설	건축	건축, 건축설비, 건축일반시공, 실내건축, 도배, 미장, 방수, 비계, 조적, 철근, 타일 등
	토목	토목, 건설재료시험, 지적, 응용지질, 철도토목, 콘크리트, 항로표지, 해양자원개발, 잠수 등
	조경	조경
	도시 · 교통	교통, 도시계획 등
	건설 배관	배관
	건설기계운전	양화장치운전, 지게차운전, 굴삭기운전, 가중기운전, 로더운전 등
16 기계	기계제작	기계가공, 컴퓨터응용가공, 일반기계, 기계설계, 정밀측정 등
	기계장비설비 · 설치	건설기계, 건설기계설비, 건설기계정비, 공조냉동기계, 기계정비, 승강기, 농업기계, 생산자동화 등
	철도	철도차량, 철도차량정비 등
	조선	조선, 동력기계정비, 선체건조 등
	항공	항공, 항공기관정비, 항공기체정비, 항공장비정비, 항공전자정비 등
	자동차	자동차정비, 자동차보수도장, 자동차차체수리, 그린전동자동차 등
	금형 · 공작기계	금형, 금형제작, 사출금형설계, 프레스금형설계 등
17 재료	금속 · 재료	금속가공, 금속재료, 금속제련, 세라믹, 압연, 열처리, 제강, 제선 등
	판금 · 제관 · 새시	금속재창호, 판금제관, 플라스틱창호 등
	단조 · 주조	주조, 원형 등
	용접	용접, 피복아크용접 등
	도장 · 도금	광고도장, 금속도장, 표면처리 등
18 화학	화공	화공, 화약류제조, 화학분석 등
	위험물	위험물
20 전기 · 전자	전기	전기, 전기공사, 전기철도, 철도신호 등
	전자	광학, 광학기기, 반도체설계, 의공, 전자계산기, 전자기기, 임베디드, 3D프린터개발, 3D프린터운용 등

24 농림어업	농업	시설원예, 원예, 유기농업, 종자, 화훼장식 등
	축산	축산, 식육처리 등
	임업	산림, 식물보호, 임산가공, 임업종묘 등
	어업	수산양식, 어로, 어업생산관리 등
25 안전관리	안전관리	가스, 건설안전, 기계안전, 산업안전, 산업위생관리, 소방설비, 인간공학, 화재감식평가, 농작업안전보건 등
	비파괴검사	비파괴검사, 누설비파괴검사, 방사선비파괴검사, 와전류비파괴검사, 자기비파괴검사, 초음파비파괴검사, 침투비파괴검사 등
26 환경 · 에너지	환경	대기환경, 생물분류, 소음진동, 수질환경, 자연생태복원, 토양환경, 폐기물처리, 온실가스관리 등
	에너지 · 기상	기상, 기상감정, 방사선관리, 원자력, 에너지관리, 신재생에너지발전설비(태양광) 등

시험에 이렇게 나왔다!

다음 국가기술자격 종목이 공통으로 해당하는 직무분야는? (17년 3회)

• 산업위생관리기사
• 가스기사
• 와전류비파괴검사기사
• 인간공학기사

① 안전관리
② 환경 · 에너지
③ 기계
④ 재료

답 ①

(2) 서비스(전문사무) 주요 분야

기출 20, 19, 18, 17, 16, 13, 12년

직무분야	중직무분야	주요 자격종목
02 경영 · 회계 · 사무	경영	사회조사분석사 1 · 2급, 소비자전문상담사 1 · 2급, 컨벤션기획사 1 · 2급
	회계	전산회계운용사 1 · 2 · 3급
	사무	비서 1 · 2 · 3급, 워드프로세서, 컴퓨터활용능력 1 · 2급, 한글속기 1 · 2 · 3급
	생산관리	공장관리기술사, 포장기술사, 포장기사, 포장산업기사, 품질경영기사, 품질경영산업기사, 품질관리기술사
06 보건 · 의료	보건 · 의료	임상심리사 1 · 2급, 국제의료관광코디네이터
07 사회복지 · 종교	사회복지 · 종교	직업상담사 1 · 2급
10 영업 · 판매	영업 · 판매	전자상거래관리사 1 · 2급, 전자상거래운용사, 텔레마케팅관리사
12 이용 · 숙박 · 여행 · 오락 · 스포츠	이용 · 미용	이용기능장, 이용기능사, 미용기능장, 미용기능사(일반, 피부, 네일, 메이크업)
	숙박 · 여행 · 오락 · 스포츠	스포츠경영관리사
25 안전관리	안전관리	가스기술사, 기능장, 기사 · 산업기사 · 기능사, 건설안전기술사 · 기사 · 산업기사, 산업안전기사 · 산업기사, 소방기술사, 소방설비기사 · 산업기사, 인간공학기술사 · 기사

시험에 이렇게 나왔다!

다음 중 국가기술자격이 아닌 것은? (16년 2회)

① 화재감식평가기사
② 국제의료관광코디네이터
③ 기상감정기사
④ 문화재수리기술사

답 ④

Thema 2 국가기술자격 ; 검정기준

등급	검정기준
기술사	응시하고자 하는 종목에 관한 고도의 지식과 실무경험에 입각한 계획, 연구, 설계, 분석, 조사, 시험, 시공, 감리, 평가, 진단, 사업관리, 기술관리 등의 기술업무를 수행할 수 있는 능력의 유무
기능장	응시하고자 하는 종목에 관한 최상급 숙련기능을 가지고 산업현장에서 작업관리, 소속 기능인력의 지도 및 감독, 현장훈련, 경영계층과 생산계층을 유기적으로 연계시켜 주는 현장관리 등의 업무를 수행할 수 있는 능력의 유무
기사	응시하고자 하는 종목에 관한 공학적 기술이론지식을 가지고 설계, 시공, 분석 등의 기술업무를 수행할 수 있는 능력의 유무
산업기사	응시하고자 하는 종목에 관한 기술기초이론지식 또는 숙련기능을 바탕으로 복합적인 기능업무를 수행할 수 있는 능력의 유무
기능사	응시하고자 하는 종목에 관한 숙련기능을 가지고 제작, 제조, 조작, 운전, 보수, 정비, 채취, 검사 또는 작업관리 및 이에 관련되는 업무를 수행할 수 있는 능력의 유무

Thema 3 국가기술자격 ; 응시자격

(1) 기술 · 기능 분야

기출 20, 19, 18, 17, 16, 15, 14년

등급	응시자격
기술사	다음의 어느 하나에 해당하는 사람 • 기사 자격을 취득한 후 응시하려는 종목이 속하는 직무분야(고용노동부령으로 정하는 유사 직무분야를 포함한다. 이하 "동일 및 유사 직무분야")에서 4년 이상 실무에 종사한 사람 • 산업기사 자격을 취득한 후 응시하려는 종목이 속하는 동일 및 유사 직무분야에서 5년 이상 실무에 종사한 사람 • 기능사 자격을 취득한 후 응시하려는 종목이 속하는 동일 및 유사 직무분야에서 7년 이상 실무에 종사한 사람 • 응시하려는 종목과 관련된 학과로서 고용노동부장관이 정하는 학과(이하 "관련학과")의 대학졸업자 등으로서 졸업 후 응시하려는 종목이 속하는 동일 및 유사 직무분야에서 6년 이상 실무에 종사한 사람 • 응시하려는 종목이 속하는 동일 및 유사직무분야의 다른 종목의 기술사 등급의 자격을 취득한 사람 • 3년제 전문대학 관련학과 졸업자 등으로서 졸업 후 응시하려는 종목이 속하는 동일 및 유사 직무분야에서 7년 이상 실무에 종사한 사람 • 2년제 전문대학 관련학과 졸업자 등으로서 졸업 후 응시하려는 종목이 속하는 동일 및 유사 직무분야에서 8년 이상 실무에 종사한 사람 • 국가기술자격의 종목별로 기사의 수준에 해당하는 교육훈련을 실시하는 기관 중 고용노동부령으로 정하는 교육훈련기관의 기술훈련과정(이하 "기사 수준 기술훈련과정") 이수자로서 이수 후 응시하려는 종목이 속하는 동일 및 유사 직무분야에서 6년 이상 실무에 종사한 사람 • 국가기술자격의 종목별로 산업기사의 수준에 해당하는 교육훈련을 실시하는 기관 중 고용노동부령으로 정하는 교육훈련기관의 기술훈련과정(이하 "산업기사 수준 기술훈련과정") 이수자로서 이수 후 동일 및 유사 직무분야에서 8년 이상 실무에 종사한 사람 • 응시하려는 종목이 속하는 동일 및 유사 직무분야에서 9년 이상 실무에 종사한 사람 • 외국에서 동일한 종목에 해당하는 자격을 취득한 사람
기능장	다음의 어느 하나에 해당하는 사람 • 응시하려는 종목이 속하는 동일 및 유사 직무분야의 산업기사 또는 기능사 자격을 취득한 후 「근로자직업능력 개발법」에 따라 설립된 기능대학의 기능장과정을 마친 이수자 또는 그 이수예정자 • 산업기사 등급 이상의 자격을 취득한 후 응시하려는 종목이 속하는 동일 및 유사 직무분야에서 5년 이상 실무에 종사한 사람 • 기능사 자격을 취득한 후 응시하려는 종목이 속하는 동일 및 유사 직무분야에서 7년 이상 실무에 종사한 사람 • 응시하려는 종목이 속하는 동일 및 유사 직무분야에서 9년 이상 실무에 종사한 사람 • 응시하려는 종목이 속하는 동일 및 유사직무분야의 다른 종목의 기능장 등급의 자격을 취득한 사람 • 외국에서 농일한 송목에 해당하는 자격을 취득한 사람

시험 에 이렇게 나왔다!

국가기술자격 기능장 등급의 응시자격으로 틀린 것은?
(19년 2회)

① 응시하려는 종목이 속하는 동일 및 유사 직무 분야의 산업기사 또는 기능사 자격을 취득한 후 근로자직업능력 개발법에 따라 설립된 기능대학의 기능장 과정을 마친 이수자 또는 그 이수예정자

② 산업기사 등급 이상을 자격을 취득한 후 응시하려는 종목이 속하는 동일 및 유사 직무분야에서 7년 이상 실무에 종사한 사람

③ 응시하려는 종목이 속하는 동일 및 유사 직무 분야에서 9년 이상 실무에 종사한 사람

④ 응시하려는 종목이 속하는 동일 및 유사 직무 분야의 다른 종목의 기능장 등급의 자격을 취득한 사람

답 ②

국가기술자격 기사 등급의 자격시험에 응시하기 위해서는 기능사 자격 취득 후 응시하려는 종목이 속하는 동일 및 유사 직무분야에서 몇 년의 실무경력이 필요한가?

(17년 2회)

① 2년   ② 3년
③ 4년   ④ 5년

답 ②

기사	다음의 어느 하나에 해당하는 사람 • 산업기사 등급 이상의 자격을 취득한 후 응시하려는 종목이 속하는 동일 및 유사 직무분야에서 1년 이상 실무에 종사한 사람 • 기능사 자격을 취득한 후 응시하려는 종목이 속하는 동일 및 유사 직무분야에서 3년 이상 실무에 종사한 사람 • 응시하려는 종목이 속하는 동일 및 유사 직무분야의 다른 종목의 기사 등급 이상의 자격을 취득한 사람 • 관련학과의 대학졸업자 등 또는 그 졸업예정자 • 3년제 전문대학 관련학과 졸업자 등으로서 졸업 후 응시하려는 종목이 속하는 동일 및 유사 직무분야에서 1년 이상 실무에 종사한 사람 • 2년제 전문대학 관련학과 졸업자 등으로서 졸업 후 응시하려는 종목이 속하는 동일 유사 직무분야에서 2년 이상 실무에 종사한 사람 • 동일 및 유사 직무분야의 기사 수준 기술훈련과정 이수자 또는 그 이수예정자 • 동일 및 유사 직무분야의 산업기사 수준 기술훈련과정 이수자로서 이수 후 응시하려는 종목이 속하는 동일 및 유사 직무분야에서 2년 이상 실무에 종사한 사람 • 응시하려는 종목이 속하는 동일 및 유사 직무분야에서 4년 이상 실무에 종사한 사람 • 외국에서 동일한 종목에 해당하는 자격을 취득한 사람
산업기사	다음의 어느 하나에 해당하는 사람 • 기능사 등급 이상의 자격을 취득한 후 응시하려는 종목이 속하는 동일 및 유사 직무분야에 1년 이상 실무에 종사한 사람 • 응시하려는 종목이 속하는 동일 및 유사 직무분야의 다른 종목의 산업기사 등급 이상의 자격을 취득한 사람 • 관련학과의 2년제 또는 3년제 전문대학졸업자 등 또는 그 졸업예정자 • 관련학과의 대학졸업자 등 또는 그 졸업예정자 • 동일 및 유사 직무분야의 산업기사 수준 기술훈련과정 이수자 또는 그 이수예정자 • 응시하려는 종목이 속하는 동일 및 유사 직무분야에서 2년 이상 실무에 종사한 사람 • 고용노동부령으로 정하는 기능경기대회 입상자 • 외국에서 동일한 종목에 해당하는 자격을 취득한 사람
기능사	제한없음

(2) 서비스(전문사무) 분야

직무분야	종목	응시자격
기초사무	• 워드프로세서 1급 내지 3급 • 한글속기 1급 내지 3급 • 비서 1급 내지 3급 • 컴퓨터활용능력 1급 내지 3급 • 전산회계운용사 1급 내지 3급 • 전자상거래운용사	제한없음
전문사무	• 직업상담사 1급 • 사회조사분석사 1급	다음의 어느 하나에 해당하는 사람 • 해당종목의 2급 자격을 취득한 후 해당실무에 2년 이상 종사한 사람 • 해당실무에 3년 이상 종사한 사람
	• 직업상담사 2급 • 사회조사분석사 2급	제한없음
	컨벤션기획사 1급	다음의 어느 하나에 해당하는 사람 • 해당종목의 2급 자격을 취득한 후 응시하려는 종목이 속하는 동일직무분야(유사직무분야를 포함한다. 이하 "동일 및 유사직무분야")에서 3년 이상 실무에 종사한 사람 • 응시하려는 종목이 속하는 동일 및 유사직무분야에서 4년 이상 실무에 종사한 사람 • 외국에서 동일한 종목에 해당하는 자격을 취득한 사람
	컨벤션기획사 2급	제한없음
	소비자전문상담사 1급	다음의 어느 하나에 해당하는 사람 • 해당종목의 2급 자격취득 후 소비자상담 실무경력 2년 이상인 사람 • 소비자상담 관련실무경력 3년 이상인 사람 • 외국에서 동일한 종목에 해당하는 자격을 취득한 사람
	소비자전문상담사 2급	제한없음
	임상심리사 1급	다음의 어느 하나에 해당하는 사람 • 임상심리와 관련하여 2년 이상 실습수련을 받은 사람 또는 4년 이상 실무에 종사한 사람으로서 심리학 분야에서 석사학위 이상의 학위를 취득한 자 사람 및 취득 예정자 • 임상심리사 2급 자격 취득 후 임상심리와 관련하여 5년 이상 실무에 종사한 사람 • 외국에서 동일한 종목에 해당하는 자격을 취득한 사람

시험에 이렇게 나왔다!

서비스분야 국가기술자격 종목별 응시자격기준으로 틀린 것은? (16년 1회)

① 직업상담사1급 – 해당 실무에 5년 이상 종사한 사람
② 컨벤션기획사1급 – 동일 및 유사 직무분야에서 4년 이상 실무에 종사한 사람
③ 소비자전문상담사1급 – 해당 종목의 2급 자격 취득 후 소비자상담 실무경력 2년 이상인 사람
④ 직업상담사2급 – 제한없음

답 ①

	임상심리사 2급	다음의 어느 하나에 해당하는 사람 • 임상심리와 관련하여 1년 이상 실습수련을 받은 사람 또는 2년 이상 실무에 종사한 사람으로서 대학졸업자 및 그 졸업예정자 • 외국에서 동일한 종목에 해당하는 자격을 취득한 사람
전문사무	• 텔레마케팅관리사 • 멀티미디어콘텐츠제작전문가 • 스포츠경영관리사	제한없음
	국제의료관광코디네이터	공인어학성적 기준요건을 충족하고, 다음의 어느 하나에 해당하는 사람 • 보건의료 또는 관광분야의 학과로서 고용노동부장관이 정하는 학과(이하 "관련학과")의 대학졸업자 또는 졸업예정자 • 2년제 전문대학 관련학과 졸업자 등으로서 졸업 후 보건의료 또는 관광분야에서 2년 이상 실무에 종사한 사람 • 3년제 전문대학 관련학과 졸업자 등으로서 졸업 후 보건의료 또는 관광분야에서 1년 이상 실무에 종사한 사람 • 보건의료 또는 관광분야에서 4년 이상 실무에 종사한 사람 • 관련자격증(의사, 간호사, 보건교육사, 관광통역안내사, 컨벤션기획사 1 · 2급)을 취득한 사람

시험 에 이렇게 나왔다!

실기능력이 중요하여 필기시험이 면제되는 국가기술자격 기능사 종목이 아닌 것은?
(16년 1회)

① 조적기능사
② 건축도장기능사
③ 도배기능사
④ 미용사(피부)

답 ④

실기시험만 시행할 수 있는 종목   기출 20, 19, 16, 15, 12년

직무분야	중직무분야	자격종목
02 경영 · 회계 · 사무	사무	한글속기 1 · 2 · 3급
14 건설	건축	거푸집기능사, 건축도장기능사, 건축목공기능사, 도배기능사, 미장기능사, 방수기능사, 비계기능사, 온수온돌기능사, 유리시공기능사, 조적기능사, 철근기능사, 타일기능사
	토목	도화기능사, 석공기능사, 지도제작기능사, 항공사진기능사
17 재료	판금 · 제관 · 새시	금속재창호기능사

국가전문자격   기출 19, 16년

• 주로 전문서비스 분야(의료, 법률)의 자격으로 보건복지부, 법무부, 국토교통부 등 개별 부처의 필요에 의해 신설 · 운영되며 대부분 면허적 성격을 지니고 있다.
• 변호사, 의사, 감정평가사, 주택관리사보, 문화재수리기능자 등 14개 부처에서 128개 종목을 운영하고 있다.

4 국가직무능력표준(NCS)

Thema 1 NCS의 이해

(1) 국가직무능력표준(NCS)의 개념 기출 17, 14년

국가직무능력표준(NCS ; National Competency Standards)은 산업현장에서 직무를 수행하기 위해 요구되는 지식, 기술, 소양 등의 내용을 국가가 산업부문별·수준별로 체계화·표준화한 것이다.

(2) 국가직무능력표준(NCS)의 특성

① 근로자가 업무를 성공적으로 수행하기 위해 요구되는 실제적 수행능력이다.
② 직무를 수행하기 위한 모든 종류의 수행능력(작업능력, 작업관리능력, 돌발 상황 대처능력, 미래지향적 능력)을 포괄한다.
③ 모듈 형태의 구성으로 직무능력을 능력단위화하여 개발한다.
④ 해당 분야 관련 단체 및 근로자 또는 전문가 등이 개발단계마다 참여하여 개발한다.

(3) 국가직무능력표준(NCS)의 영역

① '일 – 교육·훈련 – 자격'을 연결하는 고리이다.
② 인적자원개발의 핵심 토대로서의 기능을 한다.
③ 산업수요 맞춤형 인력양성에 기여한다.

> **참고 하세요!**
>
> 한국고용직업분류(KECO)를 중심으로 한국표준직업분류, 한국표준산업분류 등을 참고하여 분류하였으며, '대분류 → 중분류 → 소분류 → 세분류'의 순으로 구성한다.

시험에 이렇게 나왔다!

국가직무능력표준(NCS)에 관한 설명으로 틀린 것은?
(17년 3회)

① 산업현장에서 직무를 수행하기 위해 요구되는 지식·기술·태도 등의 내용을 국가가 체계화한 것이다.
② 한국고용직업분류를 중심으로 분류하였으며, '대분류 → 중분류 → 소분류 → 세분류' 순으로 구성되어 있다.
③ 능력단위는 NCS 분류의 하위 단위로서 능력단위요소, 수행준거 등으로 구성되어 있다.
④ 직무는 NCS 분류의 중분류를 의미하고, 원칙상 중분류 단위에서 표준이 개발된다.

답 ④

시험에 이렇게 나왔다!

다음에 해당하는 NCS 수준체계는? (19년 3회)

• 정의 : 독립적인 권한 내에서 해당분야의 이론 및 지식을 자유롭게 활용하고, 일반적인 숙련으로 다양한 과업을 수행하고, 타인에게 해당분야 지식 및 노하우를 전달할 수 있는 수준
• 지식기술 : 해당분야의 이론 및 지식을 자유롭게 활용할 수 있는 수준 / 일반적인 숙련으로 다양한 과업을 수행할 수 있는 수준
• 역량 : 타인의 결과에 대하여 의무와 책임이 필요한 수준 / 독립적인 권한 내에서 과업을 수행할 수 있는 수준

① 8수준　② 7수준
③ 6수준　④ 5수준

답 ③

Thema 2 NCS의 구성

(1) 능력단위

기출 17년

① 직무는 NCS 분류표의 세분류를 의미한다.
② 원칙상 세분류 단위에서 표준이 개발된다.
③ 능력단위는 세분류의 하위단위로서 NCS의 기본 구성요소이다.
④ 직무는 다수의 능력단위로 구성된다.
⑤ 능력단위는 능력단위분류번호, 능력단위정의, 능력단위요소(수행준거, 지식·기술·태도), 적용범위 및 작업상황, 평가지침, 직업기초능력 등으로 구성된다.

(2) 수준체계

기출 19, 18년

NCS 개발 시 8단계 수준체계에 따라 능력단위 수준을 평정하여 제시한다.

수준	정의
8수준	해당 분야에 대한 최고도의 이론 및 지식을 활용하여 새로운 이론을 창조할 수 있고, 최고도의 숙련으로 광범위한 기술적 작업을 수행할 수 있으며, 조직 및 업무 전반에 대한 권한과 책임이 부여된 수준
7수준	해당 분야의 전문화된 이론 및 지식을 활용하여 고도의 숙련으로 광범위한 작업을 수행할 수 있으며, 타인의 결과에 대하여 의무와 책임이 필요한 수준
6수준	독립적인 권한 내에서 해당 분야의 이론 및 지식을 자유롭게 활용하고, 일반적인 숙련으로 다양한 과업을 수행하며, 타인에게 해당 분야의 지식 및 노하우를 전달할 수 있는 수준
5수준	포괄적인 권한 내에서 해당 분야의 이론 및 지식을 사용하여 매우 복잡하고 비일상적인 과업을 수행하고, 타인에게 해당 분야의 지식을 전달할 수 있는 수준
4수준	일반적인 권한 내에서 해당 분야의 이론 및 지식을 제한적으로 사용하여 복잡하고 다양한 과업을 수행하는 수준
3수준	제한된 권한 내에서 해당 분야의 기초이론 및 일반지식을 사용하여 다소 복잡한 과업을 수행하는 수준
2수준	일반적인 지시 및 감독하에 해당 분야의 일반지식을 사용하여 절차화되고 일상적인 과업을 수행하는 수준
1수준	구체적인 지시 및 철저한 감독하에 문자이해, 계산능력 등 기초적인 일반지식을 사용하여 단순하고 반복적인 과업을 수행하는 수준

5 고용 서비스 정책의 이해

Thema 1 고용관련 정책

(1) 고용창출장려금 `기출` 16, 14, 13년

① 통상적 조건하에 취업이 어려운 취약계층을 고용하거나 고용기회를 확대한 사업주를 지원하는 제도이다.

② 사전에 사업참여신청서 및 사업계획서를 제출받아 고용센터 심사위원회의 심사를 거쳐 선정된 기업에 한하여 예산의 범위 내에서 지원한다.

지원유형	지원내용
일자리함께하기지원 (공모형)	주 근로시간 단축, 교대제 개편, 실근로시간 단축 등을 도입하여 기존 근로자의 근로시간을 줄임으로써 실업자를 신규고용하여 근로자 수가 증가한 사업주
일자리함께하기지원 (요건심사형)	주 최대 52시간 이내로 근로시간을 단축하고 실업자를 고용하여 근로자 수가 증가한 사업주
국내복귀기업지원	산업통사자원부 장관이 지정한 국내복귀기업으로 실업자를 신규 고용한 사업주
신중년 적합직무 고용지원	만 50세 이상 실업자를 신중년 적합직무에 신규 고용한 사업주
고용촉진 장려금	고용노동부장관이 고시하는 취업프로그램 이수자, 중증장애인, 가족부양의 책임이 있는 여성실업자 등 취업취약계층을 고용한 사업주(사업참여 신청 필요 없이 지급요건을 갖추어 신청서를 제출)

(2) 일자리안정자금 `기출` 18년

최저임금 인상에 따른 소상공인 및 영세중소기업의 경영부담을 완화하고 노동자의 고용불안을 해소하기 위한 지원사업으로, 지급방식은 직접 지급 또는 사회보험료 대납 중 선택할 수 있다. 원칙적으로 노동자를 30인 미만으로 고용하는 사업주에 대해 지원하나, 공동주택 경비·청소원, 55세 이상 고령자, 고용위기지역·산업위기대응지역 종사자, 사회적기업·자활기업·장애인직업재활시설·장애인활동지원기관 등에 대해서는 30인 이상인 경우에도 지원한다.

시험 에 이렇게 나왔다!

다음에 해당하는 고용 관련 지원제도는? (17년 2회)

- 비정규직 근로자를 정규직으로 전환
- 전일제 근로자를 시간선택제 근로자로 전환
- 시차출퇴근제, 재택근무제 등 유연근무제를 도입하여 활용

① 고용창출장려금
② 고용안정장려금
③ 고용유지지원금
④ 고용환경개선지원

`답` ②

(3) 고용안정장려금 기출 20, 18년

① 학업, 육아, 간병 등 생애주기별로 고용불안이 가속될 때 근로시간 단축, 근로형태 유연화 등을 도입하여 근로자의 계속고용을 지원하거나 기간제 근로자 등을 정규직으로 전환하는 사업주를 지원한다.

② 사전에 사업참여신청서 및 사업계획서를 제출받아 고용센터 심사위원회의 심사를 거쳐 선정된 기업에 한하여 예산의 범위 내에서 지원한다.

③ 단, 출산육아기 고용안정지원은 사전참여 신청 필요 없이 소정근로시간을 단축한 근로자의 근로시간 단축 개시일로부터 6개월 이내에 최초로 장려금 지급 신청을 하면 지원한다.

지원유형	지원내용
정규직 전환지원	6개월 이상 2년 이하 근속한 비정규직 근로자 및 특수형태업무종사자를 정규직으로 전환한 우선지원 대상기업 및 중견기업의 사업주
일·가정 양립 환경개선지원	• 소속 근로자가 유연근무제(시차출퇴근제, 선택근무제, 재택근무제 등)를 활용하도록 한 우선지원 대상기업 및 중견기업의 사업주 • 재택·원격근무 활용 계획이 있거나 근무혁신 인센티브제 사업에 참여하여 근무혁신 우수기업으로 선정된 우수지원 대상기업 및 중견기업의 사업주
워라밸일자리 장려금	전일제 근로자가 근로시간 단축이 필요할 때 소정 근로시간의 단축을 허용한 사업주
출산육아기 고용안정지원	• 육아휴직, 육아기 근로시간 단축을 부여한 사업주 • 출산전후(유산·사산)휴가, 육아휴직, 육아기 근로시간 단축 등을 부여하고 대체인력을 채용한 사업주

(4) 고용유지지원금 기출 16, 15, 14년

경영악화 등 고용조정이 불가피하게 된 사업주가 고용유지조치(휴업, 휴직 등)를 실시하는 경우 지원금을 지원함으로써 근로자의 실업 예방 및 생계안정 유지를 도모한다.

(5) 주요 청년·장년고용지원 기출 19년

① 청년내일채움공제

청년·기업·정부가 공동으로 공제금을 적립하여 성과보상금 형태로 만기공제금을 지급함으로써 청년들의 중소·중견기업 신규 취업을 촉진하고, 장기근속을 유도한다.

② 청년 추가고용 장려금

청년을 정규직으로 추가로 고용한 중소·중견기업에 인건비를 지원함으로써 양질의 청년일자리를 창출한다.

③ 60세 이상 고령자고용지원금

고령자를 일정비율 이상 고용하는 사업주를 지원하여 장년의 고용안정 및 고용유지를 도모한다.

④ 고령제 계속고용장려금

중소·중견기업의 근로자가 정년 이후 주된 일자리에서 계속 일할 수 있도록 정년 이후 계속고용제도를 도입한 사업주를 지원한다.

(6) 고용장려금 지원제도의 주요 유형 정리

고용창출 장려금	• 일자리함께하기지원(공모형/요건심사형) • 국내복귀기업지원 • 신중년 적합직무 고용지원 • 고용촉진 장려금 • 고용환경개선지원금 • 시간제일자리지원금
고용안정장려금	• 정규직 전환지원 • 일·가정 양립 환경개선지원 • 워라밸일자리 장려금 • 출산육아기 고용안정지원
고용유지지원금	• 고용유지지원금 • 무급휴업·휴직 고용유지 지원금
청년·장년고용지원	• 청년내일채움공제 • 청년 추가고용 장려금 • 60세 이상 고령자고용지원금 • 고령제 계속고용장려금

시험 에 이렇게 나왔다!

다음 고용안정사업 중 성격이 다른 하나는? (16년 1회)
① 고용환경개선지원금
② 일자리함께하기지원금
③ 시간제일자리지원금
④ 고용유지지원금

답 ④

01

국가기술자격에 해당하지 않는 자격종목은?

① 기업리스크관리사
② 멀티미디어콘텐츠제작전문가
③ 텔레마케팅관리사
④ 국제의료관광코디네이터

해설

멀티미디어콘텐츠제작전문가(정보통신), 텔레마케팅관리사(영업·판매), 국제의료관광코디네이터(보건·의료)는 서비스 분야 국가기술자격 종목에 해당한다.

02

실기능력이 중요하여 필기시험이 면제되는 국가기술자격 기능사 종목이 아닌 것은?

① 금속재창호기능사
② 항공사진기능사
③ 로더운전기능사
④ 미장기능사

해설

필기시험이 면제되는 기능사 종목으로는 거푸집기능사, 건축도장기능사, 건축목공기능사, 도배기능사, 미장기능사, 방수기능사, 비계기능사, 온수온돌기능사, 유리시공기능사, 조적기능사, 철근기능사, 타일기능사, 도화기능사, 석공기능사, 지도제작기능사, 항공사진기능사, 금속재창호기능사가 있다.

03

워크넷(직업·진로)의 한국직업정보시스템에서 '나의 특성에 맞는 직업 찾기'의 하위 메뉴가 아닌 것은?

① 지식으로 찾기
② 업무수행능력으로 찾기
③ 통합 찾기
④ 지역별 찾기

해설

나의 특성에 맞는 직업 찾기 방법에는 지식으로 찾기, 업무수행능력으로 찾기, 통합 찾기(지식, 업무수행능력, 흥미, 선호하는 업무환경으로 적합한 직업 찾기)가 포함되어 있다. 다만 현재 한국직업정보시스템은 워크넷에 통합되어 워크넷(직업·진로)의 직업정보 카테고리를 통해 직업정보 검색 서비스, 즉 '직업정보찾기'를 제공하고 있다.

04

고용정책을 대상자별로 구분할 때 청년을 대상으로 한 고용정책이 아닌 것은? (16년 3회)

① 고용허가제도
② 일학습병행제
③ 강소기업탐방 프로그램
④ 고용디딤돌 프로그램

해설

고용허가제도는 외국인 근로자를 위한 제도이다. 다만 이 문제는 고용노동부 대상자별 정책의 개정 전 내용에 해당된다. 2020년을 기준으로 청년을 대상으로 한 주요 고용정책에는 청년디지털일자리사업, 청년일경험지원사업, 청년추가고용장려금지원사업, 청년내일채움공제, 청년구직활동지원금, 청년센터운영, 대학일자리센터운영, 청년취업아카데미, 일학습병행제, 중소기업탐방프로그램, 해외취업지원 등이 있다.

05

다음은 어떤 국가기술자격 등급의 검정기준인가? (17년 1회)

> 해당 국가기술자격의 종목에 관한 숙련 기능을 가지고 제작·제조·조작·운전·보수·정비·채취·검사 또는 작업관리 및 이에 관련되는 업무를 수행할 수 있는 능력 보유

① 기능사
② 기사
③ 산업기사
④ 기능장

해설

① 숙련기능으로 제작·검사 또는 작업관리 관련 업무수행
② 공학적 기술이론 지식으로 시공·분석 등의 업무수행
③ 기술기초이론 또는 숙련기능으로 복합적 업무수행

06

워크넷에서 채용정보를 검색하는 방법에 대한 설명으로 틀린 것은?

① 최대 10개의 직종선택이 가능하다.
② 연령별 채용정보를 검색할 수 있다.
③ 이메일 입사지원이 가능한 채용정보를 검색할 수 있다.
④ 최저희망임금은 연봉, 월급, 일급, 시급별로 입력할 수 있다.

해설

'고용상 연령차별금지 및 고령자고용촉진에 관한 법률'이 시행됨에 따라 채용정보에서 연령이 삭제되었다.

07

워크넷의 청소년 대상 심리검사의 종류 중 지필방법으로 실시할 수 없는 것은?

① 청소년 직업흥미검사
② 고교계열 흥미검사
③ 고등학생 적성검사
④ 청소년 진로발달검사

해설

고교계열 흥미검사는 인터넷으로만 가능하다.

08

서비스 분야 국가기술자격의 단일등급에 해당하지 않는 직종은?

① 스포츠경영관리사
② 텔레마케팅관리사
③ 게임그래픽전문가
④ 전자상거래관리사

해설

전자상거래관리사는 산업통상자원부에서 주관하고 대한상공회의소에서 시행하는 전문사무 국가기술자격 종목이다. 관리사 1급, 관리사 2급으로 나뉜다.

09

다음 (   ) 안에 알맞은 것은?

> 한국직업정보시스템(워크넷/직업 · 진로)에서 직업의 전망 조건을 '매우 밝음'으로 선택하여 직업정보를 검색하면 직업전망이 상위 (   ) 이상인 직업만 검색된다.

① 10%
② 15%
③ 20%
④ 25%

해설

한국직업정보시스템(워크넷 직업 · 진로)의 조건별 검색

평균연봉	직업전망
• 3,000만원 미만 • 3,000~4,000만원 미만 • 4,000~5,000만원 미만 • 5,000만원 이상	• 매우 밝음 : 상위 10% 이상 • 밝음 : 상위 20% 이상 • 보통 : 중간 이상 • 안좋음 : 감소예상직업

10

국가기술자격의 검정기준 또는 응시요건에 대한 설명으로 옳은 것은?   (17년 3회)

① 기능사에 대한 응시자격은 고등학교 졸업 이상이다.
② 응시하려는 종목에 속하는 동일 및 유사 직무분야에서 3년 이상 실무에 종사한 사람은 기사 등급의 응시자격을 충족한다.
③ 기술사 등급에 대한 검정기준은 '응시하고자 하는 종목에 관한 공학적 기술이론 지식을 가지고 설계, 시공, 분석 등의 기술업무를 수행할 수 있는 능력의 유무'이다.
④ 기능사 등급에 대한 검정기준은 '응시하고자 하는 종목에 관한 숙련기능을 가지고 제작, 제조, 운전, 보수, 정비, 채취, 검사 또는 작업관리 및 이에 관련된 업무를 수행할 수 있는 능력의 유무'이다.

해설

① 기능사에 대한 응시자격은 제한 없다.
② 기능사 자격을 취득한 후 응시하려는 종목이 속하는 동일 및 유사 직무분야에서 3년 이상 실무에 종사한 사람, 응시하려는 종목이 속하는 동일 및 유사직무분야의 다른 종목의 기사 등급 이상의 자격을 취득한 사람은 기사 등급의 응시자격을 충족한다.
③ 기술사 등급에 대한 검정기준은 '해당 국가기술자격의 종목에 관한 고도의 전문지식과 실무경험에 입각한 계획 · 연구 · 설계 · 분석 · 조사 · 시험 · 시공 · 감리 · 평가 · 진단 · 사업관리 · 기술관리 등의 업무를 수행할 수 있는 능력의 보유'이다.

11

고용정책 중 일자리 창출을 위한 정책과 가장 거리가 먼 것은?

① 고용유지지원금 ② 실업크레딧 지원
③ 시간선택제 전환 지원 ④ 사회적기업 육성

해설

실업크레딧 제도는 국민연금 보험료를 납부하기가 어려운 실업기간에 대하여 보험료를 지원해주는 제도로, 구직급여 수급자가 희망하면 보험료의 일부를 지원하고, 그 가입기간을 국민연금 가입기간으로 추가로 인정받을 수 있다. 구직급여 수급자에게 국민연금 보험료의 75%를 지원한다.

12

제10차 한국표준산업분류(2017)의 개정 내용에 관한 설명으로 틀린 것은? (17년 3회)

① 농업, 임업 및 어업 : 채소작물 재배업에 마늘, 딸기 작물 재배업을 포함하였으며, 어업에서 해면은 해수면으로 명칭을 변경하였다.
② 건설업 : 전문직별 공사업에서 2종 이상의 공사 내용으로 수행하는 개량·보수·보강공사를 시설물 유지관리 공사업으로 신설하였다.
③ 도매 및 소매업 : 세분류에서 종이 원지, 판지, 종이상자 도매업과 면세점을 신설하였다.
④ 숙박 및 음식점업 : 교육 프로그램을 중심으로 운영하는 숙박시설을 갖춘 청소년 수련시설을 교육 서비스업에서 숙박 및 음식점업으로 이동하였다.

해설

제10차 한국표준산업분류에서는 숙박업 대분류에서 구분하던 청소년 수련시설을 교육 프로그램 운영이 주된 산업활동인 경우 대분류 I 숙박 및 음식점업에서 대분류 P 교육 서비스업으로 이동하였다.

13

다음 중 국가기술자격 종목에 해당하지 않는 것은?

① 임상심리사 2급 ② 컨벤션기획사 2급
③ 그린전동자동차기사 ④ 자동차관리사 2급

해설

자동차관리사 2급은 한국자동차관리사협회에서 시행하는 민간자격증이다.

14

워크넷에서 채용정보 검색조건에 해당하지 않는 것은?

① 소정근로시간 ② 고용형태
③ 희망직종 ④ 희망임금

해설

소정근로시간은 검색조건에 없으며 '근로시간단축여부'가 있다.

15

국가기술자격 서비스분야 등급에서 응시자격의 제한이 없는 종목을 모두 고른 것은? (18년 1회)

> ㄱ. 사회조사분석사 2급
> ㄴ. 스포츠경영관리사
> ㄷ. 소비자전문상담사 2급
> ㄹ. 임상심리사 2급
> ㅁ. 텔레마케팅관리사

① ㄱ, ㄴ, ㄹ
② ㄱ, ㄴ, ㄷ, ㅁ
③ ㄴ, ㄹ, ㅁ
④ ㄱ, ㄴ, ㄷ, ㄹ, ㅁ

해설

임상심리사 2급은 1년 이상 실습수련 경험 혹은 2년 이상의 실무 종사자로서 대학졸업자 및 그 졸업예정자 또는 외국자격취득자에게 응시자격이 주어진다. 이외에 국가기술자격 응시자격 중 응시자격에 제한이 없는 종목으로는 워드프로세서 1급 혹은 3급, 한글속기 1급 혹은 3급, 비서 1급 혹은 3급, 전자상거래관리사 1급, 직업상담사 2급, 컨벤션기획사 2급 등이 있다.

16

다음 중 등록민간자격의 상세한 종목별 자격 정보를 제공하는 정보망은? (18년 1회)

① hrd.go.kr
② pqi.or.kr
③ ilmoa.go.kr
④ career.or.kr

해설

민간자격정보는 국가공인민간자격과 등록민간자격정보를 제공한다. 민간자격에 대한 상세한 정보는 민간자격정보서비스(pqi.or.kr)에서 확인할 수 있다.

17

다음은 무엇에 대한 설명인가?

> 근로자를 감원하지 않고 고용을 유지하거나 실직자를 채용하여 고용을 늘리는 사업주를 지원하여 근로자의 고용안정 및 취업취약계층의 고용촉진을 지원한다.

① 실업급여사업
② 고용안정사업
③ 취업알선사업
④ 직업상담사업

해설

제시된 내용은 2017년 중반까지 시행된 고용안정사업에 대한 설명이다. 고용보험의 사업 중 고용안정사업은 고용창출지원, 고용유지지원, 고용촉진지원 등이 고용안정사업에 해당한다.

18

워크넷에서 제공하는 직업선호도검사 L형의 하위검사가 아닌 것은?

① 흥미검사
② 성격검사
③ 생활사검사
④ 구직취약성적응도검사

해설

워크넷의 직업선호도검사는 L형과 S형 두 가지가 있다. 이중 워크넷의 L형은 흥미검사, 성격검사, 생활사검사로 구성되어 있고, S형은 흥미검사만으로 이루어져 있다.

19

다음 중 직업별 임금관련 정보를 제공하지 않는 것은?

① 한국직업전망
② Job Map
③ 한국직업사전
④ 한국직업정보시스템

해설

한국직업사전의 직업정보는 직무분석기법을 통해 분석된 정보이다. 직업정보는 직업과 관련된 모든 정보를 의미하며 임금관련 직업정보는 한국직업전망, 한국직업정보시스템 등에서 제공하고 있다.

20

국가직무능력표준(NCS)에 대한 설명으로 틀린 것은?

① 국가직무능력표준은 산업현장에서 직무를 수행하기 위해 요구되는 지식, 기술, 태도 등의 내용을 국가가 체계화한 것이다.
② 국가직무능력표준 분류는 직무의 유형(Type)을 중심으로 단계적으로 구성하였다.
③ 국가직무능력표준을 활용하여 교육·훈련 프로그램 및 자격종목을 설계할 수 있다.
④ 국가직무능력표준의 수준체계는 1수준~5수준의 5단계로 구성된다.

해설

국가직무능력표준의 수준체계는 1수준~8수준의 8단계로 구성된다.

21

다음 중 적극적인 노동시장 정책으로 볼 수 없는 것은?

① 실업급여 제공
② 실직자 취업상담
③ 실직자 재취직훈련
④ 일자리 창출

해설

실업급여 제공은 사후적·소득적인 노동시장 정책이다. 소극적 노동시장 정책은 실업자에게 실업부조 또는 실업급여를 제공하는 실업대책을 말한다.

22

일자리 안정자금에 대한 설명으로 틀린 것은? (18년 2회)

① 최저임금 인상에 따른 소상공인 및 영세중소기업의 경영부담을 완화하고 노동자의 고용 불안을 해소하기 위한 지원 사업이다.

② 일자리 안정자금의 지급방식은 직접 지급 또는 사회보험료 대납 중 선택할 수 있다.

③ 노동자를 30인 미만을 고용하는 사업주에 대해 지원하나 공동주택 경비·청소원 고용사업주에 대해서는 30인 이상인 경우에도 지원한다.

④ 고용보험 가입대상자는 고용보험에 가입하여야 지원하고, 법률상 고용보험 적용대상이 아닌 경우에는 지원에서 제외된다.

> **해설**
> 고용보험 가입대상자는 고용보험에 가입하여야 지원하고 법률상 고용보험 적용대상이 아닌 경우에는 고용보험에 가입하지 않아도 지원한다.

23

워크넷에서 제공하는 채용정보 중 기업형태별 검색에 해당하지 않는 것은?

① 대기업   ② 가족친화인증기업

③ 외국계기업   ④ 금융권기업

> **해설**
> 워크넷에서 제공하는 채용정보 중 기업형태별 검색의 메뉴는 대기업, 공무원·공기업·공공기관, 강소기업, 코스피·코스닥, 외국계기업, 일학습병행기업, 벤처기업, 청년친화강소기업 및 가족친화인증 기업 등이다.

24

다음 국가기술자격 검정의 기준은 어느 등급에 해당하는가?

> 해당 국가기술자격의 종목에 관한 최상급 숙련기능을 가지고 산업현장에서 작업관리 소속 기능 인력의 지도 및 감독, 현장훈련, 경영자와 기능 인력을 유기적으로 연계시켜 주는 현장관리 등의 업무를 수행할 수 있는 능력 보유

① 기술사   ② 기능장

③ 기사   ④ 산업기사

> **해설**
> 응시하고자 하는 종목에 관한 최상급 숙련기능을 가지고 현장관리 등의 업무를 수행할 수 있는 능력의 유무는 기능장의 검정기준이다.

25

국가기술자격 종목과 그 직무분야의 연결이 틀린 것은?

① 직업상담사 2급 – 사회복지·종교

② 소비자전문상담사 2급 – 경영·회계·사무

③ 세탁기능사 – 경비·청소

④ 컨벤션기획사 2급 – 이용·숙박·여행·오락·스포츠

> **해설**
> 컨벤션기획사 2급의 직무분야는 경영·회계·사무이다.

26

다음 국가기술자격 종목이 공통으로 해당되는 직무분야는? (18년 3회)

> • 광학기사
> • 반도체설계기사
> • 3D프린터운용기능사

① 보건·의료   ② 안전관리

③ 환경·에너지   ④ 전기·전자

> **해설**
> 광학기사, 반도체설계기사 등이 속한 직무분야는 20 전기·전자(중직무분야 202 전자)이다. 3D프린터운용기능사는 2018년 7월 1일부터 시행된 종목이다.

27

워크넷 직업·진로에서 제공하는 청소년 직업흥미검사의 하위척도가 아닌 것은?

① 활동척도   ② 자신감척도

③ 직업척도   ④ 가치관척도

청소년 직업흥미검사는 직업적 흥미 탐색 및 적합 직업/학과를 검사하는 것으로 6개 일반흥미유형(현실형/탐구형/예술형/사회형/진취형/관습형)과 13개 기초흥미분야 측정한다. 하위척도는 3가지(활동/자신감/직업)이다.

28

Q - net(www.q - net.or.kr)에서 제공하는 국가기술자격 종목별 정보를 모두 고른 것은?

> ㄱ. 자격취득자에 대한 법령상 우대현황
> ㄴ. 수험자 동향(응시목적별, 연령별 등)
> ㄷ. 연도별 검정현황(응시자수, 합격률 등)
> ㄹ. 시험정보(수수료, 취득방법 등)

① ㄱ, ㄴ   ② ㄷ, ㄹ
③ ㄱ, ㄴ, ㄹ   ④ ㄱ, ㄴ, ㄷ, ㄹ

Q - net에서는 각 자격종목마다 시험정보(수수료, 출제경향, 출제기준, 취득방법 등)기본정보(수행직무, 실시기관, 진로 및 전망)우대현황, 훈련·취업정보 및 수험자 동향에 대한 정보를 제공하고 있다.

29

워크넷에서 검색할 수 있는 우대 채용정보의 분류가 아닌 것은?

① 청년층 우대 채용정보   ② 장년 우대 채용정보
③ 여성 우대 채용정보   ④ 이주민 우대 채용정보

워크넷의 우대 채용정보는 청년층, 장년, 여성 및 장애인으로 구분하여 정보를 제공하고 있으며, 이주민은 이에 해당하지 않는다.

30

기술기초이론 지식 또는 숙련기능을 바탕으로 복합적인 기초기술 및 기능업무를 수행할 수 있는 능력의 보유여부를 검정기준으로 하는 국가기술자격 등급은?

① 기능장   ② 기사
③ 산업기사   ④ 기능사

기술기초이론 지식 또는 숙련기능을 바탕으로 복합적인 기초기술 및 기능업무를 수행할 수 있는 능력의 보유 여부를 검정기준으로 하는 국가기술자격 등급은 산업기사이다.

31

국가기술자격 산업기사 등급의 응시자격 기준으로 틀린 것은?

① 고용노동부령으로 정하는 기능경기대회 입상자
② 동일 및 유사 직무분야의 산업기사 수준 기술훈련과정 이수자 또는 그 이수 예정자
③ 응시하려는 종목이 속하는 동일 및 유사 직무분야의 다른 종목의 산업기사 등급 이상의 자격을 취득한 사람
④ 응시하려는 종목이 속하는 동일 및 유사직무분야에서 1년 이상 실무에 종사한 사람

산업기사의 응시자격 기준은 응시하려는 종목이 속하는 동일 및 유사 직무분야에서 2년 이상 실무에 종사한 사람이다.

32

워크넷(직업·진로)에서 제공하는 직업선호도 검사 L형과 S형의 공통적인 하위검사는?   (18년 3회)

① 흥미검사   ② 성격검사
③ 생활사검사   ④ 구직동기검사

워크넷의 직업선호도검사는 L형과 S형 두 가지가 있다. 이중 워크넷의 L형은 흥미검사, 성격검사, 생활사검사로 구성되어 있고, S형은 흥미검사만으로 이루어져 있다.

33

국가기술자격 기사등급의 응시 자격으로 틀린 것은?
     (19년 1회)

① 응시하려는 종목이 속하는 동일 및 유사 직무분야에서 4년 이상 실무에 종사한 사람
② 동일 및 유사 직무분야의 기사 수준 기술훈련과정 이수자 또는 그 이수예정자
③ 응시하려는 종목이 속하는 동일 및 유사 직무분야의 다른 종목의 기사 등급 이상의 자격을 취득한 사람

④ 기능사 자격을 취득한 후 응시하려는 종목이 속하는 동일 및 유사 직무분야에서 2년 이상 실무에 종사한 사람

해설

기능사 자격을 취득한 후 응시하려는 종목이 속하는 동일 및 유사 직무분야에서 3년 이상 실무에 종사한 사람이다

34

국가기술자격 서비스분야 종목 중 응시자격에 제한이 없는 것으로만 짝지어진 것은?

① 직업상담사 2급 – 임상심리사 2급 – 스포츠경영관리사
② 사회조사분석사 2급 – 소비자전문상담사 2급 – 텔레마케팅관리사
③ 직업상담사 2급 – 컨벤션기획사 2급 – 국제의료관광코디네이터
④ 컨벤션기획사 2급 – 스포츠경영관리사 – 국제의료관광코디네이터

해설

응시자격에 제한이 없는 종목으로는 직업상담사 2급, 스포츠경영관리사, 사회조사분석사 2급, 소비자전문상담사 2급, 텔레마케팅관리사 등이다.

35

워크넷에 대한 설명으로 틀린 것은?

① 워크넷은 개인구직자와 구인기업을 위한 취업지원 또는 채용지원서비스를 제공할 뿐만 아니라, 고용센터 직업상담원이나 지자체 취업알선담당자 등의 취업알선업무 수행을 지원하기 위한 내부 취업알선시스템이기도 하다.
② 워크넷은 여성, 장년, 장애인, 청년 등 취약 계층을 위한 우대채용정보를 제공한다.
③ 워크넷은 구인·구직 관련 서비스 외에 직업 및 진로 정보도 제공한다.
④ 워크넷은 정부에서 운영하는 취업정보사이트이기 때문에 고용센터 등 공공직업안정기관에서 생산한 구인·구직 정보만 제공한다.

해설

워크넷은 고용센터 등 공공직업안정기관에서 생산한 구인·구직 정보와 다양한 기관의 정보를 함께 제공한다.

36

국가기술자격 중 전문사무분야인 사회조사분석사 1급의 응시자격은?

① 해당 종목의 2급 자격 취득 후 해당 실무에 2년 이상 종사한 자
② 해당 실무에 4년 이상 종사한 자
③ 대학졸업자 등으로서 졸업 후 해당 실무에 2년 이상 종사한 자
④ 전문대학 졸업자 등으로서 졸업 후 해당 실무에 3년 이상 종사한 자업

해설

사회조사분석사 1급 응시자격

다음의 어느 하나에 해당하는 사람
• 해당 종목의 2급 자격을 취득한 후 해당 실무에 2년 이상 종사한 사람
• 해당 실무에 3년 이상 종사한 사람

37

실기능력이 중요하여 고용노동부령으로 정하는 필기시험이 면제되는 기능사 종목이 아닌 것은? (19년 1회)

① 도화기능사　　　　　② 항공사진기능사
③ 유리시공기능사　　　④ 사진기능사

해설

필기시험이 면제되는 기능사 종목은 석공기능사, 지도제작기능사, 도화기능사, 항공사진기능사, 조적기능사, 미장기능사, 타일기능사, 온수온돌기능사, 유리시공기능사 등이다.

38

다음 중 국가기술자격 종목을 모두 고른 것은?

> ㄱ. 전산회계운용사 1급
> ㄴ. 감정평가사
> ㄷ. 국제의료관광코디네이터
> ㄹ. 문화재수리기능자

① ㄱ, ㄴ, ㄹ　　　　　② ㄱ, ㄷ
③ ㄴ　　　　　　　　④ ㄷ, ㄹ

해설

감정평가사, 문화재수리기능자는 전문 자격시험 종목이다.

39

국가기술자격 종목 중 임산가공기사, 임업종묘기사, 산림기사가 공통으로 해당하는 직무분야는? (19년 2회)

① 농림어업
② 건설
③ 안전관리
④ 환경 · 에너지

해설

버섯종균기능사, 산림기능사, 산림기사, 산림기술사, 산림산업기사, 식물보호기사, 식물보호산업기사, 임산가공기능사, 임산가공산업기사, 임업종묘기능사, 임업종료기사 등은 모두 농림어업에 해당한다.

40

직업정보 제공과 관련된 인터넷사이트 연결이 틀린 것은?

① 직업훈련정보 : HRD − Net(hrd.go.kr)
② 자격정보 : Q − Net(q − net.or.kr)
③ 외국인고용관리정보 : EI넷(ei.go.kr)
④ 해외취업정보 : 월드잡플러스(worldjob.or.kr)

해설

외국인고용관리정보는 EPS(www.eps.go.kr)이다.

41

직업, 훈련, 자격 정보를 제공하는 사이트 또는 정보서와 제공내용이 틀리게 연결된 것은?

① 한국직업사전 − 직업별 제시임금과 희망임금 정보
② 워크넷 − 직업심리검사 실시
③ 한국직업전망 − 직업별 적성 및 흥미 정보
④ 자격정보시스템(Q − NET) − 국가기술자격별 합격률 정보

해설

한국직업사전에는 임금관련 정보는 제공하지 않는다.

42

다음은 국가기술자격 검정의 기준 중 어떤 등급에 관한 것인가?

> 해당 국가기술자격의 종목에 관한 고도의 전문지식과 실무경험에 입각한 계획, 연구, 설계, 분석, 조사, 시험, 시공, 감리, 평가, 진단, 사업관리, 기술관리 등의 업무를 수행할 수 있는 능력 보유

① 기술사
② 기사
③ 산업기사
④ 기능장

해설 **기술사 응시자격 조건**
• 기사 취득 후 실무능력 4년
• 산업기사 취득 후 실무능력 5년
• 기능사 취득 후 실무경력 7년
• 4년제 대졸(관련학과) 후 실무경력 6년
• 동일 및 유사직무분야의 다른 종목 기술사 등급 취득자

43

한국고용정보원에서 제공하는 '워크넷 구인 · 구직 및 취업동향'에 관한 설명으로 틀린 것은?

① 수록된 통계는 전국 고용센터, 한국산업인력공단, 시 · 군 · 구 등에서 입력한 자료를 워크넷 DB로 집계한 것이다.
② 통계표에 수록된 단위가 반올림되어 표기되어 전체 수치와 표내의 합계가 일치하지 않을 수 있다.
③ 워크넷을 이용한 구인 · 구직자들만을 대상으로 하므로, 통계자료가 노동시장 전체의 수급상황과 정확히 일치한다.
④ 공공고용안정기관의 취업지원서비스를 통해 산출되는 구직자, 구인업체 등에 관한 통계를 제공하여, 취업지원사업 성과분석 등의 국가 고용정책사업 수행을 위한 기초자료를 제공하는데 목적이 있다.

해설

워크넷 구인 · 구직 및 취업동향은 워크넷을 이용하는 구인 · 구직자들만을 대상으로 하므로 통계자료가 노동시장 전체의 수급상황과 일치하지 않을 수도 있다.

CHAPTER 04
직업 정보의 수집, 분석

1 고용정보의 수집

Thema 1 고용정보의 수집과 제공

(1) 고용정보의 처리과정 〔기출〕 20, 19, 17, 13년

① 수집 → 분석 → 가공 → 체계화 → 제공 → 축적 → 평가
② 직업정보는 정보를 수집하여 분석하고 정보이용자가 쉽게 이용할 수 있도록 가공 및 체계화한 후 제공된다. 제공된 정보는 축적되고 평가를 거친 후 피드백 과정을 거쳐 다음 단계의 정보수집 및 분석활동에 반영된다.

(2) 수집의 주요 방법 〔기출〕 20, 19, 18, 17, 16, 14, 16, 13, 12년

① 면접법
　㉠ 표준화면접과 비표준화면접

표준화면접	• 면접조사표를 만들어 모든 응답자에게 동일한 질문순서와 내용으로 면접을 수행한다. • 신뢰도가 높지만 타당도는 낮다.
비표준화면접	• 면접조사표를 미리 정하지 않은 채 상황에 따라 자유롭게 면접을 수행한다. • 타당도가 높지만 신뢰도는 낮다.

　㉡ 면접법의 장단점

장점	• 질문지법보다 공정한 표본을 얻을 수 있다. • 개별적 상황에 따라 높은 신축성과 적응성을 가진다. • 복잡한 질문을 사용할 수 있으며 정확한 응답을 얻을 수 있다. • 조사환경을 통제하고 표준화할 수 있다. • 응답자의 과거 행동이나 사적 행위에 관한 정보를 얻을 수 있다.
단점	• 시간, 비용, 노력이 많이 소요된다. • 절차가 상대적으로 복잡하고 불편하다. • 면접 내용에 대한 편의가 생길 수 있다. • 응답에 대한 표준화가 어려울 수 있다. • 넓은 지역에 걸쳐 분포된 사람들을 대상으로 면접이 어렵다. • 익명성이 결여되어 민감한 내용에 대한 정확한 응답을 얻기 어렵다.

② 질문지법

　㉠ 고려사항과 유의사항

질문지 작성 시 고려사항	• 질문 내용은 구체적인 용어로 표현하는 것이 좋다. • 조사용어는 가치중립적인 것을 사용해야 한다. • 질문의 준거틀은 명백하고 모든 응답자들에게 동일한 의미로 사용되어야 한다. • 질문의 내용은 객관적이어야 한다. • 유도질문이 있어서는 안 된다. • 폐쇄형 질문의 응답범주는 포괄적, 상호배타적이어야 한다.
질문순서 결정 시 유의사항	• 민감한 질문이나 개방형 질문은 가급적 질문지 후반에 배치한다. • 계속된 기억이 필요한 질문들은 전반에 배치한다. • 질문 문항들을 논리적인 순서에 따라 자연스럽게 배치한다. • 특별한 질문은 후반에 배치한다. • 응답의 신뢰도를 묻는 질문은 분산시킨다.

　㉡ 질문지법의 장단점

장점	• 면접법에 비해 시간, 비용. 노력이 적게 소모된다. • 일관성을 기할 수 있다. • 응답자가 익명으로 자유롭게 응답할 수 있다. • 즉각적인 응답에 대한 압박이 없으므로 심사숙고하여 응답할 수 있다. • 면접법보다 넓은 범위의 응답자에게 접근할 수 있다.
단점	• 융통성이 결여되어 있다. • 비언어적 행위나 개인의 특성에 관한 자료는 수집하기 어렵다. • 읽고 쓸 줄 아는 능력이 없는 사람을 대상으로 조사하기 불가능하다. • 무응답에 대한 통제가 어렵다.

③ 내용분석법

　㉠ 문서화된 매체들을 중심으로 필요한 자료를 수집하는 방법이다.

　㉡ 메시지의 현재적인 내용뿐만 아니라 잠재적인 내용도 분석대상이다.

　㉢ 내용분석법의 장단점

장점	• 조사자의 비관여적 접근으로 조사대상자의 반응성을 유발하지 않는다. • 역사적 기록물을 통한 시간의 흐름에 따른 소급조사와 장기간의 종단연구가 가능하다. • 가치, 태도 인간성 등 다양한 심리적 변수를 효과적으로 측정할 수 있다. • 여타의 연구방법과 범용이 가능하다. • 다른 조사에 비해 실패 시 위험부담이 적고 필요한 경우 재조사가 가능하다. • 비용과 시간을 절약할 수 있다.
단점	• 기존 자료의 신뢰도가 문제된다. • 기록된 자료에만 의존하므로 자료의 입수가 제한적인 경우도 있다. • 명백히 드러난 내용과 숨겨진 내용을 구분하기 어렵다. • 분류 범주의 타당도 확보가 곤란하다.

Thema 2 고용정보의 처리 시 유의사항

참고 하세요!

고용정보의 수집, 분석, 가공, 제공 시 항상 최신의 자료를 활용하도록 한다.

(1) 수집 시 유의사항   기출 20, 17, 14, 13, 10, 09, 08년

① 목표를 명확히 설정하고 조직적이고 계획적으로 수집한다.
② 유용했던 정보도 시간이 지나면 가치가 변하므로 필요 없는 자료는 폐기한다.
③ 자료의 출처와 저자, 발행연도, 수집자 및 수집일자 등을 기입한다.

시험 에 이렇게 나왔다!

직업정보 분석시 유의점으로 틀린 것은? (16년 3회)

① 전문적인 시각에서 분석한다.
② 직업정보원과 제공원에 대해 제시한다.
③ 동일한 정보에 대해서는 한 가지 측면으로 분석한다.
④ 원자료의 생산일, 자료표집방법, 대상 등을 검토해야 한다.

답 ③

(2) 고용정보 분석 시 유의사항   기출 20, 19, 18, 17, 16, 13, 12, 11, 10, 09년

① 정보의 분석 목적을 명확히 하여 변화의 동향에 유의한다.
② 동일한 정보도 다각적이고 종합적인 분석을 시도하여 해석을 풍부히 한다.
③ 전문가나 전문적인 시각에서 분석한다.
④ 원자료의 생산일, 자료표집방법, 대상, 자료의 양 등을 검토하여 진행한다.
⑤ 가장 효율적으로 검색 · 활용할 수 있는 방법으로 분류한다.
⑥ 다른 통계와의 관련성을 고려하여 숫자로 표현할 수 없는 정보라도 삭제하거나 배제하지 않는다.
⑦ 정보원과 제공원에 대해 제시한다.

(3) 고용정보 가공 시 유의사항   기출 20, 18, 17, 14, 13, 12, 11, 09, 08, 07년

① 이용자의 수준에 부합하는 언어로 가공한다.
② 전문적인 지식이 없어도 이해할 수 있도록 가공한다.
③ 정보의 생명력을 측정하여 활용방법을 선정하고 이용자에게 동기를 부여할 수 있도록 구상한다.
④ 직업에 대한 장단점을 편견없이 제공한다.
⑤ 효율적인 제공을 위해 시청각 효과를 부가한다.
⑥ 제공 방법에 적절한 형태로 가공한다.

시험 에 이렇게 나왔다!

직업정보의 가공에 대한 설명으로 가장 적합하지 않은 것은? (17년 1회)

① 효율적인 정보제공을 위해 시각적 효과를 부가한다.
② 정보를 공유하는 방법과도 연관되어 있다.
③ 긍정적인 정보를 제공하는 입장에서 출발해야 한다.
④ 정보의 생명력을 측정하여 활용방법을 선정하고 이용자에게 동기를 부여할 수 있도록 구상한다.

답 ③

(4) 고용정보 제공 시 유의사항   기출 20, 17, 13, 11년

① 이용자의 구미에 맞도록 생산하고 생산과정을 공개한다.
② 내담자의 필요와 자발적 의사를 고려하여 고용정보를 제공한다.
③ 상담자는 다양한 정보를 수집하고 제공하기 위해 지속적으로 노력해야 한다.
④ 정보 제공 후 내담자의 피드백을 상담에 효과적으로 활용한다.
⑤ 내담자 개인은 물론 내담자의 직업선택에 영향을 미칠 수 있는 환경에 대해서도 충분히 고려하여 정보를 제공한다.

(1) 일반적인 평가 기준(Hopppock) 기출 18, 16, 13년

① 언제 만들어진 것인가?

② 어느 곳을 대상으로 한 것인가?

③ 누가 만든 것인가?

④ 어떤 목적으로 만든 것인가?

⑤ 자료를 어떤 방식으로 수집하고 제시했는가?

(2) 효용의 관점에 의한 평가(Andrus) 기출 10년

① 형태효용

정보의 형태가 의사결정자의 요구사항에 보다 더 근접하게 맞추어짐에 따라 정보의 가치는 증가한다.

② 시간효용

필요할 때 필요한 정보를 사용할 수 있다면 정보는 의사결정자에게 보다 더 큰 가치를 준다.

③ 장소효용

정보에 쉽게 접근할 수 있거나 전달할 수 있다면 정보는 보다 큰 가치를 가지며, 온라인시스템은 시간과 장소효용 모두를 극대화한다.

④ 소유효용

정보소유자는 타인에게로의 정보전달을 통제함으로써 그것의 가치에 크게 영향을 준다.

시험 에 이렇게 나왔다!

직업정보의 일반적인 평가 기준과 가장 거리가 먼 것은? (16년 1회)

① 어떤 목적으로 만든 것인가?
② 얼마나 비싼 정보인가?
③ 누가 만든 것인가?
④ 언제 만들어진 것인가?

답 ②

2 고용정보의 분석

Thema 1 통계 주요 용어

(1) 만 15세 이상 인구(생산가능인구, 노동가능인구) 기출 12년

수입이 있는 일에 종사하고 있으나 취업을 하기 위하여 구직활동 중에 있는 사람으로서 경제활동에 참여할 의사가 없는 사람을 비경제활동인구로 분류한다.

참고 하세요!

만 15세 인구 중 경제활동인구가 차지하는 비율을 경제활동참가율이라고 한다.

(2) 경제활동인구 기출 16년

만 15세 이상 인구 중 조사대상기간 동안 실제로 수입이 있는 일을 한 취업자와 일을 하지 않았으나 구직활동을 한 실업자로 구분한다.

(3) 비경제활동인구 기출 15, 14, 07년

전업주부, 학생, 일을 할 수 없는 연로자, 심신장애인, 자원봉사자, 구직단념자(취업의사가 있으나 일자리를 구하지 못한 자 가운데 조사대상기간 중에는 구직활동을 하지 않았으나, 지난 1년간 구직경험이 있었던 사람), 취업준비자 등이 포함된다.

(4) 취업자 기출 20, 18, 14, 13, 12, 10, 09년

① 조사대상기간 동안 실제로 수입을 목적으로 1시간 이상 일을 한 자를 말한다.
② 동일가구 내 가구원이 운영하는 농장이나 사업체의 수입을 위하여 주당 18시간 이상 일한 무급가족봉사자도 포함한다.
③ 직업 또는 사업체를 가지고 있으나 일시적인 병 또는 사고, 연가, 교육, 노사분규 등의 사유로 일을 하지 못한 일시휴직자도 포함한다.

시험 에 이렇게 나왔다!

통계청 경제활동인구조사에서 사용하는 용어에 관한 설명으로 틀린 것은? (18년 1회)
① 잠재취업가능자 : 비경제활동인구 중에서 지난 4주간 구직활동을 하였으나, 조사대상주간에 취업이 가능하지 않은 자
② 고용률 : 만 15세 이상 인구 중 취업자가 차지하는 비율
③ 취업자 : 조사대상주간 중 수입을 목적으로 18시간 이상 일한 자
④ 자영업자 : 고용원이 있는 자영업자 및 고용원이 없는 자영업자를 합친 개념

답 ③

(5) 실업자

조사대상기간에 수입이 있는 일을 하지 않았고 지난 4주간 일자리를 찾아 적극적으로 구직활동을 하였던 사람으로서 일자리가 주어지면 즉시 취업이 가능한 사람을 말한다.

(6) 실업률 기출 09, 07년

실업자가 경제활동인구(취업자 + 실업자)에서 차지하는 비율을 말한다.

(7) 고용률

기출 14년

① 만 15세 이상 인구 중 취업자가 차지하는 비율을 말한다.

② 한 국가의 노동력 활용 정도를 나타내는 대표적인 고용지표이다.

③ 실업률이나 경제활동참가율에 비해 경기변동의 영향을 적게 받는다.

(8) 임금근로자

기출 17, 14년

자신의 근로에 대해 대가를 지급받는 근로자로서 상용근로자, 임시근로자, 일용근로자로 구분된다.

① **상용근로자** : 고용계약기간이 1년 이상인 경우, 고용계약 미설정자는 인사관리 규정을 받거나 상여금 및 퇴직금 등 각종 수혜를 받는 경우

② **임시근로자** : 고용계약기간이 1개월 이상 1년 미만인 경우, 고용계약 미설정자는 일정한 사업(1년 미만)의 필요에 의해 고용된 경우

③ **일용근로자** : 고용계약기간이 1개월 미만인 경우, 매일 고용되어 일급 또는 일당제 급여를 받고 일하는 경우

(9) 자영업자

기출 20년

고용원이 있는 자영업자와 고용원이 없는 자영업자를 합친 것이다.

(10) 무급가족봉사자

동일가구 내 가족이 경영하는 사업체, 농장에서 무보수로 일하는 사람을 말한다.

① 18시간 이상 일하는 경우 취업자로 분류

② 18시간 미만 일하는 경우 실업자 또는 비경제활동인구로 분류

(11) 비정규직 근로자

기출 12년

1차적으로 고용형태에 의해 정의되는 것으로 한시적 근로자, 시간제 근로자, 비전형 근로자 등으로 분류한다.

시험에 이렇게 나왔다!

경제활동인구조사에서 종사상 지위로 고용계약기간이 1개월 미만인 임금근로자는?
(17년 2회)

① 임시근로자
② 계약직근로자
③ 고용직근로자
④ 일용근로자

답 ④

시험에 이렇게 나왔다!

통계청 경제활동인구조사의 주요용어에 대한 설명으로 틀린 것은? (16년 1회)

① 무급가족종사자는 동일 가구내 가족이 경영하는 사업체, 농장에서 무보수로 일하는 사람을 말하며, 조사대상기간에 16시간 이상 일한 사람은 취업자로 분류한다.

② 실업자는 15세 이상 인구 중 조사대상기간에 수입이 있는 일을 하지 않았고, 지난 4주간 적극적으로 구직활동을 하였으며, 조사대상기간에 일이 주어지면 즉시 취업이 가능한 사람이다.

③ 구직단념자는 비경제활동인구 중 취업 의사와 일할 능력은 있으나 노동시장적 사유로 지난 4주간 구직활동을 하지 않은 자 중 지난 1년 안에 구직경험이 있는 사람이다.

④ 고용률은 만 15세 이상 인구 중 취업자가 차지하는 비율이다.

답 ①

한국고용정보원에서 제공하는 '워크넷 구인 구직 및 취업동향'에 대한 설명으로 틀린 것은? (16년 2회)

① 수록된 통계는 전국 고용센터, 한국산업인력공단, 시·군·구 등에서 입력한 자료를 워크넷 DB로 집계한 것이다.
② 공공고용안정기관의 취업지원서비스를 통해 산출되는 구인·구직 통계를 제공하여, 취업지원사업 등의 국가 고용정책사업 수행을 위한 기초자료를 제공하는 데 목적이 있다.
③ 통계표에 수록된 단위가 반올림되어 표기되어 전체 수치와 표내의 합계가 일치하지 않을 수 있다.
④ 워크넷을 이용한 구인·구직자들만을 대상으로 하므로, 통계자료가 노동시장 전체의 수급상황과 정확히 일치한다.

답 ④

⑿ 워크넷 구인·구직 및 취업동향 주요 용어　　기출 14, 13, 12, 11, 10, 09년

① 신규구인인원 : 해당 월에 워크넷에 등록된 구인인원
② 신규구직건수 : 해당 월에 워크넷세 등록된 구직건수
③ 취업건수 : 금월 기간에 워크넷에 취업 등록된 건수
④ 취업률 : 신규구직인원 중 취업건수가 차지하는 비율을 말한다.
⑤ 제시임금 : 구인자가 구직자에게 제시하는 임금이다.
⑥ 희망임금 : 구직자가 구인업체에 희망하는 임금이다.
⑦ 희망임금충족률 : 희망임금에 대한 제시임금의 비율을 나타낸다.
⑧ 구인배수 : 구직자 1명에 대한 구인수를 나타내는 것으로 취업의 용이성이나 구인난 등을 판단할 수 있다.

🔍 워크넷 이용 시 유의사항　　기출 19, 16, 15, 11년

워크넷의 통계는 전국구용센터, 한국산업인력공단, 시·군·구 등에서 입력한 자료를 워크넷에서 집계한 것이다. 따라서 워크넷을 이용한 구인·구직자들만 대상으로 하므로 통계자료가 노동시장 전체의 수급상황과 일치하지 않을 수 있다.

Thema 2 구인구직 주요 용어

(1) 충족률 기출 15, 07년

각 업체가 구인하려는 사람의 충족 여부의 비율

(2) 유효구인인원

일정 기간 동안 구인신청이 들어온 모집인원 중 해당 월말 알선 가능한 인원수의 합

(3) 유효구직자수

구직신청자 중 해당 월말 알선 가능한 인원수의 합

(4) 알선건수

해당 기간 동안 알선처리한 건수의 합

(5) 알선율 기출 08, 07년

구직신청자 중 알선이 이루어진 건수의 비율

(6) 일자리경쟁배수

신규구인인원 대비 신규구직자의 수

시험에 이렇게 나왔다!

충족률의 개념으로 옳은 것은? (15년 1회)

① (취업건수/신규구직자수)×100
② (알선건수/신규구직자수)×100
③ (알선건수/신규구인인원)×100
④ (취업건수/신규구인인원)×100

답 ④

직업 정보의 수집, 분석 연습문제

01

고용정보의 가공 · 분석에 관한 설명으로 틀린 것은?

(16년 3회)

① 정보의 가공 및 분석 목적을 명확히 해야 한다.
② 변화 동향에 유의해야 한다.
③ 숫자로 표현할 수 없는 정보는 배제해야 한다.
④ 다른 통계와의 관련성 및 여러 측면을 고려해야 한다.

해설

고용정보의 가공 · 분석 시 숫자로 표현할 수 없는 정보라도 큰 가치를 지니는 정보라면 수집한다. 고용정보는 객관성, 타당성, 신뢰성, 전문성, 실용성, 예민성, 비교가능성 등의 원리에 의해 가공 · 분석되어야 하므로 숫자로 표현할 수 없는 정보라고 하여 이를 무조건 배제하기보다는 과학적 · 전문적인 시각에서 체계적이고 유효적절하게 수용하는 것이 바람직하다.

02

일반적인 직업정보 처리과정을 바르게 나열한 것은?

(17년 1회)

① 수집 → 제공 → 분석 → 가공 → 평가
② 수집 → 가공 → 제공 → 분석 → 평가
③ 수집 → 평가 → 가공 → 제공 → 분석
④ 수집 → 분석 → 가공 → 제공 → 평가

해설

직업정보 처리과정
직업정보시스템의 정보처리과정은 수집 → 분석 → 가공 → 제공 → 평가이다.

03

직업정보 수집을 위해 질문지를 마련할 때 문항 작성 및 배열의 원칙과 가장 거리가 먼 것은?

① 개인 사생활에 관한 질문과 같이 민감한 질문은 가급적 뒤로 배치하는 것이 좋다.
② 질문 내용은 가급적 구체적인 용어로 표현하는 것이 좋다.
③ 특수한 것을 먼저 묻고 그 다음에 일반적인 것을 질문하도록 하는 것이 좋다.
④ 질문은 논리적인 순서에 따라 자연스럽게 배치하는 것이 좋다.

해설

일반적인 질문을 먼저하고 특수한 질문은 그 다음에 한다.

04

직업정보 분석 시 유의사항이 아닌 것은?

① 직업정보원과 제공원을 제시한다.
② 동일한 정보도 다각적인 분석을 시도하여 해석을 풍부하게 한다.
③ 전문지식이 없는 개인을 위해 비전문적인 시각에서 분석한다.
④ 분석과 해석은 원자료의 생산일, 자료표집방법, 대상, 자료의 양 등을 검토해야 한다.

해설

직업정보 분석은 직업정보의 신뢰성, 객관성, 정확성, 효용성 등을 확보하기 위해 전문가가 해야 한다.

05

다음 중 면접을 통한 직업정보 수집 시 개방형 질문(Open – ended Questions)을 이용하기에 적합하지 못한 경우는?

(17년 3회)

① 응답자에 대한 사전지식의 부족으로 응답을 예측할 수 없는 경우
② 특정 행동에 대한 동기조성과 같은 깊이 있는 내용을 다루고자 하는 경우
③ 숙련된 전문 면접자보다 자원봉사자에 의존하여 면접을 실시하는 경우
④ 응답자들의 지식수준이 높아 면접자의 도움 없이 독자적으로 응답할 수 있는 경우

해설

개방형 질문을 사용하는 경우 숙련된 전문 면접자가 실시하는 것이 바람직하다. 같은 자료라도 분석자에 따라 다른 결과가 나올 수 있기 때문이다.

06

직업정보 조사를 위한 설문지 작성법과 거리가 가장 먼 것은?

(18년 1회)

① 이중질문은 피한다.
② 조사주제와 직접 관련이 없는 문항은 줄인다.
③ 응답률을 높이기 위해 민감한 질문은 앞에 배치한다.
④ 응답의 고정반응을 피하도록 질문형식을 다양화한다.

해설

직업정보 조사를 위해 설문지를 작성하는 경우 응답률을 높이기 위해 개인의 사생활에 관한 질문과 같이 민감한 질문은 가급적 뒤에 배치하는 것이 좋다.

07

질문지를 활용한 면접조사를 통해 직업정보를 수집할 때, 면접자가 지켜야 할 일반적 원칙으로 틀린 것은?

① 질문지를 숙지하고 있어야 한다.
② 응답자와 친숙한 분위기를 형성해야 한다.
③ 개방형 질문인 경우에는 응답내용을 해석하고 요약하여 기록해야 한다.
④ 면접자는 응답자가 이질감을 느끼지 않도록 복장이나 언어사용에 유의해야 한다.

해설

개방형 질문인 경우에는 기록된 응답내용은 차후에 전문가들에 의해 해석되어야 한다.

08

직업정보의 처리에 대한 설명으로 틀린 것은?

① 직업정보는 전문가가 분석해야 한다.
② 직업정보 제공 시에는 이용자의 수준에 맞게 한다.
③ 직업정보 수집 시에는 명확한 목표를 세운다.
④ 직업정보 제공 시에는 직업의 장점만을 최대한 부각해서 제공한다.

해설

직업정보를 제공할 때에는 작업에 대한 장점과 단점을 편견 없이 제공해야 한다.

09

고용정보의 가공 · 분석 시 유의사항으로 틀린 것은?

(18년 2회)

① 변화 동향에 유의할 것
② 정보의 가공 및 분석목적을 명확히 할 것
③ 숫자로 표현할 수 없는 정보는 배제할 것
④ 다른 통계와의 관련성 및 여러 측면을 고려할 것

해설

고용정보는 숫자로 표현할 수 있는 정보만을 의미하는 것이 아니라 사진이나 책자, 동영상 등도 고용정보로 가공 · 분석되어 제공된다.

10

다음은 직업정보 수집을 위한 자료수집방법을 비교한 표이다. (　　)에 알맞은 것은?

기준	(ㄱ)	(ㄴ)	(ㄷ)
비용	높음	보통	보통
응답 자료의 정확성	높음	보통	낮음
응답률	높음	보통	낮음
대규모 표본 관리	곤란	보통	용이

① ㄱ : 전화조사, ㄴ : 우편조사, ㄷ : 면접조사
② ㄱ : 면접조사, ㄴ : 우편조사, ㄷ : 전화조사
③ ㄱ : 면접조사, ㄴ : 전화조사, ㄷ : 우편조사
④ ㄱ : 전화조사, ㄴ : 면접조사, ㄷ : 우편조사

해설

면접조사는 응답자료가 정확한 편이고 응답률이 높다. 그러나 대규모 표본관리는 어렵다. 우편조사는 전화조사에 비해 비용이 적게 들고 대규모 표본관리가 용이하나 자료의 정확성과 응답률이 낮다.

11

직업정보 가공 시의 유의점에 대한 설명으로 틀린 것은? (18년 3회)

① 직업정보의 이용자는 일반인이므로 이용자의 수준에 맞는 언어로 가공한다.
② 직업에 대한 장점만 제공하여 이용자들이 직업에 대한 비전을 갖도록 해야 한다.
③ 가장 최신의 자료를 활용하되 표준화된 정보를 활용한다.
④ 객관성이 없는 정보는 활용하지 않도록 한다.

해설

직업에 대한 장단점을 편견 없이 제공해야 한다.

12

구인 · 구직 통계가 다음과 같을 때 구인배수는? (19년 1회)

구분	신규구인인원	신규구직건수	취업건수
2018년 5월	210,000	324,000	143,000

① 0.44
② 0.65
③ 1.54
④ 3.73

해설

구인배수(구인배율) = 신규구인인원 ÷ 신규구직건수
= 210,000 ÷ 324,000 = 0.65

구인 · 구직 통계

- 취업률 = (취업건수 ÷ 신규구직자 수) × 100
- 알선율 = (알선건수 ÷ 신규구직자 수) × 100
- 희망임금충족률 = (제시임금 ÷ 희망임금) × 100

13

질문지를 사용한 조사를 통해 직업정보를 수집하고자 한다. 질문지 문항 작성방법에 대한 설명으로 틀린 것은?

① 객관식 문항의 응답 항목은 상호배타적이어야 한다.
② 응답하기 쉬운 문항일수록 설문지의 앞에 배치하는 것이 좋다.
③ 신뢰도 측정을 위해 짝(Pair)으로 된 문항들은 함께 배치하는 것이 좋다.
④ 이중(Double − barreled)질문과 유도질문은 피하는 것이 좋다.

해설

신뢰도 측정을 위해 짝(Pair)으로 된 문항들은 분리하여 배치한다.

14

직업정보 수집 시 2차 자료(Secondary Data) 유형을 모두 고른 것은?

> ㄱ. 한국고용정보원에서 발행하는 직종별 직업사전
> ㄴ. 통계청에서 실시한 지역별 고용조사 결과
> ㄷ. 한국산업인력공단에서 제공하는 국가기술자격통계연보
> ㄹ. 워크넷에서 제공하는 직업별 탐방기(테마별 직업여행)

① ㄱ, ㄷ
② ㄱ, ㄴ, ㄹ
③ ㄴ, ㄷ, ㄹ
④ ㄱ, ㄴ, ㄷ, ㄹ

해설

2차 자료 유형에 대한 설명으로 모두 해당된다.

1차 자료와 2차 자료

- 1차 자료 : 현재 당면한 문제를 해결하기 위해 조사하여 수집하는 자료로, 연구자의 목적에 맞게 직접 만들 자료이며 시간, 비용, 인력이 많이 든다.
- 2차 자료 : 과거에 다른 문제를 해결하기 위해 이미 수집되어 있는 자료로, 연구자가 직접 만든 것이 아니라 기존에 만들어져 있는 자료이며 각종 논문, 책 등 문헌자료, 국가나 운영기관에서 발생 · 수집하여 제공하는 각종 통계, 연구자료 등이다.

15

직업정보 수집을 위한 서베이 조사에 관한 설명으로 틀린 것은?

① 면접조사는 우편조사에 비해 비언어적 행위의 관찰이 가능하다.
② 일반적으로 전화조사는 면접조사에 비해 면접시간이 길다.
③ 질문의 순서는 응답률에 영향을 줄 수 있다.
④ 폐쇄형 질문의 응답범주는 상호배타적이어야 한다.

해설

일반적으로 전화조사는 면접조사에 비해 시간이 짧다.

16

직업정보 분석 시 유의점으로 틀린 것은? (19년 2회)

① 전문적인 시각에서 분석한다.
② 직업정보원과 제공원에 대해 제시한다.
③ 동일한 정보에 대해서는 한 가지 측면으로만 분석한다.
④ 원자료의 생산일, 자료표집방법, 대상 등을 검토해야 한다.

해설

직업정보는 다각도로 분석하여야 한다.

17

직업정보 수집을 위한 설문지 작성에 관한 설명으로 틀린 것은? (19년 3회)

① 폐쇄형 질문의 응답범주는 포괄적(Exhaustive)이어야 한다.
② 응답자의 이해능력을 고려하여 설문문항이 작성되어야 한다.
③ 폐쇄형 질문의 응답범주는 상호배타적 (Mutually Exclusive)이지 않아야 된다.
④ 이중질문(Double - Barreled Question)은 배제되어야 한다.

해설

폐쇄형 질문의 응답범주는 포괄적이고 상호배타적이어야 한다.

18

직업정보의 관리과정에 대한 설명으로 틀린 것은?

① 직업정보 수집 시에는 명확한 목표를 세운다.
② 직업정보 분석 시에는 하나의 항목에 초점을 맞춰 집중적으로 분석해야 한다.
③ 직업정보 가공 시에는 전문적인 지식이 없어도 이해할 수 있도록 가공해야 한다.
④ 직업정보 가공 시에는 직업이 가지고 있는 장 · 단점을 편견 없이 제동해야 한다.

해설

직업정보 분석 시에는 동일한 정보일지라도 다각적이고 종합적으로 분석을 시도하여야 한다.

제 **4** 과목

노동시장론

CHAPTER 01

노동시장의 이해

1 노동의 수요

Thema 1 노동수요의 개념

(1) 노동수요의 의의

① 노동수요란 일정 기간 동안 기업에서 고용하고자 하는 노동의 양이다. 실제 구입하는 양이 아닌 사전적 개념이다.

② 이윤을 극대화하려는 기업의 의사결정에 따라 노동수요의 크기가 결정된다.

(2) 노동수요의 특징   기출 20, 18, 15, 13, 10, 08년

① 파생수요(유발수요)

㉠ 노동의 수요가 소비자들의 상품에 대한 수요에 의해 파생된다는 의미이다.

㉡ 기업이 노동을 수요함에 있어서 상품시장에서의 최종생산물을 판매와 결부시켜 노동을 수요하려고 하기 때문에 기업의 노동에 대한 수요는 기업에서 생산된 상품에 대한 소비자들의 수요에 크게 영향을 받는다.

② 유량(Flow)

수요는 일반적으로 일정 시점이 아닌 일정 기간 동안 기업에서 고용하고자 하는 노동의 양이므로 유량(Flow)의 개념에 속한다.

③ 결합수요

노동의 수요는 노동 자체에 대한 독립적인 수요만으로 이루어지는 것이 아니다. 생산설비나 시설같은 수요와 동시에 결합되므로 다른 생산요소의 발달 정도 및 이용 가능성 여부 등과 밀접하게 연관되어 있다.

참고 하세요!

기간이 아닌 일정 시점에서 일할 수 있는 생산가능인구, 경제활동인구, 취업인구 등으로 파악하는 경우 저량(Stokc)의 개념에 속한다.

(3) 노동수요의 결정요인 기출 18, 14, 12, 10년

① 임금(노동의 가격)

임금이 상승하는 경우 노동수요는 감소하고 임금이 하락하면 노동수요는 증가한다. 노동수요를 결정하는 대표적인 변수이다.

② 상품(서비스)에 대한 소비자의 수요

노동을 이용하여 생산하는 상품(서비스)에 대한 수요가 클수록 유발수요인 노동수요는 증가한다.

③ 노동생산성의 변화

노동생산성이 높을수록 적은 생산요소의 투입으로도 생산이 가능하다. 따라서 생산물 한 단위를 만드는 데 소요되는 노동량이 감소한다.

④ 생산기술의 진보

생산비가 절감하면 상품가격이 하락하므로 장기적으로 노동수요를 발생시킬 수 있다. 자본절약적인 생산기술의 진보는 노동수요를 증가시키는 경향이 있다.

⑤ 생산요소의 가격변화

생산요소가 노동과 대체관계인 경우 생산요소의 가격이 오르면 노동수요는 증가한다.

시험 에 이렇게 나왔다!

생산요소에 대한 수요를 파생수요(Derived Demand)라 부르는 이유로 가장 적합한 것은? (15년 3회)

① 생산요소의 수요곡선은 이윤극대화에서 파생되기 때문이다.
② 정부의 요소수요는 민간의 수요를 보완하기 때문이다.
③ 생산요소에 대한 수요는 그들이 생산한 생산물에 대한 수요에 의존하기 때문이다.
④ 생산자들은 저렴한 생산요소로 늘 대체하기 때문이다.

답 ③

시험 에 이렇게 나왔다!

기업에서 단기노동수요를 증가시키는 요인으로 가장 적합한 것은? (14년 3회)

① 상품 수요의 증가
② 실업의 감소
③ 노동생산성의 체감
④ 고용보험료의 인상

답 ①

참고 하세요!

노동시장은 수요·공급의
법칙에 의해 지배된다.

(1) 노동수요곡선의 변화

기출 19, 17, 16, 14, 13, 12, 11, 10, 08년

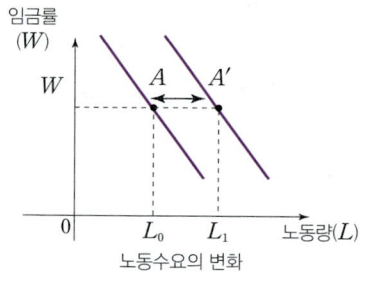

노동수요의 변화

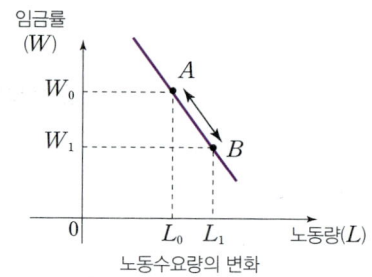

노동수요량의 변화

① 노동수요의 변화

노동수요의 변화는 임금(W)을 제외한 요인이 변화하여 노동수요곡선 자체
가 이동하는 것이다.

② 노동수요량의 변화

노동수요량의 변화는 임금의 변화(W_0-W_1)에 따라 노동수요곡선 상에서
수요점이 이동($A-A'$)하는 것이다.

(2) 보완재와 대체재

기출 15년

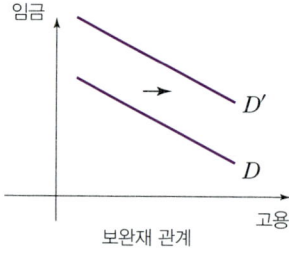

보완재 관계

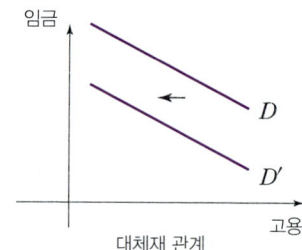

대체재 관계

① 보완재

노동과 자본이 서로 보완재라면 자본의 가격이 하락할 때 노동수요가 증가
하여 노동수요곡선은 오른쪽으로 이동한다.

② 대체재

노동과 자본이 서로 대체재라면 자본의 가격이 하락할 때 노동수요가 감소
하여 노동수요곡선은 왼쪽으로 이동한다.

Thema 3 기업의 이윤극대화 노동수요

(1) 한계생산물가치와 이윤극대화
기출 20, 18, 17, 15, 14, 11, 10, 09, 08, 07년

① 한계비용과 한계수입

 ㉠ 한계비용(MC ; Marginal Cost) : 생산자가 한 개의 상품을 더 생산하는 경우 추가로 소요되는 비용

 ㉡ 한계수입(MR ; Marginal Revenue) : 생산자가 한 개의 상품을 더 팔 경우 얻게 되는 추가수입

② 기업은 최소비용으로 최대효과를 얻기 위해 생산활동을 한다. 이러한 기업의 활동은 단기 생산함수와 장기 생산함수로 나타낼 수 있다.

③ 단기 생산함수는 자본을 고정요소로 간주한 채 노동의 증가 · 감소에 따른 생산물의 변화량을 나타내는 것이다.

④ 완전경쟁시장에서 기업은 한계비용(MC)이 한계수입(MR) 혹은 생산물가격(P ; Price)과 일치하는 점까지 생산을 계속함으로써 이윤을 극대화하고자 한다.

⑤ 기업은 노동을 추가함으로써 생산물을 더 증가시키고자 한다. 이때 생산되는 생산물의 총수량을 '총생산량(TP ; Total Product)'이라고 한다.

⑥ 총생산량을 노동투입량으로 나눈 것을 '노동의 평균생산량(AP_L ; Average Product of Labor)'이라고 한다(노동의 평균생산량(AP_L) : $\dfrac{\text{총 생산량}(TP)}{\text{노동투입량}(L)}$).

⑦ 노동의 투입이 한 단위 증가함으로써 얻어지는 총생산량의 증가분을 '노동의 한계생산량(MP_L ; Marginal Product of Labor)'이라고 한다(노동의 한계생산량(MP_L) : $\dfrac{\text{총 생산량의 증가분}(\triangle TP)}{\text{노동투입량의 증가분}(\triangle L)}$).

⑧ 이를 통해 얻는 총수입의 증가분을 '노동의 한계생산물가치(VMP_L ; Value of Marginal Product of Labor)'라고 한다($VMP_L = P \cdot MP_L$).

⑨ 기업은 노동을 1단위 추가로 고용했을 때 얻게되는 노동의 한계생산물가치(VMP_L)와 임금률(W)이 같아질 때까지 고용량을 증가시켜 이윤을 극대화한다($VMP_L = P \cdot MP_L = W$).

 ㉠ $VMP_L = P \cdot MP_L = W$: 고용 결정 → 이윤극대

 ㉡ $VMP_L = P \cdot MP_L > W$: 고용 증가 → 이윤증가

 ㉢ $VMP_L = P \cdot MP_L < W$: 고용 감소 → 이윤증가

시험에 이렇게 나왔다!

생산물시장과 노동시장이 완전경쟁일 때 노동의 한계생산량이 10개이고 생산물 가격이 500원이며 시간당 임금이 4,000원이라면 이윤을 극대화하기 위한 기업의 반응으로 옳은 것은? (17년 2회)

① 임금을 올린다.
② 노동을 자본으로 대체한다.
③ 노동의 고용량을 증대시킨다.
④ 고용량을 줄이고 생산을 감축한다.

답 ③

시험에 이렇게 나왔다!

이윤극대화를 추구하는 어떤 커피숍 종업원의 임금은 시간당 6,000원이고 커피 1잔의 가격은 3,000원일 때 이 종업원의 한계생산은?
(17년 3회)

① 커피 1잔
② 커피 2잔
③ 커피 3잔
④ 커피 4잔

답 ②

(2) 독과점기업의 노동수요곡선 기출 14, 12, 11년

① 독과점기업은 생산물의 가격이 일정한 것이 아니며 그에 따라 상품의 판매로 인한 추가적인 수입 또한 일정하지 않다.

② 독과점기업이 부가적 생산물을 판매하여 얻는 총수입의 변화는 완전경쟁시장에서의 노동의 한계생산물가치(VMP_L)가 아닌 노동의 한계수입생산물(MRP$_L$; Marginal Revenue Product of Labor)로 나타낸다. 이때 노동수요는 기업의 노동수입에 대해 대가를 지불하려는 최대가격이다.

③ 완전경쟁시장에서 한계수입(MR)은 가격(P)과 같다. 따라서 노동수요는 $VMP_L = P \cdot MP_L$의 공식에 따라 결정된다. 하지만 독과점 시장은 한계수입(MR)이 가격(P)과 같지 않으며 한계수입(MR)이 더 낮아진다.

④ 노동의 한계수입생산물(MRP_L)은 노동의 한계생산량(MP_L) · 한계수입(MR)이다($MRP_L = MP_L \cdot MR$).

⑤ 독과점 시장에서 기업의 노동수요곡선은 노동의 한계수입생산물 곡선으로서 기존의 수요곡선(완전경쟁시장에서 한계생산물가치곡선)보다 하방에 위치하며 기울기는 더 가파르다.

(3) 노동시장의 수요독점

기출 16, 14, 13, 09, 08, 07년

① 노동공급자는 다수지만 이를 수요하는 수요자인 기업이 하나뿐인 경우이다. 따라서 수요독점 기업이 임의로 시장임금을 조정할 수 있다.

② 일반적으로 고용량은 수요곡선과 공급곡선에 의해 결정되지만, 이러한 노동시장이 수요독점인 상태에서는 노동의 한계비용, 즉 한계요소비용(MFC ; Marginal Factor Cost)과 수요독점기업의 노동수요(D)에 해당하는 노동의 한계수입생산물(MRP$_L$; Marginal Revenue Product of Labor)이 일치하는 수준(E_L)에서 결정된다.

③ 이때 기업은 결정된 고용량 수준에 해당하는 공급곡선(S)의 높이만큼 임금을 지불(W_M)하게 된다.

④ 따라서 수요독점기업은 고용량을 낮추는 동시에 임금을 낮춤으로써 이윤을 증대시킨다.

⑤ 노동시장의 수요독점 상태에서는 최저임금제가 도입된다면 기업은 임금을 최저임금 아래로 내리지 않을 것이며, 이윤극대화를 위해 한계요소비용(MFC)과 노동의 한계수입생산물(MRP_L)이 일치하는 지점까지 노동을 수요할 것이다. 따라서 노동시장의 수요독점 상태에서 최저임금 도입은 근로자에게 유리하다.

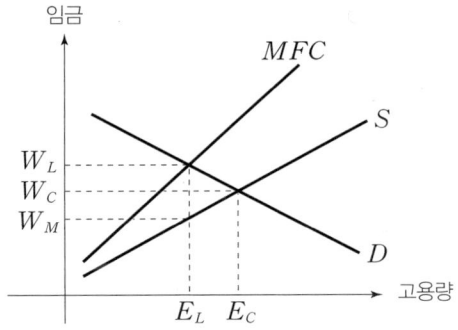

시험에 이렇게 나왔다!

노동시장이 완전경쟁인 경우와 수요독점인 경우의 비교로 옳은 것은? (13년 1회)

① 수요독점인 경우가 완전경쟁인 경우에 비해 임금수준은 높게 되고 고용수준은 낮게 된다.
② 수요독점인 경우가 완전경쟁인 경우에 비해 임금수준은 낮게 되고 고용수준은 높게 된다.
③ 수요독점인 경우가 완전경쟁인 경우에 비해 임금수준과 고용수준 모두 높게 된다.
④ 수요독점인 경우가 완전경쟁인 경우에 비해 임금수준과 고용수준 모두 낮게 된다.

답 ④

시험에 이렇게 나왔다!

독점 상품시장과 완전경쟁 노동시장에서 기업의 균형 고용 조건은? (14년 1회)

① 임금과 총수입이 일치한다.
② 임금과 총비용이 일치한다.
③ 임금과 한계수입생산이 일치한다.
④ 임금과 한계생산물가치가 일치한다.

답 ③

(4) 준고정비용 기출 20, 17, 11년

① 사용자는 근로자의 근로시간이 아닌 다른 비용을 부담하게 되며 이는 근로시간의 단축 등과 같이 쉽게 삭감할 수 있는 가변비용이 아닌 준고정적 비용과 연관된다.

② 준고정비용은 '근로자에 대한 투자'와 '부가급여'로 구분된다.
   ㉠ **근로자에 대한 투자** : 채용 및 훈련비용, 고용관계 종결에 따른 비용 등
   ㉡ **부가급여** : 임금, 급여근로소득, 건강보험, 퇴직연금, 유급휴가, 사회보장지급 등

③ 준고정비용은 비임금노동비용으로서 사용자들의 의사결정에 상당한 영향을 미친다.

④ 준고정비용이 증가할 경우 고용은 감소될 수 있으며 1인당 근로시간은 증가할 수 있다.

시험에 이렇게 나왔다!

노동의 준고정비용(Quasi-fixed Cost)의 증가가 기업의 고용 수준과 소속 근로자의 초과근로시간에 미치는 효과는? (17년 2회)

① 고용 수준은 증가하지만 초과근로시간은 감소한다.
② 고용 수준은 감소하지만 초과근로시간은 증가한다.
③ 고용 수준과 초과근로시간 모두 증가한다.
④ 고용 수준과 초과근로시간 모두 감소한다.

답 ②

(1) 단기수요곡선

① 단기란 생산량 증가를 위해 생산요소를 투입하고자 할 때 그 투입량을 변화시킬 수 없는 고정 생산요소가 존재하는 기간이다.

② 단기 노동수요곡선이란 단기에 자본이 고정되어 있음을 전제로 하여 가변 생산요소인 노동수요의 변화량을 나타낸 것이다.

(2) 장기수요곡선

① 장기란 생산량 증가를 위해 생산요소를 투입하고자 할 때 모든 투입요소들이 가변적인 상태에 있는 기간이다.

② 장기 노동수요곡선이란 장기에 자본 등의 고정 생산요소의 양을 변화시킬 수 있음을 전제로 하여 자본과 노동의 대체에 따른 노동수요의 변화량을 나타낸 것이다.

(3) 장기 노동수요곡선의 도출

기출 16, 15, 13, 12년

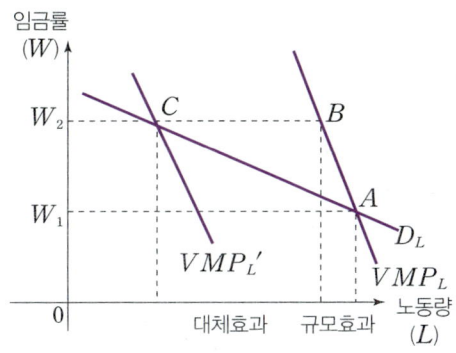

① 장기노동수요는 노동 이외의 다른 생산요소를 함께 변화시키면서 고용량을 조정할 수 있다.

② 1원당 노동의 한계생산이 1원당 자본의 한계생산보다 작다면 장기 노동수요를 감소시키거나 자본투입량을 증가시켜 이윤을 극대화할 수 있다.

③ 임금이 상승할 경우

    ⊙ 단기인 경우 기업은 노동수요곡선 한계생산물가치를 따라 A에서 B로 이동하며 노동수요량을 줄인다. 그러나 장기인 경우 기업은 노동을 자본으로 대체하며 수요하는 노동량은 더욱 감소해 A에서 C로 이동한다.

    ⊙ 즉, 단기에서보다 장기에서 임금률이 높으므로 기업에서 노동수요량은 더욱 하락하게 되는 것이다.

시험에 이렇게 나왔다!

다음 중 기업이 이윤을 극대화하기 위해 장기노동수요를 감소시켜야 하는 경우는?
(12년 2회)

① 1원당 노동의 한계생산이 1원당 자본의 한계생산보다 작을 경우
② 1원당 노동의 한계생산이 1원당 자본의 한계생산과 일치할 경우
③ 노동의 한계생산물가치가 명목임금보다 클 경우
④ 노동의 한계생산량이 실질임금보다 클 경우

답 ①

시험 에 이렇게 나왔다!

임금이 하락할 경우 장기노
동수요곡선에 대한 설명으로
옳은 것을 모두 고른 것은?
(16년 2회)

ㄱ. 장기노동수요곡선은 단
   기노동수요곡선에 비해
   비탄력적이다.
ㄴ. 장기에는 대체효과 외
   에 추가 자본투입에 의
   한 산출량 효과로 인해
   추가적으로 노동 수요
   가 증가한다.
ㄷ. 장기에는 대체효과 및
   소득효과로 인해 노동
   수요가 증가한다.

① ㄱ
② ㄴ
③ ㄱ, ㄴ
④ ㄱ, ㄴ, ㄷ

답 ②

④ 임금이 하락할 경우

장기적으로 기업은 자본을 노동으로 대체시킬 것이다. 즉, 자본을 노동으로 대체하며 규모를 확장하고 노동고용을 증가시킨다. 결국 장기에는 대체효과 외에 추가 자본투입에 의한 산출량 효과로 인해 추가적으로 노동수요가 증가한다.

㉠ 대체효과 : 생산요소 가운데 상대적으로 가격이 하락한 생산요소를 다른 생산요소로 대체시키는 효과이다.

㉡ 규모효과(산출량 효과) : 임금의 상승 또는 하락에 의해 생산비와 생산량, 그로 인한 노동수요가 증가 또는 감소하는 효과이다.

(4) 등량곡선(Isoquant Curve)   기출 17, 11, 08년

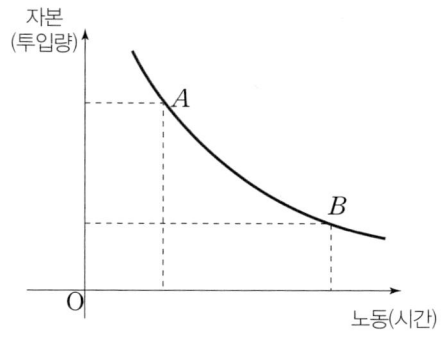

① 등량곡선은 일정한 생산을 가능하게 하는 노동과 자본의 점들을 연결한 선이다.

② A와 B에서 노동과 자본의 양은 다르지만 동일한 양을 생산한다.

③ 등량곡선은 우하향하는데 이는 노동과 자본 간의 대체가 가능하다는 것을 의미한다. 즉, 자본 대신 노동을 더 투입하거나 노동 대신 자본을 더 투입해도 생산량을 동일하게 유지할 수 있음을 의미한다.

Thema 5 노동수요의 임금탄력성

(1) 산출방법

기출 20, 18, 17, 16, 15, 13, 10, 09, 08, 07년

임금률이 1% 변화할 때 노동수요량의 변화율이다.

$$\text{노동수요의 임금탄력성} = \frac{\text{노동수요량의 변화율(\%)}}{\text{임금의 변화율(\%)}}$$

임금이 20,000원에서 24,000원으로 증가할 때 고용량이 240명에서 216명으로 감소한 경우 노동수요량의 임금탄력성은 다음과 같이 구한다.

- 노동수요량의 변화율(%) $= \dfrac{240 - 216}{240} \times 100 = 10\%$

- 임금의 변화율(%) $= \dfrac{24{,}000 - 20{,}000}{20{,}000} \times 100 = 20\%$

- 노동수요의 임금탄력성 $= \dfrac{10(\%)}{20(\%)} = 0.5\%$

시험 에 이렇게 나왔다!

외국인 노동자들의 모든 근로가 합법화되었을 때 외국인 노동수요의 임금탄력성이 0.6이고 임금이 15% 상승하면, 외국인 노동자들에 대한 수요는 몇 % 감소하는가? (16년 2회)

① 6%
② 9%
③ 12%
④ 15%

답 ②

시험 에 이렇게 나왔다!

노동의 수요탄력성이 0.5이고 다른 조건이 일정할 때 임금이 5% 상승한다면 고용량의 변화는? (17년 3회)

① 0.5% 감소한다.
② 2.5% 감소한다.
③ 5% 감소한다.
④ 5.5% 감소한다.

답 ②

제4과목 노동시장론

(2) 노동수요의 임금탄력성 크기

기출 16, 12, 11, 10, 09, 08년

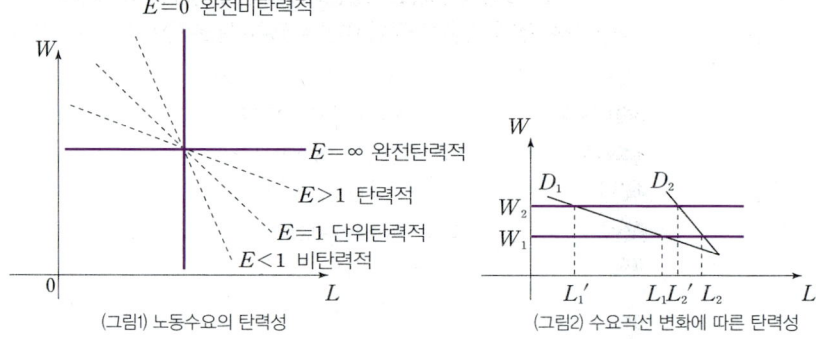

(그림1) 노동수요의 탄력성   (그림2) 수요곡선 변화에 따른 탄력성

① 그림1

    ㉠ 노동수요의 임금탄력성이 1보다 크면 임금의 1% 증가는 1% 이상의 고용 감소를 가져오며, 이 경우 수요를 '탄력적'이라고 한다.

    ㉡ 탄력성의 값이 무한대이면 '완전 탄력적'이라고 하며, 노동수요곡선의 형태는 수평이 된다.

    ㉢ 노동수요 임금탄력성이 1보다 작다면 임금의 1% 증가는 1%보다 작은 고용감소를 가져오며, 이 경우 수요를 '비탄력적'이라고 한다.

    ㉣ 탄력성의 값이 0이면 '완전 비탄력적'이라고 하며 노동수요곡선의 형태는 수직이 된다.

    ㉤ 노동수요곡선이 수직에 가까울 때, 즉 노동수요 임금탄력성이 0에 가까울 때 노동조합의 임금인상 투쟁 시 고용량 감소효과가 가장 적게 나타날 수 있다.

② 그림2

    ㉠ 수평에 가까운 노동수요곡선은 가파른 노동수요곡선에 비해 상대적으로 더 큰 탄력성을 가진다.

    ㉡ 예를 들어 임금이 W_1에서 W_2로 변화할 경우 노동수요곡선은 D_1이 D_2보다 더 큰 고용 반응을 나타낸다.

시험 에 이렇게 나왔다!

노조가 임금인상 투쟁을 벌일 때, 고용량 감소효과가 가장 적게 나타나는 경우는?
(16년 1회)

① 노동수요의 임금탄력성이 0.1일 때
② 노동수요의 임금탄력성이 1일 때
③ 노동수요의 임금탄력성이 2일 때
④ 노동수요의 임금탄력성이 5일 때

답 ①

(3) 노동수요의 임금탄력성 결정요인(힉스 – 마샬) <u>기출</u> 20~15, 13~10, 08~07년

① 생산물 수요의 탄력성

ㄱ 노동의 수요는 생산된 상품에 대한 소비자들의 수요에 큰 영향을 받는다.

ㄴ 따라서 노동수요는 생산물의 수요에서 유발되는 파생수요이므로 생산물에 대한 수요가 탄력적일수록 노동의 수요도 탄력적이다.

② 노동의 대체가능성

ㄱ 시장상황은 동일하나 임금만 상승할 경우 기업은 비싸진 노동을 다른 생산요소로 대체할 것이다.

ㄴ 임금이 상승했을 때 대체 가능성이 클 경우 기업은 다른 생산요소에 대한 수요를 늘리고 노동에 대한 수요는 줄일 것이다.

ㄷ 만약 노동의 대체가능성이 작다면, 즉 숙련정도가 높을수록 노동수요의 임금탄력성은 감소할 것이다.

③ 총생산비에 대한 노동비용의 비중

총생산비 중에서 노동비용이 차지하는 비중이 낮다면 임금이 상승하더라도 상품의 가격에 미치는 영향이 적으므로 노동수요에 대한 영향 또한 적을 것이다.

④ 노동 이외의 생산요소 공급탄력성

노동 이외의 생산요소가 임금상승에 따른 생산물 가격의 상승을 상쇄시켜 주는 역할을 한다면 노동에 대한 수요감소를 줄일 수 있다.

<u>시험</u>에 이렇게 나왔다!

다음 중 노동수요의 탄력성 결정요인이 아닌 것은?
(16년 3회)

① 노동자에 의해 생산된 상품의 수요탄력성
② 총생산비에서 차지하는 노동비용의 비율
③ 노동의 다른 생산요소로의 대체가능성
④ 노동이동의 가능성

답 ④

2 노동의 공급

Thema 1 노동공급

(1) 노동공급의 의의
일정기간 동안 노동자가 팔기를 원하는 노동의 양이다.

(2) 노동공급의 결정 요인 _{기출} 19, 17, 13, 12, 10, 08, 07년

① 일반적인 결정 요인

인구 또는 생산가능인구수, 경제활동참가율, 노동시간, 노동력의 질, 일에 대한 노력의 강도, 임금지불방식, 동기부여와 사기 등

② 육아 또는 통근시간에 따른 경제활동참가율의 변화

육아 또는 통근시간에 소요되는 시간이 증가할수록 근로시간, 즉 경제활동 참가율은 감소하나 근로자 개인의 입장에서 통근비용이 증가하는 경우 일을 그만두지 않는 한 감소된 소득을 보전하기 위해 근로시간이 증가

③ 기혼 여성의 경제활동참가율을 낮추는 요인

육아시설지원 등 각종 법적·제도적 장치 부족, 소득효과가 대체효과를 압도하는 경우, 남편의 소득이 증가하는 경우, 자녀 수가 증가하는 경우, 가계 생산기술(요리, 세탁, 자녀양육 등)이 낙후되어 있는 경우, 고용시장(시간근무제나 단시간근무 등)이 유연하지 못한 경우, 교육수준이 낮은 경우 등

시험에 이렇게 나왔다!

경제활동 참가 또는 노동공급을 결정하는 요인에 대한 설명으로 사실과 가장 거리가 먼 것은? (17년 1회)

① 비근로소득이 클수록 경제활동 참가는 낮아진다.
② 취학 전 자녀수가 많을수록 경제활동 참가는 낮아진다.
③ 교육수준이 높아질수록 경제활동 참가는 증가한다.
④ 기업의 노동시간이 신축적일수록 노동공급이 감소한다.

답 ④

Thema 2 여가 – 소득 간의 무차별곡선

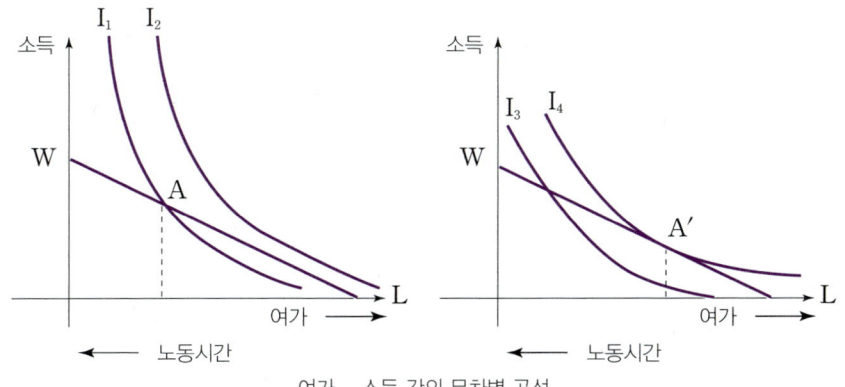

여가 – 소득 간의 무차별 곡선

① W에서 L에 이르는 우하향 직선은 노동시간이 공급될 때 실현될 수 있는 임금률, 즉 시장임금률이다.

② 일정한 총 시간을 가정할 때 여가에 사용되지 않는 시간은 노동에 공급되는 시간이라 볼 수 있다. 따라서 총시간을 가리키는 가로축에서 오른쪽으로의 거리는 여가의 크기를, 왼쪽으로의 크기는 노동시간의 크기를 나타낸다.

③ $I_1 - I_2$와 $I_3 - I_4$는 여가 – 소득 간의 무차별곡선이다.

④ 무차별곡선상에서 한 점에 접하는 기울기는 한계대체율이다. 이는 노동공급자가 평가하는 시간당임금으로서 요구임금률로 볼 수 있다.

⑤ 무차별곡선의 기울기가 수직에 가깝다는 것은 노동자가 노동공급을 늘릴 때, 즉 많은 시간을 일할 때 상대적으로 더 높은 임금을 받아야 만족할 수 있음을 의미한다.

⑥ 무차별곡선의 기울기가 시장임금률선의 기울기보다 더 가파른 경우
일정 수준의 효용을 유지하기 위해 1시간 추가적으로 더 일하는 것을 보상하는 데 요구되는 소득이 시장임금률보다 더 큰 경우에 해당한다. 그로 인해 노동공급을 포기한 채 경제활동에 참가하지 않게 된다.

⑦ 반면 무차별곡선의 기울기가 시장임금률선의 기울기보다 완만한 경우
노동자의 요구임금률이 시장임금률보다 낮은 경우이다. 즉, 노동공급을 통해 경제활동에 참가한다.

⑧ I_2보다 I_1이 낮은 수준에 위치하기 때문에 A지점은 효용을 극대화시키는 균형점이 되지 못한다. I_2에서는 노동시간을 완전히 여가시간으로 대체해야 만족수준에 이른다.

⑨ 무차별곡선의 기울기가 보나 완만한 오른쪽 그래프에서 A'는 효용의 극대화를 위한 경제활동에의 참가가 이루어진다.

(1) 대체효과와 소득효과 기출 매년 출제

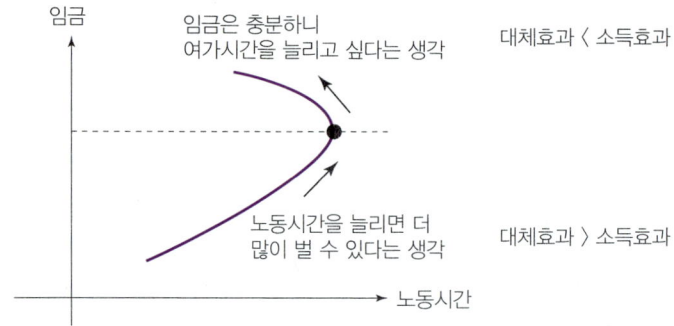

① 대체효과는 임금이 상승하게 되는 경우 여가에 활용하는 시간이 상대적으로 비싸지게 됨으로써 근로자가 여가시간을 줄이는 동시에 노동시간을 늘리는 것이다. 즉, 여가활동을 위해 1시간을 소비한다는 것은 1시간의 노동을 통해 벌 수 있는 소득을 상실하는 것이므로 노동시간을 늘려 임금을 받는 것이 유리하다고 판단한다.

② 소득효과는 임금이 상승함에 따라 실질소득이 증가하여 근로자가 노동시간을 줄이는 동시에 여가시간과 소비재 구입을 늘리는 것이다. 즉, 임금이 높다면 노동시간을 무작정 늘리기보다는 현재 임금으로 충분하다는 생각으로 인해 노동시간을 줄이는 것이다. 이로 인해 여가와 소비재 구입에 현금·시간 소비가 요구되므로 소비가 늘어나는 만큼 경제활동참가율은 더욱 감소하게 된다.

③ 다른 조건이 같다면 임금 이외의 비노동소득(타가구원의 소득, 예금이자 등)이 발생할 경우 소득효과만 있으면 되므로 노동공급은 감소한다.

(2) 정상재와 열등재

① 소득의 증가에 따라 재화의 수요도 증가하는 경우 해당 재화를 정상재라고 한다.

② 소득의 증가에 따라 재화의 수요가 감소하는 경우 해당 재화를 열등재라고 한다.

③ 여가가 정상재라면 노동공급곡선은 실질임금이 낮은 수준에서 우상향하다가 임금이 일정한 수준을 넘어서면 후방으로 굴절한다(우상승 - 좌상승). 이를 후방굴절 노동공급곡선이라고 한다.

④ 여가가 열등재라면 노동공급곡선은 후방굴절하는 것이 아니라 임금수준과 무관하게 우상향한다.

(1) 산출방법

기출 19, 13, 12년

노동공급의 임금탄력성은 입금률이 1% 변화할 때 노동공급량의 변화율을 의미한다.

$$노동공급의\ 임금탄력성 = \frac{노동공급량의\ 변화율(\%)}{임금의\ 변화율(\%)}$$

임금이 6,000원에서 10,000원으로 증가할 때 노동공급량이 540명에서 1,080명으로 증가한 경우, 노동공급의 임금탄력성은 다음과 같다.

- 노동공급량의 변화율(%) $= \dfrac{1,080 - 540}{540} \times 100 = 100\%$
- 임금의 변화율(%) $= \dfrac{10,000 - 6,000}{6,000} \times 100 ≒ 66.7\%$
- 노동공급의 임금탄력성 $= \dfrac{100(\%)}{66.7(\%)} ≒ 1.5$

(2) 노동공급의 임금탄력성 크기

기출 19, 13, 11, 09년

① 노동공급의 증가율이 임금상승률보다 높다면 노동공급은 탄력적이다.
② 노동공급의 증가율이 임금상승률보다 낮다면 노동공급은 비탄력적이다.
③ 탄력성의 값이 무한대인 경우를 완전탄력적이라고 하며, 노동공급곡선은 수평이다.
④ 탄력성의 값이 0인 경우를 완전비탄력적이라고 하며, 노동공급곡선은 수직이다.

(3) 노동공급의 임금탄력성 결정요인

기출 19, 16, 14, 07년

인구 수, 고용제도의 개선, 산업구조의 변화, 노동조합의 결성과 교섭력, 여성 취업기회의 창출 가능성, 파트타임 근무제도의 보급, 노동이동의 용이성 등

시험에 이렇게 나왔다!

다음 중 **노동공급**에 관한 설명으로 틀린 것은? (13년 3회)

① 노동공급의 임금탄력성이 0이면 임금이 100% 상승하더라도 노동공급은 변화하지 않는다.
② 시간당 임금이 상승하더라도 개별 노동공급이 반드시 증가하는 것은 아니다.
③ 임금이 10% 상승할 때 노동공급이 5% 상승하면 노동공급의 임금탄력성이 2이다.
④ 노동공급곡선이 수평선이면 노동공급은 임금에 대해 완전탄력적이다.

답 ③

3 노동시장의 균형

(1) 노동시장의 균형

기출 19, 17년

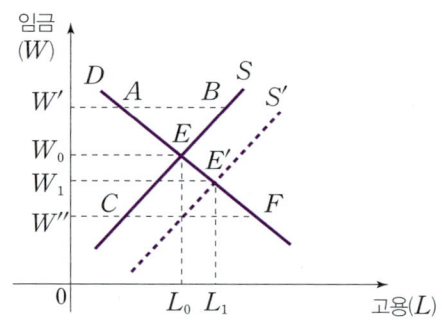

① 노동수요곡선(D)과 노동공급곡선(S)가 만나는 지점(E)에서 균형임금(W)과 균형고용량(L_0)이 결정된다.
② 임금이 W보다 높은 W'인 경우 노동의 초과공급이 존재하므로 노동자들은 자신의 노동력을 팔기 위해 임금인하를 감수해야 한다.
③ 임금이 W보다 낮은 W'''인 경우 노동의 초과수요가 존재하므로 임금이 상승하게 된다. 따라서 점차 노동공급은 증가하고 노동수요는 감소한다.
④ 다른 조건이 같을 때 노동의 공급($S - S'$)은 균형임금의 하락($W_0 - W_1$)과 균형고용량의 증가($L_0 - L_1$)를 초래한다.

(2) 최적 인적자원배분

기출 13, 11, 10, 08년

① 하나의 국민경제에서 최적 인적자원배분이 이루어졌을 때는 동일노동에 대한 동일임금이 지급될 때이다.
② 동일노동에 대한 동일임금은 노동의 각 부문 간 배분의 효율성을 달성하게 된다.
③ 생산의 효율성과 교환의 효율성이 동시에 일정한 조건을 충족시키면 자원배분이 가장 효율적으로 이루어지는 상태로서 파레토 최적이 이루어진다.

시험 에 이렇게 나왔다!

다른 조건이 동일한 상태에서 만약 여성의 경제활동참가가 높아진다면 노동시장에서 균형임금과 균형고용량은 어떻게 달라지는가? (17년 2회)
① 균형임금 상승, 균형고용량 증가
② 균형임금 상승, 균형고용량 하락
③ 균형임금 하락, 균형고용량 증가
④ 균형임금 하락, 균형고용량 하락

답 ③

Thema 2 노동시장의 유연성

(1) 노동시장의 유연성

외부환경 변화에 인적자원이 신속하고 효율적으로 배분되는 노동시장의 능력을 의미한다.

(2) 노동시장의 유연성 확보를 위한 기업의 정책   기출 18, 16, 14, 12, 10년

① 수량적 유연성

ㄱ 외부적 · 수량적 유연성

인력의 수적 감소 및 고용형태의 다양화를 통해 유연성을 도모한다.

ㄴ 내부적 · 수량적 유연성

인력 조정 없이 고용을 유지하되 작업을 공유하거나 근로시간을 조절해 유연성을 도모한다.

② 임금 유연성

임금구조를 능력 · 성과와 연계하여 결정하는 임금 체계 및 임금형태(성과급제 등)로 전환한다.

③ 기능적 유연성

다기능공화, 배치전환, 노동이동 등을 통해 생산과정을 변화시키고 사내직업훈련과 위탁교육 등을 통해 근로자의 적응력을 높인다.

④ 작업의 외부화

근로자의 권리를 우선시하는 노동법상 고용계약 대신 쌍방의 동등한 권리를 갖는 계약의 형태로 대체한다.

시험 에 이렇게 나왔다!

다음 중 노동시장 유연성에 관한 설명으로 틀린 것은?
(16년 2회)

① 노동시장 유연성이란 일반적으로 외부환경변화에 인적자원이 신속하고 효율적으로 재배분되는 노동시장의 능력을 지칭한다.

② 외부적 수량적 유연성이란 해고를 좀 더 자유롭게 하고 다양한 형태의 파트타임직을 확장시키는 것을 포함한다.

③ 외부적 수량적 유연성의 예로는 변형시간근로제, 탄력적 근무시간제 등이 있다.

④ 기능적 유연성이란 생산과정 변화에 대한 근로자의 적응력을 높이는 것을 의미한다.

답 ③

(1) 인적자본이론의 의의

① 노동의 질적 요인에 초점을 두어 노동자들 간의 서로 다른 생산성을 나타내는 이유를 밝혀 인적자본의 효율적인 투자에 의한 생산성 향상을 강조한다.

② 인적자본은 선천적 자본(지능, 재능 등)과 후천적 자본(교육, 훈련 등)으로 구분된다.

참고 하세요!

교육, 훈련 등은 생산성을 증가시키는 역할을 하며 교육투자는 높은 임금을 보장한다.

(2) 인적자본이론의 노동이동
기출 19, 17, 12, 07년

① 인적자본을 축적한 근로자는 자신의 생산능력을 최대한 발휘하기 위해 적합한 곳으로 이동하며 자신의 가치를 높인다.

② 기업의 입장에서 인적자본은 근로자의 생산성 향상 과정이다.

③ 인적자본을 다방면에 걸쳐 축적한 근로자는 기업의 입장에서 생산성 향상을 위한 중요한 요인이기 때문에 높은 임금률에도 불구하고 해고율은 상대적으로 낮다. 즉, 장기근속자일수록 기업특수적 인적자본량이 많아져 해고율이 낮아진다.

④ 사직률과 해고율은 경기변동에 따라 상반된 관련성을 가지고 있으며, 기업특수적 인적자본과 부의 상관관계를 갖는다.

Thema 4 선별가설과 신호가설

(1) 선별가설
기출 15, 12년

① 교육·훈련이 생산성을 높이기보다는 단지 능력 있는 사람을 식별하거나 선별하는 데만 이용된다는 것이다.

② 이 가설에 의하면 교육제도는 유능한 사람을 식별·선별하는 기구에 불과하다.

③ 인적자본이론의 주장처럼 교육·훈련이 생산성을 향상시키는 직접적인 원인이라면 저소득층의 교육수준을 향상시키는 정책에 의해 그들의 빈곤을 해소할 수 있다.

④ 그러나 선별가설의 주장처럼 교육·훈련이 직접적인 원인이 아니라면 저소득층의 교육기회를 확대하는 것은 의미가 없게 된다.

⑤ 능력있고 생산성이 높은 노동자를 선별하고자 할 때 기업은 대학교육이라는 간판을 능력과 생산성의 지표로 이용할 수 있다는 것이 선별가설이다.

(2) 신호가설
기출 20, 17, 15, 12년

① 교육이 노동자들의 선천적인 재능을 보여주거나 숨겨져 있는 생산성을 신호로 나타낼 뿐 직접적으로 생산성을 높이는 것은 아니라는 주장이다.

② 노동자 개인은 교육을 받아 선천적 재능과 숨겨져 있는 생산성을 기업에 신호하기 위해 교육투자를 하게 된다는 것이 신호가설이다.

시험 에 이렇게 나왔다!

인적자본론과 선별가설의 주장으로 옳은 것을 모두 짝지은 것은? (12년 1회)

> A. 인적자본론에 의하면 교육은 생산성을 증가시키는 역할을 한다.
> B. 선별가설에 의하면 교육은 단지 생산성의 신호이다.
> C. 인적자본론과 선별가설 모두 교육투자는 높은 임금을 보장한다고 주장한다.

① A
② B
③ A, B
④ A, B, C

답 ④

제4과목 노동시장론

Thema 5 경쟁노동시장가설

(1) 경쟁노동시장가설의 의의
기출 19, 12년

① 경쟁노동시장가설은 수요와 공급이 이루어지는 노동시장을 하나의 연속적이고 경쟁적인 시장으로 파악하는 가설이다.

② 기술 및 숙력이나 지역적 차이를 제외하면 수요공급으로 나타나는 근로자의 속성에 있어서 근로자 간의 커다란 질적 차이는 없다고 가정하며 직업선택이나 임금결정에 있어 아무런 제약 없이 자유롭게 이동할 수 있다고 본다.

(2) 경쟁노동시장 모형의 기본 가정
기출 20, 18, 17, 12년

① 노사의 단체가 없으며 정부의 임금규제도 없다.

② 노동자와 고용주는 완전정보를 갖는다.

③ 모든 노동자는 동질적(숙련 · 노력)이다.

④ 모든 직무의 공석은 외부노동시장을 통해 채워진다.

⑤ 노동자 개인이나 고용주는 시장임금에 아무런 영향력을 행사할 수 없다.

⑥ 노동의 진입과 퇴출이 자유롭다.

⑦ 직무의 성격은 모두 동일하며 임금의 차이만 존재한다.

시험 에 이렇게 나왔다!

경쟁노동시장 경제모형의 가정으로 틀린 것은? (17년 3회)

① 모든 노동자는 동질적이다.

② 노동자의 단결조직과 사용자의 단결조직은 없다.

③ 모든 직무의 공석은 내부노동시장을 통해서 채워진다.

④ 노동자와 고용주는 완전정보를 갖는다.

답 ③

Thema 6 분단노동시장가설

(1) 분단노동시장가설의 의의

기출 12, 10년

① 신고전학파의 경쟁노동시장가설을 비판하여 등장한 이론이다.

② 노동시장은 하나의 연속적인 경쟁시장으로 볼 수 없으며 다른 속성을 가진 노동자들이 분단된 상태의 노동시장에서 상호 간 이동이나 교류가 거의 단절된 상태에 있고, 임금이나 근로조건에 있어서도 차이가 있다는 가설이다.

③ 소득불평등은 개인의 특성보다 시장구조, 제도적 요인 등에서 주된 원인을 찾을 수 있다.

(2) 분단노동시장가설의 출현 배경

기출 20, 16년

① 완전고용의 시도와 빈곤퇴치를 위한 정책에도 불구하고 빈곤은 계속 존재해왔다.

② 근로자 개인의 특성(교육년수 등)으로 근로자 간 소득분포 차이를 설명할 수 없다.

③ 인적자본이론가들이 제시한 교육훈련 프로그램은 빈곤퇴치의 결과를 가져오는 데 실패했다.

④ 교육훈련은 기업가들의 근로자 채용을 위한 선별장치로 이용된다.

⑤ 소수인종에 대한 현실적 차별이 존재한다는 자체가 경쟁시장가설의 실패를 입증하는 것이다.

(3) 분단노동시장가설이 암시하는 정책의 시사점

기출 20, 10년

① 노동시장의 공급에 대한 정부의 개입을 강조하는 것에 부정적이다.

② 공공적인 고용기회의 확대나 임금보조 등 노동시장의 수요측면에 초점을 둔다.

③ 노동의 인간화를 도모하기 위한 의식적인 정책이 필요하다.

시험에 이렇게 나왔다!

분단노동시장가설의 출현배경과 가장 거리가 먼 것은? (16년 3회)

① 능력분포와 소득분포의 상이

② 교육개선에 의한 빈곤퇴치 실패

③ 소수인종에 대한 현실적 차별

④ 동질의 노동에 동일한 임금

답 ④

[시험]에 이렇게 나왔다!

다음 중 1차 노동시장의 특성과 가장 거리가 먼 것은?
(17년 3회)

① 고용의 안정성
② 승진기회의 평등
③ 자유로운 직업 간 이동 보장
④ 고임금

[답] ③

[시험]에 이렇게 나왔다!

이중노동시장에서 2차 노동시장의 특징으로 가장 적합한 것은? (16년 1회)

① 기업 내부의 승진가능성이 높다.
② 종사자의 결근율이 낮다.
③ 종사자의 고용기간이 짧다.
④ 자신의 인적자본을 높이려는 열의가 강하

[답] ③

(4) 이중노동시장

기출 17, 16, 10, 09, 07년

분단노동시장가설의 이론 중 하나로 노동시장이 1차 노동시장과 2차 노동시장으로 구분되며, 두 시장이 서로 독립적이고 고용구조에서 차이를 보인다고 말한다.

① 1차 노동시장

ⓐ 직무상 교육·숙련도가 요구된다.

ⓑ 승진관리제도가 있어 기회의 평등이 보장된다.

ⓒ 상대적으로 고임금에 해당하며 근로조건 등이 양호하다.

② 2차 노동시장

ⓐ 직무상 특별한 교육·숙련도가 요구되지 않는다.

ⓑ 승진관리제도가 확립되지 않아 기회의 평등이 보장되지 않는다.

ⓒ 상대적으로 저임금에 해당하며 고용조건 등이 불안하다.

(1) 내부노동시장가설의 의의　기출 20, 18, 15, 14, 11, 10년

① 기업 내의 규칙이나 관리가 노동시장의 기능을 대신함으로써 노동시장 기능이 기업 내로 옮겨진다는 가설이다.

② 던롭(Dunlop)은 내부노동시장을 '노동의 가격결정과 배치가 관리적인 규칙과 절차에 의해 움직이는 하나의 관리단위'라고 보았다.

③ 노동의 가격결정과 직무배치, 승진 등 고용의 모든 측면은 일련의 관리규칙과 절차에 의해 구조화된 고용관계에 의해 이루어진다.

④ 1차 노동자와 장기근로자로 구성되며 승진제도가 중요한 역할을 한다.

⑤ 외부노동시장과 구분되며 신규채용이나 능력 있는 인력의 초빙 시에만 외부노동시장과 연결된다.

⑥ 고용과 임금은 분리되어 결정되며 임금은 범위 내에서 협상력, 관습 등 사회적 요인에 의해 결정된다. 외부시장과의 임금격차가 발생하여 이로 인해 소득불평등이 유발될 수 있다.

(2) 내부노동시장의 형성 요인　기출 20, 19, 18, 16, 15, 14, 12, 10, 09, 08년

① 기업 내의 관습

② 장기근속과 기업의 규모

③ 숙련의 특수성

④ 현장 훈련 및 노하우

시험에 이렇게 나왔다!

다음 중 내부노동시장의 특징에 관한 설명으로 옳은 것은? (11년 1회)

① 신규채용이나 복직 그리고 능력 있는 자의 초빙 시에만 외부노동시장과 연결된다.

② 승진이나 직무배치 그리고 임금 등은 외부노동시장과 연계하여 결정된다.

③ 임금은 근로자의 단기적 생산성과 관련된다.

④ 내부와 외부 노동시장 간에 임금격차가 없다.

답 ①

노동시장의 이해 연습문제

01

노동공급의 탄력성 값이 0인 경우 노동공급곡선의 형태는?

(19년 1회)

① 수평이다.
② 수직이다.
③ 우상향이다.
④ 후방굴절형이다.

해설

탄력성 값이 0이면 완전비탄력을 의미하므로 수직이다.

02

다음은 근로자의 노동투입량, 시간당 임금 및 노동의 한계수입생산을 나타낸 것이다. 기업이 노동투입량을 5,000시간에서 6,000시간으로 증가시킬 때, 노동의 한계비용은?

노동투입량(시간)	시간당 임금(원)	한계수입생산(원)
3,000	4,000	20,000
4,000	5,000	18,000
5,000	6,000	17,000
6,000	7,000	15,000
7,000	8,000	14,000
8,000	9,000	12,000
9,000	10,000	11,000

① 42,000원
② 12,000원
③ 6,000원
④ 2,800원

해설

한계비용(MC) = 총 노동비용의 증가분 ÷ 노동 투입량의 증가분
$$= (6,000 \times 7,000) - (5,000 \times 6,000) \div (6,000 - 5,000)$$
$$= (42,000,000 - 30,000,000) \div (6,000 - 5,000)$$
$$= 12,000,000 \div 1,000 = 12,000$$

03

완전경쟁하에서 노동의 수요곡선을 우하향하게 하는 주된 요인은 무엇인가?

① 노동의 한계생산력
② 노동의 가격
③ 생산물의 가격
④ 한계비용

해설

노동의 수요곡선을 우하향하게 하는 요인은 노동의 한계생산력이다.

04

인적자본론의 노동이동에 관한 설명으로 틀린 것은?

① 임금률이 높을수록 해고율은 높다.
② 사직률과 해고율은 경기변동에 따라 상반되는 관련성을 갖고 있다.
③ 사직률과 해고율은 기업특수적 인적자본과 음(−)의 상관관계를 갖는다.
④ 인적자본론에서는 장기근속자일수록 기업특수적 인적자본량이 많아져 해고율이 낮아진다고 주장한다.

해설

우수한 노동력을 채용하면 쉽게 해고하지 않는다 즉, 임금이 높을수록 양질의 우수한 노동력을 제공한다는 것이 인적자본론이다.

05

노동시장이 초과공급을 경험하고 있을 때 나타나는 현상은?

① 임금이 하락압력을 받는다.
② 임금상승으로 공급량은 증가한다.
③ 최종 산출물 가격은 상승한다.
④ 노동에 대한 수요는 감소한다.

해설

노동시장에서 노동의 공급이 많으면(노동의 초과공급, 공급과) 임금은 하락하는 직접적인 요인이 되고, 노동의 공급이 적으면(노동의 초과수요, 공급부족) 반대로 임금이 상승하는 직접적인 요인이 된다.

06

노동수요의 탄력성에 대한 설명으로 틀린 것은? (19년 1회)

① 생산물에 대한 수요가 탄력적일수록 노동수요는 더욱 비탄력적이 된다.
② 총생산비 중 노동비용이 차지하는 비중이 클수록 노동수요는 더 탄력적이 된다.
③ 노동을 다른 생산요소로 대체할 가능성이 낮으면 노동수요는 더 비탄력적이 된다.
④ 노동 이외 생산요소의 공급탄력성이 클수록 노동수요는 더 탄력적이 된다.

해설

생산물에 대한 수요가 탄력적일수록 노동수요는 탄력적이다.

07

개별기업수준에서 노동에 대한 수요곡선을 이동시키는 요인이 아닌 것은? (19년 2회)

① 기술의 변화   ② 임금의 변화
③ 자본의 가격 변화   ④ 최종생산물가격의 변화

해설

노동에 대한 수요의 증가요인 즉, 노동수요 곡선이 오른쪽으로 이동하는 요인으로는 생산물에 대한 수요 증가, 자본 등 다른 생산요소 가격 상승, 노동 생산성 증대, 생산기술의 신보, 생산물 가격 상승 등이다.

08

어느 지역의 노동공급 상태를 조사해 본 결과 시간당 임금이 3,000원일 때 노동공급량은 270이었고, 임금이 5,000원으로 상승했을 때 노동공급량은 540이었다. 이 때 노동공급의 탄력성은?

① 1.28
② 1.50
③ 1.00
④ 0.82

해설

노동공급의 탄력성 = 노동공급의 변화율 ÷ 임금의 변화율
= [(540 − 270) ÷ 270] ÷ [(5,000 − 3,000) ÷ 3,000] = 1.5

09

기업 내부노동시장의 형성요인과 가장 거리가 먼 것은?

① 노동조합의 존재
② 기업 특수적 숙련기능
③ 직장내 훈련
④ 노동관련 관습

해설

내부노동시장의 형성요인은 숙련의 특수성, 현장훈련, 관습, 장기근속 가능성, 기업의 규모 등이다.

10

노동공급의 탄력성 결정요인이 아닌 것은?

① 산업구조의 변화
② 노동이동의 용이성 정도
③ 여성 취업기회의 창출가능성 여부
④ 다른 생산요소로의 노동의 대체 가능성

해설

다른 생산요소로의 노동의 대체 가능성은 노동수요의 탄력성 결정요인이다.

11

노동수요곡선을 이동(Shift)시키는 요인이 아닌 것은?

① 임금의 변화
② 생산성의 변화
③ 제품 생산 기술의 발전
④ 최종상품에 대한 수요의 변화

해설

임금의 변화는 노동수요 곡선을 이동시키는 것이 아니라 노동수요곡선 상에서 이동으로 나타난다.

12

노동시장에 관한 신고전학파의 주장이 아닌 것은?

① 경쟁적 노동시장
② 노동시장의 분단
③ 동일노동 – 동일임금
④ 노동의 자유로운 이동

해설

노동시장은 노동의 자유로운 이동이 이루어지는 경쟁의 원리를 강조하면서 동일노동에 대해서 동일임금을 지급한다고 하였다.

13

노동수요탄력성의 크기에 영향을 미치는 요인과 거리가 가장 먼 것은? (18년 1회)

① 생산물 수요의 가격탄력성
② 총 생산비에 대한 노동비용의 비중
③ 노동의 대체곤란성
④ 대체생산요소의 수요탄력성

해설

다른 대체생산요소의 공급탄력성이 클수록 노동수요의 탄력성은 커진다. 노동수요 탄력성은 상품의 수요가 탄력적일수록, 총비용 가운데서 노동비용의 비중의 클수록, 노동의 대체 가능성이 클수록, 노동 이외의 다른 생산요소의 공급탄력성이 클수록 커진다.

14

후방굴절형(Backward–bending) 노동공급곡선에서 후방으로 굴절된 부분은?

① 임금변동에 따른 대체효과만이 존재하는 부분이다.
② 임금변동에 따른 소득효과만이 존재하는 부분이다.
③ 임금변동에 따른 대체효과가 소득효과보다 큰 부분이다.
④ 임금변동에 따른 소득효과가 대체효과보다 큰 부분이다.

해설

노동공급곡선은 실질임금이 낮은 수준에서는 우상향하다가 임금이 일정한 수준을 넘어서면 후방으로 굴절하는 형태를 띠게 되는데 이를 후방굴절 노동공급곡선이라고 한다. 대체효과와 소득효과는 일반적으로 임금 상승의 대체효과가 소득효과보다 클 때 노동공급은 증가하는 반면, 임금상승의 소득효과가 대체효과보다 클 때 노동공급은 감소하게 된다.

15

다음 중 노동에 대한 수요가 유발수요(Derived Demand)인 것을 가장 잘 나타내는 것은?

① 사무자동화로 사무직에 대한 수요가 감소하고 있다.
② 자동차회사 노동자의 임금상승은 자동차 조립라인에서의 로봇에 대한 수요를 증가시킨다.
③ 휘발유 가격의 상승은 경소형차에 대한 수요를 증가시킨다.
④ 자동차 생산을 증가시킨다는 경영진의 결정은 자동차공장 노동자에 대한 수요를 증가시킨다.

해설

노동을 비롯한 생산요소에 대한 수요를 유발수요 혹은 간접수요라고 하는데 그 이유는 노동을 비롯한 생산요소에 대한 수요는 최종재화에 대한 소비자의 수요에서 유발되기 때문이다.

16

내부노동시장이 형성되는 요인과 가장 거리가 먼 것은? (18년 1회)

① 숙련의 특수성   ② 교육수준
③ 현장훈련   ④ 관습

해설

내부노동시장이란 하나의 기업 또는 사업장 내에서 이루어지는 노동시장을 말한다. 도린저와 피오르(Doeringer & Piore)는 내부노동시장이 형성되는 요인으로 숙련의 특수성, 현장훈련, 관습을 제시하였다.

17

경쟁노동시장 경제모형의 기본 가정과 가장 거리가 먼 것은?　　　　　　　(18년 2회)

① 내부노동시장은 존재하지 않는다.
② 노동자와 고용주는 완전정보를 갖는다.
③ 노동자는 능력이나 숙련도의 차이가 있다.
④ 노동자 개인이나 개별 고용주는 시장임금에 아무런 영향을 행사할 수 없다.

해설

경쟁노동시장 모임에서 모든 노동자는 동질적이라고 가정한다. 즉, 노동자는 능력이나 숙련도 등에서 차이가 없다고 가정한다.

18

후방굴절형 노동공급곡선에 대한 설명으로 옳은 것은?

① 임금이 일정 수준 이상으로 오르면 임금이 오를수록 노동공급이 감소하게 된다.
② 임금변화의 대체효과가 소득효과보다 클 때 임금과 노동시간 사이에 부의 관계가 나타나는 것을 말한다.
③ 노동공급의 변화율을 노동가격의 변화율로 나눈 값이 점차 감소하는 현상을 그래프로 나타낸 것을 말한다.
④ 인구가 일정 규모 이상이 되면 임금이 오를수록 노동 공급이 감소하는 것을 그래프로 나타낸 것을 말한다.

해설

임금이 일정수준 이상으로 오르면 임금상승의 소득효과가 대체효과보다 커지게 되어 노동공급량은 감소한다. 따라서 노동공급곡선은 우하향하게 되어 후방굴절하는 형태를 보이게 된다.

19

내부노동시장에 대한 설명으로 틀린 것은?

① 근로자의 단기적 생산성과 임금이 연관된다.
② 기업비용부담으로 기업차원의 교육훈련이 체계적으로 실시된다.
③ 내부 승진이 많다.
④ 장기적 고용관계로 직장안정성이 높다.

해설

근로자의 단기적 생산성과 임금이 연관되는 시장은 외부노동시장이다.

20

노동수요를 결정하는 요인과 가장 거리가 먼 것은?　　　　　　　(18년 2회)

① 개인의 여가에 대한 태도
② 시장임금의 크기
③ 자본서비스의 가격
④ 노동을 이용하여 생산된 상품에 대한 소비자의 수요

해설

노동수요의 결정요인은 노동의 가격(임금), 자본 등 다른 생산요소의 가격, 상품에 대한 소비자의 수요, 노동의 생산성 및 생산기술 등이다. 개인의 여가에 대한 태도는 노동공급의 결정요인이다.

21

임금이 10% 상승할 때 노동수요량이 20% 하락했다면 노동수요의 탄력성은?

① 0.5　　　　　　　② 1.0
③ 1.5　　　　　　　④ 2.0

해설

노동수요탄력성＝노동수요량의 변화율(%)÷임금의 변화율(%)
＝(-20%)÷10%＝2.0

22

다음 중 경쟁노동시장 경제모형의 기본 가정과 가장 거리가 먼 것은? (18년 3회)

① 노동자와 고용주는 자유로이 시장에 진입하거나 시장을 떠나거나 한다.
② 노동자와 고용주는 완전정보를 갖는다.
③ 사용자의 단결조직은 없고 노동자의 단결조직은 있다.
④ 직무의 성격은 모두 동일하며 임금의 차이만 존재한다.

해설

경쟁노동시장이 되기 위해서는 시장에서 노동력의 자유로운 거래를 제한하는 요인이 없어야 한다. 즉, 사용자의 단결조직과 노동자의 단결조직이 없어야 하고, 정부의 최저임금제와 같은 개입도 지양해야 한다.

23

노동의 임금탄력성에 관한 설명 중 옳은 것을 모두 고른 것은?

> ㄱ. 상품수요가 가격탄력적이면 노동수요의 임금탄력성이 높다.
> ㄴ. 숙련정도가 높을수록 노동수요의 임금탄력성은 감소한다.
> ㄷ. 생산비 중 인건비가 차지하는 비중이 크면 노동수요의 임금탄력성이 높다.

① ㄱ, ㄴ
② ㄱ, ㄷ
③ ㄴ, ㄷ
④ ㄱ, ㄴ, ㄷ

해설

노동수요의 탄력성이란 임금의 변화에 의하여 유발되는 노동수요량의 변화율로써 독립변수인 임금의 변화율에 대한 종속변수인 노동수요량의 변화율을 의미한다. 숙련도가 높은 경우 노동수요의 임금탄력성은 작아진다.

24

노동자 7명의 평균생산량이 20단위일 때, 노동자를 추가로 1명 더 고용하여 평균생산량이 18단위로 감소하였다면, 이때 추가로 고용된 노동자의 한계생산량은?

① 4단위   ② 5단위
③ 6단위   ④ 7단위

해설

노동의 한계생산(MP1)은 노동 1단위를 추가로 투입할 때 그로 인한 생산량의 증가분이다. 노동자 7명 투입 시 총생산량은 140단위이며, 노동자 8명 투입 시 총생산량은 144단위이다. 따라서 노동의 한계생산=144단위 − 140단위=4단위이다.

25

임금상승에 따라 노동공급곡선이 후방굴절(상단부분에서 좌상향으로 굽어짐)을 보이는 이유는?

① 임금상승 시 대체효과가 소득효과보다 크기 때문이다.
② 임금상승 시 소득효과가 대체효과보다 크기 때문이다.
③ 임금상승 시 소득효과와 대체효과가 같아지기 때문이다.
④ 임금상승 시 노동자들이 일을 더하려고 하기 때문이다.

해설

여가가 정상재(소득의 증가에 따라 재화의 수요도 증가하는 경우 해당 재화를 일컫는 것)인 경우 노동공급곡선은 실질임금이 낮은 수준에서는 우상향하다가 임금이 일정한 수준을 넘어서면 후방으로 굴절하게 된다. 즉, 임금상승의 소득효과가 대체효과보다 크기 때문에 나타나는 현상이다.

26

다음 중 최저임금제가 고용에 미치는 부정적 효과가 가장 큰 상황은? (19년 2회)

① 노동수요곡선과 노동공급곡선이 모두 탄력적일 때
② 노동수요곡선과 노동공급곡선이 모두 비탄력적일 때
③ 노동수요곡선이 탄력적이고 노동공급곡선이 비탄력적일 때
④ 노동수요곡선이 비탄력적이고 노동공급곡선이 탄력적일 때

해설

노동수요곡선과 노동공급곡선이 모두 탄력적일 때 효과가 가장 크다.

27

연장근로 등 일정량 이상의 노동을 기피하는 풍조가 확산된다면, 이 현상에 대한 분석도구로 가장 적합한 것은?

(19년 3회)

① 최저임금제
② 후방굴절형 노동공급곡선
③ 화폐적 환상
④ 노동의 수요독점

해설

임금이 상승하면 소득효과와 대체효과가 있는데 이 중 소득효과는 임금이 상승하면 수입이 많아지므로 일을 줄이고 여가를 선호하게 되는데 이때 노동공급곡선은 후방굴절형 곡선이 된다.

CHAPTER 02

임금의 제개념

1 임금의 의의와 결정이론

Thema 1 정신역동적 직업상담

(1) 임금의 의의

① 노동서비스의 제공에 대한 대가로 임금과 봉급이 있다. 이를 포괄적으로 임금이라고 한다.

② 임금률은 법정근로시간 내에서 적용되나 초과근로 등에 대해 기본 임금률에 대해 가산된 급료가 지급되므로 임금률과 일정 기간 내의 근로소득에는 차이가 있다.

(2) 임금의 법적 성격 · 기출 20, 15, 09년

① **노동대가설**

임금은 근로자가 사용자의 지휘를 받으며 구체적으로 노동을 제공한 대가이다. 직무수당과 직능급과 같이 노동이 직접적으로 제공되는 임금에 대해 설명이 가능하며, 상여금이나 수당과 같이 직접적인 대가로 볼 수 없는 부분에 대한 설명을 할 수 없다.

② **노동력대가설**

임금은 근로에 대한 대가가 아닌 근로자가 노동력을 일정 시간 사용자의 지휘하에 두고 있는 것에 대한 대가이다. 근로의 제공을 이행하기로 약속한 것이 아닌 노동력에 대한 처분권한을 사용자에게 맡기기로 한 것이다. 따라서 근로의 제공과 관련이 없는 수당에 대해 설명이 가능하다.

③ **임금이분설**

임금을 고정적 부분을 이루는 '보장적 임금'과 변동적 부분을 이루는 '교환적 임금'으로 구분한다. 약정한 기일에 종업원으로서 직무를 개시(1차적 의무)하는 것에 의해 발생하는 임금은 보장적 임금이며, 노동력을 사용자의 처분에 맡기고 그 상태를 유지함(2차적 의무)으로 인해 발생하는 임금은 교환적 임금이다.

참고 하세요!

파업기간 중에는 근로자가 노무를 제공하지 않으므로 교환적 임금은 지급되지 않으나 파업기간 중에도 지위는 유지되므로 보장적 임금은 지급되어야 한다.

(3) 임금결정의 주요 이론 기출 19, 18, 17, 16, 13, 12, 10년

① 임금생존비설

ㄱ 맬서스(Malthus) 등에 의해 주창된 이론으로 임금이 생존비 이상으로 상승하면 노동공급의 증가로 인해 임금이 생존비 이하로 하락하는 반면, 임금이 생존비 이하로 하락하면 노동공급의 감소로 인해 임금이 다시 생존비 수준으로 상승한다는 것이다.

ㄴ 임금은 노동자가 생활을 유지할 수 있을 정도의 수준에서 결정된다.

ㄷ 생활비를 중심으로 약간의 변동이 있더라도 궁극적으로 임금이 생활비에 일치된다고 본다.

ㄹ 임금이 장기적으로 근로자의 최저생존비 수준에 머무른다는 의미에서 '임금철칙설'이라고도 한다.

② 노동가치설(노동력생산비설)

ㄱ 마르크스(Marx)에 의해 주창된 이론으로 관습이 미치는 영향을 강조한다.

ㄴ 임금의 생존비 수준을 고려하여 임금수준은 노동자의 생활필수품의 가치에 의해 결정된다는 점에서 임금생존비설과 유사하다.

ㄷ 그러나 임금을 생존비 이하로 저하시키는 근본적인 원인은 자본주의의 특성에 있다고 보았다.

ㄹ 임금 상승이 노동절약적 기계도입에 따른 기술적 실업의 발생으로 산업예비군을 증가시켜 다시 임금을 생존비 수준으로 저하시킨다.

③ 임금기금설

ㄱ 밀(Mill)에 의해서 주창된 이론으로 임금수준이 생존의 최저수준에 머무르지 않는다는 인식에서 출발하였다.

ㄴ 근로자의 임금으로 지불될 수 있는 부의 총액은 정해져 있고, 이는 시간이 지남에 따라 변화될 수 있다고 본다.

ㄷ 노동조합에 의해 일부의 임금을 인상하면 다른 근로자집단에게 돌아갈 임금기금이 감소되므로 다른 집단은 저임금을 받거나 실업을 하게 된다.

ㄹ 임금기금설은 고임금이 실업을 야기한다는 고용이론과 물가상승을 야기하여 명목임금을 상승을 초래한다는 임금 – 물가 악순환설, 임금이 기업의 지불능력에 의존한다는 지불능력설, 마지막으로 고용된 노동자가 만든 생산물의 양에 따라 임금이 결정된다는 한계생산력설 등에 영향을 미친다.

시험에 이렇게 나왔다!

임금 학설에 관한 설명으로 틀린 것은? (16년 3회)

① 임금생존비설은 임금 상승이 노동절약적 기계도입에 따른 기술적 실업의 발생으로 산업예비군을 증가시켜 다시 임금을 생존비 수준으로 저하시킨다는 학설이다.

② 임금기금설은 어느 한 시점에 근로자의 임금으로 지불될 수 있는 부의 총액 또는 기금은 정해져 있고, 이 기금은 시간이 지남에 따라 변화될 수 있다는 학설이다.

③ 임금교섭력설은 고용기회나 노동공급량에 불리한 영향을 미치지 않으면서도 일정한 범위내에서 임금이 교섭력 강도에 따라 변화할 수 있다는 학설이다.

④ 임금철칙설은 노동자의 임금이 생활비에 귀착되며, 생활비를 중심으로 약간 변동이 있더라도 궁극적으로는 임금이 생활비에 일치된다는 학설이다.

답 ①

(1) 임금의 기능 기출 20년

① 인적자본에 대한 투자수요결정의 변수이다.

② 기업주에게는 명목임금, 근로자에게는 실질임금이 중요하다.

③ 기업주의 입장과 근로자의 입장에서 본 임금은 성격상 상호배반적 관계이다.

④ 기업주는 능력있는 사람에게 차등임금을 지급하는 방식을 선호하나 근로자는 동일노동에 대해 동일임금을 지급받는 것을 선호한다.

(2) 임금의 구성 기출 18, 15, 14, 12년

① 임금

  ㉠ 고정적 임금

    매월 정해진 금액이 지급되는 안정적인 임금으로 정액급여를 뜻한다. 기본급과 제수당으로 나뉜다.

    • 기본급 : 업무급(맡은 일을 기준으로 결정되는 임금), 속인급(연령, 학력, 경력 등을 기준으로 결정되는 임금), 종합급(업무급과 속인급을 종합적으로 고려하여 결정되는 임금)

    • 제수당 : 고정적인 수당으로서 가족수당, 직책수당, 주택수당 등

  ㉡ 변동적 임금

    불규칙적으로 지급되는 초과급여로서 고정적 임금 내의 수당과 다른 성격이다. 초과근무나 휴일근무, 숙직 등에 대한 수당이 포함된다.

② 상여금

    초과급여와 구분되는 것으로 상여금, 성과급 등의 특별급여이다.

시험 에 이렇게 나왔다!

속인급 체계에 대한 설명으로 틀린 것은? (15년 3회)

① 연령이나 학력, 경력, 근속년수 등을 기준으로 임금의 개인 배분을 결정한다.
② 직무급이 속인급 체계에 해당한다.
③ 근속년수가 늘어갈수록 숙련도가 향상되고 생활비도 많이 필요해진다는 점에서 속인급의 합리성을 확인할 수 있다.
④ 선진산업사회에서는 속인급의 영향력이 낮다.

답 ②

Thema 3 임금의 범위

(1) 평균임금
기출 13, 12, 10, 07년
① 평균임금을 산정하여야 할 사유가 발생한 날 이전 3개월 동안 지급된 임금의 총액을 그 기간의 총일수로 나눈 금액이다.
② 퇴직급여, 휴업수당, 재해보상 등의 산정기초가 된다.

(2) 통상임금
기출 15, 11, 10, 09년
① 정기적으로 총근로에 대하여 지급하기로 정한 금액을 말한다.
② 정기적 · 일률적으로 지급되는 것이면 통상임금에 포함된다.
③ 해고예고수당, 연장 · 야간 · 휴일근로수당, 출산전후휴가급여 등의 산정기초가 된다.

(3) 명목임금
① 매년 결정되는 임금을 보통의 화폐단위로 나타낸 것이다.
② 임금이 인상될 때 당시의 화폐단위로 표시한 것일뿐 물가상승률은 고려하지 않았음을 의미한다.

(4) 실질임금
기출 19, 15, 14년
① 물가상승의 효과를 제거한 실질적 임금액이다.
② 실질임금의 변화는 근로자의 실질소득이나 실질구매력의 변화 수준을 나타내는 지표이다.
③ 실질임금 $= \dfrac{\text{명목임금}}{\text{소비자물가지수}} \times 100$

(5) 의중임금
기출 18, 15, 13, 11, 10, 09, 07년
① '보상요구임금, 유보임금, 희망임금'이라고도 한다.
② 노동을 시장에 공급하기 위해 노동자가 요구하는 최소한의 주관적 요구임금 수준이다.
③ 근로자는 제의된 임금수준과 자신의 의중임금을 비교하여 취업 여부를 결정한다.
④ 따라서 효용극대화를 달성하는 근로자의 의중임금은 제시임금과 일치하게 된다.
⑤ 일반적으로 진업주부의 의중임금은 실제임금보다 높다.

참고 하세요!

기업의 입장에서 소비자물가지수는 외생변수로서 소비자물가지수가 생산물가격보다 빠르게 상승할 경우 노사 간 임금교섭이 어려워진다.

(1) 최저임금제도의 의의   기출 19, 17년

① 국가가 근로자의 보호를 위해 강제력으로 임금의 최저한도를 결정한 것이다.

② 우리나라 최저임금은 최저임금위원회의 심의 · 의결을 거쳐 고용노동부장관이 결정한다.

(2) 최저임금제도의 목적   기출 20, 19, 18, 17, 14, 13, 11, 09, 08년

① 소득분배의 개선
② 기업의 근대화와 산업구조의 고도화 촉진
③ 산업평화 유지
④ 복지국가의 실현
⑤ 노동력의 질적 향상
⑥ 공정경쟁의 확보
⑦ 경기 활성화에 기여

(3) 최저임금제도의 효과   기출 19, 15, 07년

① 노동공급의 증가
② 노동수요의 감소
③ 실업의 발생
④ 숙련직의 임금 상승
⑤ 부가급여의 축소

(4) 최저임금제도와 근로장려세제(EITC ; Eamed Income Tax Credit) 기출 17, 12년

① 최저임금제도가 시행될 때 기준선 아래의 최저임금 이하를 받는 근로자는 혜택을 볼 수 있다. 반면 근로장려세제는 본래 취지가 근로빈곤층의 지원에 있는 만큼 저소득근로계층의 수혜대상으로 한다.

② 최저임금제도는 고숙련 근로자에 의한 저숙련 근로자의 대체 또는 고용의 감소와 같은 부작용이 발생한다. 반면, 근로장려세제는 이론적으로 저숙련 저임금근로자의 실업을 유발하지 않는다.

③ 근로장려세제 시행은 근로의욕 감퇴의 부작용을 유발할 수 있다.

④ 긍정적 효과와 부정적 효과를 동시에 가지고 있기 때문에 인위적인 자원배분은 사중손실에 의한 총 경제후생의 확대 혹은 축소 여부를 일률적으로 단정하기 어렵다.

시험에 이렇게 나왔다!

최저임금제도와 근로장려세제(EITC)에 관한 설명으로 틀린 것은? (17년 1회)

① EITC는 저소득근로계층을 수혜대상으로 한다.

② EITC는 이론적으로 저생산성 저임금근로자의 실업을 유발하지 않는다.

③ 최저임금제도하에서는 최저임금 이하를 받는 근로자에게 그 혜택이 주어진다.

④ EITC와 최저임금제 실시는 공통적으로 사중손실(dead weight loss) 발생으로 총경제후생을 축소시킨다.

답 ④

2 임금체계

기출 19~10년

Thema 1 연공급

(1) 개념
① 근로자의 근속연수에 따라 임금을 결정한다.
② 장기근속을 전제로 근속연수, 학력, 연령 등 완전한 속인적 요소를 기준으로 개인 간 임금격차가 결정된다.

(2) 장단점
① 장점
  ㉠ 위계질서의 확립과 사기 유지에 유리하다.
  ㉡ 정기승급에 의한 생활이 보장되어 장래에 대한 기대를 가질 수 있다.
  ㉢ 기업에 대한 귀속의식이 확대된다.
  ㉣ 고용의 안정화가 이루어진다.
  ㉤ 노동력의 정착화를 통해 교육훈련 효과를 높일 수 있다.
  ㉥ 배치와 평가가 용이하다.
② 단점
  ㉠ 동일 직무에 대해 동일한 임금을 받을 수 없다.
  ㉡ 업무능력에 따라 임금조정이 어려우므로 동기부여가 약하다.
  ㉢ 무사안일주의를 초래할 수 있다.
  ㉣ 경직적인 임금인상으로 기업의 인건비 부담이 생긴다.
  ㉤ 전문기술인력의 확보가 어렵다.
  ㉥ 기업이 근로자의 장기근속을 기피하게 된다.

시험 에 이렇게 나왔다!

연공급의 장점이 아닌 것은?
(17년 1회)

① 정기 승급을 실시함에 따라 생활의 안정감과 장래에 대한 기대를 가질 수 있다.
② 위계질서의 확립이 용이하다.
③ 동기부여 효과가 강하다.
④ 근로자에 대한 교육훈련의 효과를 높일 수 있다.
답 ③

Thema 2 직능급

(1) 개념

① 직무수행능력을 기준으로 임금이 결정된다.

② 학력과 직종에 관계없이 능력에 따라 임금을 지급한다.

(2) 장단점

① 장점

㉠ 종업원의 자기계발에 대한 동기부여를 할 수 있다.

㉡ 보상기회가 확대되고 보상의 개별화로 능력에 맞는 처우를 받을 수 있다.

㉢ 근속에 따른 동일한 직능자격 등급을 받을 수 있어 공동체 형성에 기여할 수 있다.

㉣ 보상에 있어 직종의 구분이 없으므로 기존 생산직의 불만을 감소시킬 수 있다.

② 단점

㉠ 직무수행능력의 평가가 쉽지 않다.

㉡ 직무성격상 직능급보다 직무급이 적합할 수 있다.

㉢ 50세 이후 능력개발에 한계가 있어 부적절할 수 있다.

시험에 이렇게 나왔다!

직능급 임금체계의 특징에 관한 설명으로 옳은 것은? (13년 2회)

① 조직의 안정화에 따른 위계질서 확립이 용이하다.

② 직무에 상응하는 임금을 지급한다.

③ 학력과 직종에 관계없이 능력에 따라 임금을 지급한다.

④ 무사안일주의 및 적당주의를 초래할 수 있다.

답 ③

Thema 3 직무급

(1) 개념
① 개인이 수행하는 직무에 따라 임금을 결정한다.
② 노동의 양뿐만 아니라 노동의 질을 동시에 평가한다.
③ 직무분석과 직무평가를 기초로 직무의 중요성과 가치에 따라 임금을 결정한다.

(2) 장단점
① 장점
  ㉠ 직무마다 동일임금의 원칙을 명확하게 하여 공평성을 기할 수 있다.
  ㉡ 직무분석 및 평가과정에서 조직을 개선하고 업무방식을 합리화할 수 있다.
  ㉢ 직무가치의 객관성 확보를 통해 임금수준의 설정에 객관적 근거를 부여할 수 있다.
  ㉣ 적재적소의 인사배치를 통해 노동력을 효율적으로 이용할 수 있다.
  ㉤ 불합리한 노무비의 상승을 막을 수 있다.
② 단점
  ㉠ 직무평가에 주관이 개입될 수 있다.
  ㉡ 시장의 변동에 따라 직무내용을 변경할 필요성이 생긴다.
  ㉢ 직무구성과 인적능력구성이 일치하지 않을 경우 효과가 낮다.
  ㉣ 직무내용이 정형화되어 직무수행에 있어 유연성이 떨어질 수 있다.

(3) 전제조건
① 직무의 표준화와 객관적 평가가 선행되어야 한다.
② 인사 · 노무관리가 발전되어 있어야 한다.
③ 직종 간 고용의 유동성이 있어야 한다.
④ 직무급을 타당한 임금제도로 수용할 수 있는 의식을 가져야 한다.
⑤ 직무가치가 낮더라도 생계비 수준 이상이 유지되어야 한다.

시험 에 이렇게 나왔다!

임금체계에 대한 설명으로 틀린 것은? (16년 1회)

① 직무급은 조직의 안정화에 따른 위계질서확립이 용이하다는 장점이 있다.
② 연공급의 단점 가운데 하나는 직무성과와 관련없는 비합리적인 인건비 지출이 생긴다는 점이다.
③ 직능급은 직무수행능력을 기준으로 하여 각 근로자의 임금을 결정하는 임금체계이다.
④ 연공급의 기본적인 구조는 연령, 근속, 학력, 남녀별 요소에 따라 임금을 결정하는 것으로 정기승급의 축적에 따라 연령별로 필요생계비를 보장해 주는 원리에 기초하고 있다.
답 ①

Thema 4 생산성 임금제

(1) 개념

① 근로자가 상품생산에 기여한 공헌도를 토대로 임금을 결정한다.

② 이익분배를 노사 간에 상호 보장한다.

③ 임금 결정교섭에 있어 임금의 인상률을 생산성 증가율에 연계시킨다.

(2) 생산성 임금제의 임금결정 방식

① 명목임금 증가율의 경우 명목생산성 증가율과 같도록 결정한다.

② 실질임금은 명목임금을 물가상승률을 감안한 실제구매력으로 평가한 임금이다. 따라서 명목임금 증가율과 명목생산성 증가율을 산정할 때 실질임금 증가율과 실질생산성 증가율에 가격증가율(물가상승률)을 반영해야 한다.

명목임금 증가율(실질임금 증가율＋물가상승률)

＝명목생산성 증가율(실질생산성 증가율＋물가상상승률)

∴ 실질임금 증가율＝실질생산성 증가율

시험 에 이렇게 나왔다!

생산적 임금제를 따를 때 물가상승률이 3%이고, 실질생산성 증가율이 7%라고 하면 명목임금은 얼마나 인상되어야 하는가? (16년 2회)

① 2%
② 4%
③ 10%
④ 15%

답 ③

3 임금형태

Thema 1 연봉제

참고 하세요!

최근 우리나라 기업에서 그 경향이 강화되고 있다.

(1) 개념

① 1년 단위로 임금을 계약한다.

② 연간임금액을 결정하여 매월 분할하여 지급한다.

③ 종업원의 능력을 평가하는 능력중시형 임금체계이다.

④ 노력한 만큼 대가가 따르는 동기부여형 임금체계이다.

⑤ 철저한 직무분석, 공정한 인사고과, 효과적인 목표관리제도가 요구된다.

(2) 장단점

① 장점

㉠ 능력주의를 통해 종업원들에게 동기를 부여할 수 있다.

㉡ 개인의 능력에 기초하기 때문에 생산성 향상에 유리하다.

㉢ 과감한 인재기용에 유리하다.

㉣ 임금체계와 구조를 단순화시킨 것으로 임금관리의 효율성을 증대시킬 수 있다.

② 단점

㉠ 평가결과의 공정성에 문제가 제기될 수 있다.

㉡ 연봉이 삭감될 경우 사기가 저하된다.

㉢ 종업원 간 불필요한 경쟁이 유발되거나 위화감이 조성될 수 있다.

시험 에 이렇게 나왔다!

연봉제의 장점과 가장 거리가 먼 것은? (15년 2회)

① 전문성의 촉진
② 개인의 능력에 기초한 생산성 향상
③ 구성원 상호 간의 친밀감 증진
④ 임금 관리 용이

답 ③

Thema 2 능률급제

(1) 개념

① 작업량에 따라 임금을 지급한다.

② 근로의 능률을 자극할 수 있다.

③ 상여급 제도, 성과급 제도, 할증급 제도 등이 있다.

🔍 **성과급제도**

성과급은 근로자의 동기를 유발하고 능률을 자극할 수 있으나, 직원 간 화합이 떨어지고 작업량에만 치중하여 생산의 질이 떨어질 수 있다.

(2) 도입요건

① 생산량이 객관적으로 측정 가능해야 한다.

② 근로자의 노력과 생산량과의 관계가 명확해야 한다.

③ 생산의 질이 생산량보다 덜 중요하거나 일정해야 한다.

④ 직무가 표준화되어있어야 한다.

⑤ 작업자에 대한 감독을 철저히 할 수 있어야 한다.

⑥ 단위생산비 중 노무비가 결정되어 있어야 한다.

시험에 이렇게 나왔다!

다음 중 고정급제 임금형태가 아닌 것은? (11년 3회)

① 시급제
② 연봉제
③ 성과급제
④ 월급제

답 ③

4 임금격차

(1) 임금격차의 의의
① 동일 시점에서 각 근로자들이 받는 임금액의 차이이다.
② 교육 수준의 차이, 근속연수의 차이, 경력의 차이 등으로 임금격차를 설명할 수 있다.
③ 고용주에 의한 차별은 경쟁적인 시장경제에서 장기간 지속되기 어렵다.

(2) 임금격차의 양상
① 개인 간 임금격차
② 산업 간 임금격차
③ 직종 간 임금격차
④ 지역 간 임금격차
⑤ 기업 간 임금격차

성별·직종별 임금격차는 점점 축소되는 경향을 보이며 대학졸업자들이 양산됨에 따라 학력별 임금격차 역시 축소되는 경향이 있다. 저임금 근로자의 노동공급이 노동수요를 초과하는 정도가 클수록 임금격차는 확대될 것이며 반대의 경우 축소될 것이다. 또한 직종 간 노동이동이 자유롭지 못할 경우 직종별 임금격차는 크게 발생한다.

Thema 2 임금격차의 요인

(1) 경쟁적 요인 기출 18, 15, 13, 11, 09, 07년

① 인적자본량

대기업은 인적자본량이 많으므로 임금격차가 상대적으로 크다.

② 보상적 임금격차

임금 외적인 불리한 측면을 상쇄하여 근로자에게 돌아가는 순이익을 동등하게 해주어야 한다는 원리이다. 3D업종은 다른 직종에 비해 더 높은 임금을 제시한다.

③ 시장의 단기적 불균형

특정 직종에 대해 초과수요가 발생하면 임금 상승이 발생하나 추후 노동공급이 이루어짐으로써 불균형이 점차 완화된다.

④ 효율임금정책

시장임금 이상의 높은 임금을 지급하여 노동생산성 향상을 도모한다. 중소기업보다 대기업에서 더 높은 유인을 갖는다.

⑤ 근로자의 생산성 격차

노동자의 학력, 경력, 근속연수 등에 따른 생산성 격차가 산업 · 기업 간 임금격차를 발생시킨다.

시험에 이렇게 나왔다!

임금격차의 원인을 모두 고른 것은? (15년 3회)

A. 인적자본 투자 차이로 인한 생산성 격차
B. 보상적 격차
C. 차별

① A
② B
③ A, B
④ A, B, C

답 ④

(2) 비경쟁적 요인 기출 16, 13, 11년

① 시장지배력

독과점기업은 높은 수익을 올려 독점적 지대의 일부를 근로자에게 지급한다. 대기업에서 나타나는 자금운영, 정경유착 등은 불만을 가진 근로자들을 위한 지대 일부의 배분으로 연결될 수 있다.

② 노동조합

노동조합의 단체교섭력은 사용자의 양보를 유도한다. 노동조합이 조직되어 있는 기업의 경우 임금이 상대적으로 높은 특성이 있다. 특히 불경기 시 노동조합이 조직된 기업과 조직되지 않은 기업 간의 임금격차가 커진다.

③ 비효율적 연공급제도

단순히 연령의 증가에 따라 임금이 상승한다. 지불능력이 큰 대기업에서 발생하며 산업·기업 간 임금격차를 발생시킨다.

시험에 이렇게 나왔다!

임금격차의 원인으로서 통계적 차별이 일어나는 경우는?
(16년 3회)

① 비숙련 외국인노동자에게 낮은 임금을 설정할 때
② 임금이 개별 노동자의 한계생산성에 근거하여 설정될 때
③ 사용자가 자신의 경험을 기준으로 근로자의 임금을 결정할 때
④ 사용자가 근로자의 생산성에 대해 불완전한 정보를 갖고 있어 평균적인 인식을 근거로 임금을 결정할 때

답 ④

🔍 **통계적 차별** 기출 16, 14, 10년
• 사용자는 근로자를 고용할 때 근로자에 대한 불완전한 정보를 가지고 있으므로 평균적인 통계정보를 활용할 수 있다.
• 사용자가 근로자의 개인차를 고려하지 않은 채 개인을 판단함으로써 불완전한 정보와 개인에 대한 이해부족으로 인해 차별적 임금이 이루어진다.

🔍 **혼잡효과(쇄도효과)** 기출 17년
• 여성이 특정 직종에 집중되면서 경쟁이 악화되어 임금수준이 저하되는 효과이다.
• 여성에 대한 편견(결혼 및 출산 등)으로 인해 여성들은 임금이나 근로조건이 유리한 직종에 고용되는 비율이 낮고 저임금 직종에 집중고용되는 경향이 있다.

(1) 의의

한 번 오른 임금이 떨어지지 않고 그 수준을 유지하려는 경향을 의미한다.

(2) 원인   기출 20, 18, 12년

① 노동조합의 존재

노동조합은 노동자들의 해고를 막고 임금계약을 장기적으로 체결하도록
한다.

② 최저임금제의 실시

일정 임금 수준 이하로는 노동자를 고용할 수 없다.

③ 화폐환상

노동자가 명목임금을 실질임금보다 중시하는 현상으로 명목임금의 하락에
저항하여 명목임금의 하방경직이 생긴다.

④ 장기근로계약

장기 근로계약은 임금의 조정을 어렵게 한다.

⑤ 노동자의 역선택 발생

임금을 삭감하는 경우 노동자들이 기업을 떠나게 되므로 기업은 우수한 노
동자를 잃지 않기 위해 임금을 삭감하지 않는다.

⑥ 대기업의 효율성 임금정책에 따른 고임금 지급

대기업은 상대적으로 높은 지불능력으로 우수한 노동자를 채용하고 근로의
질을 향상시켜 노동자의 사직을 감소시킨다. 이로 인해 신규 채용과 훈련에
드는 시간·비용을 감소시킬 수 있어 의도적으로 고임금을 지급한다.

시험에 이렇게 나왔다!

임금이 하방경직적인 이유와
가장 거리가 먼 것은?
(12년 2회)

① 장기노동계약
② 물가의 지속적인 상승
③ 강력한 노동조합의 존재
④ 노동자의 역선택 발생 가
능성

답 ②

제4과목

노동시장론

Thema 4 보상적 임금격차

(1) 개념

① 임금 외적인 부분에서 근로자에게 불리한 측면을 상쇄하여 근로자에게 돌아가는 순이익을 다른 직업과 동등하게 해주는 것이다.

② 균등화 임금격차라고도 한다.

(2) 원인

① **금전적 위험** : 직업의 고용이 불안정할 경우 실업으로 인한 소득상실을 보상할 수 있을 정도로 높은 임금을 지불한다.

② **비금전적 차이** : 위험이 따르고 환경이 열악하다면 불이익에 대한 보상으로 더 많은 임금을 지불한다.

③ **교육훈련의 차이** : 취업을 위한 비용에 이자를 붙여 임금으로 회수되어야 하므로 더 많은 임금을 지불한다.

④ **성공 · 실패의 가능성** : 장래가 불확실할 경우 보다 높은 임금을 지불한다.

⑤ **책임의 정도** : 막중한 책임이 따르는 일에 종사할 경우 책임에 따른 높은 임금을 지불한다.

 **헤도닉 임금** 기출 18, 13, 10년

고위험. 불유쾌한 직업에 대한 보상요구를 반영한 임금 또는 편한 직업에 대한 근로자의 대가 지불의사를 반영한 임금이다.

시험에 이렇게 나왔다!

보상적 임금격차를 발생시키는 요인이 아닌 것은?

(15년 3회)

① 작업환경의 쾌적성 여부
② 성별 간의 소득차이
③ 교육훈련 기회의 차이
④ 고용의 안정성 여부

답 ②

시험에 이렇게 나왔다!

보상적 임금격차의 발생 원인에 해당되지 않는 것은?

(16년 1회)

① 비금전적 차이
② 직정탐색비용의 차이
③ 금전적 위험(불안정)
④ 교육훈련의 차이

답 ②

Thema 5 효율임금이론

(1) 개념

기출 20, 19, 18, 17, 13, 11, 08, 07년

① 근로자의 생산성을 높이기 위해 시장의 균형임금보다 높은 임금을 지불하는 것이다.

② 이윤극대화를 추구하는 기업은 이러한 고임금을 지불하는 것이 기업에 더 이익이 된다는 이론이다.

③ 불경기에도 불구하고 임금을 삭감하지 않고 고임금을 유지한다.

④ 고임금을 통해 근로자의 생산성을 최대한 발휘하는 전략이다.

⑤ 고임금의 경제효과가 있을 때 임금이 상승하더라도 생산성이 높으므로 노동수요곡선은 본래의 수요곡선보다 비탄력적이다. 이는 임금 변화에 대한 수요의 영향력이 상대적으로 적다는 것을 뜻한다.

⑥ 기업 간 임금격차 및 이중노동시장 형성의 원인이 된다.

⑦ 이윤극대화를 추구하는 기업이 이직률을 낮추기 위해 효율성 임금을 지불할 경우 구조적 실업이 발생할 수 있다.

⑧ 고임금정책이라고도 한다.

(2) 고임금과 고생산성

기출 17, 14, 13, 11, 10, 08년

① 노동자의 충성심을 증대시킨다.

② 직장상실비용을 증대시켜 작업 중 태만하지 않게 한다.

③ 채용 시 노동자의 평균자질이 높아지므로 양질의 노동자를 고용할 수 있다.

④ 노동자의 사직을 감소시켜 신규채용 및 교육에 들이는 시간과 비용을 감소시킨다.

시험 에 이렇게 나왔다!

효율임금정책이 높은 생산성을 가져오는 원인에 관한 설명으로 틀린 것은? (17년 3회)

① 고임금은 노동자의 직장상실비용을 증대시켜서 작업 중에 태만하지 않게 한다.

② 고임금 지불기업은 그렇지 않은 기업에 비해 신규노동자의 훈련에 많은 비용을 지출한다.

③ 고임금은 노동자의 기업에 대한 충성심과 귀속감을 증대시킨다.

④ 고임금 지불기업은 신규채용시 지원노동자의 평균자질이 높아져 보다 양질의 노동자를 고용할 수 있다.

답 ②

CHAPTER 02

임금의 제개념 연습문제

01
다음 중 최저임금제 도입의 직접적인 목적과 가장 거리가 먼 것은?

① 고용 확대
② 구매력 증대
③ 생계비 보장
④ 경영합리화 유도

해설
최저임금제는 국가가 근로자의 보호를 위해 법적 강제력으로 임금의 최저한도를 정한 제도이다. 시장임금보다 높은 최저임금이 지급되면 고용이 감소하여 실업이 증가한다.

최저임금제 도입의 목적
• 소득분배의 개선(임금격차 해소)
• 노동력의 질적 향상
• 기업의 근대화 및 산업구조의 고도화 촉진
• 공정경쟁의 확보
• 산업평화의 유지
• 경기활성화에 기여

02
다음 중 보상임금격차의 예로 가장 적합한 것은? (18년 1회)

① 사회적으로 명예로운 직업의 보수가 높다.
② 대기업의 임금이 중소기업의 임금보다 높다.
③ 정규직 근로자의 임금이 일용직 근로자의 임금보다 높다.
④ 상대적으로 열악한 작업환경과 위험한 업무를 수행하는 광부의 임금은 일반 공장 근로자의 임금보다 높다.

해설
보상임금격차는 직업의 임금 외적인 불리한 측면을 상쇄하여 노동자에게 돌아가는 순이익을 다른 직업과 같게 해 주기 위한 것이므로 균등화 격차라고도 한다.

03
다음 중 연공임금제도의 장점과 가장 거리가 먼 것은?

① 고용안정을 달성할 수 있다.
② 전문기술인력의 확보가 용이하다.
③ 폐쇄적인 노동시장에서 인력관리가 용이하다.
④ 근로자의 기업에 대한 귀속의식을 고양시킬 수 있다.

해설
연공급이란 임금이 개인의 근속연수, 학력,연령 등 인적요소 기준을 중심으로 변화하는 것으로 기본적으로 생활급적 사고원리에 따른 임금체계라고 할 수 있다. 연공급 임금체계는 전문기술인력을 확보하기 어렵다는 단점이 있고, 직무급 임금체계는 전문기술인력의 확보가 용이하다는 장점이 있다.

04
다음 중 고정적 임금의 구성으로 가장 적합한 것은?

(18년 2회)

① 기본급+성과급
② 기본급+초과급여+고정적 상여금
③ 기본급+제수당+고정적 상여금
④ 기본급+초과급여+성과급

해설
고정적급여는 기본급, 제수당(기타수당)과 통상적수당(고정적상여금)으로 나뉜다. 기본급과 통상적 수당을 합하여 통상임금이라 하는데 통상임금은 초과근무에 따른 초과급여나 최저임금을 계산하는 기준이 된다.

05
다음 중 시장균형임금보다 임금수준이 높게 유지되는 경우에 해당되지 않는 것은?

① 인력의 부족
② 노동조합의 존재
③ 최저임금제의 시행
④ 효율성 임금 정책 도입

해설

임금수준이 균형임금보다 높게 유지되는 이유로는 노동조합의 압력, 최저임금제, 기업의 효율 임금정책 등을 들 수 있다.

06

다음 중 헤도닉 임금이론의 가정으로 틀린 것은?

① 직장의 다른 특성은 동일하며 산업재해의 위험도도 동일하다.
② 노동자는 효용을 극대화하며 노동자 간에는 산업안전에 관한 선호의 차이가 존재한다.
③ 기업은 좋은 노동조건을 위해 산업안전에 투자해야 한다.
④ 노동자는 정확한 직업정보를 갖고 있으며 직업 간에 자유롭게 이동할 수 있다.

해설

헤도닉(Hedonic)임금이론에서는 직장의 다른 특성은 전부 동일한데 산업재해의 위험도만 다르다고 가정한다. 이러한 산업재해 위험도의 차이가 보상적 임금격차를 가져오게 된다.

07

유보임금(Reservation Wage)에 관한 옳은 설명으로만 짝지어진 것은?

> ㄱ. 유보임금의 상승은 실업기간을 연장한다.
> ㄴ. 유보임금의 상승은 기대임금을 하락시킨다.
> ㄷ. 유보임금은 기업이 근로자에게 제시한 최고의 임금이다.
> ㄹ. 유보임금은 근로자가 받고자 하는 최저의 임금이다.

① ㄱ, ㄷ
② ㄴ, ㄷ
③ ㄴ, ㄹ
④ ㄱ, ㄹ

해설

유보임금(Reservation Wage)이란 노동자가 노동을 공급하기 위해 받기를 원하는 최소한의 임금을 말한다. 즉, 노동시간만큼 여가를 즐긴다고 할 때 여가를 통해서 얻는 주관적 효용에 해당하는 임금이다. 유보임금이 상승하면 직업탐색기간이 길어지므로 실업(탐색적 실업)기간이 길어진다.

08

근로자의 직무수행능력을 기준으로 하여 각 근로자의 임금을 결정하는 임금체계는?

① 직무급
② 직능급
③ 부가급
④ 성과배분급

해설

근로자의 직무수행능력을 기준으로 하여 각 근로자의 임금을 결정하는 임금체계는 직능급이다. 직능급 체계는 직무의 내용과 종업원의 직무수행능력에 따라 기본급을 산정하는 방식이다.

09

다음 중 성과급제도의 장점에 해당하는 것은? (18년 3회)

① 직원 간 화합이 용이하다.
② 근로의 능률을 자극할 수 있다.
③ 임금의 계산이 간편하다.
④ 확정적 임금이 보장된다.

해설

성과급제는 노동성과를 측정하여 측정된 성과에 따라 임금을 계산하고 지급하는 제도로, 성과급제의 가장 큰 장점은 근로의 능률을 자극할 수 있다는 점이다.

10

다음 중 직무급 임금체계의 장점이 아닌 것은?

① 개인별 임금격차에 대한 불만 해소
② 연공급에 비해 실시가 용이
③ 인건비의 효율적 관리
④ 능력위주의 인사풍토 조성

해설

직무급이란 직무의 중요성과 곤란도 등에 따라서 각 직무의 상대적 가치를 평가하고 그 결과에 의거하여 임금액을 결정하는 체계이다. 직무급은 연공급에 비해 실시하기 어렵다.

11

임금기금설(Wage – fund Theory)에 관한 설명으로 틀린 것은?

① 임금기금의 규모는 일정하므로 시장임금의 크기는 임금기금을 노동자의 수로 나눈 값이 된다.
② 임금기금설은 노동공급측면의 역할을 중시한 노동의 장기적인 자연가격결정론에 해당된다.
③ 임금기금설은 고임금이 고실업률을 야기한다고 하여 고용이론에 영향을 주었다.
④ 임금기금설에 따라 노동조합의 교섭력을 통한 임금의 인상이 불가능하다는 노동조합무용론이 제기되었다.

해설

임금기금설은 임금기금(Wage Fund)의 규모는 일정하므로 이를 노동자 수로 나누면 평균임금이 결정된다는 것이다. 임금생존비설이 임금결정에 있어서 노동공급의 역할을 중요시한 데 비하여 밀(Mill)의 임금기금설은 노동수요의 역할을 중요시한다.

12

임금격차의 원인 중 경쟁적 요인이 아닌 것은?

① 인적자본량
② 보상적 임금격차
③ 노동조합의 효과
④ 기업의 합리적 선택으로서 효율성 임금정책

해설

노동조합의 효과는 임금격차의 경쟁 외적 요인에 해당된다.

13

효율임금이론에서 고임금이 고생산성을 가져오는 원인에 관한 설명으로 틀린 것은?

① 고임금은 노동자의 직장상실 비용을 증대시켜 노동자로 하여금 스스로 열심히 일하게 한다.
② 대규모 사업장에서는 통제상실을 사전에 방지하는 차원에서 고임금을 지불하여 노동자가 열심히 일하도록 유도할 수 있다.
③ 고임금은 노동자의 사직을 감소시켜 신규노동자의 채용 및 훈련비용을 감소시킨다.
④ 균형임금을 지불하여 경제 전반적으로 동일 노동 · 동일 임금이 달성되도록 한다.

해설

효율임금(Efficiency Wage)정책은 시장의 균형임금보다 높은 임금을 지급하여 노동생산성의 향상을 꾀하는 것을 말한다.

14

다음은 어떤 형태의 능률급인가? (19년 1회)

- 1886년 미국의 토웬(Henry R. Towen)이 제창
- 경영활동에 의해 발생한 이익을 그 이익에 관여한 정도에 따라 배분하는 제도
- 기본취지는 작업비용으로 달성된 이익을 노동자에게 환원하자는 것

① 표준시간제
② 이익분배제
③ 할시제
④ 테일러제

해설

① 소정의 작업조건하에서 결정된 방법으로 숙련기간을 경과한 작업자가 표준속도로 소정의 작업을 수행하는 데 필요한 시간
③ 임금제나 이익분배제 등의 결함을 극복하기 위해 시간임금과 생산고임금을 절충한 제도
④ 과학적 관리기법을 이용하여 정확하게 직무를 평가해 임금 수준을 결정하는 복률성과급의 형태

15

다음 중 직무급 임금체계에 관한 설명으로 가장 적합한 것은?

① 정기승급에 의한 생활안정으로 근로자의 기업에 대한 귀속의식을 고양시킨다.
② 기업풍토, 업무내용 등에서 보수성이 강한 기업에 적합하다.
③ 근로자의 능력을 직능고과의 평가결과에 따라 임금을 결정한다.
④ 노동의 양뿐만 아니라 노동의 질을 동시에 평가하는 임금결정방식이다.

해설

직무급은 직무분석 자료로 직무의 상대적 가치를 평가하여 급여를 지급한다.

16

다음 중 직종별 임금격차의 발생원인과 가장 거리가 먼 것은?

① 비경쟁집단
② 보상적 임금격차
③ 과도적 임금격차
④ 직종 간 자유로운 노동이동

해설

직종 간 자유로운 노동이동은 정보의 공유 등으로 인하여 임금격차가 줄어든다.

17

다음 중 임금교섭 이전 노동조합의 전략을 바르게 짝지은 것은?

> ㄱ. 재고의 비축
> ㄴ. 파업투표(Strike Votes)
> ㄷ. 파업기금의 비축
> ㄹ. 생산공장의 이전(협상에 영향을 주지 않는 곳으로)
> ㅁ. 임금 이외의 수입원 확보

① ㄱ, ㄴ, ㄹ
② ㄱ, ㄷ, ㅁ
③ ㄴ, ㄷ, ㄹ
④ ㄴ, ㄷ, ㅁ

해설

재고의 비축과 생산공장의 이전은 사업주(경영자)의 전략이다.

18

최저임금제도의 기본취지 및 기대효과와 가장 거리가 먼 것은? (19년 1회)

① 저임금 노동자의 생활보호
② 산업평화의 유지
③ 유효수요의 억제
④ 산업 간·직업 간 임금격차의 축소

해설

소득이 증가하므로 유효수요의 확대이다.

19

효율임금(Efficiency Wage) 가설에 대한 설명으로 옳은 것은? (19년 2회)

① 기업이 생산의 효율성을 달성하기 위해 적정임금을 책정한다.
② 기업이 시장임금보다 높은 임금을 유지해 노동생산성 증가를 도모한다.
③ 기업이 노동생산성에 맞춰 임금을 책정한다.
④ 기업이 생산비 최소화 원리에 따라 임금을 책정한다.

해설

효율임금은 생산활동에 대한 노동자의 기여를 상회하는 임금을 지불함으로써 노동자로 하여금 노동효율을 높이도록 유도하는 임금제도이다.

20

다음 (   )에 알맞은 것은?

> 아담 스미스(A. Smith)는 노동조건의 차이, 소득안정성의 차이, 직업훈련비용의 차이 등 각종 직업상의 비금전적 불이익을 견딜 수 있기에 필요한 정도의 임금프리미엄을 (   )(이)라고 하였다.

① 직종별 임금격차
② 균등화 임금격차
③ 생산성임금
④ 헤도닉임금

해설

균등화 임금격차에 대한 설명이다.

21

임금체계에 관한 설명으로 틀린 것은?

① 직능급은 개인의 직무수행능력을 고려하여 임금을 관리하는 체계이다.
② 속인급은 연령, 근속, 학력에 따라 임금을 결정하는 체계이다.
③ 직무급은 직무분석과 직무평가를 기초로 직무의 상대적 가치에 따라 임금을 결정하는 체계이다.
④ 연공급은 근로자의 생산성을 바탕을 둔 임금체계이다.

해설

연공급은 근로자의 생산성 보다는 속인적 요소(연령, 학력 등)에 의해 임금수준으로 결정하는 일종의 생활급 임금체계이다.

22

다음 중 연봉제 장점과 가장 거리가 먼 것은? (19년 2회)

① 능력주의 성과주의를 실현할 수 있다.
② 과감한 인재기용에 용이하다.
③ 종업원 상호간의 협조성이 높아진다.
④ 종업원들의 동기를 부여할 수 있다.

해설

연봉제는 작업장 내 인간관계문제가 발생할 가능성이 있다는 단점을 가지고 있다.

23

고정급제 임금형태가 아닌 것은?

① 시급제   ② 연봉제
③ 성과급제   ④ 일당제

해설

변동적 임금지급 형태인 성과급제는 능률과 근무성적에 따라 개인차를 두고 임금을 산정·지급하는 능률급제이다. 장점으로는 근로자에게 합리성, 공평감을 주며 작업능률을 자극하여 생산성향상, 원가절감, 소득증대를 기대할 수 있다. 반면 단점으로는 표준단가의 결정과 작업량 측정이 어려우며 무리한 작업으로 근로자의 심신피로를 유발할 수 있다.

24

노동조합의 임금효과에 관한 설명으로 틀린 것은?

(19년 3회)

① 노동조합 조직부분과 비조직부분간의 임금격차는 불경기시에 감소한다.
② 노동조합 조직부문에서 해고된 근로자들이 비조직부문에 몰려 비조직부문의 임금을 떨어뜨릴 수 있다.
③ 노동조합이 조직될 것을 우려하여 비조직부문 기업이 이전보다 임금을 더 많이 인상시킬 수 있다.
④ 노조조직부문에 입사하기 위해 비조직부문 근로자들이 사직하는 경우가 많아 비조직부문의 임금이 상승할 수 있다.

해설

노동조합이 있는 기업의 임금은 노동조합이 없는 기업의 임금보다 대부분의 경우 높게 나타나므로 노동조합은 임금인상 교섭 및 불경기의 경우에도 매우 강력한 영향력을 발휘한다.

25

성별 임금격차의 발생 원인과 가장 거리가 먼 것은?

① 여성이 저임금 직종에 몰려있어서
② 여성의 학력이 남성보다 낮기 때문에
③ 여성의 직장 내 승진 기회가 남성보다 적어서
④ 여성의 노조가입률이 높아서

해설

노동시장 차별은 생산성이 차이가 없는 노동자가 인종, 성, 학력, 나이, 업무수행 등과 관련 없는 특성(고용, 임금, 승진 등)에 있어서 다른 대우(차별)를 받는 것이다.

26

다음 표에서 어떤 도시근로자의 실질임금을 구할 경우 ㄱ, ㄴ, ㄷ, ㄹ의 크기를 바르게 나타낸 것은?

구분	09년	12년	15년	18년
도매물가지수	95	100	100	120
소비자물가지수	90	100	115	125
명목임금(만원)	130	140	160	180
실질임금(만원)	ㄱ	ㄴ	ㄷ	ㄹ

① ㄱ > ㄷ > ㄴ > ㄹ

② ㄱ > ㄹ > ㄴ > ㄷ

③ ㄹ > ㄷ > ㄱ > ㄴ

④ ㄹ > ㄴ > ㄷ > ㄱ

해설

실질임금 = (명목임금 ÷ 소비자물가지수) × 100

ㄱ = (130 ÷ 90) × 100 = 1.44 × 100 = 144.4만원

ㄴ = (140 ÷ 100) × 100 = 1.4 × 100 = 140만원

ㄷ = (160 ÷ 115) × 100 = 1.39 × 100 = 139만원

ㄹ = (180 ÷ 125) × 100 = 1.44 × 100 = 144만원

∴ ㄱ > ㄹ > ㄴ > ㄷ

27

고전학파의 임금론인 임금생존비설과 마르크스의 노동력 재생산비설의 유사점은?

① 노동수요측면의 역할을 중요시한다는 점

② 임금수준은 노동자와 그 가족의 생활필수품의 가치에 의해 결정된다는 점

③ 맬더스의 인구법칙에 따른 인구의 증감에 의해 임금이 생존비수준에 수렴한다는 점

④ 임금의 상대적 저하경향과 자본에 의한 노동의 착취를 설명하는 점

해설

임금생존비설과 노동력재생산비설의 유사점은 임금수준이 노동자와 그 가족의 생활필수품의 가치에 의해 결정된다는 것이 유사점이다.

CHAPTER 03
실업의 제개념

1 실업의 이론과 형태

Thema 1 필립스 곡선

(1) 필립스 곡선(Phillips Curve)의 의의

기출 20, 19, 16, 15, 14, 11, 09, 07년

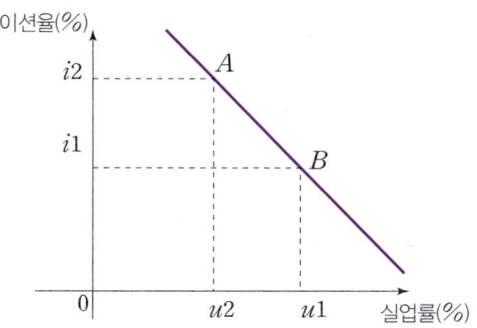

① 필립스(Phillips)의 분석에 따르면 인플레이션율과 실업률 간에는 역의 상관관계가 나타난다. 이러한 곡선을 필립스 곡선이라고 한다.

② 인플레이션과 실업 사이에 단기적 상충관계가 존재하며 이로 인해 정부는 낮은 인플레이션율과 낮은 실업률을 동시에 달성할 수 없음을 보인다.

③ 정부가 총수요를 증가시켜 경기부양을 통해 실업률을 감소시키면($u1 - u2$) 물가가 상승하여 인플레이션율은 증가($i1 - i2$)한다(A).

④ 정부가 총수요를 감소시키면 인플레이션율은 줄일 수 있으나($i2 - i1$) 경기 침체로 인해 실업률은 증가($u2 - u1$)한다(B).

(2) 단기 필립스 곡선

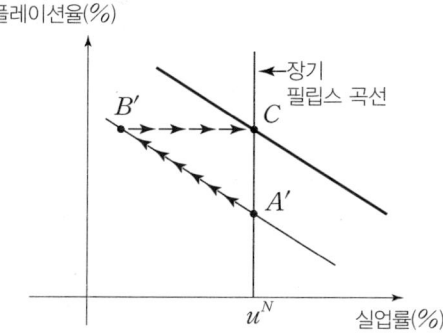

① 인플레이션율이 높을 때 정부가 총수요를 증가시키면 단기적으로 실업률은 자연실업률보다 하락하지만 인플레이션율은 더 상승한다($A' - B'$).

② 새로운 인플레이션율에 익숙해지게 되면 예상인플레이션율이 상승하게 되므로 단기 필립스 곡선은 오른쪽으로 이동한다. 이에 자연실업률(u^N)로 복귀한다.

Thema 2 마찰적 실업

(1) 의의

① 노동시장 진입 과정에서 정보의 부족으로 인해 일시적으로 발생하는 실업이다. 정보를 수집하고 탐색하는 과정에서 탐색적 실업이라고도 한다.
② 근로자의 자발적인 선택에 의해 나타난다.
③ 노동시장의 정보가 불완전하면 구직자와 구인처가 대응되지 못하므로 미충원상태의 공석이 발생하는 실업이 발생한다.
④ 구직자와 구인자가 서로를 발견하는 데 시간과 노력이 필요하다.
⑤ 마찰적 실업은 자연적인 실업으로서 다른 실업의 유형에 비해 사회적 비용이 가장 적게 유발된다.

(2) 주요 대책

① 고용정보의 확산(구인구직에 대한 전산망 연결, 정보시스템의 효율성 제고 등)
② 직업알선기관 활성화
③ 기업의 퇴직예고
④ 구직자 세일즈

(3) 직업탐색기간의 마찰적 실업률

실업률은 경제활동인구 중 취업하지 못한 사람들의 비율이다. 노동력의 20%가 매년 구직활동을 하고 구직에 3개월이 소요된다면 1년 중 마지막 3개월에 해당하는 시점에 구직을 시작하는 사람은 다음 해 취업한 것으로 간주된다. 이로 인해 연간실업률은 3개월의 기간 동안 구직활동을 시작한 사람에 한해 통계가 이루어진다.

$$연간실업률(\%) = \frac{3개월}{12개월} \times 20\% = 5\%$$

Thema 3 구조적 실업

(1) 의의

① 경제구조의 변화로 새로운 산업이 요구되면서 발생하는 실업이다.

② 과거의 기술이 더 이상 쓸모없어지거나 쇠퇴함에 따라 발생한다.

③ 산업 간 노동력 수급의 불균형현상에 의해 발생하므로 기능직 숙련 노동은 인력 부족현상이 나타나며 단순노동은 과잉현상이 늘어난다.

④ 성장산업에서는 노동의 초과수요로 인해 노동력이 부족하며 사양산업에서는 노동의 초과공급으로 인해 노동력이 남게 된다.

⑤ 기업이 요구하는 기술을 갖춘 노동자가 없거나 이동이 불완전한 경우 발생한다.

⑥ 기업이 임금을 높여 이직률이 낮을 때 발생할 수 있다.

⑦ 경제구조의 변화로 인해 발생하는 실업이므로 장기적으로 지속될 수 있다.

(2) 주요 대책

① 산업구조 변화 예측과 그에 따른 인력수급대책

② 노동자 교육훈련프로그램

③ 지역이주금 보조

④ 인접지역 일자리정보 제공

⑤ 미래의 노동수급 예측

시험 에 이렇게 나왔다!

다음 현상을 설명하는 실업의 종류와 대책을 연결한 것으로 옳은 것은? (16년 2회)

성장산업에서는 노동에 대한 초과수요로 인하여 노동력의 부족현상이 야기되고 사양산업에서는 노동에 대한 초과공급으로 인하여 노동력이 과잉현상이 야기되고 있다.

① 마찰적 실업 – 구인, 구직정보망 확충
② 경기적 실업 – 유효수요의 증대
③ 구조적 실업 – 인력정책
④ 기술적 실업 – 기술혁신

답 ③

Thema 4 경기적 실업

(1) 의의

① 불경기 시 발생한다.

② 총수요의 감소가 노동시장에서 노동의 총수요 감소로 이어지면서 발생한다.

③ 수요부족실업의 대표적인 유형이다.

④ 경기후퇴로 인해 총수요가 감소하고 기업의 인원감축행위로 이어지며 실업이 발생한다.

⑤ 임금의 하방경직성으로 인해 경기후퇴에도 노동자들은 임금삭감을 감수하려 하지 않으며, 사용자는 임금삭감보다 고용을 줄이는 것이 더 이득이 된다고 생각한다.

(2) 주요 대책

① 재정금융정책을 통한 총수요의 증대

② 공공사업으로 인한 일자리 창출

③ 교대근무, 연장근무 등 근무제도의 변경

④ 세율 인하 등 경기활성화

시험에 이렇게 나왔다!

경기적 실업에 대한 대책으로 가장 적합한 것은?
(16년 2회)

① 지역 간 이동 촉진
② 유효수요의 확대
③ 기업의 퇴직자 취업알선
④ 구인 · 구직에 대한 전산망 확대

답 ②

2 실업의 원인과 대책

Thema 1 실망노동자효과와 부가노동자효과

(1) 실망노동자효과
기출 19, 18, 15, 14, 12, 11, 10, 08, 07년

① 경제활동가능인력이 구직활동을 단념함으로써 비경제활동인구로 전락하는 것이다.

② 경기침체 시 구인자의 수가 구직자 수보다 적을 때 나타난다.

③ 이때의 실망실업자 수는 비경제활동인구에 포함되지 않으므로 실업자수는 과소평가된다.

(2) 부가노동자효과
기출 19, 15, 12, 11, 08년

① 비경제활동인구로 분류된 2차적 노동력이 구직활동을 함으로써 경제활동인구화되는 것이다.

② 불경기로 인해 취업이 쉽지 않으므로 실직상태에 놓여 이때의 실업자 수는 과대평가 되어 있다.

시험 에 이렇게 나왔다!

실업에 관한 설명으로 옳은 것은? (12년 3회)

① 경기후퇴시에는 실망노동자효과는 실업률을 감소시키고 부가노동자효과는 실업률을 증가시킨다.

② 잠재실업자는 통계청의 경제활동인구조사에서 실업자의 일부로 집계된다.

③ 완전고용이란 실업률이 영(0)인 상태를 말한다.

④ 밀튼 프리드만(M.Freedman)에 의하면 자연실업률은 국가별로 예측될 수 있다.

답 ①

시험 에 이렇게 나왔다!

경기침체 시 일자리를 찾게 될 확률이 낮아져 구직을 포기하는 사람들이 늘어나 경제활동인구를 감소시키는 효과는? (15년 3회)

① 실망노동자효과

② 부가노동자효과

③ 대체효과

④ 대기실업효과

답 ①

제4과목 노동시장론

(1) 인력정책

기출 09년

① 인적능률을 개발하여 노동력의 양적 이용에서 질적 이용으로 전환한다.

② 교육 · 훈련을 통해 경제가 필요로 하는 우수한 인적자원을 형성하여 기술혁신과 경제발전을 이루는 것이 목표이다.

③ 구조적 실업문제를 해결하기 위한 정책이다.

④ 인적자본의 질을 향상시키는 것으로 물가와 무관하다.

(2) 소득정책

기출 18, 17, 16, 14, 13, 09년

① 물가와 실업률의 상충관계를 개선하고자 완전고용과 물가안정의 양립을 추구하는 것이 근본적인 목적이다.

② 물가와 임금의 과도한 상승을 막기 위한 정부의 반강제적, 설득적인 모든 조치를 포함한다.

③ 소득정책은 물가와 실업률을 어느 정도 완화할 수는 있으나 정부의 직접적인 개입에 따른 불평등 등 부작용이 초래된다.

④ 소득분배의 불평등, 성장산업의 위축, 행정적 관리비용의 증가 등이 문제시된다.

시험 에 이렇게 나왔다!

소득정책의 효과에 대한 설명으로 틀린 것은? (17년 1회)

① 성장산업의 위축을 초래할 수 있다.

② 행정적 관리비용을 절감할 수 있다.

③ 임금억제에 이용될 가능성이 크다.

④ 급격한 물가상승기에 일시적으로 사용하면 효과를 거둘 수 있다.

답 ②

Thema 3 실업정책의 구분

(1) 우리나라 실업정책의 구분
기출 20, 18, 13, 10년

① 고용안정정책
 ㉠ 고용서비스 제공
 ㉡ 직업훈련의 효율성 제고
 ㉢ 바우처 제도
 ㉣ 기업의 고용유지에 대한 지원
 ㉤ 취업정보망 구축

② 사회안전망정책
 ㉠ 직업능력개발 등 사전적 안전망정책
 ㉡ 실업급여 등 사후적 안전망정책

③ 고용창출정책
 ㉠ 창업을 위한 인프라 구축
 ㉡ 노동시장의 유연성 확보
 ㉢ 외국인 투자 유치 확보
 ㉣ 공공투자사업 확충

참고 하세요!

적극적으로 구직활동을 한 사람에게 실업급여를 지원함으로써 구직활동을 증대시킨다. 하지만 실제로 취업을 못할 수도 있어 실업급여 지급으로 인해 노동시간이 반드시 늘어나는 것은 아니다.

(2) OECD 분류에 의한 노동시장 프로그램
기출 19, 18, 17, 14, 13, 09, 08년

① 적극적 노동시장정책
 ㉠ 취업알선
 ㉡ 고용보조금
 ㉢ 장애인 대책
 ㉣ 직업훈련
 ㉤ 청년대책

② 소극적 노동시장정책
 ㉠ 실업보조금
 ㉡ 조기퇴직 대책

CHAPTER 03

실업의 제개념 연습문제

01

전체 근로자의 20%가 매년 새로운 일자리를 찾고 있으며 직업탐색기간이 평균 3개월이라면 마찰적 실업률은?

① 1% ② 5%
③ 6% ④ 10%

해설

마찰적 실업률=실업자(전체 근로자 중 일자리 찾는 비)×직업탐색기간=20%×(3개월÷12개월)=20%×0.25=5

02

해고에 대한 사전 예고와 통보가 실업을 감소시킬 수 있는 실업의 유형을 모두 고른 것은?

> ㄱ. 마찰적 실업
> ㄴ. 구조적 실업
> ㄷ. 경기적 실업

① ㄱ, ㄴ
② ㄱ, ㄷ
③ ㄴ, ㄷ
④ ㄱ, ㄴ, ㄷ

해설

실업의 유형

- 구조적 실업 : 노동시장의 구조적 변화로 생기는 장기적이고 만성적인 실업, 인력정책의 필요성 강조
- 마찰적 실업 : 직업정보의 부족으로 일시적으로 발생하는 실업, 취업정보의 효율적인 제공
- 경기적 실업 : 재정정책과 금융정책을 이용한 총수요의 증대를 통해 해결가능

03

어떤 나라의 경제활동참가율은 50%이고, 생산가능인구와 취업자가 각각 100만 명, 40만 명이라고 할 때, 이 나라의 실업률은?

① 5%
② 10%
③ 15%
④ 20%

해설

실업률은 취업을 희망하지만 취업하지 못한 사람들의 비율로서 경제활동인구(취업자+실업자) 중 실업자의 비중을 의미한다.
경제활동참가율=(경제활동인구÷생산가능인구)×100=50%이므로 경제활동인구는 50만 명, 경제활동인구=취업자+실업자이므로 실업자는 10만 명이다.
실업률=(실업자÷경제활동인구)×100
=(10만÷50만)×100=20%

04

다음 중 실망노동력인구(Discouraged Labor Force)는 어디에 해당하는가? (19년 3회)

① 취업자 ② 실업자
③ 경제활동인구 ④ 비경제활동인구

해설

경기가 후퇴함에 따라 직장을 찾는 노동자들이 이를 포기함으로써 실업자가 비경제활동인구로 변환되는 것을 실망노동력 인구라 한다.

05

A국의 생산가능인구는 500만 명, 취업자 수는 285만 명, 실업률이 5%일 때 A국의 경제활동참가율은? (18년 2회)

① 48%
② 50%
③ 57%
④ 60%

해설

경제활동참가율＝(경제활동인구÷생산가능인구)×100이고 경제활동인구＝취업자＋실업자이고, 실업률에 의한 실업자 수는 15만 명이므로 경제활동인구은 300만 명, 경제활동참가율은 60%이다.

06

실업정책을 크게 고용안정정책, 고용창출정책, 사회안전망 정책으로 구분할 때 사회안전망 정책에 해당하는 것은?

① 실업급여
② 취업알선 등 고용서비스
③ 창업을 위한 인프라 구축
④ 직업훈련의 효율성 제고

해설

사회안전망(Social Safety Net)이란 사회적 취약계층에게 미치는 역효과를 최소화하기 위한 조치(주로 단기적 사회복지정책)이며 그 목적은 빈곤의 예방과 제거에 있다.

07

실업률을 하락시키는 변화로 옳은 것을 모두 고른 것은? (단, 취업자 수 및 실업자 수는 0보다 크다)

ㄱ. 취업자가 비경제활동인구로 전환
ㄴ. 실업자가 비경제활동인구로 전환
ㄷ. 비경제활동인구가 취업자로 전환
ㄹ. 비경제활동인구가 실업자로 전환

① ㄱ, ㄴ
② ㄱ, ㄹ
③ ㄴ, ㄷ
④ ㄷ, ㄹ

해설

ㄱ. 취업자가 비경제활동인구로 전환되면 실업률은 증가한다.
ㄹ. 비경제활동인구가 실업자로 전환되면 실업률은 증가한다.

08

디지털 카메라의 등장으로 기존의 필름산업이 쇠퇴하여 필름산업 종사자들이 일자리를 잃을 때 발생하는 실업은? (18년 2회)

① 구조적 실업
② 계절적 실업
③ 경기적 실업
④ 마찰적 실업

해설

산업구조 변동 시 성장산업의 기업들이 요구하는 기술과 사양산업에 종사하던 노동자들이 제공하는 기술이 서로 맞지 않아 사양산업에 종사하는 노동자들이 즉시 이동할 수 없어서 발생하는 실업은 구조적 실업이다.

09

다음 중 수요부족실업에 해당되는 것은? (18년 3회)

① 마찰적 실업
② 구조적 실업
③ 계절적 실업
④ 경기적 실업

해설

수요부족실업으로는 경기적 실업이 있는데 이는 유효수요(총수요)의 부족으로 생산과 고용이 감소하여 발생하는 실업이다.

10

다음 표를 이용하여 실업률을 계산하면 약 얼마인가?

(단위 : 만 명)

총 인구	15세 미만 인구	비경제활동인구	취업자 수
5,000	1,000	800	3,000

① 5.00%
② 6.25%
③ 6.33%
④ 6.67%

해설

실업자 수＝경제활동인구 − 취업자 수이고
실업률＝(실업자÷경제활동인구)×100
경제활동인구＝15세 이상 인구 − 비경제활인구이므로
경제활동인구＝3,200만 명
실업자 수＝200만 명
실업률＝0.0625×100＝6.25%

11

산업구조 변동 시 성장산업의 기업들이 요구하는 기술과 사양산업에 종사하던 노동자들이 제공하는 기술이 서로 맞지 않아서 사양산업에 종사하던 노동자들이 성장산업으로 즉시 이동할 수 없어 발생하는 실업은? (18년 3회)

① 마찰적 실업   ② 구조적 실업
③ 경기적 실업   ④ 직업탐색적 실업

> **해설**
>
> 구조적 실업은 구인처에서 요구하는 기술을 갖춘 근로자가 없어서 발생하는 실업이다. 즉, 기업이 요구하는 기술수준과 노동자가 공급하는 기술수준의 불합치에 의해 실업이 발생하는 것이다.

12

실업률과 물가 상승률 간 역의 상관관계를 나타내는 곡선은? (19년 1회)

① 래퍼곡선   ② 필립스곡선
③ 로렌즈곡선   ④ 테일러곡선

> **해설**
>
> 필립스곡선에 대한 설명이다.

13

다음 중 사회적 비용이 가장 적은 실업은?

① 마찰적 실업   ② 경기적 실업
③ 구조적 실업   ④ 기술적 실업

> **해설**
>
> 마찰적 실업은 정보의 부족으로 오는 실업이므로 정보가 제공되면 되므로 사회적 비용이 적은 실업이다.

14

실업 – 결원곡선(Beveridge curve)에 관한 설명으로 틀린 것은?

① 종축에는 결원수, 횡축에는 실업자수를 표시한다.
② 원점에서 멀어질수록 구조적 실업자수가 증가함을 의미한다.
③ 마찰적 실업과 구조적 실업을 구분하는 것이 가능하다.

④ 현재의 실업자수에서 현재의 결원수를 뺀 것이 수요부족실업자수이다.

> **해설**
>
> 마찰적 실업과 구조적 실업은 비수요부족 실업이기 때문에 이를 구분하는 것은 불가능하다.

15

어느 국가의 생산가능인구의 구성비가 다음과 같을 때 이 국가의 실업률은?

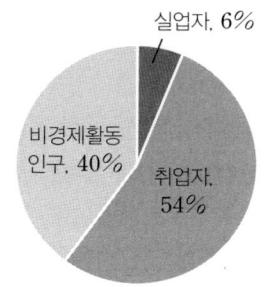

실업자. 6%
비경제활동인구. 40%
취업자. 54%

① 6.0%   ② 10.0%
③ 11.1%   ④ 13.2%

> **해설**
>
> 실업률 = 실업자 ÷ 경제활동인구 × 100
> = 실업자 ÷ (취업자 + 실업자) × 100
> = 6% ÷ (54% + 6%) × 100
> = 6% ÷ 60% × 100 = 10%

16

불경기에 발생하는 부가노동자효과(Added Worker Effect)와 실망노동자효과(Discouraged Worker Effect)에 따라 실업률이 변화한다. 다음 중 실업률에 미치는 효과의 방향성이 옳은 것은? (단, +: 상승효과, –: 감소효과)

① 부가노동자효과 : +, 실망노동자효과 : –
② 부가노동자효과 : –, 실망노동자효과 : –
③ 부가노동자효과 : +, 실망노동자효과 : +
④ 부가노동자효과 : –, 실망노동자효과 : +

> **해설**
>
> 비경제활동인구가 경제활동인구(실업자)로 되기 때문에 실업률을 증가시키고, 경제활동인구(실업자)가 비경제활동인구

로 변함에 따라 실업률은 감소한다.

17

실업급여의 효과에 대한 설명으로 가장 적합한 것은?

① 노동시간을 늘리고 경제활동참가도 증대시킨다.
② 노동시간을 단축시키고 경제활동참가도 감소시킨다.
③ 노동시간의 증·감은 불분명하지만 경제활동참가는 증대시킨다.
④ 노동시간, 경제활동참가 모두 불분명하다.

> **해설**
> 실업급여를 받으려면 구직활동을 열심히 해야하므로 경제활동참가는 증대되지만 구직활동이 취업으로 연계될지 안 될지에 대하여는 알 수 없으므로 노동시장은 증·감은 불분명하다.

18

실업을 수요부족실업과 비수요부족실업으로 구분할 때 비수요부족실업을 모두 고른 것은?   (19년 2회)

ㄱ. 경기적 실업	ㄴ. 마찰적 실업
ㄷ. 구조적 실업	ㄹ. 계절적 실업

① ㄱ
② ㄴ, ㄷ
③ ㄱ, ㄴ, ㄷ
④ ㄴ, ㄷ, ㄹ

> **해설**
> 수요는 있으나 수요에 맞는 인력이 없는 경우인 비수요부족실업은 예측(전망)으로 실업자 수를 감소시킬 수 있는 실업이다.

19

정부가 노동시장에서 구인·구직 정보의 흐름을 원활하게 하면 직접적으로 줄어드는 실업의 유형은?

① 마찰적 실업
② 경기적 실업
③ 구조적 실업
④ 계절적 실업

> **해설**
> 마찰적 실업은 노동시장의 정보부족으로 인해 발생되는 실업으로 직업정보망 확대 등의 대책이 필요하다.

20

이윤극대화를 추구하는 기업이 이직률을 낮추기 위해 효율성임금(efficiency wage)을 지불할 경우 발생할 수 있는 실업은?

① 마찰적 실업
② 구조적 실업
③ 경기적 실업
④ 지역적 실업

> **해설**
> 효율성임금이란 근로자의 생산성을 높이기 위해 시장평균 근로자 임금보자 더 높은 임금을 근로자에게 주고 생산성을 높여 이윤극대화를 추구하는 것인데 이것이 전제되기 위해서는 우수한 인력 채용이 요구된다. 따라서 기술혁신 또는 산업구조의 변동으로 인해 그에 적합한 능력을 갖추지 못한 근로자는 실직하게 되는데 이와 관련된 실업이 구조적 실업이다.

CHAPTER 04

노사관계 이론

1 노사관계의 의의와 특성

기출 20, 19, 18, 17, 16, 13, 12, 11, 10년

Thema 1 노사관계 시스템이론

(1) 의의

① 던롭(Dunlop)이 정립한 이론으로 노사관계의 주체를 '사용자 및 단체/노동자 및 단체/정부'로 규정하였다.

② 이들의 관계는 '기술/시장 또는 예산상의 제약/권력구조'에 의해 결정된다고 주장하였다.

(2) 노사관계의 주체(3주체)

① **사용자 및 단체** : 기업체의 소유주뿐만 아니라 자본의 소유와는 관계가 없는 경영자와 중간관리층 그리고 그들의 조직체인 협회, 협동조합, 기타 경영단체도 포함된다.

② **노동자 및 단체** : 노동조합과 같은 공식적 조직뿐만 아니라 장기간 근속으로 인해 자연발생된 비공식조직도 포함된다.

③ **정부** : 노사문제관련 정부기구(노동관련 행정부서 및 법원, 정부의 각종 위원회 등)로서 이해대립에 있어 국가정책적 차원의 접근이 필요하다는 인식에서 비롯되었다.

(3) 노사관계 규제 환경

① **기술** : 생산현장에서 근로자의 질이나 양, 생산과정 및 방법 등이 노사관계에 영향을 미친다.

② **시장 또는 예산상의 제약** : 시장의 형태와 기업을 경영하는 조건 등이 노사관계에 영향을 미친다.

③ **권력구조** : 노사관계를 포함하여 광범위한 사회 내 주체들의 세력관계가 노사관계에 영향을 미친다.

Thema 2 노사관계의 이원론

(1) 의의

① 종업원과 경영자는 개별고용계약으로 이루어진 개별적인 노사관계인 동시에 노동조합 및 경영자로서의 단체협약에 바탕을 둔 집단적인 노사관계라는 이중성을 갖고 있다.

② 협력적 관계인 동시에 대립적 관계이며, 경제적 관계인 동시에 사회적 관계로서 이중성을 갖고 있다.

③ 종업원으로서 종속관계에 있으나 조합원으로서 교섭면에서 대등한 관계에 있다.

(2) 구조

① 제1차관계(경영 대 종업원 관계) : 노사의 협력과 우호를 토대로 한 관계로서 서로 협력하여 부가가치생산성을 높이는 것이 양측에 이익이 될 수 있다.

② 제2차관계(경영 대 노동조합 관계) : 노사 간 임금 및 근로조건의 유지 · 개선을 둘러싼 상반된 이해관계로서 생산된 부가가치는 기업의 이윤과 근로자의 노동소득으로 배분되나 배분을 둘러싼 노사 간의 이해관계가 대립된다.

시험에 이렇게 나왔다!

이원적 노사관계론의 구조를 바르게 나타낸 것은?
(13년 3회)

① 제1차 관계 : 경영 대 노동조합관계, 제2차 관계 : 경영 대 정부기관관계

② 제1차 관계 : 경영 대 노동조합관계, 제2차 관계 : 경영 대 종업원관계

③ 제1차 관계 : 경영 대 종업원관계, 제2차 관계 : 경영 대 노동조합관계

④ 제1차 관계 : 경영 대 종업원관계, 제2차 관계 : 정부기관 대 노동조합관계

답 ③

(1) 경영참가의 의의

근로자나 노동조합이 기업의 경영에 자신의 의사를 반영시키는 것으로서 단지 협의나 자문에 임하는 것에 그치지 않고 노사대등의 입장에서 공동의사결정을 행하고 실행을 의무화할 수도 있다.

(2) 경영참가의 방식

기출 20, 18, 17, 15, 14, 11, 09년

① 자본참가

㉠ 종업원을 출자자로 하여 기업경영에 참가시킨다.

㉡ 기업의 종업원 주식소유제 또는 종업원 지주제가 대표적이다.

㉢ 목적

- 기업에 대한 주인의식 및 애사심 고취를 통한 생산력 및 경쟁력 제고
- 종업원의 기업 인수 지원을 통한 고용안정
- 기업금융 및 재무구조의 건전화 수단
- 공격적 기업 인수 및 합병에 대한 효과적 방어수단
- 임금교섭의 탄력성 확보, 협력적 노사관계 형성
- 성과급 대신 자사주 지급으로 기업 자금 운용상의 선택의 폭 확대
- 자사주 · 금전 출연에 따른 법인세 손비 처리 등 각종 세제 혜택

② 이익참가

㉠ 기업의 경영능률을 높이기 위해 기업의 이윤을 일부를 임금 이외의 형태로 노동자에게 배분한다.

㉡ 스캔론 플랜(Scanlon Plan)과 럭커플랜(Rucker Plan)이 대표적이다.

- 스캔론 플랜 : 판매금액에 대한 인건비의 비율을 일정하게 정하여 판매금액이 증가하거나 인건비가 절약되었을 때 차액을 상여금의 형태로 지급한다. 생산물의 판매가치를 성과배분의 기준으로 삼는다.
- 럭커플랜 : 기업이 창출한 생산가치에서 인건비가 차지하는 비율이 성과배분의 기준이 된다.

③ 노사협의제

단체교섭에서 다루지 못한 사항에 대해 협의하는 제도로서 근로조건, 복지, 교육, 보건 등에 대한 협의이다.

시험에 이렇게 나왔다!

스캔론 플랜(Scanlon Plan)에 관한 설명으로 틀린 것은? (11년 1회)

① 근로자 경영참가 중에서 이익참가의 대표적 유형이다.
② 노사협력에 의한 생산성 향상을 목적으로 한다.
③ 종업원 개개인의 능률을 자극하는 것이 아니라 집단적 능률을 자극하는 제도이다
④ 생산(부가)가치를 성과배분의 기준으로 삼는다.

답 ④

(3) 경영참가의 형태 기출 16, 15, 12년

① 단체교섭

⊙ 노사 간 단체교섭에 의해 경영참가가 이루어지는 형태로서 노사의 자율결정이 강조되는 국가에서 나타난다.

ⓒ 단체교섭에 따라 적정수준의 경영참가가 이루어질 수 있고 자율결정에 의한 양측의 호응을 이끌어낼 수 있다.

ⓒ 대립관계가 심하면 마찰이 야기되어 기업경영에 차질이 발생할 수 있다.

② 노사협의회

⊙ 근로자와 사용자 간의 참여와 협력을 기초로 근로자의 복지증진 및 기업의 건전한 발전을 도모하기 위해 구성하는 협의기구이다.

ⓒ 협력적 노사관계를 전제로 한다.

ⓒ 단체교섭으로 타결되기 어려운 다양한 문제들에 대해 유연한 해결이 가능하도록 기여할 수 있다.

③ 근로자중역, 감사역제

⊙ 근로자 측의 중역을 중역회 및 감사역회에 참가하도록 하는 형태로서 근로자로 하여금 기업경영의 의사결정에 직접적으로 참가한다는 의미에서 가장 적극적인 경영참가 형태이다.

ⓒ 노사 간 교섭 및 협의의 관행이 올바르게 정착되어 있지 않은 경우 오히려 노사관계를 악화시키는 요인이 될 수 있다.

시험에 이렇게 나왔다!

근로자의 경영참가 형태 가운데 가장 적극적인 형태는? (15년 2회)

① 단체교섭에 의한 참가
② 단체행동에 의한 참가
③ 노사협의회에 의한 참가
④ 근로자중역, 감사역제에 의한 참가

답 ④

2 노동조합의 이해

Thema 1 노동조합(직업별/산업별)

(1) 직업별 노동조합 기출 19, 17, 16, 13, 12, 11, 10, 09년

① 동일한 직능을 갖는 근로자가 경제적 이익 확보를 위해 소속 기업이나 공장에 관계없이 결속한 횡적 조직체이다.

② 노동운동사상 가장 일찍 발달한 조직형태이다.

③ 산업혁명 초기 숙련 근로자가 노동시장을 독점하기 위한 조직으로 결성하였으며 직업이나 숙련도에 따라 조직된 배타적인 노동조합으로서 저임금 미숙련 근로자나 여성, 연소근로자는 가입이 어려웠다.

④ 조합원 간 상호부조에 주력하여 조합원 간 연대를 강화했다.

⑤ 장점

  ㉠ 동일한 직종을 가지는 근로자로 조직되어 단체교섭 사항이 명확하다.

  ㉡ 연대의식이 강해 어용화될 염려가 없다.

  ㉢ 실업자라 하더라도 가입이 가능하여 실업을 예방할 수도 있다.

⑥ 단점

  ㉠ 지나치게 배타적이며 독점적이다.

  ㉡ 기업을 초월한 조직이기 때문에 자주성은 가질 수 있으나 사용자와의 관계가 희박하다.

시험 에 이렇게 나왔다!

직업별 노동조합에 관한 설명으로 틀린 것은? (16년 2회)

① 동일직업의 노동자들이 소속 기업이나 공장에 관계없이 가입한 횡적 조직이었다.

② 저임금의 미숙련노동자, 여성, 연소노동자들도 조합에 가입할 수 있었다.

③ 조합원간의 연대를 강화하기 위해 공제활동에 의한 조합원간의 상호부조에 주력했다.

④ 산업혁명 초기 숙련노동자가 노동시장을 독점하기 위한 조직으로 결성하였다.

답 ②

(2) 산업별 노동조합

기출 19, 15, 11, 10, 09년

① 동종의 산업에 종사하는 근로자들에 의해 직종과 기업을 초월해 횡적으로 조직된 노동조합 형태이다.

② 오늘날 전 세계적으로 채택되고 있는 조직형태이다.

③ 산업혁명이 진행됨에 따라 대량의 미숙련 근로자들이 노동시장에 진출하며 발달하였다.

④ 장점

  ㉠ 기업과 직종을 초월하여 거대하고 단결력을 강화시켜 커다란 압력단체로서 지위를 확보할 수 있다.

  ㉡ 임시직 · 일용직 근로자를 조직하기 용이하다.

  ㉢ 산업분야의 분석이 용이하고 산업발전에 따른 자본집중화의 진행에 대응하여 교섭력의 산업적 통일화를 유지할 수 있다.

⑤ 단점

  ㉠ 기업별 특수성을 고려하기 어렵다.

  ㉡ 산업분야별 조직의 내부에서 직종 간 이해대립이 초래할 우려가 있다.

시험에 이렇게 나왔다!

직업이나 직종의 여하를 불문하고 동일산업에 종사하는 노동자가 조직하는 노동조합의 형태는? (11년 1회)

① 직업별 노동조합
② 산업별 노동조합
③ 기업별 노동조합
④ 일반 노동조합

답 ②

제4과목 노동시장론

(3) 기업별 노동조합

기출 20, 18, 15, 14, 12, 08, 07년

① 하나의 기업에 종사하는 근로자들이 직종에 관계없이 종단적으로 조직된 노동조합 형태이다.

② 하나의 기업이 조직상 단위가 된다.

③ 일반적으로 근로자의 의식이 횡단적 연대의식을 뚜렷이 갖지 못하는 단계에서 조직되거나 기업격차가 큰 곳에서 많이 나타난다.

④ 중소기업업체보다 시장지배력을 가지는 독과점 대기업에서 쉽게 찾을 수 있다.

⑤ 우리나라 노동조합의 주된 조직형태에 해당하는 것으로 노동시장에 대한 지배력과 조직으로서의 역량이 극히 약하다.

⑥ 장점

　㉠ 사용자와의 관계가 긴밀하고 노동조합이 회사의 사정에 정통하여 노사분규의 가능성이 낮다.

　㉡ 산업별 조합에 비해 개별 기업의 사정을 반영한 단체교섭이 이루어질 수 있으므로 단체협약 체결이 상대적으로 용이하다.

⑦ 단점

　㉠ 사용자와 밀접한 관계로 공동체의식을 통한 노사협력관계를 유지할 수 있어 노동조합이 어용화될 위험이 크다.

　㉡ 동일 기업내의 종업원 의식이 강하고 기업을 초월한 조합원들의 협조가 미약하다.

　㉢ 직종 간 반목과 대립이 발생할 수 있다.

시험 에 이렇게 나왔다!

노동조합의 형태 중 노동시장의 지배력과 조직으로서의 역량이 극히 약하다고 볼 수 있는 것은? (15년 1회)

① 기업별 노동조합
② 산업별 노동조합
③ 일반 노동조합
④ 직업별 노동조합

답 ①

Thema 2 Shop 제도

(1) 기본적 숍(Shop)

기출 20~14, 12, 11, 10, 07년

오픈 숍	• 고용주가 노동조합에 가입한 조합원이나 가입하지 않은 비조합원이나 모두 고용할 수 있는 제도이다. • 근로자의 노동조합 조합원 가입 여부가 고용이나 해고의 조건에 아무런 영향을 미치지 않으므로 노동조합 조직의 확대에 가장 불리하다.
유니언 숍	오픈 숍과 클로즈드 숍의 중간 형태로서 고용주가 노동조합의 조합원 가입 여부에 관계없이 신규인력 채용이 가능하나 일정 기간 내 반드시 노동조합에 가입하도록 해야하는 제도이다.
클로즈드 숍	• 노동조합 가입이 고용조건의 전제가 되는 제도이다. • 노동조합에 가입하고 있는 노동자만 채용하고 일단 고용된 노동자일지라도 조합원 자격을 상실하면 종업원이 될 수 없다. • 노동조직 확대가 용이하여 노동조합 측에 가장 유리한 제도이다. • 노동공급곡선은 수직형태이다.

(2) 변형된 숍(Shop)

기출 19, 17, 15, 13년

에이전시 숍	• 조합원이 아니더라도 모든 종업원에게 단체교섭의 당사자인 노동조합이 조합회비를 징수하는 제도이다. • 가입에 대한 강제조항이 없는 경우 비조합원은 노력 없이 조합원의 조합활동에 따른 혜택을 보기 때문에 노동조합은 혜택에 대한 대가로 비조합원들로부터 노동조합비에 상당하는 금액을 징수한다.
프레퍼렌셜 숍	• 노동조합원 우대사업장을 의미하며 채용에 있어 조합원에게 우선순위를 부여한다. • 단체교섭에 의한 결과를 조합원들에게만 적용하는 등 조합원과 비조합원을 차등적으로 대우한다.
메인티넌스 숍	• 유니언 숍을 주장하는 노동조합 측과 비조합주의를 주장하는 경영자 측의 의견을 수렴한 타협안이다. • 노동조합의 가입과 탈퇴가 자유로우나 일단 단체협약이 체결되는 경우 그 효력이 지속되는 기간 동안은 탈퇴할 수 없다.

참고 하세요!

우리나라에서는 원칙적으로 클로즈드 숍을 금지하고 있으나 예외적으로 항운노동조합에 대하서만 인정하고 있다.

시험에 이렇게 나왔다!

노동조합조직의 유지 및 확대에 유리한 순서대로 숍 제도를 열거한 것은? (16년 1회)

① 클로즈드 숍>유니온 숍>오픈 숍
② 유니온 숍>클로즈드 숍>오픈 숍
③ 오픈 숍>유니온 숍>클로즈드 숍
④ 오픈 숍>클로즈드 숍>유니온 숍

답 ①

Thema 3 노동조합의 임금효과

(1) 파급효과

① 이전효과 또는 해고효과라고도 한다.
② 노동조합이 조직됨으로써 노동조합 조직부분에서 상대적으로 노동수요가 감소하고 그 결과 실업노동자들이 비조직부문으로 내몰려 비조직부문의 임금을 하락시킨다.
③ 조직부분에서의 노동이동에 따른 초과공급으로 인해 기존의 비조직부분의 임금을 하락시키게 된다.
④ 조직부문과 비조직부문 간의 임금격차를 확대하는 경향이 있다.

(2) 위협효과

① 비조직부문의 기업주들이 노동조합이 결성될 것을 두려워하여 미리 임금을 올려주는 것이다.
② 노동조합의 잠재적인 조직 위협에 의해 비조직부문의 임금을 인상시키는 효과에 해당한다.
③ 노동조합 조직부문과 비조직부문 간의 임금격차를 축소하는 경향이 있다.

(3) 대기실업효과

① 더 좋은 일자리가 있으리라는 기대를 가지고 재취업을 하기보다는 여가를 더욱 선호하는 경향이다.
② 조직부문과 비조직부문 간 임금격차가 클 경우 상대적으로 높은 임금을 지불하는 조직부문에 취업하기를 희망함으로써 비조직기업을 사직하고 조직기업으로 재취업하기 위해 기다리는 경우이다.
③ 조직부문과 비조직부문 간 임금격차를 축소하는 경향이 있다.

Thema 4 단체교섭과 유형

(1) 기업별 교섭

① 단일사용자 교섭이라고도 한다.

② 기업을 단위로 하여 기업별 노동조합과 사용자가 행하는 교섭이다.

③ 기업 내 조합원을 교섭단위로 하여 이루어지는 기업단위 노조와 사용자 간 단체교섭이다.

(2) 통일교섭

① 복수사용자 교섭이라고도 한다.

② 전국적 또는 지역적인 산업별·직업별 노동조합과 이에 대응하는 전국적 또는 지역적인 사용자단체와의 교섭방식이다.

③ 두 개 이상의 기업에 걸쳐 조직을 가지는 노동조합과 사용자단체와의 사이에서 이루어지는 단체교섭이다.

(3) 집단교섭

① 연합교섭이라고도 한다.

② 다수의 노동조합과 다수의 사용자가 집단으로 구성되어 노동조합 측이나 사용자 측이 연합전선을 형성하여 교섭하는 것이다.

③ 사용자와 기업별 조합이 공동으로 단체교섭을 행하는 경우와 같이 노사쌍방이 다수 당사자가 출석하여 행하는 단체교섭이다.

(4) 대각선교섭

① 기업별 조합의 상부 조합(산업별·지역별)과 개별 사용자 간, 또는 사용자단체와 기업별 조합과의 사이에서 행해지는 단체교섭이다.

② 단체노조가 소속하는 상부 조합과 각 단위노조에 대응하는 개별기업의 사용자 간에 이루어지는 교섭방식이다.

③ 산업별 노동조합에 대응할 만한 사용자단체가 없거나 이러한 사용자단체가 있더라도 각 기업별로 특수한 사정이 있을 경우 산업별 노동조합이 개별기업과 개별적으로 교섭을 한다.

Thema 5 노사교섭의 원천과 전략

(1) 노사교섭의 원천

① 파업, 태업

② 소비자들에게 호소하는 불매운동

③ 노동조합이 정치적인 영향력을 발휘할 수 있는 힘

④ 노동공급의 제한 등

(2) 노사교섭의 전략

① 파업 중 기업의 관리직, 사무직 등의 근로자로 하여금 통상업무에서 벗어나 생산활동을 계속하도록 할 수 있는 능력

② 기업의 재정능력

③ 파업근로자 대신 다른 근로자로 대체할 수 있는 능력

④ 사용자가 직장폐쇄를 할 수 있는 권리 등

시험 에 이렇게 나왔다!

단체교섭에서 사용자 교섭력의 원천이 아닌 것은?

(15년 3회)

① 파업근로자 대신에 다른 근로자로 대체할 수 있는 능력

② 파업근로자들이 외부에 임시로 취업할 수 있는 능력

③ 기업의 재정능력

④ 직장폐쇄(Lockout)를 할 수 있는 능력

답 ②

Thema 6 경제적 기능과 사회적 비용

(1) 노동조합의 사회적 비용(신고전학파) 〔기출〕 20, 17년

① 비노조와의 임금격차와 고용저하에 따른 배분적 비효율

② 경직적 인사제도에 의한 기술적 비효율

③ 파업으로 인한 생산중단에 따른 생산적 비효율

(2) 파업의 경제적 기능 〔기출〕 20, 18, 14년

① 노동자 측이 생산활동을 중단함으로써 입게 되는 노동소득의 순상실분이 파업참여에 따른 임금소득의 상실분보다 적은 편이다.

② 사용자 측이 생산활동을 중단함으로써 입게 되는 기업 이윤의 순감소분이 직접적인 생산중단에서 비롯되는 감소분보다 적은 편이다.

③ 일반적으로 제조업보다 서비스업에서 파업에 따른 사회적 비용이 크다.

④ 파업기간이 길어지는 경우 파업의 경제적 손실은 증가한다.

참고 하세요!

신고전학파는 노동조합을 하나의 독점체로 간주하여 독점적 노동조합모형을 제시하였다.

시험 에 이렇게 나왔다!

파업의 경제적 비용과 기능에 관한 설명으로 옳은 것은? (14년 1회)

① 사적비용과 사회적 비용은 동일하다.

② 사용자의 사적비용은 직접적인 생산중단에서 오는 이윤의 순감소분과 같다

③ 사적비용이란 경제의 한 부문에서 발생한 파업으로 인한 타 부문에서의 생산 및 소비의 감소를 의미한다.

④ 파업에 따른 사회적 비용이 가장 큰 분야는 서비스 산업부문이다.

답 ④

(1) 의의

기출 20, 15, 13년

단체교섭이 결렬되어 파업이 발생하면 파업 기간의 경과에 따라 노사 양측의 요구임금과 제의임금의 수준이 달라지며 합의하게 된다. 이때 합의하게 되는 임금수준을 해당 임금수준에 도달하기까지 필요한 파업기간의 함수로 나타내었다.

(2) 예상파업기간

기출 19, 11, 10년

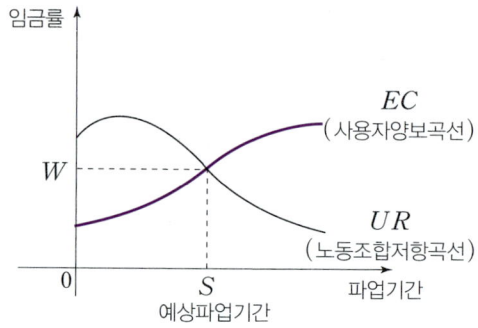

노동조합저항곡선(UR)과 사용자양보곡선(EC)이 교차하게 되는 지점 S에서 임금률에 대한 타협(W)이 이루어지고 파업이 종료될 것으로 예상할 수 있다.

(3) 요구임금 및 제의임금 수정

기출 19, 16, 15, 13, 12, 11, 10, 09, 07년

① 노동조합이 W보다 높은 임금을 요구하면 사용자는 수락하지 않을 것이다. 왜냐하면 사용자는 노동조합이 사용자를 양보하게끔 오랜 기간동안 파업하지 못할 것이라는 판단하에 노동조합의 요구를 거부할 것이기 때문이다.

② 노동조합이 W보다 낮은 임금을 수락하면 사용자는 쉽게 받아들이지만 노동조합 내부에서 교섭대표자들과 일반조합원들 간 마찰은 불가피하다.

Thema 8 기타 단체교섭이론

(1) 카터 – 챔벌린(Carter – Chanmberlin) 이론
① 단체교섭에서 임금 등이 결정되는 과정을 교섭력의 개념으로 설명하였다.
② 노조의 요구를 거부할 때 발생하는 사용자의 비용이 노조의 요구를 수용할 때 발생하는 사용자의 비용보다 클 때 노조의 교섭력이 커진다고 주장했다.

(2) 매브리(Mabry) 이론
① 노사 양측이 단체교섭에 임할 때 각자 최종수락조건과 형식적 요구조건이 있다고 보았다.
② 노조의 최종수락조건이 사용자의 최종수락조건보다 클 때 파업이 발생할 가능성이 상대적으로 높다고 주장한다.

01

다음 중 기업별 노동조합에 관한 설명으로 틀린 것은?

(18년 1회)

① 노동자들의 횡단적 연대가 뚜렷하지 않고, 동종·동일 산업이라도 기업 간의 시설규모, 지불능력의 차이가 큰 곳에서 조직된다.
② 노동조합이 회사의 사정에 정통하여 무리한 요구로 인한 노사분규의 가능성이 낮다.
③ 사용자와의 밀접한 관계로 공동체 의식을 통한 노사협력 관계를 유지할 수 있어 어용화의 가능성이 낮다.
④ 각 직종 간의 구체적 요구조건을 공평하게 처리하기 곤란하여 직종 간에 반목과 대립이 발생할 수 있다.

해설

기업별 노동조합은 우리나라 노동조합의 주된 조직형태에 해당하는 것으로 공동체 의식을 통한 노사협력 관계를 유지할 수 있다.

02

일단 사용자에 의하여 고용된 근로자는 일정한 기간 내에 노동조합에 가입하여야 할 것을 정한 단체협약상의 조합원 자격제도는?

① 클로즈드숍(Closed Shop)
② 오픈숍(Open Shop)
③ 유니언숍(Union Shop)
④ 노동조합원 우대사업장(Preferential Shop)

해설

① 조합원만 고용 가능(노동조합 유리)
② 조합원이든 비조합원이든 모두 고용 가능(고용주 유리)

03

파업의 경제적 손실에 대한 설명으로 틀린 것은?

① 노동조합 측 노동소득의 순상실분은 해당기업에서의 임금소득의 상실보다 훨씬 적을 수 있다.
② 사용자 이윤의 순감소분은 직접적인 생산중단에서 오는 것보다 항상 더 크다.
③ 파업에 따르는 사회적 비용은 제조업보다 서비스업에서 더 큰 것이 보통이다.
④ 파업에 따르는 생산량감소는 타산업의 생산량증가로 보충하기도 한다.

해설

사용자의 이윤의 순 감소분은 생산중단에서 오는 것보다 적을 수도 있다. 그 이유는 생산이 중단되어도 어느 정도는 재고의 처분을 통해서 충동할 수 있고 또 생산의 중단에 따라 가변비용의 지출을 절약할 수 있기 때문이다.

04

노동조합의 역사에서 가장 오래된 조합의 형태는?

① 산업별 노동조합
② 기업별 노동조합
③ 직업별 노동조합
④ 일반 노동조합

해설

직업별 노동조합은 노동운동사상 가장 일찍 발달한 조직형태로서 동일한 직능을 갖는 근로자가 경제적 이익 확보를 위해 소속 기업이나 공장에 관계없이 결속한 횡적 조직체이다. 산업혁명 초기 숙련 근로자가 노동시장을 독점하기 위한 조직으로 결성하였으며 직업이나 숙련도에 따라 조직된 배타적인 노동조합으로서 저임금 미숙련 근로자나 여성, 연소근로자는 가입이 어려웠다.

05

다음 중 노동조합의 경제적 효과 중 파급효과에 대한 설명으로 틀린 것은? (18년 2회)

① 파급효과는 노동조합이 조직됨으로써 노동조합 조직부문에서의 상대적 노동수요가 감소하고 그 결과 일자리를 잃은 노동자들이 비조직부문의 임금을 하락시키는 효과이다.
② 파급효과는 노동조합의 잠재적인 조직위협에 의해서 보조직부문의 노동자의 임금이 인상되는 효과이다.
③ 파급효과가 매우 강한 경우에는 노동조합이 이중노동시장을 형성시키게 한다.
④ 파급효과가 강한 경우 조직부문의 임금인상이 비조합원을 저임금의 불안정한 직무로 몰아내는 간접효과를 가진다.

해설

노동조합의 임금효과는 파급효과, 위협효과, 대기업실업효과 등이 있는데 ②는 위협효과에 대한 설명이다.

06

다음 힉스(Hicks, J. R.)의 교섭모형에 대한 설명으로 틀린 것은?

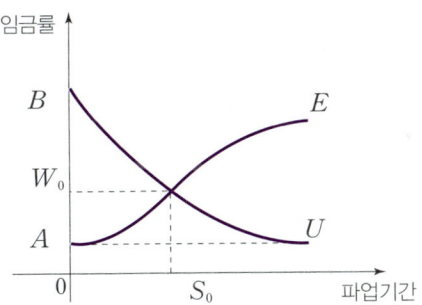

① AE 곡선은 사용자의 양보곡선이다.
② BU 곡선은 노동조합의 저항곡선이다.
③ A는 노동조합이 없거나 노동조합이 파업을 하기 이전 사용자들이 지불하려고 하는 임금수준이다.
④ 노동조합이 W_0보다 더 높은 임금을 요구하면 사용자는 쉽게 수락하겠지만, 그때는 노동조합 내부에서 교섭대표자들과 일반조합원간의 마찰이 불가피하다.

해설

노동조합이 W_0보다 더 낮은 임금을 요구하면 사용자는 쉽게 수락하겠지만, 그때는 노동조합 내부에서 교섭대표자들과 일반조합원 간의 마찰이 불가피하다.

07

산업별 노동조합에 대응할 만한 사용자 단체가 없거나, 이러한 사용자 단체가 있더라도 각 기업별로 특수한 사정이 있을 경우 산업별 노동조합이 개별기업과 개별적으로 교섭하는 단체교섭의 유형은?

① 대각선교섭
② 집단교섭
③ 통일교섭
④ 기업별교섭

해설

단체교섭(Collective Bargaining)는 근로자 단체인 노동조합과 사용자(또는 그 단체)가 임금, 노동시간, 근로조건 등에 관한 결정을 내리기 위해 행하는 교섭이다. 단체교섭의 유형에는 기업별 교섭과 대각선교섭, 통일교섭이 있는데 대각선교섭은 산업별 노동조합에 대응할 만한 사용자 단체가 없거나, 이러한 사용자 단체가 있더라도 각 기업별로 특수한 사정이 있을 경우 산업별 노동조합이 개별기업과 개별적으로 하는 교섭이다.

08

노조의 단체교섭 결과가 비조합원에게도 혜택이 돌아가는 현실에서 노동조합의 조합원이 아닌 비조합원에게도 단체교섭의 당사자인 노동조합이 회비를 징수하는 숍(Shop) 제도는? (18년 3회)

① 유니온숍(Union Shop)
② 에이전시숍(Agency Shop)
③ 클로즈드숍(Closed Shop)
④ 오픈숍(Open Shop)

해설

노동조합의 단결강제 형태로서 숍(Shop)제도가 있다. 에이전시숍(Agency Shop)은 조합원이 아니더라도 모든 종업원에게 노동조합이 조합비를 징수하는 제도이다.

09

단체교섭에서 사용자의 교섭력에 관한 설명으로 가장 거리가 먼 것은?

① 기업의 재정능력이 좋으면 사용자의 교섭력이 높아진다.
② 사용자 교섭력의 원천 중 하나는 직장폐쇄(Lockout)를 할 수 있는 권리이다.
③ 사용자는 쟁의행위기간 중 그 쟁의행위로 중단된 업무를 원칙적으로 도급 또는 하도급을 줄 수 있다.
④ 비조합원이 조합원의 일을 대신할 수 있는 여지가 크다면, 그만큼 사용자의 교섭력이 높아진다.

해설

사용자는 쟁의행위 기간 중 그 쟁의행위로 중단된 업무를 도급 또는 하도급을 줄 수 없다.

10

다음 중 노동조합의 노동공급권이 독점되는 숍(Shop) 제도는?

① 클로즈드숍(Closed Shop)
② 유니온숍(Union Shop)
③ 오픈숍(Open Shop)
④ 에이전시숍(Agency Shop)

해설

클로즈드숍은 조합가입이 고용의 전제조건이 되는 것으로 노동조합의 노동공급권이 독점되는 제도이다. 따라서 임금수준과는 관계없이 노동의 공급이 고정되어 있으므로 노동의 공급곡선은 수직형태이다.

11

파업이론에 대한 설명이 옳은 것으로 짝지어진 것은?

(19년 1회)

> ㄱ. 힉스의 파업이론에 의하면, 사용자의 양보곡선과 노조의 저항곡선이 만나는 곳에서 파업기간이 결정된다.
> ㄴ. 카터 - 챔벌린 모형에 따르면, 노조의 요구를 거부할 때 발생하는 사용자의 비용이 노조의 요구를 수락했을 때 발생하는 사용자의 비용보다 클 때 노조의 교섭력이 커진다.
> ㄷ. 매브리 이론에 따르면, 노조의 최종수락 조건이 사용자의 최종수락조건보다 작을 때 파업이 발생한다.

① ㄱ, ㄴ   ② ㄴ, ㄷ
③ ㄱ, ㄷ   ④ ㄱ, ㄴ, ㄷ

해설

매브리(Mabry) 이론에 따르면, 노조의 최종수락 조건이 사용자의 최종수락조건보다 클 때 파업이 발생한다.

12

다음 중 노동조합의 조직력을 가장 강화시킬 수 있는 shop제도는?

① 클로즈드 숍(Closed Shop)
② 에이전시 숍(Agency Shop)
③ 오픈 숍(Open Shop)
④ 메인터넌스 숍(Maintenance Shop)

해설

클로즈드 숍은 채용 시 반드시 노동조합에 가입을 해야 하는 유형이다.

13

유니언숍(Union Shop)에 대한 설명으로 옳은 것은?

① 조합원이 아닌 근로자는 채용 후 일정 기간 내에 조합에 가입해야 한다.
② 조합원이 아닌 자는 채용이 안 된다.
③ 노동조합의 노동공급원이 독점되며, 관련 노동시장에 강력한 영향을 미친다.
④ 채용전후 근로자의 조합 가입이 완전히 자유롭다.

해설

채용 시에는 노동조합의 가입 여부를 고려하지 않지만, 일정 기간 내에 조합에 가입해야 하는 채용유형이다.

14

기업별 조합의 상부조합(산업별 또는 지역별)과 개별 사용자간, 또는 사용자단체와 기업별 조합과의 사이에서 행해지는 단체교섭은?

① 기업별교섭   ② 대각선교섭
③ 통일교섭   ④ 방사선교섭

단체교섭 중 대각선교섭에 대한 설명이다.

15

조합원 자격이 있는 노동자만을 채용하고 일단 고용된 노동자라도 조합원 자격을 상실하면 종업원이 될 수 없는 숍 제도는?

① 오픈 숍 ② 유니언 숍
③ 에이전시 숍 ④ 클로즈드 숍

클로즈드 숍에 대한 설명이다.

16

노동조합 조직부문과 비조직부문간의 임금격차를 축소시키는 효과를 바르게 짝지은 것은?

ㄱ. 이전효과	ㄴ. 위협효과
ㄷ. 대기실업효과	ㄹ. 해고효과

① ㄱ, ㄴ ② ㄴ, ㄷ
③ ㄷ, ㄹ ④ ㄱ, ㄹ

위협효과와 대기실업효과는 임금격차를 축소시켜 주는 효과이고, 이전효과와 해고효과는 임금격차를 더 넓히는 효과이다.

제 **5** 과목

노동관계법규

CHAPTER 01

노동법

Thema 1 노동법

(1) 노동법의 의의

① 근로자의 권리를 보호하고 근로조건을 유지·개선하며, 생존권을 보장하기 위한 법을 말한다.

② 생산활동을 촉진하여 기업의 발전에 이바지하는 역할을 한다.

(2) 노동법의 특징

① 근대시민법의 3대 원칙을 수정한다.

근대시민법의 원칙		수정 원칙
소유권 절대의 원칙		소유권 상대의 원칙
계약자유의 원칙	→	계약공정의 원칙
과실(자기)책임의 원칙		무과실책임의 원칙

② 종속 근로관계의 규율이다.

③ 노사대등의 실현이다.

④ 자본주의체제의 유지·발전이다.

Thema 2 근로기본권

(1) 근로기본권의 의의
기출 20, 19, 18, 17, 15, 12, 10년

① 노동기본권이라고도 하며, 근로자의 생존을 보장하기 위해 헌법에서 보장한 기본적인 권리를 뜻한다.

② 근로권(헌법 제32조)과 노동3권(헌법 제33조)을 의미한다.

　㉠ 근로권(근로의 권리)

　　• 모든 국민은 근로의 권리를 가진다(헌법 제32조 제1항).

　　• 근로권의 주체는 국민이다.

　㉡ 근로3권(노동3권)

　　• 근로자는 근로조건의 향상을 위하여 자주적인 단결권·단체교섭권 및 단체행동권을 가진다(헌법 제33조 제1항).

　　• 근로3권의 주체는 근로자 개인 및 노동조합을 비롯한 근로자 단체이다.

　　• 단체교섭권과 단체행동권은 근로자 개인이 보유주체는 될 수 있으나, 행사주체는 될 수 없다(행사주체는 노동조합).

③ 자유권적 성격과 생존권적 성격을 동시에 가지고 있으나, 생존권적 기본권의 성격이 보다 강하다.

참고 하세요!

외국인은 근로3권의 주체는 될 수 있으나, 근로권의 주체는 될 수 없다.

(2) 근로권
기출 20~12, 10 ,09, 07년

① 근로권의 개념

　㉠ 자유롭게 근로를 행하거나 근로를 하지 아니할 수 있는 권리이다.

　㉡ 국가에 대하여 근로기회의 제공을 요구하고 제공받지 못할 경우 생활비 지급을 요청할 수 있는 권리이다.

② 근로권의 내용

　㉠ 근로의 의사와 능력이 있는 사람은 누구든 국가에 대하여 근로의 기회를 청구할 수 있다. 근로자가 부당하게 해고되지 않을 '해고의 제한'까지 포함된다.

　㉡ 근로의 기회를 제공받지 못하는 경우 국가에 대하여 그에 상응하는 생활비의 지급을 청구할 수 있다.

　㉢ 국가는 사회적·경제적 방법으로 근로자의 고용의 증진에 노력하여야 한다(헌법 제32조 제1항).

　㉣ 국가는 근로자의 적정 임금의 보장에 노력하여야 하며, 법률이 정하는 바에 의하여 최저임금제를 시행하여야 한다(헌법 제32조 제1항).

　㉤ 모든 국민은 근로의 의무를 진다. 국가는 근로의 의무의 내용과 조건을 민주주의원칙에 따라 법률로 정한다(헌법 제32조 제2항).

시험 에 이렇게 나왔다!

헌법에 명시된 노동기본권으로만 짝지어진 것은?
(19년 1회)

① 근로권, 단결권, 단체교섭권, 단체행동권

② 근로권, 노사공동결정권, 단체교섭권, 단체행동권

③ 근로권, 단결권, 경영참가권, 단체행동권

④ 근로의 의무, 단결권, 단체교섭, 이익균점권

답 ①

ⓗ 근로조건의 기준은 인간의 존엄성을 보장하도록 법률로 정한다(헌법 제
32조 제3항).

ⓢ 여자의 근로는 특별한 보호를 받으며, 고용·임금 및 근로조건에 있어서
부당한 차별을 받지 아니한다(헌법 제32조 제4항).

ⓞ 연소자의 근로는 특별한 보호를 받는다(헌법 제32조 제5항).

ⓩ 국가유공자·상이군경 및 전몰군경의 유가족은 법률이 정하는 바에 의
하여 우선적으로 근로의 기회를 부여받는다(헌법 제32조 제6항).

(3) 근로3권

기출 19~17, 15~07년

① 근로3권의 개념

㉠ 근로3권이란 근로자의 단결권, 단체교섭권 및 단체행동권을 통칭하는
것이다.

㉡ 근로자들이 자주적인 노동조합을 조직하고 이를 통해 사용자와 교섭을 수
행하며 원활한 교섭을 뒷받침하기 위해 단체행동을 할 수 있는 권리이다.

② 근로3권의 내용

㉠ 단결권

• 근로자들이 사용자 또는 사용자 단체에 대응해서 자주적으로 노동조
합을 조직하고 운영할 수 있는 권리이다.

• 근로조건 유지·개선 기타 근로자의 경제적 지위 향상을 도모하기 위
해 근로자와 그 단체에 부여된 단결체 조직 및 활동, 단결체의 가입,
단결체의 존립보호 등을 위한 포괄적 개념이다.

㉡ 단체교섭권

• 근로자가 근로조건을 유지·개선하기 위해 사용자와 교섭을 사용자와
직접 교섭을 수행할 수 있는 권리이다.

• 개개 근로자가 직접 행사할 수 있는 것은 아니며, 단체교섭의 주체는
노동조합이다.

• 사용자는 단체교섭권을 가지지 않으며, 노동조합의 단체교섭에 응해
야 할 의무가 있다.

㉢ 단체행동권

• 단체교섭이 근로자에게 유리하게 전개되도록 근로자에게 보장된 집단
적 행동에 관한 권리이다.

• 단체행동권의 행사는 민사·형사상 책임을 면제시키므로, 시민법에
대한 중대한 수정을 의미한다.

시험 에 이렇게 나왔다!

헌법상 근로기본권에 관한
설명으로 틀린 것은?
(17년 3회)

① 국가는 사회적·경제적
방법으로 근로자의 고용
의 증진과 적정임금의 보
장에 노력하여야 한다.

② 국가는 법률이 정하는 바
에 의하여 최저임금제를
시행하여야 한다.

③ 국가유공자·상이군경
및 전몰군경의 유가족은
법률이 정하는 바에 의하
여 우선적으로 근로의 기
회를 부여받는다.

④ 여자의 근로는 고용·임
금 및 근로조건에 있어서
부당한 차별을 받지 아니
하며 특별한 보호를 받지
아니한다.

답 ④

시험 에 이렇게 나왔다!

우리나라 헌법에 규정된 노동
3권이 아닌 것은? (15년 3회)

① 단체요구권
② 단체행동권
③ 단체교섭권
④ 단결권

답 ①

- 법률이 정하는 주요방위산업체에 종사하는 근로자의 단체행동권은 법률이 정하는 바에 의하여 이를 제한하거나 인정하지 아니할 수 있다(헌법 제33조 제3항).
- 사용자는 단체행동권의 주체가 될 수 없다.

③ 근로3권의 제한

ⓐ 국가안전보장 · 질서유지 또는 공공복리를 위하여 필요한 경우에 한하여 법률로써 제한할 수 있으며, 제한하는 경우에도 자유와 권리의 본질적인 내용을 침해할 수 없다(헌법 제37조 제2항).

ⓑ 공무원인 근로자는 법률이 정하는 자에 한하여 단결권 · 단체교섭권 및 단체행동권을 가진다(헌법 제33조 제2항).

ⓒ 법률이 정하는 주요방위산업체에 종사하는 근로자의 단체행동권은 법률이 정하는 바에 의하여 이를 제한하거나 인정하지 아니할 수 있다(헌법 제33조 제3항).

ⓓ 공무원은 노동운동이나 그 밖에 공무 외의 일을 위한 집단 행위를 하여서는 아니 된다. 다만, 사실상 노무에 종사하는 공무원은 예외로 한다(국가공무원법 제66조 제1항).

시험에 이렇게 나왔다!

헌법상 근로3권과 그 제한에 대한 설명으로 틀린 것은?
(15년 2회)

① 근로조건의 향상과 무관한 근로3권의 행사는 제한될 수 있다.

② 공무원인 근로자는 법률이 정하는 자에 한하여 단결권 · 단체교섭권 및 단체행동권을 가진다.

③ 법률이 정하는 주요방위산업체에 종사하는 근로자의 단체교섭권 · 단체행동권은 법률이 정하는 바에 의하여 제한될 수 있다.

④ 근로3권은 국가안전보장 · 질서유지 또는 공공복리를 위하여 필요한 경우에 한하여 법률로써 제한될 수 있다.

답 ③

노동법 연습문제

01

근로3권에 관한 설명으로 옳은 것은? (19년 2회)

① 근로자는 자주적인 단결권, 단체교섭권, 단체행동권을 가진다.
② 공무원도 근로자이므로 근로 3권을 당연히 갖는다.
③ 주요방위산업체의 근로자는 국가안보를 위해 당연히 단체행동권이 인정되지 않는다.
④ 미취업근로자 개개인에게 주어지는 구체적 권리이다.

해설

② 공무원인 근로자는 법률이 정하는 자에 한하여 단결권·단체교섭권 및 단체행동권을 가진다.
③ 법률이 정하는 주요방위산업체에 종사하는 근로자의 단체행동권은 법률이 정하는 바에 의하여 이를 제한하거나 인정하지 아니할 수 있다.

02

노동기본권에 관하여 헌법에 명시된 내용으로 틀린 것은? (19년 3회)

① 공무원인 근로자는 법률이 정하는 자에 한하여 단결권·단체교섭권 및 단체행동권을 가진다.
② 근로자는 근로조건의 향상을 위하여 자주적인 단결권·단체교섭권 및 단체행동권을 가진다.
③ 공익사업에 종사하는 근로자의 단체행동권은 법률이 정하는 바에 의하여 이를 제한하거나 인정하지 아니할 수 있다.
④ 법률이 정하는 중 방위산업에 종사하는 근로자의 단체행동권은 법률이 정하는 바에 의하여 이를 제한하거나 인정하지 아니할 수 있다.

해설

공익사업이 아니라 법률이 정하는 주요방위산업체이다.

03

헌법상 근로에 관한 설명으로 틀린 것은? (19년 3회)

① 모든 국민은 근로의 권리를 가진다.
② 모든 국민은 근로의 의무를 진다.
③ 연소자의 근로는 특별한 보호를 받는다.
④ 근로기회의 제공을 통하여 생활무능력자에 대한 국가적 보호의무를 증가시킨다.

해설

근로기회의 제공을 통하여 생활무능력자에 대한 국가적 보호의무를 감소시키는 기능을 가진다.

04

노동기본권에 관한 설명으로 틀린 것은? (18년 1회)

① 모든 국민은 근로의 권리를 가진다.
② 공무원인 근로자는 법률이 정하는 자에 한하여 노동3권을 가진다.
③ 고용·임금 및 근로조건에 있어서 모든 근로자는 성별에 관계없이 평등하다.
④ 법률이 정하는 주요방위산업체에 종사하는 근로자의 단체행동권은 법률이 정하는 바에 의하여 이를 제한하거나 인정하지 아니할 수 있다.

해설

모든 국민은 법 앞에 평등하며 성별에 의하여 차별을 받지 아니한다(헌법 제11조). 헌법 제32조 제4항에 의하면 여자의 근로는 고용·임금 및 근로조건에 있어서 부당한 차별을 받지 아니한다. 관계없이 평등한 것이 아닌 차별을 받지 않는다고 명시되어 있다.

05

헌법상 노동3권에 해당하지 않는 것은?　(18년 1회)

① 단결권
② 단체교섭권
③ 단체행동권
④ 단체투쟁권

해설

헌법상 노동3권은 단결권, 단체교섭권, 단체행동권이다(헌법 제33조).

06

헌법 제32조에서 명시된 내용이 아닌 것은?　(18년 2회)

① 국가는 근로의 의무의 내용과 조건을 민주주의원칙에 따라 법률로 정한다.
② 장애인의 근로는 특별한 보호를 받는다.
③ 국가는 법률이 정하는 바에 의하여 최저임금제를 시행하여야 한다.
④ 근로조건의 기준은 인간의 존엄성을 보장하도록 법률로 정한다.

해설

헌법 제32조에서는 장애인에 대해서는 직접 언급하고 있지 않고 근로조건의 특별보호대상은 여자, 연소자이다.

07

다음 중 근로3권의 제한 및 한계에 관한 설명으로 틀린 것은?

① 근로3권은 어떠한 경우에도 제한할 수 없는 절대적인 권리이다.
② 현역군인·경찰관 등에게 근로3권을 인정하지 않는 것은 헌법위반이라고 볼 수 없다.
③ 근로3권을 제한하는 경우 근로3권의 전면적 부인이나 본질적 내용의 침해는 인정될 수 없다.
④ 근로3권은 국가의 안전보장·질서유지·공공복리를 위하여 필요한 경우에 한하여 법률로써 제한할 수 있다.

해설

근로3권의 주요 제한사항으로는 다음의 것이 있다.

• 국가안전보장·질서유지 또는 공공복리를 위하여 필요한 경우에 한하여 법률로써 제한할 수 있으며, 제한하는 경우에도 자유와 권리의 본질적인 내용을 침해할 수 없다(헌법 제37조 제2항).
• 공무원인 근로자는 법률이 정하는 자에 한하여 단결권·단체교섭권 및 단체행동권을 가진다(헌법 제33조 제2항).
• 법률이 정하는 주요방위산업체에 종사하는 근로자의 단체행동권은 법률이 정하는 바에 의하여 이를 제한하거나 인정하지 아니할 수 있다(헌법 제33조 제3항).
• 공무원은 노동운동이나 그 밖에 공무 외의 일을 위한 집단행위를 하여서는 아니 된다. 다만, 사실상 노무에 종사하는 공무원은 예외로 한다(국가공무원법 제66조 제1항).

08

헌법상 근로의 권리와 관련하여 명시되어 있지 않은 것은?　(18년 3회)

① 최저임금제 시행
② 국가유공자의 유가족에 대한 우선적 근로기회 부여
③ 여자·연소자의 근로에 대한 특별한 보호
④ 산업 재해로부터 특별한 보호

해설

헌법 제32조

• 모든 국민은 근로의 권리를 가진다. 국가는 법률이 정하는 바에 의하여 최저임금제를 시행하여야 한다.
• 모든 국민은 근로의 의무를 진다. 국가는 근로의 의무의 내용과 조건을 민주주의원칙에 따라 법률로 정한다.
• 근로조건의 기준은 인간의 존엄성을 보장하도록 법률로 정한다.
• 여자의 근로는 특별한 보호를 받으며, 고용·임금 및 근로조건에 있어서 부당한 차별을 받지 아니한다.
• 연소자의 근로는 특별한 보호를 받는다.
• 국가유공자·상이군경 및 전몰군경의 유가족은 법률이 정하는 바에 의하여 우선적으로 근로의 기회를 부여받는다.

09

헌법상 근로의 특별한 보호 또는 우선적인 근로기회 보장의 대상자로서 명시되어있지 않은 것은? (17년 1회)

① 여자
② 연소자
③ 실업자
④ 국가유공자

해설

실업자는 헌법상 근로의 특별한 보호 또는 우선적인 근로 기회보장 대상자가 아니다.

10

헌법에 규정된 노동3권의 내용으로 옳은 것은? (17년 1회)

① 공무원인 근로자는 어떠한 경우에도 단체행동권을 가질 수 없다.
② 근로조건의 기준은 인간의 존엄성을 보장하도록 대통령령으로 정한다.
③ 연소자의 근로는 특별한 보호를 받는다.
④ 법률이 정하는 주요방위산업체에 종사하는 근로자의 단체동권은 원칙적으로 제한된다.

해설

① 근로자는 근로조건의 향상을 위하여 자주적인 단결권·단체교섭권 및 단체행동권을 가진다(헌법 제33조 제1항).
② 근로조건의 기준은 인간의 존엄성을 보장하도록 법률로 정한다(헌법 제32조 제3항).
④ 법률이 정하는 주요방위산업체에 종사하는 근로자의 단체행동권은 법률이 정하는 바에 의하여 이를 제한하거나 인정하지 아니할 수 있다(헌법 제33조 제3항).

11

헌법상 노동3권에 해당되지 않는 것은? (17년 2회)

① 단체교섭권 ② 평등권
③ 단결권 ④ 단체행동권

해설

단결권·단체교섭권 및 단체행동권이 노동3권에 해당된다.

12

헌법상 근로권의 내용에 대한 설명으로 틀린 것은? (17년 2회)

① 모든 국민은 근로의 권리와 함께 근로의 의무를 진다.
② 최저임금제는 법률에 의하여 시행된다.
③ 근로의 권리의 행사를 위한 입법으로는 직업안정법, 근로자직업능력 개발법 등이 있다.
④ 법인도 근로권의 주체로서 보호받을 수 있다.

해설

법인의 근로권은 헌법에 명시되어 있지 않다.

13

노동기본권에 관하여 헌법에 명시된 내용으로 틀린 것은? (16년 3회)

① 공무원인 근로자는 법률이 정하는 자에 한하여 단결권 단체교섭권 및 단체행동권을 가진다.
② 근로자는 근로조건의 향상을 위하여 자주적인 단결권 단체교섭권 및 단체행동권을 가진다.
③ 법률이 정하는 주요 방위산업에 종사하는 근로자의 단체행동권은 법률이 정하는 바에 의하여 이를 제한하거나 인정하지 아니할 수 있다.
④ 공익사업에 종사하는 근로자의 단체행동권은 법률이 정하는 바에 의하여 이를 제한하거나 인정하지 아니할 수 있다.

해설

헌법 제33조에 따르면 근로자는 근로조건의 향상을 위하여 자주적인 단결권·단체교섭권 및 단체행동권을 가진다. 공무원인 근로자는 법률이 정하는 자에 한하여 단결권·단체교섭권 및 단체행동권을 가진다. 법률이 정하는 주요방위산업체에 종사하는 근로자의 단체행동권은 법률이 정하는 바에 의하여 이를 제한하거나 인정하지 아니할 수 있다.

14

단결권에 관한 설명으로 틀린 것은? (16년 2회)

① 단결권은 근로조건의 유지 · 개선과 근로자의 사회적 · 경제적 · 정치적 지위의 향상을 직접적인 목적으로 한다.
② 근로자 개인의 단결권과 노동조합의 단결권은 서로 불가분의 관계에 있으나 때로는 대립하는 경우도 있다.
③ 독일의 기본법은 단결권만 명시하고 있으나 여기에 단체교섭권과 단체행동권까지 포함되는 것으로 해석된다.
④ 단결권은 시민법하의 형식적 평등관계를 시정하고 실질적인 노사대등관계의 형성을 목적으로 한다.

해설
노동조합 및 노동관계조정법은 근로조건의 유지 · 개선과 근로자의 사회적 · 경제적 지위의 향상을 직접적인 목적으로 한다.

15

헌법상 근로의 권리에 관한 내용으로 틀린 것은? (16년 2회)

① 국가의 고용증진의무
② 근로조건기준의 법정주의
③ 여자와 연소자의 근로의 특별보호
④ 국가유공자 등에 대한 근로기회의 평등보장

해설
국가유공자 · 상이군경 및 전몰군경의 유가족은 법률이 정하는 바에 의하여 우선적으로 근로의 기회를 부여받는다.

16

다음 (   )에 알맞은 것은? (16년 3회)

> 헌법 제32조 제2항에 의하면 국가는 근로의 의무의 내용과 조건을 (   )에 따라 법률로 정한다.

① 민주주의원칙
② 자유주의원칙
③ 사회국가원칙
④ 복지국가원칙

해설
모든 국민은 근로의 의무를 진다. 국가는 근로의 의무의 내용과 조건을 민주주의원칙에 따라 법률로 정한다(헌법 제32조 제2항).

CHAPTER 02

근로기준법

Thema 1 총칙

근로기준법은 헌법에 따라 근로조건의 기준을 정함으로써 근로자의 기본적 생활을 보장, 향상시키며 균형 있는 국민경제의 발전을 꾀하는 것을 목적으로 한다(제1조).

시험 에 이렇게 나왔다!

근로기준법상 사용하는 용어에 관한 설명으로 틀린 것은? (16년 1회)

① "임금"이란 사용자가 근로의 대가로 근로자에게 임금, 봉급, 그 밖에 어떠한 명칭으로든지 지급하는 일체의 금품을 말한다.

② "사용자"란 사업주 또는 사업 경영 담당자, 그 밖에 근로자에 관한 사항에 대하여 사업주를 위하여 행위하는 자를 말한다.

③ "근로자"란 사업주에게 고용된 자와 취업할 의사를 가진 자를 말한다.

④ "근로"란 정신노동과 육체노동을 말한다.

답 ③

(1) 정의(제2조)　　　　　　　　　　　　　　기출 20, 17, 16, 15, 14, 12, 10, 07년

① **근로자** : 직업의 종류와 관계없이 임금을 목적으로 사업이나 사업장에 근로를 제공하는 사람을 말한다.

② **사용자** : 사업주 또는 사업 경영 담당자, 그 밖에 근로자에 관한 사항에 대하여 사업주를 위하여 행위하는 자를 말한다.

③ **근로** : 정신노동과 육체노동을 말한다.

④ **근로계약** : 근로자가 사용자에게 근로를 제공하고 사용자는 이에 대하여 임금을 지급하는 것을 목적으로 체결된 계약을 말한다.

⑤ **임금** : 사용자가 근로의 대가로 근로자에게 임금, 봉급, 그 밖에 어떠한 명칭으로든지 지급하는 모든 금품을 말한다.

⑥ **평균임금** : 이를 산정하여야 할 사유가 발생한 날 이전 3개월 동안에 그 근로자에게 지급된 임금의 총액을 그 기간의 총일수로 나눈 금액을 말한다. 근로자가 취업한 후 3개월 미만인 경우도 이에 준한다.

⑦ **1주** : 휴일을 포함한 7일을 말한다.

⑧ **소정(所定)근로시간** : 「근로기준법」 또는 「산업안전보건법」에 따른 근로시간의 범위에서 근로자와 사용자 사이에 정한 근로시간을 말한다.

⑨ **단시간근로자** : 1주 동안의 소정근로시간이 그 사업장에서 같은 종류의 업무에 종사하는 통상 근로자의 1주 동안의 소정근로시간에 비하여 짧은 근로자를 말한다.

(2) 원칙

기출 18, 16, 07년

① **근로조건의 기준** : 이 법에서 정하는 근로조건은 최저기준이므로 근로관계 당사자는 이 기준을 이유로 근로조건을 낮출 수 없다(제3조).

② **근로조건의 결정** : 근로조건은 근로자와 사용자가 동등한 지위에서 자유의 사에 따라 결정하여야 한다(제4조).

③ **근로조건의 준수** : 근로자와 사용자는 각자가 단체협약, 취업규칙과 근로계 약을 지키고 성실하게 이행할 의무가 있다(제5조).

④ **균등한 처우** : 사용자는 근로자에 대하여 남녀의 성(性)을 이유로 차별적 대 우를 하지 못하고, 국적·신앙 또는 사회적 신분을 이유로 근로조건에 대한 차별적 처우를 하지 못한다(제6조).

⑤ **강제 근로의 금지** : 사용자는 폭행, 협박, 감금, 그 밖에 정신상 또는 신체 상의 자유를 부당하게 구속하는 수단으로써 근로자의 자유의사에 어긋나는 근로를 강요하지 못한다(제7조).

⑥ **폭행의 금지** : 사용자는 사고의 발생이나 그 밖의 어떠한 이유로도 근로자 에게 폭행을 하지 못한다(제8조).

⑦ **중간착취의 배제** : 누구든지 법률에 따르지 아니하고는 영리로 다른 사람의 취업에 개입하거나 중간인으로서 이익을 취득하지 못한다(제9조).

⑧ **공민권 행사의 보장** : 사용자는 근로자가 근로시간 중에 선거권, 그 밖의 공 민권(公民權) 행사 또는 공(公)의 직무를 집행하기 위하여 필요한 시간을 청 구하면 거부하지 못한다. 다만, 그 권리 행사나 공(公)의 직무를 수행하는 데에 지장이 없으면 청구한 시간을 변경할 수 있다(제10조).

시험에 이렇게 나왔다!

근로기준법상 균등처우의 원 칙에서 근로에 대한 차별이 금지되는 사유가 아닌 것은?
(16년 1회)

① 나이
② 신앙
③ 사회적 신분
④ 국적

답 ①

참고하세요!

적용 범위(제11조)

• 상시 5명 이상의 근로자 를 사용하는 모든 사업 또 는 사업장에 적용한다. 다 만, 동거하는 친족만을 사 용하는 사업 또는 사업장 과 가사(家事) 사용인에 대하여는 적용하지 아니 한다.

• 상시 4명 이하의 근로자 를 사용하는 사업 또는 사 업장에 대하여는 대통령 령으로 정하는 바에 따라 이 법의 일부 규정을 적용 할 수 있다.

• 이 법을 적용하는 경우에 상시 사용하는 근로자 수 를 산정하는 방법은 대통 령령으로 정한다.

(1) 근로계약(제15조)

이 법에서 정하는 기준에 미치지 못하는 근로조건을 정한 근로계약은 그 부분에 한정하여 무효로 한다. 무효로 된 부분은 이 법에서 정한 기준에 따른다.

(2) 근로조건(제17조)   기출 18, 15, 12, 10, 09, 07년

① 사용자는 근로계약을 체결할 때에 근로자에게 다음의 사항을 명시하여야 한다. 근로계약 체결 후 다음의 사항을 변경하는 경우에도 또한 같다.

   ㉠ 임금

   ㉡ 소정근로시간

   ㉢ 휴일

   ㉣ 연차 유급휴가

   ㉤ 취업의 장소와 종사하여야 할 업무에 관한 사항

   ㉥ 기숙사 규정에서 정한 사항

   ㉦ 사업장의 부속 기숙사에 근로자를 기숙하게 하는 경우에는 기숙사 규칙에서 정한 사항

② 사용자는 임금의 구성항목 · 계산방법 · 지급방법 · 소정근로시간 · 휴일 · 연차 유급휴가의 사항이 명시된 서면을 근로자에게 교부하여야 한다. 다만, 본문에 따른 사항이 단체협약 또는 취업규칙의 변경 등 대통령령으로 정하는 사유로 인하여 변경되는 경우에는 근로자의 요구가 있으면 그 근로자에게 교부하여야 한다.

시험 에 이렇게 나왔다!

근로기준법령상 근로계약을 체결할 때 사용자가 근로자에게 반드시 서면으로 명시하여 교부해야 하는 사항이 아닌 것은?

① 취업의 장소
② 소정근로시간
③ 연차 유급휴가
④ 임금의 구성항목 · 계산방법 · 지급방법

답 ①

(3) 금지 및 제한　　　　　　　　　　　　　　　　기출 20, 18, 12, 11년

① 위약 예정의 금지

　㉠ 사용자는 근로계약 불이행에 대한 위약금 또는 손해배상액을 예정하는 계약을 체결하지 못한다(제20조).

　㉡ 이를 위반하는 자는 500만원 이하의 벌금에 처한다(제114조).

② 전차금 상계의 금지

　㉠ 사용자는 전차금(前借金)이나 그 밖에 근로할 것을 조건으로 하는 전대 (前貸)채권과 임금을 상계하지 못한다(제21조).

　㉡ 이를 위반하는 자는 500만원 이하의 벌금에 처한다(제114조).

③ 강제 저금의 금지

　㉠ 사용자는 근로계약에 덧붙여 강제 저축 또는 저축금의 관리를 규정하는 계약을 체결하지 못한다(제22조).

　㉡ 이를 위반하는 자는 2년 이하의 징역 또는 2천만원 이하의 벌금에 처한다 (제110조).

시험에 이렇게 나왔다!

근로기준법상 근로계약에 관한 설명으로 틀린 것은?
(18년 2회)

① 단시간근로자의 근로조건은 그 사업장의 같은 종류의 업무에 종사하는 통상 근로자의 근로시간을 기준으로 산정한 비율에 따라 결정되어야 한다.

② 사용자는 근로계약 불이행에 대한 위약금 또는 손해배상액을 예정하는 계약을 체결하여야 한다.

③ 사용자는 전차금(前借金)이나 그 밖에 근로할 것을 조건으로 하는 전대(前貸)채권과 임금을 상계하지 못한다.

④ 사용자는 근로계약에 덧붙여 강제 저축 또는 저축금의 관리를 규정하는 계약을 체결하지 못한다.

답 ②

(1) 해고 등의 제한(제23조 제1항)

사용자는 근로자에게 정당한 이유 없이 해고, 휴직, 정직, 전직, 감봉, 그 밖의 징벌(懲罰)(이하 "부당해고 등")을 하지 못한다.

(2) 경영상 이유에 의한 해고의 제한(제24조) <u>기출</u> 19, 17, 15, 14, 10, 09, 08, 07년

① 사용자가 경영상 이유에 의하여 근로자를 해고하려면 긴박한 경영상의 필요가 있어야 한다. 이 경우 경영 악화를 방지하기 위한 사업의 양도·인수·합병은 긴박한 경영상의 필요가 있는 것으로 본다.

② 사용자는 해고를 피하기 위한 노력을 다하여야 하며, 합리적이고 공정한 해고의 기준을 정하고 이에 따라 그 대상자를 선정하여야 한다. 이 경우 남녀의 성을 이유로 차별하여서는 아니 된다.

③ 사용자는 해고를 피하기 위한 방법과 해고의 기준 등에 관하여 그 사업 또는 사업장에 근로자의 과반수로 조직된 노동조합이 있는 경우에는 그 노동조합(근로자의 과반수로 조직된 노동조합이 없는 경우에는 근로자의 과반수를 대표하는 자를 말한다. 이하 "근로자대표")에 해고를 하려는 날의 50일 전까지 통보하고 성실하게 협의하여야 한다.

④ 사용자는 대통령령(시행령 제10조)으로 정하는 일정한 규모 이상의 인원을 해고하려면 대통령령(시행령 제10조)으로 정하는 바에 따라 고용노동부장관에게 신고하여야 한다.

  ㉠ 사용자는 1개월 동안에 다음의 어느 하나에 해당하는 인원을 해고하려면 최초로 해고하려는 날의 30일 전까지 고용노동부장관에게 신고하여야 한다(시행령 제10조 제1항).

  • 상시 근로자수가 99명 이하인 사업 또는 사업장 : 10명 이상
  • 상시 근로자수가 100명 이상 999명 이하인 사업 또는 사업장 : 상시 근로자수의 10퍼센트 이상
  • 상시 근로자수가 1,000명 이상 사업 또는 사업장 : 100명 이상

  ㉡ 신고를 할 때에는 다음의 사항을 포함하여야 한다(시행령 제10조 제2항).

  • 해고 사유
  • 해고 예정 인원
  • 근로자대표와 협의한 내용
  • 해고 일정

시험 에 이렇게 나왔다!

근로기준법상 경영상 이유에 의한 해고에 대한 설명으로 틀린 것은? (19년 1회)

① 사용자가 경영상 이유에 의하여 근로자를 해고하려면 긴박한 경영상의 필요가 있어야 한다.

② 사용자는 해고를 피하기 위한 노력을 다하여야 하며, 합리적이고 공정한 해고의 기준을 정하고 이에 따라 그 대상자를 선정하여야 한다.

③ 사용자는 해고를 피하기 위한 방법과 해고의 기준 등에 관하여 그 사업 또는 사업장에 근로자의 과반수로 조직된 노동조합이 있는 경우에는 그 노동조합에 해고를 하려는 날의 50일 전까지 통보하고 성실하게 협의하여야 한다.

④ 사용자는 대통령령으로 정하는 일정한 규모 이상의 인원을 해고하려면 고용노동부장관의 승인을 얻어야 한다.

답 ④

⑤ 사용자가 위의 규정에 따른 요건을 갖추어 근로자를 해고한 경우에는 정당한 이유가 있는 해고를 한 것으로 본다.

(3) 우선 재고용

근로자를 해고한 사용자는 근로자를 해고한 날부터 3년 이내에 해고된 근로자가 해고 당시 담당하였던 업무와 같은 업무를 할 근로자를 채용하려고 할 경우 해고된 근로자가 원하면 그 근로자를 우선적으로 고용하여야 한다(제25조 제1항).

(4) 해고의 예고(제26조)   기출 13, 12, 11, 09년

사용자는 근로자를 해고(경영상 이유에 의한 해고를 포함한다)하려면 적어도 30일 전에 예고를 하여야 하고, 30일 전에 예고를 하지 아니하였을 때에는 30일분 이상의 통상임금을 지급하여야 한다. 다만, 다음의 어느 하나에 해당하는 경우에는 그러하지 아니하다.
① 근로자가 계속 근로한 기간이 3개월 미만인 경우
② 천재·사변, 그 밖의 부득이한 사유로 사업을 계속하는 것이 불가능한 경우
③ 근로자가 고의로 사업에 막대한 지장을 초래하거나 재산상 손해를 끼친 경우로서 고용노동부령으로 정하는 사유에 해당하는 경우

(5) 해고사유 등의 서면통지(제27조)

사용자는 근로자를 해고하려면 해고사유와 해고시기를 서면으로 통지하여야 한다. 사용자가 해고의 예고를 해고사유와 해고시기를 명시하여 서면으로 한 경우에는 통지를 한 것으로 본다.

시험에 이렇게 나왔다!

근로기준법령상 고용노동부 장관에게 경영상의 이유에 의한 해고계획의 신고를 할 때 포함해야 하는 사항이 아닌 것은? (17년 2회)

① 퇴직금
② 해고 사유
③ 해고 일정
④ 근로자대표와 협의한 내용

답 ①

제5과목

노동관계법규

Thema 4 구제신청과 구제명령

시험에 이렇게 나왔다!

근로기준법상 해고에 관한 설명으로 틀린 것은?
(17년 1회)

① 사용자는 근로자에게 정당한 이유 없이 해고를 하지 못한다.
② 사용자는 근로자를 해고하려면 해고사유와 해고시기를 서면으로 통지하여야 한다.
③ 사용자는 근로자를 해고하려면 적어도 30일 전에 예고를 하여야 하고, 30일 전에 예고를 하지 아니하였을 때에는 30일분 이상의 통상임금을 지급하여야 함이 원칙이다.
④ 사용자가 근로자에게 부당해고를 하면 근로자는 노동위원회에 구제신청을 할 수 있고, 구제신청은 부당해고가 있었던 날로부터 6개월 이내에 하여야 한다.

답 ④

(1) 구제신청(제28조)   기출 17년

사용자가 근로자에게 부당해고 등을 하면 근로자는 노동위원회에 구제를 신청할 수 있다. 구제신청은 부당해고 등이 있었던 날부터 3개월 이내에 하여야 한다.

(2) 구제명령(제30조)

① 노동위원회는 제29조에 따른 심문을 끝내고 부당해고 등이 성립한다고 판정하면 사용자에게 구제명령을 하여야 하며, 부당해고 등이 성립하지 아니한다고 판정하면 구제신청을 기각하는 결정을 하여야 한다.
② 판정, 구제명령 및 기각결정은 사용자와 근로자에게 각각 서면으로 통지하여야 한다.
③ 노동위원회는 구제명령(해고에 대한 구제명령만을 말한다)을 할 때에 근로자가 원직복직(原職復職)을 원하지 아니하면 원직복직을 명하는 대신 근로자가 해고기간 동안 근로를 제공하였더라면 받을 수 있었던 임금 상당액 이상의 금품을 근로자에게 지급하도록 명할 수 있다.

(3) 구제명령 등의 확정(제31조)

① 「노동위원회법」에 따른 지방노동위원회의 구제명령이나 기각결정에 불복하는 사용자나 근로자는 구제명령서나 기각결정서를 통지받은 날부터 10일 이내에 중앙노동위원회에 재심을 신청할 수 있다.
② 중앙노동위원회의 재심판정에 대하여 사용자나 근로자는 재심판정서를 송달받은 날부터 15일 이내에 「행정소송법」의 규정에 따라 소(訴)를 제기할 수 있다.
③ 기간 이내에 재심을 신청하지 아니하거나 행정소송을 제기하지 아니하면 그 구제명령, 기각결정 또는 재심판정은 확정된다.

(4) 이행강제금(제33조)

① 노동위원회는 구제명령(구제명령을 내용으로 하는 재심판정을 포함한다)을 받은 후 이행기한까지 구제명령을 이행하지 아니한 사용자에게 2천만원 이하의 이행강제금을 부과한다.

② 노동위원회는 이행강제금을 부과하기 30일 전까지 이행강제금을 부과·징수한다는 뜻을 사용자에게 미리 문서로써 알려 주어야 한다.

③ 이행강제금을 부과할 때에는 이행강제금의 액수, 부과 사유, 납부기한, 수납기관, 이의제기방법 및 이의제기기관 등을 명시한 문서로써 하여야 한다.

④ 노동위원회는 최초의 구제명령을 한 날을 기준으로 매년 2회의 범위에서 구제명령이 이행될 때까지 반복하여 이행강제금을 부과·징수할 수 있다. 이 경우 이행강제금은 2년을 초과하여 부과·징수하지 못한다.

⑤ 노동위원회는 구제명령을 받은 자가 구제명령을 이행하면 새로운 이행강제금을 부과하지 아니하되, 구제명령을 이행하기 전에 이미 부과된 이행강제금은 징수하여야 한다.

⑥ 노동위원회는 이행강제금 납부의무자가 납부기한까지 이행강제금을 내지 아니하면 기간을 정하여 독촉을 하고 지정된 기간에 제1항에 따른 이행강제금을 내지 아니하면 국세 체납처분의 예에 따라 징수할 수 있다.

⑦ 근로자는 구제명령을 받은 사용자가 이행기한까지 구제명령을 이행하지 아니하면 이행기한이 지난 때부터 15일 이내에 그 사실을 노동위원회에 알려 줄 수 있다.

근로기준법상 이행강제금에 관한 설명으로 틀린 것은?
(18년 1회)

① 노동위원회는 구제명령을 받은 후 이행기한까지 구제명령을 이행하지 아니한 사용자에게 2천만원 이하의 이행강제금을 부과한다.

② 노동위원회는 최초의 구제명령을 한 날을 기분으로 매년 2회의 범위에서 구제명령이 이행 될 때까지 반복하여 이행강제금을 부과·징수 할 수 있다.

③ 근로자는 구제명령을 받은 사용자가 이행기한까지 구제명령을 이행하지 아니하면 이행기한이 지난 때부터 30일 이내에 그 사실을 노동위원회에 알려줄 수 있다.

④ 노동위원회는 이행강제금 납부의무자가 납부기한까지 이행강제금을 내지 아니하면 기간을 정하여 독촉을 하고 지정된 기간에 이행강제금을 내지 아니하면 국세 체납처분의 예에 따라 징수할 수 있다.

답 ③

(1) 퇴직급여제도(제34조)

사용자가 퇴직하는 근로자에게 지급하는 퇴직급여 제도에 관하여는 「근로자퇴직급여 보장법」이 정하는 대로 따른다.

(2) 금품 청산(제36조)   기출 18, 10년

사용자는 근로자가 사망 또는 퇴직한 경우에는 그 지급 사유가 발생한 때부터 14일 이내에 임금, 보상금, 그 밖의 모든 금품을 지급하여야 한다. 다만, 특별한 사정이 있을 경우에는 당사자 사이의 합의에 의하여 기일을 연장할 수 있다.

(3) 임금채권의 우선변제(제38조)

① 임금, 재해보상금, 그 밖에 근로 관계로 인한 채권은 사용자의 총재산에 대하여 질권(質權)·저당권 또는 「동산·채권 등의 담보에 관한 법률」에 따른 담보권에 따라 담보된 채권 외에는 조세·공과금 및 다른 채권에 우선하여 변제되어야 한다. 다만, 질권·저당권 또는 「동산·채권 등의 담보에 관한 법률」에 따른 담보권에 우선하는 조세·공과금에 대하여는 그러하지 아니하다.

② 다음 어느 하나에 해당하는 채권은 사용자의 총재산에 대하여 질권·저당권 또는 「동산·채권 등의 담보에 관한 법률」에 따른 담보권에 따라 담보된 채권, 조세·공과금 및 다른 채권에 우선하여 변제되어야 한다.

㉠ 최종 3개월분의 임금

㉡ 재해보상금

시험에 이렇게 나왔다!

다음 (   )에 알맞은 것은?
(18년 2회)

근로기준법상 사용자는 근로자가 사망 또는 퇴직한 경우에 그 지급 사유가 발생한 때부터 (   ) 이내에 임금, 보상금, 그 밖에 일체의 금품을 지급하여야 한다. 다만, 특별한 사정이 있을 경우에는 당사자 사이의 합의에 의하여 기일을 연장할 수 있다.

① 14일   ② 30일
③ 60일   ④ 90일
답 ①

(4) 사용증명서(제39조)

기출 16, 13, 09년

① 사용자는 근로자가 퇴직한 후라도 사용 기간, 업무 종류, 지위와 임금, 그 밖에 필요한 사항에 관한 증명서를 청구하면 사실대로 적은 증명서를 즉시 내주어야 한다.

② 증명서에는 근로자가 요구한 사항만을 적어야 한다.

③ 사용증명서를 청구할 수 있는 자는 계속하여 30일 이상 근무한 근로자로 하되, 청구할 수 있는 기한은 퇴직 후 3년 이내로 한다(시행령 제19조).

🔍 근로자 명부의 기재사항(시행령 제20조)   기출 20년

근로자 명부에는 고용노동부령으로 정하는 바에 따라 다음의 사항을 적어야 한다.

- 성명
- 성(性)별
- 생년월일
- 주소
- 이력(履歷)
- 종사하는 업무의 종류
- 고용 또는 고용갱신 연월일, 계약기간을 정한 경우에는 그 기간, 그 밖의 고용에 관한 사항
- 해고, 퇴직 또는 사망한 경우에는 그 연월일과 사유
- 그 밖에 필요한 사항

시험 에 이렇게 나왔다!

근로기준법상 사용증명서에 관한 설명으로 틀린 것은?
(16년 3회)

① 사용증명서를 청고할 수 있는 자는 계속하여 30일 이상 근무한 근로자이다.

② 사용증명서를 청구할 수 있는 기한은 퇴직 후 3년 이내로 한다.

③ 사용자는 근로자가 퇴직한 후라도 사용증명서를 청구하면 사실대로 적은 증명서를 즉시 내주어야 한다.

④ 사용증명서의 법적 기재 사항은 청구여부에 관계 없이 기재해야 한다.

답 ④

제5과목 노동관계법규

(1) 평균임금과 통상임금

기출 20, 19, 17, 15, 14, 13, 12, 10, 07년

① 평균임금(제2조)

　㉠ 산정하여야 할 사유가 발생한 날 이전 3개월 동안에 그 근로자에게 지급된 임금의 총액을 그 기간의 총일수로 나눈 금액을 말한다. 근로자가 취업한 후 3개월 미만인 경우도 이에 준한다.

　㉡ 평균임금으로 계산하는 것

　　퇴직금, 휴업수당, 연차유급휴가수당, 재해보상금, 감급액

　㉢ 3개월에서 제외되는 기간(시행령 제2조)

　　평균임금 산정기간 중에 다음의 어느 하나에 해당하는 기간이 있는 경우에는 그 기간과 그 기간 중에 지급된 임금은 평균임금 산정기준이 되는 기간과 임금의 총액에서 각각 뺀다.

　　• 근로계약을 체결하고 수습 중에 있는 근로자가 수습을 시작한 날부터 3개월 이내의 기간
　　• 사용자의 귀책사유로 휴업한 기간
　　• 출산전후휴가 기간
　　• 업무상 부상 또는 질병으로 요양하기 위하여 휴업한 기간
　　•「남녀고용평등과 일·가정 양립 지원에 관한 법률」에 따른 육아휴직 기간
　　•「노동조합 및 노동관계조정법」에 따른 쟁의행위기간
　　•「병역법」,「예비군법」또는「민방위기본법」에 따른 의무를 이행하기 위하여 휴직하거나 근로하지 못한 기간. 다만, 그 기간 중 임금을 지급받은 경우에는 그러하지 아니하다.
　　• 업무 외 부상이나 질병, 그 밖의 사유로 사용자의 승인을 받아 휴업한 기간

② 통상임금(시행령 제6조)

　㉠ 근로자에게 정기적이고 일률적으로 소정(所定)근로 또는 총 근로에 대하여 지급하기로 정한 시간급 금액, 일급 금액, 주급 금액, 월급 금액 또는 도급 금액을 말한다.

　㉡ 통상임금으로 계산하는 것

　　해고예고수당, 연장·야간·휴일근로 가산수당, 연차유급휴가수당, 법정유급휴가 및 법정유급휴일수당

(2) 임금 지급(제43조)

기출 17, 14, 12, 11, 10, 09, 07년

① 임금은 통화(通貨)로 직접 근로자에게 그 전액을 지급하여야 한다. 다만, 법령 또는 단체협약에 특별한 규정이 있는 경우에는 임금의 일부를 공제하거나 통화 이외의 것으로 지급할 수 있다. → 통화불·직접불·전액불의 원칙
② 임금은 매월 1회 이상 일정한 날짜를 정하여 지급하여야 한다. 다만, 임시로 지급하는 임금, 수당, 그 밖에 이에 준하는 것 또는 대통령령으로 정하는 임금에 대하여는 그러하지 아니하다. → 정기불의 원칙

(3) 도급 사업에 대한 임금 지급(제44조 제1항)

사업이 한 차례 이상의 도급에 따라 행하여지는 경우에 하수급인(도급이 한 차례에 걸쳐 행하여진 경우에는 수급인을 말한다)이 직상수급인(도급이 한 차례에 걸쳐 행하여진 경우에는 도급인을 말한다)의 귀책사유로 근로자에게 임금을 지급하지 못한 경우에는 그 직상수급인은 그 하수급인과 연대하여 책임을 진다. 다만, 직상수급인의 귀책사유가 그 상위 수급인의 귀책사유에 의하여 발생한 경우에는 그 상위 수급인도 연대하여 책임을 진다.

(4) 비상시 지급

기출 19, 16, 13, 12, 11, 10, 09년

① 사용자는 근로자가 출산, 질병, 재해, 그 밖에 대통령령으로 정하는 비상(非常)한 경우의 비용에 충당하기 위하여 임금 지급을 청구하면 지급기일 전이라도 이미 제공한 근로에 대한 임금을 지급하여야 한다(제45조).
② "그 밖에 대통령령으로 정한 비상(非常)한 경우"란 근로자나 그의 수입으로 생계를 유지하는 자가 다음의 어느 하나에 해당하게 되는 경우를 말한다(시행령 제25조).
　㉠ 출산하거나 질병에 걸리거나 재해를 당한 경우
　㉡ 혼인 또는 사망한 경우
　㉢ 부득이한 사유로 1주 이상 귀향하게 되는 경우

제5과목 노동관계법규

시험 에 이렇게 나왔다!

근로기준법상 임금 지급 원칙이 아닌 것은? (17년 2회)
① 통화불의 원칙
② 정액불의 원칙
③ 직접불의 원칙
④ 정기불의 원칙

답 ②

시험 에 이렇게 나왔다!

근로기준법상 임금에 관한 설명으로 틀린 것은?
(16년 2회)
① 임금은 원칙적으로 통화(通貨)로 직접 근로자에게 그 전액을 지급하여야 한다.
② 사용자는 근로자가 출산, 질병, 재해 등 비상(非常)한 경우의 비용에 충당하기 위하여 임금 지급을 청구하면 지급기일 전이라도 향후 제공할 근로에 대한 임금을 지급하여야 한다.
③ 임금은 원칙적으로 매월 1회 이상 일정한 날짜를 정하여 지급하여야 한다.
④ 사업이 여러 차례의 도급에 따라 행하여지는 경우에 하수급인(下受給人)이 직상(直上)수급인의 귀책사유로 근로자에게 임금을 지급하지 못한 경우에는 그 직상 수급인은 그 하수급인과 연대하여 책임을 진다.

답 ②

(5) 휴업수당(제46조)
기출 20, 17, 12, 11년

① 사용자의 귀책사유로 휴업하는 경우에 사용자는 휴업기간 동안 그 근로자에게 평균임금의 100분의 70 이상의 수당을 지급하여야 한다. 다만, 평균임금의 100분의 70에 해당하는 금액이 통상임금을 초과하는 경우에는 통상임금을 휴업수당으로 지급할 수 있다.

② 부득이한 사유로 사업을 계속하는 것이 불가능하여 노동위원회의 승인을 받은 경우에는 위의 기준에 못 미치는 휴업수당을 지급할 수 있다.

(6) 임금의 시효(제49조)
기출 18, 15, 14, 12, 11, 10, 09, 07년

이 법에 따른 임금채권은 3년간 행사하지 아니하면 시효로 소멸한다.

시험에 이렇게 나왔다!

근로기준법상 임금채권의 소멸시효 기간은? (15년 1회)

① 1년
② 2년
③ 3년
④ 5년

답 ③

Thema 7 휴게와 휴일

(1) 휴게(제54조) 〔기출〕16, 10년

① 사용자는 근로시간이 4시간인 경우에는 30분 이상, 8시간인 경우에는 1시간 이상의 휴게시간을 근로시간 도중에 주어야 한다.

② 휴게시간은 근로자가 자유롭게 이용할 수 있다.

(2) 휴일(제55조) 〔기출〕20, 14년

주휴일	사용자는 근로자에게 1주에 평균 1회 이상의 유급휴일을 보장하여야 한다.
근로자의 날	5월 1일
공휴일	사용자는 근로자에게 대통령령으로 정하는 휴일을 유급으로 보장하여야 한다. 다만, 근로자대표와 서면으로 합의한 경우 특정한 근로일로 대체할 수 있다.

(3) 연장·야간 및 휴일 근로(제56조) 〔기출〕20, 19, 14, 12년

① 사용자는 연장근로에 대하여는 통상임금의 100분의 50 이상을 가산하여 근로자에게 지급하여야 한다.

② 사용자는 휴일근로에 대하여는 다음의 기준에 따른 금액 이상을 가산하여 근로자에게 지급하여야 한다.

　⊙ 8시간 이내의 휴일근로 : 통상임금의 100분의 50

　⊙ 8시간을 초과한 휴일근로 : 통상임금의 100분의 100

③ 사용자는 야간근로(오후 10시부터 다음 날 오전 6시 사이의 근로를 말한다)에 대하여는 통상임금의 100분의 50 이상을 가산하여 근로자에게 지급하여야 한다.

제5과목 노동관계법규

(1) 최저 연령과 취직인허증(제64조)

기출 18, 14, 09년

① 15세 미만인 사람(「초·중등교육법」에 따른 중학교에 재학 중인 18세 미만인 사람을 포함한다)은 근로자로 사용하지 못한다. 다만, 대통령령으로 정하는 기준에 따라 고용노동부장관이 발급한 취직인허증(就職認許證)을 지닌 사람은 근로자로 사용할 수 있다.

㉠ 취직인허증을 받을 수 있는 자는 13세 이상 15세 미만인 자로 한다. 다만, 예술공연 참가를 위한 경우에는 13세 미만인 자도 취직인허증을 받을 수 있다(시행령 제35조 제1항).

㉡ 취직인허증을 받으려는 자는 고용노동부령으로 정하는 바에 따라 고용노동부장관에게 신청하여야 한다(시행령 제35조 제2항).

㉢ 신청은 학교장(의무교육 대상자와 재학 중인 자로 한정한다) 및 친권자 또는 후견인의 서명을 받아 사용자가 될 자와 연명(連名)으로 하여야 한다(시행령 제35조 제3항).

② 취직인허증은 본인의 신청에 따라 의무교육에 지장이 없는 경우에는 직종(職種)을 지정하여서만 발행할 수 있다.

③ 고용노동부장관은 거짓이나 그 밖의 부정한 방법으로 취직인허증을 발급받은 사람에게는 그 인허를 취소하여야 한다.

(2) 사용 금지(제65조)

① 사용자는 임신 중이거나 산후 1년이 지나지 아니한 여성(이하 "임산부")과 18세 미만자를 도덕상 또는 보건상 유해·위험한 사업에 사용하지 못한다.

② 사용자는 임산부가 아닌 18세 이상의 여성을 보건상 유해·위험한 사업 중 임신 또는 출산에 관한 기능에 유해·위험한 사업에 사용하지 못한다.

(3) 연소자 증명서(제66조)

사용자는 18세 미만인 사람에 대하여는 그 연령을 증명하는 가족관계기록사항에 관한 증명서와 친권자 또는 후견인의 동의서를 사업장에 갖추어 두어야 한다.

(4) 근로계약(제67조)

① 친권자나 후견인은 미성년자의 근로계약을 대리할 수 없다.

② 친권자, 후견인 또는 고용노동부장관은 근로계약이 미성년자에게 불리하다고 인정하는 경우에는 이를 해지할 수 있다.

③ 사용자는 18세 미만인 사람과 근로계약을 체결하는 경우에는 근로조건을 서면으로 명시하여 교부하여야 한다.

(5) 임금의 청구(제68조)

미성년자는 독자적으로 임금을 청구할 수 있다.

(6) 근로시간(제69조)

15세 이상 18세 미만인 사람의 근로시간은 1일에 7시간, 1주에 35시간을 초과하지 못한다. 다만, 당사자 사이의 합의에 따라 1일에 1시간, 1주에 5시간을 한도로 연장할 수 있다.

(7) 야간근로와 휴일근로의 제한(제70조) 기출 12년

① 사용자는 18세 이상의 여성을 오후 10시부터 오전 6시까지의 시간 및 휴일에 근로시키려면 그 근로자의 동의를 받아야 한다.

② 사용자는 임산부와 18세 미만자를 오후 10시부터 오전 6시까지의 시간 및 휴일에 근로시키지 못한다. 다만, 다음의 어느 하나에 해당하는 경우로서 고용노동부장관의 인가를 받으면 그러하지 아니하다.

  ㉠ 18세 미만자의 동의가 있는 경우

  ㉡ 산후 1년이 지나지 아니한 여성의 동의가 있는 경우

  ㉢ 임신 중의 여성이 명시적으로 청구하는 경우

③ 사용자는 ②의 경우 고용노동부장관의 인가를 받기 전에 근로자의 건강 및 모성 보호를 위하여 그 시행 여부와 방법 등에 관하여 그 사업 또는 사업장의 근로자대표와 성실하게 협의하여야 한다.

(8) 시간외근로(제71조)

사용자는 산후 1년이 지나지 아니한 여성에 대하여는 단체협약이 있는 경우라도 1일에 2시간, 1주에 6시간, 1년에 150시간을 초과하는 시간외근로를 시키지 못한다.

(9) 임산부의 보호(제74조)

기출 19, 15, 13, 10년

① 사용자는 임신 중의 여성에게 출산 전과 출산 후를 통하여 90일(한 번에 둘 이상 자녀를 임신한 경우에는 120일)의 출산전후휴가를 주어야 한다. 이 경우 휴가 기간의 배정은 출산 후에 45일(한 번에 둘 이상 자녀를 임신한 경우에는 60일) 이상이 되어야 한다.

② 사용자는 임신 중인 여성 근로자가 유산의 경험 등 대통령령으로 정하는 사유로 ①의 휴가를 청구하는 경우 출산 전 어느 때라도 휴가를 나누어 사용할 수 있도록 하여야 한다. 이 경우 출산 후의 휴가 기간은 연속하여 45일(한 번에 둘 이상 자녀를 임신한 경우에는 60일) 이상이 되어야 한다.

③ 사용자는 임신 중인 여성이 유산 또는 사산한 경우로서 그 근로자가 청구하면 대통령령으로 정하는 바에 따라 유산·사산 휴가를 주어야 한다. 다만, 인공 임신중절 수술(「모자보건법」에 따른 경우는 제외한다)에 따른 유산의 경우는 그러하지 아니하다.

④ ①부터 ③까지의 규정에 따른 휴가 중 최초 60일(한 번에 둘 이상 자녀를 임신한 경우에는 75일)은 유급으로 한다. 다만, 「남녀고용평등과 일·가정 양립 지원에 관한 법률」에 따라 출산전후휴가급여 등이 지급된 경우에는 그 금액의 한도에서 지급의 책임을 면한다.

⑤ 사용자는 임신 중의 여성 근로자에게 시간외근로를 하게 하여서는 아니 되며, 그 근로자의 요구가 있는 경우에는 쉬운 종류의 근로로 전환하여야 한다.

⑥ 사업주는 제1항에 따른 출산전후휴가 종료 후에는 휴가 전과 동일한 업무 또는 동등한 수준의 임금을 지급하는 직무에 복귀시켜야 한다.

⑦ 사용자는 임신 후 12주 이내 또는 36주 이후에 있는 여성 근로자가 1일 2시간의 근로시간 단축을 신청하는 경우 이를 허용하여야 한다. 다만, 1일 근로시간이 8시간 미만인 근로자에 대하여는 1일 근로시간이 6시간이 되도록 근로시간 단축을 허용할 수 있다.

⑧ 사용자는 ⑦에 따른 근로시간 단축을 이유로 해당 근로자의 임금을 삭감하여서는 아니 된다.

⑨ ⑦에 따른 근로시간 단축의 신청방법 및 절차 등에 필요한 사항은 대통령령으로 정한다.

시험에 이렇게 나왔다!

근로기준법상 임산부의 보호에 관한 설명으로 틀린 것은? (19년 3회)

① 사용자는 임신 중의 여성에게 출산 전과 출산 후를 통하여 90일(한 번에 둘 이상 자녀를 임신한 경우에는 120일)의 출산전후휴가를 주어야 한다.

② 휴가 기간의 배정은 출산 후에 30일(한 번에 둘 이상 자녀를 임신한 경우에는 45일) 이상이 되어야 한다.

③ 사용자는 임신 중의 여성 근로자에게 시간외근로를 하게 하여서는 아니 되며, 그 근로자의 요구가 있는 경우에는 쉬운 종류의 근로로 전환하여야 한다.

④ 사업주는 출산전후휴가 종료 후에는 휴가 전과 동일한 업무 또는 동등한 수준의 임금을 지급하는 직무에 복귀시켜야 한다.

답 ②

시험에 이렇게 나왔다!

근로기준법상 임산부의 보호에 관한 설명으로 틀린 것은? (15년 1회)

① 사용자는 임신 중의 여성에게 출산 전과 출산 후를 통하여 90일의 출산전후휴가를 주어야 한다.

② 사용자는 임신 중인 여성 근로자가 유산의 경험 등의 사유로 휴가를 청구하는 경우 출산 전 어느 때라도 휴가를 나누어 사용할 수 있도록 하여야 한다.

③ 인공 임신중절 수술에 따른 유산의 경우 근로자가 청구하면 유산·사산 휴가를 주어야 한다.

④ 사용자는 임신 중의 여성 근로자에게 시간외근로를 하게 하여서는 아니 되며, 그 근로자의 요구가 있는 경우에는 쉬운 종류의 근로로 전환하여야 한다.

답 ③

Thema 9 취업규칙

시험 에 이렇게 나왔다!

근로기준법상 취업규칙에 반드시 기재하여야 하는 사항이 아닌 것은? (17년 3회)

① 업무의 시작시간
② 임금의 산정기간
③ 근로자의 식비 부담
④ 근로계약기간

답 ④

(1) 취업규칙의 작성 · 신고(제93조) 〔기출〕 20, 17, 14, 12, 10, 09년

상시 10명 이상의 근로자를 사용하는 사용자는 다음의 사항에 관한 취업규칙을 작성하여 고용노동부장관에게 신고하여야 한다. 이를 변경하는 경우에도 또한 같다.

① 업무의 시작과 종료 시각, 휴게시간, 휴일, 휴가 및 교대 근로에 관한 사항
② 임금의 결정 · 계산 · 지급 방법, 임금의 산정기간 · 지급시기 및 승급(昇給)에 관한 사항
③ 가족수당의 계산 · 지급 방법에 관한 사항
④ 퇴직에 관한 사항
⑤ 「근로자퇴직급여 보장법」에 따라 설정된 퇴직급여, 상여 및 최저임금에 관한 사항
⑥ 근로자의 식비, 작업 용품 등의 부담에 관한 사항
⑦ 근로자를 위한 교육시설에 관한 사항
⑧ 출산전후휴가 · 육아휴직 등 근로자의 모성 보호 및 일 · 가정 양립 지원에 관한 사항
⑨ 안전과 보건에 관한 사항
⑩ 근로자의 성별 · 연령 또는 신체적 조건 등의 특성에 따른 사업장 환경의 개선에 관한 사항
⑪ 업무상과 업무 외의 재해부조(災害扶助)에 관한 사항
⑫ 직장 내 괴롭힘의 예방 및 발생 시 조치 등에 관한 사항
⑬ 표창과 제재에 관한 사항
⑭ 그 밖에 해당 사업 또는 사업장의 근로자 전체에 적용될 사항

시험 에 이렇게 나왔다!

근로기준법상 취업규칙에 관한 설명으로 틀린 것은?
(17년 1회)

① 상시 10명 이상의 근로자를 사용하는 사용자는 취업규칙을 작성하여 고용노동부장관에게 신고하여야 한다.
② 사용자는 취업규칙의 작성 또는 변경에 관하여 원칙적으로 해당 사업 또는 사업장에 근로자의 과반수로 조직된 노동조합이 있는 경우에는 그 노동조합, 근로자의 과반수로 조직된 노동조합이 없는 경우에는 근로자의 과반수의 동의를 받아야 한다.
③ 취업규칙에서 근로자에 대하여 감급(減給)의 제재를 정할 경우에 그 감액은 1회의 금액이 평균임금의 1일분의 2분의 1을, 총액이 1임금지급기의 임금 총액의 10분의 1을 초과하지 못한다.
④ 취업규칙은 법령이나 해당 사업 또는 사업장에 대하여 적용되는 단체협약과 어긋나서는 아니 되며, 고용노동부장관은 법령이나 단체협약에 어긋나는 취업규칙의 변경을 명할 수 있다.

답 ②

(2) 규칙의 작성, 변경 절차(제94조) 〔기출〕 17, 15, 11, 10, 08년

① 사용자는 취업규칙의 작성 또는 변경에 관하여 해당 사업 또는 사업장에 근로자의 과반수로 조직된 노동조합이 있는 경우에는 그 노동조합, 근로자의 과반수로 조직된 노동조합이 없는 경우에는 근로자의 과반수의 의견을 들어야 한다. 다만, 취업규칙을 근로자에게 불리하게 변경하는 경우에는 그 동의를 받아야 한다.
② 사용자는 취업규칙을 신고할 때에는 ①의 의견을 적은 서면을 첨부하여야 한다.

(3) 제재 규정의 제한(제95조)

취업규칙에서 근로자에 대하여 감급(減給)의 제재를 정할 경우에 그 감액은 1회의 금액이 평균임금의 1일분의 2분의 1을, 총액이 1임금지급기의 임금 총액의 10분의 1을 초과하지 못한다.

(4) 단체협약의 준수(제96조)

① 취업규칙은 법령이나 해당 사업 또는 사업장에 대하여 적용되는 단체협약과 어긋나서는 아니 된다.
② 고용노동부장관은 법령이나 단체협약에 어긋나는 취업규칙의 변경을 명할 수 있다.

(5) 위반의 효력(제97조)   기출 16, 10, 09년

취업규칙에서 정한 기준에 미달하는 근로조건을 정한 근로계약은 그 부분에 관하여는 무효로 한다. 이 경우 무효로 된 부분은 취업규칙에 정한 기준에 따른다.

시험에 이렇게 나왔다!

근로기준법상 취업규칙에 관한 설명으로 틀린 것은?
(17년 2회)

① 취업규칙에서 근로자에 대하여 감급(減給)의 제재를 정할 경우에 그 감액은 1회의 금액이 평균임금의 1일분의 3분의 1을, 총액이 1임금지급기의 임금 총액의 10분의 1을 초과하지 못한다.
② 취업규칙을 신고할 때에는 근로자의 과반수로 조직된 노동조합 또는 근로자의 과반수로 조직된 노동조합이 없는 경우에는 근로자 과반수의 의견을 적은 서면을 첨부하여야 한다.
③ 취업규칙을 불이익하게 변경하는 경우에는 근로자의 과반수로 조직된 노동조합 또는 근로자의 과반수로 조직된 노동조합이 없는 경우에는 근로자 과반수의 동의를 얻어야 한다.
④ 취업규칙에서 정한 기준에 미달하는 근로조건을 정한 근로계약은 그 부분에 관하여는 무효로 한다.
답 ①

제5과목

노동관계법규

근로기준법 연습문제

01

근로기준법상 근로자의 정의로 옳은 것은? (17년 3회)

① 직업의 종류와 관계없이 임금을 목적으로 사업이나 사업장에 근로를 제공하는 자
② 직업의 종류와 관계없이 임금, 급료 기타 이에 준하는 수입에 의해 생활하는 자
③ 사업주에게 고용된 자와 취업할 의사를 가진 자
④ 사업주의 지휘감독 하에서 상시근로를 제공하고 그 대가로 임금형태의 금품을 지급받는 자

해설

근로기준법상 "근로자"란 직업의 종류와 관계없이 임금을 목적으로 사업이나 사업장에 근로를 제공하는 사람을 말한다.

02

근로기준법령상 평균임금의 계산에서 제외되는 기간이 아닌 것은?

① 사용자의 귀책사유로 휴업한 기간
② 출산전후휴가 기간
③ 남성근로자가 신생아의 양육을 위하여 육아휴직한 기간
④ 병역의무 이행을 위하여 유급으로 휴직한 기간

해설

병역법, 예비군법, 민방위법에 따른 의무를 이행하기 위하여 휴직하거나 근로하지 못한 경우 계산에서 제외되지만, 그 기간 중 임금을 지급받은 경우에는 제외되지 않는다.

03

다음 (   )에 알맞은 것은?

> 근로기준법상 야간근로는 (ㄱ)부터 다음 날 (ㄴ) 사이의 근로를 말한다.

① ㄱ : 오후 8시, ㄴ : 오전 4시
② ㄱ : 오후 10시, ㄴ : 오전 6시
③ ㄱ : 오후 12시, ㄴ : 오전 6시
④ ㄱ : 오후 6시, ㄴ : 오전 4시

해설

근로기준법상 야간근로는 오후 10시부터 다음 날 오전 6시 사이의 근로를 말한다.

04

근로기준법상 근로감독관에 관한 설명으로 틀린 것은?

① 근로조건의 기준을 확보하기 위하여 고용노동부와 그 소속 기관에 근로감독관을 둔다.
② 근로감독관의 직무에 관한 범죄의 수사는 검사와 근로감독관이 전담하여 수행한다.
③ 근로감독관은 사업장, 기숙사, 그 밖의 부속건물을 현장 조사하고 장부와 서류의 제출을 요구할 수 있다.
④ 의사인 근로감독관이나 근로감독관의 위촉을 받은 의사는 취업을 금지하여야 할 질병에 걸릴 의심이 있는 근로자에 대하여 검진할 수 있다.

해설

근로감독관의 직무에 관해 범죄수사에서는 근로감독관의 사법경찰관 직무는 해당되지 않는다.

05

근로기준법령상 상시 4명 이하의 근로자를 사용하는 사업 또는 사업장에 적용하는 법 규정을 모두 고른 것은?

> ㄱ. 근로기준법 제9조 (중간착취의 배제)
> ㄴ. 근로기준법 제18조 (단시간근로자의 근로조건)
> ㄷ. 근로기준법 제21조 (전차금 상계의 금지)
> ㄹ. 근로기준법 제60조 (연차 유급휴가)
> ㅁ. 근로기준법 제72조 (갱내근로의 금지)

① ㄱ, ㄷ, ㄹ
② ㄴ, ㄹ
③ ㄷ, ㅁ
④ ㄱ, ㄴ, ㄷ, ㅁ

해설

근로기준법 제60조(연차 유급휴가)는 상시 4명 이하의 근로자를 사용하는 사업 또는 사업장에 적용하지 않는다.

06

근로기준법상 임금에 대한 설명으로 틀린 것은?

① 임금이란 사용자가 근로의 대가로 근로자에게 임금, 봉급, 그 밖에 어떠한 명칭으로든지 지급하는 일체의 금품을 말한다.
② 평균임금이란 이를 산정하여야 할 사유가 발생한 날 이전 3개월 동안에 그 근로자에게 지급된 임금의 총액을 말한다.
③ 사용자는 도급이나 그 밖에 이에 준하는 제도로 사용하는 근로자에게 근로시간에 따라 일정액의 임금을 보장하여야 한다.
④ 근로기준법에 따른 임금채권은 3년간 행사하지 아니하면 시효로 소멸한다.

해설

평균임금은 이를 산정하여야 할 사유가 발생한 날 이전 3개월 동안에 그 근로자에게 지급된 임금의 총액을 그 기간의 총일수로 나눈 금액을 말한다.

07

근로기준법상 경영상 이유에 의한 해고에 관한 설명으로 틀린 것은? (19년 3회)

① 경영 악화를 방지하기 위한 사업의 양도·인수·합병은 긴박한 경영상의 필요가 있는 것으로 본다.
② 사용자는 해고를 피하기 위한 노력을 다하여야 한다.
③ 사용자는 합리적이고 공정한 해고의 기준을 정하고 이에 따라 그 대상자를 선정하여야 한다.
④ 사용자는 해고를 피하기 위한 방법과 해고의 기준 등에 관하여 해고를 하려는 날의 60일 전까지 고용노동부장관의 승인을 받아야 한다.

해설

근로기준법 제24조에 따라 사용자는 해고를 피하기 위한 방법과 해고의 기준 등에 관하여 그 사업 또는 사업장에 근로자의 과반수로 조직된 노동조합이 있는 경우에는 그 노동조합에 해고를 하려는 날의 50일 전까지 통보하고 성실하게 협의하여야 한다. 또한 사용자는 대통령령으로 정하는 일정한 규모 이상의 인원을 해고하려면 대통령령으로 정하는 바에 따라 고용노동부장관에게 신고하여야 한다.

08

근로기준법령상 근로자의 청구에 따라 사용자가 지급기일 전이라도 이미 제공한 근로자에 대한 임금을 지급하여야 하는 비상(非常)한 경우에 해당하지 않는 것은?

① 근로자가 혼인한 경우
② 근로자가 수입으로 생계를 유지하는 자가 사망한 경우
③ 근로자가 그의 수입으로 생계를 유지하는 자가 출산하거나 질병에 걸린 경우
④ 근로자나 그의 수입으로 생계를 유지하는 자가 부득이한 사유로 3일 이상 귀향하게 되는 경우

해설

사용자는 근로자가 출산, 질병, 재해, 그 밖에 지급기일 전의 임금 지급으로 정하는 비상(非常)한 경우의 비용에 충당하기 위하여 임금 지급을 청구하면 지급기일 전이라도 이미 제공한 근로에 대한 임금을 지급하여야 한다(근로기준법 제45조).

09

다음 (   )에 알맞은 것은?   (18년 1회)

> 근로기준법에 따른 임금채권은 (   )간 행사하지 아니하면 시효로 소멸한다.

① 6개월   ② 1년
③ 2년   ④ 3년

해설

근로기준법에 따른 임금채권은 3년간 행사하지 아니하면 시효로 소멸한다.

10

근로기준법상 근로계약에 관한 설명으로 틀린 것은?

① 근로기준법에서 정하는 기준에 미치지 못하는 근로조건을 정한 근로계약은 그 부분에 한하여 무효로 한다.
② 근로계약이 무효로 된 부분은 근로기준법에서 정한 기준에 따른다.
③ 사용자는 근로계약을 체결할 때에 근로자에게 임금, 소정근로시간, 휴일, 연차 유급휴가 등의 사항을 명시하여야 한다.
④ 명시된 근로조건이 사실과 다를 경우에 근로자는 근로조건 위반을 이유로 손해의 배상을 청구할 수 있으나 근로계약은 해제할 수 없다.

해설

명시된 근로조건이 사실과 다를 경우 근로자는 근로조건 위반을 이유로 손해배상을 청구하거나 근로계약을 해제할 수 있다.

11

근로기준법의 기본원리와 가장 거리가 먼 것은? (18년 3회)

① 강제 근로의 금지
② 근로자단결의 보장
③ 균등한 처우
④ 공민권 행사의 보장

해설

근로자 단결의 보장은 헌법 제32조에 근거한 노동조합 및 노동관계조정법의 목적에 해당한다.

12

근로기준법상 상시 4명 이하의 근로자를 사용 하는 사업 또는 사업장에 적용하는 규정으로만 짝지어진 것은?

> ㄱ. 주휴일
> ㄴ. 연차유급휴가
> ㄷ. 해고의 예고
> ㄹ. 부당해고구제신청

① ㄱ, ㄷ   ② ㄷ, ㄹ
③ ㄱ, ㄴ   ④ ㄱ, ㄹ

해설

주휴일과 해고의 예고는 4명 이하의 사업장에 적용되는 규정이다. 근로기준법상 상시 4명 이하 사업장에 적용되지 않는 주요 규정에는 이유 없는 해고금지, 경영상 이유로 인한 해고제한, 휴업수당, 근로시간의 제한, 연차휴가, 연장 · 야간 휴일근로 시 가산수당 지급, 생리휴가, 취업규칙 작성신고 등이 있다.

13

근로기준법상 재해보상에 관한 설명으로 옳은 것은?

① 근로자가 업무상 사망한 경우에는 사용자는 근로자가 사망한 후 30일 이내에 그 유족에게 평균임금 1,000일분의 유족보상을 하여야 한다.
② 근로자가 업무상 사망한 경우에는 사용자는 근로자가 사망한 후 30일 이내에 평균임금 90일분의 장의비를 지급하여야 한다.
③ 보상을 받을 권리는 퇴직으로 인하여 변경되지 아니하고, 양도할 수 있다.
④ 보상을 받게 될 자가 동일한 사유에 대하여 「민법」이나 그 밖의 법령에 따라 이 법의 재해보상에 상당한 금품을 받으면 그 가액(價額)의 한도에서 사용자는 보상의 책임을 면한다.

① 근로자가 업무상 사망한 경우에는 사용자는 근로자가 사망한 후 지체없이 유족에게 평균임금 1,000일분의 유족보상을 하여야 한다.

② 근로자가 업무상 사망한 경우에는 사용자는 근로자가 사망한 후 지체없이 평균임금 90일분의 장의비를 지급하여야 한다.

③ 보상을 받을 권리는 퇴직으로 인하여 변경되지 아니하고, 양도나 압류하지 못한다.

14

다음 중 4주 동안을 평균하여 1주 동안의 소정근로시간이 15시간 미만인 근로자에게 적용되는 것은?

① 「근로기준법」에 따른 주 휴일
② 「근로기준법」에 따른 휴게시간
③ 「근로기준법」에 따른 연차 유급 휴가
④ 「근로자퇴직 급여 보장법」에 따른 퇴직급여제도

사용자는 근로시간이 4시간인 경우에는 30분 이상, 8시간인 경우에는 1시간 이상의 휴게시간을 근로시간 도중에 주어야 한다. 또한 휴게시간은 근로자가 자유롭게 이용할 수 있다.

15

근로기준법의 기본원칙에 관한 설명으로 틀린 것은?

① 근로기준법에서 정하는 근로조건은 최저기준이므로 근로 관계 당사자는 이 기준을 이유로 근로조건을 낮출 수 없다.

② 근로조건은 근로자와 사용자가 동등한 지위에서 사용자의 의사에 따라 결정하여야 한다.

③ 근로자와 사용자는 각자가 단체협약, 취업규칙과 근로계약을 지키고 성실하게 이행할 의무가 있다.

④ 사용자는 근로자에 대하여 남녀의 성(性)을 이유로 차별적 대우를 하지 못하고, 국적·신앙 또는 사회적 신분을 이유로 근로조건에 대한 차별적 처우를 하지 못한다.

근로조건은 근로자와 사용자가 동등한 지위에서 자유의사에 따라 결정하여야 한다.

16

근로기준법상 부당해고 구제신청 불복절차에 관한 설명으로 옳은 것은?

① 지방노동위원회의 구제명령이나 기각결정에 불복하는 사용자나 근로자는 구제명령서나 기각결정서를 통지받은 날부터 15일 이내에 중앙노동위원회에 재심을 신청할 수 있다.

② 중앙노동위원회에 재심신청을 하면 지방노동위원회의 구제명령이나 기각결정은 효력이 정지된다.

③ 중앙노동위원회 재심판정에 대하여 사용자나 근로자는 재심판정일로부터 15일 이내에 이에 불복하는 행정소송을 제기할 수 있다.

④ 행정소송을 제기하더라도 중앙노동위원회의 재심판정은 효력이 정지되지 아니한다.

① 지방노동위원회의 구제명령이나 기각결정에 불복하는 사용자나 근로자는 구제명령서나 기각결정서를 통지받은 날부터 10일 이내에 중앙노동위원회에 재심을 신청할 수 있다.

② 중앙노동위원회에 재심신청을 하면 지방노동위원회의 구제명령이나 기각결정은 효력이 정지되지 아니한다.

③ 중앙노동위원회 재심판정에 대하여 사용자나 근로자는 재심판정서를 송달받은 날부터 15일 이내에 「행정소송법」의 규정에 따라 소(訴)를 제기할 수 있다.

CHAPTER 03

남녀고용평등과 일·가정 양립 지원에 관한 법률

Thema 1 총칙

시험에 이렇게 나왔다!

남녀고용평등과 일·가정 양립 지원에 관한 법률의 목적에 해당하지 않는 것은?

(16년 1회)

① 고용에서 남녀의 평등한 기회와 대우 보장
② 여성가장에 대한 지원
③ 모성보호와 여성고용을 촉진하여 남녀고용평등 실현
④ 일과 가정의 양립지원

답 ②

(1) 목적(제1조)   기출 19, 16, 14, 12년

「대한민국헌법」의 평등이념에 따라 고용에서 남녀의 평등한 기회와 대우를 보장하고 모성 보호와 여성 고용을 촉진하여 남녀고용평등을 실현함과 아울러 근로자의 일과 가정의 양립을 지원함으로써 모든 국민의 삶의 질 향상에 이바지하는 것을 목적으로 한다.

(2) 정의(제2조)   기출 18~12, 10, 09, 07년

① 차별
  ㉠ 사업주가 근로자에게 성별, 혼인, 가족 안에서의 지위, 임신 또는 출산 등의 사유로 합리적인 이유 없이 채용 또는 근로의 조건을 다르게 하거나 그 밖의 불리한 조치를 하는 경우를 말한다.
  ㉡ 사업주가 채용조건이나 근로조건은 동일하게 적용하더라도 그 조건을 충족할 수 있는 남성 또는 여성이 다른 한 성(性)에 비하여 현저히 적고 그에 따라 특정 성에게 불리한 결과를 초래하며 그 조건이 정당한 것임을 증명할 수 없는 경우를 포함한다.
  ㉢ 다만, 다음의 어느 하나에 해당하는 경우는 제외한다.
    • 직무의 성격에 비추어 특정 성이 불가피하게 요구되는 경우
    • 여성 근로자의 임신·출산·수유 등 모성보호를 위한 조치를 하는 경우
    • 그 밖에 이 법 또는 다른 법률에 따라 적극적 고용개선조치를 하는 경우
② 직장 내 성희롱
  사업주·상급자 또는 근로자가 직장 내의 지위를 이용하거나 업무와 관련하여 다른 근로자에게 성적 언동 등으로 성적 굴욕감 또는 혐오감을 느끼게 하거나 성적 언동 또는 그 밖의 요구 등에 따르지 아니하였다는 이유로 근로조건 및 고용에서 불이익을 주는 것을 말한다.
③ 적극적 고용개선조치
  현존하는 남녀 간의 고용차별을 없애거나 고용평등을 촉진하기 위하여 잠정적으로 특정 성을 우대하는 조치를 말한다.

④ 근로자

　사업주에게 고용된 사람과 취업할 의사를 가진 사람을 말한다.

(3) 적용 범위(제3조)

기출 17, 14, 11, 10, 07년

① 이 법은 근로자를 사용하는 모든 사업 또는 사업장(이하 "사업")에 적용한다. 다만, 대통령령으로 정하는 사업에 대하여는 이 법의 전부 또는 일부를 적용하지 아니할 수 있다.

② 대통령령으로 정하는 사업이란 동거하는 친족만으로 이루어지는 사업과 가사사용인이다(시행령 제2조).

③ 남녀고용평등의 실현과 일 · 가정의 양립에 관하여 다른 법률에 특별한 규정이 있는 경우 외에는 이 법에 따른다.

🔍 기본계획 수립

기출 20년

• 고용노동부장관은 남녀고용평등 실현과 일 · 가정의 양립에 관한 기본계획(이하 "기본계획")을 5년마다 수립하여야 한다(제6조의2 제1항).

• 기본계획에는 다음 각 사항이 포함되어야 한다.

　– 여성취업의 촉진에 관한 사항

　– 남녀의 평등한 기회보장 및 대우에 관한 사항

　– 동일 가치 노동에 대한 동일 임금 지급의 정착에 관한 사항

　– 여성의 직업능력 개발에 관한 사항

　– 여성 근로자의 모성 보호에 관한 사항

　– 일 · 가정의 양립 지원에 관한 사항

　– 여성 근로자를 위한 복지시설의 설치 및 운영에 관한 사항

　– 직전 기본계획에 대한 평가

　– 그 밖에 남녀고용평등의 실현과 일 · 가정의 양립 지원을 위하여 고용노동부장관이 필요하다고 인정하는 사항

시험 에 이렇게 나왔다!

남녀고용평등과 일 · 가정 양립 지원에 관한 법률상 차별에 해당하는 것은? (16년 1회)

① 여성근로자에 한하여 육아휴직을 허용하는 조치

② 현존하는 차별을 해소하기 위하여 사업주가 잠정적으로 남성근로자를 우대하는 조치

③ 현존하는 차별을 해소하기 위하여 사업주가 잠정적으로 여성근로자를 우대하는 조치

④ 여성근로자의 모성보호를 위한 조치

답 ①

Thema 2 남녀의 평등한 기회보장 및 대우

(1) 모집과 채용(제7조)

① 사업주는 근로자를 모집하거나 채용할 때 남녀를 차별하여서는 아니 된다.

② 사업주는 여성 근로자를 모집·채용할 때 그 직무의 수행에 필요하지 아니한 용모·키·체중 등의 신체적 조건, 미혼 조건, 그 밖에 고용노동부령으로 정하는 조건을 제시하거나 요구하여서는 아니 된다.

(2) 임금(제8조)

기출 20, 18, 17, 15, 13, 09년

① 사업주는 동일한 사업 내의 동일 가치 노동에 대하여는 동일한 임금을 지급하여야 한다.

② 동일 가치 노동의 기준은 직무 수행에서 요구되는 기술, 노력, 책임 및 작업 조건 등으로 하고, 사업주가 그 기준을 정할 때에는 이 법에 따른 노사협의회의 근로자를 대표하는 위원의 의견을 들어야 한다.

③ 사업주가 임금차별을 목적으로 설립한 별개의 사업은 동일한 사업으로 본다.

(3) 임금 외의 금품 등(제9조)

사업주는 임금 외에 근로자의 생활을 보조하기 위한 금품의 지급 또는 자금의 융자 등 복리후생에서 남녀를 차별하여서는 아니 된다.

(4) 교육·배치 및 승진(제10조)

사업주는 근로자의 교육·배치 및 승진에서 남녀를 차별하여서는 아니 된다.

(5) 정년·퇴직 및 해고(제11조)

① 사업주는 근로자의 정년·퇴직 및 해고에서 남녀를 차별하여서는 아니 된다.

② 사업주는 여성 근로자의 혼인, 임신 또는 출산을 퇴직 사유로 예정하는 근로계약을 체결하여서는 아니 된다.

시험 에 이렇게 나왔다!

남녀고용평등과 일·가정 양립 지원에 관한 법률상 고용에 있어서 남녀의 평등한 기회와 대우를 보장하여야 할 사항으로 명시되어 있지 않은 것은? (17년 1회)

① 모집과 채용
② 임금
③ 근로시간
④ 교육

답 ③

(1) 직장 내 성희롱의 금지(제12조)

사업주, 상급자 또는 근로자는 직장 내 성희롱을 하여서는 아니 된다.

(2) 직장 내 성희롱 예방 교육(시행령 제3조) [기출] 20, 19, 18, 14, 13, 11, 10, 09년

① 사업주는 직장 내 성희롱 예방을 위한 교육을 연 1회 이상 하여야 한다.

② 예방 교육에는 다음의 내용이 포함되어야 한다.

　㉠ 직장 내 성희롱에 관한 법령

　㉡ 해당 사업장의 직장 내 성희롱 발생 시의 처리 절차와 조치 기준

　㉢ 해당 사업장의 직장 내 성희롱 피해 근로자의 고충상담 및 구제 절차

　㉣ 그 밖에 직장 내 성희롱 예방에 필요한 사항

③ 예방 교육은 사업의 규모나 특성 등을 고려하여 직원연수 · 조회 · 회의, 인터넷 등 정보통신망을 이용한 사이버 교육 등을 통하여 실시할 수 있다. 다만, 단순히 교육자료 등을 배포 · 게시하거나 전자우편을 보내거나 게시판에 공지하는 데 그치는 등 근로자에게 교육 내용이 제대로 전달되었는지 확인하기 곤란한 경우에는 예방 교육을 한 것으로 보지 아니한다.

④ 다음의 어느 하나에 해당하는 사업의 사업주는 ②의 내용을 근로자가 알 수 있도록 교육자료 또는 홍보물을 게시하거나 배포하는 방법으로 직장 내 성희롱 예방 교육을 할 수 있다.

　㉠ 상시 10명 미만의 근로자를 고용하는 사업

　㉡ 사업주 및 근로자 모두가 남성 또는 여성 중 어느 한 성(性)으로 구성된 사업

⑤ 사업주가 소속 근로자에게 「근로자직업능력 개발법」에 따라 인정받은 훈련과정 중 ②의 각 내용이 포함되어 있는 훈련과정을 수료하게 한 경우에는 그 훈련과정을 마친 근로자에게는 예방 교육을 한 것으로 본다.

남녀고용평등과 일 · 가정 양립 지원에 관한 법률상 직장 내 성희롱의 금지 및 예방에 대한 설명으로 틀린 것은?
(19년 2회)

① 사업주는 직장 내 성희롱 예방을 위한 교육을 분기별 1회 이상 하여야 한다.

② 사업주는 성희롱 예방 교육의 내용을 근로자가 자유롭게 열람할 수 있는 장소에 항상 게시하거나 갖추어 두어 근로자에게 널리 알려야 한다.

③ 누구든지 직장 내 성희롱 발생 사실을 알게 된 경우 그 사실을 해당 사업주에게 신고할 수 있다.

④ 사업주는 직장 내 성희롱 발생 사실이 확인된 때에는 피해근로자가 요청하면 근무장소의 변경, 배치전환, 유급휴가 명령 등 적절한 조치를 하여야 한다.

답 ①

제5과목

노동관계법규

(3) 성희롱 예방 교육기관 지정의 취소(제13조의2 제5항) 기출 제20년

고용노동부장관은 성희롱 예방 교육기관이 다음의 어느 하나에 해당하면 그 지정을 취소할 수 있다.

① 거짓이나 그 밖의 부정한 방법으로 지정을 받은 경우
② 정당한 사유 없이 제3항에 따른 강사를 3개월 이상 계속하여 두지 아니한 경우
③ 2년 동안 직장 내 성희롱 예방 교육 실적이 없는 경우

(4) 직장 내 성희롱 발생 시 조치(제14조) 기출 16, 15, 13, 11년

① 누구든지 직장 내 성희롱 발생 사실을 알게 된 경우 그 사실을 해당 사업주에게 신고할 수 있다.
② 사업주는 신고를 받거나 직장 내 성희롱 발생 사실을 알게 된 경우에는 지체 없이 그 사실 확인을 위한 조사를 하여야 한다. 이 경우 사업주는 직장 내 성희롱과 관련하여 피해를 입은 근로자 또는 피해를 입었다고 주장하는 근로자(이하 "피해근로자 등")가 조사 과정에서 성적 수치심 등을 느끼지 아니하도록 하여야 한다.
③ 사업주는 조사 기간 동안 피해근로자 등을 보호하기 위하여 필요한 경우 해당 피해근로자 등에 대하여 근무장소의 변경, 유급휴가 명령 등 적절한 조치를 하여야 한다. 이 경우 사업주는 피해근로자 등의 의사에 반하는 조치를 하여서는 아니 된다.
④ 사업주는 조사 결과 직장 내 성희롱 발생 사실이 확인된 때에는 피해근로자가 요청하면 근무장소의 변경, 배치전환, 유급휴가 명령 등 적절한 조치를 하여야 한다.
⑤ 사업주는 조사 결과 직장 내 성희롱 발생 사실이 확인된 때에는 지체 없이 직장 내 성희롱 행위를 한 사람에 대하여 징계, 근무장소의 변경 등 필요한 조치를 하여야 한다. 이 경우 사업주는 징계 등의 조치를 하기 전에 그 조치에 대하여 직장 내 성희롱 피해를 입은 근로자의 의견을 들어야 한다.

---

⑥ 사업주는 성희롱 발생 사실을 신고한 근로자 및 피해근로자 등에게 다음의 어느 하나에 해당하는 불리한 처우를 하여서는 아니 된다.

　㉠ 파면, 해임, 해고, 그 밖에 신분상실에 해당하는 불이익 조치

　㉡ 징계, 정직, 감봉, 강등, 승진 제한 등 부당한 인사조치

　㉢ 직무 미부여, 직무 재배치, 그 밖에 본인의 의사에 반하는 인사조치

　㉣ 성과평가 또는 동료평가 등에서 차별이나 그에 따른 임금 또는 상여금 등의 차별 지급

　㉤ 직업능력 개발 및 향상을 위한 교육훈련 기회의 제한

　㉥ 집단 따돌림, 폭행 또는 폭언 등 정신적·신체적 손상을 가져오는 행위를 하거나 그 행위의 발생을 방치하는 행위

　㉦ 그 밖에 신고를 한 근로자 및 피해근로자등의 의사에 반하는 불리한 처우

⑦ 직장 내 성희롱 발생 사실을 조사한 사람, 조사 내용을 보고 받은 사람 또는 그 밖에 조사 과정에 참여한 사람은 해당 조사 과정에서 알게 된 비밀을 피해근로자 등의 의사에 반하여 다른 사람에게 누설하여서는 아니 된다. 다만, 조사와 관련된 내용을 사업주에게 보고하거나 관계 기관의 요청에 따라 필요한 정보를 제공하는 경우는 제외한다.

(5) 고객 등에 의한 성희롱 방지(제14조의2) 기출 16, 14, 11, 10년

① 사업주는 고객 등 업무와 밀접한 관련이 있는 사람이 업무수행 과정에서 성적인 언동 등을 통하여 근로자에게 성적 굴욕감 또는 혐오감 등을 느끼게 하여 해당 근로자가 그로 인한 고충 해소를 요청할 경우 근무 장소 변경, 배치전환, 유급휴가의 명령 등 적절한 조치를 하여야 한다.

② 사업주는 근로자가 피해를 주장하거나 고객 등으로부터의 성적 요구 등에 따르지 아니하였다는 것을 이유로 해고나 그 밖의 불이익한 조치를 하여서는 아니 된다.

시험 에 이렇게 나왔다!

남녀고용평등과 일·가정 양립 지원에 관한 법률상 직장 내 성희롱에 가환 설명으로 틀린 것은? (16년 2회)

① 사업주는 직장 내 성희롱 예방을 위한 교육을 연 1회 이상 하여야 한다.

② 직장 내 성희롱 예방 교육은 사업의 규모나 특성 등을 고려하여 직원연수·조회·회의, 인터넷 등 정보통신망을 이용한 사이버 교육 등을 통하여 실시할 수 있다.

③ 상시 10명 미만의 근로자를 고용하는 사업의 사업주는 홍보물을 게시하거나 배포하는 방법으로 직장 내 성희롱 예방교육을 할 수 있다.

④ 사업주는 고객 등 업무와 밀접한 관련이 있는 자가 업무수행 과정에서 성적인 언동 등을 통하여 근로자에게 성적 굴욕감 또는 혐오감 등을 느끼게 하여 해당 근로자가 그로 인한 고충 해소를 요청할 경우 배치전환 등의 조치를 고려해야 한다.

답 ④

(1) 출산전후휴가 등에 대한 지원(제18조)   기출 18, 16, 13, 11, 09년

① 국가는 이 법에 따른 배우자 출산휴가, 「근로기준법」에 따른 출산전후휴가 또는 유산·사산 휴가를 사용한 근로자 중 일정한 요건에 해당하는 사람에게 그 휴가기간에 대하여 통상임금에 상당하는 금액(이하 "출산전후휴가급여 등")을 지급할 수 있다.

② 출산전후휴가급여 등은 그 금액의 한도에서 사업주가 지급한 것으로 본다.

③ 출산전후휴가급여 등을 지급하기 위하여 필요한 비용은 국가재정이나 「사회보장기본법」에 따른 사회보험에서 분담할 수 있다.

④ 근로자가 출산전후휴가급여 등을 받으려는 경우 사업주는 관계 서류의 작성·확인 등 모든 절차에 적극 협력하여야 한다.

⑤ 출산전후휴가급여 등의 지급요건, 지급기간 및 절차 등에 관하여 필요한 사항은 따로 법률로 정한다.

(2) 배우자 출산휴가(제18조의2)   기출 20, 19, 18, 15, 14, 13, 11, 10년

① 사업주는 근로자가 배우자의 출산을 이유로 휴가(이하 "배우자 출산휴가")를 청구하는 경우에 10일의 휴가를 주어야 한다. 이 경우 사용한 휴가기간은 유급으로 한다.

② ①의 후단에도 불구하고 출산전후휴가급여 등이 지급된 경우에는 그 금액의 한도에서 지급의 책임을 면한다.

③ 배우자 출산휴가는 근로자의 배우자가 출산한 날부터 90일이 지나면 청구할 수 없다.

④ 배우자 출산휴가는 1회에 한정하여 나누어 사용할 수 있다.

⑤ 사업주는 배우자 출산휴가를 이유로 근로자를 해고하거나 그 밖의 불리한 처우를 하여서는 아니 된다.

시험에 이렇게 나왔다!

남녀고용평등과 일·가정 양립 지원에 관한 법률상 출산전후휴가에 대한 지원에 관한 설명으로 틀린 것은?
(16년 1회)

① 국가는 출산전후휴가를 사용한 근로자 중 일정한 요건에 해당하는 자에게 그 휴가기간에 대하여 평균임금에 상당하는 출산전후휴가급여를 지급하여야 한다.

② 출산전후휴가급여 등을 지급하기 위하여 필요한 비용은 국가재정이나 「사회보장기본법」에 따른 사회보험에서 분담할 수 있다.

③ 여성 근로자가 출산전후휴가급여 등을 받으려는 경우 사업주는 관계 서류의 작성·확인 등 모든 절차에 적극 협력하여야 한다.

④ 출산전후휴가급여 등의 지급요건, 지급기간 및 절차 등에 관하여 필요한 사항은 따로 법률로 정한다.

답 ①

Thema 5 육아휴직

참고 하세요!

(1)의 ①에서 "대통령령으로 정하는 경우"란 육아휴직을 시작하려는 날(이하 "휴직개시예정일")의 전날까지 해당 사업에서 계속 근로한 기간이 6개월 미만인 근로자가 신청한 경우를 말한다(시행령 제10조).

(1) 육아휴직(제19조)

① 사업주는 근로자가 만 8세 이하 또는 초등학교 2학년 이하의 자녀(입양한 자녀를 포함한다)를 양육하기 위하여 휴직(이하 "육아휴직")을 신청하는 경우에 이를 허용하여야 한다. 다만, 대통령령으로 정하는 경우에는 그러하지 아니하다.

② 육아휴직의 기간은 1년 이내로 한다.

③ 사업주는 육아휴직을 이유로 해고나 그 밖의 불리한 처우를 하여서는 아니 되며, 육아휴직 기간에는 그 근로자를 해고하지 못한다. 다만, 사업을 계속할 수 없는 경우에는 그러하지 아니하다.

④ 사업주는 육아휴직을 마친 후에는 휴직 전과 같은 업무 또는 같은 수준의 임금을 지급하는 직무에 복귀시켜야 한다. 또한 육아휴직 기간은 근속기간에 포함한다.

⑤ 기간제근로자 또는 파견근로자의 육아휴직 기간은 「기간제 및 단시간근로자 보호 등에 관한 법률」에 따른 사용기간 또는 「파견근로자 보호 등에 관한 법률」에 따른 근로자파견기간에서 제외한다.

(2) 육아휴직의 신청 등(시행령 제11조)

① 육아휴직을 신청하려는 근로자는 휴직개시예정일의 30일 전까지 육아휴직 대상인 영유아의 성명, 생년월일, 휴직개시예정일, 육아휴직을 종료하려는 날(이하 "휴직종료예정일"), 육아휴직 신청 연월일, 신청인 등에 대한 사항을 신청서에 적어 사업주에게 제출하여야 한다(제1항).

② 사업주는 육아휴직을 신청한 근로자에게 해당 자녀의 출생 등을 증명할 수 있는 서류의 제출을 요구할 수 있다(제4항).

시험 에 이렇게 나왔다!

남녀고용평등과 일·가정 양립 지원에 관한 법령상 육아휴직에 관한 설명으로 옳은 것은? (17년 1회)

① 사업주는 근로자가 만 8세 이하 또는 초등학교 2학년 이하의 자녀의 양육을 위하여 육아휴직을 신청하는 경우 이를 허용해야 한다.

② 육아휴직기간은 6개월 이내로 하되, 해당 영아가 생후 1년이 되는 날을 경과할 수 없다.

③ 육아휴직을 시작하려는 날의 전날까지 해당 사업에서의 계속 근로기간이 6개월 미만인 근로자에게도 육아휴직을 허용해야 한다.

④ 사업주는 육아휴직을 마친 후에는 휴직 전과 같은 업무 또는 같은 수준의 임금을 지급하는 직무에 복귀시켜야 하며 육아휴직 기간은 근속기간에 포함하지 않는다.

답 ①

(3) 육아휴직의 변경신청 등(시행령 제12조)

근로자는 휴직종료예정일을 연기하려는 경우에는 한 번만 연기할 수 있다(제2항).

(4) 육아휴직 신청의 철회 등(시행령 제13조)

육아휴직을 신청한 근로자는 휴직개시예정일의 7일 전까지 사유를 밝혀 그 신청을 철회할 수 있다(제1항).

(5) 육아휴직의 종료(시행령 제14조)

육아휴직 중인 근로자는 그 영유아가 사망한 경우 또는 그 영유아와 동거하지 않게 된 경우(영유아의 양육에 기여하지 않는 경우로 한정한다)에는 그 사유가 발생한 날부터 7일 이내에 그 사실을 사업주에게 알려야 한다.

(6) 육아기 근로시간 단축(제19조의2)

① 사업주는 근로자가 만 8세 이하 또는 초등학교 2학년 이하의 자녀를 양육하기 위하여 근로시간의 단축(이하 "육아기 근로시간 단축")을 신청하는 경우에 이를 허용하여야 한다. 다만, 대체인력 채용이 불가능한 경우, 정상적인 사업 운영에 중대한 지장을 초래하는 경우 등 대통령령으로 정하는 경우에는 그러하지 아니하다.

② 사업주가 육아기 근로시간 단축을 허용하지 아니하는 경우에는 해당 근로자에게 그 사유를 서면으로 통보하고 육아휴직을 사용하게 하거나 출근 및 퇴근 시간 조정 등 다른 조치를 통하여 지원할 수 있는지를 해당 근로자와 협의하여야 한다.

③ 사업주가 해당 근로자에게 육아기 근로시간 단축을 허용하는 경우 단축 후 근로시간은 주당 15시간 이상이어야 하고 35시간을 넘어서는 아니 된다.

④ 육아기 근로시간 단축의 기간은 1년 이내로 한다. 다만, 육아휴직을 신청할 수 있는 근로자가 육아휴직 기간 중 사용하지 아니한 기간이 있으면 그 기간을 가산한 기간 이내로 한다.

⑤ 사업주는 육아기 근로시간 단축을 이유로 해당 근로자에게 해고나 그 밖의 불리한 처우를 하여서는 아니 된다.

⑥ 사업주는 근로자의 육아기 근로시간 단축기간이 끝난 후에 그 근로자를 육아기 근로시간 단축 전과 같은 업무 또는 같은 수준의 임금을 지급하는 직무에 복귀시켜야 한다.

(7) 육아휴직과 육아기 근로시간 단축의 사용형태(제19조의4)

① 근로자는 육아휴직을 2회에 한정하여 나누어 사용할 수 있다.

② 근로자는 육아기 근로시간 단축을 나누어 사용할 수 있다. 이 경우 나누어 사용하는 1회의 기간은 3개월(근로계약기간의 만료로 3개월 이상 근로시간 단축을 사용할 수 없는 기간제근로자에 대해서는 남은 근로계약기간을 말한다) 이상이 되어야 한다.

(8) 육아지원을 위한 그 밖의 조치(제19조의5)

① 사업주는 만 8세 이하 또는 초등학교 2학년 이하의 자녀를 양육하는 근로자의 육아를 지원하기 위하여 다음 어느 하나에 해당하는 조치를 하도록 노력하여야 한다.

　㉠ 업무를 시작하고 마치는 시간 조정

　㉡ 연장근로의 제한

　㉢ 근로시간의 단축, 탄력적 운영 등 근로시간 조정

　㉣ 그 밖에 소속 근로자의 육아를 지원하기 위하여 필요한 조치

② 고용노동부장관은 사업주가 ①에 따른 조치를 할 경우 고용 효과 등을 고려하여 필요한 지원을 할 수 있다.

시험에 이렇게 나왔다!

남녀고용평등과 일 · 가정 양립 지원에 관한 법률상 육아휴직과 육아기 근로시간 단축의 사용형태로 틀린 것은?
(17년 1회)

① 육아휴직을 11개월 동안 1회 사용

② 육아기 근로시간 단축을 5개월씩 2회 사용

③ 육아휴직을 6개월 동안 1회 사용하고 육아기 근로시간 단축을 3개월 동안 1회 사용

④ 육아휴직을 3개월 동안 1회 사용하고 육아기 근로시간 단축을 1개월씩 2회 사용

답 ④

Thema 6 명예고용평등감독관

(1) 명예고용평등감독관(제24조)

① 고용노동부장관은 사업장의 남녀고용평등 이행을 촉진하기 위하여 그 사업장 소속 근로자 중 노사가 추천하는 사람을 명예고용평등감독관(이하 "명예감독관")으로 위촉할 수 있다.

② 명예감독관은 다음의 업무를 수행한다.

  ㉠ 해당 사업장의 차별 및 직장 내 성희롱 발생 시 피해 근로자에 대한 상담·조언

  ㉡ 해당 사업장의 고용평등 이행상태 자율점검 및 지도 시 참여

  ㉢ 법령위반 사실이 있는 사항에 대하여 사업주에 대한 개선 건의 및 감독기관에 대한 신고

  ㉣ 남녀고용평등 제도에 대한 홍보·계몽

  ㉤ 그 밖에 남녀고용평등의 실현을 위하여 고용노동부장관이 정하는 업무

③ 사업주는 명예감독관으로서 정당한 임무 수행을 한 것을 이유로 해당 근로자에게 인사상 불이익 등의 불리한 조치를 하여서는 아니 된다.

④ 명예감독관의 위촉과 해촉 등에 필요한 사항은 고용노동부령으로 정한다.

(2) 명예고용평등감독관의 위촉·운영 등(시행규칙 제16조)

① 명예감독관으로 위촉할 수 있는 사람은 다음과 같다.

  ㉠ 「근로자참여 및 협력증진에 관한 법률」에 따른 노사협의회(이하 "노사협의회")의 위원 또는 고충처리위원

  ㉡ 노동조합의 임원 또는 인사·노무 담당부서의 관리자

  ㉢ 그 밖에 해당 사업의 남녀고용평등을 실현하기 위하여 활동하기에 적합하다고 인정하는 사람

② 명예감독관의 임기는 3년으로 하되, 연임할 수 있다.

③ 명예감독관은 업무를 수행하는 경우에 노사의 협의를 통하여 해결할 필요가 있다고 판단되는 사안은 노사협의회의 토의에 부쳐 처리하게 할 수 있다.

④ 명예감독관은 업무 수행 중에 알게 된 비밀을 누설하여서는 아니 된다.

⑤ 명예감독관이 업무를 수행하는 경우에는 비상근, 무보수로 함을 원칙으로 한다.

⑥ 고용노동부장관은 명예감독관이 다음의 어느 하나에 해당하는 경우 그 명예감독관을 해촉할 수 있다.

  ㉠ 근로자인 명예감독관이 퇴직 등의 사유로 해당 사업의 근로자 지위를 상실한 경우

  ㉡ 명예감독관이 업무 수행 중에 알게 된 비밀을 누설하거나 그 밖에 업무와 관련하여 부정한 행위를 한 경우

  ㉢ 사업의 폐지 등으로 명예감독관을 둘 필요가 없게 된 경우

  ㉣ 그 밖에 명예감독관으로 활동하기에 부적합한 사유가 있어 해당 사업의 노사 대표가 공동으로 해촉을 요청한 경우

⑦ 그 밖에 명예감독관의 위촉·해촉 및 운영 등에 필요한 사항은 고용노동부장관이 정한다.

시험 에 이렇게 나왔다!

남녀고용평등과 일·가정 양립 지원에 관한 법령상 명예고용평등감독관(명예감독관)에 관한 설명으로 틀린 것은? (17년 2회)

① 명예감독관의 임기는 3년으로 하되, 연임할 수 있다.

② 고용노동부장관은 명예감독관의 위촉 및 해촉 권한을 지방고용노동관서의 장에게 위임한다.

③ 남녀고용평등 제도에 대한 홍보·계몽 업무를 수행하는 경우에는 상근을 원칙으로 한다.

④ 고용노동부장관은 명예감독관으로 활동하기에 부적합한 사유가 있어 해당 사업의 노사대표가 공동으로 해촉을 요청한 경우에 그 명예감독관을 해촉할 수 있다.

답 ③

남녀고용평등과 일·가정 양립 지원에 관한 법률 연습문제

01

남녀고용평등과 일 가정 양립 지원에 관한 법률에서 사용하는 용어에 관한 설명으로 틀린 것은?

① 사업주가 근로자에게 혼인 등의 사유로 합리적인 이유 없이 근로조건을 달리하는 경우는 차별에 해당한다.

② 사업주가 직장 내의 지위를 이용하여 업무와 관련하여 다른 근로자에게 성적 언동 등으로 혐오감을 느끼게 하는 것은 직장 내 성희롱에 해당된다.

③ 적극적 고용개선조치란 현존하는 남녀 간의 고용차별을 없애거나 고용평등을 촉진하기 위하여 잠정적으로 특정 성을 우대하는 조치이다.

④ 근로자란 사업주에게 고용된 자를 말하며, 취업할 의사를 가진 자는 근로자에 해당하지 않는다.

해설

근로자란 사업주에게 고용된 자와 취업할 의사를 가진 자를 말한다.

02

남녀고용평등과 일·가정 양립 지원에 관한 법률상 차별에 해당하는 것은? (17년 2회)

① 직무의 성격에 비추어 특정 성이 불가피하게 요구되어 채용조건을 다르게 하는 경우

② 여성 근로자의 임신·출산·수유 등 모성보호를 위한 조치를 하는 경우

③ 동일한 업무를 담당하는 남녀 간의 정년연령을 달리 정하는 경우

④ 이 법 또는 다른 법률에 따라 적극적 고용개선조치를 하는 경우

해설

사업주는 근로자의 정년·퇴직 및 해고에서 남녀를 차별하여서는 아니 된다(제11조).

03

남녀고용평등과 일·가정 양립에 관한 법률상의 분쟁해결에서 입증책임은 누가 부담하는가?

① 근로자

② 노동조합

③ 사업주

④ 고용평등위원회

해설

남녀고용평등과 일·가정 양립에 관한 법률에 의하면 분쟁해결에서 입증책임은 사업주가 부담한다.

04

남녀고용평등과 일·가정 양립 지원에 관한 법률의 적용에 관한 설명으로 틀린 것은?

① 근로자를 사용하는 모든 사업 또는 사업장에 적용하는 것이 원칙이다.

② 남녀고용평등의 실현과 일·가정의 양립에 관하여 다른 법률에 특별한 규정이 있는 경우에도 이 법을 우선으로 한다.

③ 가사사용인에 대하여는 법의 전부를 적용하지 아니한다.

④ 동거하는 친족만으로 이루어지는 사업에는 규정이 적용되지 아니한다.

해설

남녀고용평등의 실현과 일·가정의 양립에 관하여 다른 법률에 특별한 규정이 있는 경우 외에는 이 법에 따른다(제3조 제2항).

05

남녀고용평등과 일·가정 양립 지원에 관한 법률상 고용정책심의회의 심의를 거쳐야 하는 적극적 고용개선조치에 관한 사항이 아닌 것은?

① 여성 근로자 고충처리에 관한 사항
② 여성 근로자 고용기준에 관한 사항
③ 적극적 고용개선조치 시행계획의 심사에 관한 사항
④ 적극적 고용개선조치 이행실적의 평가에 관한 사항

여성근로자 고충처리에 관한 사항은 고용정책심의회의 심의를 거쳐야 하는 적극적 고용개선조치에 해당되지 않는다.

적극적 고용개선조치

여성 근로자 고용기준에 관한 사항, 시행계획의 심사에 관한 사항, 적극적 고용개선조치 이행실적의 평가에 관한 사항, 적극적 고용개선조치 우수기업의 표창 및 지원에 관한 사항, 공표 여부에 관한 사항, 적극적 고용개선조치에 관하여 고용정책심의회의 위원장이 회의에 부치는 사항

06

남녀고용평등과 일·가정 양립 지원에 관한 법률상 남녀의 평등한 기회보장 및 대우에 관한 설명으로 옳은 것은?

① 사업주는 여성 근로자를 모집·채용할 때 그 직무의 수행에 필요한 경우라 하더라도 용모·키·체중 등의 신체적 조건을 제시하거나 요구하여서는 아니 된다.
② 사업주는 동일한 사업 내의 동일 가치 노동에 대하여는 동일한 임금을 지급하여야 하며, 동일 가치 노동의 기준은 직무 수행에서 요구되는 기술, 노력, 책임 및 작업 조건 등으로 한다.
③ 사업주가 임금차별을 목적으로 설립하였더라도 별개의 사업은 동일한 사업으로 볼 수 없다.
④ 사업주는 근로자의 해고에서 남녀를 차별하여서는 아니 되나 정년·퇴직의 경우 차별이 있더라도 남녀차별로 보지 아니한다.

① 사업주는 여성 근로자를 모집·채용할 때 그 직무의 수행에 필요하지 아니한 용모·키·체중 등의 신체적 조건, 미혼 조건, 그 밖에 고용노동부령으로 정하는 조건을 제시하거나 요구하여서는 아니 된다.
③ 사업주가 임금차별을 목적으로 설립한 별개의 사업은 동일한 사업으로 본다.
④ 사업주는 근로자의 정년·퇴직 및 해고에서 남녀를 차별하여서는 아니 된다.

07

남녀고용평등과 일·가정 양립 지원에 관한 법령의 내용으로 틀린 것은? (18년 1회)

① 적극적 고용개선조치란 현존하는 남녀 간의 고용차별을 없애거나 고용평등을 촉진하기 위하여 잠정적으로 특정 성을 우대하는 조치를 말한다.
② 동거하는 친족만으로 이루어지는 사업에 대하여는 이 법의 전부를 적용하지 아니한다.
③ 상시 5명 미만의 근로자를 고용하는 사업에 대하여는 교육·배치 및 승진에 관한 규정을 적용하지 아니한다.
④ 사업주는 직장 내 성희롱 예방을 위한 교육을 분기별로 1회 이상 하여야 한다.

직장 내 성희롱 예방 교육은 1년에 1회 이상 실시한다.

08

남녀고용평등과 일·가정 양립 지원에 관한 법률상 임금에 관한 설명으로 옳은 것은? (18년 1회)

① 사업주는 다른 사업 내의 동일 가치 노동에 대하여는 동일한 임금을 지급하여야 한다.
② 임금차별을 목적으로 사업주에 의하여 설립된 별개의 사업은 별개의 사업으로 본다.
③ 동일 가치 노동의 기준은 직무 수행에서 요구되는 성, 기술, 노력 등으로 한다.
④ 사업주가 동일 가치 노동의 기준을 정할 때에는 노사협의회의 근로자를 대표하는 위원의 의견을 들어야 한다.

① 사업주는 동일한 사업 내의 동일 가치 노동에 대하여는 동일한 임금을 지급하여야 한다(제8조 제1항).

② 사업주가 임금차별을 목적으로 설립한 별개의 사업은 동일한 사업으로 본다(제8조 제3항).

③ 동일 가치 노동의 기준은 직무 수행에서 요구되는 기술, 노력, 책임 및 작업 조건 등으로 한다(제8조 제2항).

09

남녀고용평등과 일 · 가정 양립 지원에 관한 법률에 명시되어 있는 내용이 아닌 것은?　(18년 1회)

① 직장 내 성희롱의 금지　② 배우자 출산휴가

③ 육아휴직　④ 생리휴가

해설

생리휴가는 근로기준법에서 규정하고 있는 휴가이다. 남녀고용평등과 일 · 가정 양립 지원에 관한 법률에 명시되어 있는 주요 내용에는 남녀차별금지, 직장 내 성희롱 금지, 출산전후휴가 급여, 육아휴직, 배우자 출산휴가 등이 있다.

10

남녀고용평등과 일 · 가정 양립 지원에 관한 법률상 차별에 해당하지 않는 것은?　(18년 2회)

① 사업주가 근로자에게 성별, 혼인, 가족 안에서의 지위, 임신 또는 출산 등의 사유로 합리적인 이유 없이 채용 또는 근로의 조건을 다르게 하거나 그 밖의 불리한 조치를 하는 경우

② 사업주가 채용조건이나 근로조건은 동일하게 적용하더라도 그 조건을 충족할 수 있는 남성 또는 여성이 다른 한 성(性)에 비하여 현저히 적고 그에 따라 특정 성에게 불리한 결과를 초래하며 그 조건이 정당한 것임을 증명할 수 없는 경우

③ 사업주가 임금 외에 근로자의 생활을 보조하기 위한 금품의 지급 또는 자금의 융자를 특정 성의 직원에게만 하는 경우

④ 현존하는 남녀 간의 고용차별을 없애거나 고용평등을 촉진하기 위하여 잠정적으로 특정 성을 우대하는 조치를 하는 경우

해설

현존하는 남녀 간의 고용차별을 없애거나 고용평등을 촉진하기 위하여 잠정적으로 특정 성을 우대하는 조치를 하는 것은 차별로 볼 수 없다.

11

남녀고용평등과 일 · 가정 양립 지원에 관한 법령상 육아휴직에 관한 설명으로 틀린 것은?

① 근로자가 육아휴직 종료 예정일을 연기하려는 경우에는 한번만 연기할 수 있다.

② 사업주는 육아휴직을 마친 후에는 휴직 전과 같은 업무 또는 같은 수준의 임금을 지급하는 직무에 복귀시켜야 한다.

③ 사업주는 같은 영유아에 대하여 배우자가 육아휴직을 하고 있는 근로자에 대해 육아휴직을 허용해야 한다.

④ 사업주는 육아휴직을 이유로 해고나 그 밖의 불리한 처우를 하여서는 아니 되며, 원칙적으로 육아휴직 기간에는 그 근로자를 해고하지 못한다.

해설

같은 영유아에 대해 배우자가 육아휴직을 하고 있는 근로자는 육아휴직 적용 제외 사유였으나, 현재는 법령 개정으로 해당 조문이 삭제되었다.

12

남녀고용평등과 일 · 가정 양립 지원에 관한 법률이 규정하고 있는 내용이 아닌 것은?

① 육아휴직급여

② 출산전후 휴가에 대한 지원

③ 배우자 출산휴가

④ 직장어린이집 설치 및 지원

해설

육아휴직급여는 고용보험법에서 규정하고 있다.

13

남녀고용평등과 일·가정 양립 지원에 관한 법률에 관한 설명으로 틀린 것은? (18년 3회)

① 사업주는 원칙적으로 육아기 근로시간 단축을 하고 있는 근로자에게 단축된 근로시간 외에 연장근로를 요구할 수 없다.
② 가족돌봄휴직 기간은 근로기준법상 평균임금 산정기간에서는 제외되고 근속기간에는 포함된다.
③ 사업주가 근로자에게 육아기 근로시간 단축을 허용하는 경우 단축 후 근로시간은 주당 15시간 이상이어야 하고 30시간을 넘어서는 아니 된다.
④ 사업주는 근로자가 배우자의 출산을 이유로 휴가를 청구하는 경우에 5일의 유급휴가를 주어야 한다.

해설

사업주는 근로자가 배우자의 출산을 이유로 휴가를 청구하는 경우에는 10일의 유급휴가를 주어야 한다(제18조의2).

14

남녀고용평등과 일·가정 양립 지원에 관한 법령상 직장 내 성희롱 예방 교육에 대한 설명으로 틀린 것은?

① 사업주는 연 1회 이상 직장 내 성희롱 예방을 위한 교육을 하여야 한다.
② 성희롱 예방교육에는 관련 법령, 직장 내 성희롱 발생 시의 처리절차와 조치기준, 피해 근로자의 고충상담 및 구제절차 등이 포함되어야 한다.
③ 사업주 및 근로자 모두가 남성 또는 여성 중 어느 한 성으로 구성된 사업장은 성희롱 예방 교육을 하지 않아도 상관없다.
④ 단순히 교육자료 등을 배포·게시하거나 게시판에 공지하는 데 그치는 등 근로자에게 교육 내용이 제대로 전달되었는지 확인하기 곤란한 경우에는 예방교육을 한 것으로 보지 아니한다.

해설

상시 10명 미만의 근로자를 고용하는 사업, 사업주 및 근로자 모두가 남성 또는 여성 중 어느 한 성(性)으로 구성된 사업은 직장 내 성희롱 예방을 위한 교육 내용을 근로자가 알수 있도록 교육자료 또는 홍보물을 게시하거나 배포하는 방법으로 직장 내 성희롱 예방 교육을 대신할 수 있는 것이지

교육을 하지 않아도 상관없는 것은 아니다.

15

남녀고용평등과 일·가정 양립 지원에 관한 법률상 차별에 관한 설명으로 틀린 것은?

① 사업주가 근로자에게 성별, 혼인, 가족 안에서의 지위, 임신 또는 출산 등의 사유로 합리적인 이유 없이 채용 또는 근로의 조건을 다르게 하거나 그 밖의 불리한 조치를 하는 경우를 차별이라고 한다.
② 사업주가 채용조건이나 근로조건은 동일하게 적용하더라도 그 조건을 충족할 수 있는 남성 또는 여성이 다른 한 성에 비하여 현저히 적고 그에 따라 특정 성에게 불리한 결과를 초래하며 그 조건이 정당한 것임을 증명할 수 없는 경우는 차별에 포함된다.
③ 직무의 성격에 비추어 특정 성이 불가피하게 요구되는 경우라도 특정 성에게 불리한 결과를 초래할 경우 차별에 해당된다.
④ 여성 근로자의 임신·출산·수유 등 모성보호를 위한 조치를 하는 경우는 차별에 해당되지 않는다.

해설

직무의 성격에 비추어 특정 성이 불가피하게 요구되는 경우에는 차별로 보지 않는다.

16

남녀고용평등과 일·가정 양립 지원에 관한 법률상 육아휴직에 관한 설명으로 틀린 것은? (19년 1회)

① 육아휴직기간은 1년 이내로 한다.
② 육아휴직기간은 근속기간에 포함하지 아니한다.
③ 기간제근로자의 육아휴직 기간은 「기간제 및 단시간근로자 보호 등에 관한 법률」에 따른 사용기간에 산입하지 아니한다.
④ 사업주는 육아휴직을 마친 후에는 휴직 전과 같은 업무 또는 같은 수준의 임금을 지급하는 직무에 복귀시켜야 한다.

해설

육아휴직기간은 근속기간에 포함한다.

17

남녀고용평등과 일·가정 양립 지원에 관한 법률의 목적으로 명시되어 있지 않은 것은?　　　　　　(19년 1회)

① 여성 고용촉진
② 가사노동 가치의 존중
③ 모성 보호 촉진
④ 고용에서 남녀의 평등한 기회와 대우 보장

해설

고용에서 남녀의 평등한 기회와 대우 보장, 모성 보호, 여성고용 촉진, 남녀고용평등 실현, 일과가정이 양립 지원, 국민의 삶의 질 향상이다.

18

남녀고용평등과 일·가정 양립 지원에 관한 법률상 육아휴직에 관한 설명으로 옳은 것은?

① 사업주는 근로자가 만 6세 이하의 초등학교 취학 전 자녀(입양한 자녀는 제외한다)를 양육하기 위하여 휴직을 신청한 경우에 이를 허용하여야 한다.
② 사업주는 육아휴직을 이유로 해고나 그 밖의 불리한 처우를 하여서는 아니 되며, 육아휴직 기간에는 그 근로자를 해고하지 못하지만 사업을 계속할 수 없는 경우에는 그러하지 아니하다.
③ 사업주는 근로자가 육아휴직을 마친 후에는 휴직 전과 같은 업무 또는 같은 수준의 임금을 지급하는 직무에 복귀할 수 있도록 노력하여야 한다.
④ 육아휴직의 기간은 1년 이상으로 하며, 육아휴직 기간은 근속기간에 포함하지 아니한다.

해설

① 사업주는 근로자가 만 8세 이하 또는 초등학교 2학년 이하의 자녀(입양한 자녀를 포함한다. 이하 같다)를 양육하기 위하여 휴직을 신청하는 경우에 이를 허용하여야 한다(제19조 제1항).
③ 사업주는 육아휴직을 마친 후에는 휴직 전과 같은 업무 또는 같은 수준의 임금을 지급하는 직무에 복귀시켜야 한다(제19조 제4항 전단).
④ 육아휴직 기간은 근속기간에 포함한다(제19조 제4항 후단).

19

다음 (　　)에 알맞은 것은?

> 남녀고용평등과 일·가정 양립 지원에 관한 법률상 사업주가 근로자에게 육아기 근로시간 단축을 허용하는 경우 단축 후 근로시간은 주당 (ㄱ)시간 이상이어야 하고 (ㄴ)시간을 넘어서는 아니 된다.

① ㄱ : 10, ㄴ : 35
② ㄱ : 10, ㄴ : 20
③ ㄱ : 15, ㄴ : 20
④ ㄱ : 15, ㄴ : 35

해설

사업주가 근로자에게 육아기 근로시간 단축을 허용하는 경우 단축 후 근로시간은 주당 15시간 이상이어야 하고 35시간을 넘어서는 아니 된다(제19조의2 제3항).

20

남녀고용평등과 일·가정 양립 지원에 관한 법령상 직장 내 성희롱의 금지 및 예방에 관한 설명으로 틀린 것은?

① 사업주는 직장 내 성희롱 예방을 위한 교육을 연 1회 이상 하여야 한다.
② 사업주 및 근로자 모두가 여성으로 구성된 사업의 사업주는 직장 내 성희롱 예방 교육을 생략할 수 있다.
③ 사업주는 성희롱 예방 교육을 고용노동부장관이 지정하는 기관에 위탁하여 실시할 수 있다.
④ 사업주는 근로자가 고객에 의한 성희롱 피해를 주장하는 것을 이유로 해고나 그 밖의 불이익한 조치를 하여서는 아니 된다.

해설

상시 근로자 10명 미만인 사업, 사업주 및 근로자 모두 어느 한 성으로만 구성된 사업에서는 성희롱 예방교육 내용을 근로자가 알 수 있도록 홍보물 게시·배포하는 방법으로 예방교육을 대신할 수 있다.

21

다음 (   )에 알맞은 것은?

> 남녀고용평등과 일·가정 양립 지원에 관한 법률상 사업주는 근로자가 배우자의 출산을 이유로 휴가를 청구하는 경우에 (ㄱ)일 이상의 휴가를 주어야 한다. 다만, 근로자의 배우자가 출산한 날로부터 (ㄴ)일이 지나면 청구할 수 없다.

① ㄱ : 5, ㄴ : 30
② ㄱ : 5, ㄴ : 90
③ ㄱ : 10, ㄴ : 30
④ ㄱ : 10, ㄴ : 90

해설

제18조의2 제1항 및 제3항

22

남녀고용평등과 일·가정 양립 지원에 관한 법률상 육아휴직에 관한 설명으로 틀린 것은?

① 육아휴직의 기간은 1년 이내로 한다.
② 파견근로자의 육아휴직기간은 「파견근로자보호 등에 관한 법률」 제6조에 따른 근로자 파견기간에 산입한다.
③ 사업을 계속할 수 없는 경우를 제외하고 육아휴직기간에는 육아휴직을 이유로 그 근로자를 해고하지 못한다.
④ 육아휴직 기간은 근속기간에 포함된다.

해설

기간제근로자 또는 파견근로자의 육아휴직 기간은 「기간제 및 단시간근로자 보호 등에 관한 법률」에 따른 사용기간 또는 「파견근로자 보호 등에 관한 법률」에 따른 근로자파견기간에서 제외한다.

CHAPTER 04

고용상 연령차별금지 및 고령자고용촉진에 관한 법률

Thema 1 총칙

(1) 목적(제1조)

이 법은 합리적인 이유 없이 연령을 이유로 하는 고용차별을 금지하고, 고령자 (高齡者)가 그 능력에 맞는 직업을 가질 수 있도록 지원하고 촉진함으로써, 고령자의 고용안정과 국민경제의 발전에 이바지하는 것을 목적으로 한다.

(2) 정의(제2조 및 시행령 제3조) 〔기출〕매년 출제

① 고령자 : 인구와 취업자의 구성 등을 고려하여 55세 이상인 사람을 말한다.

② 준고령자 : 50세 이상 55세 미만인 사람으로서 고령자가 아닌 사람을 말한다.

③ 사업주 : 근로자를 사용하여 사업을 하는 자를 말한다.

④ 근로자 : 「근로기준법」에 따른 근로자를 말한다.

⑤ 기준고용률 : 사업장에서 상시 사용하는 근로자를 기준으로 하여 사업주가 고령자의 고용촉진을 위하여 고용하여야 할 고령자의 비율로서 고령자의 현황과 고용 실태 등을 고려하여 사업의 종류별로 정하는 비율을 말한다.

ㄱ 제조업 : 그 사업장의 상시근로자수의 100분의 2

ㄴ 운수업, 부동산 및 임대업 : 그 사업장의 상시근로자수의 100분의 6

ㄷ ㄱ 및 ㄴ 외의 산업 : 그 사업장의 상시근로자수의 100분의 3

〔시험〕에 이렇게 나왔다!

고용상 연령차별금지 및 고령자고용촉진에 관한 법률에 관한 설명으로 틀린 것은? (17년 2회)

① 고령자는 55세 이상인 사람이다.

② 준고령자는 50세 이상 55세 미만인 사람이다.

③ 제조업의 고령자 기준고용률은 그 사업장의 상시근로자수의 100분의 3 이다.

④ 운수업의 고령자 기준고용률은 그 사업장의 상시근로자수의 100분의 6 이다.

〔답〕③

〔시험〕에 이렇게 나왔다!

다음 (   ) 안에 알맞은 것은? (16년 1회)

고용상 연령차별금지 및 고령자고용촉진에 관한 법률상 '기준고용률'이란 사업장에서 상시 사용하는 근로자를 기준으로 하여 사업주가 고령자의 고용촉진을 위하여 고용하여야 할 고령자의 비율로서 고령자의 현황과 고용실태 등을 고려하여 (   )별로 대통령령으로 정하는 비율을 말한다.

① 취업자의 연령

② 사업의 종류

③ 사업의 규모

④ 취업자의 취업희망

〔답〕②

(3) 책무

기출 15, 12, 10, 09년

① 정부의 책무(제3조)

정부는 고용에서 연령을 이유로 차별하는 관행을 없애기 위하여 연령차별 금지정책을 수립·시행하며, 고령자의 고용에 관하여 사업주와 국민 일반의 이해를 높이고, 고령자의 고용촉진과 직업안정을 꾀하기 위하여 고령자 고용촉진 대책의 수립·시행, 직업능력개발훈련 등 필요한 시책을 종합적이고 효과적으로 추진하여야 한다.

② 사업주의 책무(제4조)

사업주는 연령을 이유로 하는 고용차별을 없애고, 고령자의 직업능력계발·향상과 작업시설·업무 등의 개선을 통하여 고령자에게 그 능력에 맞는 고용 기회를 제공함과 아울러 정년연장 등의 방법으로 고령자의 고용이 확대되도록 노력하여야 한다.

(4) 고령자 고용촉진 기본계획의 수립(제4조의3)

기출 19, 16, 13년

① 고용노동부장관은 고령자의 고용촉진에 관한 기본계획(이하 "기본계획")을 관계 중앙기관의 장과 협의하여 5년마다 수립하여야 한다.

② 기본계획에는 다음의 사항이 포함되어야 한다.

    ㉠ 직전 기본계획에 대한 평가

    ㉡ 고령자의 현황과 전망

    ㉢ 고령자의 직업능력개발

    ㉣ 고령자의 취업알선, 재취업 및 전직(轉職) 지원 등 취업 가능성의 개선방안

    ㉤ 그 밖에 고령자의 고용촉진에 관한 주요시책

③ 고용노동부장관은 기본계획을 수립할 때에는 「고용정책 기본법」에 따른 고용정책심의회(이하 "고용정책심의회")의 심의를 거쳐야 한다.

④ 고용노동부장관이 기본계획을 수립한 때에는 지체 없이 국회 소관 상임위원회에 보고하여야 한다.

⑤ 고용노동부장관은 필요하다고 인정하면 관계 행정기관 또는 공공기관의 장에게 기본계획의 수립에 필요한 자료의 제출을 요청할 수 있다.

시험 에 이렇게 나왔다!

고용상 연령차별금지 및 고령자고용촉진에 관한 법률상 사업주의 책무가 아닌 것은?
(15년 3회)

① 고령자 고용촉진 대책의 수립·시행

② 연령을 이유로 하는 고용차별 해소

③ 고령자에게 그 능력에 맞는 고용기회 제공

④ 정년연장 등의 방법으로 고령자의 고용이 확대되도록 노력

답 ①

시험 에 이렇게 나왔다!

고용상 연령차별금지 및 고령자고용촉진에 관한 법률상 고령자 고용촉진 기본계획에 관한 설명으로 틀린 것은?
(19년 1회)

① 고용노동부장관은 관계 중앙기관의 장과 협의하여 5년마다 수립하여야 한다.

② 고령자의 직업능력개발에 관한 사항이 포함되어야 한다.

③ 고용노동부장관은 기본계획을 수립할 때에는 국회 소관 상임위원회의 심의를 거쳐야 한다.

④ 고용노동부장관은 필요하다고 인정하면 관계 행정기관 또는 공공기관의 장에게 기본계획의 수립에 필요한 자료의 제출을 요청할 수 있다.

답 ③

Thema 2 고용상 연령차별금지

(1) 모집 · 채용 등에서의 연령차별 금지(제4조의4)　　기출 18, 16, 13년

① 사업주는 다음의 분야에서 합리적인 이유 없이 연령을 이유로 근로자 또는 근로자가 되려는 사람을 차별하여서는 아니 된다.

ⓐ 모집 · 채용

ⓑ 임금, 임금 외의 금품 지급 및 복리후생

ⓒ 교육 · 훈련

ⓓ 배치 · 전보 · 승진

ⓔ 퇴직 · 해고

② ①을 적용할 때 합리적인 이유 없이 연령 외의 기준을 적용하여 특정 연령집단에 특히 불리한 결과를 초래하는 경우에는 연령차별로 본다.

(2) 차별금지의 예외(제4조의5)　　기출 14, 11년

다음의 어느 하나에 해당하는 경우에는 연령차별로 보지 아니한다.

① 직무의 성격에 비추어 특정 연령기준이 불가피하게 요구되는 경우

② 근속기간의 차이를 고려하여 임금이나 임금 외의 금품과 복리후생에서 합리적인 차등을 두는 경우

③ 이 법이나 다른 법률에 따라 근로계약, 취업규칙, 단체협약 등에서 정년을 설정하는 경우

④ 이 법이나 다른 법률에 따라 특정 연령집단의 고용유지 · 촉진을 위한 지원조치를 하는 경우

시험 에 이렇게 나왔다!

고용상 연령차별금지 및 고령자고용촉진에 관한 법률상 연령차별에 해당하는 것은?
(16년 3회)

① 이 법이나 다른 법률에 따라 근로계약, 취업규칙, 단체협약 등에서 정년을 설정한 경우

② 이 법이나 다른 법률에 따라 특정 연령집단의 고용유지 · 촉진을 위한 지원조치를 하는 경우

③ 근속기간의 차이를 고려하여 임금이나 임금 외의 금품과 복리후생에서 합리적인 차등을 두는 경우

④ 사업주가 배치 · 전보를 함에 있어 합리적인 이유 없이 연령 외의 기준을 적용하여 특정 연령집단에 특히 불리한 결과를 초래하는 경우

답 ④

(1) 구인 · 구직 정보수집(제5조)

고용노동부장관 및 특별시장 · 광역시장 · 도지사 · 특별자치도지사(이하 "고용노동부장관 등")는 고령자의 고용을 촉진하기 위하여 고령자와 관련된 구인(求人) · 구직(求職) 정보를 수집하고 구인 · 구직의 개척에 노력하여야 하며 관련 정보를 구직자 · 사업주 및 관련 단체 등에 제공하여야 한다.

(2) 고령자에 대한 직업능력 개발훈련(제6조 제1항 및 시행령 제5조 제1항)

고용노동부장관 등은 고령자의 고용을 촉진하고 직업능력의 개발 · 향상을 위하여 고령자를 대상으로 대통령령으로 정하는 바에 따라 직업능력 개발훈련을 실시하여야 한다.

① 고령자 우선고용직종에 취업하기를 원하는 고령자를 대상으로 「근로자직업능력 개발법」에 따라 실시하는 직업능력개발훈련

② 「고용보험법 시행령」에 따른 우선지원 대상기업의 사업주와 취업을 원하는 고령자의 신청을 받아 해당 우선지원 대상기업의 생산시설 또는 근무장소에서 실시하는 현장 연수

(3) 고령자 고용정보센터의 운영(제10조)   기출 17, 16, 07년

① 고용노동부장관 등은 고령자의 직업지도와 취업알선 등의 업무를 효율적으로 수행하기 위하여 필요한 지역에 고령자 고용정보센터를 운영할 수 있다.

② 고령자 고용정보센터는 다음의 업무를 수행한다.

ㄱ 고령자에 대한 구인 · 구직 등록, 직업지도 및 취업알선

ㄴ 고령자에 대한 직장 적응훈련 및 교육

ㄷ 정년연장과 고령자 고용에 관한 인사 · 노무관리와 작업환경 개선 등에 관한 기술적 상담 · 교육 및 지도

ㄹ 고령자 고용촉진을 위한 홍보

ㅁ 그 밖에 고령자 고용촉진을 위하여 필요한 업무

시험에 이렇게 나왔다!

고용상 연령차별금지 및 고령자고용촉진에 관한 법률상 고령자 고용정보센터의 업무에 해당되지 않는 것은?
(16년 2회)

① 고령자에 대한 취업알선
② 고령자 인재은행의 지정
③ 고령자에 대한 직장적응 훈련
④ 고령자 고용촉진을 위한 홍보

답 ②

(4) 고령자인재은행의 지정(제11조) 기출 17, 14~10년

① 고용노동부장관은 다음의 단체 또는 기관 중 고령자의 직업지도와 취업알선 또는 직업능력개발훈련 등에 필요한 전문 인력과 시설을 갖춘 단체 또는 기관을 고령자인재은행으로 지정할 수 있다.

    ㉠「직업안정법」에 따라 무료직업소개사업을 하는 비영리법인이나 공익단체
- 고령자에 대한 구인·구직 등록, 직업지도 및 취업알선
- 취업희망 고령자에 대한 직업상담 및 정년퇴직자의 재취업 상담
- 그 밖에 고령자 고용촉진을 위하여 필요하다고 인정하여 고용노동부장관이 정하는 사업

    ㉡「근로자직업능력 개발법」에 따라 직업능력개발훈련을 위탁받을 수 있는 대상이 되는 기관
- 고령자의 직업능력개발훈련
- 그 밖에 고령자 고용촉진을 위하여 필요하다고 인정하여 고용노동부장관이 정하는 사업

② 고용노동부장관은 고령자인재은행에 대하여 직업안정 업무를 하는 행정기관이 수집한 구인·구직 정보, 지역 내의 노동력 수급상황, 그 밖에 필요한 자료를 제공할 수 있다.

③ 고용노동부장관은 고령자인재은행에 대하여 예산의 범위에서 소요 경비의 전부 또는 일부를 지원할 수 있다.

④ 고령자인재은행의 지정기준과 지정절차 등에 필요한 사항은 대통령령으로 정한다.

(5) 고령자인재은행의 지정기준 등(시행령 제7조 제1항) 기출 11년

고령자인재은행의 지정기준은 다음과 같다.

시설 및 장비	• 고령자 구인·구직 또는 직업능력개발훈련에 관한 상담을 하기 위한 전화전용회선을 1회선 이상 설치할 것 • 인터넷을 통하여 고령자 구인·구직 또는 직업능력개발훈련에 관한 상담을 하기 위한 개인용 컴퓨터를 1대 이상 설치할 것 • 고령자 구인·구직 또는 직업능력개발훈련에 관한 상담을 위한 별도의 상담실을 설치할 것
인력	• 고령자 구인·구직 또는 직업능력개발훈련에 관한 상담 전담자가 1명 이상일 것 • 그 밖에 고령자인재은행의 운영을 지원하는 인력이 1명 이상일 것

시험에 이렇게 나왔다!

고용상 연령차별금지 및 고령자고용촉진에 관한 법률상 고령자인재은행으로 지정된 직업안정법에 따른 무료직업소개사업을 하는 비영리법인의 사업 범위에 해당하지 않는 것은? (17년 1회)

① 고령자의 직업능력개발훈련
② 고령자에 대한 구인·구직 등록
③ 고령자에 대한 직업지도 및 취업알선
④ 취업희망 고령자에 대한 직업상담 및 정년퇴직자의 재취업 상담

답 ①

(6) 중견전문인력 고용지원센터의 지정(제11조의2) 기출 15, 11년

① 고용노동부장관은 퇴직한 고령자로서 경력 등을 고려하여 고용노동부령으로 정하는 사람(이하 "중견전문인력")의 직업지도와 취업알선 등을 전문적으로 지원하는 중견전문인력 고용지원센터(이하 "중견전문인력 고용지원센터")를 지정할 수 있다.

② 중견전문인력 고용지원센터는 「직업안정법」에 따라 무료직업소개사업을 하는 비영리법인 또는 공익단체로서 필요한 전문인력과 시설을 갖춘 단체 중에서 지정한다.

③ 중견전문인력 고용지원센터는 다음의 사업을 한다.

　　㉠ 중견전문인력의 구인·구직 등록, 직업상담 및 취업알선

　　㉡ 중견전문인력의 중소기업에 대한 경영자문 및 자원봉사활동 등의 지원

　　㉢ 고령자 적응훈련사업

　　㉣ 고령자의 신체적, 정신적 조건 등을 고려한 직업능력 개발훈련 과정의 개발·보급사업

　　㉤ 사업주에 대한 고령자 고용 관리에 관한 상담, 자문, 지원 및 정보 등의 제공사업

시험에 이렇게 나왔다!

고용상 연령차별금지 및 고령자고용촉진에 관한 법상 중견전문인력 고용지원센터에 대한 설명으로 틀린 것은? (15년 2회)

① 중견전문인력 고용지원센터는 직업안정법에 따라 무료직업소개사업을 하는 비영리법인 또는 공익단체로서 필요한 전문인력과 시설을 갖춘 단체 중에서 지정한다.

② 고용노동부장관은 중견전문인력 고용지원센터에 대하여 직업안정 업무를 하는 행정기관이 수집한 구인·구직 정보, 지역 내의 노동력 수급 상황, 그 밖에 필요한 자료를 제공할 수 있다.

③ 고용노동부장관은 중견전문인력 고용지원센터의 소요 경비에 대해서는 지원하지 않는다.

④ 중견전문인력 고용지원센터는 중견전문인력의 중소기업에 대한 경영자문 및 자원봉사활동 등의 지원사업을 한다.

답 ③

참고 하세요!

(1)에서 기준고용률이란 제2조 정의에 따른 기준고용률을 의미한다.

(1) 사업주의 고령자 고용 노력의무(제12조 및 시행령 제10조) 기출 19, 18, 15, 14년

상시 300명 이상의 근로자를 사용하는 사업장의 사업주는 기준고용률 이상의 고령자를 고용하도록 노력하여야 한다.

(2) 고령자 고용촉진을 위한 세제지원 등(제14조) 기출 14, 12, 11, 09년

① 사업주가 기준고용률을 초과하여 고령자를 추가로 고용하는 경우에는 「조세특례제한법」으로 정하는 바에 따라 조세를 감면한다.

② 고용노동부장관은 예산의 범위에서 다음의 구분에 따른 고용 지원금을 지급할 수 있다.

㉠ 고령자를 새로 고용하거나 다수의 고령자를 고용한 사업주 또는 고령자의 고용안정을 위하여 필요한 조치를 취한 사업주에게 일정 기간 지급하는 고용 지원금

㉡ 사업주가 근로자 대표의 동의를 받아 일정 연령 이상까지 고용을 보장하는 조건으로 일정 연령, 근속시점 또는 임금액을 기준으로 임금을 감액하는 제도를 시행하는 경우에 그 제도의 적용을 받는 근로자에게 일정 기간 지급하는 고용 지원금. 이 경우 "근로자대표"란 근로자의 과반수로 조직된 노동조합이 있는 경우에는 그 노동조합의 대표자를 말하며, 해당 노동조합이 없는 경우에는 근로자의 과반수를 대표하는 자를 말한다.

㉢ 고령자와 준고령자의 고용안정 및 취업의 촉진 등을 목적으로 임금체계 개편, 직무 재설계(고령자나 준고령자에게 적합한 직무를 개발하고 설계하는 것을 말한다) 등에 관하여 전문기관의 진단을 받는 사업주에게 지원하는 고용 지원금

(3) 우선고용직종의 고용(제16조)

기출 16, 14, 13, 12, 10, 08년

① 국가 및 지방자치단체, 「공공기관의 운영에 관한 법률」에 따라 공공기관으로 지정받은 기관의 장은 그 기관의 우선고용직종에 대통령령으로 정하는 바에 따라서 고령자와 준고령자를 우선적으로 고용하여야 한다.

⊙ 공공기관으로 지정받은 기관의 장(이하 "공공기관 등의 장")은 그 기관의 우선고용직종에 다음의 어느 하나에 해당하는 사유가 발생한 경우에는 고령자와 준고령자를 우선적으로 고용하여야 한다(시행령 제12조 제1항).
  • 우선고용직종이 신설되거나 확대됨에 따라 신규인력을 채용하는 경우
  • 퇴직이나 이직 등에 따라 우선고용직종에 결원이 생겨서 인력보충이 필요한 경우

⊙ 공공기관 등의 장은 해당 기관의 우선고용직종에 직원을 채용하는 경우에 관계 법령상 별도의 자격요건을 정하고 있거나 특별한 사정이 있다고 인정되어 고용노동부장관의 승인을 받은 경우에는 ⊙을 적용하지 아니할 수 있다.

② 공공기관 등의 장 외의 사업주는 우선고용직종에 고령자와 준고령자를 우선적으로 고용하도록 노력하여야 한다.

시험에 이렇게 나왔다!

고용상 연령차별금지 및 고령자고용촉진에 관한 법률상 우선고용직종에 고령자와 준고령자를 우선적으로 고용하여야 할 의무가 있는 고용주체가 아닌 것은? (16년 1회)

① 국가
② 지방자치단체
③ 「공공기관의 운영에 관한 법률」에 따라 공공기관으로 지정받은 기관의 장
④ 상시 500명 이상의 근로자를 사용하는 사업의 사업주

답 ④

참고하세요!

공공기관 등의 장은 그 기관의 우선고용직종에 관한 고용현황을 고용노동부령으로 정하는 바에 따라 매년 고용노동부장관에게 제출하여야 한다(시행령 제13조).

제5과목 노동관계법규

(1) 정년(제19조)

① 사업주는 근로자의 정년을 60세 이상으로 정하여야 한다.

② 사업주가 ①에도 불구하고 근로자의 정년을 60세 미만으로 정한 경우에는 정년을 60세로 정한 것으로 본다.

(2) 정년연장에 따른 임금체계 개편 등(제19조의2)

① 정년을 연장하는 사업 또는 사업장의 사업주와 근로자의 과반수로 조직된 노동조합(근로자의 과반수로 조직된 노동조합이 없는 경우에는 근로자의 과반수를 대표하는 자를 말한다)은 그 사업 또는 사업장의 여건에 따라 임금체계 개편 등 필요한 조치를 하여야 한다.

② 고용노동부장관은 ①에 따라 필요한 조치를 한 사업 또는 사업장의 사업주나 근로자에게 대통령령으로 정하는 바에 따라 고용지원금 등 필요한 지원을 할 수 있다.

③ 고용노동부장관은 정년을 60세 이상으로 연장하는 사업 또는 사업장의 사업주 또는 근로자에게 대통령령으로 정하는 바에 따라 임금체계 개편 등을 위한 컨설팅 등 필요한 지원을 할 수 있다.

(3) 정년제도 운영현황의 제출 등(제20조)

① 상시 300명 이상의 근로자를 사용하는 사업주는 고용노동부령으로 정하는 바에 따라 매년 정년 제도의 운영 현황을 고용노동부장관에게 제출하여야 한다.

② 고용노동부장관은 ①에 따른 사업주로서 정년을 현저히 낮게 정한 사업주에게 정년의 연장을 권고할 수 있다.

③ ②에 따른 권고를 정당한 사유 없이 따르지 아니한 경우 그 내용을 공표할 수 있다.

시험에 이렇게 나왔다!

고용상 연령차별금지 및 고령자고용촉진에 관한 법률상 정년퇴직자의 재고용에 관한 설명으로 옳은 것은?

(15년 1회)

① 사업주는 정년에 도달한 자가 그 사업장에 다시 취업하기를 희망할 때 당사자의 희망 직종에 재고용하도록 하여야 한다.

② 사업주는 고령자인 정년퇴직자를 재고용할 때 당사자 간의 합의에 의하여 퇴직금 계산을 위한 계속근로기간을 산정할 때 종전의 근로기간을 제외할 수 있다.

③ 당사자가 합의한다고 해도 연차유급 휴가일수 계산을 위한 계속근로기간 산정에 있어 종전의 근로기간을 제외할 수는 없다.

④ 당사자 간 합의가 있다고 해도 임금의 결정 역시 종전과 달리할 수 없다.

답 ②

(4) 정년퇴직자의 재고용(제21조) 기출 20, 15, 12, 14, 11, 10, 09, 07년

① 사업주는 정년에 도달한 사람이 그 사업장에 다시 취업하기를 희망할 때 그 직무수행 능력에 맞는 직종에 재고용하도록 노력하여야 한다.

② 사업주는 고령자인 정년퇴직자를 재고용할 때 당사자 간의 합의에 의하여 「근로기준법」에 따른 퇴직금과 연차유급(年次有給) 휴가일수 계산을 위한 계속근로기간을 산정할 때 종전의 근로기간을 제외할 수 있으며 임금의 결정을 종전과 달리할 수 있다.

(5) 정년퇴직자의 재고용 지원(제21조의2)

고용노동부장관은 정년퇴직자를 재고용하거나 그 밖에 정년퇴직자의 고용안정에 필요한 조치를 하는 사업주에게 장려금 지급 등 필요한 지원을 할 수 있다.

(6) 정년 연장에 대한 지원(제22조)

고용노동부장관은 정년 연장에 따른 사업체의 인사와 임금 등에 대하여 상담, 자문, 그 밖에 필요한 협조와 지원을 하여야 한다.

시험에 이렇게 나왔다!

고용상 연령차별금지 및 고령자고용촉진에 관한 법률상 정년에 관한 설명으로 옳은 것은? (15년 2회)

① 사업주가 근로자의 정년을 정하는 경우에는 그 정년이 50세 이상이 되도록 노력하여야 한다.

② 고용노동부장관은 상시 100명 이상의 근로자를 사용하는 사업주로서 정년을 현저히 낮게 정한 사업주에게 정년의 연장을 권고할 수 있다.

③ 사업주는 고령자인 정년퇴직자를 재고용할 때 당사자 간의 합의에 의하여 임금의 결정을 종전과 달리할 수 없다.

④ 고용노동부장관은 정년 연장에 따른 사업체의 인사와 임금 등에 대하여 상담, 자문, 그 밖에 필요한 협조와 지원을 하여야 한다.

답 ④

고용상 연령차별금지 및 고령자고용촉진에 관한 법률 연습문제

01

고용상 연령차별금지 및 고령자고용촉진에 관한 법률상 고령자 기준고용률이 그 사업장의 상시근로자수의 100분의 2에 해당하는 사업은?

① 제조업
② 운수업
③ 부동산 및 임대업
④ 건설업

해설

②, ③ 운수업, 부동산 및 임대업 : 그 사업장의 상시근로자수의 100분의 6
④ 제조업 및 운수업, 부동산 및 임대업 외의 산업 : 그 사업장의 상시근로자수의 100분의 3

02

고용상 연령차별금지 및 고령자고용촉진에 관한 법률에서 사용하는 용어에 관한 설명으로 틀린 것은?

① "고령자"란 55세 이상인 사람을 말한다.
② "준고령자"란 50세 이상 55세 미만인 사람을 말한다.
③ "사업주"란 근로자 기준법상 사용자를 말한다.
④ "근로자"란 근로기준법상 근로자를 말한다.

해설

사업주란 근로자를 사용하여 사업을 하는 자를 말한다.

03

고용상 연령차별금지 및 고령자고용촉진에 관한 법률상 부동산 및 임대업의 고령자 기준고용률은?

① 상시 근로자수의 100분의 1
② 상시 근로자수의 100분의 3
③ 상시 근로자수의 100분의 6
④ 상시 근로자수의 100분의 7

해설

운수업, 부동산 및 임대업은 그 사업장의 상시근로자수의 100분의 6이다.

04

고용상 연령차별금지 및 고령자 고용촉진에 관한 법률상 준고령자에 해당되는 자는?

① 45세 이상 50세 미만
② 50세 이상 55세 미만
③ 55세 이상 60세 미만
④ 60세 미만

해설

준고령자는 50세 이상 55세 미만인 사람으로 한다.

05

고용상 연령차별금지 및 고령자고용촉진에 관한 법률상 고령자 고용정보센터의 업무가 아닌 것은? (17년 3회)

① 고령자에 대한 구인 · 구직 등록, 직업지도 및 취업알선
② 정년연장과 고령자 고용에 관한 인사 · 노무관리와 작업환경 개선 등에 관한 기술적 상담 · 교육 및 지도
③ 고령자에 대한 직장 적응훈련 및 교육
④ 고령자의 실업급여 지급

해설

고령자의 실업급여지급은 고용안정기관의 업무이다.
고용정보센터의 업무
• 고령자에 대한 구인 · 구직 등록, 직업지도 및 취업알선
• 취업희망 고령자에 대한 직업상담 및 정년퇴직자의 재취업 상담
• 고령자의 직업능력개발훈련
• 그 밖에 고령자 고용촉진을 위하여 필요하다고 인정하여 고용노동부장관이 정하는 사업

06

고용상연령차별금지 및 고령자고용촉진에 관한 법령상 운수업의 고령자 기준고용률은? (19년 2회)

① 그 사업장의 상시근로자수의 100분의 2
② 그 사업장의 상시근로자수의 100분의 3
③ 그 사업장의 상시근로자수의 100분의 5
④ 그 사업장의 상시근로자수의 100분의 6

해설

고령자 기준고용률
• 제조업 : 그 사업장의 상시근로자수의 100분의 2
• 운수업, 부동산 및 임대업 : 그 사업장의 상시근로자수의 100분의 6
• 그 외의 산업 : 그 사업장의 상시근로자수의 100분의 3

07

고용상 연령차별금지 및 고령자고용촉진에 관한 법률에서 고용상 연령차별금지의 내용이 아닌 것은? (18년 1회)

① 사업주는 모집 · 채용 등에 있어서 합리적인 이유 없이 연령을 이유로 차별하여서는 아니 된다.
② 연령을 이유로 모집 · 채용 등에 있어 차별적 처우를 받은 근로자는 노동위원회에 차별적 처우가 있은 날부터 6개월 이내에 그 시정을 신청할 수 있다.
③ 합리적인 이유 없이 연령 외의 기준을 적용하여 특정 연령집단에 특히 불리한 결과를 초래하는 경우에는 연령차별로 본다.
④ 직무의 성격에 비추어 특정 연령기준이 불가피하게 요구되는 경우에는 연령차별로 보지 아니한다.

해설

연령을 이유로 차별받은 근로자는 국가인권위원회에 진정할 수 있다(제4조의6 제1항).

08

다음 (   )에 알맞은 것은?

> 고용상 연령차별금지 및 고령자고용촉진에 관한 법률상 상시 (   ) 이상의 근로자를 사용하는 사업장의 사업주는 기준고용률 이상의 고령자를 고용하도록 노력하여야 한다.

① 20명   ② 100명
③ 150명   ④ 300명

해설

상시 300명 이상의 근로자를 사용하는 사업주는 기준고용률 이상의 고령자를 고용하도록 노력해야 한다.

09

고용상 연령차별금지 및 고령자고용촉진에 관한 법령상 우선고용직종에 관한 설명으로 옳은 것은?

① 고용정책심의회는 우선고용직종을 선정하고, 선정된 우선고용직종을 대통령령으로 명시하여야 한다.
② 고용노동부장관은 정당한 사유 없이 고용 확대 요청에 따르지 아니한 자에게 그 내용을 공표하거나 직업안정 업무를 하는 행정기관에서 제공하는 직업지도와 취업알선 등 고용 관련 서비스를 중단할 수 있다.
③ 모든 사업주는 우선고용직종이 신설되거나 확대됨에 따라 신규인력을 채용하는 경우 고령자와 준고령자를 우선적으로 고용하여야 한다.
④ 공공기관의 장은 그 기관의 우선고용직종에 관한 고용현황을 고용노동부령으로 정하는 바에 따라 매월 고용노동부장관에게 제출하여야 한다.

해설

① 고용노동부장관은 고용정책심의회의 심의를 거쳐 우선고용직종을 선정하고, 선정된 우선고용직종을 고시하여야 한다(제15조 제1항).
③ 공공기관등의 장은 우선고용직종이 신설되거나 확대됨에 따라 신규인력을 채용하는 경우에는 고령자와 준고령자를 우선적으로 고용하여야 한다(시행령 제12조 제1항).
④ 공공기관등의 장은 그 기관의 우선고용직종에 관한 고용현황을 고용노동부령으로 정하는 바에 따라 매년 고용노동부장관에게 제출하여야 한다(시행령 제13조).

CHAPTER 05

파견근로자보호 등에 관한 법률

Thema 1 총칙

(1) 목적(제1조)

이 법은 근로자파견사업의 적정한 운영을 도모하고 파견근로자의 근로조건 등에 관한 기준을 확립하여 파견근로자의 고용안정과 복지증진에 이바지하고 인력수급을 원활하게 함을 목적으로 한다.

(2) 정의(제2조)

① 근로자파견

파견사업주가 근로자를 고용한 후 그 고용관계를 유지하면서 근로자파견계약의 내용에 따라 사용사업주의 지휘·명령을 받아 사용사업주를 위한 근로에 종사하게 하는 것을 말한다.

② 근로자파견사업

근로자파견을 업(業)으로 하는 것을 말한다.

③ 파견사업주

근로자파견사업을 하는 자를 말한다.

④ 사용사업주

근로자파견계약에 따라 파견근로자를 사용하는 자를 말한다.

⑤ 파견근로자

파견사업주가 고용한 근로자로서 근로자파견의 대상이 되는 사람을 말한다.

⑥ 근로자파견계약

파견사업주와 사용사업주 간에 근로자파견을 약정하는 계약을 말한다.

⑦ 차별적 처우

다음의 사항에서 합리적인 이유 없이 불리하게 처우하는 것을 말한다.

㉠ 「근로기준법」의 임금

㉡ 정기상여금, 명절상여금 등 정기적으로 지급되는 상여금

㉢ 경영성과에 따른 성과금

㉣ 그 밖에 근로조건 및 복리후생 등에 관한 사항

(1) 근로자파견 대상 업무 등(제5조 및 시행령 제2조)   기출 20, 16년

① 근로자파견사업은 제조업의 직접생산공정업무를 제외하고 전문지식·기술·경험 또는 업무의 성질 등을 고려하여 적합하다고 판단되는 업무로서 대통령령으로 정하는 업무를 대상으로 한다.

② ①에도 불구하고 출산·질병·부상 등으로 결원이 생긴 경우 또는 일시적·간헐적으로 인력을 확보하여야 할 필요가 있는 경우에는 근로자파견사업을 할 수 있다.

③ ① 및 ②에도 불구하고 다음의 어느 하나에 해당하는 업무에 대하여는 근로자파견사업을 하여서는 아니 된다.

   ⊙ 건설공사현장에서 이루어지는 업무

   ⓛ 「항만운송사업법」에 따른 항만하역사업, 「한국철도공사법」에 따른 철도 여객사업·화물운송사업·철도와 다른 교통수단의 연계운송사업 「농수산물 유통 및 가격안정에 관한 법률」에 따른 하역업무, 「물류정책기본법」에 따른 물류의 하역업무로서 「직업안정법」에 따라 근로자공급사업 허가를 받은 지역의 업무

   ⓒ 「선원법」의 선원의 업무

   ⓔ 「산업안전보건법」에 따른 유해하거나 위험한 업무

   ⓜ 「진폐의 예방과 진폐근로자의 보호 등에 관한 법률」에 따른 분진작업을 하는 업무

   ⓗ 「산업안전보건법」에 따른 건강관리카드의 발급대상 업무

   ⓢ 「의료법」에 따른 의료인의 업무 및 간호조무사의 업무

   ⓞ 「의료기사 등에 관한 법률」에 따른 의료기사의 업무

   ⓩ 「여객자동차 운수사업법」에 따른 여객자동차운송사업에서의 운전업무

   ⓣ 「화물자동차 운수사업법」에 따른 화물자동차 운송사업에서의 운전업무

시험 에 이렇게 나왔다!

파견근로자보호 등에 관한 법률상 근로자파견 대상업무가 아닌 것은? (16년 3회)

① 주유원의 업무
② 행정, 경영 및 재정 전문가의 업무
③ 음식 조리 종사자의 업무
④ 선원법에 따른 선원의 업무

답 ④

(2) 파견기간(제6조)

① 근로자파견의 기간은 출산·질병·부상 등으로 결원이 생긴 경우 또는 일시적·간헐적으로 인력을 확보하여야 할 필요가 있는 경우를 제외하고는 1년을 초과하여서는 아니 된다.

② ①에도 불구하고 파견사업주, 사용사업주, 파견근로자 간의 합의가 있는 경우에는 파견기간을 연장할 수 있다. 이 경우 1회를 연장할 때에는 그 연장기간은 1년을 초과하여서는 아니 되며, 연장된 기간을 포함한 총 파견기간은 2년을 초과하여서는 아니 된다.

③ 「고용상 연령차별금지 및 고령자고용촉진에 관한 법률」에 따른 고령자인 파견근로자에 대하여는 2년을 초과하여 근로자파견기간을 연장할 수 있다.

④ 출산·질병·부상 등으로 결원이 생긴 경우 또는 일시적·간헐적으로 인력을 확보하여야 할 필요가 있는 경우 근로자파견의 기간은 다음의 구분에 따른다.

  ㉠ 출산·질병·부상 등 그 사유가 객관적으로 명백한 경우 : 해당 사유가 없어지는 데 필요한 기간

  ㉡ 일시적·간헐적으로 인력을 확보할 필요가 있는 경우 : 3개월 이내의 기간. 다만, 해당 사유가 없어지지 아니하고 파견사업주, 사용사업주, 파견근로자 간의 합의가 있는 경우에는 3개월의 범위에서 한 차례만 그 기간을 연장할 수 있다.

(3) 근로자파견사업의 허가(제7조)   [기출] 17년

① 근로자파견사업을 하려는 자는 고용노동부령으로 정하는 바에 따라 고용노동부장관의 허가를 받아야 한다. 허가받은 사항 중 고용노동부령으로 정하는 중요사항을 변경하는 경우에도 또한 같다.

② 근로자파견사업의 허가를 받은 자가 허가받은 사항 중 고용노동부령으로 정하는 중요사항 외의 사항을 변경하려는 경우에는 고용노동부령으로 정하는 바에 따라 고용노동부장관에게 신고하여야 한다.

③ 사용사업주는 고용노동부장관의 허가를 받지 않고 근로자파견사업을 하는 자로부터 근로자파견의 역무를 제공받아서는 아니 된다.

④ 고용노동부장관은 ②에 따른 신고를 받은 경우 그 내용을 검토하여 이 법에 적합하면 신고를 수리하여야 한다.

[시험]에 이렇게 나왔다!

파견근로자보호 등에 관한 법률상 근로자파견사업의 허가에 관한 설명으로 틀린 것은? (17년 2회)

① 근로자파견사업을 하고자 하는 자는 관할 지자체의 허가를 받아야 한다.

② 근로자파견사업의 허가의 유효기간은 3년으로 한다.

③ 식품접객업, 숙박업을 하는 자는 근로자파견사업을 행할 수 없다.

④ 근로자파견사업 허가의 취소처분을 받은 파견사업주는 그 처분 전에 파견한 파견근로자와 그 사용사업주에 대하여 그 파견기간이 종료될 때까지 파견사업주로서의 의무와 권리를 가진다.

[답] ①

🔍 **허가의 결격사유(제8조)**

다음 어느 하나에 해당하는 자는 근로자파견사업의 허가를 받을 수 없다.

- 미성년자, 피성년후견인, 피한정후견인 또는 파산선고를 받고 복권(復權)되지 아니한 사람
- 금고 이상의 형(집행유예는 제외한다)을 선고받고 그 집행이 끝나거나 집행을 받지 아니하기로 확정된 후 2년이 지나지 아니한 사람
- 이 법, 「직업안정법」, 「근로기준법」에 따른 강제 근로의 금지, 중간착취의 배제, 위약 예정의 금지, 전차금 상계의 금지, 강제 저금의 금지, 금품 청산, 임금 지급 등의 규정, 연장·야간 및 휴일 근로, 최저 연령과 취직인허증, 「최저임금법」에 따른 최저임금의 효력에 관한 규정, 「선원법」에 따른 선원공급사업의 금지 규정을 위반하여 벌금 이상의 형(집행유예는 제외한다)을 선고받고 그 집행이 끝나거나 집행을 받지 아니하기로 확정된 후 3년이 지나지 아니한 자
- 금고 이상의 형의 집행유예를 선고받고 그 유예기간 중에 있는 사람
- 해당 사업의 허가가 취소(이 조 제호에 해당하여 허가가 취소된 경우는 제외한다)된 후 3년이 지나지 아니한 자
- 임원 중 위의 결격사유 중 어느 하나에 해당하는 사람이 있는 법인

(4) 허가의 유효기간 등(제10조) [기출] 20, 19년

① 근로자파견사업 허가의 유효기간은 3년으로 한다.

② 허가의 유효기간이 끝난 후 계속하여 근로자파견사업을 하려는 자는 고용노동부령으로 정하는 바에 따라 갱신허가를 받아야 한다.

③ 갱신허가의 유효기간은 그 갱신 전의 허가의 유효기간이 끝나는 날의 다음 날부터 기산(起算)하여 3년으로 한다.

(1) 파견근로자의 복지 증진(제23조)

파견사업주는 파견근로자의 희망과 능력에 적합한 취업 및 교육훈련 기회의 확보, 근로조건의 향상, 그 밖에 고용 안정을 도모하기 위하여 필요한 조치를 마련함으로써 파견근로자의 복지 증진에 노력하여야 한다.

(2) 파견근로자에 대한 고지 의무(제24조) 기출 18년

① 파견사업주는 근로자를 파견근로자로서 고용하려는 경우에는 미리 해당 근로자에게 그 취지를 서면으로 알려 주어야 한다.

② 파견사업주는 그가 고용한 근로자 중 파견근로자로 고용하지 아니한 사람을 근로자파견의 대상으로 하려는 경우에는 미리 해당 근로자에게 그 취지를 서면으로 알리고 그의 동의를 받아야 한다.

(3) 파견근로자에 대한 고용제한의 금지(25조)

① 파견사업주는 파견근로자 또는 파견근로자로 고용되려는 사람과 그 고용관계가 끝난 후 그가 사용사업주에게 고용되는 것을 정당한 이유 없이 금지하는 내용의 근로계약을 체결하여서는 아니 된다.

② 파견사업주는 파견근로자의 고용관계가 끝난 후 사용사업주가 그 파견근로자를 고용하는 것을 정당한 이유 없이 금지하는 내용의 근로자파견계약을 체결하여서는 아니 된다.

(4) 취업조건의 고지(제26조)

① 파견사업주는 근로자파견을 하려는 경우에는 미리 해당 파견근로자에게 계약의 내용에 관한 사항과 파견되어 근로할 사업장의 복리후생시설의 이용에 관한 사항을 서면으로 알려 주어야 한다.

② 파견근로자는 파견사업주에게 해당 근로자파견의 대가에 관하여 그 내역을 제시할 것을 요구할 수 있다.

③ 파견사업주는 그 내역의 제시를 요구받았을 때에는 지체 없이 그 내역을 서면으로 제시하여야 한다.

(5) 파견사업관리책임자(제28조 제1항) 기출 17년

파견사업주는 파견근로자의 적절한 고용관리를 위하여 결격사유에 해당하지 아니하는 사람 중에서 파견사업관리책임자를 선임하여야 한다.

(6) 파견사업관리대장(제29조 및 시행규칙 제15조)

① 파견사업주는 파견사업관리대장을 작성 · 보존하여야 한다.

② 파견사업관리대장의 기재사항 및 그 보존기간은 고용노동부령으로 정한다.

  ㉠ 파견사업주는 파견사업관리대장을 사업소별로 작성 · 보존해야 한다.

  ㉡ 파견사업관리대장에 기재해야 할 사항은 다음과 같다.

- 파견근로자의 성명
- 사용사업주 및 사용사업관리책임자의 성명
- 파견근로자가 파견된 사업장의 명칭 및 소재지
- 파견근로자의 파견기간
- 파견근로자의 업무내용

시험 에 이렇게 나왔다!

파견근로자 보호 등에 관한 법률에 관한 설명으로 틀린 것은? (17년 1회)

① 파견사업주는 근로자를 파견근로자로서 고용하고자 할 때에는 미리 당해 근로자에게 그 취지를 서면으로 알려주어야 한다.

② 파견사업주는 정당한 이유 없이 파견근로자 또는 파견근로자로서 고용되고자 하는 자와 그 고용관계의 종료 후 사용사업주에게 고용되는 것을 금지하는 내용의 근로계약을 체결하여서는 아니 된다.

③ 파견사업주는 파견사업관리대장을 작성 · 보존하여야 한다.

④ 파견사업주는 파견근로자의 적절한 파견근로를 위하여 사용사업관리책임자를 선임하여야 한다.

답 ④

참고 하세요!

파견사업주는 파견사업관리대장을 근로자파견이 끝난 날부터 3년간 보존해야 한다(시행규칙 제15조 제3항).

파견근로자보호 등에 관한 법률 연습문제

01

파견근로자보호 등에 관한 법률에 대한 설명으로 틀린 것은? (19년 2회)

① 근로자파견사업의 허가의 유효기간은 2년으로 한다.
② 사용사업주는 파견근로자를 사용하고 있는 업무에 근로자를 직접 고용하고자 하는 경우에는 당해 파견근로자를 우선적으로 고용하도록 노력하여야 한다.
③ 근로자파견이라 함은 파견사업주가 근로자를 고용한 후 그 고용관계를 유지하면서 근로자파견계약의 내용에 따라 사용사업주의 지휘·명령을 받아 사용사업주를 위한 근로에 종사하게 하는 것을 말한다.
④ 사용사업주는 고용노동부장관의 허가를 받지 않고 근로자파견사업을 행하는 자로부터 근로자파견의 역무를 제공받은 경우에 해당 파견근로자를 직접 고용하여야 한다.

해설

근로자파견사업의 허가의 유효기간은 3년으로 한다.

02

파견근로자보호 등에 관한 법령에 대한 설명으로 틀린 것은? (18년 2회)

① 근로자파견사업의 허가의 유효기간은 3년으로 한다.
② 파견사업주는 그가 고용한 근로자 중 파견근로자로 고용하지 아니한 자를 근로자파견의 대상으로 하려는 경우에는 고용노동부장관의 승인을 받아야 한다.
③ 파견사업주는 쟁의행위 중인 사업장에 그 쟁의행위로 중단된 업무의 수행을 위하여 근로자를 파견하여서는 아니 된다.
④ 파견사업주는 근로자파견을 할 경우에는 파견근로자의 성명·성별·연령·학력·자격 기타 직업능력에 관한 사항을 사용사업주에게 통지하여야 한다.

해설

파견사업주는 그가 고용한 근로자 중 파견근로자로 고용하지 아니한 자를 근로자파견의 대상으로 하고자 할 경우에는 근로자의 동의를 얻어야 한다.

03

파견근로자보호 등에 관한 법률에서 사용하는 용어에 관한 설명으로 틀린 것은?

① "근로자파견사업"이란 근로자파견을 업(業)으로 하는 것을 말한다.
② "파견사업주"란 근로자파견계약에 따라 파견근로자를 사용하는 자를 말한다.
③ "근로자파견계약"이란 파견사업주와 사용사업주 간에 근로자파견을 약정하는 계약을 말한다.
④ "파견근로자"란 파견사업주가 고용한 근로자로서 근로자파견의 대상이 되는 사람을 말한다.

해설

"파견사업주"란 근로자파견사업을 하는 자를 말한다. 근로자파견계약에 따라 파견근로자를 사용하는 자는 "사용사업주"이다.

04

파견근로자보호 등에 관한 법률상 근로자파견 대상업무에 해당하는 것은?

① 제조업의 직접생산공정업무
② 「의료법」에 따른 의료인의 업무 및 간호조무사의 업무
③ 음식 조리 종사자의 업무
④ 「선원법」에 따른 선원의 업무

해설

근로자파견사업은 제조업의 직접생산공정업무를 제외하고 전문지식·기술·경험 또는 업무의 성질 등을 고려하여 적합하다고 판단되는 업무로서 대통령령으로 정하는 업무를 대상으로 한다. 단, '건설공사현장에서 이루어지는 업무', 「선원법」의 선원의 업무', 「산업안전보건법」에 따른 유해하거나 위험한 업무', 「의료법」에 따른 의료인의 업무 및 간호조무사의 업무 등에 대하여는 근로자파견사업을 하여서는 아니 된다(제5조 및 시행령 제2조).

05

파견근로자보호 등에 관한 법률에 따른 파견기간으로 옳지 않은 것은?

① 근로자파견의 기간은 출산·질병·부상 등으로 결원이 생긴 경우 1년을 초과할 수 있다.
② 파견기간을 연장할 때에는 파견사업주, 사용사업주, 파견근로자 간의 합의가 있어야 한다.
③ 합의가 있는 경우 연장기간은 1년을 초과하여서는 아니 된다.
④ 고령자인 파견근로자에 대하여는 1년을 초과하여 근로자파견기간을 연장할 수 있다.

해설

「고용상 연령차별금지 및 고령자고용촉진에 관한 법률」에 따른 고령자인 파견근로자에 대하여는 2년을 초과하여 근로자파견기간을 연장할 수 있다(제6조 제3항).

파견기간(제6조)

• 제1항 : 근로자파견의 기간은 출산·질병·부상 등으로 결원이 생긴 경우 또는 일시적·간헐적으로 인력을 확보하여야 할 필요가 있는 경우를 제외하고는 1년을 초과하여서는 아니 된다.
• 제2항 : 제1항에도 불구하고 파견사업주, 사용사업주, 파견근로자 간의 합의가 있는 경우에는 파견기간을 연장할 수 있다.

06

다음 (   )에 알맞은 것은?

> 파견근로자보호 등에 관한 법률상 근로자파견사업 허가의 유효기간은 (㉠)으로 한다. 허가의 유효기간이 끝난 후 계속하여 근로자파견사업을 하려는 자는 고용노동부령으로 정하는 바에 따라 갱신허가를 받아야 한다. 갱신허가의 유효기간은 그 갱신 전의 허가의 유효기간이 끝나는 날의 다음 날부터 기산(起算)하여 (㉡)으로 한다.

① ㉠ 3년, ㉡ 3년
② ㉠ 3년, ㉡ 1년
③ ㉠ 5년, ㉡ 3년
④ ㉠ 5년, ㉡ 1년

해설

근로자파견사업 허가의 유효기간은 3년으로 한다. 허가의 유효기간이 끝난 후 계속하여 근로자파견사업을 하려는 자는 고용노동부령으로 정하는 바에 따라 갱신허가를 받아야 한다. 갱신허가의 유효기간은 그 갱신 전의 허가의 유효기간이 끝나는 날의 다음 날부터 기산(起算)하여 3년으로 한다.

07

파견근로자보호 등에 관한 법률상 파견사업관리대장에 대한 설명으로 틀린 것은?

① 파견사업주는 파견사업관리대장을 작성·보존하여야 한다.
② 파견사업관리대장의 기재사항 및 그 보존기간은 고용노동부령으로 정한다.
③ 파견사업주는 파견사업관리대장을 사업소별로 작성·보존해야 한다.
④ 파견사업주는 파견사업관리대장을 근로자파견을 시작한 날부터 3년간 보존해야 한다.

해설

파견사업주는 파견사업관리대장을 근로자파견이 끝난 날부터 3년간 보존해야 한다(시행규칙 제15조 제3항).

08

파견근로자 보호 등에 관한 법률에 관한 설명으로 틀린 것은?

① 파견사업주는 근로자를 파견근로자로서 고용하려는 경우에는 미리 해당 근로자에게 그 취지를 서면으로 알려주어야 한다.
② 파견근로자는 파견사업주에게 해당 근로자파견의 대가에 관하여 그 내역을 제시할 것을 요구할 수 있다.
③ 파견사업주는 근로자파견의 대가에 관하여 그 내역의 제시를 요구받았을 때에는 파견근로자가 근로를 시작하기 전까지 그 내역을 서면으로 제시하여야 한다.
④ 파견사업주는 정당한 이유 없이 파견근로자 또는 파견근로자로서 고용되고자 하는 자와 그 고용관계의 종료 후 사용사업주에게 고용되는 것을 금지하는 내용의 근로계약을 체결하여서는 아니 된다.

해설

파견사업주는 그 내역의 제시를 요구받았을 때에는 지체 없이 그 내역을 서면으로 제시하여야 한다(제26조).

Thema 1 총칙

(1) 목적(제1조)

이 법은 기간제근로자 및 단시간근로자에 대한 불합리한 차별을 시정하고 기간제근로자 및 단시간근로자의 근로조건 보호를 강화함으로써 노동시장의 건전한 발전에 이바지함을 목적으로 한다.

(2) 정의(제2조)   기출 18년

① 기간제근로자

기간의 정함이 있는 근로계약(이하 "기간제 근로계약")을 체결한 근로자를 말한다.

② 단시간근로자

「근로기준법」의 단시간근로자를 말한다.

③ 차별적 처우

다음 각 사항에서 합리적인 이유 없이 불리하게 처우하는 것을 말한다.

ㄱ 「근로기준법」에 따른 임금

ㄴ 정기상여금, 명절상여금 등 정기적으로 지급되는 상여금

ㄷ 경영성과에 따른 성과금

ㄹ 그 밖에 근로조건 및 복리후생 등에 관한 사항

(3) 적용범위(제3조)   기출 20년

① 상시 5인 이상의 근로자를 사용하는 모든 사업 또는 사업장에 적용한다. 다만, 동거의 친족만을 사용하는 사업 또는 사업장과 가사사용인에 대하여는 적용하지 아니한다.

② 상시 4인 이하의 근로자를 사용하는 사업 또는 사업장에 대하여는 대통령령으로 정하는 바에 따라 이 법의 일부 규정을 적용할 수 있다.

③ 국가 및 지방자치단체의 기관에 대하여는 상시 사용하는 근로자의 수와 관계없이 이 법을 적용한다.

(1) 기간제근로자의 사용(제4조)

① 사용자는 2년을 초과하지 아니하는 범위 안에서(기간제 근로계약의 반복갱신 등의 경우에는 그 계속근로한 총기간이 2년을 초과하지 아니하는 범위 안에서) 기간제근로자를 사용할 수 있다. 다만, 다음 어느 하나에 해당하는 경우에는 2년을 초과하여 기간제근로자로 사용할 수 있다.

　㉠ 사업의 완료 또는 특정한 업무의 완성에 필요한 기간을 정한 경우

　㉡ 휴직ㆍ파견 등으로 결원이 발생하여 해당 근로자가 복귀할 때까지 그 업무를 대신할 필요가 있는 경우

　㉢ 근로자가 학업, 직업훈련 등을 이수함에 따라 그 이수에 필요한 기간을 정한 경우

　㉣ 「고령자고용촉진법」의 고령자와 근로계약을 체결하는 경우

　㉤ 전문적 지식ㆍ기술의 활용이 필요한 경우와 정부의 복지정책ㆍ실업대책 등에 따라 일자리를 제공하는 경우로서 대통령령으로 정하는 경우

　㉥ 그 밖에 위에 준하는 합리적인 사유가 있는 경우로서 대통령령으로 정하는 경우

② 사용자가 ①의 사유가 없거나 소멸되었음에도 불구하고 2년을 초과하여 기간제근로자로 사용하는 경우에는 그 기간제근로자는 기간의 정함이 없는 근로계약을 체결한 근로자로 본다.

(2) 기간의 정함이 없는 근로자로의 전환(제5조)

사용자는 기간의 정함이 없는 근로계약을 체결하고자 하는 경우에는 해당 사업 또는 사업장의 동종 또는 유사한 업무에 종사하는 기간제근로자를 우선적으로 고용하도록 노력하여야 한다.

(1) 단시간근로자의 초과근로 제한(제6조)

① 사용자는 단시간근로자에 대하여 「근로기준법」의 소정근로시간을 초과하여 근로하게 하는 경우에는 해당 근로자의 동의를 얻어야 한다. 이 경우 1주간에 12시간을 초과하여 근로하게 할 수 없다.

② 단시간근로자는 사용자가 동의를 얻지 아니하고 초과근로를 하게 하는 경우에는 이를 거부할 수 있다.

③ 사용자는 초과근로에 대하여 통상임금의 100분의 50 이상을 가산하여 지급하여야 한다.

(2) 통상근로자로의 전환 등(제7조)   기출 18년

① 사용자는 통상근로자를 채용하고자 하는 경우에는 해당 사업 또는 사업장의 동종 또는 유사한 업무에 종사하는 단시간근로자를 우선적으로 고용하도록 노력하여야 한다.

② 사용자는 가사, 학업 그 밖의 이유로 근로자가 단시간근로를 신청하는 때에는 해당 근로자를 단시간근로자로 전환하도록 노력하여야 한다.

(1) 차별적 처우의 금지(제8조)

① 사용자는 기간제근로자임을 이유로 해당 사업 또는 사업장에서 동종 또는 유사한 업무에 종사하는 기간의 정함이 없는 근로계약을 체결한 근로자에 비하여 차별적 처우를 하여서는 아니 된다.

② 사용자는 단시간근로자임을 이유로 해당 사업 또는 사업장의 동종 또는 유사한 업무에 종사하는 통상근로자에 비하여 차별적 처우를 하여서는 아니 된다.

(2) 차별적 처우의 시정신청(제9조 제1항)

기간제근로자 또는 단시간근로자는 차별적 처우를 받은 경우 「노동위원회법」 규정에 따른 노동위원회(이하 "노동위원회")에 그 시정을 신청할 수 있다. 다만, 차별적 처우가 있은 날(계속되는 차별적 처우는 그 종료일)부터 6개월이 지난 때에는 그러하지 아니하다.

(3) 조사·심문 등(제10조 제1항)

노동위원회는 시정신청을 받은 때에는 지체 없이 필요한 조사와 관계당사자에 대한 심문을 하여야 한다.

(4) 조정·중재(제11조)

① 노동위원회는 심문의 과정에서 관계당사자 쌍방 또는 일방의 신청 또는 직권에 의하여 조정절차를 개시할 수 있고, 관계당사자가 미리 노동위원회의 중재결정에 따르기로 합의하여 중재를 신청한 경우에는 중재를 할 수 있다.

② 조정 또는 중재를 신청하는 경우에는 차별적 처우의 시정신청을 한 날부터 14일 이내에 하여야 한다. 다만, 노동위원회의 승낙이 있는 경우에는 14일 후에도 신청할 수 있다.

③ 노동위원회는 특별한 사유가 없으면 조정절차를 개시하거나 중재신청을 받은 때부터 60일 이내에 조정안을 제시하거나 중재결정을 하여야 한다.

④ 조정 또는 중재결정은 「민사소송법」의 규정에 따른 재판상 화해와 동일한 효력을 갖는다.

⑤ 조정·중재의 방법, 조정조서·중재결정서의 작성 등에 관한 사항은 중앙노동위원회기 따로 정한다.

(5) 시정명령 등(제12조 제1항)

노동위원회는 조사·심문을 종료하고 차별적 처우에 해당된다고 판정한 때에는 사용자에게 시정명령을 내려야 하고, 차별적 처우에 해당하지 아니한다고 판정한 때에는 그 시정신청을 기각하는 결정을 하여야 한다.

(6) 조정·중재 또는 시정명령의 내용(제13조)   기출 19년

① 조정·중재 또는 시정명령의 내용에는 차별적 행위의 중지, 임금 등 근로조건의 개선(취업규칙, 단체협약 등의 제도개선 명령을 포함한다) 또는 적절한 배상 등이 포함될 수 있다.

② 배상액은 차별적 처우로 인하여 기간제근로자 또는 단시간근로자에게 발생한 손해액을 기준으로 정한다. 다만, 노동위원회는 사용자의 차별적 처우에 명백한 고의가 인정되거나 차별적 처우가 반복되는 경우에는 손해액을 기준으로 3배를 넘지 아니하는 범위에서 배상을 명령할 수 있다.

시험에 이렇게 나왔다!

기간제 및 단시간근로자 보호 등에 관한 법률상 기간제 근로자의 차별적 처우의 금지에 관한 설명으로 틀린 것은? (19년 3회)

① 사용자는 기간제근로자임을 이유로 당해 사업 또는 사업장에서 동종 또는 유사한 업무에 종사하는 기간의 정함이 없는 근로계약을 체결한 근로자에 비하여 차별적 처우를 하여서는 아니 된다.

② 기간제근로자는 차별적 처우를 받은 경우 차별적 처우가 있는 날부터 6개월 이내에 노동위원회에 시정을 신청할 수 있다.

③ 기간제근로자가 노동위원회에 차별시정을 신청할 경우 관련한 분쟁에 있어 입증책임은 사용자가 부담한다.

④ 차별적 처우가 인정될 경우 노동위원회는 시정명령을 내릴 수 있다. 이 경우 사용자의 차별적 처우에 명백한 고의가 인정되면 기간제근로자의 손해액을 기준으로 2배를 넘지 아니하는 범위에서 배상명령을 내릴 수 있다.

답 ④

(1) 근로조건의 서면명시(제17조) 기출 17년

사용자는 기간제근로자 또는 단시간근로자와 근로계약을 체결하는 때에는 다음의 모든 사항을 서면으로 명시하여야 한다.

① 근로계약기간에 관한 사항

② 근로시간·휴게에 관한 사항

③ 임금의 구성항목·계산방법 및 지불방법에 관한 사항

④ 휴일·휴가에 관한 사항

⑤ 취업의 장소와 종사하여야 할 업무에 관한 사항

⑥ 근로일 및 근로일별 근로시간(단시간근로자에 한정함)

(2) 벌칙(제21조 및 제22조)

① 불리한 처우의 금지 규정을 위반하여 근로자에게 불리한 처우를 한 자는 2년 이하의 징역 또는 1천만원 이하의 벌금에 처한다.

② 단시간근로자의 초과근로 제한 규정을 위반하여 단시간근로자에게 초과근로를 하게한 자는 1천만원 이하의 벌금에 처한다.

시험 에 이렇게 나왔다!

기간제 및 단시간근로자 보호 등에 관한 법률상 사용자가 기간제근로자와 근로계약을 체결하는 때에 서면으로 명시하여야 하는 사항이 아닌 것은? (17년 1회)

① 근로계약기간에 관한 사항

② 휴일·휴가에 관한 사항

③ 임금의 구성항목·계산방법 및 지불방법에 관한 사항

④ 근로일 및 근로일별 근로시간

답 ④

제5과목 노동관계법규

01

기간제 및 단시간근로자 보호 등에 관한 법률에 규정된 내용으로 틀린 것은?

① "기간제근로자"란 기간의 정함이 있는 근로계약을 체결한 근로자를 말한다.
② "단시간근로자"란 「근로기준법」의 단시간근로자를 말한다.
③ 경영성과에 따라 성과금을 불리하게 지급하는 것은 "차별적 처우"에 해당하지 않는다.
④ 상시 5인 이상의 근로자를 사용하는 모든 사업 또는 사업장에 적용한다.

해설

합리적인 이유 없이 불리하게 처우하는 것은 차별적 처우에 해당한다.

02

기간제 및 단시간근로자 보호 등에 관한 법률의 적용범위로 옳지 않은 것은?

① 가사사용인을 포함한 상시 5인 이상의 근로자를 사용하는 모든 사업 또는 사업장에 적용한다.
② 상시 4인 이하의 근로자를 사용하는 사업 또는 사업장에 대하여는 대통령령으로 정하는 바에 따라 이 법의 일부 규정을 적용할 수 있다.
③ 국가 및 지방자치단체의 기관에 대하여는 상시 사용하는 근로자의 수와 관계없이 이 법을 적용한다.
④ 동거의 친족만을 사용하는 사업장에는 적용하지 아니한다.

해설

상시 5인 이상의 근로자를 사용하는 모든 사업 또는 사업장에 적용한다. 다만, 동거의 친족만을 사용하는 사업 또는 사업장과 가사사용인에 대하여는 적용하지 아니한다.

03

다음 ( )에 알맞은 것은?

> 기간제 및 단시간근로자 보호 등에 관한 법률상 사용자는 (㉠)을 초과하지 아니하는 범위 안에서(기간제 근로계약의 반복갱신 등의 경우에는 그 계속근로한 총기간이 (㉡)을 초과하지 아니하는 범위 안에서) 기간제근로자를 사용할 수 있다.

① ㉠ 1년, ㉡ 1년
② ㉠ 2년, ㉡ 2년
③ ㉠ 1년, ㉡ 2년
④ ㉠ 2년, ㉡ 1년

해설

기간제 및 단시간근로자 보호 등에 관한 법률상 사용자는 2년을 초과하지 아니하는 범위 안에서(기간제 근로계약의 반복갱신 등의 경우에는 그 계속근로한 총기간이 2년을 초과하지 아니하는 범위 안에서) 기간제근로자를 사용할 수 있다(제4조).

04

기간제 및 단시간근로자 보호 등에 관한 법률에 규정된 내용으로 틀린 것은?

① 사용자는 단시간근로자에 대하여 소정근로시간을 초과하여 근로하게 하는 경우에는 1주간에 15시간을 초과하여 근로하게 할 수 없다.
② 단시간근로자는 사용자가 동의를 얻지 아니하고 초과근로를 하게 하는 경우에는 이를 거부할 수 있다.
③ 사용자는 가사, 학업 그 밖의 이유로 근로자가 단시간근로를 신청하는 때에는 해당 근로자를 단시간근로자로 전환하도록 노력하여야 한다.
④ 사용자는 초과근로에 대하여 통상임금의 100분의 50 이상을 가산하여 지급하여야 한다.

해설

사용자는 단시간근로자에 대하여 「근로기준법」의 소정근로시간을 초과하여 근로하게 하는 경우에는 해당 근로자의 동의를 얻어야 한다. 이 경우 1주간에 12시간을 초과하여 근로하게 할 수 없다(제6조).

05

기간제 및 단시간근로자 보호 등에 관한 법률상 기간제근로자의 차별적 처우의 금지에 관한 설명으로 틀린 것은?

① 기간제근로자는 차별적 처우를 받은 경우 차별적 처우가 있는 날부터 6개월 이내에 노동위원회에 시정을 신청할 수 있다.
② 노동위원회는 사용자의 차별적 처우에 명백한 고의가 인정되거나 차별적 처우가 반복되는 경우에는 손해액을 기준으로 2배를 넘지 아니하는 범위에서 배상을 명령할 수 있다.
③ 노동위원회는 시정신청을 받은 때에는 지체 없이 필요한 조사와 관계당사자에 대한 심문을 하여야 한다.
④ 조정 또는 중재를 신청하는 경우에는 차별적 처우의 시정신청을 한 날부터 14일 이내에 하여야 한다.

해설

배상액은 차별적 처우로 인하여 기간제근로자 또는 단시간근로자에게 발생한 손해액을 기준으로 정한다. 다만, 노동위원회는 사용자의 차별적 처우에 명백한 고의가 인정되거나 차별적 처우가 반복되는 경우에는 손해액을 기준으로 3배를 넘지 아니하는 범위에서 배상을 명령할 수 있다(제13조).

06

기간제 및 단시간근로자 보호 등에 관한 법률상 서면으로 명시하여야 하는 근로조건을 모두 고른 것은?

> ㄱ. 근로계약기간에 관한 사항
> ㄴ. 초과근로시간에 관한 사항
> ㄷ. 근로일 및 근로일별 근로시간
> ㄹ. 임금의 지불방법에 관한 사항

① ㄱ, ㄴ   ② ㄴ, ㄷ
③ ㄷ, ㄹ   ④ ㄱ, ㄹ

해설

사용자는 기간제근로자 또는 단시간근로자와 근로계약을 체결하는 때에는 다음의 모든 사항을 서면으로 명시하여야 한다(제17조).

- 근로계약기간에 관한 사항
- 근로시간·휴게에 관한 사항
- 임금의 구성항목·계산방법 및 지불방법에 관한 사항
- 휴일·휴가에 관한 사항
- 취업의 장소와 종사하여야 할 업무에 관한 사항
- 근로일 및 근로일별 근로시간(단시간근로자에 한정함)

07

기간제 및 단시간근로자 보호 등에 관한 법률상 다음 ( )에 알맞은 것은?

> - 불리한 처우의 금지 규정을 위반하여 근로자에게 불리한 처우를 한 자는 2년 이하의 징역 또는 1천만원 이하의 벌금에 처한다.
> - 단시간근로자의 초과근로 제한 규정을 위반하여 단시간근로자에게 초과근로를 하게 한 자는 1천만원 이하의 벌금에 처한다.

① ㉠ 1년, ㉡ 1천만원, ㉢ 1천만원
② ㉠ 2년, ㉡ 1천만원, ㉢ 1천만원
③ ㉠ 1년, ㉡ 2천만원, ㉢ 2천만원
④ ㉠ 2년, ㉡ 2천만원, ㉢ 2천만원

해설

벌칙

- 불리한 처우의 금지 규정을 위반하여 근로자에게 불리한 처우를 한 자는 2년 이하의 징역 또는 1천만원 이하의 벌금에 처한다(제21조).
- 단시간근로자의 초과근로 제한 규정을 위반하여 단시간근로자에게 초과근로를 하게 한 자는 1천만원 이하의 벌금에 처한다(제22조).

CHAPTER 07

근로자퇴직급여 보장법

Thema 1 총칙

(1) 목적(제1조)

이 법은 근로자 퇴직급여제도의 설정 및 운영에 필요한 사항을 정함으로써 근로자의 안정적인 노후생활 보장에 이바지함을 목적으로 한다.

(2) 정의(제2조)

① 근로자

「근로기준법」에 따른 근로자를 말한다.

② 사용자

「근로기준법」에 따른 사용자를 말한다.

③ 임금

「근로기준법」에 따른 임금을 말한다.

④ 평균임금

「근로기준법」에 따른 평균임금을 말한다.

⑤ 급여

퇴직급여제도나 개인형퇴직연금제도에 의하여 근로자에게 지급되는 연금 또는 일시금을 말한다.

⑥ 퇴직급여제도

확정급여형퇴직연금제도, 확정기여형퇴직연금제도 및 퇴직금제도를 말한다.

⑦ 퇴직연금제도

확정급여형퇴직연금제도, 확정기여형퇴직연금제도 및 개인형퇴직연금제도를 말한다.

⑧ 확정급여형퇴직연금제도

근로자가 받을 급여의 수준이 사전에 결정되어 있는 퇴직연금제도를 말한다.

⑨ 확정기여형퇴직연금제도

급여의 지급을 위하여 사용자가 부담하여야 할 부담금의 수준이 사전에 결정되어 있는 퇴직연금제도를 말한다.

⑩ 개인형퇴직연금제도

가입자의 선택에 따라 가입자가 납입한 일시금이나 사용자 또는 가입자가 납입한 부담금을 적립·운용하기 위하여 설정한 퇴직연금제도로서 급여의 수준이나 부담금의 수준이 확정되지 아니한 퇴직연금제도를 말한다.

⑪ 가입자

퇴직연금제도에 가입한 사람을 말한다.

⑫ 적립금

가입자의 퇴직 등 지급사유가 발생할 때에 급여를 지급하기 위하여 사용자 또는 가입자가 납입한 부담금으로 적립된 자금을 말한다.

⑬ 퇴직연금사업자

퇴직연금제도의 운용관리업무 및 자산관리업무를 수행하기 위하여 퇴직연금사업자의 등록을 한 자를 말한다.

(3) 적용범위(제3조)　　　기출 20, 18년

이 법은 근로자를 사용하는 모든 사업 또는 사업장(이하 "사업")에 적용한다. 다만, 동거하는 친족만을 사용하는 사업 및 가구 내 고용활동에는 적용하지 아니한다.

시험 에 이렇게 나왔다!

근로자퇴직급여 보장법에 관한 설명으로 틀린 것은?
(18년 2회)

① 이 법은 상시 5명 미만의 근로자를 사용하는 사업 또는 사업장에는 적용하지 아니한다.
② 퇴직금제도를 설정하려는 사용자는 계속근로기간 1년에 대하여 30일분 이상의 평균임금을 퇴직금으로 퇴직 근로자에게 지급할 수 있는 제도를 설정하여야 한다.
③ 퇴직금을 받을 권리는 3년간 행사하지 아니하면 시효로 인하여 소멸한다.
④ 확정급여형퇴직연금제도란 근로자가 받을 급여의 수준이 사전에 결정되어 있는 퇴직연금제도를 말한다.

답 ①

(1) 퇴직급여제도의 설정(제4조)

① 사용자는 퇴직하는 근로자에게 급여를 지급하기 위하여 퇴직급여제도 중 하나 이상의 제도를 설정하여야 한다. 다만, 계속근로기간이 1년 미만인 근로자, 4주간을 평균하여 1주간의 소정근로시간이 15시간 미만인 근로자에 대하여는 그러하지 아니하다.

② 퇴직급여제도를 설정하는 경우에 하나의 사업에서 급여 및 부담금 산정방법의 적용 등에 관하여 차등을 두어서는 아니 된다.

③ 사용자가 퇴직급여제도를 설정하거나 설정된 퇴직급여제도를 다른 종류의 퇴직급여제도로 변경하려는 경우에는 근로자의 과반수가 가입한 노동조합이 있는 경우에는 그 노동조합, 근로자의 과반수가 가입한 노동조합이 없는 경우에는 근로자 과반수(이하 "근로자대표")의 동의를 받아야 한다.

④ 사용자가 ③에 따라 설정되거나 변경된 퇴직급여제도의 내용을 변경하려는 경우에는 근로자대표의 의견을 들어야 한다. 다만, 근로자에게 불리하게 변경하려는 경우에는 근로자대표의 동의를 받아야 한다.

(2) 수급권의 보호(제7조)   기출 17년

① 퇴직연금제도의 급여를 받을 권리는 양도하거나 담보로 제공할 수 없다.

② ①에도 불구하고 가입자는 주택구입 등 대통령령으로 정하는 사유와 요건을 갖춘 경우에는 대통령령으로 정하는 한도에서 퇴직연금제도의 급여를 받을 권리를 담보로 제공할 수 있다.

(3) 퇴직금제도의 설정 등(제8조) 기출 19, 17년

① 퇴직금제도를 설정하려는 사용자는 계속근로기간 1년에 대하여 30일분 이상의 평균임금을 퇴직금으로 퇴직 근로자에게 지급할 수 있는 제도를 설정하여야 한다.

② ①에도 불구하고 사용자는 주택구입 등 대통령령으로 정하는 사유로 근로자가 요구하는 경우에는 근로자가 퇴직하기 전에 해당 근로자의 계속근로기간에 대한 퇴직금을 미리 정산하여 지급할 수 있다. 이 경우 미리 정산하여 지급한 후의 퇴직금 산정을 위한 계속근로기간은 정산시점부터 새로 계산한다.

(4) 퇴직금의 지급(제9조)

사용자는 근로자가 퇴직한 경우에는 그 지급사유가 발생한 날부터 14일 이내에 퇴직금을 지급하여야 한다. 다만, 특별한 사정이 있는 경우에는 당사자 간의 합의에 따라 지급기일을 연장할 수 있다.

(5) 퇴직금의 시효(제10조) 기출 20년

이 법에 따른 퇴직금을 받을 권리는 3년간 행사하지 아니하면 시효로 인하여 소멸한다.

시험에 이렇게 나왔다!

다음 ( )에 알맞은 것은? (19년 1회)

근로자퇴직급여 보장법상 퇴직금제도를 설정하려는 사용자는 계속근로기간 (ㄱ)에 대하여 (ㄴ)의 (ㄷ)을 퇴직금으로 퇴직근로자에게 지급할 수 있는 제도를 설정하여야 한다.

① ㄱ : 2년, ㄴ : 45일분 이상,
　 ㄷ : 평균임금
② ㄱ : 1년, ㄴ : 15일분 이상,
　 ㄷ : 통상임금
③ ㄱ : 1년, ㄴ : 30일분 이상,
　 ㄷ : 평균임금
④ ㄱ : 2년, ㄴ : 60일분 이상,
　 ㄷ : 통상임금

답 ③

시험에 이렇게 나왔다!

근로자퇴직급여 보장법령상 ( ) 안에 들어갈 숫자로 옳은 것은? (20년 1 · 2회)

이 법에 따른 퇴직금을 받을 권리는 ( )년간 행사하지 아니하면 시효로 인하여 소멸한다.

① 1　　② 3
③ 5　　④ 10

답 ②

(1) 확정급여형퇴직연금제도의 설정(제13조)

확정급여형퇴직연금제도를 설정하려는 사용자는 이 법에 따라 근로자대표의 동의를 얻거나 의견을 들어 확정급여형퇴직연금규약을 작성하여 고용노동부장관에게 신고하여야 한다.

(2) 가입기간(제14조)

① 가입기간은 퇴직연금제도의 설정 이후 해당 사업에서 근로를 제공하는 기간으로 한다.

② 해당 퇴직연금제도의 설정 전에 해당 사업에서 제공한 근로기간에 대하여도 가입기간으로 할 수 있다. 이 경우 퇴직금을 미리 정산한 기간은 제외한다.

(3) 급여수준(제15조)

급여 수준은 가입자의 퇴직일을 기준으로 산정한 일시금이 계속근로기간 1년에 대하여 30일분의 평균임금에 상당하는 금액 이상이 되도록 하여야 한다.

(4) 급여 종류 및 수급요건 등(제17조)

① 확정급여형퇴직연금제도의 급여 종류는 연금 또는 일시금으로 하되, 수급요건은 다음과 같다.

ㄱ 연금은 55세 이상으로서 가입기간이 10년 이상인 가입자에게 지급할 것. 이 경우 연금의 지급기간은 5년 이상이어야 한다.

ㄴ 일시금은 연금수급 요건을 갖추지 못하거나 일시금 수급을 원하는 가입자에게 지급할 것

② 사용자는 가입자의 퇴직 등 급여를 지급할 사유가 발생한 날부터 14일 이내에 퇴직연금사업자로 하여금 적립금의 범위에서 지급의무가 있는 급여 전액을 지급하도록 하여야 한다.

③ 급여의 지급은 가입자가 지정한 개인형퇴직연금제도의 계정으로 이전하는 방법으로 한다. 다만, 가입자가 55세 이후에 퇴직하여 급여를 받는 경우 등 대통령령으로 정하는 사유가 있는 경우에는 그러하지 아니하다.

개인형퇴직연금제도로의 이전 예외 사유(시행령 제9조)

③에서 "가입자가 55세 이후에 퇴직하여 급여를 받는 경우 등 대통령령으로 정하는 사유"란 다음 어느 하나에 해당하는 경우를 말한다.

• 가입자가 55세 이후에 퇴직하여 급여를 받는 경우
• 가입자가 급여를 담보로 대출받은 금액 등을 상환하기 위한 경우. 이 경우 가입자가 지정한 개인형퇴직연금제도의 계정으로 이전하지 아니하는 금액은 담보대출 채무상환 금액을 초과할 수 없다.
• 퇴직급여액이 고용노동부장관이 정하는 금액 이하인 경우

(1) 확정기여형퇴직연금제도의 설정(제19조 제1항)

확정기여형퇴직연금제도를 설정하려는 사용자는 근로자대표의 동의를 얻거나 의견을 들어 확정기여형퇴직연금규약을 작성하여 고용노동부장관에게 신고하여야 한다.

(2) 부담금의 부담수준 및 납입 등(제20조)   기출 17년

① 확정기여형퇴직연금제도를 설정한 사용자는 가입자의 연간 임금총액의 12분의 1 이상에 해당하는 부담금을 현금으로 가입자의 확정기여형퇴직연금제도 계정에 납입하여야 한다.

② 가입자는 사용자가 부담하는 부담금 외에 스스로 부담하는 추가 부담금을 가입자의 확정기여형퇴직연금 계정에 납입할 수 있다.

③ 사용자는 매년 1회 이상 정기적으로 부담금을 가입자의 확정기여형퇴직연금제도 계정에 납입하여야 한다. 이 경우 사용자가 정하여진 기일까지 부담금을 납입하지 아니한 경우 그 다음 날부터 부담금을 납입한 날까지 지연일수에 대하여 연 100분의 40 이내의 범위에서 「은행법」에 따른 은행이 적용하는 연체금리, 경제적 여건 등을 고려하여 대통령령으로 정하는 이율에 따른 지연이자를 납입하여야 한다.

(3) 미납 부담금에 대한 지연이자 이율(시행령 제11조)

앞에서 "대통령령으로 정하는 이율"이란 다음의 구분에 따른 이율을 말한다.

① 부담금을 납입하기로 정해진 날짜의 다음 날을 기산일로 하여 가입자의 퇴직 등 급여를 지급할 사유가 발생한 날부터 14일(당사자 간의 합의에 따라 납입날짜를 연장한 경우 그 연장된 날짜)까지의 기간 : 연 100분의 10

② ①에 따른 기간의 다음 날부터 부담금을 납입하는 날까지의 기간 : 연 100분의 20

시험 에 이렇게 나왔다!

근로자퇴직급여 보장법상 퇴직연금제도에 관한 설명으로 틀린 것은? (17년 2회)

① 확정급여형퇴직연금제도의 급여 종류는 연금 또는 일시금으로 하며, 연금은 55세 이상으로서 가입기간이 10년 이상인 가입자에게 지급한다.

② 확정기여형퇴직연금제도를 설정한 사용자는 가입자의 연간 임금총액의 24분의 1 이상에 해당하는 부담금을 현금으로 가입자의 확정기여형퇴직연금제도 계정에 납입하여야 한다.

③ 확정기여형퇴직연금제도의 가입자는 적립금의 운용방법을 스스로 선정할 수 있고, 반기마다 1회 이상 적립금의 운용방법을 변경할 수 있다.

④ 확정기여형퇴직연금제도에 가입한 근로자는 주택구입 등 대통령령으로 정하는 사유가 발생하면 적립금을 중도인출할 수 있다.

답 ②

(4) 적립금 운용방법 및 정보제공(제21조)

① 확정기여형퇴직연금제도의 가입자는 적립금의 운용방법을 스스로 선정할 수 있고, 반기마다 1회 이상 적립금의 운용방법을 변경할 수 있다.

② 퇴직연금사업자는 반기마다 1회 이상 위험과 수익구조가 서로 다른 세 가지 이상의 적립금 운용방법을 제시하여야 한다.

③ 퇴직연금사업자는 운용방법별 이익 및 손실의 가능성에 관한 정보 등 가입자가 적립금의 운용방법을 선정하는 데 필요한 정보를 제공하여야 한다.

시험 에 이렇게 나왔다!

근로자퇴직급여 보장법에 관한 설명으로 틀린 것은?
(19년 2회)

① 퇴직급여제도의 일시금을 수령한 사람은 개인형퇴직연금제도를 설정할 수 있다.

② 사용자는 계속근로기간이 1년 미만인 근로자, 4주간을 평균하여 1주간의 소정근로시간이 15시간 미만인 근로자에 대하여는 퇴직급여제도를 설정하지 않아도 된다.

③ 확정급여형퇴직연금제도 또는 확정기여형퇴직연금제도의 가입자는 개인형퇴직연금제도를 추가로 설정할 수 없다.

④ 상시 10명 미만의 근로자를 사용하는 사업의 경우 사용자가 개별근로자의 동의를 받거나 근로자의 요구에 따라 개인형퇴직연금제도를 설정하는 경우에는 해당 근로자에 대하여 퇴직급여제도를 설정한 것으로 본다.

답 ③

시험 에 이렇게 나왔다!

근로자퇴직급여 보장법상 개인형퇴직연금제도를 설정할 수 있는 사람을 모두 고른 것은? (19년 3회)

ㄱ. 자영업자
ㄴ. 「공무원연금법」의 적용을 받는 공무원
ㄷ. 「군인연금법」의 적용을 받는 군인
ㄹ. 「사립학교교직원 연금법」의 적용을 받는 교직원
ㅁ. 「별정우체국법」의 적용을 받는 별정우체국 직원

① ㄱ
② ㄱ, ㅁ
③ ㄴ, ㄷ, ㄹ
④ ㄱ, ㄴ, ㄷ, ㄹ, ㅁ

답 ④

(1) 개인형퇴직연금제도의 설정 및 운영 등(제24조 및 시행령 제16조의2) [기출] 19년

① 퇴직연금사업자는 개인형퇴직연금제도를 운영할 수 있다.

② 다음의 어느 하나에 해당하는 사람은 개인형퇴직연금제도를 설정할 수 있다.

ㄱ 퇴직급여제도의 일시금을 수령한 사람

ㄴ 확정급여형퇴직연금제도 또는 확정기여형퇴직연금제도의 가입자로서 자기의 부담으로 개인형퇴직연금제도를 추가로 설정하려는 사람

ㄷ 자영업자

ㄹ 퇴직급여제도가 설정되어 있지 아니한 계속근로기간이 1년 미만인 근로자 또는 4주간을 평균하여 1주간의 소정근로시간이 15시간 미만인 근로자

ㅁ 퇴직금제도를 적용받고 있는 근로자

ㅂ 「공무원연금법」의 적용을 받는 공무원

ㅅ 「군인연금법」의 적용을 받는 군인

ㅇ 「사립학교교직원 연금법」의 적용을 받는 교직원

ㅈ 「별정우체국법」의 적용을 받는 별정우체국 직원

③ 개인형퇴직연금제도를 설정한 사람은 자기의 부담으로 개인형퇴직연금제도의 부담금을 납입한다. 다만, 대통령령으로 정하는 한도를 초과하여 부담금을 납입할 수 없다.

④ 개인형퇴직연금제도 적립금의 운용방법 및 운용에 관한 정보제공에 관하여는 '확정기여형퇴직연금제도의 적립금 운용방법 및 정보제공(제21조)'를 준용한다. 이 경우 "확정기여형퇴직연금제도"는 "개인형퇴직연금제도"로 본다.

(2) 10명 미만을 사용하는 사업에 대한 특례(제25조 제1항)

상시 10명 미만의 근로자를 사용하는 사업의 경우 사용자가 개별 근로자의 동의를 받거나 근로자의 요구에 따라 개인형퇴직연금제도를 설정하는 경우에는 해당 근로자에 대하여 퇴직급여제도를 설정한 것으로 본다.

(3) 개인형퇴직연금제도의 급여 종류별 수급요건(시행령 제18조 제1항)

개인형퇴직연금제도의 급여 종류별 수급요건은 다음 구분과 같다.

① 연금 : 55세 이상인 가입자에게 지급. 이 경우 연금 지급기간은 5년 이상이어야 한다.

② 일시금 : 55세 이상으로서 일시금 수급을 원하는 가입자에게 지급

(1) 확정기여형퇴직염금제도의 적립금 중도인출(제22조 및 시행령 제14조)

확정기여형퇴직연금제도에 가입한 근로자는 주택구입 등 대통령령으로 정하는 사유가 발생하면 적립금을 중도인출할 수 있다.

① "주택구입 등 대통령령으로 정하는 사유"란 다음의 어느 하나에 해당하는 경우를 말한다.

㉠ 무주택자인 가입자가 본인 명의로 주택을 구입하는 경우

㉡ 무주택자인 가입자가 주거를 목적으로 「민법」에 따른 전세금 또는 「주택임대차보호법」에 따른 보증금을 부담하는 경우. 이 경우 가입자가 하나의 사업 또는 사업장(이하 "사업")에 근로하는 동안 1회로 한정한다.

㉢ 재난(「재난 및 안전관리 기본법」에 따른 재난)으로 피해를 입은 경우로서 고용노동부장관이 정하여 고시하는 사유와 요건에 해당하는 경우

㉣ 가입자가 6개월 이상 요양을 필요로 하는 가입자 본인, 가입자의 배우자, 가입자 또는 그 배우자의 부양가족의 질병이나 부상에 대한 의료비(「소득세법 시행령」에 따른 의료비를 말한다)를 부담하는 경우로서 가입자가 본인 연간 임금총액의 1천분의 125를 초과하여 의료비를 부담하는 경우

㉤ 중도인출을 신청한 날부터 거꾸로 계산하여 5년 이내에 가입자가 「채무자 회생 및 파산에 관한 법률」에 따라 파산선고를 받은 경우

㉥ 중도인출을 신청한 날부터 거꾸로 계산하여 5년 이내에 가입자가 「채무자 회생 및 파산에 관한 법률」에 따라 개인회생절차개시 결정을 받은 경우

㉦ 퇴직연금제도의 급여를 받을 권리를 담보로 제공하고 대출을 받은 가입자가 그 대출 원리금을 상환하기 위한 경우로서 고용노동부장관이 정하여 고시하는 사유에 해당하는 경우

② ㉦에 해당하는 사유로 적립금을 중도인출하는 경우 그 중도인출 금액은 대출 원리금의 상환에 필요한 금액 이하로 한다.

(2) 개인형퇴직연금제도의 적립금 중도인출(시행령 제18조 제2항)

가입자가 (1)의 ① 어느 하나에 해당하는 경우 개인형퇴직연금제도의 적립금을 중도인출할 수 있다.

근로자퇴직급여 보장법 연습문제

01

근로자퇴직급여 보장법에서 사용하는 용어에 관한 설명으로 틀린 것은?

① 근로자 : 「근로기준법」에 따른 근로자를 말한다.
② 퇴직연금사업자 : 퇴직연금제도에 가입한 사람을 말한다.
③ 가입자 : 퇴직연금제도에 가입한 사람을 말한다.
④ 급여 : 퇴직급여제도나 개인형퇴직연금제도에 의하여 근로자에게 지급되는 연금 또는 일시금을 말한다.

해설

퇴직연금사업자는 퇴직연금제도의 운용관리업무 및 자산관리업무를 수행하기 위하여 퇴직연금사업자의 등록을 한 자를 말한다.

02

근로자퇴직급여 보장법에 관한 설명으로 틀린 것은?

① 4주간을 평균하여 1주간의 소정근로시간이 15시간 미만인 근로자에 대하여는 퇴직급여제도를 설정하지 않아도 된다.
② 퇴직금을 받을 권리는 3년간 행사하지 아니하면 시효로 인하여 소멸한다.
③ 퇴직금제도를 설정하려는 사용자는 계속근로기간 1년에 대하여 30일분 이상의 통상임금을 퇴직금으로 퇴직 근로자에게 지급할 수 있는 제도를 설정하여야 한다.
④ 사용자는 근로자가 퇴직한 경우에는 그 지급사유가 발생한 날부터 14일 이내에 퇴직금을 지급하여야 한다.

해설

퇴직금제도를 설정하려는 사용자는 계속근로기간 1년에 대하여 30일분 이상의 평균임금을 퇴직금으로 퇴직 근로자에게 지급할 수 있는 제도를 설정하여야 한다(제8조 제1항).

03

근로자퇴직급여 보장법상 (   ) 안에 들어갈 숫자로 옳은 것은?

> • 이 법에 따른 퇴직금을 받을 권리는 (㉠)간 행사하지 아니하면 시효로 인하여 소멸한다.
> • 사용자는 근로자가 퇴직한 경우에는 그 지급사유가 발생한 날부터 (㉡) 이내에 퇴직금을 지급하여야 한다.

① ㉠ 3년, ㉡ 14일
② ㉠ 2년, ㉡ 30일
③ ㉠ 3년, ㉡ 30일
④ ㉠ 2년, ㉡ 14일

해설

• 이 법에 따른 퇴직금을 받을 권리는 3년간 행사하지 아니하면 시효로 인하여 소멸한다(제10조).
• 사용자는 근로자가 퇴직한 경우에는 그 지급사유가 발생한 날부터 14일 이내에 퇴직금을 지급하여야 한다(제9조).

04

근로자퇴직급여 보장법상 확정급여형퇴직연금제도에 관한 설명으로 틀린 것은?

① 확정급여형퇴직연금제도의 설정 전에 해당 사업에서 제공한 근로기간에 대하여는 가입기간으로 할 수 없다.
② 급여 수준은 가입자의 퇴직일을 기준으로 산정한 일시금이 계속근로기간 1년에 대하여 30일분의 평균임금에 상당하는 금액 이상이 되도록 하여야 한다.
③ 55세 이상으로서 가입기간이 10년 이상인 가입자의 연금의 지급기간은 5년 이상이어야 한다.
④ 사용자는 가입자의 퇴직 등 급여를 지급할 사유가 발생한 날부터 14일 이내에 퇴직연금사업자로 하여금 적립금의 범위에서 지급의무가 있는 급여 전액을 지급하도록 하여야 한다.

확정급여형퇴직연금제도의 설정 전에 해당 사업에서 제공한 근로기간에 대하여도 가입기간으로 할 수 있다. 이 경우 퇴직금을 미리 정산한 기간은 제외한다(제14조 제2항).

05

근로자퇴직급여 보장법상 확정기여형퇴직연금제도에 관한 설명으로 틀린 것은?

① 확정기여형퇴직연금제도에 가입한 근로자는 주택구입 등 대통령령으로 정하는 사유가 발생하면 적립금을 중도인출할 수 있다.

② 확정기여형퇴직연금제도의 가입자는 적립금의 운용방법을 스스로 선정할 수 있고, 1년마다 1회 이상 적립금의 운용방법을 변경할 수 있다.

③ 사용자는 매년 1회 이상 정기적으로 부담금을 가입자의 확정기여형퇴직연금제도 계정에 납입하여야 한다.

④ 사용자가 정하여진 기일까지 부담금을 납입하지 아니한 경우 그 다음 날부터 부담금을 납입한 날까지 지연 일수에 대하여 연 100분의 40 이내의 범위에서 대통령령으로 정하는 이율에 따른 지연이자를 납입하여야 한다.

확정기여형퇴직연금제도의 가입자는 적립금의 운용방법을 스스로 선정할 수 있고, 반기마다 1회 이상 적립금의 운용방법을 변경할 수 있다(제21조 제1항).

06

근로자퇴직급여 보장법상 개인형퇴직연금제도에 관한 설명으로 옳은 것은?

① 퇴직연금사업자는 개인형퇴직연금제도를 운영할 수 없다.

② 상시 10명 미만의 근로자를 사용하는 사업의 경우 사용자가 개별근로자의 동의를 받거나 근로자의 요구에 따라 개인형퇴직연금제도를 설정하는 경우에는 해당 근로자에 대하여 퇴직급여제도를 설정한 것으로 본다.

③ 55세 이상인 가입자에게 연금으로 지급해야하며 연금지급기간은 10년 이상이어야 한다.

④ 퇴직급여제도의 일시금을 수령한 사람은 개인형퇴직연금제도를 설정할 수 없다.

① 퇴직연금사업자는 개인형퇴직연금제도를 운영할 수 있다(제24조 제1항).

③ 연금 지급기간은 5년 이상이어야 한다(시행령 제18조).

④ 퇴직급여제도의 일시금을 수령한 사람은 개인형퇴직연금제도 설정이 가능하다(제24조 제2항 제1호).

07

근로자퇴직급여 보장법상 확정기여형퇴직염금제도의 중도인출이 불가능한 사유는?

① 무주택자인 가입자가 본인 명의로 주택을 구입하는 경우

② 재난으로 피해를 입은 경우로서 고용노동부장관이 정하여 고시하는 사유와 요건에 해당하는 경우

③ 배우자의 부양가족의 질병이나 부상에 대한 의료비를 부담하는 경우로서 가입자가 본인 연간 임금총액의 1천분의 125를 초과하여 의료비를 부담하는 경우

④ 중도인출을 신청한 날부터 거꾸로 계산하여 7년 이내에 가입자가 「채무자 회생 및 파산에 관한 법률」에 따라 파산선고를 받은 경우

중도인출을 신청한 날부터 거꾸로 계산하여 5년 이내에 가입자가 「채무자 회생 및 파산에 관한 법률」에 따라 파산선고를 받은 경우(시행령 제14조 제1항 제2호)

CHAPTER 08

고용정책 기본법

Thema 1 총칙

(1) 목적(제1조)   기출 18, 16, 14년

이 법은 국가가 고용에 관한 정책을 수립 · 시행하여 국민 개개인이 평생에 걸쳐 직업능력을 개발하고 더 많은 취업기회를 가질 수 있도록 하는 한편, 근로자의 고용안정, 기업의 일자리 창출과 원활한 인력 확보를 지원하고 노동시장의 효율성과 인력수급의 균형을 도모함으로써 국민의 삶의 질 향상과 지속가능한 경제성장 및 고용을 통한 사회통합에 이바지함을 목적으로 한다.

(2) 정의(제2조)   기출 18, 17, 12년

이 법에서 "근로자"란 사업주에게 고용된 사람과 취업할 의사를 가진 사람을 말한다.

(3) 기본원칙(제3조)   기출 19, 17, 16, 15, 14, 13, 12, 09, 08, 07년

국가는 이 법에 따라 고용정책을 수립 · 시행하는 경우에 다음 각 사항이 실현되도록 하여야 한다.
① 근로자의 직업선택의 자유와 근로의 권리가 확보되도록 할 것
② 사업주의 자율적인 고용관리를 존중할 것
③ 구직자(求職者)의 자발적인 취업노력을 촉진할 것
④ 고용정책은 효율적이고 성과지향적으로 수립 · 시행할 것
⑤ 고용정책은 노동시장의 여건과 경제정책 및 사회정책을 고려하여 균형 있게 수립 · 시행할 것
⑥ 고용정책은 국가 · 지방자치단체 간, 공공부문 · 민간부문 간 및 근로자 · 사업주 · 정부 간의 협력을 바탕으로 수립 · 시행할 것

(4) 근로자 및 사업주의 책임과 의무(제5조)

① 근로자는 자신의 적성과 능력에 맞는 직업을 선택하여 직업생활을 하는 기간 동안 끊임없이 직업에 필요한 능력(이하 "직업능력")을 개발하고, 직업을 통하여 자기발전을 도모하도록 노력하여야 한다.

② 사업주는 사업에 필요한 인력을 스스로 양성하고, 자기가 고용하는 근로자의 직업능력을 개발하기 위하여 노력하며, 근로자가 그 능력을 최대한 발휘하면서 일할 수 있도록 고용관리의 개선, 근로자의 고용안정 촉진 및 고용평등의 증진 등을 위하여 노력하여야 한다.

(5) 취업기회의 균등한 보장(제7조) [기출] 17, 13, 11, 09년

① 사업주는 근로자를 모집·채용할 때에 합리적인 이유 없이 성별, 신앙, 연령, 신체조건, 사회적 신분, 출신지역, 학력, 출신학교, 혼인·임신 또는 병력(病歷) 등(이하 "성별 등")을 이유로 차별을 하여서는 아니 되며, 균등한 취업기회를 보장하여야 한다.

② 고용서비스를 제공하는 자는 그 업무를 수행할 때에 합리적인 이유 없이 성별 등을 이유로 구직자를 차별하여서는 아니 된다.

③ 직업능력개발훈련을 실시하는 자는 훈련대상자의 모집, 훈련의 실시 및 취업지원 등을 하는 경우에 합리적인 이유 없이 성별 등을 이유로 훈련생을 차별하여서는 아니 된다.

시험에 이렇게 나왔다!

고용정책 기본법상 취업기회의 균등한 보장을 위한 차별 금지사유가 아닌 것은?
(17년 3회)

① 업무능력
② 병력(病歷)
③ 출신학교
④ 신앙

답 ①

(1) 고용정책 기본계획의 수립 · 시행(제8조) 기출 16, 14, 09년

① 고용노동부장관은 관계 중앙행정기관의 장과 협의하여 5년마다 국가의 고용정책에 관한 기본계획(이하 "기본계획")을 수립하여야 한다.

② 고용노동부장관은 기본계획을 수립할 때에는 고용정책심의회의 심의를 거쳐야 하며, 수립된 기본계획은 국무회의에 보고하고 공표하여야 한다.

③ 기본계획에는 다음 각 사항이 포함되어야 한다.

　　㉠ 고용에 관한 중장기 정책목표 및 방향

　　㉡ 인력의 수요와 공급에 영향을 미치는 경제, 산업, 교육, 복지 또는 인구 정책 등의 동향(動向)에 관한 사항

　　㉢ 고용 동향과 인력의 수급 전망에 관한 사항

　　㉣ 국가 시책의 기본 방향에 관한 사항

　　㉤ 그 밖의 고용 관련 주요 시책에 관한 사항

④ 관계 중앙행정기관의 장은 고용과 관련된 계획을 수립할 때에는 기본계획과 조화되도록 하여야 한다.

⑤ 고용노동부장관은 기본계획을 세우기 위하여 필요하면 관계 중앙행정기관의 장 및 지방자치단체의 장에게 필요한 자료의 제출을 요청할 수 있다.

(2) 지역고용정책기본계획의 수립 · 시행(제9조) 기출 17년

① 특별시장 · 광역시장 · 특별자치시장 · 도지사 및 특별자치도지사(이하 "시 · 도지사")는 지역고용심의회의 심의를 거쳐 지역 주민의 고용촉진과 고용안정 등에 관한 지역고용정책기본계획(이하 "지역고용계획")을 수립 · 시행하여야 한다.

② 시 · 도지사는 지역고용계획을 수립할 때에는 기본계획과 조화되도록 하여야 한다.

③ 시 · 도지사는 지역고용계획을 세우기 위하여 필요하면 관계 중앙행정기관의 장 및 관할 지역의 직업안정기관의 장에게 협조를 요청할 수 있다.

④ 국가는 시 · 도지사가 지역고용계획을 수립 · 시행하는 데에 필요한 지원을 할 수 있다.

(3) 고용정책심의회(제10조) 기출 20, 15, 12, 10, 09, 08. 07년

① 고용에 관한 주요 사항을 심의하기 위하여 고용노동부에 고용정책심의회 (이하 "정책심의회")를 두고, 특별시 · 광역시 · 특별자치시 · 도 및 특별자치도에 지역고용심의회를 둔다.

② 이 경우 「노사관계 발전 지원에 관한 법률」에 따른 지역 노사민정 간 협력 활성화를 위한 협의체가 특별시 · 광역시 · 특별자치시 · 도 및 특별자치도에 구성되어 있는 경우에는 이를 지역고용심의회로 볼 수 있다.

③ 정책심의회는 다음 각 사항을 심의한다.
- ㉠ 국가 시책 및 고용정책 기본계획의 수립에 관한 사항
- ㉡ 인력의 공급구조와 산업구조의 변화 등에 따른 고용 및 실업대책에 관한 사항
- ㉢ 고용영향평가 대상의 선정, 평가방법 등에 관한 사항
- ㉣ 재정지원 일자리사업의 효율화에 관한 사항
- ㉤ 「사회적기업 육성법」에 따른 다음의 사항
  - 「사회적기업 육성법」에 따른 사회적기업육성기본계획
  - 「사회적기업 육성법」에 따른 사회적기업 인증에 관한 사항
  - 그 밖에 사회적기업의 지원을 위하여 필요한 사항으로서 대통령령으로 정하는 사항

시험에 이렇게 나왔다!

고용정책 기본법상 지역고용정책기본계획의 수립 · 시행에 관한 설명으로 틀린 것은? (17년 1회)

① 특별시장 · 광역시장 · 특별자치시장 · 도지사 및 특별자치도지사는 지역고용심의회의 심의를 거쳐 지역 주민의 고용촉진과 고용안정 등에 관한 지역고용정책기본계획을 수립 · 시행하여야 한다.

② 특별시장 · 광역시장 · 특별자치시장 · 도지사 및 특별자치도지사는 지역고용정책기본계획을 수립한 때에는 고용노동부장관이 수립한 고용정책에 관한 기본계획과 일치되도록 하여야 한다.

③ 특별시장 · 광역시장 · 특별자치시장 · 도지사 및 특별자치도지사는 지역고용정책기본계획을 세우기 위하여 필요하면 관계 중앙행정기관의 장 및 관할 지역의 직업안정기관의 장에게 협조를 요청할 수 있다.

④ 국가는 특별시장 · 광역시장 · 특별자치시장 · 도지사 및 특별자치도지사가 지역고용정책기본계획을 수립 · 시행하는 데에 필요한 지원을 할 수 있다.

답 ②

ⓗ 「남녀고용평등과 일·가정 양립 지원에 관한 법률」에 따른 다음의 사항
  - 여성 근로자 고용기준에 관한 사항
  - 적극적 고용개선조치 시행계획의 심사에 관한 사항
  - 적극적 고용개선조치 이행실적의 평가에 관한 사항
  - 적극적 고용개선조치 우수기업의 표창 및 지원에 관한 사항
  - 적극적 고용개선조치 미이행 사업주 명단 공표 여부에 관한 사항
  - 그 밖에 적극적 고용개선조치에 관하여 고용정책심의회의 위원장이 회의에 부치는 사항

ⓢ 「장애인고용촉진 및 직업재활법」에 따른 다음의 사항
  - 「장애인고용촉진 및 직업재활법」에 따른 장애인의 고용촉진 및 직업재활을 위한 기본계획의 수립에 관한 사항
  - 그 밖에 장애인의 고용촉진 및 직업재활에 관하여 위원장이 회의에 부치는 사항

ⓞ 「근로복지기본법」에 따른 다음의 사항
  - 근로복지증진에 관한 기본계획
  - 근로복지사업에 드는 재원 조성에 관한 사항
  - 그 밖에 고용정책심의회 위원장이 근로복지정책에 관하여 회의에 부치는 사항

ⓩ 관계 중앙행정기관의 장이 고용과 관련하여 심의를 요청하는 사항

ⓩ 그 밖에 다른 법령에서 정책심의회의 심의를 거치도록 한 사항 및 대통령령으로 정하는 사항

④ 정책심의회는 위원장 1명을 포함한 30명 이내의 위원으로 구성하고, 위원장은 고용노동부장관이 된다.

⑤ 위원은 근로자와 사업주를 대표하는 사람, 고용문제에 관하여 학식과 경험이 풍부한 사람, 전국 시·도지사 협의체에서 추천하는 사람 중에서 고용노동부장관이 위촉하는 사람과 다음의 대통령령으로 정하는 관계 중앙행정기관의 차관 또는 차관급 공무원(시행령 제3조 제1항)이 된다.

    ㉠ 기획재정부 제1차관, 교육부차관, 과학기술정보통신부 제1차관, 행정안전부차관, 산업통상자원부차관, 보건복지부, 여성가족부, 국토교통부 제1차관 및 중소벤처기업부차관

    ㉡ 정책심의회의 위원장이 안건 심의를 위하여 필요하다고 인정하여 위촉한 관계 중앙행정기관의 차관 또는 차관급 공무원

⑥ 정책심의회를 효율적으로 운영하고 정책심의회의 심의 사항을 전문적으로 심의하도록 하기 위하여 정책심의회에 분야별로 전문위원회를 둘 수 있다.

⑦ 전문위원회는 대통령령으로 정하는 바에 따라 정책심의회가 위임한 사항에 관하여 심의한다. 이 경우 전문위원회의 심의는 정책심의회의 심의로 본다.

⑧ 위촉위원의 임기는 2년으로 한다. 다만, 보궐위원의 임기는 전임자 임기의 남은 기간으로 한다(시행령 제4조).

⑨ 정책심의회의 위원장은 정책심의회를 대표하며, 정책심의회의 사무를 총괄한다. 위원장이 부득이한 사유로 직무를 수행할 수 없을 때에는 위원장이 지명하는 위원이 그 직무를 대행한다(시행령 제5조).

⑩ 정책심의회의 위원장은 정책심의회의 회의를 소집하고, 그 의장이 된다. 회의는 재적위원 과반수의 출석으로 개의(開議)하고 출석위원 과반수의 찬성으로 의결한다(시행령 제6조).

참고 하세요!

전문위원회(시행령 제7조)

• 지역고용전문위원회
• 고용서비스전문위원회
• 사회적기업육성전문위원회
• 적극적고용개선전문위원회
• 장애인고용촉진전문위원회
• 건설근로자고용개선전문위원회

시험 에 이렇게 나왔다!

고용정책 기본법령상 고용정책심의회에 관한 설명으로 틀린 것은? (20년 3회)

① 정책심의회는 위원장 1명을 포함한 20명 이내의 위원으로 구성한다.
② 근로자와 사업주를 대표하는 자는 심의 위원으로 참여할 수 있다.
③ 특별시·광역시·특별자치시·도 및 특별자치도에 지역고용심의회를 둔다.
④ 고용정책심의회를 효율적으로 운영하기 위하여 분야별 전문위원회를 둘 수 있다.

답 ①

(1) 고용 · 직업 정보의 수집 · 관리(제15조)

① 고용노동부장관은 근로자와 기업에 대한 고용서비스 향상과 노동시장의 효율성 제고를 위하여 다음의 고용 · 직업에 관한 정보(이하 "고용 · 직업 정보")를 수집 · 관리하여야 한다.

    ㉠ 구인 · 구직 정보

    ㉡ 고용보험제도 및 고용안정사업의 운영에 필요한 정보

    ㉢ 직업의 현황과 전망에 관한 정보 및 직업능력개발 훈련에 필요한 정보

    ㉣ 외국인 고용관리에 필요한 정보

    ㉤ 재정지원 일자리사업 운영을 위해 필요한 정보

    ㉥ 산업별 · 지역별 고용 동향 및 노동시장 정보

    ㉦ 그 밖에 위의 정보를 이용하여 제공하는 서비스의 향상을 위하여 필요한 정보로서 대통령령으로 정하는 정보

② 고용노동부장관은 구직자 · 구인자, 직업훈련기관, 교육기관 및 그 밖에 고용 · 직업 정보가 필요한 자가 신속하고 편리하게 이용할 수 있도록 책자를 발간 · 배포하는 등 필요한 조치를 하여야 한다.

③ 고용노동부장관은 고용 · 직업 정보의 수집 · 관리를 위하여 노동시장의 직업구조를 반영한 고용직업분류표를 작성 · 고시하여야 한다. 이 경우 미리 관계 행정기관의 장과 협의할 수 있다.

(2) 고용정보시스템의 구축 · 운영(제15조의2)

① 고용노동부장관은 고용 · 직업에 관한 정보 수집 · 관리 업무를 효율적으로 수행하기 위하여 고용 · 직업 정보를 대상으로 하는 전자정보시스템(이하 "고용정보시스템")을 구축 · 운영할 수 있다.

② 고용노동부장관은 ①에 따른 업무를 수행하기 위하여 법원 · 보건복지부 · 행정안전부 · 국세청 등 관계 중앙행정기관과 지방자치단체의 장 및 관련 기관 · 단체의 장에게 자료 제공 및 관계 전산망의 이용을 요청할 수 있다. 이 경우 자료의 제공 등을 요청받은 자는 정당한 사유가 없으면 그 요청에 따라야 한다.

③ 고용노동부장관은 ②에 따라 다음의 정보를 수집 · 보유 · 이용할 수 있다.

    ㉠ 사업자등록증

    ㉡ 국민건강보험 · 국민연금 · 고용보험 · 산업재해보상보험 · 보훈급여 · 공무원연금 · 공무원재해보상급여 · 군인연금 · 사립학교교직원연금 · 별정우체국연금의 가입 여부, 가입종별, 소득정보, 부과액 및 수급액

ⓒ 건물 · 토지 · 자동차 · 건설기계 · 선박의 공시가격 또는 과세표준액

ⓔ 주민등록등본 · 초본

ⓜ 가족관계등록부(가족관계증명서, 혼인관계증명서, 기본증명서)

ⓗ 북한이탈주민확인증명서

ⓢ 범죄사실에 관한 정보

ⓞ 출입국 정보

ⓩ 장애 정도

ⓒ 사회보장급여 수급 이력

ⓚ 「국가기술자격법」이나 그 밖의 법령에 따른 자격취득 정보

ⓣ 학교교육에 관한 정보

ⓟ 지방자치단체 등이 수집한 고용 · 직업 정보

(3) 고용형태 현황 공시(제15조의6 및 시행규칙 제4조) 기출 20, 19, 18년

① 상시 300명 이상의 근로자를 사용하는 사업주는 매년 근로자의 고용형태 현황을 공시하여야 한다.

② 사업주는 매년 3월 31일(그날이 공휴일인 경우에는 그 직전 근무일을 말한다)을 기준으로 법령에 따른 근로자의 고용형태 현황을 작성하여 해당 연도 4월 30일까지 공시해야 한다.

(4) 인력의 수급 동향 등에 관한 자료의 작성(제16조 제1항)

고용노동부장관은 인력의 수급에 영향을 미치는 경제 · 산업의 동향과 그 전망 등이 포함된 인력의 수급 동향과 전망에 관하여 조사하고 자료를 매년 작성하여 공표하여야 한다.

시험에 이렇게 나왔다!

다음 (   )에 알맞은 것은?
(18년 2회)

고용정책 기본법령상 상시 (   ) 이상의 근로자를 사용하는 사업주는 매년 근로자의 고용형태 현황을 공시하여야 한다.

① 50명
② 100명
③ 200명
④ 300명

답 ④

(1) 한국고용정보원의 설립(제18조) [기출] 15년

① 고용정보의 수집 · 제공과 직업에 관한 조사 · 연구 등 위탁받은 업무와 그 밖에 고용지원에 관한 업무를 효율적으로 수행하기 위하여 한국고용정보원을 설립한다.

② 한국고용정보원은 법인으로 한다.

③ 한국고용정보원은 고용노동부장관의 승인을 받아 분사무소를 둘 수 있다.

④ 한국고용정보원의 사업은 다음과 같다.

    ㉠ 고용 동향, 직업의 현황 및 전망에 관한 정보의 수집 · 관리

    ㉡ 인력 수급의 동향 및 전망에 관한 정보의 제공

    ㉢ 고용정보시스템 구축 및 운영

    ㉣ 직업지도, 직업심리검사 및 직업상담에 관한 기법(技法)의 연구 · 개발 및 보급

    ㉤ 고용서비스의 평가 및 지원

    ㉥ 위의 사업에 관한 국제협력과 그 밖의 부대사업

    ㉦ 그 밖에 고용노동부장관, 다른 중앙행정기관의 장 또는 지방자치단체로부터 위탁받은 사업

⑤ 정부는 예산의 범위에서 한국고용정보원의 설립 · 운영에 필요한 경비와 사업에 필요한 경비를 출연할 수 있다.

시험 에 이렇게 나왔다!

고용정책 기본법상 한국고용정보원에 관한 설명으로 틀린 것은?

① 고용정보의 수집 제공과 직업에 관한 조사 연구 등에 따라 위탁받은 업무와 그 밖에 고용지원에 관한 업무를 효율적으로 수행하기 위하여 설립하였다.

② 한국고용정보원은 법인으로 한다.

③ 고용노동부장관의 허가를 받아 분사무소를 둘 수 있다.

④ 정부는 예산의 범위에서 한국고용정보원의 설립 · 운영에 필요한 경비를 출현할 수 있다.

답 ③

(2) 한국잡월드의 설립 등(제18조의2)   기출 17, 14, 11년

① 다음의 사업을 수행하기 위하여 한국고용정보원 산하에 한국잡월드를 설립한다.

ㄱ 직업 관련 자료 · 정보의 전시 및 제공

ㄴ 직업체험프로그램 개설 · 운영

ㄷ 청소년 등에 대한 직업교육프로그램 개설 · 운영

ㄹ 교사 등에 대한 직업지도 교육프로그램 개설 · 운영

ㅁ 직업상담 및 직업심리검사 서비스 제공

ㅂ 직업 관련 자료 · 정보의 전시기법 및 체험프로그램 연구 · 개발

ㅅ 위의 사업에 관한 국제협력과 그 밖의 부대사업

ㅇ 그 밖에 고용노동부장관, 다른 중앙행정기관의 장 또는 지방자치단체의 장으로부터 위탁받은 사업

② 한국잡월드는 법인으로 한다.

③ 정부는 한국잡월드의 설립 · 운영에 필요한 경비와 사업에 필요한 경비를 예산의 범위에서 출연할 수 있다.

④ 한국잡월드는 각 사업수행에 필요한 경비를 조달하기 위하여 입장료 · 체험 관람료 징수 및 광고 등 대통령령으로 정하는 바에 따라 수익사업을 할 수 있다.

⑤ 개인 또는 법인 · 단체는 한국잡월드의 사업을 지원하기 위하여 한국잡월드에 금전이나 현물, 그 밖의 재산을 출연 또는 기부할 수 있다.

⑥ 한국잡월드의 수입은 다음의 것으로 한다.

ㄱ 국가나 국가 외의 자로부터 받은 출연금 및 기부금

ㄴ 그 밖에 한국잡월드의 수입금

⑦ 정부는 한국잡월드의 설립 및 운영을 위하여 필요한 경우에는 「국유재산법」, 「물품관리법」에도 불구하고 국유재산 및 국유물품을 한국잡월드에 무상으로 대부 또는 사용하게 할 수 있다.

시험 에 이렇게 나왔다!

고용정책 기본법상 한국잡월드에 관한 설명으로 틀린 것은? (17년 3회)

① 한국잡월드는 법인으로 한다.

② 한국잡월드는 사업수행에 필요한 경비를 조달하기 위하여 입장료 · 체험관람료 징수 및 광고등의 수익사업을 할 수 없다.

③ 개인 또는 법인 · 단체는 한국잡월드의 사업을 지원하기 위하여 한국잡월드에 금전이나 현물, 그 밖의 재산을 출연 또는 기부할 수 있다.

④ 정부는 한국잡월드의 설립 및 운영을 위하여 필요한 경우에는 국유재산법, 물품관리법에도 불구하고 국유재산 및 국유물품을 한국잡월드에 무상으로 대부 또는 사용하게 할 수 있다.

답 ②

Thema 5 근로자의 고용촉진 및 사업주의 인력확보 지원

(1) 구직자와 구인자에 대한 지원(제23조)

① 직업안정기관의 장은 구직자가 그 적성·능력·경험 등에 맞게 취업할 수 있도록 그 구직자에게 적합하도록 체계적인 고용서비스를 제공하여야 한다.

② 직업안정기관의 장은 구인자가 적합한 근로자를 신속히 채용할 수 있도록 구직자 정보의 제공, 상담·조언, 그 밖에 구인에 필요한 지원을 하여야 한다.

(2) 학생 등에 대한 직업지도(제24조)

국가는 「초·중등교육법」과 「고등교육법」에 따른 각급 학교의 학생 등에 대하여 장래 직업선택에 관하여 지도·조언하고, 각자의 적성과 능력에 맞는 직업을 가질 수 있도록 직업에 관한 정보를 제공하며, 직업적성검사 등 직업지도를 받을 수 있게 하는 등 필요한 지원을 하여야 한다.

시험 에 이렇게 나왔다!

고용정책 기본법상 근로자의 고용촉진 및 사업주의 인력확보 지원시책이 아닌 것은?
(17년 2회)
① 구직자와 구인자에 대한 지원
② 학생 등에 대한 직업지도
③ 취업취약계층의 고용촉진 지원
④ 업종별·지역별 고용조정의 지원
답 ④

(3) 청년·여성·고령자 등의 고용촉진의 지원(제25조)

국가는 청년·여성·고령자 등의 고용을 촉진하기 위하여 이들의 취업에 적합한 직종의 개발, 직업능력개발훈련과정의 개설, 고용기회 확대를 위한 제도의 마련, 관련 법령의 정비, 그 밖에 필요한 대책을 수립·시행하여야 한다.

(4) 취업취약계층의 고용촉진 지원(제26조)

국가는 취업취약계층의 고용을 촉진하기 위하여 취업취약계층의 능력·적성 등에 대한 진단, 취업의욕의 고취 및 직업능력의 증진, 집중적인 직업소개 등 지원이 포함된 취업지원 프로그램에 따라 직업능력을 개발하게 하는 등 필요한 지원을 하여야 한다.

(5) 일용근로자 등의 고용안정 지원(제27조)

국가는 일용근로자와 파견근로자 등의 고용안정을 위하여 그 근로형태의 특성에 맞는 고용정보의 제공, 직업상담, 직업능력개발 기회의 확대, 그 밖에 필요한 조치를 하여야 한다.

(6) 사회서비스일자리 창출 및 사회적기업 육성(제28조)

① 국가는 사회적으로 필요한 사회서비스 부문에서 법인·단체가 일자리를 창출하는 경우에는 이에 필요한 지원을 할 수 있다.

② 국가는 사회적 목적을 추구하면서 재화 및 서비스의 생산·판매 등 영업활동을 하는 법인·단체를 사회적기업으로 육성하도록 노력하여야 한다.

(7) 기업의 고용창출 등 지원(제29조)

국가는 근로자의 고용기회를 확대하고 기업의 경쟁력을 높이기 위하여 기업의 고용창출, 고용유지 및 인력의 재배치 등 지원에 필요한 대책을 수립·시행하여야 한다.

(8) 중소기업 인력확보지원계획의 수립·시행(제30조)

고용노동부장관은 중소기업의 인력확보를 지원하기 위하여 작업환경의 개선, 복리후생시설의 확충, 그 밖에 고용관리의 개선 등을 지원하기 위한 계획(이하 "중소기업 인력확보지원계획")을 수립·시행할 수 있다.

(9) 외국인근로자의 도입(제31조)

국가는 노동시장에서의 원활한 인력수급을 위하여 외국인근로자를 도입할 수 있다. 이 경우 국가는 국민의 고용이 침해되지 아니하도록 노력하여야 한다.

시험 에 이렇게 나왔다!

고용정책 기본법상 근로자의 고용촉진 지원에 대한 내용과 직접적으로 관련되지 않은 것은? (15년 3회)

① 저소득층의 고용촉진 지원
② 고령자의 고용촉진 지원
③ 여성의 고용촉진 지원
④ 취업취약계층의 고용촉진 지원

답 ①

(1) 업종별 · 지역별 고용조정의 지원 등(제32조)   기출 15, 11년

① 고용노동부장관은 국내외 경제사정의 변화 등으로 고용사정이 급격히 악화되거나 악화될 우려가 있는 업종 또는 지역에 대하여 다음 각 사항을 지원할 수 있다.

ㄱ 사업주의 고용조정

ㄴ 근로자의 실업 예방

ㄷ 실업자의 재취업 촉진

ㄹ 그 밖에 고용안정과 실업자의 생활안정을 위하여 필요한 지원

② 고용조정 지원 등이 필요한 업종 또는 지역은 다음의 업종 또는 지역 중에서 고용노동부장관이 정하여 고시한 기준에 따라 지정 · 고시하는 업종 또는 지역으로 한다(시행령 제29조).

ㄱ 사업의 전환이나 사업의 축소 · 정지 · 폐업으로 인하여 고용량이 현저히 감소하거나 감소할 우려가 있는 업종

ㄴ 위의 업종이 특정 지역에 밀집되어 그 지역의 고용사정이 현저히 악화되거나 악화될 우려가 있는 지역으로서 그 지역 근로자의 실업 예방 및 재취업 촉진 등의 조치가 필요하다고 인정되는 지역

ㄷ 많은 구직자가 다른 지역으로 이동하거나 구직자의 수에 비하여 고용기회가 현저히 부족한 지역으로서 그 지역의 고용 개발을 위한 조치가 필요하다고 인정되는 지역

시험 에 이렇게 나왔다!

고용정책 기본법상 고용조정 지원 등이 필요한 업종 및 지역의 지정요건이 아닌 것은?
(15년 3회)

① 사업의 전환이나 이전으로 인하여 고용량이 현저히 감소하거나 감소할 우려가 있는 지역

② 사업의 축소 · 정지 · 폐업으로 인하여 고용량이 현저히 감소하거나 감소할 우려가 있는 업종

③ 많은 구직자가 다른 지역으로 이동하거나 구직자의 수에 비하여 고용기회가 현저히 부족한 지역으로서 그 지역의 고용 개발을 위한 조치가 필요하다고 인정되는 지역

④ 지정업종이 특정 지역에 밀집되어 그 지역의 고용사정이 현저히 악화되거나 악화될 우려가 있는 지역으로서 그 지역 근로자의 실업 예방 및 재취업 촉진 등의 조치가 필요하다고 인정되는 지역

답 ①

(2) 고용재난지역의 선포 및 지원 등(제32조의2) 기출 19년

① 고용노동부장관은 대규모로 기업이 도산하거나 구조조정 등으로 지역의 고용안정에 중대한 문제가 발생하여 특별한 조치가 필요하다고 인정되는 지역에 대하여 고용재난지역으로 선포할 것을 대통령에게 건의할 수 있다.

② 고용재난지역의 선포를 건의 받은 대통령은 국무회의 심의를 거쳐 해당 지역을 고용재난지역으로 선포할 수 있다.

③ 고용노동부장관은 고용재난지역으로 선포할 것을 대통령에게 건의하기 전에 관계 중앙행정기관의 장과 합동으로 고용재난조사단을 구성하여 실업 등 피해상황을 조사할 수 있다.

④ 고용재난지역으로 선포하는 경우 정부는 행정상·재정상·금융상의 특별지원이 포함된 종합대책을 수립·시행할 수 있다.

⑤ 고용재난조사단의 구성·운영 및 조사에 필요한 사항과 행정상·재정상·금융상의 특별지원 내용은 다음의 대통령령(시행령 제30조의3)으로 정한다.

㉠ 「국가재정법」에 따른 예비비의 사용 및 「지방재정법」에 따른 특별지원

㉡ 「중소기업진흥에 관한 법률」에 따른 중소벤처기업창업 및 진흥기금에서의 융자 요청 및 「신용보증기금법」에 따른 신용보증기금의 우선적 신용보증과 보증조건 우대의 요청

㉢ 「소상공인기본법」에 따른 소상공인을 대상으로 한 조세 관련 법령에 따른 조세감면

㉣ 「고용보험 및 산업재해보상보험의 보험료 징수 등에 관한 법률」에 따른 고용보험·산업재해보상보험 보험료 또는 징수금 체납처분의 유예 및 납부기한의 연장

㉤ 중앙행정기관 및 지방자치단체가 실시하는 일자리사업에 대한 특별지원

㉥ 그 밖에 고용재난지역의 고용안정 및 일자리 창출 등을 위하여 필요한 지원

시험에 이렇게 나왔다!

고용정책 기본법령상 고용재난지역에 대한 행정상·재정상·금융상의 특별지원 내용을 모두 고른 것은? (19년 1회)

ㄱ. 「국가재정법」에 따른 예비비의 사용
ㄴ. 소상공인을 대상으로 한 조세 관련 법령에 따른 조세감면
ㄷ. 고용보험·산업재해보상보험 보험료 또는 징수금 체납처분의 유예
ㄹ. 중앙행정기관 및 지방자치단체가 실시하는 일자리사업에 대한 특별지원

① ㄱ, ㄴ, ㄷ
② ㄱ, ㄷ, ㄹ
③ ㄴ, ㄹ
④ ㄱ, ㄴ, ㄷ, ㄹ

답 ④

시험 에 이렇게 나왔다!

고용정책 기본법령상 대량고용변동이 있는 경우 신고의무가 발생하는 사업장은?
(16년 1회)

① 상시근로자수 150인 사업장에서 10인 이적
② 상시근로자수 400인 사업장에서 30인 이적
③ 상시근로자수 5,000인 사업장에서 60인 이적
④ 상시근로자수 1,500인 사업장에서 120인 이적
답 ③

시험 에 이렇게 나왔다!

고용정책 기본법령상 사업주의 대량고용변동 신고시 이직하는 근로자 수에 포함되는 자는? (16년 3회)

① 수습 사용된 날부터 3개월 이내의 사람
② 자기의 사정 또는 귀책사유로 이직하는 사람
③ 상시 근무를 요하지 아니하는 사람으로 고용된 사람
④ 6개월 초과하는 기간을 정하여 고용된 사람으로서 당해 기간을 초과하여 계속 고용되고 있는 사람
답 ④

(3) 대량 고용변동의 신고 등   기출 20, 16, 13, 12, 10, 09년

① 사업주는 생산설비의 자동화, 신설 또는 증설이나 사업규모의 축소, 조정 등으로 인한 고용량(雇傭量)의 변동이 대통령령으로 정하는 기준에 해당하는 경우에는 그 고용량의 변동에 관한 사항을 직업안정기관의 장에게 신고하여야 한다. 다만, 「근로기준법」에 따라 경영상 이유로 일정한 규모 이상의 인원을 해고하고자 고용노동부장관에게 신고한 경우에는 그러하지 아니하다(제33조 제1항).

② ①에서 "대통령령으로 정하는 기준"이란 1개월 이내에 이직하는 근로자의 수가 다음의 구분에 따른 기준에 해당하는 경우를 말한다. 다만, 이직하는 근로자가 고용노동부령으로 정하는 기준에 해당하는 경우는 제외한다(시행령 제31조).

㉠ 상시 근로자 300명 미만을 사용하는 사업 또는 사업장 : 30명 이상

㉡ 상시 근로자 300명 이상을 사용하는 사업 또는 사업장 : 상시 근로자 총수의 100분의 10 이상

③ 직업안정기관의 장은 신고를 받으면 구인·구직정보를 확보하여 직업소개를 확대하고, 직업훈련기관으로 하여금 직업훈련을 실시하게 하는 등 실업자의 재취업 촉진 또는 해당 사업의 인력확보에 필요한 조치를 하여야 한다(제33조 제2항).

🔍 **이직하는 근로자의 수에 포함되지 않는 사람**(시행규칙 제6조)   기출 19, 18, 16, 10, 09년

②에서 "이직하는 근로자가 고용노동부령으로 정하는 기준에 해당하는 경우"란 이직하는 근로자가 다음의 어느 하나에 해당하는 경우를 말한다.

• 일용근로자 또는 기간을 정하여 고용된 사람. 다만, 다음의 어느 하나에 해당하는 사람은 제외한다.
  – 일용근로자 또는 6개월 미만의 기간을 정하여 고용된 사람으로서 6개월을 초과하여 계속 고용되고 있는 사람
  – 6개월을 초과하는 기간을 정하여 고용된 사람으로서 해당 기간을 초과하여 계속 고용되고 있는 사람
• 수습으로 채용된 날부터 3개월 이내의 사람
• 자기의 사정 또는 자기에게 책임이 있는 사유로 이직하는 사람
• 상시 근무가 필요하지 않은 업무에 고용된 사람
• 천재지변이나 그 밖의 부득이한 사유로 사업을 계속 할 수 없게 되어 이직하는 사람

(4) 실업대책사업(제34조) 기출 20, 19, 18, 14, 13, 11, 10, 09, 08년

① 고용노동부장관은 산업별·지역별 실업 상황을 조사하여 다수의 실업자가 발생하거나 발생할 우려가 있는 경우나 실업자의 취업촉진 등 고용안정이 필요하다고 인정되는 경우에는 관계 중앙행정기관의 장과 협의하여 다음 사항이 포함된 실업대책사업을 실시할 수 있다.

   ㉠ 실업자의 취업촉진을 위한 훈련의 실시와 훈련에 대한 지원

   ㉡ 실업자에 대한 생계비, 생업자금, 「국민건강보험법」에 따른 보험료 등 사회보험료, 의료비(가족의 의료비를 포함), 학자금(자녀의 학자금을 포함), 주택전세자금 및 창업점포임대 등의 지원

   ㉢ 실업의 예방, 실업자의 재취업 촉진, 그 밖에 고용안정을 위한 사업을 하는 자에 대한 지원

   ㉣ 고용촉진과 관련된 사업을 하는 자에 대한 대부(貸付)

   ㉤ 실업자에 대한 공공근로사업

   ㉥ 그 밖에 실업의 해소에 필요한 사업

② 고용노동부장관은 대통령령으로 정하는 바에 따라 실업대책사업의 일부를 「산업재해보상보험법」에 따른 근로복지공단에 위탁할 수 있다.

참고 하세요!

(4)에서 ①과 ②를 적용할 때에 6개월 이상 기간을 정하여 무급으로 휴직하는 무급 휴직자는 실업자로 본다(시행령 제36조).

01

고용정책 기본법상 고용정책을 수립·시행할 때 실현되도록 하여야 할 기본원칙이 아닌 것은?

① 근로자의 직업선택의 자유가 확보되도록 할 것
② 노동조합의 견제기능이 확보되도록 할 것
③ 근로자의 근로의 권리가 확보되도록 할 것
④ 사업주의 자율적인 고용관리를 존중할 것

해설

기본원칙(제3조)

국가는 이 법에 따라 고용정책을 수립·시행하는 경우에 다음 각 사항이 실현되도록 하여야 한다.

• 근로자의 직업선택의 자유와 근로의 권리가 확보되도록 할 것
• 사업주의 자율적인 고용관리를 존중할 것
• 구직자(求職者)의 자발적인 취업노력을 촉진할 것
• 고용정책은 효율적이고 성과지향적으로 수립·시행할 것
• 고용정책은 노동시장의 여건과 경제정책 및 사회정책을 고려하여 균형 있게 수립·시행할 것
• 고용정책은 국가·지방자치단체 간, 공공부문·민간부문 간 및 근로자·사업주·정부 간의 협력을 바탕으로 수립·시행할 것

02

고용정책 기본법령상 대량 고용변동의 신고기준으로 옳은 것은?

① 상시 근로자 200명 미만을 사용하는 사업 또는 사업장에서 1개월 이내에 40명 이상 이직할 경우
② 상시 근로자 200명 미만을 사용하는 사업 또는 사업장에서 1개월 이내에 상시 근로자 총수의 100분의 20 이상 이직할 경우
③ 상시 근로자 300명 미만을 사용하는 사업 또는 사업장에서 1개월 이내에 30명 이상 이직할 경우
④ 상시 근로자 300명 미만을 사용하는 사업 또는 사업장에서 1개월 이내에 상시 근로자 총수의 100분의 10 이상 이직할 경우

해설

상시 근로자 300명 미만을 사용하는 사업 또는 사업장 30명 이상은 대량 고용변동의 신고기준에 해당한다.

03

고용정책 기본법에 대한 설명으로 틀린 것은?

① 고용서비스를 제공하는 자는 그 업무를 수행할 때에 합리적인 이유 없이 성별 등을 이유로 구직자를 차별하여서는 아니 된다.
② 고용노동부장관은 관계 중앙행정기관의 장과 협의하여 5년마다 국가의 고용정책에 관한 기본계획을 수립하여야 한다.
③ 상시 300명 이상의 근로자를 사용하는 사업주는 매년 근로자의 고용형태 현황을 공시하여야 한다.
④ 고용정책 기본법에서 "근로자"란 직업의 종류와 관계없이 임금을 목적으로 사업이나 사업장에 근로를 제공하는 자로 정의된다.

해설

고용정책 기본법에서 "근로자"란 사업주에게 고용된 사람과 취업할 의사를 가진 사람을 말한다.

04

고용정책 기본법에 명시되어 있는 국가고용정책의 기본 원칙이 아닌 것은?

① 구직자의 자발적인 취업노력 촉진
② 근로의 권리 확보
③ 사업주의 자율적인 고용관리 존중
④ 실업의 예방

해설

실업의 예방은 고용보험법의 주요 목적 중 하나이다.

05

고용정책 기본법상 명시된 목적이 아닌 것은? (18년 1회)

① 근로자의 고용안정지원
② 실업의 예방 및 고용의 촉진
③ 노동시장의 효율성과 인력수급의 균형 도모
④ 기업의 일자리 창출과 원활한 인력확보 지원

해설

고용정책 기본법의 목적

국가가 고용에 관한 정책을 수립·시행하여 국민 개개인이 평생에 걸쳐 직업능력을 개발하고 더 많은 취업기회를 가질 수 있도록 하는 한편, 근로자의 고용안정, 기업의 일자리 창출과 원활한 인력 확보를 지원하고 노동시장의 효율성과 인력수급의 균형을 도모함으로써 국민의 삶의 질 향상과 지속 가능한 경제성장 및 고용을 통한 사회통합에 이바지함을 목적으로 한다.

06

고용정책 기본법상 고용노동부장관이 실시하는 실업대책 사업에 해당하지 않는 것은?

① 실업자 가족의 의료비 지원
② 고용촉진과 관련된 사업을 하는 자에 대한 대부(貸付)
③ 고용재난지역의 선포
④ 실업자에 대한 공공근로사업

해설

고용재난지역은 실업대책사업에 해당하지 않으며 고용재난지역의 선포는 고용노동부장관의 건의로 대통령이 한다.

07

고용정책 기본법상 근로자의 정의로 옳은 것은? (18년 2회)

① 직업의 종류를 불문하고 임금, 급료 기타 이에 준하는 수입에 의하여 생활하는 사람
② 직업의 종류와 관계없이 임금을 목적으로 사업이나 사업장에 근로를 제공하는 사람
③ 사업주에게 고용된 사람과 취업할 의사를 가진 사람
④ 사업주에게 고용된 사람과 취업 또는 창업할 의사를 가진 사람

해설

고용정책 기본법상 "근로자"란 사업주에게 고용된 사람과 취업할 의사를 가진 사람을 말한다.

08

고용정책 기본법상 고용정책심의회에 대한 설명으로 틀린 것은?

① 위원장을 포함한 25인 이내의 위원으로 구성한다.
② 고용노동부장관이 위원장이 된다.
③ 정책심의회에 분야별로 전문위원회를 둘 수 있다.
④ 고용노동부장관은 고용문제에 관하여 학식과 경험이 풍부한 사람을 고용정책심의회 위원으로 위촉할 수 있다.

해설

정책심의회는 위원장 1명을 포함한 30명 이내의 위원으로 구성한다.

09

고용정책 기본법령상 대량고용변동의 신고 시 이직근로자 수에 포함되는 자는?

① 수습 사용된 날부터 3개월 이내의 사람
② 자기의 사정 또는 귀책사유로 이직하는 사람
③ 천재지변으로 인하여 사업의 계속이 불가능하게 되어 이직하는 사람
④ 6개월 미만의 기간을 정하여 고용된 사람으로서 6개월을 초과하여 계속 고용되고 있는 사람

6개월 미만의 기간을 정하여 고용된 사람으로서 6개월을 초과하여 계속 고용되고 있는 사람은 이직근로자 수에 포함되는 자이다. ①, ②, ③은 이직하는 근로자의 수에 포함되지 않는 사람에 해당한다(시행규칙 제6조 참조).

10

다음 (   )에 알맞은 것은?

> 고용정책 기본법령상 (ㄱ) 이상의 근로자를 사용하는 사업주는 매년 근로자의 고용형태 현황을 작성하여 해당 연도 (ㄴ)까지 공시하여야 한다.

① ㄱ : 100명, ㄴ : 3월 31일
② ㄱ : 100명, ㄴ : 4월 30일
③ ㄱ : 300명, ㄴ : 3월 31일
④ ㄱ : 300명, ㄴ : 4월 30일

고용형태 현황 공시(제15조의6)
• 상시 300명 이상의 근로자를 사용하는 사업주는 매년 근로자의 고용형태 현황을 공시하여야 한다.
• 사업주는 매년 3월 31일(그날이 공휴일인 경우에는 그 직전 근무일을 말한다)을 기준으로 법령에 따른 근로자의 고용형태 현황을 작성하여 해당 연도 4월 30일까지 공시해야 한다.

11

고용정책 기본법상 고용노동부장관이 실시할 수 있는 실업대책사업에 해당되지 않는 것은?   (19년 2회)

① 고용촉진과 관련된 사업을 하는 자에 대한 대부(貸付)
② 실업자에 대한 생계비, 의료비(가족의 의료비 포함), 주택매입자금 등의 지원
③ 실업자의 취업촉진을 위한 훈련의 실시와 훈련에 대한 지원
④ 실업의 예방, 실업자의 재취업촉진, 그 밖에 고용안정을 위한 사업을 하는 자에 대한 지원

실업자에 대한 주택매입자금의 지원이 아닌 주택전세자금이다.

12

고용정책 기본법상 기본원칙으로 틀린 것은?

① 근로의 권리 확보
② 근로자의 직업선택의 자유 존중
③ 사업주의 고용관리에 관한 통제
④ 구직자(求職者)의 자발적인 취업노력 촉진

사업주의 자율적인 고용관리를 존중하여야 한다(제3조).

13

고용정책 기본법상 다수의 실업자가 발생하거나 발생할 우려가 있는 경우나 실업자의 고용안정이 필요하다고 인정되는 경우 고용노동부장관이 실시할 수 있는 실업대책사업이 아닌 것은?   (19년 3회)

① 실업자에 대한 창업점포 구입자금 지원
② 실업자의 취업촉진을 위한 훈련의 실시와 훈련에 대한 지원
③ 고용촉진과 관련된 사업을 하는 자에 대한 대부(貸付)
④ 실업자에 대한 공공근로사업

실업자에 대한 창업점포 구입자금이 아니라 창업점포임대 등의 지원이다.

14

고용정책 기본법상 이 법에서 실현하고자 하는 목적을 달성하기 위하여 일정한 임무를 부여하고 있는 주체가 아닌 것은?

① 사업주
② 직업안정기관
③ 국가
④ 노동위원회

해설

① 사업주는 사업에 필요한 인력을 스스로 양성하고, 자기가 고용하는 근로자의 직업능력을 개발하기 위하여 노력하며, 근로자가 그 능력을 최대한 발휘하면서 일할 수 있도록 고용관리의 개선, 근로자의 고용안정 촉진 및 고용평등의 증진 등을 위하여 노력하여야 한다(제5조).

② 직업안정기관의 장은 구직자가 그 적성·능력·경험 등에 맞게 취업할 수 있도록 그 구직자에게 적합하도록 체계적인 고용서비스를 제공하여야 한다(제23조).

③ 국가는 고용정책 기본법에 따라 고용정책을 수립·시행하는 경우에 이 법의 기본원칙이 실현되도록 하여야 한다(제3조).

15

고용정책 기본법령상 실업대책사업에 관한 설명으로 틀린 것은?

① 고용노동부장관은 관계 중앙행정기관의 장과 협의하여 실업대책사업을 실시할 수 있다.

② 실업자에 대한 생계비, 생업자금, 사회보험료, 의료비 등의 지원을 실시할 수 있다.

③ 실업예방 등 고용안정을 위한 사업을 하는 자에 대한 지원을 실시할 수 있다.

④ 실업자로 보는 무급휴직자는 3개월 이상의 기간을 정하여 무급으로 휴직하는 자를 말한다.

해설

6개월 이상 기간을 정하여 무급으로 휴직하는 무급휴직자는 실업자로 본다(시행령 제36조).

16

고용정책 기본법상 고용정책심의회에 두는 전문위원회가 아닌 것은?

① 사회적기업육성전문위원회

② 건설근로자고용개선전문위원회

③ 장애인고용촉진전문위원회

④ 청년고용촉진전문위원회

해설

정책심의회를 효율적으로 운영하고 정책심의회의 심의 사항을 전문적으로 심의하도록 하기 위하여 정책심의회에 분야별로 전문위원회를 둘 수 있다.

전문위원회(시행령 제7조)

- 지역고용전문위원회
- 고용서비스전문위원회
- 사회적기업육성전문위원회
- 적극적고용개선전문위원회
- 장애인고용촉진전문위원회
- 건설근로자고용개선전문위원회

17

고용정책 기본법상 취업취약계층 고용촉진을 위한 취업지원프로그램에 포함되는 내용으로 틀린 것은?

① 실업자의 재취업 촉진

② 취업취약계층의 능력·적성 등에 대한 진단

③ 취업의욕의 고취 및 직업능력의 증진

④ 집중적인 직업소개 등 지원

해설

국가는 취업취약계층의 고용을 촉진하기 위하여 취업취약계층의 능력·적성 등에 대한 진단, 취업의욕의 고취 및 직업능력의 증진, 집중적인 직업소개 등 지원이 포함된 취업지원프로그램에 따라 직업능력을 개발하게 하는 등 필요한 지원을 하여야 한다(제26조).

CHAPTER 09

직업안정법

Thema 1 총칙

(1) 목적(제1조)

이 법은 모든 근로자가 각자의 능력을 계발·발휘할 수 있는 직업에 취업할 기회를 제공하고, 정부와 민간부문이 협력하여 각 산업에서 필요한 노동력이 원활하게 수급되도록 지원함으로써 근로자의 직업안정을 도모하고 국민경제의 균형 있는 발전에 이바지함을 목적으로 한다.

(2) 정의(제2조의2조)   기출 19, 17, 15, 14, 13, 11, 09, 08, 07년

① **직업안정기관** : 직업소개, 직업지도 등 직업안정업무를 수행하는 지방고용노동행정기관을 말한다.

② **직업소개** : 구인 또는 구직의 신청을 받아 구직자 또는 구인자(求人者)를 탐색하거나 구직자를 모집하여 구인자와 구직자 간에 고용계약이 성립되도록 알선하는 것을 말한다.

③ **직업지도** : 취업하려는 사람이 그 능력과 소질에 알맞은 직업을 쉽게 선택할 수 있도록 하기 위한 직업적성검사, 직업정보의 제공, 직업상담, 실습, 권유 또는 조언, 그 밖에 직업에 관한 지도를 말한다.

④ **무료직업소개사업** : 수수료, 회비 또는 그 밖의 어떠한 금품도 받지 아니하고 하는 직업소개사업을 말한다.

⑤ **유료직업소개사업** : 무료직업소개사업이 아닌 직업소개사업을 말한다.

⑥ **모집** : 근로자를 고용하려는 자가 취업하려는 사람에게 피고용인이 되도록 권유하거나 다른 사람으로 하여금 권유하게 하는 것을 말한다.

⑦ **근로자공급사업** : 공급계약에 따라 근로자를 타인에게 사용하게 하는 사업을 말한다. 다만, 「파견근로자 보호 등에 관한 법률」에 따른 근로자파견사업은 제외한다.

⑧ **직업정보제공사업** : 신문, 잡지, 그 밖의 간행물 또는 유선·무선방송이나 컴퓨터통신 등으로 구인·구직 정보 등 직업정보를 제공하는 사업을 말한다.

⑨ **고용서비스** : 구인자 또는 구직자에 대한 고용정보의 제공, 직업소개, 직업지도 또는 직업능력개발 등 고용을 지원하는 서비스를 말한다.

시험에 이렇게 나왔다!

직업안정법에서 사용하는 용어의 정의로 틀린 것은?
(17년 2회)

① '직업안정기관'이란 직업소개, 직업지도 등 직업안정업무를 수행하는 지방고용노동행정기관을 말한다.
② '직업소개'란 구인 또는 구직의 신청을 받아 구직자 또는 구인자(求人者)를 탐색하거나 구직자를 모집하여 구인자와 구직자 간에 고용계약이 성립되도록 알선하는 것을 말한다.
③ '직업지도'란 구인자 또는 구직자에 대한 고용정보의 제공, 직업소개, 직업지도 또는 직업능력개발 등 고용을 지원하는 서비스를 말한다.
④ '모집'이란 근로자를 고용하려는 자가 취업하려는 사람에게 피고용인이 되도록 권유하거나 다른 사람으로 하여금 권유하게 하는 것을 말한다.

답 ③

(3) 고용서비스 우수기관 인증(제4조의5) 기출 19, 17, 14, 11, 10년

① 고용노동부장관은 무료직업소개사업, 유료직업소개사업, 직업정보제공사업을 하는 자로서 구인자 · 구직자가 편리하게 이용할 수 있는 시설과 장비를 갖추고 직업소개 또는 취업정보 제공 등의 방법으로 구인자 · 구직자에 대한 고용서비스 향상에 기여하는 기관을 고용서비스 우수기관으로 인증할 수 있다.

② 고용노동부장관은 고용서비스 우수기관 인증업무를 대통령령으로 정하는 다음의 전문기관에 위탁할 수 있다(시행령 제2조의5).

　ⓐ 「고용정책 기본법」에 따른 한국고용정보원

　ⓑ 그 밖에 고용서비스 우수기관 인증업무를 수행할 능력이 있다고 고용노동부장관이 정하여 고시하는 조직 및 인력 기준을 갖춘 법인 또는 단체

③ 고용노동부장관은 고용서비스 우수기관으로 인증을 받은 기관에 대하여는 공동사업을 하거나 위탁할 수 있는 사업에 우선적으로 참여하게 하는 등 필요한 지원을 할 수 있다.

④ 고용노동부장관은고용서비스 우수기관으로 인증을 받은 자가 다음의 어느 하나에 해당하면 인증을 취소할 수 있다.

　ⓐ 거짓이나 그 밖의 부정한 방법으로 인증을 받은 경우

　ⓑ 정당한 사유 없이 1년 이상 계속 사업 실적이 없는 경우

　ⓒ 인증기준을 충족하지 못하게 된 경우

　ⓓ 고용서비스 우수기관으로 인증을 받은 자가 폐업한 경우

⑤ 고용서비스 우수기관 인증의 유효기간은 인증일부터 3년으로 한다.

⑥ 고용서비스 우수기관으로 인증을 받은 자가 인증의 유효기간이 지나기 전에 다시 인증을 받으려면 유효기간 만료 60일 전까지 고용노동부장관에게 재인증을 신청하여야 한다(시행령 제2조의6).

⑦ 고용서비스 우수기관의 인증기준, 인증방법 및 재인증에 필요한 사항은 고용노동부령으로 정한다.

시험 에 이렇게 나왔다!

직업안정법상 고용서비스 우수기관 인증에 관한 설명으로 옳은 것은? (17년 2회)

① 고용노동부장관은 고용서비스 우수기관 인증업무를 한국고용정보원에 위탁할 수 있다.

② 고용노동부장관은 고용서비스 우수기관으로 인증을 받은 자가 정당한 사유 없이 6개월이상 계속 사업 실적이 없는 경우 그 인증을 취소할 수 있다.

③ 고용서비스 우수기관 인증의 유효기간은 인증일부터 1년으로 한다.

④ 고용서비스 우수기관으로 인증을 받은 자가 인증의 유효기간이 지나기 전에 다시 인증을 받으려면 유효기간 만료 30일 전까지 고용노동부장관에게 신청하여야 한다.

답 ①

참고 하세요!

직업안정기관의 장은 다음의 절차에 따라 직업소개를 하여야 한다(시행령 제4조).

구인·구직에 필요한 기초적인 사항의 확인 → 구인·구직 신청의 수리 → 구인·구직의 상담 → 직업 또는 구직자의 알선 → 취업 또는 채용 여부의 확인

(1) 구인의 신청(제8조 및 시행령 제5조)

기출 19, 18, 12, 10년

① 직업안정기관의 장은 구인신청의 수리(受理)를 거부하여서는 아니 된다. 다만, 다음의 어느 하나에 해당하는 경우에는 그러하지 아니하다.

　㉠ 구인신청의 내용이 법령을 위반한 경우

　㉡ 구인신청의 내용 중 임금, 근로시간, 그 밖의 근로조건이 통상적인 근로조건에 비하여 현저하게 부적당하다고 인정되는 경우

　㉢ 구인자가 구인조건을 밝히기를 거부하는 경우

　㉣ 구인자가 구인신청 당시 「근로기준법」에 따라 명단이 공개 중인 체불사업주인 경우

② 구인자의 사업장소재지를 관할하는 직업안정기관에 하여야 한다. 다만, 사업장소재지관할 직업안정기관에 신청하는 것이 적절하지 아니하다고 인정되는 경우에는 인근의 다른 직업안정기관에 신청할 수 있다.

③ 직업안정기관의 장이 구인신청을 접수한 때에는 신청자의 신원과 구인자의 사업자등록내용 등의 확인을 요구할 수 있다.

④ 구인자는 구인신청 후 신청내용이 변경된 경우에는 즉시 이를 직업안정기관의 장에게 통보하여야 한다.

⑤ 직업안정기관의 장이 법 구인신청을 수리하지 아니하는 경우에는 구인자에게 그 이유를 설명하여야 한다.

시험 에 이렇게 나왔다!

직업안정법상 직업안정기관의 장이 구인신청의 수리(受理)를 거부할 수 있는 경우가 아닌 것은? (19년 2회)

① 구인신청의 내용이 법령을 위반한 경우
② 구인자가 구인조건을 밝히기를 거부하는 경우
③ 구직자에게 제공할 선급금을 제공하지 않는 경우
④ 구인신청의 내용 중 임금·근로시간 기타 근로조건이 통상의 근로조건에 비하여 현저하게 부적당하다고 인정되는 경우

답 ③

(2) 구직의 신청(제9조 및 시행령 제6조) 기출 14년

① 직업안정기관의 장은 구직신청의 수리를 거부하여서는 아니 된다. 다만, 그 신청 내용이 법령을 위반한 경우에는 그러하지 아니하다.

② 직업안정기관의 장은 구직자의 요청이 있거나 필요하다고 인정하여 구직자의 동의를 받은 경우에는 직업상담 또는 직업적성검사를 할 수 있다.

③ 직업안정기관의 장은 법 구직신청을 접수할 경우에는 구직자의 신원을 확인하여야 한다. 다만, 신원이 확실한 경우에는 이를 생략할 수 있다.

④ 직업안정기관의 장이 구직신청의 수리를 거부하는 경우에는 구직자에게 그 이유를 설명하여야 한다.

⑤ 고용노동부장관은 일용근로자 등 상시근무하지 아니하는 근로자에 대하여는 그 구직신청 및 소개에 관하여는 따로 절차를 정할 수 있다.

⑥ 직업안정기관의 장이 구직신청을 수리한 때에는 해당 구직자가 「고용보험법」에 따른 구직급여의 수급자격이 있는지를 확인하여 수급자격이 있다고 인정되는 경우에는 구직급여지급을 위하여 필요한 조치를 취하여야 한다.

(3) 구인 · 구직 신청의 유효기간 등(시행규칙 제3조) 기출 17, 14년

① 수리된 구인신청의 유효기간은 15일 이상 2개월 이내에서 구인업체가 정한다.

② 수리된 구직신청의 유효기간은 3개월로 한다. 다만, 구직급여 수급자, 직업훈련 또는 직업안정기관의 취업지원 프로그램에 참여하는 구직자의 구직신청의 유효기간은 해당 프로그램의 종료시점을 고려하여 직업안정기관의 장이 따로 정할 수 있고, 국외 취업희망자의 구직신청의 유효기간은 6개월로 한다.

③ 직업안정기관의 장은 접수된 구인신청서 및 구직신청서를 1년간 관리 · 보관하여야 한다.

④ 직업안정기관의 장은 관할구역의 읍 · 면 · 동사무소에 구인신청서와 구직신청서를 갖추어 두어 구인자 · 구직자의 편의를 도모하여야 한다.

제5과목
노동관계법규

시험에 이렇게 나왔다!

직업안정법상 구인 · 구직의 신청에 관한 설명으로 옳은 것은? (17년 1회)

① 국외 취업희망자의 구인신청의 유효기간은 1년으로 한다.

② 직업안정기관의 장은 관할구역의 읍 · 면 · 동사무소에 구인신청서와 구직신청서를 갖추어 두어 구인자 · 구직자의 편의를 도모하여야 한다.

③ 직업안정기관의 장은 접수된 구인신청서 및 구직신청서를 3년간 관리 · 보관하여야 한다.

④ 수리된 구인신청의 유효기간은 3개월이다.

답 ②

(4) 직업소개의 원칙(제11조)　　기출 18, 16, 12년

① 직업안정기관의 장은 구직자에게는 그 능력에 알맞은 직업을 소개하고, 구인자에게는 구인조건에 적합한 구직자를 소개하도록 노력하여야 한다.

② 직업안정기관의 장은 가능하면 구직자가 통근할 수 있는 지역에서 직업을 소개하도록 노력하여야 한다.

③ 직업안정기관의 장이 직업소개업무를 행할 때에는 다음의 원칙을 준수하여야 한다(시행령 제7조).

　　㉠ 구인자 또는 구직자 어느 한쪽의 이익에 치우치지 아니할 것

　　㉡ 구직자가 취업할 직업에 쉽게 적응할 수 있도록 종사하게 될 업무의 내용, 임금, 근로시간, 그 밖의 근로조건에 대하여 상세히 설명할 것

시험에 이렇게 나왔다!

직업안정법상 직업소개의 원칙으로 틀린 것은? (16년 1회)

① 구직자의 능력에 알맞은 직업을 소개한다.

② 구인자에게는 구인조건에 적합한 구직자를 소개하도록 노력한다.

③ 구직자가 통근할 수 있는 지역에서 직업을 소개하도록 노력한다.

④ 구직자에게 광범위한 지역에 걸쳐 직업소개를 하도록 노력한다.

답 ④

(5) 직업지도(제14조 및 시행령 제9조)

① 직업안정기관의 장은 다음의 어느 하나에 해당하는 사람에게 직업지도를 하여야 한다.

　　㉠ 새로 취업하려는 사람

　　㉡ 신체 또는 정신에 장애가 있는 사람

　　㉢ 그 밖에 취업을 위하여 특별한 지도가 필요한 사람

② 직업안정기관의 장이 신체 또는 정신에 장애가 있는 자(이하 "장애인")에 대하여 직업지도를 하는 경우에는 소속직원중에서 이에 대한 특별한 지식과 기능을 가진 자로 하여금 담당하게 하여야 한다.

③ 직업안정기관의 장은 장애인에 대한 직업지도를 위하여 필요하다고 인정하는 경우에는 전문기관에 위탁하여 장애인의 직업지도에 관한 조사 · 연구를 하게 할 수 있다.

④ 직업안정기관의 장은 직업지도를 받아 취업한 사람이 그 직업에 쉽게 적응할 수 있도록 하기 위하여 필요하다고 인정하는 경우에는 취업 후에도 직업지도를 실시할 수 있다.

⑤ 직업안정기관의 장은 효과적인 직업지도를 위하여 필요하다고 인정하는 경우에는 구직자에 대한 직업적성검사 · 흥미검사 · 직업선호도검사 기타 필요한 검사를 실시할 수 있다.

🔍 고용정보제공의 내용(시행령 제12조)

기출 20, 16, 10년

직업안정기관의 장이 수집·제공하여야 할 고용정보는 다음과 같다.

- 경제 및 산업동향
- 노동시장, 고용·실업동향
- 임금, 근로시간 등 근로조건
- 직업에 관한 정보
- 채용·승진 등 고용관리에 관한 정보
- 직업능력개발훈련에 관한 정보
- 고용관련 각종지원 및 보조제도
- 구인·구직에 관한 정보

시험 에 이렇게 나왔다!

직업안정법령상 직업안정기관의 장이 수집·제공하여야 할 고용정보의 내용이 아닌 것은? (16년 1회)

① 직업에 관한 정보
② 경제 및 산업동향
③ 직업안정기관의 명칭 및 소재지
④ 직업능력개발훈련에 관한 정보

답 ③

(1) 무료직업소개사업(제18조)   기출 20, 17, 16, 15, 12, 11, 08년

① 무료직업소개사업은 소개대상이 되는 근로자가 취업하려는 장소를 기준으로 하여 국내 무료직업소개사업과 국외 무료직업소개사업으로 구분하되, 국내 무료직업소개사업을 하려는 자는 주된 사업소의 소재지를 관할하는 특별자치도지사·시장·군수 및 구청장에게 신고하여야 하고, 국외 무료직업소개사업을 하려는 자는 고용노동부장관에게 신고하여야 한다. 신고한 사항을 변경하려는 경우에도 또한 같다.

② 무료직업소개사업을 하려는 자는 그 설립목적 및 사업내용이 무료직업소개사업에 적합하고, 당해 사업의 유지·운영에 필요한 조직 및 자산을 갖춘 비영리법인 또는 공익단체이어야 한다(시행령 제14조 제1항).

③ 신고 사항, 신고 절차, 그 밖에 신고에 필요한 사항은 대통령령으로 정한다.

④ 다음 어느 하나에 해당하는 직업소개의 경우에는 신고를 하지 아니하고 무료직업소개사업을 할 수 있다.

  ㉠ 「한국산업인력공단법」에 따른 한국산업인력공단이 하는 직업소개

  ㉡ 「장애인고용촉진 및 직업재활법」에 따른 한국장애인고용공단이 장애인을 대상으로 하는 직업소개

  ㉢ 교육 관계법에 따른 각급 학교의 장, 「근로자직업능력 개발법」에 따른 공공직업훈련시설의 장이 재학생·졸업생 또는 훈련생·수료생을 대상으로 하는 직업소개

  ㉣ 「산업재해보상보험법」에 따른 근로복지공단이 업무상 재해를 입은 근로자를 대상으로 하는 직업소개

⑤ ① 및 ④에 따라 무료직업소개사업을 하는 자 및 그 종사자는 구인자가 구인신청 당시 「근로기준법」에 따라 명단이 공개 중인 체불사업주인 경우 그 사업주에게 직업소개를 하지 아니하여야 한다.

참고 하세요!

무료직업소개사업을 행하는 자는 직업소개사업외의 사업의 확장을 위한 회원모집·조직확대·선전등의 수단으로 직업소개사업을 운영하여서는 아니된다(시행령 제17조).

참고 하세요!

고용노동부장관은 무료직업소개사업 경비의 전부 또는 일부를 보조할 수 있다(제45조).

시험 에 이렇게 나왔다!

직업안정법상 신고를 하지 아니하고 할 수 있는 무료직업소개사업이 아닌 것은?
(16년 3회)

① 한국산업인력공단이 하는 직업소개
② 한국장애인고용공단이 장애인을 대상으로 하는 직업소개
③ 국민체육진흥공단이 체육인을 대상으로 하는 직업소개
④ 근로복지공단이 업무상 재해를 입은 근로자를 대상으로 하는 직업소개
답 ③

Thema 4 유료직업소개사업

(1) 유료직업소개사업(제19조) 기출 20, 18, 16, 13~09년

① 유료직업소개사업은 소개대상이 되는 근로자가 취업하려는 장소를 기준으로 하여 국내 유료직업소개사업과 국외 유료직업소개사업으로 구분하되, 국내 유료직업소개사업을 하려는 자는 주된 사업소의 소재지를 관할하는 특별자치도지사 · 시장 · 군수 및 구청장에게 등록하여야 하고, 국외 유료직업소개사업을 하려는 자는 고용노동부장관에게 등록하여야 한다. 등록한 사항을 변경하려는 경우에도 또한 같다.

② 등록을 하고 유료직업소개사업을 하려는 자는 둘 이상의 사업소를 둘 수 없다. 다만, 사업소별로 직업소개 또는 직업상담에 관한 경력, 자격 또는 소양이 있다고 인정되는 사람 등 대통령령으로 정하는 사람을 1명 이상 고용하는 경우에는 그러하지 아니하다.

③ 등록을 하고 유료직업소개사업을 하는 자는 고용노동부장관이 결정 · 고시한 요금 외의 금품을 받아서는 아니 된다. 다만, 고용노동부령으로 정하는 고급 · 전문인력을 소개하는 경우에는 당사자 사이에 정한 요금을 구인자로부터 받을 수 있다.

④ 고용노동부장관이 ③에 따른 요금을 결정하려는 경우에는 「고용정책 기본법」에 따른 고용정책심의회(이하 "고용정책심의회")의 심의를 거쳐야 한다.

⑤ 유료직업소개사업의 등록기준이 되는 인적 · 물적 요건과 그 밖에 유료직업소개사업에 관한 사항은 대통령령으로 정한다.

시험에 이렇게 나왔다!

다음 ( )에 알맞은 것은?
(16년 2회)

> 직업안정법상 국외 유료직업소개사업을 하려는 자는 ( )에게 등록하여야 한다. 등록한 사항을 변경하려는 경우에도 또한 같다.

① 특별자치도지사 · 시장 · 군수 · 구청장
② 고용노동부장관
③ 보건복지부장관
④ 고용센터장

답 ②

---

(2) 유료직업소개사업의 등록요건 등(시행령 제21조) 기출 09, 08, 07년

유료직업소개사업의 등록을 할 수 있는 자는 다음의 어느 하나에 해당하는 자에 한정한다.

① 「국가기술자격법」에 의한 직업상담사 1급 또는 2급의 국가기술자격이 있는 자

② 직업소개사업의 사업소, 「근로자직업능력 개발법」에 의한 직업능력개발훈련시설, 「초·중등교육법」 및 「고등교육법」에 의한 학교, 「청소년기본법」에 의한 청소년단체에서 직업상담·직업지도·직업훈련 기타 직업소개와 관련이 있는 상담업무에 2년 이상 종사한 경력이 있는 자

③ 「공인노무사법」에 의한 공인노무사 자격을 가진 자

④ 조합원이 100인 이상인 단위노동조합, 산업별 연합단체인 노동조합 또는 총연합단체인 노동조합에서 노동조합업무전담자로 2년 이상 근무한 경력이 있는 자

⑤ 상시사용근로자 300인 이상인 사업 또는 사업장에서 노무관리업무전담자로 2년 이상 근무한 경력이 있는 자

⑥ 국가공무원 또는 지방공무원으로서 2년 이상 근무한 경력이 있는 자

⑦ 「초·중등교육법」에 의한 교원자격증을 가지고 있는 자로서 교사근무경력이 2년 이상인 자

⑧ 「사회복지사업법」에 따른 사회복지사 자격증을 가진 사람

시험에 이렇게 나왔다!

직업안정법상 유료직업소개사업에 관한 설명으로 틀린 것은? (18년 1회)

① 국외 유료직업소개사업을 하려는 자는 고용노동부장관에게 등록하여야 한다.

② 유료직업소개사업을 하는 자는 고용노동부장관이 결정·고시한 요금 외의 금품을 받아서는 아니되나 고용노동부령으로 정하는 고급·전문인력을 소개하는 경우에는 당사자 사이에 정한 요금을 구인자로부터 받을 수 있다.

③ 유료직업소개사업을 하는 자는 구직자에게 제공하기 위하여 구인자로부터 선급금을 받아 구직의 편의를 도모할 수 있다.

④ 유료직업소개사업을 하는 자는 구직자의 연령을 확인하여야 하며, 18세 미만의 구직자를 소개하는 경우에는 친권자나 후견인의 취업 동의서를 받아야 한다.

답 ③

🔍 **유료직업소개사업자의 준수사항(제19조 제6항 및 시행령 제25조)** 　기출 13년

등록을 하고 유료직업소개사업을 하는 자 및 그 종사자는 다음의 사항을 준수하여야 한다.

- 구인자가 구인신청 당시 「근로기준법」에 따라 명단이 공개 중인 체불사업주인 경우 구직자에 게 그 사실을 고지할 것
- 구인자의 사업이 행정관청의 허가 · 신고 · 등록 등이 필요한 사업인 경우에는 그 허가 · 신 고 · 등록 등의 여부를 확인할 것
- 직업소개사업자는 사업소에 근무하면서 종사자를 직접 관리 · 감독하여 직업소개행위와 관련 된 비위사실이 발생하지 아니하도록 할 것
- 구인자의 사업이 행정관청의 허가 · 신고 · 등록 등을 필요로 하는 사업인 경우에는 그 허가 · 신고 · 등록 등의 여부를 확인할 것
- 직업소개사업의 광고를 할 때에는 직업소개소의 명칭 · 전화번호 · 위치 및 등록번호를 기재할 것
- 요금은 구직자의 근로계약이 체결된 후에 받을 것. 다만, 회비형식으로 요금을 받고 일용근로 자를 소개하는 경우 또는 고용노동부령으로 정하는 고급 · 전문인력을 소개하는 경우에는 그 러하지 아니하다.
- 구인자 또는 구직자 어느 한쪽의 이익에 치우치지 아니할 것
- 구직자가 취업할 직업에 쉽게 적응할 수 있도록 종사하게 될 업무의 내용, 임금, 근로시간, 그 밖의 근로조건에 대하여 상세히 설명할 것
- 기타 사업소의 부착물 등 고용노동부령이 정하는 사항

(3) 명의대여 등의 금지(제21조)

유료직업소개사업을 등록한 자는 타인에게 자기의 성명 또는 상호를 사용하여 직업소개사업을 하게 하거나 그 등록증을 대여하여서는 아니 된다.

(4) 선급금의 수령 금지(제21조의2)　기출 18, 13, 12년

등록을 하고 유료직업소개사업을 하는 자 및 그 종사자는 구직자에게 제공하 기 위하여 구인자로부터 선급금을 받아서는 아니 된다.

참고 하세요!

유료직업소개사업자의 장부 비치 기간은 종사자 명부 2 년, 구인신청서 및 구직신청 서 2년, 근로계약서 2년, 금 전출납부 및 금전출납명세서 2년이다(시행규칙 제26조).

(5) 유료직업소개사업의 종사자 등(제22조) 기출 15년

① 등록을 하고 유료직업소개사업을 하는 자는 다음에 해당하는 사람을 고용하여서는 아니 된다.

㉠ 미성년자, 피성년후견인 및 피한정후견인

㉡ 파산선고를 받고 복권되지 아니한 자

㉢ 이 법, 「성매매알선 등 행위의 처벌에 관한 법률」, 「풍속영업의 규제에 관한 법률」 또는 「청소년 보호법」을 위반하거나 직업소개사업과 관련된 행위로 「선원법」을 위반한 자로서 이 법에 따른 결격사유에 해당하는 자

㉣ 해당 사업의 등록이나 허가가 취소된 후 5년이 지나지 아니한 자

② 등록을 하고 유료직업소개사업을 하는 자는 사업소별로 고용노동부령으로 정하는 자격을 갖춘 직업상담원을 1명 이상 고용하여야 한다. 다만, 유료직업소개사업을 하는 사람과 동거하는 가족이 본문에 따른 직업상담원의 자격을 갖추고 특정 사업소에서 상시 근무하는 경우에 해당 사업소에 직업상담원을 고용한 것으로 보며, 유료직업소개사업을 하는 자가 직업상담원 자격을 갖추고 특정 사업소에서 상시 근무하는 경우에 해당 사업소에는 직업상담원을 고용하지 아니할 수 있다.

③ 유료직업소개사업의 종사자 중 ②에 따른 직업상담원이 아닌 사람은 직업소개에 관한 사무를 담당하여서는 아니 된다.

🔍 직업상담원의 자격(시행규칙 제19조) 기출 16, 11년

②에서 "고용노동부령으로 정하는 자격을 갖춘 직업상담원"이란 다음의 어느 하나에 해당하는 사람을 말한다.

• 소개하려는 직종별로 해당 직종에서 2년 이상 근무한 경력이 있는 사람
• 「근로자직업능력 개발법」에 따른 직업능력개발훈련시설, 「초·중등교육법」 및 「고등교육법」에 따른 학교, 「청소년기본법」에 따른 청소년단체에서 직업상담, 직업지도, 직업훈련, 그 밖에 직업소개와 관련이 있는 상담업무에 2년 이상 종사한 경력이 있는 사람
• 「공인노무사법」에 따른 공인노무사
• 노동조합의 업무, 사업체의 노무관리업무 또는 공무원으로서 행정 분야에 2년 이상 근무한 경력이 있는 사람
• 「사회복지사업법」에 따른 사회복지사
• 「초·중등교육법」에 따른 교원자격증을 가진 사람으로서 교사 근무 경력이 2년 이상인 사람 또는 「고등교육법」에 따른 교원으로서 교원 근무 경력이 2년 이상인 사람
• 직업소개사업의 사업소에서 2년 이상 근무한 경력이 있는 사람
• 「국가기술자격법」에 따른 직업상담사 1급 또는 2급

기출 14년

🔍 **연소자에 대한 직업소개의 제한(제21조의3)**

- 무료직업소개사업 또는 유료직업소개사업을 하는 자와 그 종사자(이하 "직업소개사업자 등")
  는 구직자의 연령을 확인하여야 하며, 18세 미만의 구직자를 소개하는 경우에는 친권자나 후
  견인의 취업동의서를 받아야 한다.
- 직업소개사업자 등은 18세 미만의 구직자를 「근로기준법」에 따라 18세 미만자의 사용이 금지
  되는 직종의 업소에 소개하여서는 아니 된다.
- 직업소개사업자 등은 「청소년 보호법」에 따른 청소년인 구직자를 청소년유해업소에 소개하여
  서는 아니 된다.

(6) 겸업 금지(제26조 및 시행령 제29조) 기출 20, 19, 13, 10년

다음의 어느 하나에 해당하는 사업을 경영하는 자는 직업소개사업을 하거나
직업소개사업을 하는 법인의 임원이 될 수 없다.

① 「결혼중개업의 관리에 관한 법률」에 따른 결혼중개업

② 「공중위생관리법」에 따른 숙박업

③ 「식품위생법 시행령」에 따른 식품접객업 중 휴게음식점영업으로서 주로 다
   류(茶類)를 조리·판매하는 영업(영업자 또는 종업원이 영업장을 벗어나 다
   류를 배달·판매하면서 소요 시간에 따라 대가를 받는 형태로 운영하는 경
   우로 한정한다)

④ 「식품위생법 시행령」에 따른 식품접객업 중 단란주점영업

⑤ 「식품위생법 시행령」에 따른 식품접객업 중 유흥주점영업

시험에 이렇게 나왔다!

직업안정법에 관한 다음 설명 중 ( )에 들어갈 알맞은 것은? (14년 3회)

무료직업소개사업 또는 유료직업소개사업을 하는 자와 그 종사자는 구직자의 연령을 확인해야 하고, ( ) 미만의 구직자를 소개하는 경우에는 친권자 또는 후견인의 동의서를 받아야 한다.

① 15세
② 18세
③ 19세
④ 20세

답 ②

시험에 이렇게 나왔다!

직업안정법상 직업소개사업을 겸업할 수 있는 자는? (19년 3회)

① 「공중위생관리법」에 따른 이용업 사업을 경영하는 자
② 「결혼중개업의 관리에 관한 법률」에 따른 결혼중개업 사업을 경영하는 자
③ 「식품위생법 시행령」에 따른 단란주점영업 사업을 경영하는 자
④ 「식품위생법 시행령」에 따른 유흥주점영업 사업을 경영하는 자

답 ①

참고 하세요!

직업정보를 제공하는 사업소를 둘 이상 두고자 할 때에는 사업소별로 신고하여야 한다 (시행령 제27조 제1항).

(1) 직업정보제공사업의 신고(제23조)

직업정보제공사업을 하려는 자(무료직업소개사업을 하는 자와 유료직업소개사업을 하는 자는 제외한다)는 고용노동부장관에게 신고하여야 한다. 신고 사항을 변경하는 경우에도 또한 같다.

(2) 직업정보제공사업자의 준수 사항(제25조 및 시행령 제28조)

기출 19, 18, 16, 13, 12, 10, 09, 08년

무료직업소개사업을 하는 자 또는 유료직업소개사업을 하는 자로서 직업정보제공사업을 하는 자와 직업정보제공사업을 하는 자는 다음의 사항을 준수하여야 한다.

① 구인자가 구인신청 당시 「근로기준법」에 따라 명단이 공개 중인 체불사업주인 경우 그 사실을 구직자가 알 수 있도록 게재할 것

②「최저임금법」에 따라 결정·고시된 최저임금에 미달되는 구인정보를 제공하지 아니할 것

③ 구인자의 업체명(또는 성명)이 표시되어 있지 아니하거나 구인자의 연락처가 사서함 등으로 표시되어 구인자의 신원이 확실하지 아니한 구인광고를 게재하지 아니할 것

④ 직업정보제공매체의 구인·구직의 광고에는 구인·구직자의 주소 또는 전화번호를 기재하고, 직업정보제공사업자의 주소 또는 전화번호는 기재하지 아니할 것

⑤ 직업정보제공매체 또는 직업정보제공사업의 광고문에 "(무료)취업상담"·"취업추천"·"취업지원" 등의 표현을 사용하지 아니할 것

⑥ 구직자의 이력서 발송을 대행하거나 구직자에게 취업추천서를 발부하지 아니할 것

⑦ 직업정보제공매체에 정보이용자들이 알아보기 쉽게 신고로 부여받은 신고번호를 표시할 것

⑧「최저임금법」에 따라 결정 고시된 최저임금에 미달되는 구인정보, 「성매매알선 등 행위의 처벌에 관한 법률」에 따른 금지행위가 행하여지는 업소에 대한 구인광고를 게재하지 아니할 것

시험 에 이렇게 나왔다!

직업안정법령상 직업정보제공사업자의 준수사항에 해당되지 않는 것은? (16년 3회)

① 구인자의 업체명(또는 성명)이 표시되어 있지 아니하거나 구인자의 연락처가 사서함 등으로 표시되어 구인자의 신원이 확실하지 아니한 구인광고를 게재하지 아니할 것
② 직업정보제공매체의 구인 구직광고에는 구인 구직자 및 직업정보제공사업자의 주소 및 전화번호를 기재할 것
③ 직업정보제공사업의 광고문에 "(무료)취업상담", "취업추천", "취업지원" 등의 표현을 사용하지 않는다.
④ 구직자의 이력서 발송을 대행하거나 구직자에게 취업추천서를 발부하지 아니할 것

답 ②

Thema 6 근로자의 모집

(1) 근로자의 모집(제28조)

근로자를 고용하려는 자는 광고, 문서 또는 정보통신망 등 다양한 매체를 활용하여 자유롭게 근로자를 모집할 수 있다.

(2) 국외 취업자의 모집(제30조)

누구든지 국외에 취업할 근로자를 모집한 경우에는 고용노동부장관에게 신고하여야 한다.

(3) 국외취업자의 모집신고 및 등록(제31조 제1항)

외에 취업할 근로자를 모집한 자는 모집한 후 15일 이내에 모집신고서에 고용노동부령이 정하는 서류를 첨부하여 고용노동부장관에게 신고하여야 한다.

(4) 모집방법 등의 개선 권고(제31조)

① 고용노동부장관은 건전한 모집질서를 확립하기 위하여 필요하다고 인정하는 경우에는 근로자 모집방법 등의 개선을 권고할 수 있다.

② 고용노동부장관이 권고를 하려는 경우에는 고용정책심의회의 심의를 거쳐야 한다.

③ 권고에 필요한 사항은 대통령령으로 정한다.

(5) 금품 등의 수령 금지(제32조) 기출 20, 14년

근로자를 모집하려는 자와 그 모집업무에 종사하는 자는 어떠한 명목으로든 응모자로부터 그 모집과 관련하여 금품을 받거나 그 밖의 이익을 취하여서는 아니 된다. 다만, 유료직업소개사업을 하는 자가 구인자의 의뢰를 받아 구인자가 제시한 조건에 맞는 자를 모집하여 직업소개한 경우에는 그러하지 아니하다.

시험 에 이렇게 나왔다!

직업안정법에 관한 설명으로 틀린 것은? (20년 3회)

① 누구든지 어떠한 명목으로든 구인자로부터 그 모집과 관련하여 금품을 받거나 그 밖의 이익을 취하여서는 아니 된다.

② 누구든지 국외에 취업할 근로자를 모집한 경우에는 고용노동부장관에게 신고하여야 한다.

③ 누구든지 고용노동부장관의 허가를 받지 아니하고는 근로자공급사업을 하지 못한다.

④ 누구든지 성별. 연령 등을 이유로 직업소개를 할 때 차별대우를 받지 아니한다.

답 ①

Thema 7 근로자공급사업

시험에 이렇게 나왔다!

직업안정법상 국내 근로자공급사업의 허가를 받을 수 있는 자는? (15년 1회)

① "노동조합 및 노동관계조정법"에 따른 노동조합
② 국내에서 제조업·건설업을 행하고 있는 자
③ 국내에서 용역업·기타 서비스업을 행하고 있는 자
④ 무료직업소개소를 운영하고 있는 자

답 ①

(1) 근로자공급사업(제33조) 기출 20, 18, 15년

① 누구든지 고용노동부장관의 허가를 받지 아니하고는 근로자공급사업을 하지 못한다.

② 근로자공급사업 허가의 유효기간은 3년으로 하되, 유효기간이 끝난 후 계속하여 근로자공급사업을 하려는 자는 고용노동부령으로 정하는 바에 따라 연장허가를 받아야 한다. 이 경우 연장허가의 유효기간은 연장 전 허가의 유효기간이 끝나는 날부터 3년으로 한다.

③ 근로자공급사업은 공급대상이 되는 근로자가 취업하려는 장소를 기준으로 국내 근로자공급사업과 국외 근로자공급사업으로 구분하며, 각각의 사업의 허가를 받을 수 있는 자의 범위는 다음과 같다.

　㉠ 국내 근로자공급사업의 경우는 「노동조합 및 노동관계조정법」에 따른 노동조합

　㉡ 국외 근로자공급사업의 경우는 국내에서 제조업·건설업·용역업, 그 밖의 서비스업을 하고 있는 자. 다만, 연예인을 대상으로 하는 국외 근로자공급사업의 허가를 받을 수 있는 자는 「민법」에 따른 비영리법인으로 한다.

④ 고용노동부장관이 근로자공급사업을 허가하는 경우 국내 근로자공급사업에 대하여는 노동조합의 업무범위와 해당 지역별·직종별 인력수급상황 및 고용관계 안정유지 등을, 국외 근로자공급사업에 대하여는 해당 직종별 인력수급상황, 고용관계 안정유지 및 근로자취업질서 등을 종합적으로 고려하여야 한다.

참고 하세요!

근로자공급사업의 장부 비치 기간은 사업계획서 3년, 근로자명부 3년, 공급 요청 접수부 또는 공급계약서 3년, 근로자공급대장 3년, 경리 관련 장부 3년, 공급 근로자 임금대장 3년이다(시행규칙 제40조).

(2) 국외 공급 근로자의 보호 등(제41조) 기출 13, 10년

국외 근로자공급사업자는 법에 따라 다음 각 기준에 따라 국외 공급 근로자를 보호하고 국외 근로자공급사업을 관리하여야 한다.

① 공급대상 국가로부터 취업자격을 취득한 근로자만을 공급할 것

② 공급 근로자를 공급계약 외의 업무에 종사하게 하거나 공급계약기간을 초과하여 체류하게 하지 아니할 것

③ 국외의 임금수준 등을 고려하여 공급 근로자에게 적정 임금을 보장할 것

④ 임금은 매월 1회 이상 일정한 기일을 정하여 통화로 직접 해당 근로자에게 그 전액을 지급할 것

⑤ 다음의 사항을 작성 · 관리할 것

　㉠ 공급 근로자의 출국일자, 국외 취업기간, 현 근무처 및 귀국일자 등을 기록한 명부

　㉡ 공급 근로자별 임금, 월별 임금 지급방법 및 지급일자 등을 기록한 임금대장

　㉢ 공급 근로자의 고충처리 상황

🔍 직업안정기관의 실시

무료직업소개사업	• 국내 : 특별자치도지사, 시장 · 군수 · 구청장에게 신고 • 국외 : 고용노동부장관에게 신고
유료직업소개사업	• 국내 : 특별자치도지사, 시장 · 군수 · 구청장에게 등록 • 국외 : 고용노동부장관에게 등록
직업정보제공사업	고용노동부장관에게 신고
근로자모집	• 국내 : 자유 • 국외 : 고용노동부장관에게 신고(모집 후 15일 이내)
근로자공급사업	고용노동부장관의 허가

01

직업안정법상 직업안정기관에서 하는 업무가 아닌 것은?

① 고용정보의 제공
② 직업소개
③ 직업지도
④ 근로자 파견

해설

직업안정기관의 장은 관할 지역이 각종 고용정보를 수시로 또는 정기적으로 수집하고 정리하여 구인자, 구직자, 그 밖에 고용정보를 필요로 하는 자에게 적극적으로 제공하여야 한다. 또한 직업안정기관의 장은 구직자에게는 그 능력에 알맞은 직업을 소개하고, 구인자에게는 구인조건에 적합한 구직자를 소개하도록 노력하여야 하며 사람에게 직업지도를 하여야 한다.

02

직업안정법령의 내용에 대한 설명으로 틀린 것은?

① 고용노동부장관이 유료직업소개사업의 요금을 결정하고자 하는 경우에는 고용정책 기본법에 따른 고용정책심의회의 심의를 거쳐야 한다.
② 근로자공급사업 허가의 유효기간은 3년으로 한다.
③ 국내 무료직업소개사업을 하고자 하는 자가 둘 이상의 시·군·구에 사업소를 두고자 하는 때에는 주된 사업소의 소재지를 관할하는 직업안정기관에 등록하여야 한다.
④ 신문·잡지 기타 간행물에 구인을 가장하여 물품판매, 수강생 모집, 직업소개, 부업알선, 자금모금 등을 행하는 광고는 거짓 구인광고의 범위에 해당한다.

해설

국내 무료직업소개사업을 하려는 자는 주된 사업소의 소재지를 관할하는 특별자치도지사·시장·군수 및 구청장에게 신고하여야 하고, 국외 무료직업소개사업을 하려는 자는 고용노동부장관에게 신고하여야 한다.

03

직업안정법의 용어 정의로 틀린 것은? (17년 3회)

① "고용서비스"란 구인자 또는 구직자에 대한 고용정보의 제공, 직업소개, 직업지도 또는 직업능력개발 등 고용을 지원하는 서비스를 말한다.
② "직업안정기관"이란 직업소개, 직업지도 등 직업안정업무를 수행하는 지방고용노동행정 기관을 말한다.
③ "모집"이란 근로자를 고용하려는 자가 취업하려는 사람에게 피고용인이 되도록 권유하거나 다른 사람으로 하여금 권유하게 하는 것을 말한다.
④ "근로자공급사업"이란 공급계약에 따라 근로자를 타인에게 사용하게 하는 사업을 말하는 것으로서, 파견근로자보호 등에 관한 법률에 의한 근로자파견사업도 포함한다.

해설

근로자공급사업이란 공급계약에 따라 근로자를 타인에게 사용하게 하는 사업을 말한다. 근로자공급사업의 경우에는 공급사업자와 근로자 사이에 고용계약이 성립되어 있을 것이 요구되지 않으며 계약상 또는 사실상 지배관계가 있다는 점이 근로자파견사업과 다르다.

04

직업안정법령에 관한 설명으로 틀린 것은? (18년 1회)

① 국내 근로자공급사업의 허가를 받을 수 있는 자는 노동조합 및 노동관계조정법에 의한 노동조합니다.
② 직업정보제공사업자는 구직자의 이력서 발송을 대행하거나 구직자에게 취업추천서를 발부하는 사업을 할 수 있다.
③ 근로자공급사업 허가의 유효기간은 3년이다.
④ 직업안정기관에 구인신청을 하는 경우에는 원칙적으로 구인자의 사업장소재지를 관할하는 직업안정기관에 하여야 한다.

해설

직업정보제공사업자는 구직자의 이력서 발송을 대행하거나 취업추천서를 발부하는 사업을 할 수 없다.

05

직업안정법상 고용노동부장관의 허가를 받아야 하는 것은?

① 근로자공급사업
② 유료직업소개사업
③ 직업정보제공사업
④ 국외 취업자의 모집

해설

근로자공급사업은 고용노동부장관의 허가를 받아야 한다.

06

직업안정법령상 직업안정기관의 장의 직업소개에 대한 설명으로 틀린 것은?

① 구직자에게는 그 능력에 알맞은 직업을 소개하도록 노력하여야 한다.
② 구인자에게는 구인조건에 적합한 구직자를 소개하도록 노력하여야 한다.
③ 가능하면 구직자가 통근할 수 있는 지역에서 직업을 소개하도록 노력하여야 한다.
④ 구인자와 구직자의 이익이 충돌할 경우에는 구직자의 이익을 우선할 수 있도록 노력하여야 한다.

해설

구인자와 구직자의 이익이 충돌할 경우에는 서로의 이익이 균형되도록 소개해야 한다.

07

직업안정법에 관한 설명으로 옳은 것은?

① 직업안정기관이란 직업소개, 직업지도 등 직업안정업무를 수행하는 지방고용심의회를 말한다.
② 직업소개사업을 하고자 하는 자는 유료·무료를 불문하고 모두 신고하여야 한다.
③ 직업안정기관의 장은 구인자가 구인조건의 명시를 거부하는 경우 구인신청의 수리를 거부하여서는 아니 된다.
④ 파견근로자보호 등에 관한 법률에 따른 근로자 파견사업은 근로자공급사업에서 제외된다.

해설

① 직업소개, 직업지도 등 직업안정업무를 수행하는 지방고용노동행정기관을 말한다.
② 무료직업소개사업은 신고사항이지만 유료직업소개사업은 등록사항이다.
③ 직업안정기관의 장은 구인신청의 수리를 거부하여서는 아니 되나, 구인신청의 내용이 법령을 위반한 경우, 구인신청의 내용 중 임금·근로시간·그 밖의 근로조건이 통상적인 근로조건에 비하여 현저하게 부적당하다고 인정되는 경우, 구인자가 구인조건을 밝히기를 거부하는 경우, 구인자가 구인신청 당시 「근로기준법」에 따라 명단이 공개 중인 체불사업주인 경우에는 그러하지 아니하다.

08

직업안정법상 유료직업소개사업에 관한 설명으로 옳은 것은? (18년 3회)

① 등록된 유료직업소개사업자는 구직자에게 제공하기 위해 구인자로부터 선급금을 받을 수 있다.
② 등록을 하고 유료직업소개사업을 하려는 자는 원칙적으로 둘 이상의 사업소를 두어야 한다.
③ 국외 유료직업소개사업을 하려는 자는 고용노동부장관에게 등록하여야 한다.
④ 유료직업소개사업은 근로자의 주소지를 기준으로 국내 유료직업소개사업과 국외 유료직업 소개사업으로 구분한다.

해설

① 등록된 유료직업소개사업자는 구직자에게 제공하기 위해 구인자로부터 선급금을 받을 수 없다.

② 등록을 하고 유료직업소개사업을 하려는 자는 원칙적으로 둘 이상의 사업소를 둘 수 없다.

④ 유료직업소개사업은 근로자가 취업하려는 장소를 기준으로 국내 유료직업소개사업과 국외 유료직업 소개사업으로 구분한다.

09

직업안정법상 근로자의 모집 및 근로자공급사업에 관한 설명으로 틀린 것은? (19년 1회)

① 근로자를 고용하려는 자는 광고, 문서 또는 정보통신망 등 다양한 매체를 활용하여 자유롭게 근로자를 모집할 수 있다.

② 누구든지 국외에 취업할 근로자를 모집한 경우에는 고용노동부장관에게 신고하여야 한다.

③ 국내 근로자공급사업의 경우 그 사업의 허가를 받을 수 있는 자는 「노동조합 및 노동관계조정법」에 따른 노동조합이다.

④ 근로자공급사업에는 「파견근로자보호 등에 관한 법률」에 따른 근로자파견사업을 포함한다.

해설

근로자공급사업이란 공급계약에 따라 근로자를 타인에게 사용하는 사업을 의미하지만, 파견근로자보호 등에 관한 법률에 따른 근로자파견사업은 제외한다.

10

직업안정법상 고용서비스 우수기관 인증에 대한 설명으로 틀린 것은?

① 고용노동부장관은 고용서비스 우수기관 인증업무를 대통령령으로 정하는 전문기관에 위탁할 수 있다.

② 고용서비스 우수기관으로 인증을 받은 자가 인증의 유효기간이 지나기 전에 다시 인증을 받으려면 직업안정기관의 장에게 재인증을 신청하여야 한다.

③ 고용노동부장관은 고용서비스 우수기관으로 인증을 받은 자가 정당한 사유 없이 1년 이상 계속 사업 실적이 없는 경우 인증을 취소할 수 있다.

④ 고용서비스 우수기관 인증의 유효기간은 인증일부터 3년으로 한다.

해설

고용서비스 우수기관으로 인증을 받은 자가 인증의 유효기간이 지나기 전에 다시 인증을 받으려면 고용노동부장관에게 재인증을 신청하여야 한다.

11

직업안정법령상 직업정보제공사업자의 준수사항에 해당하지 않는 것은? (19년 2회)

① 구직자의 이력서 발송을 대행하지 아니할 것

② 직업정보제공사업의 광고문에 "취업지원" 등의 표현을 사용하지 아니할 것

③ 구인자의 신원이 확실하지 아니한 구인광고를 게재하지 아니할 것

④ 직업정보제공사업매체의 구인·구직의 광고에는 구인·구직자의 주소 또는 전화번호를 기재하지 아니할 것

해설

직업정보제공사업매체의 구인·구직의 광고에는 구인·구직자의 주소 또는 전화번호를 기재한다.

12

직업안정법에 관한 설명으로 틀린 것은?

① 누구든지 어떠한 명목으로든 구인자로부터 그 모집과 관련하여 금품을 받거나 그 밖의 이익을 취하여서는 아니된다.

② 누구든지 국외에 취업할 근로자를 모집한 경우에는 고용노동부장관에게 신고하여야 한다.

③ 누구든지 고용노동부장관의 허가를 받지 아니하고는 근로자공급사업을 하지 못한다.

④ 누구든지 성별, 연령, 종교, 신체적 조건, 사회적 신분 또는 혼인 여부 등을 이유로 직업소개 또는 직업지도를 받거나 고용관계를 결정할 때 차별대우를 받지 아니한다.

해설

무료직업소개사업은 수수료, 회비 또는 그 밖의 어떠한 금품도 받지 아니하고 하는 직업소개사업을 말하며, 유료직업소개사업일지라도 고용노동부장관이 결정·고시한 요금 외의 금품을 받아서는 아니 된다. 다만, 고용노동부령으로 정하는 고급·전문인력을 소개하는 경우에는 당사자 사이에 정한 요금을 구인자로부터 받을 수 있다(제3조 및 제19조 참조).

13

직업안정법상 직업안정기관의 장의 권한 또는 의무에 해당하지 않는 것은?

① 고용서비스 우수기관을 인증하는 일
② 구직신청의 내용이 법령을 위반한 경우, 그 구직신청의 수리를 거부함에 있어서 구직자에게 그 이유를 설명하는 일
③ 구직자가 고용보험법 규정에 의한 구직급여의 수급자격을 확인하여 수급자격이 있다고 인정되는 경우에는 구직급여 지급을 위하여 필요한 조치를 취하는 일
④ 학생 또는 직업훈련생 등에 대하여 직업적성검사 및 집단상담 등을 통하여 직업선택에 필요한 지도를 하는 일

> 해설
> ② 직업안정기관의 장이 법 구인신청을 수리하지 아니하는 경우에는 구인자에게 그 이유를 설명하여야 한다(시행령 제6조).
> ③ 직업안정기관의 장이 구직신청을 수리한 때에는 해당 구직자가 「고용보험법」에 따른 구직급여의 수급자격이 있는지를 확인하여 수급자격이 있다고 인정되는 경우에는 구직급여지급을 위하여 필요한 조치를 취하여야 한다(시행령 제6조).
> ④ 직업안정기관의 장은 고용정보, 직업에 관한 조사·연구의 결과 등을 각급 학교의 장이나 공공직업훈련시설의 장에게 제공하고, 학생 또는 직업훈련생 등에 대하여 직업적성검사 및 집단상담 등을 통하여 직업선택에 필요한 지도를 할 수 있다(시행령 제11조).

14

직업안정법상 직업정보제공사업자의 준수사항으로 틀린 것은?

① 직업정보제공매체의 구인·구직의 광고에는 구인·구직자 및 직업정보제공사업자의 주소 또는 전화번호를 기재할 것
② 구인자의 연락처가 사서함으로 표시된 구인광고를 게재하지 아니할 것
③ 광고문에 취업상담·추천 등의 표현을 사용하지 아니할 것
④ 구직자의 이력서 발송을 대행하거나 구직자에게 취업추천서를 발부하지 아니할 것

> 해설
> 직업정보제공매체의 구인·구직의 광고에는 구인·구직자의 주소 또는 전화번호를 기재하고, 직업정보제공사업자의 주소 또는 전화번호는 기재하지 아니해야 한다(시행령 제28조).

15

직업안정법상 근로자공급사업에 관한 설명으로 틀린 것은?

① 근로자공급사업 허가의 유효기간은 3년이다.
② 근로자공급사업 허가의 유효기간이 끝난 후 계속하여 근로자공급사업을 하려는 자는 연장허가를 받아야 하며, 이 경우 연장허가의 유효기간은 연장 전 허가의 유효기간이 끝나는 날부터 3년으로 한다.
③ 국내 근로자공급사업의 허가를 받을 수 있는 자는 「노동조합 및 노동관계조정법」에 따른 노동조합이다.
④ 연예인을 대상으로 하는 국외 근로자공급사업의 허가를 받을 수 있는 자는 「민법」에 따른 비영리법인이 아니어야 한다.

> 해설
> 국외 근로자공급사업의 경우 사업의 허가를 받을 수 있는 자는 국내에서 제조업·건설업·용역업, 그 밖의 서비스업을 하고 있는 자이다. 다만, 연예인을 대상으로 하는 국외 근로자공급사업의 허가를 받을 수 있는 자는 「민법」에 따른 비영리법인으로 한다(제33조).

CHAPTER 10
고용보험법

Thema 1 총칙

시험 에 이렇게 나왔다!

고용보험법상 내용으로 틀린 것은? (15년 2회)

① 이직이란 피보험자란 사업주 사이의 고용관계가 끝나게 되는 것을 말한다.
② 일용근로자란 2개월 미만 동안 고용되는 자를 말한다.
③ 실업이란 근로의 의사와 능력이 있음에도 불구하고 취업하지 못한 상태에 있는 것을 말한다.
④ 고용보험은 고용노동부장관이 관장한다.

답 ②

(1) 목적(제1조)

이 법은 고용보험의 시행을 통하여 실업의 예방, 고용의 촉진 및 근로자의 직업능력의 개발과 향상을 꾀하고, 국가의 직업지도와 직업소개 기능을 강화하며, 근로자가 실업한 경우에 생활에 필요한 급여를 실시하여 근로자의 생활안정과 구직 활동을 촉진함으로써 경제·사회 발전에 이바지하는 것을 목적으로 한다.

(2) 정의(제2조) 기출 20, 15, 10, 07년

① 피보험자

다음에 해당하는 사람을 말한다.

㉠ 「고용보험 및 산업재해보상보험의 보험료징수 등에 관한 법률」(이하 "보험료징수법")에 따라 보험에 가입되거나 가입된 것으로 보는 근로자

㉡ 보험료징수법에 따라 고용보험에 가입하거나 가입된 것으로 보는 자영업자(이하 "자영업자인 피보험자")

② 이직(離職)

피보험자와 사업주 사이의 고용관계가 끝나게 되는 것을 말한다.

③ 실업

근로의 의사와 능력이 있음에도 불구하고 취업하지 못한 상태에 있는 것을 말한다.

④ 실업의 인정

직업안정기관의 장이 제43조에 따른 수급자격자가 실업한 상태에서 적극적으로 직업을 구하기 위하여 노력하고 있다고 인정하는 것을 말한다.

⑤ 보수

「소득세법」에 따른 근로소득에서 대통령령으로 정하는 금품을 뺀 금액을 말한다. 다만, 휴직이나 그 밖에 이와 비슷한 상태에 있는 기간 중에 사업주 외의 자로부터 지급받는 금품 중 고용노동부장관이 정하여 고시하는 금품은 보수로 본다.

⑥ 일용근로자

1개월 미만 동안 고용되는 사람을 말한다.

(3) 고용보험사업(제4조)

기출 15년

① 보험은 이 법의 목적을 이루기 위하여 고용보험사업(이하 "보험사업")으로 고용안정·직업능력개발 사업, 실업급여, 육아휴직 급여 및 출산전후휴가 급여 등을 실시한다.

② 보험사업의 보험연도는 정부의 회계연도에 따른다.

(4) 국고의 부담(제5조)

① 국가는 매년 보험사업에 드는 비용의 일부를 일반회계에서 부담하여야 한다.

② 국가는 매년 예산의 범위에서 보험사업의 관리·운영에 드는 비용을 부담할 수 있다.

(5) 보험료(제6조)

① 이 법에 따른 보험사업에 드는 비용을 충당하기 위하여 징수하는 보험료와 그 밖의 징수금에 대하여는 보험료징수법으로 정하는 바에 따른다.

② 보험료징수법에 따라 징수된 고용안정·직업능력개발 사업의 보험료 및 실업급여의 보험료는 각각 그 사업에 드는 비용에 충당한다. 다만, 실업급여의 보험료는 국민연금 보험료의 지원, 육아휴직 급여의 지급, 육아기 근로시간 단축 급여의 지급 및 출산전후휴가 급여 등의 지급에 드는 비용에 충당할 수 있다.

③ ②에도 불구하고 자영업자인 피보험자로부터 보험료징수법에 따라 징수된 고용안정·직업능력개발 사업의 보험료 및 실업급여의 보험료는 각각 자영업자인 피보험자를 위한 그 사업에 드는 비용에 충당한다. 다만, 실업급여의 보험료는 자영업자인 피보험자를 위한 국민연금 보험료의 지원에 드는 비용에 충당할 수 있다.

(6) 고용보험위원회(제7조)

① 이 법 및 보험료징수법(보험에 관한 사항만 해당한다)의 시행에 관한 주요 사항을 심의하기 위하여 고용노동부에 고용보험위원회(이하 "위원회")를 둔다.

② 위원회는 위원장 1명을 포함한 20명 이내의 위원으로 구성한다.

③ 위원회의 위원장은 고용노동부차관이 되고, 위원은 다음의 사람 중에서 각각 같은 수(數)로 고용노동부장관이 임명하거나 위촉하는 사람이 된다.

참고 하세요!

고용보험(이하 "보험")은 고용노동부장관이 관장한다(제3조).

시험 에 이렇게 나왔다!

고용보험법상 고용보험에 해당하지 않는 것은? (15년 1회)

① 재활사업
② 직업능력개발사업
③ 실업급여
④ 고용안정사업

답 ①

(7) 적용 범위(제8조 및 시행령 제2조)

이 법은 근로자를 사용하는 모든 사업 또는 사업장(이하 "사업")에 적용한다. 다만, 산업별 특성 및 규모 등을 고려하여 대통령령으로 정하는 다음의 사업에 대하여는 적용하지 아니한다.

① 농업·임업 및 어업 중 법인이 아닌 자가 상시 4명 이하의 근로자를 사용하는 사업

② 다음 어느 하나에 해당하는 공사(단, 「건설산업기본법」에 따른 건설사업자, 「주택법」에 따른 주택건설사업자, 「전기공사업법」에 따른 공사업자, 「정보통신공사업법」에 따른 정보통신공사업자, 「소방시설공사업법」에 따른 소방시설업자, 「문화재수리 등에 관한 법률」에 따른 문화재수리업자가 시공하는 공사는 제외한다)

　ㄱ 「고용보험 및 산업재해보상보험의 보험료징수 등에 관한 법률 시행령」에 따른 총공사금액이 2천만원 미만인 공사

　ㄴ 연면적이 100제곱미터 이하인 건축물의 건축 또는 연면적이 200제곱미터 이하인 건축물의 대수선에 관한 공사

　ㄷ 가구 내 고용활동 및 달리 분류되지 아니한 자가소비 생산활동

(8) 적용 제외(제10조 및 시행령 제3조)   기출 20, 18, 17, 15, 14, 12, 10, 09, 07년

① 다음의 어느 하나에 해당하는 사람에게는 이 법을 적용하지 아니한다.

　ㄱ 1개월간 소정(所定)근로시간이 60시간 미만인 사람(1주간의 소정근로시간이 15시간 미만인 자를 포함한다). 단, 3개월 이상 계속하여 근로를 제공하는 자와 일용근로자는 제외한다.

　ㄴ 「국가공무원법」과 「지방공무원법」에 따른 공무원. 단, 대통령령으로 정하는 바에 따라 별정직공무원, 임기제공무원의 경우는 본인의 의사에 따라 고용보험(실업급여에 한정한다)에 가입할 수 있다.

　ㄷ 「사립학교교직원 연금법」의 적용을 받는 사람

　ㄹ 「별정우체국법」에 따른 별정우체국 직원

② 65세 이후에 고용(65세 전부터 피보험 자격을 유지하던 사람이 65세 이후에 계속하여 고용된 경우는 제외한다)되거나 자영업을 개시한 사람에게는 실업급여 및 육아휴직급여 등을 적용하지 아니한다.

Thema 2 피보험자의 관리

(1) 피보험자격의 취득일과 상실일

기출 20, 19, 16, 14, 12, 11, 10, 09년

취득일(제13조)	상실일(제14조)
피보험자는 이 법이 적용되는 사업에 고용된 날에 피보험자격을 취득한다. 다만, 다음의 경우에는 각각 그 해당되는 날에 피보험자격을 취득한 것으로 본다. • 적용 제외 근로자였던 사람이 이 법의 적용을 받게 된 경우에는 그 적용을 받게 된 날 • 보험관계 성립일 전에 고용된 근로자의 경우에는 그 보험관계가 성립한 날	피보험자는 다음 어느 하나에 해당하는 날에 각각 그 피보험자격을 상실한다. • 피보험자가 적용 제외 근로자에 해당하게 된 경우에는 그 적용 제외 대상자가 된 날 • 보험관계가 소멸한 경우에는 그 보험관계가 소멸한 날 • 피보험자가 이직한 경우에는 이직한 날의 다음 날 • 피보험자가 사망한 경우에는 사망한 날의 다음 날

(2) 피보험자격에 관한 신고 등

① 사업주는 그 사업에 고용된 근로자의 피보험자격의 취득 및 상실 등에 관한 사항을 대통령령으로 정하는 바에 따라 고용노동부장관에게 신고하여야 한다(제15조 제1항).

② 사업주가 ①에 따른 피보험자격에 관한 사항을 신고하지 아니하면 대통령령으로 정하는 바에 따라 근로자가 신고할 수 있다(제15조 제3항).

③ ①에도 불구하고 자영업자인 피보험자는 피보험자격의 취득 및 상실에 관한 신고를 하지 아니한다(제15조 제7항).

(3) 피보험자격 이중 취득의 제한(제18조 및 시행규칙 제14조)

기출 10, 09년

① 근로자가 보험관계가 성립되어 있는 둘 이상의 사업에 동시에 고용되어 있는 경우에는 고용노동부령으로 정하는 바에 따라 그 중 한 사업의 근로자로서의 피보험자격을 취득한다.

② 보험관계가 성립되어 있는 둘 이상의 사업에 동시에 고용되어 있는 근로자는 다음의 순서에 따라 피보험자격을 취득한다. 다만, 일용근로자와 일용근로자가 아닌 자로 동시에 고용되어 있는 경우에는 일용근로자가 아닌 자로 고용된 사업에서 우선적으로 피보험자격을 취득한다.

　㉠ 보험료징수법에 따른 월평균보수가 많은 사업

　㉡ 월 소정근로시간이 많은 사업

　㉢ 근로자가 선택한 사업

참고 하세요!

자영업자인 피보험자는 보험관계가 성립한 날에 피보험자격을 취득/상실한다(제13조 제2항 및 제14조 제2항).

시험 에 이렇게 나왔다!

고용보험법상 피보험자격의 취득일과 상실일에 관한 설명으로 틀린 것은? (16년 3회)

① 피보험자가 사망한 경우에는 사망한 날의 다음 날에 피보험자격을 상실한다.

② 적용 제외 근로자였던 자가 고용보험법의 적용을 받게 된 경우 그 사업에 고용된 날에 피보험자격을 취득한 것으로 본다.

③ 보험료징수법에 따른 보험관계 성립일 전에 고용된 근로자의 경우 그 보험관계가 성립한 날 피보험자격을 취득한 것으로 본다.

④ 피보험자가 적용 제외 근로자에 해당하게 된 경우 그 적용 제외 대상자가 된 날 피보험자격을 상실한다.

답 ②

(1) 고용안정·직업능력개발 사업의 실시(제19조) 기출 15년

① 고용노동부장관은 피보험자 및 피보험자였던 사람, 그 밖에 취업할 의사를 가진 사람(이하 "피보험자 등")에 대한 실업의 예방, 취업의 촉진, 고용기회의 확대, 직업능력개발·향상의 기회 제공 및 지원, 그 밖에 고용안정과 사업주에 대한 인력 확보를 지원하기 위하여 고용안정·직업능력개발 사업을 실시한다.

② 고용노동부장관은 고용안정·직업능력개발 사업을 실시할 때에는 근로자의 수, 고용안정·직업능력개발을 위하여 취한 조치 및 실적 등 대통령령으로 정하는 기준에 해당하는 기업(이하 "우선지원 대상기업")을 우선적으로 고려하여야 한다.

③ 우선지원 대상기업이란 산업별로 상시 사용하는 근로자수가 정해진 기준에 해당하는 기업을 말한다. 다만, 「중소기업기본법」에 따라 중소기업 육성을 위한 시책의 대상이 되는 중소기업은 우선지원 대상기업으로 본다(시행령 제12조).

🔍 고용안정·직업능력개발 사업의 내용 기출 16, 15년

- 고용창출의 지원
- 고용조정의 지원
- 지역 고용의 촉진
- 고령자 등 고용촉진의 지원
- 건설근로자 등의 고용안정 지원
- 고용안정 및 취업 촉진
- 고용촉진 시설에 대한 지원
- 사업주에 대한 직업능력개발 훈련의 지원
- 피보험자 등에 대한 직업능력개발 지원
- 직업능력개발 훈련 시설에 대한 지원
- 직업능력개발의 촉진
- 건설근로자 등의 직업능력개발 지원
- 고용정보의 제공 및 고용 지원 기반의 구축 등
- 지방자치단체 등에 대한 지원 등

시험에 이렇게 나왔다!

다음은 무엇에 대한 설명인가? (15년 3회)

근로자를 감원하지 않고 고용을 유지하거나 실직자를 채용하여 고용을 늘리는 사업주를 지원하여 근로자의 고용안정 및 취업 취약 계층의 고용촉진을 지원한다.

① 실업급여사업
② 고용안정사업
③ 취업알선사업
④ 직업상담사업

답 ②

(2) 고용창출의 지원(제20조 및 시행령 제17조) 기출 13년

고용노동부장관은 고용환경 개선, 근무형태 변경 등으로 고용의 기회를 확대한 사업주에게 대통령령으로 정하는 바에 따라 임금의 일부를 지원을 할 수 있다. 다만, ①의 경우에는 근로시간이 감소된 근로자에 대한 임금의 일부와 필요한 시설의 설치비의 일부도 지원할 수 있으며, ②의 경우에는 시설의 설치비의 일부도 지원할 수 있다.

① 근로시간 단축, 교대근로 개편, 정기적인 교육훈련 또는 안식휴가 부여 등(이하 "일자리 함께하기")을 통하여 실업자를 고용함으로써 근로자 수가 증가한 경우

② 고용노동부장관이 정하는 시설을 설치·운영하여 고용환경을 개선하고 실업자를 고용하여 근로자 수가 증가한 경우

③ 직무의 분할, 근무체계 개편 또는 시간제직무 개발 등을 통하여 실업자를 근로계약기간을 정하지 않고 시간제로 근무하는 형태로 하여 새로 고용하는 경우

④ 위원회에서 심의·의결한 성장유망업종, 인력수급 불일치 업종, 국내복귀기업 또는 지역특화산업 등 고용지원이 필요한 업종에 해당하는 기업이 실업자를 고용하는 경우

⑤ 위원회에서 심의·의결한 업종에 해당하는 우선지원 대상기업이 고용노동부장관이 정하는 전문적인 자격을 갖춘 자(이하 "전문인력")를 고용하는 경우

⑥ 임금피크제, 임금을 감액하는 제도 또는 그 밖의 임금체계 개편 등을 통하여 15세 이상 34세 이하의 청년 실업자를 고용하는 경우

⑦ 고용노동부장관이 「고용상 연령차별 금지 및 고령자고용촉진에 관한 법률」에 따른 고령자 또는 준고령자가 근무하기에 적합한 것으로 인정하는 직무에 고령자 또는 준고령자를 새로 고용하는 경우

시험 에 이렇게 나왔다!

고용보험법상 사업주에게 고용창출에 대한 지원으로 임금의 일부를 지원할 수 있는 경우가 아닌 것은? (13년 1회)

① 정기적인 교육훈련·안식휴가 부여, 교대근로 또는 근로시간 단축 등을 통하여 실업자를 고용함으로써 근로자 수가 증가한 경우

② 고용노동부장관이 정하는 시설을 설치·운영하여 고용환경을 개선하고 실업자를 고용하여 근로자 수가 증가한 경우

③ 직무의 분할, 근무체계 개편 또는 시간제직무개발 등을 통하여 실업자를 근로계약기간을 정하고 시간제로 근무하는 형태로 하여 새로 고용하는 경우

④ 고용보험위원회에서 심의·의결한 성장유망업종에 해당하는 창업기업이 실업자를 고용하는 경우

답 ③

(3) 고용조정의 지원(제21조 제1항)

고용노동부장관은 경기의 변동, 산업구조의 변화 등에 따른 사업 규모의 축소, 사업의 폐업 또는 전환으로 고용조정이 불가피하게 된 사업주가 근로자에 대한 휴업, 휴직, 직업전환에 필요한 직업능력개발 훈련, 인력의 재배치 등을 실시하거나 그 밖에 근로자의 고용안정을 위한 조치를 하면 대통령령으로 정하는 바에 따라 그 사업주에게 필요한 지원을 할 수 있다.

(4) 지역고용촉진 지원금(시행령 제24조 제1항) 〔기출〕 13년

고용노동부장관은 법에 따라 지정지역으로 사업을 이전하거나 지정지역에서 사업을 신설 또는 증설하는 경우로서 다음의 요건을 모두 갖추어 사업을 이전, 신설 또는 증설하는 사업주에게 지역고용촉진 지원금을 지급한다.

① 「고용정책 기본법 시행령」에 따라 고시된 고용조정의 지원 등의 기간(이하 "지정기간")에 사업의 이전, 신설 또는 증설과 그에 따른 근로자의 고용에 관한 지역고용계획을 세워 고용노동부장관에게 신고할 것

② ①에 따라 고용노동부장관에게 신고한 지역고용계획에 따라 시행할 것

③ 지역고용계획이 제출된 날부터 1년 6개월 이내에 이전, 신설 또는 증설된 사업의 조업이 시작될 것

④ 이전, 신설 또는 증설된 사업의 조업이 시작된 날 현재 그 지정지역이나 다른 지정지역에 3개월 이상 거주한 구직자를 그 이전, 신설 또는 증설된 사업에 피보험자로 고용할 것

⑤ 「고용정책 기본법」에 따른 고용정책심의회에서 그 필요성이 인정된 사업일 것

⑥ 지역고용계획의 실시 상황과 고용된 피보험자에 대한 임금지급 상황이 적힌 서류를 갖추고 시행할 것

Thema 4 직업능력개발사업

(1) 사업주에 대한 직업능력개발 훈련의 지원(제27조) [기출] 13년

① 고용노동부장관은 피보험자등의 직업능력을 개발·향상시키기 위하여 대통령령으로 정하는 직업능력개발 훈련을 실시하는 사업주에게 대통령령으로 정하는 바에 따라 그 훈련에 필요한 비용을 지원할 수 있다.

② 고용노동부장관은 사업주가 다음 어느 하나에 해당하는 사람에게 ①에 따라 직업능력개발 훈련을 실시하는 경우에는 대통령령으로 정하는 바에 따라 우대 지원할 수 있다.

　　㉠ 「기간제 및 단시간근로자 보호 등에 관한 법률」의 기간제근로자

　　㉡ 「근로기준법」의 단시간근로자

　　㉢ 「파견근로자 보호 등에 관한 법률」의 파견근로자

　　㉣ 일용근로자

　　㉤ 「고용상 연령차별금지 및 고령자고용촉진에 관한 법률」의 고령자 또는 준고령자

　　㉥ 그 밖에 대통령령으로 정하는 사람

(2) 피보험자 등에 대한 직업능력개발 지원(제29조) [기출] 10년

고용노동부장관은 피보험자 등이 직업능력개발 훈련을 받거나 그 밖에 직업능력 개발·향상을 위하여 노력하는 경우에는 다음의 대통령령으로 정하는 바(시행령 제43조 제1항)에 따라 필요한 비용을 지원할 수 있다.

① 우선지원 대상기업에 고용된 피보험자 등

② 기간제근로자, 단시간근로자, 파견근로자, 일용근로자, 고령자 또는 준고령자 등 어느 하나에 해당하는 피보험자 등

③ 자영업자인 피보험자 등

④ 직업안정기관의 장에게 취업훈련을 신청한 날부터 180일 이내에 이직 예정인 피보험자 등

⑤ 경영상의 이유로 90일 이상 무급 휴직 중인 피보험자 등

⑥ 대규모기업에 고용된 사람으로서 45세 이상이거나 고용노동부장관이 정하여 고시하는 소득액 미만인 피보험자 등

⑦ 사업주가 실시하는 직업능력개발훈련을 수강하지 못한 기간이 3년 이상인 피보험자 등

⑧ 「남녀고용평등과 일·가정 양립 지원에 관한 법률」에 따른 육아휴직 중인 피보험자 등

[시험]에 이렇게 나왔다!

고용보험법상 직업능력개발 훈련을 실시하는 사업주에 대하여 비용을 지원하는 경우 고용노동부장관이 정하여 고시하는 바에 따라 지원수준을 높게 정할 수 있는 대상자로 틀린 것은? (13년 1회)

① 일용근로자
② 「근로기준법」에 따른 단기간근로자
③ 「산업재해보상보험법」에 따른 특수형태근로종사자
④ 「기간제 및 단시간근로자 보호 등에 관한 법률」에 따른 기간제근로자

[답] ③

[참고]하세요!

제29조 제2항·제3항

• 고용노동부장관은 필요하다고 인정하면 대통령령으로 정하는 바에 따라 피보험자 등의 취업을 촉진하기 위한 직업능력개발 훈련을 실시할 수 있다.

• 고용노동부장관은 대통령령으로 정하는 저소득 피보험자등이 직업능력개발 훈련을 받는 경우 대통령령으로 정하는 바에 따라 생계비를 대부할 수 있다.

(1) 실업급여의 종류(제37조)   기출 20~16, 12~07년

① 실업급여는 구직급여와 취업촉진 수당으로 구분한다.

② 취업촉진 수당의 종류는 다음과 같다.

　　㉠ 조기(早期)재취업 수당

　　㉡ 직업능력개발 수당

　　㉢ 광역 구직활동비

　　㉣ 이주비

(2) 실업급여수급계좌(제37조의2 및 시행령 제58조의2)

① 직업안정기관의 장은 수급자격자의 신청이 있는 경우에는 실업급여를 수급자격자 명의의 지정된 계좌(이하 "실업급여수급계좌")로 입금하여야 한다. 다만, 정보통신장애나 그 밖에 대통령령으로 정하는 불가피한 사유로 실업급여를 실업급여수급계좌로 이체할 수 없을 때에는 현금 지급 등 대통령령으로 정하는 바에 따라 실업급여를 지급할 수 있다.

② 실업급여수급계좌의 해당 금융기관은 이 법에 따른 실업급여만이 실업급여수급계좌에 입금되도록 관리하여야 한다.

③ 직업안정기관의 장은 정보통신장애 등의 사유로 인하여 실업급여를 실업급여수급계좌로 이체할 수 없을 때에는 해당 실업급여 금액을 수급자격자에게 직접 현금으로 지급할 수 있다.

(3) 수급권의 보호(제38조 및 시행령 제58조의3)   기출 12년

① 실업급여를 받을 권리는 양도 또는 압류하거나 담보로 제공할 수 없다.

② 지정된 실업급여수급계좌의 예금 중 실업급여수급계좌에 입금된 금액 전액 이하의 금액에 관한 채권은 압류할 수 없다.

(1) 구직급여의 수급 요건(제40조)

기출 20, 17, 14, 12, 11 ,10, 09년

① 구직급여는 이직한 피보험자가 다음의 요건을 모두 갖춘 경우에 지급한다. 다만, ⓜ과 ⓗ은 최종 이직 당시 일용근로자였던 사람만 해당한다.

  ⊙ 법에 따른 기준기간(이하 "기준기간") 동안의 피보험 단위기간이 합산하여 180일 이상일 것

  ⓛ 근로의 의사와 능력이 있음에도 불구하고 취업(영리를 목적으로 사업을 영위하는 경우를 포함한다)하지 못한 상태에 있을 것

  ⓒ 이직사유가 수급자격의 제한 사유에 해당하지 아니할 것

  ⓔ 재취업을 위한 노력을 적극적으로 할 것

  ⓜ 다음의 어느 하나에 해당할 것
    • 수급자격 인정신청일 이전 1개월 동안의 근로일수가 10일 미만일 것
    • 건설일용근로자로서 수급자격 인정신청일 이전 14일간 연속하여 근로내역이 없을 것

  ⓗ 최종 이직 당시의 기준기간 동안의 피보험 단위기간 중 다른 사업에서 수급자격의 제한 사유에 해당하는 사유로 이직한 사실이 있는 경우에는 그 피보험 단위기간 중 90일 이상을 일용근로자로 근로하였을 것

② 기준기간은 이직일 이전 18개월로 하되, 피보험자가 다음의 어느 하나에 해당하는 경우에는 다음의 구분에 따른 기간을 기준기간으로 한다.

  ⊙ 이직일 이전 18개월 동안에 질병 · 부상, 그 밖에 대통령령으로 정하는 사유로 계속하여 30일 이상 보수의 지급을 받을 수 없었던 경우 : 18개월에 그 사유로 보수를 지급 받을 수 없었던 일수를 가산한 기간(3년을 초과할 때에는 3년으로 한다)

  ⓛ 다음의 요건에 모두 해당하는 경우 : 이직일 이전 24개월
    • 이직 당시 1주 소정근로시간이 15시간 미만이고, 1주 소정근로일수가 2일 이하인 근로자로 근로하였을 것
    • 이직일 이전 24개월 동안의 피보험 단위기간 중 90일 이상을 이직 당시 1주 소정근로시간이 15시간 미만이고, 1주 소정근로일수가 2일 이하인 근로자로 근로하였을 것

제5과목 노동관계법규

시험 에 이렇게 나왔다!

고용보험법상 이직한 피보험자의 구직급여 수급요건으로 틀린 것은? (17년 1회)

① 이직일 이전 18개월간 피보험 단위기간이 통산하여 150일 이상일 것
② 근로의 의사와 능력이 있음에도 불구하고 취업하지 못한 상태에 있을 것
③ 재취업을 위한 노력을 적극적으로 할 것
④ 일용근로자는 수급자격 인정신청일 이전 1개월 동안의 근로일수가 10일 미만일 것

답 ①

참고 하세요!

②의 ⊙에서 "그 밖에 대통령령으로 정하는 사유"란 사업장의 휴업, 임신 · 출산 · 육아에 따른 휴직, 휴직이나 그 밖에 이와 유사한 상태로서 고용노동부장관이 정하여 고시하는 사유를 말한다(시행령 제6조).

참고 하세요!

수급자격의 인정(제43조)

• 구직급여를 지급받으려는 사람은 직업안정기관의 장에게 수급자격을 인정하여 줄 것을 신청하여야 한다.
• 수급자격자가 법령에 따른 기간에 새로 수급자격의 인정을 받은 경우에는 새로 인정받은 수급자격을 기준으로 구직급여를 지급한다.

(2) 이직 사유에 따른 수급자격의 제한(제58조)

기출 14, 09년

'(1) 구직급여의 수급 요건'에도 불구하고 피보험자가 다음의 어느 하나에 해당한다고 직업안정기관의 장이 인정하는 경우에는 수급자격이 없는 것으로 본다.

① 중대한 귀책사유로 해고된 피보험자로서 다음의 어느 하나에 해당하는 경우

   ㉠ 「형법」 또는 직무와 관련된 법률을 위반하여 금고 이상의 형을 선고받은 경우

   ㉡ 사업에 막대한 지장을 초래하거나 재산상 손해를 끼친 경우로서 고용노동부령으로 정하는 기준에 해당하는 경우

   ㉢ 정당한 사유 없이 근로계약 또는 취업규칙 등을 위반하여 장기간 무단결근한 경우

② 자기 사정으로 이직한 피보험자로서 다음의 어느 하나에 해당하는 경우

   ㉠ 전직 또는 자영업을 하기 위하여 이직한 경우

   ㉡ 중대한 귀책사유가 있는 사람이 해고되지 아니하고 사업주의 권고로 이직한 경우

   ㉢ 그 밖에 고용노동부령으로 정하는 정당한 사유에 해당하지 아니하는 사유로 이직한 경우

(3) 실업의 신고(제42조)

기출 14, 08년

① 구직급여를 지급받으려는 사람은 이직 후 지체 없이 직업안정기관에 출석하여 실업을 신고하여야 한다.

② 실업의 신고에는 구직 신청과 수급자격의 인정신청을 포함하여야 한다.

(4) 실업의 인정(제44조)

기출 15년

① 구직급여는 수급자격자가 실업한 상태에 있는 날 중에서 직업안정기관의 장으로부터 실업의 인정을 받은 날에 대하여 지급한다.

② 실업의 인정을 받으려는 수급자격자는 실업의 신고를 한 날부터 계산하기 시작하여 1주부터 4주의 범위에서 직업안정기관의 장이 지정한 날(이하 "실업인정일")에 출석하여 재취업을 위한 노력을 하였음을 신고하여야 하고, 직업안정기관의 장은 직전 실업인정일의 다음 날부터 그 실업인정일까지의 각각의 날에 대하여 실업의 인정을 한다.

시험 에 이렇게 나왔다!

고용보험법상 실업의 신고 및 인정에 대한 설명으로 옳은 것은? (15년 3회)

① 구직급여를 지급받으려는 자는 이직 후 14일 이내에 직업안정기관에 출석하여 실업을 신고하여야 한다.
② 구직급여는 실업의 인정을 받은 날부터 지급한다.
③ 구직급여는 이 법에 따라 규정이 있는 경우 외에는 그 구직급여의 수급자격과 관련된 이직일의 다음 날부터 계산하기 시작하여 10개월 내에 소정급여일수는 한도로 하여 지급한다.
④ 구직급여는 수급자격자가 실업한 상태에 있는 날 중에서 직업안정기관의 장으로부터 실업의 인정을 받은 날에 대하여 지급한다.

답 ④

(5) 기초일액과 구직급여일액 기출 19, 11, 08년

기초일액 (제45조)	① 구직급여의 산정 기초가 되는 임금일액(이하 "기초일액")은 수급자격의 인정과 관련된 마지막 이직 당시 「근로기준법」에 따라 산정된 평균임금으로 한다. 다만, 마지막 이직일 이전 3개월 이내에 피보험자격을 취득한 사실이 2회 이상인 경우에는 마지막 이직일 이전 3개월간(일용근로자의 경우에는 마지막 이직일 이전 4개월 중 최종 1개월을 제외한 기간)에 그 근로자에게 지급된 임금 총액을 그 산정의 기준이 되는 3개월의 총 일수로 나눈 금액을 기초일액으로 한다. ② ①에 따라 산정된 금액이 「근로기준법」에 따른 그 근로자의 통상임금보다 적을 경우에는 그 통상임금액을 기초일액으로 한다. 다만, 마지막 사업에서 이직 당시 일용근로자였던 사람의 경우에는 그러하지 아니하다. ③ ①과 ②에 따라 기초일액을 산정하는 것이 곤란한 경우와 보험료를 보험료징수법에 따른 기준보수(이하 "기준보수")를 기준으로 낸 경우에는 기준보수를 기초일액으로 한다. 다만, 보험료를 기준보수로 낸 경우에도 ①과 ②에 따라 산정한 기초일액이 기준보수보다 많은 경우에는 그러하지 아니하다. ④ ①부터 ③까지의 규정에도 불구하고 이들 규정에 따라 산정된 기초일액이 그 수급자격자의 이직 전 1일 소정근로시간에 이직일 당시 적용되던 「최저임금법」에 따른 시간 단위에 해당하는 최저임금액을 곱한 금액(이하 "최저기초일액")보다 낮은 경우에는 최저기초일액을 기초일액으로 한다. 이 경우 이직 전 1일 소정근로시간은 고용노동부령으로 정하는 방법에 따라 산정한다. ⑤ ①부터 ③까지의 규정에도 불구하고 이들 규정에 따라 산정된 기초일액이 보험의 취지 및 일반 근로자의 임금 수준 등을 고려하여 대통령령으로 정하는 금액을 초과하는 경우에는 대통령령으로 정하는 금액을 기초일액으로 한다.
구직 급여일액 (제46조)	• ①부터 ③까지 및 ⑤의 경우에는 그 수급자격자의 기초일액에 100분의 60을 곱한 금액 • ④의 경우에는 그 수급자격자의 기초일액에 100분의 80을 곱한 금액(이하 "최저구직급여일액") • 구직급여일액이 최저구직급여일액보다 낮은 경우에는 최저구직급여일액을 그 수급자격자의 구직급여일액으로 한다.

(6) 소정급여일수 및 피보험기간(제50조) 기출 19, 15, 14, 13, 11, 09, 08년

① 하나의 수급자격에 따라 구직급여를 지급받을 수 있는 날(이하 "소정급여일수")은 대기기간이 끝난 다음날부터 계산하기 시작하여 피보험기간과 연령에 따라 아래의 구직급여 소정일수에서 정한 일수가 되는 날까지로 한다.

구분		피보험기간				
		1년 미만	1년 이상 3년 미만	3년 이상 5년 미만	5년 이상 10년 미만	10년 이상
이직일 현재 연령	50세 미만	120일	150일	180일	210일	240일
	50세 이상	120일	180일	210일	240일	270일

비고 : 「장애인고용촉진 및 직업재활법」에 따른 장애인은 50세 이상인 것으로 보아 위 표를 적용한다.

② 수급자격자가 소정급여일수 내에 임신·출산·육아, 그 밖에 대통령령으로 정하는 사유로 수급기간을 연장한 경우에는 그 기간만큼 구직급여를 유예하여 지급한다.

제5과목 노동관계법규

시험 에 이렇게 나왔다!

고용보험법상 피보험기간이 5년 이상 10년 미만이고, 이직일 현재 연령이 30세 미만인 경우의 구직급여 소정급여일수는? (19년 2회)

① 150일
② 180일
③ 210일
④ 240일

답 ③

Thema 7 취업촉진 수당

(1) 조기재취업 수당(제64조)

조기재취업 수당은 수급자격자(「외국인근로자의 고용 등에 관한 법률」 제2조에 따른 외국인 근로자는 제외한다)가 안정된 직업에 재취직하거나 스스로 영리를 목적으로 하는 사업을 영위하는 경우로서 대통령령으로 정하는 기준에 해당하면 지급한다.

(2) 직업능력개발 수당(제65조)

직업능력개발 수당은 수급자격자가 직업안정기관의 장이 지시한 직업능력개발 훈련 등을 받는 경우에 그 직업능력개발 훈련 등을 받는 기간에 대하여 지급한다.

(3) 광역 구직활동비(제66조)

광역 구직활동비는 수급자격자가 직업안정기관의 소개에 따라 광범위한 지역에 걸쳐 구직 활동을 하는 경우로서 대통령령으로 정하는 기준에 따라 직업안정기관의 장이 필요하다고 인정하면 지급할 수 있다.

(4) 이주비(제67조)

이주비는 수급자격자가 취업하거나 직업안정기관의 장이 지시한 직업능력개발 훈련 등을 받기 위하여 그 주거를 이전하는 경우로서 대통령령으로 정하는 기준에 따라 직업안정기관의 장이 필요하다고 인정하면 지급할 수 있다.

시험 에 이렇게 나왔다!

고용보험법령상 취업촉진 수당에 해당하지 않는 것은?
(18년 1회)

① 조기재취업 수당
② 직업능력개발 수당
③ 광역 구직활동비
④ 구직급여

답 ④

(1) 급여

기출 18, 13년

육아휴직 급여	육아기 근로시간 단축급여
고용노동부장관은 「남녀고용평등과 일·가정 양립 지원에 관한 법률」에 따른 육아휴직을 30일(「근로기준법」에 따른 출산전후휴가기간과 중복되는 기간은 제외한다) 이상 부여받은 피보험자 중 육아휴직을 시작한 날 이전에 피보험 단위기간이 합산하여 180일 이상인 피보험자에게 육아휴직 급여를 지급한다(제70조 제1항).	고용노동부장관은 「남녀고용평등과 일·가정 양립 지원에 관한 법률」에 따른 육아기 근로시간 단축(이하 "육아기 근로시간 단축")을 30일(「근로기준법」에 따른 출산전후휴가기간과 중복되는 기간은 제외한다) 이상 실시한 피보험자 중 육아기 근로시간 단축을 시작한 날 이전에 피보험 단위기간이 합산하여 180일 이상인 피보험자에게 육아기 근로시간 단축 급여를 지급한다(제73조의2 제1항).

(2) 급여의 신청기간

기출 20, 18, 17, 14, 13년

육아휴직 급여	육아기 근로시간 단축급여
육아휴직 급여를 지급받으려는 사람은 육아휴직을 시작한 날 이후 1개월부터 육아휴직이 끝난 날 이후 12개월 이내에 신청하여야 한다. 다만, 해당 기간에 대통령령으로 정하는 사유로 육아휴직 급여를 신청할 수 없었던 사람은 그 사유가 끝난 후 30일 이내에 신청하여야 한다(제70조 제2항).	육아기 근로시간 단축급여를 지급받으려는 사람은 육아기 근로시간 단축을 시작한 날 이후 1개월부터 끝난 날 이후 12개월 이내에 신청하여야 한다. 다만, 해당 기간에 대통령령으로 정하는 사유로 육아기 근로시간 단축 급여를 신청할 수 없었던 사람은 그 사유가 끝난 후 30일 이내에 신청하여야 한다(제73조의2 제2항).

대통령령으로 정하는 사유란 다음의 어느 하나에 해당하는 사유를 말한다(시행령 제94조).
- 천재지변
- 본인이나 배우자의 질병·부상
- 본인이나 배우자의 직계존속 및 직계비속의 질병·부상
- 「병역법」에 따른 의무복무
- 범죄혐의로 인한 구속이나 형의 집행

시험에 이렇게 나왔다!

다음 ( )에 알맞은 것은?
(17년 3회)

고용보험법상 육아휴직 급여를 지급받으려는 사람은 육아휴직을 시작한 날 이후 1개월부터 육아휴직이 끝난 날 이후 ( ) 이내에 신청하여야 한다. 다만, 해당 기간에 대통령령으로 정하는 사유로 육아휴직 급여를 신청할 수 없었던 사람은 그 사유가 끝난 후 30일 이내에 신청하여야 한다.

① 1개월
② 3개월
③ 6개월
④ 12개월

답 ④

시험에 이렇게 나왔다!

고용보험법상 육아휴직 급여에 관한 설명으로 틀린 것은? (17년 2회)

① 피보험자가 육아휴직 급여 기간 중에 새로 취업한 경우에는 그 사실을 직업안정기관의장에게 신고하여야 하지만 1주간의 소정근로시간이 15시간 미만인 경우는 신고할 필요가 없다.

② 피보험자가 육아휴직 급여 기간 중에 그 사업에서 이직한 경우에는 이직하였을 때부터 육아휴직 급여를 지급하지 아니하는 것이 원칙이다.

③ 피보험자가 사업주로부터 육아휴직을 이유로 금품을 지급받은 경우에라도 이를 이유로 하여 육아휴직 급여가 감액되어 지급되어서는 아니 된다.

④ 거짓이나 그 밖의 부정한 방법으로 육아휴직 급여를 받았거나 받으려 한 자에게는 급여를 받은 날 또는 받으려 한 날부터의 육아휴직 급여를 지급하지 아니하는 것이 원칙이다.

답 ③

(3) 육아휴직 급여 및 육아기 근로시간 단축급여의 지급 제한 등(제73조)

기출 17, 14, 13, 11년

① 피보험자가 육아휴직 기간 또는 육아기 근로시간 단축 기간 중에 그 사업에서 이직한 경우에는 그 이직하였을 때부터 해당 급여를 지급하지 아니한다.

② 피보험자가 육아휴직 기간 또는 육아기 근로시간 단축 기간 중에 취업을 한 경우에는 그 취업한 기간에 대해서는 해당 급여를 지급하지 아니한다.

③ 피보험자가 사업주로부터 육아휴직 또는 육아기 근로시간 단축을 이유로 금품을 지급받은 경우 대통령령으로 정하는 바에 따라 해당 급여를 감액하여 지급할 수 있다.

④ 거짓이나 그 밖의 부정한 방법으로 육아휴직 급여 또는 육아기 근로시간 단축급여를 받았거나 받으려 한 사람에게는 그 급여를 받은 날 또는 받으려 한 날부터의 육아휴직 급여 또는 육아기 근로시간 단축급여를 지급하지 아니한다.

⑤ 육아휴직 기간 중 취업한 사실을 기재하지 아니하거나 거짓으로 기재하여 육아휴직 급여를 받았거나 받으려 한 사람에 대해서는 위반횟수 등을 고려하여 고용노동부령으로 정하는 바에 따라 지급이 제한되는 육아휴직 급여의 범위를 달리 정할 수 있다.

(1) 기금의 설치 및 조성(제78조)

① 고용노동부장관은 보험사업에 필요한 재원에 충당하기 위하여 고용보험기금(이하 "기금")을 설치한다.

② 기금은 보험료와 이 법에 따른 징수금·적립금·기금운용 수익금과 그 밖의 수입으로 조성한다.

(2) 기금의 용도(제80조 제1항)

기출 17, 13년

기금은 다음의 용도에 사용하여야 한다.

① 고용안정·직업능력개발 사업에 필요한 경비

② 실업급여의 지급

③ 국민연금 보험료의 지원

④ 육아휴직 급여 및 출산전후휴가 급여 등의 지급

⑤ 보험료의 반환

⑥ 일시 차입금의 상환금과 이자

⑦ 이 법과 보험료징수법에 따른 업무를 대행하거나 위탁받은 자에 대한 출연금

⑧ 그 밖에 이 법의 시행을 위하여 필요한 경비로서 대통령령으로 정하는 경비와 고용안정·직업능력개발 사업 및 실업급여 사업의 수행에 딸린 경비

(3) 기금의 적립(제84조)

① 고용노동부장관은 대량 실업의 발생이나 그 밖의 고용상태 불안에 대비한 준비금으로 여유자금을 적립하여야 한다.

② 여유자금의 적정규모는 다음과 같다.

㉠ 고용안정·직업능력개발 사업 계정의 연말 적립금 : 해당 연도 지출액의 1배 이상 1.5배 미만

㉡ 실업급여 계정의 연말 적립금 : 해당 연도 지출액의 1.5배 이상 2배 미만

참고하세요!

기금은 고용노동부장관이 관리·운용한다(제79조 제1항).

시험에 이렇게 나왔다!

고용보험법상 고용보험기금의 용도로 틀린 것은?

(17년 2회)

① 퇴직급여의 지급

② 일시 차입금의 상환금과 이자

③ 고용안정·직업능력개발 사업에 필요한 경비

④ 육아휴직 급여 및 출산전후휴가 급여의 지급

답 ①

Thema 10 심사 및 재심사청구

(1) 심사와 재심사(제87조)

기출 14, 11, 10, 09, 08년

① 피보험자격의 취득·상실에 대한 확인, 실업급여 및 육아휴직 급여와 출산 전후휴가 급여 등에 관한 처분(이하 "원처분 등")에 이의가 있는 자는 고용보험심사관에게 심사를 청구할 수 있고, 그 결정에 이의가 있는 자는 고용보험심사위원회에 재심사를 청구할 수 있다.

② 심사의 청구는 같은 항의 확인 또는 처분이 있음을 안 날부터 90일 이내에, 재심사의 청구는 심사청구에 대한 결정이 있음을 안 날부터 90일 이내에 각각 제기하여야 한다.

③ 심사 및 재심사의 청구는 시효중단에 관하여 재판상의 청구로 본다.

(2) 대리인의 선임(제88조)

기출 20, 14년

심사청구인 또는 재심사청구인은 법정대리인 외에 다음의 어느 하나에 해당하는 자를 대리인으로 선임할 수 있다.

① 청구인의 배우자, 직계존속·비속 또는 형제자매

② 청구인인 법인의 임원 또는 직원

③ 변호사나 공인노무사

④ 고용보험심사위원회의 허가를 받은 자

시험에 이렇게 나왔다!

고용보험법상 고용보험심사위원회의 재심사 청구에서 재심사 청구인의 대리인이 될 수 없는 자는? (20년 4회)

① 청구인인 법인의 직원
② 청구인의 배우자
③ 청구인이 가입한 노동조합의 위원장
④ 변호사

답 ③

(3) 고용보험심사관(제89조)

① 심사를 행하게 하기 위하여 고용보험심사관(이하 "심사관")을 둔다.

② 심사관은 심사청구를 받으면 30일 이내에 그 심사청구에 대한 결정을 하여야 한다. 다만, 부득이한 사정으로 그 기간에 결정할 수 없을 때에는 한 차례만 10일을 넘지 아니하는 범위에서 그 기간을 연장할 수 있다.

③ 심사관의 정원·자격·배치 및 직무에 필요한 사항은 대통령령으로 정한다.

④ 당사자는 심사관에게 심리·결정의 공정을 기대하기 어려운 사정이 있으면 그 심사관에 대한 기피신청을 고용노동부장관에게 할 수 있다.

(4) 기피 신청의 방식(시행령 제123조)

심사관에 대한 기피 신청은 그 사유를 구체적으로 밝힌 서면으로 하여야 한다. 고용노동부장관은 기피 신청을 받으면 15일 이내에 그에 대한 결정을 하여 신청인에게 알려야 한다.

(5) 원처분등의 집행 정지(제93조)　　　기출 18, 10, 09년

① 심사의 청구는 원처분등의 집행을 정지시키지 아니한다. 다만, 심사관은 원처분등의 집행에 의하여 발생하는 중대한 위해를 피하기 위하여 긴급한 필요가 있다고 인정하면 직권으로 그 집행을 정지시킬 수 있다.

② 심사관은 직권으로 집행을 정지시키려고 할 때에는 그 이유를 적은 문서로 그 사실을 직업안정기관의 장 또는 근로복지공단에 알려야 한다.

③ 직업안정기관의 장 또는 근로복지공단은 통지를 받으면 지체 없이 그 집행을 정지하여야 한다.

④ 심사관은 직권으로 따라 집행을 정지시킨 경우에는 지체 없이 심사청구인에게 그 사실을 문서로 알려야 한다.

시험 에 이렇게 나왔다!

고용보험법상 심사의 청구에 관한 설명으로 틀린 것은?
(18년 2회)

① 심사의 청구는 시효중단에 관하여 재판상의 청구로 본다.

② 심사의 청구는 원처분등을 한 직업안정기관을 거쳐 고용보험심사관에게 하여야 한다.

③ 결정은 심사청구인 및 직업안정기관의 장에게 결정서의 정본을 보낸 날부터 효력이 발생한다.

④ 고용보험심사관은 심사청구인의 신청에 의하여 원처분등의 집행을 정지시킬 수 있다.

답 ④

시험에 이렇게 나왔다!

고용보험법상 심사 및 재심사의 청구에 관한 설명으로 틀린 것은? (16년 1회)

① 피보험자격의 취득·상실에 대한 확인 등에 이의가 있는 자는 고용보험심사관에게 심사를 청구할 수 있고, 그 결정에 이의가 있는 자는 고용보험심사위원회에 재심사를 청구할 수 있다.
② 심사청구인은 법정대리인 외에 변호사나 공인노무사를 대리인으로 선임할 수 있다.
③ 고용보험심사관은 심사의 청구에 대한 심리(審理)를 마쳤을 때에는 원처분등의 전부 또는 일부를 취소하거나 심사청구의 전부 또는 일부를 기각한다.
④ 결정의 효력은 심사청구인 및 직업안정기관의 장이 결정서의 정본을 받은 날부터 발생하며 결정은 원처분등을 행한 직업안정기관의 장을 기속(羈束)한다.

답 ④

(6) 결정

기출 16, 11년

① 심사관은 심사의 청구에 대한 심리(審理)를 마쳤을 때에는 원처분 등의 전부 또는 일부를 취소하거나 심사청구의 전부 또는 일부를 기각한다(제96조).
② 결정은 대통령령으로 정하는 바에 따라 문서로 하여야 한다(제97조 제1항).
③ 심사관은 결정을 하면 심사청구인 및 원처분등을 한 직업안정기관의 장 또는 근로복지공단에 각각 결정서의 정본(正本)을 보내야 한다(제97조 제2항).
④ 결정은 심사청구인 및 직업안정기관의 장 또는 근로복지공단에 결정서의 정본을 보낸 날부터 효력이 발생한다(제98조 제1항).
⑤ 결정은 원처분 등을 행한 직업안정기관의 장 또는 근로복지공단을 기속(羈束)한다(제98조 제2항).

🔍 고용보험심사위원회(제99조)

① 재심사를 하게 하기 위하여 고용노동부에 고용보험심사위원회(이하 "심사위원회")를 둔다.
② 심사위원회는 근로자를 대표하는 사람 및 사용자를 대표하는 사람 각 1명 이상을 포함한 15명 이내의 위원으로 구성한다.
③ ②의 위원 중 2명은 상임위원으로 한다.
④ 다음 어느 하나에 해당하는 사람은 위원에 임명될 수 없다.
   ㉠ 피성년후견인·피한정후견인 또는 파산의 선고를 받고 복권되지 아니한 사람
   ㉡ 금고 이상의 형을 선고받고 그 형의 집행이 종료되거나 집행을 받지 아니하기로 확정된 후 3년이 지나지 아니한 사람
⑤ 위원 중 공무원이 아닌 위원이 다음 어느 하나에 해당되는 경우에는 해촉(解囑)할 수 있다.
   ㉠ 심신장애로 인하여 직무를 수행할 수 없게 된 경우
   ㉡ 직무와 관련된 비위사실이 있는 경우
   ㉢ 직무태만, 품위손상이나 그 밖의 사유로 인하여 위원으로 적합하지 아니하다고 인정되는 경우
   ㉣ 위원 스스로 직무를 수행하는 것이 곤란하다고 의사를 밝히는 경우
⑥ 상임위원은 정당에 가입하거나 정치에 관여하여서는 아니 된다.
⑦ 심사위원회는 재심사의 청구를 받으면 50일 이내에 재결(裁決)을 하여야 한다. 이 경우 재결 기간의 연장에 관하여는 제89조 제2항을 준용한다.

(1) 소멸시효(제107조)

기출 19, 13년

다음의 어느 하나에 해당하는 권리는 3년간 행사하지 아니하면 시효로 소멸한다.

① 고용안정사업 · 직업능력개발 사업에 관한 규정에 따른 지원금을 지급받거나 반환받을 권리

② 실업급여에 관한 규정에 따른 취업촉진 수당을 지급받거나 반환받을 권리

③ 실업급여에 관한 규정에 따른 구직급여를 반환받을 권리

④ 육아휴직 급여 등에 관한 규정에 따른 육아휴직 급여, 육아기 근로시간 단축 급여 및 출산전후휴가 급여 등을 반환받을 권리

시험 에 이렇게 나왔다!

고용보험법상 취업촉진 수당을 지급받을 권리는 몇 년간 행사하지 아니하면 시효로 소멸하는가? (19년 3회)

① 1년
② 2년
③ 3년
④ 5년

답 ③

제5과목 노동관계법규

고용보험법 연습문제

01

다음 사례에서 구직급여의 소정 급여일수는?

> 장애인 근로자 A씨(40세)가 4년간 근무하던 회사를 퇴사하여 직업안정기관으로부터 구직급여 수급자격을 인정받았다.

① 120일   ② 150일
③ 180일   ④ 210일

해설

구직급여의 소정급여일수

피보험기간	50세 미만	50세 이상
1년 미만	120일	120일
1년 이상~3년 미만	150일	180일
3년 이상~5년 미만	180일	210일
5년 이상~10년 미만	210일	240일
10년 이상	240일	270일

02

고용보험법상 피보험자격의 취득일 및 상실일에 관한 설명으로 옳은 것은?

① 피보험자는 고용보험법이 적용되는 사업에 고용된 날의 다음날에 피보험자격을 취득한다.
② 적용 제외 근로자였던 자가 고용보험법의 적용을 받게 된 경우에는 그 적용을 받게 된 날의 다음날에 피보험자격을 취득한 것으로 본다.
③ 피보험자가 사망한 경우에는 사망한 날의 다음날에 피보험자격을 상실한다.
④ 보험관계가 소멸한 경우에는 그 보험관계가 소멸한 날의 다음날에 피보험자격을 상실한다.

해설

① 피보험자는 고용보험법이 적용되는 사업에 고용된 날에 피보험자격을 취득한다.
② 적용 제외 근로자였던 자가 고용보험법의 적용을 받게 된 경우에는 그 적용을 받게 된 날 피보험자격을 취득한 것으로 본다.
④ 보험관계가 소멸한 경우에는 그 보험관계가 소멸한 날 피보험자격을 상실한다.

03

고용보험법상 실업급여에 해당하지 않는 것은? (19년 2회)

① 구직급여
② 조기(早期)재취업 수당
③ 정리해고 수당
④ 이주비

해설

실업급여는 구직급여(구직급여, 훈련연장급여, 개별연장급여)와 취업촉진수당(조기재취업 수당, 직업능력개발 수당, 광역구직활동비, 이주비)이다.

04

고용보험법상 구직급여의 산정 기초가 되는 임금일액의 산정방법으로 틀린 것은? (19년 3회)

① 수급자격의 인정과 관련된 마지막 이직 당시 산정된 평균임금을 기초일액으로 한다.
② 마지막 사업에서 이직 당시 일용근로자였던 자의 경우에는 산정된 금액이 근로기준법에 따른 그 근로자의 통상임금보다 적을 경우에는 그 통상임금액을 기초일액으로 한다.
③ 기초일액을 산정하는 것이 곤란한 경우와 보험료를 보험료징수법에 따른 기분보수를 기준으로 낸 경우에는 기준보수를 기초일액으로 한다.

④ 산정된 기초일액이 그 수급자격자의 이직 전 1일 소정근로시간에 이직일 당시 적용되던 최저임금법에 따른 시간 단위에 해당하는 최저임금액을 곱한 금액보다 낮은 경우에는 최저기초일액을 기초일액으로 한다.

해설

구직급여의 산정 기초가 되는 임금일액은 수급자격의 인정에 따른 수급자격의 인정과 관련된 마지막 이직 당시 정의에 따라 산정된 평균임금으로 한다.

05

고용보험법 적용 제외 근로자에 해당하는 자는?

① 60세에 새로 고용된 근로자
② 1개월 미만 동안 고용되는 일용근로자
③ 사립학교교직원 연금법의 적용을 받는 자
④ 1일 6시간씩 주3일 근무하는 자

해설

고용보험법 적용 제외 근로자는 사립학교교직원 연금법의 적용을 받는 자, 65세 이후에 새로 고용된 자, 소정(所定)근로시간이 대통령령으로 정하는 시간 미만인 사람, 「국가공무원법」과 「지방공무원법」에 따른 공무원, 「사립학교교직원 연금법」의 적용을 받는 사람, 그 밖에 대통령령으로 정하는 사람, 자영업을 개시한 사람 등이다.

06

고용보험법상 자영업자인 피보험자에게 지급될 수 있는 급여를 모두 고른 것은?

> ㄱ. 이주비
> ㄴ. 훈련연장급여
> ㄷ. 조기재취업 수당
> ㄹ. 직업능력개발 수당

① ㄱ, ㄹ
② ㄴ, ㄷ
③ ㄴ, ㄷ, ㄹ
④ ㄱ, ㅣ, ㄷ, ㄹ

해설

고용보험법상 자영업자인 피보험자에게 지급될 수 있는 급여로는 이주비와 직업능력개발 수당이 있다.

07

고용보험법상 자영업자인 피보험자의 실업급여의 종류가 아닌 것은? (18년 3회)

① 직업능력개발 수당
② 광역 구직활동비
③ 조기재취업 수당
④ 이주비

해설

자영업자인 피보험자의 실업급여의 종류에 연장급여와 조기재취업 수당은 지급되지 않는다.

08

고용보험법령상 육아휴직급여 신청기간의 연장 사유에 해당하지 않는 것은? (18년 3회)

① 천재지변
② 형제의 질병
③ 배우자의 직계존속의 부상
④ 범죄혐의로 인한 구속

해설

육아휴직급여 신청기간의 연장 사유

• 천재지변
• 본인이나 배우자의 질병 · 부상
• 본인이나 배우자의 직계존속 및 직계비속의 질병 · 부상
• 「병역법」에 따른 의무복무
• 범죄혐의로 인한 구속이나 형의 집행

09

고용보험법상 피보험자격에 관한 설명으로 틀린 것은?

① 「고용보험 및 산업재해보상보험의 보험료징수 등에 관한 법률」의 규정에 따른 보험관계 성립일 전에 고용된 근로자의 경우에는 그 보험관계가 성립한 날의 다음 날에 그 피보험자격을 취득한다.

② 피보험자가 이직한 경우에는 이직한 날의 다음 날에 그 피보험자격을 상실한다.

③ 근로자가 보험관계가 성립되어 있는 둘 이상의 사업에 동시에 고용되어 있는 경우에는 고용노동부령으로 정하는 바에 따라 그 중 한 사업의 근로자로서의 피보험자격을 취득한다.

④ 피보험자 또는 피보험자였던 자는 언제든지 고용노동부장관에게 피보험자격의 취득 또는 상실에 관한 확인을 청구할 수 있다.

해설

보험관계 성립일 전에 고용된 근로자의 경우에는 그 보험관계가 성립한 날에 피보험자격을 취득한 것으로 본다.

10

고용보험법령상 고용안정 직업능력개발 사업의 내용이 아닌 것은?

① 광역 구직활동비의 지급
② 임금피크제 지원금의 지급
③ 고용유지지원금의 지급
④ 고용창출의 지원

해설

광역 구직활동비는 실업급여사업의 취업촉진 수당에 해당된다. 이외에 취업촉진 수당에 해당되는 것은 조기재취업 수당, 직업능력개발 수당, 이주비가 있다.

11

고용보험법상 자영업자인 피보험자의 실업급여의 종류로 틀린 것은?

① 조기재취업 수당   ② 직업능력개발 수당
③ 광역 구직활동비   ④ 구직급여

해설

자영업자인 피보험자의 실업급여의 종류는 제37조[구직급여, 취업촉진수당(조기재취업 수당, 직업능력개발 수당, 광역 구직활동비, 이주비)]에 따른다. 다만, 연장급여와 조기재취업 수당은 제외한다(제69조의2).

12

고용보험법령상 고용노동부장관은 고용보험기금을 관리 · 운용함에 있어 대량 실업의 발생이나 그 밖의 고용 상태 불안에 대비한 준비금을 여유자금으로 적립하여야 한다. 실업급여 계정의 연말 적립금의 적정규모는?

① 해당 연도 지출액의 1배
② 해당 연도 지출액의 1배 이상 2배 미만
③ 해당 연도 지출액의 1.5배 이상 2배 미만
④ 해당 연도 지출액의 1.5배 이상 2.5배 미만

해설

실업급여 계정의 연말 적립금은 해당 연도 지출액의 1.5배 이상 2배 미만이다(제84조).

13

고용보험법상 심사 및 재심사 청구의 대상이 되는 것은?

① 보험료 징수처분
② 피보험자격의 취득 · 상실에 대한 확인
③ 고용안정사업에 관한 처분
④ 직업능력개발사업에 관한 처분

해설

피보험자격의 취득 · 상실에 대한 확인, 실업급여 및 육아휴직 급여와 출산전후휴가 급여 등에 관한 처분에 이의가 있는 자는 고용보험심사관에게 심사를 청구할 수 있고, 그 결정에 이의가 있는 자는 고용보험심사위원회에 재심사를 청구할 수 있다(제87조).

14

고용보험법상 구직급여의 수급요건에 관한 설명으로 옳은 것은?

① 이직일 이전 12개월간 피보험 단위기간이 통산하여 180일 이상이어야 한다.

② 근로의 능력이 있음에도 불구하고 근로의 의사가 없어 취업하지 못한 상태라도 수급자격이 있다.

③ 피보험자가 해고된 경우에는 해고사유과 관계없이 수급자격이 있다.

④ 피보험자가 정당한 사유 없이 자기 사정으로 이직한 경우에는 수급자격이 없다.

① 법에 따른 기준기간(이직일 이전 18개월로 하되, 피보험자가 다음의 어느 하나에 해당하는 경우에는 다음의 구분에 따른 기간을 기준기간) 동안의 피보험 단위기간이 합산하여 180일 이상이어야 한다(제40조 제1항 및 제2항).

② 근로의 의사와 능력이 있음에도 불구하고 취업(영리를 목적으로 사업을 영위하는 경우를 포함한다)하지 못한 상태라면 수급요건에 해당한다(제40조 제1항 제2호).

③ 중대한 귀책사유로 해고된 피보험자로서 「형법」 또는 직무와 관련된 법률을 위반하여 금고 이상의 형을 선고받은 경우, 사업에 막대한 지장을 초래하거나 재산상 손해를 끼친 경우로서 고용노동부령으로 정하는 기준에 해당하는 경우, 정당한 사유 없이 근로계약 또는 취업규칙 등을 위반하여 장기간 무단결근한 경우에는 수급자격이 없는 것으로 본다(제58조 제1항).

15

고용보험법상 실업급여에 관한 처분에 대한 심사 및 재심사의 청구에 관한 설명으로 틀린 것은?

① 심사의 청구는 확인 또는 처분이 있음을 안 날부터 90일 이내에 제기하여야 한다.

② 심사 및 재심사의 청구는 시효중단에 관하여 재판상의 청구로 본다.

③ 심사관에 대한 기피신청은 그 사유를 구체적으로 밝힌 서면으로 하여야 한다.

④ 심사청구인 법정대리인 외에 청구인의 배우자는 대리인으로 선임할 수 없다.

대리인의 선임(제88조)

심사청구인 또는 재심사청구인은 법정대리인 외에 다음의 어느 하나에 해당하는 자를 대리인으로 선임할 수 있다.

• 청구인의 배우자, 직계존속 · 비속 또는 형제자매
• 청구인인 법인의 임원 또는 직원
• 변호사나 공인노무사
• 고용보험심사위원회의 허가를 받은 자

16

고용보험법에 관한 설명으로 옳은 것은?

① 피보험기간이 6년이며 이직일 현재 45세인 자의 구직급여 소정급여일수는 150일이다.

② 65세 이상인 자에게도 고용보험법상의 고용안정 · 직업능력개발사업은 적용된다.

③ 구직급여의 산정기초가 되는 임금일액이 그 근로자의 통상임금보다 저액일 경우에는 보험료 징수법에 따른 기준임금을 기초일액으로 한다.

④ 구직급여를 수급받기 위하여서는 이직일 이전 12월간에 피보험 단위기간이 통산하여 90일 이상이라야 한다.

① 210일이다(제50조).

③ 통상임금액을 기초일액으로 한다(제45조 제2항).

④ 법에 따른 기준기간(이직일 이전 18개월로 하되, 피보험자가 다음의 어느 하나에 해당하는 경우에는 다음의 구분에 따른 기간을 기준기간) 동안의 피보험 단위기간이 합산하여 180일 이상이어야 한다(제40조 제1항 및 제2항).

CHAPTER 11

근로자직업능력 개발법

Thema 1 총칙

(1) 목적(제1조)   기출 16, 12년

이 법은 근로자의 생애에 걸친 직업능력개발을 촉진 · 지원하고 산업현장에서 필요한 기술 · 기능 인력을 양성하며 산학협력 등에 관한 사업을 수행함으로써 근로자의 고용촉진 · 고용안정 및 사회 · 경제적 지위 향상과 기업의 생산성 향상을 도모하고 능력중심사회의 구현 및 사회 · 경제의 발전에 이바지함을 목적으로 한다.

(2) 정의(제2조)   기출 18, 17, 15, 14, 13, 10, 08년

① 직업능력개발훈련

근로자에게 직업에 필요한 직무수행능력을 습득 · 향상시키기 위하여 실시하는 훈련을 말한다.

② 직업능력개발사업

직업능력개발훈련, 직업능력개발훈련 과정 · 매체의 개발 및 직업능력개발에 관한 조사 · 연구 등을 하는 사업을 말한다.

③ 직업능력개발훈련시설

㉠ **공공직업훈련시설** : 국가 · 지방자치단체 및 대통령령으로 정하는 공공단체(이하 "공공단체")가 직업능력개발훈련을 위하여 설치한 시설로서 고용노동부장관과 협의하거나 고용노동부장관의 승인을 받아 설치한 시설

㉡ **지정직업훈련시설** : 직업능력개발훈련을 위하여 설립 · 설치된 직업전문학교 · 실용전문학교 등의 시설로서 고용노동부장관이 지정한 시설

④ 근로자

사업주에게 고용된 사람과 취업할 의사가 있는 사람을 말한다.

⑤ 기능대학

「고등교육법」에 따른 전문대학으로서 학위과정인 다기능기술자과정 또는 학위전공심화과정을 운영하면서 직업훈련과정을 병설운영하는 교육 · 훈련기관을 말한다.

> **🔍 직업능력개발훈련시설을 설치할 수 있는 공공단체의 범위(시행령 제2조)**
> `기출` 20, 18, 14, 13, 11, 04년
>
> ③의 ㉠에서 "대통령령으로 정하는 공공단체"란 다음과 같다.
> - 「한국산업인력공단법」에 따른 한국산업인력공단(한국산업인력공단이 출연하여 설립한 학교법인을 포함한다)
> - 「장애인고용촉진 및 직업재활법」에 따른 한국장애인고용공단
> - 「산업재해보상보험법」에 따른 근로복지공단

(3) 직업능력개발훈련의 기본원칙(제3조) `기출` 20, 19, 18, 17, 16, 15, 14, 12, 10, 09년

① 직업능력개발훈련은 근로자 개인의 희망·적성·능력에 맞게 근로자의 생애에 걸쳐 체계적으로 실시되어야 한다.

② 직업능력개발훈련은 민간의 자율과 창의성이 존중되도록 하여야 하며, 노사의 참여와 협력을 바탕으로 실시되어야 한다.

③ 직업능력개발훈련은 근로자의 성별, 연령, 신체적 조건, 고용형태, 신앙 또는 사회적 신분 등에 따라 차별하여 실시되어서는 아니 되며, 모든 근로자에게 균등한 기회가 보장되도록 하여야 한다.

④ 다음의 사람을 대상으로 하는 직업능력개발훈련은 중요시되어야 한다.

㉠ 고령자·장애인

㉡ 「국민기초생활 보장법」에 따른 수급권자

㉢ 「국가유공자 등 예우 및 지원에 관한 법률」에 따른 국가유공자와 그 유족 또는 가족이나 「보훈보상대상자 지원에 관한 법률」에 따른 보훈보상대상자와 그 유족 또는 가족

㉣ 「5·18민주유공자예우 및 단체설립에 관한 법률」에 따른 5·18민주유공자와 그 유족 또는 가족

㉤ 「제대군인지원에 관한 법률」에 따른 제대군인 및 전역예정자

㉥ 여성근로자

㉦ 「중소기업기본법」에 따른 중소기업(이하 "중소기업")의 근로자

㉧ 일용근로자, 단시간근로자, 기간을 정하여 근로계약을 체결한 근로자, 일시적 사업에 고용된 근로자

㉨ 「파견근로자 보호 등에 관한 법률」에 따른 파견근로자

⑤ 직업능력개발훈련은 교육 관계 법에 따른 학교교육 및 산업현장과 긴밀하게 연계될 수 있도록 하여야 한다.

⑥ 직업능력개발훈련은 근로자의 직무능력과 고용가능성을 높일 수 있도록 지역·산업현장의 수요가 반영되어야 한다.

시험 에 이렇게 나왔다!

근로자직업능력 개발법상 근로자 직업능력개발훈련이 중요시되어야 한다고 명시된 대상이 아닌 것은? (16년 2회)

① 제조업의 사무직으로 종사하는 근로자
② 제대군인 및 전역예정자
③ 여성근로자
④ 고령자·장애인

답 ①

(4) 국가 및 사업주 등의 책무(제4조)   기출 17, 14, 10

① 국가와 지방자치단체는 근로자의 생애에 걸친 직업능력개발을 위하여 사업주·사업주단체 및 근로자단체 등이 하는 직업능력개발사업과 근로자가 자율적으로 수강하는 직업능력개발훈련 등을 촉진·지원하기 위하여 필요한 시책을 마련하여야 한다. 이 경우 국가는 지방자치단체가 마련한 시책을 시행하는 데에 필요한 지원을 할 수 있다.

② 사업주는 근로자를 대상으로 직업능력개발훈련을 실시하고, 직업능력개발훈련에 많은 근로자가 참여하도록 하며, 근로자에게 직업능력개발을 위한 휴가를 주거나 인력개발담당자(직업능력개발훈련시설 및 기업 등에서 직업능력개발사업의 기획·운영·평가 등을 하는 사람을 말한다)를 선임하는 등 직업능력개발훈련 여건을 조성하기 위한 노력을 하여야 한다.

③ 근로자는 자신의 적성과 능력에 따른 직업능력개발을 위하여 노력하여야 하고, 국가·지방자치단체 또는 사업주 등이 하는 직업능력개발사업에 협조하여야 한다.

④ 사업주단체, 근로자단체, 지역인적자원개발위원회 및 「산업발전법」에 따른 산업부문별 인적자원개발협의체(이하 "산업부문별 인적자원개발협의체") 등은 직업능력개발훈련이 산업현장의 수요에 맞추어 이루어지도록 지역별·산업부문별 직업능력개발훈련 수요조사 등 필요한 노력을 하여야 한다.

⑤ 직업능력개발훈련을 실시하는 자는 직업능력개발훈련에 관한 상담·취업지도, 선발기준 마련 등을 함으로써 근로자가 자신의 적성과 능력에 맞는 직업능력개발훈련을 받을 수 있도록 노력하여야 한다.

시험 에 이렇게 나왔다!

근로자직업능력 개발법상 직업능력개발훈련의 기본원칙에 해당하지 않는 것은?
(16년 1회)

① 근로자 개인의 희망·적성 능력에 맞게 근로자의 생애에 걸쳐 체계적으로 실시되어야 한다.
② 민간의 자율과 창의성이 존중되도록 하여야 하며, 노사의 참여와 협력을 바탕으로 실시되어야 한다.
③ 여성근로자에 대한 직업능력개발훈련은 중요시되어야 한다.
④ 근로자는 스스로 직업능력의 개발·향상을 위하여 노력하여야 한다.

답 ④

(5) 직업능력개발기본계획의 수립(제5조)

① 고용노동부장관은 관계 중앙행정기관의 장과 협의하고 「고용정책 기본법」에 따른 고용정책심의회의 심의를 거쳐 근로자의 직업능력개발 촉진에 관한 기본계획(이하 "직업능력개발기본계획")을 5년마다 수립·시행하여야 한다.

② 고용노동부장관은 직업능력개발기본계획을 수립하는 경우에는 사업주단체 및 근로자단체 등 관련 기관·단체 등의 의견을 수렴하여야 하며, 필요하다고 인정할 때에는 관계 행정기관, 지방자치단체 및 공공단체의 장(이하 "관계행정기관장 등")에게 자료의 제출을 요청할 수 있다.

③ 고용노동부장관이 직업능력개발기본계획을 수립한 때에는 지체 없이 국회 소관 상임위원회에 보고하여야 한다.

(1) 직업능력개발훈련의 구분 및 실시방법(시행령 제3조)

기출 20, 19, 18, 16, 15, 13, 12, 11, 10, 08년

① 목적에 따른 구분

양성(養成)훈련	근로자에게 작업에 필요한 기초적 직무수행능력을 습득시키기 위하여 실시하는 직업능력개발훈련
향상훈련	양성훈련을 받은 사람이나 직업에 필요한 기초적 직무수행능력을 가지고 있는 사람에게 더 높은 직무수행능력을 습득시키거나 기술발전에 맞추어 지식 · 기능을 보충하게 하기 위하여 실시하는 직업능력개발훈련
전직(轉職)훈련	근로자에게 종전의 직업과 유사하거나 새로운 직업에 필요한 직무수행능력을 습득시키기 위하여 실시하는 직업능력개발훈련

② 실시방법에 따른 구분

집체(集體)훈련	직업능력개발훈련을 실시하기 위하여 설치한 훈련전용시설이나 그 밖에 훈련을 실시하기에 적합한 시설(산업체의 생산시설 및 근무장소는 제외한다)에서 실시하는 방법
현장훈련	산업체의 생산시설 또는 근무장소에서 실시하는 방법
원격훈련	먼 곳에 있는 사람에게 정보통신매체 등을 이용하여 실시하는 방법
혼합훈련	집체훈련, 현장훈련, 원격훈련의 훈련방법을 2개 이상 병행하여 실시하는 방법

(2) 훈련계약과 권리 · 의무(제9조)

기출 20, 19, 17, 16, 15, 13~09년

① 사업주와 직업능력개발훈련을 받으려는 근로자는 직업능력개발훈련에 따른 권리 · 의무 등에 관하여 훈련계약을 체결할 수 있다.

② 사업주는 훈련계약을 체결할 때에는 해당 직업능력개발훈련을 받는 사람이 직업능력개발훈련을 이수한 후에 사업주가 지정하는 업무에 일정 기간 종사하도록 할 수 있다. 이 경우 그 기간은 5년 이내로 하되, 직업능력개발훈련기간의 3배를 초과할 수 없다.

③ 훈련계약을 체결하지 아니한 경우에 고용근로자가 받은 직업능력개발훈련에 대하여는 그 근로자가 근로를 제공한 것으로 본다.

④ 훈련계약을 체결하지 아니한 사업주는 직업능력개발훈련을 「근로기준법」에 따른 근로시간(이하 "기준근로시간") 내에 실시하되, 해당 근로자와 합의한 경우에는 기준근로시간 외의 시간에 직업능력개발훈련을 실시할 수 있다.

⑤ 기준근로시간 외의 훈련시간에 대하여는 생산시설을 이용하거나 근무장소에서 하는 직업능력개발훈련의 경우를 제외하고는 연장근로와 야간근로에 해당하는 임금을 지급하지 아니할 수 있다.

참고 하세요!

직업능력개발훈련을 실시하는 자는 직업능력개발훈련을 받는 훈련생에게 훈련수당을 지급할 수 있다(제10조).

(3) 재해 위로금(제11조 및 시행령 제5조)   기출 19, 18, 15, 14, 12, 11, 09, 08년

① 직업능력개발훈련을 실시하는 자는 해당 훈련시설에서 직업능력개발훈련을 받는 근로자(「산업재해보상보험법」을 적용받는 사람은 제외한다)가 직업능력개발훈련 중에 그 직업능력개발훈련으로 인하여 재해를 입은 경우에는 재해 위로금을 지급하여야 한다. 이 경우 위탁에 의한 직업능력개발훈련을 받는 근로자에 대하여는 그 위탁자가 재해 위로금을 부담하되, 위탁받은 자의 훈련시설의 결함이나 그 밖에 위탁받은 자에게 책임이 있는 사유로 인하여 재해가 발생한 경우에는 위탁받은 자가 재해 위로금을 지급하여야 한다.

② 재해 위로금의 지급에 관하여는 「근로기준법」 재해보상에 관한 규정(휴업보상의 규정은 제외)을 준용한다. 이 경우 재해 위로금의 산정기준이 되는 평균임금은 「산업재해보상보험법」에 따라 고용노동부장관이 매년 정하여 고시하는 최고 보상기준 금액 및 최저 보상기준 금액을 각각 그 상한 및 하한으로 한다.

(1) 실업자 등에 대한 직업능력개발훈련 지원 등(제12조 및 시행령 제6조)

기출 17, 15, 14년

시험에 이렇게 나왔다!

근로자직업능력 개발법상 직업능력개발훈련지원 대상이 아닌 것은? (15년 2회)

① 취업 촉진을 위한 직업능력개발훈련이 필요한 가장으로서 해당 시 · 군 · 구청장이 고시하는 사람
② 자영업자 중 직업능력개발훈련이 필요한 사람으로서 고용노동부장관이 정하여 고시하는 사람
③ 이혼, 사별 등의 사유로 배우자가 없는 여성가장
④ 실업자

답 ①

① 국가와 지방자치단체는 다음의 어느 하나에 해당하는 사람(이하 "실업자 등")의 고용촉진 및 고용안정을 위하여 직업능력개발훈련을 실시하거나 직업능력개발훈련을 받는 사람에게 비용을 지원할 수 있다.

㉠ 실업자

㉡ 「국민기초생활 보장법」에 따른 수급권자로서 다음 어느 하나에 해당하는 사람
  • 「국민기초생활 보장법」에 따라 생계급여를 받는 사람 중 조건부수급자로서 취업대상자
  • 「국민기초생활 보장법」에 따른 자활급여를 받는 사람 중 기능습득의 지원대상자
  • 그 밖에 「국민기초생활 보장법」에 따른 생계급여를 받거나 자활급여를 받는 사람 중 직업능력개발훈련이 필요한 사람으로서 고용노동부장관이 정하여 고시하는 사람

㉢ 다음의 어느 하나에 해당하는 여성가장
  • 이혼, 사별(死別) 등의 사유로 배우자가 없는 사람
  • 미혼여성으로 부모가 모두 없거나 부모가 모두 부양능력이 없는 사람
  • 본인과 주민등록표상 세대(世帶)를 같이하는 배우자, 본인 또는 배우자의 직계혈족 및 형제 · 자매로서 60세 이상 또는 18세 미만이거나 장애, 질병, 군복무 및 재학(在學) 등의 사유로 근로능력이 없다고 인정되는 사람을 부양하는 사람
  • 그 밖에 취업 촉진을 위한 직업능력개발훈련이 필요한 여성가장으로서 고용노동부장관이 정하여 고시하는 사람

㉣ 「초 · 중등교육법」에 따른 고등학교(이와 같은 수준의 학력을 인정받는 학교를 포함한다) 또는 「고등교육법」에 따른 학교에 진학하지 아니할 것으로 예정된 사람 중 고용노동부령으로 정하는 청소년

㉤ 「한부모가족지원법」에 따른 지원대상자

㉥ 자영업자 중 직업능력개발훈련이 필요한 사람으로서 고용노동부장관이 정하여 고시하는 사람

㉦ 「고용상 연령차별금지 및 고령자고용촉진에 관한 법률」에 따른 고령자 및 준고령자

㉧ 「장애인고용촉진 및 직업재활법」에 따른 장애인

ⓩ 「국가유공자 등 예우 및 지원에 관한 법률」에 따른 국가유공자와 그 유족 또는 가족

㉛ 「5·18민주유공자예우 및 단체설립에 관한 법률」에 따른 5·18민주유공자와 그 유족 또는 가족

㉠ 「특수임무유공자 예우 및 단체설립에 관한 법률」에 따른 특수임무유공자로서 같은 법 제6조에 따라 등록된 자와 그 유족 또는 가족

㉤ 「제대군인지원에 관한 법률」에 따른 제대군인(전역예정자를 포함한다)

㉢ 「농업·농촌 및 식품산업 기본법」에 따른 농업인 또는 「수산업·어촌 발전 기본법」에 따른 어업인으로서 농어업 이외의 직업에 취업하려는 사람과 그 가족

㉴ 「북한이탈주민의 보호 및 정착지원에 관한 법률」에 따른 북한이탈주민

㉮ 「다문화가족지원법」에 따른 다문화가족의 구성원

㉯ 「난민법」에 따른 난민인정자로서 법무부장관이 직업능력개발훈련이 필요하다고 인정하여 고용노동부장관에게 추천하는 사람

㉰ 「고등교육법」에 따른 학교의 재학생으로서 졸업이 예정된 사람

㉱ 그 밖에 고용노동부장관이 고용촉진 및 고용안정을 위하여 직업능력개발훈련의 실시 등이 필요하다고 인정하여 고시하는 사람

(2) 실업자 등에 대한 직업능력개발훈련의 훈련과정 등(시행령 제7조 및 시행규칙 제3조 제2항)

① 직업능력개발훈련의 훈련과정은 취업(영리를 목적으로 사업을 영위하는 경우를 포함한다)의 용이성, 산업현장의 인력수급 상황, 훈련 수요 및 훈련대상자의 특성 등을 고려하여 고용노동부장관이 정한다.

② 직업능력개발훈련의 훈련대상자는 「직업안정법」에 따른 직업안정기관(이하 "직업안정기관") 또는 지방자치단체(지방자치단체가 실시하는 훈련인 경우만 해당한다)에 구직등록을 한 사람으로서 고용노동부령으로 정하는 기준에 적합한 사람 중에서 선발하되, 훈련대상자의 특성을 고려하여 다음 순위에 따라 우선 선발할 수 있다.

  ㉠ 「장애인고용촉진 및 직업재활법」에 따른 장애인

  ㉡ 「직업안정법」에 따른 직업안정기관 또는 지방자치단체(지방자치단체가 실시하는 훈련인 경우만 해당한다)에 구직등록을 한 후 6개월 이상 실업 상태에 있는 사람

  ㉢ 「고용상 연령차별금지 및 고령자고용촉진에 관한 법률」에 따른 고령자 및 준고령자

  ㉣ 「고용보험법 시행령」에 따른 우선지원 대상기업에서 이직한 사람

③ 국가와 지방자치단체는 직업능력개발훈련시설 등을 통하여 직업능력개발훈련을 실시하는 경우 직업능력개발훈련을 받는 사람이나 직업능력개발훈련시설 등에 훈련비용을 지급할 수 있다.

④ 직업능력개발훈련을 받는 사람에게는 소득수준, 가족상황 등 훈련생의 여건, 훈련직종, 훈련 수강 횟수 등을 고려하여 고용노동부장관이 정하는 기준에 따라 훈련수당을 지급할 수 있다.

⑤ 직업능력개발훈련의 훈련기간은 1년 이하로 한다. 다만, 직업능력개발훈련을 실시하는 기관의 장은 효율적인 인력양성을 위하여 필요하다고 인정하는 경우에는 훈련기간을 달리 정할 수 있다.

(3) 직업능력개발계좌의 발급 및 운영(제18조) 　기출 15, 11, 10년

① 고용노동부장관은 다음의 어느 하나에 해당하는 사람의 자율적 직업능력개발을 지원하기 위하여 직업능력개발훈련 비용을 지원하는 계좌(이하 "직업능력개발계좌")를 발급하고 이들의 직업능력개발에 관한 이력을 종합적으로 관리하는 제도를 운영할 수 있다.

　　㉠ 실업자 등

　　㉡ 전직·창업 등을 준비하는 취업 중인 근로자로서 고용노동부장관이 정하는 사람

② 고용노동부장관은 위의 어느 하나에 해당하는 사람이 직업능력개발계좌를 활용하여 필요한 직업능력개발훈련을 받을 수 있도록 다음 각 사항을 실시하여야 한다.

　　㉠ 직업능력개발계좌에서 훈련 비용이 지급되는 직업능력개발훈련과정(이하 "계좌적합훈련과정")에 대한 정보 제공

　　㉡ 직업능력개발 진단 및 상담

③ 고용노동부장관은 직업능력개발계좌의 발급을 신청한 근로자가 직업능력개발훈련이 필요하다고 판단되는 경우에는 직업능력개발훈련 비용과 직업능력개발에 관한 이력을 전산으로 종합관리하는 직업능력개발계좌를 발급할 수 있다(시행령 제16조 제1항).

④ 고용노동부장관은 직업능력개발계좌를 발급받은 근로자가 계좌적합훈련과정을 수강하는 경우 계좌적합훈련과정의 운영 현황, 훈련성과 등에 관한 정보를 직업능력개발정보망 또는 상담 등을 통하여 해당 근로자에게 제공해야 한다(시행령 제16조 제2항).

⑤ 고용노동부장관은 직업능력개발계좌를 발급받은 근로자가 계좌적합훈련과정을 수강하는 경우에 고용노동부령으로 정하는 한도에서 그 훈련비용의 전부 또는 일부를 지원할 수 있다. 이 경우 고용노동부장관은 훈련직종, 훈련대상자의 특성 등을 고려하여 훈련비용의 지원수준을 달리 정할 수 있다(시행령 제16조 제4항).

⑥ ⑤에서 "고용노동부령으로 정하는 한도"란 직업능력개발계좌가 개설된 근로자 1명당 5년을 기준으로 300만원을 말한다. 다만, 저소득층 등 고용노동부장관이 정하는 대상자에 대해서는 그렇지 않다(시행규칙 제6조의2).

시험 에 이렇게 나왔다!

근로자직업능력 개발법상 직업능력개발계좌에 대한 설명으로 틀린 것은? (15년 2회)

① 고용노동부장관은 직업능력개발계좌를 발급받은 근로자가 계좌적합훈련과정을 수강하는 경우에 300만원 한도에서 훈련비용을 지원할 수 있다.

② 고용노동부장관은 직업능력개발계좌의 발급을 신청한 근로자가 직업능력개발훈련이 필요하다고 판단되는 경우에는 직업능력개발훈련 비용과 직업능력개발에 관한 이력을 전산으로 종합관리하는 직업능력개발계좌를 발급할 수 있다.

③ 직업능력개발계좌의 발급 절차 등에 관하여 필요한 사항은 고용노동부장관이 정하여 고시한다.

④ 고용노동부장관은 계좌적합훈련과정의 운영현황, 훈련성과 등에 관한 정보를 직업능력개발정보망 또는 개별 상담 등을 통하여 제공하여야 한다.

정답 ①

Thema 4 사업주 등의 직업능력개발사업 지원 등

(1) 사업주 및 사업주단체 등에 대한 직업능력개발 지원(제20조 제1항 및 시행령 제19조 제1항) 기출 19, 16, 12년

고용노동부장관은 다음 어느 하나에 해당하는 직업능력개발사업을 하는 사업주나 사업주단체·근로자단체 또는 그 연합체(이하 "사업주단체 등")에게 그 사업에 필요한 비용을 지원하거나 융자할 수 있다.

① 근로자 직업능력개발훈련(위탁하여 실시하는 경우를 포함한다)

② 근로자를 대상으로 하는 자격검정사업

③ 「고용보험법」에 따른 우선지원대상기업 또는 중소기업과 공동으로 우선지원대상기업 또는 중소기업에서 근무하는 근로자 등을 위하여 실시하는 직업능력개발사업

④ 직업능력개발훈련을 위하여 필요한 시설(기숙사를 포함한다) 및 장비·기자재를 설치·보수하는 등의 사업

⑤ 직업능력개발에 대한 조사·연구, 직업능력개발훈련 과정 및 매체의 개발·보급 등의 사업

⑥ 기업의 학습조직·인적자원 개발체제를 구축하기 위하여 실시하는 사업

⑦ 근로자의 경력개발관리를 위하여 실시하는 사업

⑧ 근로자의 직업능력개발을 위한 정보망 구축사업

⑨ 직업능력개발사업에 관한 교육 및 홍보 사업

⑩ 건설근로자의 직업능력개발 지원사업

⑪ 「고용보험법」에 따른 피보험자에 해당하지 않는 사람의 직업능력개발 지원사업

⑫ 직업능력개발훈련교사 및 인력개발담당자의 능력개발사업

⑬ 그 밖에 근로자의 직업능력개발을 촉진하기 위하여 실시하는 사업으로서 고용노동부장관이 정하여 고시하는 사업

시험에 이렇게 나왔다!

근로자직업능력 개발법령상 고용노동부장관이 직업능력개발사업을 하는 사업주에게 지원할 수 있는 비용이 아닌 것은? (19년 2회)

① 근로자를 대상으로 하는 자격검정사업 비용
② 직업능력개발훈련을 위해 필요한 시설의 설치 사업 비용
③ 근로자의 경력개발관리를 위하여 실시하는 사업 비용
④ 고용노동부장관의 인정을 받은 직업능력개발훈련 과정 수강 비용

답 ④

(2) 산업부문별 직업능력개발사업 지원(제22조 제1항 및 시행령 제20조 제1항)

기출 11년

고용노동부장관은 산업부문별 직업능력개발사업을 촉진하기 위하여 산업부문별 인적자원개발협의체, 근로자단체 및 사업주단체등이 다음 어느 하나에 해당하는 사업을 실시하는 경우 필요한 비용을 지원하거나 융자할 수 있다.

① 산업부문별 인력수급 및 직업능력개발훈련 수요에 대한 조사 · 분석

② 자격 및 직업능력개발훈련 기준의 개발 · 보급

③ 직업능력개발훈련 과정 및 매체 등의 개발 · 보완 · 보급사업

④ 그 밖에 ①부터 ③까지의 사업에 준하는 직업능력개발사업으로서 다음의 사업

　　㉠ 직업능력개발훈련교사 및 인력개발담당자의 능력개발사업

　　㉡ 직업능력개발사업에 관한 조사 · 연구 · 교육 및 홍보 사업

　　㉢ 그 밖에 산업부문별 직업능력개발을 촉진하기 위한 사업으로서 고용노동부장관이 정하여 고시하는 사업

시험에 이렇게 나왔다!

근로자직업능력개발법상 고용노동부장관이 비용을 지원하거나 융자할 수 있는 산업부문별 인적자원개발협의체의 직업능력개발사업이 아닌 것은? (11년 1회)

① 산업부문별 인력수급 및 직업능력개발훈련, 수요에 대한 조사 · 분석
② 자격 및 직업능력개발훈련 기준의 개발 · 보급
③ 직업능력개발훈련을 실시하는 기관 및 그 훈련과정 등에 대한 인증사업
④ 직업능력개발훈련 과정 및 매체 등의 개발 · 보완 · 보급 사업

답 ③

제5과목 노동관계법규

(1) 직업능력개발훈련교사 등(제33조 및 시행령 제27조 · 제28조)

기출 16, 11, 10, 09, 08년

① 직업능력개발훈련교사나 그 밖에 해당 분야에 전문지식이 있는 사람 등으로서 대통령령으로 정하는 다음의 사람(이하 "직업능력개발훈련교사 등")은 직업능력개발훈련을 위하여 근로자를 가르칠 수 있다.

ㄱ 「고등교육법」에 따른 학교를 졸업하였거나 이와 같은 수준 이상의 학력을 인정받은 후 해당 분야의 교육훈련경력이 1년 이상인 사람

ㄴ 「정부출연연구기관 등의 설립 · 운영 및 육성에 관한 법률」, 「과학기술분야 정부출연연구기관 등의 설립 · 운영 및 육성에 관한 법률」에 따른 연구기관 및 「기초연구진흥 및 기술개발지원에 관한 법률」에 따른 기업부설연구소 등에서 해당 분야의 연구경력이 1년 이상인 사람

ㄷ 「국가기술자격법」이나 그 밖의 법령에 따라 국가가 신설하여 관리 · 운영하는 해당 분야의 자격증을 취득한 사람

ㄹ 해당 분야에서 1년 이상의 실무경력이 있는 사람

ㅁ 그 밖에 해당 분야의 훈련생을 가르칠 수 있는 전문지식이 있는 사람으로서 고용노동부령으로 정하는 사람

② 직업능력개발훈련교사가 되려는 사람은 직업능력개발훈련교사 양성을 위한 훈련과정을 수료하는 등 대통령령으로 정하는 다음의 기준을 갖추어 고용노동부장관으로부터 직업능력개발훈련교사 자격증을 발급받아야 한다.

> 🔍 **직업능력개발훈련교사의 자격취소 등(35조)**
>
> 고용노동부장관은 직업능력개발훈련교사의 자격을 취득한 사람이 다음 어느 하나에 해당하면 그 자격을 취소하거나 3년의 범위에서 그 자격을 정지시킬 수 있다. 다만, ① 또는 ②에 해당하는 경우에는 자격을 취소하여야 한다.
>
> ① 거짓이나 그 밖의 부정한 방법으로 자격증을 발급받은 경우
>
> ② 결격사유의 어느 하나에 해당하게 된 경우
>
> ③ 고의 또는 중대한 과실로 직업능력개발훈련에 중대한 지장을 준 경우
>
> ④ 자격증을 빌려 준 경우

시험 에 이렇게 나왔다!

근로자직업능력 개발법상 직업능력개발훈련교사에 관한 설명으로 틀린 것은?

(11년 2회)

① 직업능력개발훈련교사의 자격증이 있는 사람만이 직업능력개발훈련을 위하여 훈련생을 가르칠 수 있다.

② 금고 이상의 형의 집행유예를 선고받고 그 유예기간 중에 있는 사람은 직업능력개발훈련교사가 될 수 없다.

③ 직업능력개발훈련교사의 자격증을 빌려 준 경우에는 그 자격을 취소할 수 있다.

④ 지방자치단체도 직업능력개발훈련교사의 양성을 위한 훈련과정을 설치 · 운영할 수 있다.

답 ①

구분	자격기준
1급	직업능력개발훈련교사 2급의 자격을 취득한 후 고용노동부장관이 정하여 고시하는 직종에서 3년 이상의 교육훈련 경력이 있는 사람으로서 향상훈련을 받은 사람
2급	• 직업능력개발훈련교사 3급의 자격을 취득한 후 고용노동부장관이 정하여 고시하는 직종에서 3년 이상의 교육훈련 경력이 있는 사람으로서 향상훈련을 받은 사람 • 고용노동부장관이 정하여 고시하는 직종에서 요구하는 기술사 또는 기능장 자격을 취득하고 고용노동부령으로 정하는 훈련을 받은 사람 • 전문대학 · 기능대학 및 대학의 조교수 이상으로 재직한 후 고용노동부장관이 정하여 고시하는 직종에서 2년 이상의 교육훈련 경력이 있는 사람
3급	• 기술교육대학에서 고용노동부장관이 정하여 고시하는 직종에 관한 학사학위를 취득한 사람 • 고용노동부장관이 정하여 고시하는 직종에 관한 학사 이상의 학위를 취득한 후 해당 직종에서 2년 이상의 교육훈련 경력 또는 실무경력이 있는 사람으로서 고용노동부령으로 정하는 훈련을 받은 사람 • 고용노동부장관이 정하여 고시하는 직종에 관한 학사 이상의 학위를 취득한 후 해당 직종에서 요구하는 중등학교 정교사 1급 또는 2급의 자격을 취득한 사람 • 고용노동부장관이 정하여 고시하는 직종에서 요구하는 기술 · 기능 분야의 기사 자격증을 취득한 후 해당 직종에서 1년 이상의 교육훈련 경력 또는 실무경력이 있는 사람으로서 고용노동부령으로 정하는 훈련을 받은 사람 • 고용노동부장관이 정하여 고시하는 직종에서 요구하는 기술 · 기능 분야의 산업 기사 · 기능사 자격증, 서비스 분야의 국가기술자격증 또는 그 밖의 법령에 따라 국가가 신설하여 관리 · 운영하는 자격증을 취득한 후 해당 직종에서 2년 이상의 교육훈련 경력 또는 실무경력이 있는 사람으로서 고용노동부령으로 정하는 훈련을 받은 사람 • 고용노동부장관이 정하여 고시하는 직종에서 5년 이상의 교육훈련 경력 또는 실무경력이 있는 사람으로서 고용노동부령으로 정하는 훈련을 받은 사람 • 그 밖에 고용노동부장관이 정하여 고시하는 기준에 적합한 사람으로서 고용노동부령으로 정하는 훈련을 받은 사람

제5과목 노동관계법규

시험에 이렇게 나왔다!

근로자직업능력 개발법상 직업능력개발훈련 교사가 될 수 있는 사람은? (16년 1회)

① 피성년후견인
② 피한정후견인
③ 금고 이상의 형의 집행유예를 선고받고 그 유예기간 중에 있는 사람
④ 금고 이상의 형을 선고받고 그 집행이 끝난 날부터 2년이 지난 사람

답 ④

(2) 결격사유(제34조) 기출 17, 16, 12, 10년

다음의 어느 하나에 해당하는 사람은 직업능력개발훈련교사가 될 수 없다.

① 피성년후견인 · 피한정후견인

② 금고 이상의 형을 선고받고 그 집행이 끝나거나(집행이 끝난 것으로 보는 경우를 포함한다) 집행이 면제된 날부터 2년이 지나지 아니한 사람

③ 금고 이상의 형의 집행유예를 선고받고 그 유예기간 중에 있는 사람

④ 법원의 판결에 따라 자격이 상실되거나 정지된 사람

⑤ 자격이 취소된 후 3년이 지나지 아니한 사람

(3) 직업능력개발훈련교사의 양성(제36조) 기출 19, 14년

① 국가, 지방자치단체, 공공단체 또는 고용노동부장관이 고시하는 법인 · 단체는 직업능력개발훈련교사 양성을 위한 훈련과정을 설치 · 운영할 수 있다. 이 경우 국가 및 지방자치단체가 아닌 자가 훈련과정을 설치 · 운영하려면 고용노동부장관의 승인을 받아야 한다.

② ①에 따라 승인을 받으려는 자는 다음의 요건을 갖추어야 한다.

   ㉠ 직업능력개발훈련교사 양성을 위한 훈련과정을 적절하게 운영할 수 있는 인력 · 시설 및 장비를 갖추고 있을 것

   ㉡ 해당 승인을 받으려는 자는 그 훈련과정을 적절하게 운영할 수 있는 교육훈련 경력을 갖춘 자일 것

   ㉢ 제29조에 따른 결격사유에 해당하지 아니할 것

   ㉣ 그 밖에 직업능력개발훈련교사 양성을 위하여 필요하다고 대통령령으로 정하는 요건을 갖출 것

③ 직업능력개발훈련교사의 양성을 위한 훈련과정은 양성훈련과정, 향상훈련과정 및 교직훈련과정으로 구분한다(시행규칙 제18조).

Thema 6 기능대학

(1) 기능대학의 설립(제39조)

① 국가, 지방자치단체 또는 「사립학교법」에 따른 학교법인(이하 "학교법인")은 산업현장에서 필요한 인력을 양성하고 근로자의 직업능력개발을 지원하기 위하여 기능대학을 설립·경영할 수 있다.

② 국가가 기능대학을 설립·경영하려면 관계 중앙행정기관의 장은 교육부장관 및 고용노동부장관과 각각 협의하여야 하며, 지방자치단체가 기능대학을 설립·경영하려면 해당 지방자치단체의 장은 고용노동부장관과 협의를 한 후 교육부장관의 인가를 받아야 한다.

③ 학교법인이 기능대학을 설립·경영하려면 고용노동부장관의 추천을 거쳐 교육부장관의 인가를 받아야 한다.

④ 기능대학을 설립·경영하려는 자는 시설·설비 등 대통령령으로 정하는 설립기준을 갖추어야 한다.

⑤ ② 또는 ③에 따라 교육부장관의 인가를 받은 기능대학은 직업능력개발훈련 시설로 보며, 기능대학은 그 특성을 고려하여 다른 명칭을 사용할 수 있다.

시험에 이렇게 나왔다!

근로자직업능력 개발법상 기능대학에 관한 설명으로 옳은 것은? (18년 3회)

① 사립학교법에 따른 학교법인은 기능대학을 설립·경영할 수 없다.

② 지방자치단체가 기능대학을 설립·경영하려면 해당 지방자치단체의 장은 교육부장관과 협의를 한 후 고용노동부장관의 인가를 받아야 한다.

③ 국가가 기능대학을 설립·경영하려면 관계 중앙행정기관의 장은 교육부장관 및 고용노동부장관과 각각 협의하여야 한다.

④ 기능대학은 그 특성을 고려하여 다른 명칭을 사용할 수 없다.

답 ③

근로자직업능력 개발법 연습문제

01

근로자직업능력 개발법상 훈련계약에 관한 설명으로 틀린 것은? (19년 1회)

① 사업주와 직업능력개발훈련을 받으려는 근로자는 직업능력개발훈련에 따른 권리·의무 등에 관하여 훈련계약을 체결하여야 한다.

② 기준근로시간 외의 훈련시간에 대하여는 생산시설을 이용하거나 근무장소에서 하는 직업능력개발훈련의 경우를 제외하고는 연장근로와 야간근로에 해당하는 임금을 지급하지 아니할 수 있다.

③ 훈련계약을 체결할 때에는 해당 직업능력개발훈련을 받는 사람이 직업능력개발훈련을 이수한 후에 사업주가 지정하는 업무에 일정기간 종사하도록 할 수 있다. 이 경우 그 기간은 5년 이내로 하되, 직업능력개발훈련기간의 3배를 초과할 수 없다.

④ 훈련계약을 체결하지 아니한 경우에 고용근로자가 받은 직업능력개발훈련에 대하여는 그 근로자가 근로를 제공한 것으로 본다.

해설

사업주와 직업능력개발훈련을 받으려는 근로자는 직업능력개발훈련에 따른 권리·의무 등에 관하여 훈련계약을 체결할 수 있다.

02

근로자직업능력 개발법령상 직업능력개발훈련교사의 양성을 위한 훈련과정 구분에 해당하지 않는 것은?

① 양성훈련과정
② 향상훈련과정
③ 전직훈련과정
④ 교직훈련과정

해설

직업능력개발훈련교사의 양성을 위한 훈련과정은 양성훈련과정, 향상훈련과정, 교직훈련과정으로 구분한다.

03

근로자직업능력 개발법상 직업능력개발훈련의 기본원칙에 대한 설명으로 틀린 것은?

① 직업능력개발훈련 정부 주도로 노사의 참여와 협력을 바탕으로 실시되어야 한다.

② 직업능력개발훈련은 근로자 개인의 희망·적성·능력에 맞게 근로자의 생애에 걸쳐 체계적으로 실시되어야 한다.

③ 직업능력개발훈련은 근로자의 성별, 연령, 신체적 조건, 고용형태, 신앙 또는 사회적 신분 등에 따라 차별하여 실시되어서는 아니 된다.

④ 직업능력개발훈련은 근로자의 직무능력과 고용가능성을 높일 수 있도록 지역·산업현장의 수요가 반영되어야 한다.

해설

근로직업능력개발훈련 민간의 자율과 창의성이 존중되도록 하여야 한다.

04

다음 (   )에 알맞은 것은? (19년 2회)

> 근로자 직업능력 개발법상 사업주는 근로자와 훈련계약을 체결할 때에는 해당 직업능력개발훈련을 받는 사람이 직업능력개발훈련을 이수한 후에 사업주가 지정하는 업무에 일정 기간 종사하도록 할 수 있다. 이 경우 그 기간은 (ㄱ)년 이내로 하되, 직업능력개발훈련기간의 (ㄴ)배를 초과할 수 없다.

① ㄱ : 5, ㄴ : 5
② ㄱ : 3, ㄴ : 3
③ ㄱ : 5, ㄴ : 3
④ ㄱ : 3, ㄴ : 5

해설

사업주는 훈련계약을 체결할 때에는 해당 직업능력개발훈련을 받는 사람이 직업능력개발훈련을 이수한 후에 사업주가 지정하는 업무에 일정기간 종사하도록 할 수 있다. 이 경우 그 기간은 5년 이내로 하되, 직업능력개발훈련기간의 3배를 초과할 수 없다.

05

근로자직업능력 개발법에 명시된 직업능력개발훈련이 중요시되어야 하는 사람에 해당하지 않는 것은?

① 일용근로자
② 여성근로자
③ 제조업의 생산직에 종사하는 근로자
④ 중소기업기본법에 따른 중소기업의 근로자

해설

다음의 사람을 대상으로 하는 직업능력개발훈련은 중요시되어야 한다(제3조).

- 고령자 · 장애인
- 「국민기초생활 보장법」에 따른 수급권자
- 「국가유공자 등 예우 및 지원에 관한 법률」에 따른 국가유공자와 그 유족 또는 가족이나 「보훈보상대상자 지원에 관한 법률」에 따른 보훈보상대상자와 그 유족 또는 가족
- 「5 · 18민주유공자예우 및 단체설립에 관한 법률」에 따른 5 · 18민주유공자와 그 유족 또는 가족
- 「제대군인지원에 관한 법률」에 따른 제대군인 및 전역예정자
- 여성근로자
- 「중소기업기본법」에 따른 중소기업의 근로자
- 일용근로자, 단시간근로자, 기간을 정하여 근로계약을 체결한 근로자, 일시적 사업에 고용된 근로자
- 「파견근로자 보호 등에 관한 법률」에 따른 파견근로자

06

근로자직업능력 개발법상 재해위로금에 관한 설명으로 틀린 것은?

① 직업능력개발훈련을 받는 근로자가 직업능력개발훈련 중에 그 직업능력개발훈련으로 인하여 재해를 입은 경우에는 재해 위로금을 지급하여야 한다.
② 위탁에 의한 직업능력개발훈련을 받는 근로자에 대하여는 그 위탁자가 재해 위로금을 부담한다.
③ 위탁받은 자의 훈련시설의 결함이나 그 밖에 위탁받은 자에게 책임이 있는 사유로 인하여 재해가 발생한 경우에는 위탁받은 자가 재해 위로금을 지급하여야 한다.
④ 재해위로금의 산정기준이 되는 평균임금을 산업재해보상보험법에 따라 고용노동부장관이 매년 정하여 고시하는 최고보상기준금액을 상한으로 하고 최저 보상기준금액은 적용하지 아니한다.

해설

재해 위로금의 산정기준은 평균임금이다.

07

근로자직업능력 개발법령상 직업능력개발훈련의 구분 및 실시방법에 관한 설명으로 옳은 것은?

① 직업능력개발훈련은 훈련의 목적에 따라 현장훈련과 원격훈련으로 구분한다.
② 양성훈련은 근로자에게 작업에 필요한 기초적 직무수행능력을 습득시키기 위하여 실시하는 직무수행능력을 습득시키기 위하여 실시하는 직업능력개발훈련이다.
③ 혼합훈련은 전직훈련과 향상훈련을 병행하여 직업능력개발훈련을 실시하는 방법이다.
④ 집체훈련은 산업체의 생산시설 및 근무장소에서 직업능력개발훈련을 실시하는 방법이다.

해설

양성훈련은 근로자에게 작업에 필요한 기초적 직무수행능력을 습득시키기 위하여 실시하는 직업능력개발훈련이다.

08

근로자직업능력 개발법상 직업능력개발훈련의 기본원칙에 대한 설명으로 틀린 것은?

① 직업능력개발훈련은 근로자 개인의 희망·적성·능력에 맞게 실시되어야 한다.
② 직업능력개발훈련은 근로자의 생애에 걸쳐 체계적으로 실시되어야 한다.
③ 직업능력개발훈련은 모든 근로자에게 균등한 기회가 보장되도록 하여야 한다.
④ 직업능력개발훈련은 학교교육과 관계없이 산업현장과 긴밀하게 연계될 수 있도록 하여야 한다.

해설

직업능력개발훈련은 교육 관계법에 따른 학교교육 및 산업현장과 긴밀하게 연계될 수 있도록 하여야 한다.

09

근로자직업능력 개발법상 용어의 정의에 관한 설명으로 틀린 것은? (18년 1회)

① 직업능력개발훈련이란 근로자에게 직업에 필요한 직무수행능력을 습득·향상시키기 위하여 실시하는 훈련을 말한다.
② 근로자란 직업의 종류와 관계없이 임금을 목적으로 사업이나 사업장에 근로를 제공하는 자를 말한다.
③ 직업능력개발사업이란 직업능력개발훈련, 직업능력개발훈련 과정·매체의 개발 및 직업능력개발에 관한 조사·연구 등을 하는 사업을 말한다.
④ 지정직업훈련시설이란 직업능력개발훈련을 위하여 설립·설치된 직업전문학교 등의 시설로서 고용노동부장관이 지정한 시설을 말한다.

해설

근로자직업능력 개발법상 근로자란 사업주에게 고용된 자와 취업할 의사를 가진 자이다.

10

근로자직업능력 개발법령상 직업능력개발훈련에 관한 설명으로 옳은 것은?

① 직업능력개발훈련은 18세 미만인 자에게는 실시할 수 없다.
② 직업능력개발훈련의 대상에는 취업할 의사가 있는 사람뿐만 아니라 사업주에게 고용된 사람도 포함된다.
③ 직업능력개발훈련 시설의 장은 직업능력개발 훈련의 상호인정이 가능하도록 직업능력개발훈련과 관련된 기술 등에 관한 표준을 정할 수 있다.
④ 산업재해보상보험법을 적용받는 사람도 재해 위로금을 받을 수 있다.

해설

직업능력개발훈련은 15세 이상인 사람에게 실시하되, 직업능력개발훈련시설의 장은 훈련의 직종 및 내용에 따라 15세 이상으로서 훈련대상자의 연령 범위를 따로 정하거나 필요한 학력, 경력 또는 자격을 정할 수 있다. 또한, 직업능력개발훈련과 관련된 기술 등에 관한 표준을 정할 수 있는 자는 고용노동부장관이다. 그리고 산업재해보상보험법의 적용을 받는 사람은 재해위로금을 받을 수 없다.

11

근로자직업능력 개발법령상 직업능력개발교사 3급의 자격기준으로 틀린 것은?

① 기술교육대학에서 고용노동부장관이 정하여 고시하는 직종에 관한 학사학위를 취득한 사람
② 고용노동부장관이 정하여 고시하는 직종에 관한 학사 이상의 학위를 취득한 후 해당 직종에서 2년 이상의 교육훈련 경력 또는 실무경력이 있는 사람으로서 고용노동부령으로 정하는 훈련을 받은 사람
③ 고용노동부장관이 정하여 고시하는 직종에 관한 학사 이상의 학위를 취득한 후 해당 직종에서 요구하는 중등학교 정교사 1급 또는 2급의 자격을 취득한 사람
④ 고용노동부장관이 정하여 고시하는 직종에서 요구하는 기술사 또는 기능장 자격을 취득하고 고용노동부령으로 정하는 훈련을 받은 사람

해설

④는 2급 자격기준에 해당한다.

12

근로자직업능력 개발법령상 직업에 필요한 기초적 직무수행능력을 가지고 있는 사람에게 더 높은 직무수행능력을 습득시키거나 기술발전에 맞추어 지식·기능을 보충하게 하기 위하여 실시하는 직업능력개발훈련은? (18년 2회)

① 양성훈련
② 향상훈련
③ 전직훈련
④ 집체훈련

해설

직업능력개발훈련 중 향상훈련은 직업에 필요한 기초적 직무수행능력을 가지고 있는 사람에게 더 높은 직무수행능력을 습득시키거나 기술발전에 맞추어 지식·기능을 보충하게 하기 위하여 실시하는 훈련이다.

13

근로자직업능력 개발법령상 공공직업훈련시설을 설치할 수 있는 공공단체에 해당하지 않는 것은?

① 한국산업인력공단
② 한국장애인고용공단
③ 근로복지공단
④ 한국직업능력개발원

해설

공공직업훈련시설을 설치할 수 있는 공공단체는 한국산업인력공단, 한국장애인고용공단, 근로자복지공단이 있다. 대한상공회의소, 직업능력개발원은 공공직업훈련시설을 설치할 수 있는 공공단체에 포함되지 않는다.

14

근로자직업능력 개발법상 직업능력개발훈련이 중요시되어야 할 대상에 해당하지 않는 것은?

① 「국민기초생활 보장법」에 따른 수급권자
② 「제대군인지원에 관한 법률」에 따른 전역예정자
③ 제조업의 연구직에 종사하는 근로자
④ 일시적 사업에 고용된 근로자

해설

제조업 연구직에 종사하는 근로자는 중요시 대상이 아니다. 법 개정 전에는 '제조업의 생산직 종사자가 중요시 대상이었으나 삭제되었음.

15

근로자직업능력 개발법령상 직업능력개발 훈련시설을 설치할 수 있는 공공단체의 범위에 해당하지 않는 것은?

① 한국산업인력공단
② 한국장애인고용공단
③ 대한상공회의소
④ 근로복지공단

해설

공공직업훈련시설을 설치할 수 있는 공공단체는 한국산업인력공단, 한국장애인고용공단, 근로자복지공단이 있다. 대한상공회의소는 공공단체에 포함되지 않는다.

16

근로자직업능력 개발법령에 대한 설명으로 틀린 것은?

① 직업능력개발훈련은 15세 이상인 자에게 실시한다.
② 직업능력개발훈련은 집체훈련, 현장훈련, 원격훈련, 혼합훈련의 방법으로 실시한다.
③ 근로자에게 종전의 직업과 유사하거나 새로운 직업에 필요한 직무수행능력을 습득시키기 위하여실시하는 직업능력개발 훈련을 전직훈련이라고 한다.
④ 재해 위로금의 산정기준이 되는 통상임금은 산업재해보상보험법에 의한 최고 보상기준 금액 및 최저 보상기준 금액을 각각 그 상한 및 하한으로 한다.

해설

재해위로금의 산정기준이 되는 평균임금은 산업재해보상보험법에 따라 고용노동부장관이 매년 정하여 고시하는 최고 보상기준 금액 및 최저보상기준 금액을 각각 그 상한 및 하한으로 한다.

제5과목

노동관계법규

17

근로자직업능력 개발법상 직업능력개발훈련교사의 결격 사유로 틀린 것은?

① 피성년후견인·피한정후견인

② 금고 이상의 형의 집행유예를 선고받고 그 유예기간 중에 있는 사람

③ 금고 이상의 형을 선고받고 그 집행이 끝나거나(집행이 끝난 것으로 보는 경우를 포함한다) 집행이 면제된 날부터 3년이 지나니 아니한 사람

④ 법원의 판결에 따라 자격이 상실되거나 정지된 사람

해설

금고 이상의 형을 선고받고 그 집행이 끝나거나(집행이 끝난 것으로 보는 경우를 포함한다) 집행이 면제된 날부터 2년이 지나지 아니한 사람

18

근로자직업능력개발법상 직업능력개발훈련을 받는 근로자(산업재해보상보험법의 적용을 받는 자를 제외한다)가 훈련 중에 그 훈련으로 인하여 재해를 입은 경우에 관한 설명으로 옳은 것은?

① 국가는 그 근로자에게 재해위로금을 지급하여야 한다.

② 직업능력개발훈련을 실시하는 자는 그 근로자에게 재해위로금을 지급하여야 한다.

③ 지방자치단체는 그 근로자에게 재해위로금을 지급하여야 한다.

④ 위탁에 의한 직업능력개발훈련을 받는 근로자에 대하여는 원칙적으로 그 위탁을 받은 자가 재해 위로금을 부담한다.

해설

①·③ 직업능력개발훈련을 실시하는 자가 지급하여야 한다(제11조 제1항 전단).

④ 위탁에 의한 직업능력개발훈련을 받는 근로자에 대하여는 그 위탁자가 재해 위로금을 부담하되, 위탁받은 자의 훈련시설의 결함이나 그 밖에 위탁받은 자에게 책임이 있는 사유로 인하여 재해가 발생한 경우에는 위탁받은 자가 재해 위로금을 지급하여야 한다(제11조 제1항 후단).

19

근로자직업능력 개발법상 직업능력개발훈련의 기본원칙과 거리가 먼 것은?

① 근로자 개인의 희망·적성·능력에 맞게 생애에 걸쳐 체계적으로 실시되어야 한다.

② 민간의 자율과 창의성이 존중되고 직업능력개발훈련이 필요한 근로자에 대하여 균등한 기회가 보장되도록 실시되어야 한다.

③ 신기술을 필요로 하는 업무에 종사하는 근로자에 대한 직업능력개발훈련은 중요시되어야 한다.

④ 교육 관계 법에 따른 학교교육 및 산업현장과 긴밀하게 연계될 수 있도록 하여야 한다.

해설

근로자직업능력 개발법상 직업능력개발 훈련이 중요시되는 사람에 대한 내용에 해당된다.

20

근로자직업능력 개발법상 훈련계약에 관한 설명으로 틀린 것은? (17년 2회)

① 훈련계약을 체결할 때에는 해당 직업능력개발훈련을 받는 사람이 직업능력개발훈련을 이수한 후에 사업주가 지정하는 업무에 일정 기간 종사하도록 할 수 있다. 이 경우 그 기간은 5년 이내로 하되, 직업능력개발훈련기간의 3배를 초과할 수 없다.

② 훈련계약을 체결하지 아니한 경우에 고용근로자가 받은 직업능력개발훈련에 대하여는 그 근로자가 근로를 제공한 것으로 본다.

③ 기준근로시간 외의 훈련시간에 대하여는 생산시설을 이용하거나 근무장소에서 하는 직업능력개발훈련의 경우를 제외하고는 연장근로와 야간근로에 해당하는 임금을 지급하여야 한다.

④ 훈련계약을 체결하지 아니한 사업주는 직업능력개발훈련을 기준근로시간 내에 실시하되, 해당 근로자와 합의한 경우에는 기준근로시간 외의 시간에 직업능력개발훈련을 실시할 수 있다.

해설

기준근로시간 외의 훈련시간에 대하여는 생산시설을 이용하거나 근무장소에서 하는 직업능력개발훈련의 경우를 제외하고는 연장근로와 야간근로에 해당하는 임금을 지급하지 아니할 수 있다.

21

근로자직업능력 개발법상 직업능력개발훈련의 기본원칙으로 가장 적합하지 않은 것은?

① 근로자 개인의 희망·적성·능력에 맞게 생애에 걸쳐 체계적으로 실시되어야 한다.
② 사회적 공공성의 원리에 따라 국가주도로 진행되어야 한다.
③ 직업능력개발훈련이 필요한 근로자에 대하여 균등한 기회가 보장되도록 실시되어야 한다.
④ 근로자의 직무능력과 고용가능성을 높일 수 있도록 지역·산업현장의 수요가 반영되어야 한다.

해설

직업능력개발훈련은 민간의 자율과 창의성이 존중되도록 하여야 하며, 노사의 참여와 협력을 바탕으로 실시되어야 한다.

22

근로자직업능력 개발법상 국가, 근로자 및 사업주 등의 책무에 관한 설명으로 틀린 것은? (17년 2회)

① 지방자치단체는 근로자의 생애에 걸친 직업능력개발을 위하여 사업주·사업주단체가 하는 직업능력개발사업을 촉진·지원하기 위하여 필요한 시책을 마련하여야 한다.
② 사업주는 직업능력개발훈련에 관한 상담, 선발기준 마련 등을 함으로써 근로자가 자신의 적성과 능력에 맞는 직업능력개발훈련을 받을 수 있도록 하여야 한다.
③ 사업주단체는 직업능력개발훈련이 산업현장의 수요에 맞추어 이루어지도록 지역별·산업부문별 직업능력개발훈련 수요조사 등 필요한 노력을 하여야 한다.
④ 근로자는 자신의 적성과 능력에 따른 직업능력개발을 위하여 노력하여야 하고, 국가·지방자치단체 또는 사업주 등이 하는 직업능력개발사업에 협조하여야 한다.

해설

직업능력개발훈련을 실시하는 자는 직업능력개발훈련에 관한 상담·취업지도, 선발기준 마련 등을 함으로써 근로자가 자신의 적성과 능력에 맞는 직업능력개발훈련을 받을 수 있도록 노력하여야 한다.

23

근로자직업능력 개발법상 훈련계약과 권리·의무에 관한 내용으로 틀린 것은?

① 사업주와 직업능력개발훈련을 받으려는 근로자는 직업능력개발훈련에 따른 권리·의무 등에 관하여 훈련계약을 체결할 수 있다.
② 사업주는 훈련계약을 체결할 때에는 해당 직업능력개발훈련을 받는 사람이 직업능력개발훈련을 이수한 후에 사업주가 지정하는 업무에 일정 기간 종사하도록 할 수 있다.
③ 훈련계약을 체결하지 아니한 경우에 고용근로자가 받은 직업능력개발훈련에 대하여는 그 근로자가 근로를 제공하지 아니한 것으로 본다.
④ 기준근로시간 외의 훈련시간에 대하여는 생산시설을 이용하거나 근무장소에서 하는 직업능력개발훈련의 경우를 제외하고는 연장근로와 야간근로에 해당하는 임금을 지급하지 아니 할 수 있다.

해설

훈련계약을 체결하지 아니한 경우에 고용근로자가 받은 직업능력개발훈련에 대하여는 그 근로자가 근로를 제공한 것으로 본다.

CHAPTER 12

개인정보 보호법

Thema 1 총칙

(1) 목적(제1조)

이 법은 개인정보의 처리 및 보호에 관한 사항을 정함으로써 개인의 자유와 권리를 보호하고, 나아가 개인의 존엄과 가치를 구현함을 목적으로 한다.

(2) 정의(제2조)

① 개인정보

살아 있는 개인에 관한 정보로서 다음 어느 하나에 해당하는 정보를 말한다.

㉠ 성명, 주민등록번호 및 영상 등을 통하여 개인을 알아볼 수 있는 정보

㉡ 해당 정보만으로는 특정 개인을 알아볼 수 없더라도 다른 정보와 쉽게 결합하여 알아볼 수 있는 정보. 이 경우 쉽게 결합할 수 있는지 여부는 다른 정보의 입수 가능성 등 개인을 알아보는 데 소요되는 시간, 비용, 기술 등을 합리적으로 고려하여야 한다.

㉢ ㉠ 또는 ㉡을 ②에 따라 가명처리함으로써 원래의 상태로 복원하기 위한 추가 정보의 사용 · 결합 없이는 특정 개인을 알아볼 수 없는 정보(이하 "가명정보")

② 가명처리

개인정보의 일부를 삭제하거나 일부 또는 전부를 대체하는 등의 방법으로 추가 정보가 없이는 특정 개인을 알아볼 수 없도록 처리하는 것을 말한다.

③ 처리

개인정보의 수집, 생성, 연계, 연동, 기록, 저장, 보유, 가공, 편집, 검색, 출력, 정정(訂正), 복구, 이용, 제공, 공개, 파기(破棄), 그 밖에 이와 유사한 행위를 말한다.

④ 정보주체

처리되는 정보에 의하여 알아볼 수 있는 사람으로서 그 정보의 주체가 되는 사람을 말한다.

⑤ 개인정보파일

개인정보를 쉽게 검색할 수 있도록 일정한 규칙에 따라 체계적으로 배열하거나 구성한 개인정보의 집합물(集合物)을 말한다.

⑥ 개인정보처리자

업무를 목적으로 개인정보파일을 운용하기 위하여 스스로 또는 다른 사람을 통하여 개인정보를 처리하는 공공기관, 법인, 단체 및 개인 등을 말한다.

⑦ 공공기관

㉠ 국회, 법원, 헌법재판소, 중앙선거관리위원회의 행정사무를 처리하는 기관, 중앙행정기관(대통령 소속 기관과 국무총리 소속 기관을 포함한다) 및 그 소속 기관, 지방자치단체

㉡ 그 밖의 국가기관 및 공공단체 중 대통령령으로 정하는 기관

⑧ 영상정보처리기기

일정한 공간에 지속적으로 설치되어 사람 또는 사물의 영상 등을 촬영하거나 이를 유·무선망을 통하여 전송하는 장치로서 대통령령으로 정하는 장치를 말한다.

⑨ 과학적 연구

기술의 개발과 실증, 기초연구, 응용연구 및 민간 투자 연구 등 과학적 방법을 적용하는 연구를 말한다.

(1) 개인정보 보호위원회(제7조 제1항)

개인정보 보호에 관한 사무를 독립적으로 수행하기 위하여 국무총리 소속으로 개인정보 보호위원회(이하 "보호위원회")를 둔다.

(2) 보호위원회의 구성 등   기출 20년

① 보호위원회는 상임위원 2명(위원장 1명, 부위원장 1명)을 포함한 9명의 위원으로 구성한다(제7조의2 제1항).

② 보호위원회의 위원은 개인정보 보호에 관한 경력과 전문지식이 풍부한 다음의 사람 중에서 위원장과 부위원장은 국무총리의 제청으로, 그 외 위원 중 2명은 위원장의 제청으로, 2명은 대통령이 소속되거나 소속되었던 정당의 교섭단체 추천으로, 3명은 그 외의 교섭단체 추천으로 대통령이 임명 또는 위촉한다(제7조의2 제2항).

  ㉠ 개인정보 보호 업무를 담당하는 3급 이상 공무원(고위공무원단에 속하는 공무원을 포함한다)의 직에 있거나 있었던 사람

  ㉡ 판사 · 검사 · 변호사의 직에 10년 이상 있거나 있었던 사람

  ㉢ 공공기관 또는 단체(개인정보처리자로 구성된 단체를 포함한다)에 3년 이상 임원으로 재직하였거나 이들 기관 또는 단체로부터 추천받은 사람으로서 개인정보 보호 업무를 3년 이상 담당하였던 사람

  ㉣ 개인정보 관련 분야에 전문지식이 있고 「고등교육법」에 따른 학교에서 부교수 이상으로 5년 이상 재직하고 있거나 재직하였던 사람

③ 위원장과 부위원장은 정무직 공무원으로 임명한다(제7조의2 제3항).

④ 위원의 임기는 3년으로 하되, 한 차례만 연임할 수 있다(제7조의4 제1항).

⑤ 위원은 재직 중 다음의 직(職)을 겸하거나 직무와 관련된 영리업무에 종사하여서는 아니 된다(제7조의6 제1항).

  ㉠ 국회의원 또는 지방의회의원

  ㉡ 국가공무원 또는 지방공무원

  ㉢ 그 밖에 대통령령으로 정하는 직

시험 에 이렇게 나왔다!

개인정보 보호법령상 개인정보 보호위원회(이하 "보호위원회"라 한다)에 관한 설명으로 틀린 것은? (20년 3회)

① 보호위원회는 위원장 1명, 상임위원 1명을 포함한 15명 이내의 위원으로 구성한다.

② 위원장과 위원의 임기는 3년으로 하되, 1차에 한하여 연임할 수 있다.

③ 보호위원회의 회의는 위원장이 필요하다고 인정하거나 재적위원 4분의 1 이상의 요구가 있는 경우에 위원장이 소집한다.

④ 보호위원회는 재적위원 과반수의 출석과 출석위원 과반수의 찬성으로 의결한다.

답 ①

⑥ 다음의 어느 하나에 해당하는 사람은 위원이 될 수 없다(제7조의7 제1항).
  ㉠ 대한민국 국민이 아닌 사람
  ㉡ 「국가공무원법」상 공무원의 결격사유에 해당하는 사람
  ㉢ 「정당법」에 따른 당원
⑦ 보호위원회의 회의는 위원장이 필요하다고 인정하거나 재적위원 4분의 1 이상의 요구가 있는 경우에 위원장이 소집한다. 보호위원회의 회의는 재적위원 과반수의 출석으로 개의하고, 출석위원 과반수의 찬성으로 의결한다(제7조의10).
⑧ 보호위원회는 효율적인 업무 수행을 위하여 개인정보 침해 정도가 경미하거나 유사·반복되는 사항 등을 심의·의결할 소위원회를 둘 수 있다. 소위원회는 3명의 위원으로 구성한다(제7조의12).

개인정보 보호법 연습문제

01

개인정보 보호법에서 사용하는 용어에 관한 설명으로 틀린 것은?

① 가명처리 : 개인정보의 일부를 삭제하거나 일부 또는 전부를 대체하는 등의 방법으로 추가 정보가 없이는 특정 개인을 알아볼 수 없도록 처리하는 것을 말한다.

② 정보주체 : 처리되는 정보에 의하여 알아볼 수 있는 사람으로서 그 정보의 주체가 되는 사람을 말한다.

③ 개인정보처리자 : 업무를 목적으로 개인정보파일을 운용하기 위하여 다른 사람을 통하지 않고 개인정보를 처리하는 공공기관, 법인, 단체 및 개인 등을 말한다.

④ 개인정보파일 : 개인정보를 쉽게 검색할 수 있도록 일정한 규칙에 따라 체계적으로 배열하거나 구성한 개인정보의 집합물(集合物)을 말한다.

해설

업무를 목적으로 개인정보파일을 운용하기 위하여 스스로 또는 다른 사람을 통하여 개인정보를 처리하는 공공기관, 법인, 단체 및 개인 등을 말한다.

02

개인정보 보호법상 보호위원회의 위원이 될 자격이 없는 사람은?

① 판사 · 검사 · 변호사의 직에 10년 이상 있거나 있었던 사람

② 보호위원회개인정보 관련 분야에 전문지식이 있고 「고등교육법」에 따른 학교에서 부교수 이상으로 3년 이상 재직하고 있거나 재직하였던 사람

③ 공공기관 또는 단체에 3년 이상 임원으로 재직한 사람

④ 개인정보 보호 업무를 담당하는 3급 이상 공무원의 직에 있거나 있었던 사람

해설

개인정보 관련 분야에 전문지식이 있고 「고등교육법」에 따른 학교에서 부교수 이상으로 5년 이상 재직하고 있거나 재직하였던 사람

03

개인정보 보호법상 다음 (   )에 들어갈 숫자로 옳은 것은?

> • 보호위원회의 회의는 위원장이 필요하다고 인정하거나 재적위원 (㉠)분의 1 이상의 요구가 있는 경우에 위원장이 소집한다.
> • 위원의 임기는 (㉡)년으로 하되, 한 차례만 연임할 수 있다.

① ㉠ 3, ㉡ 2

② ㉠ 4, ㉡ 2

③ ㉠ 3, ㉡ 3

④ ㉠ 4, ㉡ 3

해설

• 보호위원회의 회의는 위원장이 필요하다고 인정하거나 재적위원 4분의 1 이상의 요구가 있는 경우에 위원장이 소집한다(제7조의10).

• 위원의 임기는 3년으로 하되, 한 차례만 연임할 수 있다(제7조의4 제1항).

04

개인정보 보호법상 개인정보 보호위원회의 위원에 관한 설명으로 틀린 것은?

① 위원은 재직 중 직무와 관련된 영리업무에 종사하는 것이 가능하다.

② 위원은 국회의원을 겸할 수 없다.

③ 위원은 지방공무원을 겸할 수 없다.

④ 정당법에 따른 당원은 위원이 될 수 없다.

해설

위원은 재직 중 직무와 관련된 영리업무에 종사하여서는 아니 된다(제7조의6 제1항).

05

개인정보 보호법상 틀린 것은?

① 개인정보의 처리 및 보호에 관한 사항을 정함으로써 개인의 자유와 권리를 보호하고, 나아가 개인의 존엄과 가치를 구현함을 목적으로 한다.

② 공공기관 또는 단체(개인정보처리자로 구성된 단체를 포함한다)에 3년 이상 임원으로 재직하였거나 이들 기관 또는 단체로부터 추천받은 사람으로서 개인정보 보호 업무를 3년 이상 담당하였던 사람은 개인정보 보호위원회의 위원이 될 수 있다.

③ 개인정보 보호위원회는 효율적인 업무 수행을 위하여 개인정보 침해 정도가 경미하거나 유사ㆍ반복되는 사항 등을 심의ㆍ의결할 소위원회를 둘 수 있다.

④ 대한민국의 국민이 아닐지라도 개인정보 관련 분야에 전문지식이 있고 「고등교육법」에 따른 학교에서 부교수 이상으로 5년 이상 재직하고 있거나 재직하였던 사람이라면 개인정보 보호위원회의 위원이 될 수 있다.

해설

다음의 어느 하나에 해당하는 사람은 위원이 될 수 없다(제7조의7 제1항).

• 대한민국 국민이 아닌 사람
• 「국가공무원법」상 공무원의 결격사유에 해당하는 사람
• 「정당법」에 따른 당원

CHAPTER 13

채용절차의 공정화에 관한 법률

Thema 1 총칙

(1) 목적(제1조)

이 법은 채용과정에서 구직자가 제출하는 채용서류의 반환 등 채용절차에서의 최소한의 공정성을 확보하기 위한 사항을 정함으로써 구직자의 부담을 줄이고 권익을 보호하는 것을 목적으로 한다.

(2) 정의(제2조)

① 구인자

구직자를 채용하려는 자를 말한다.

② 구직자

직업을 구하기 위하여 구인자의 채용광고에 응시하는 사람을 말한다.

③ 기초심사자료

구직자의 응시원서, 이력서 및 자기소개서를 말한다.

④ 입증자료

학위증명서, 경력증명서, 자격증명서 등 기초심사자료에 기재한 사항을 증명하는 모든 자료를 말한다.

⑤ 심층심사자료

작품집, 연구실적물 등 구직자의 실력을 알아볼 수 있는 모든 물건 및 자료를 말한다.

⑥ 채용서류

기초심사자료, 입증자료, 심층심사자료를 말한다.

(3) 적용범위(제3조)   기출 20년

이 법은 상시 30명 이상의 근로자를 사용하는 사업 또는 사업장의 채용절차에 적용한다. 다만, 국가 및 지방자치단체가 공무원을 채용하는 경우에는 적용하지 아니한다.

시험 에 이렇게 나왔다!

채용절차의 공정화에 관한 법령에 대한 설명으로 틀린 것은? (20년 1·2회)

① 기초심사자료란 구직자의 응시원소, 이력서 및 자기소개서를 말한다.
② 이 법은 국가 및 지방자치단체가 공무원을 채용하는 경우에도 적용한다.
③ 직종의 특수성으로 인하여 불가피한 사정이 있는 경우 고용노동부장관의 승인을 받아 구직자에게 채용심사비용의 일부를 부담하게 할 수 있다.
④ 구인자는 구직자 본인의 재산 정보를 기초심사자료에 기재하도록 요구하여서는 아니 된다.

답 ②

---

(1) 거짓 채용광고 등의 금지(제4조)

① 구인자는 채용을 가장하여 아이디어를 수집하거나 사업장을 홍보하기 위한 목적 등으로 거짓의 채용광고를 내서는 아니 된다.

② 구인자는 정당한 사유 없이 채용광고의 내용을 구직자에게 불리하게 변경하여서는 아니 된다.

③ 구인자는 구직자를 채용한 후에 정당한 사유 없이 채용광고에서 제시한 근로조건을 구직자에게 불리하게 변경하여서는 아니 된다.

④ 구인자는 구직자에게 채용서류 및 이와 관련한 저작권 등의 지식재산권을 자신에게 귀속하도록 강요하여서는 아니 된다.

(2) 채용강요 등의 금지(제4조의2)

누구든지 채용의 공정성을 침해하는 다음의 어느 하나에 해당하는 행위를 할 수 없다.

① 법령을 위반하여 채용에 관한 부당한 청탁, 압력, 강요 등을 하는 행위

② 채용과 관련하여 금전, 물품, 향응 또는 재산상의 이익을 제공하거나 수수하는 행위

(3) 출신지역 등 개인정보 요구 금지(제4조의3)

구인자는 구직자에 대하여 그 직무의 수행에 필요하지 아니한 신체적 조건, 출신지역·혼인여부·재산, 직계 존비속 및 형제자매의 학력·직업·재산 등을 기초심사자료에 기재하도록 요구하거나 입증자료로 수집하여서는 아니 된다.

참고 하세요!

구인자는 채용심사를 목적으로 구직자에게 채용서류 제출에 드는 비용 이외의 어떠한 금전적 비용(이하 "채용심사비용")도 부담시키지 못한다. 다만, 사업장 및 직종의 특수성으로 인하여 불가피한 사정이 있는 경우 고용노동부장관의 승인을 받아 구직자에게 채용심사비용의 일부를 부담하게 할 수 있다(제9조).

(5) 채용서류의 반환 등(제11조)

참고 하세요!

구직자로부터 채용서류의 반환 청구를 받은 구인자는 구직자가 반환 청구를 한 날부터 14일 이내에 구직자에게 해당 채용서류를 발송하거나 전달하여야 한다(시행령 제2조 제1항).

① 구인자는 구직자의 채용 여부가 확정된 이후 구직자(확정된 채용대상자는 제외)가 채용서류의 반환을 청구하는 경우에는 본인임을 확인한 후 대통령령으로 정하는 바에 따라 반환하여야 한다. 다만, 홈페이지 또는 전자우편으로 제출된 경우나 구직자가 구인자의 요구 없이 자발적으로 제출한 경우에는 그러하지 아니하다.

② 구직자의 채용서류 반환 청구는 서면 또는 전자적 방법 등 고용노동부령으로 정하는 바에 따라 하여야 한다.

③ 구인자는 구직자의 반환 청구에 대비하여 대통령령으로 정하는 기간 동안 채용서류를 보관하여야 한다. 다만, 천재지변이나 그 밖에 구인자에게 책임 없는 사유로 채용서류가 멸실된 경우 구인자는 채용서류의 반환 의무를 이행한 것으로 본다.

참고 하세요!

④에서 채용서류의 반환 청구기간은 구직자의 채용 여부가 확정된 날 이후 14일부터 180일까지의 기간의 범위에서 구인자가 정한 기간으로 한다. 이 경우 구인자는 채용 여부가 확정되기 전까지 구인자가 정한 채용서류의 반환 청구기간을 구직자에게 알려야 한다.

④ 구인자는 대통령령으로 정한 반환의 청구기간이 지난 경우 및 채용서류를 반환하지 아니한 경우에는 「개인정보 보호법」에 따라 채용서류를 파기하여야 한다.

⑤ 채용서류의 반환에 소요되는 비용은 원칙적으로 구인자가 부담한다. 다만, 구인자는 대통령령으로 정하는 범위에서 채용서류의 반환에 소요되는 비용을 구직자에게 부담하게 할 수 있다.

⑥ 구인자는 위의 규정을 채용 여부가 확정되기 전까지 구직자에게 알려야 한다.

(1) 벌칙(제16조)

거짓 채용광고 등의 금지 규정을 위반하여 거짓의 채용광고를 낸 구인자는 5년 이하의 징역 또는 2천만원 이하의 벌금에 처한다.

(2) 과태료(제17조)

기출 20년

3천만원 이하	채용강요 등의 행위를 한 자
500만원 이하	• 채용광고의 내용 또는 근로조건을 변경한 구인자 • 지식재산권을 자신에게 귀속하도록 강요한 구인자 • 그 직무의 수행에 필요하지 아니한 개인정보를 기초심사자료에 기재하도록 요구하거나 입증자료로 수집한 구인자
300만원 이하	• 채용서류 보관의무를 이행하지 아니한 구인자 • 구직자에 대한 고지의무를 이행하지 아니한 구인자 • 시정명령을 이행하지 아니한 구인자

시험에 이렇게 나왔다!

채용절차의 공정화에 관한 법령상 500만원 이하의 과태료 부과사항에 해당하지 않는 것은? (20년 4회)

① 채용광고의 내용 또는 근로조건을 변경한 구인자
② 지식재산권을 자신에게 귀속하도록 강요한 구인자
③ 채용서류 보관의무를 이행하지 아니한 구인자
④ 그 직무의 수행에 필요하지 아니한 개인정보를 기초심사자료에 기재하도록 요구하거나 입증자료로 수집한 구인자

답 ③

01

채용절차의 공정화에 관한 법률에서 사용하는 용어에 관한 설명으로 틀린 것은?

① 구직자 : 직업을 구하기 위하여 구인자의 채용광고에 응시하는 사람을 말한다.
② 기초심사자료 : 구직자의 입증자료 및 자기소개서를 말한다.
③ 입증자료 : 학위증명서, 경력증명서, 자격증명서 등 기초심사자료에 기재한 사항을 증명하는 모든 자료를 말한다.
④ 심층심사자료 : 작품집, 연구실적물 등 구직자의 실력을 알아볼 수 있는 모든 물건 및 자료를 말한다.

해설

기초심사자료는 구직자의 응시원서, 이력서 및 자기소개서를 말한다.

02

채용절차의 공정화에 관한 법령상 공정화를 위한 조치를 모두 고른 것은?

> ㄱ. 거짓 채용광고 등의 금지
> ㄴ. 채용강요 등의 금지
> ㄷ. 출신지역 등 개인정보요구 금지
> ㄹ. 가족관계 증명 등의 금지

① ㄱ, ㄴ
② ㄱ, ㄴ, ㄷ
③ ㄴ, ㄷ, ㄹ
④ ㄱ, ㄴ, ㄷ, ㄹ

해설

거짓 채용광고 등의 금지(제4조), 채용강요 등의 금지(제4조의2), 출신지역 등 개인정보 요구 금지(제4조의3)

03

다음 (   )에 들어갈 숫자로 알맞은 것은?

> 채용절차의 공정화에 관한 법령상 채용서류의 반환 청구 기간은 구직자의 채용 여부가 확정된 날 이후 ㉠일부터 ㉡일까지의 기간의 범위에서 구인자가 정한 기간으로 한다. 구직자로부터 채용서류의 반환 청구를 받은 구인자는 구직자가 반환 청구를 한 날부터 ㉢일 이내에 구직자에게 해당 채용서류를 발송하거나 전달하여야 한다.

① ㉠ 14, ㉡ 180, ㉢ 14
② ㉠ 30, ㉡ 120, ㉢ 30
③ ㉠ 14, ㉡ 120, ㉢ 14
④ ㉠ 30, ㉡ 180, ㉢ 30

해설

• 채용서류의 반환 청구기간은 구직자의 채용 여부가 확정된 날 이후 14일부터 180일까지의 기간의 범위에서 구인자가 정한 기간으로 한다. 이 경우 구인자는 채용 여부가 확정되기 전까지 구인자가 정한 채용서류의 반환 청구기간을 구직자에게 알려야 한다(시행령 제4조).
• 구직자로부터 채용서류의 반환 청구를 받은 구인자는 구직자가 반환 청구를 한 날부터 14일 이내에 구직자에게 해당 채용서류를 발송하거나 전달하여야 한다(시행령 제2조 제1항).

04

채용절차의 공정화에 관한 법령상 300만원 이하의 과태료 부과사항에 해당하지 않는 것은?

① 채용서류 보관의무를 이행하지 아니한 구인자
② 시정명령을 이행하지 아니한 구인자
③ 구직자에 대한 고지의무를 이행하지 아니한 구인자
④ 채용강요 등의 행위를 한 자

해설

채용강요 등의 행위를 한 자는 3천만원 이하의 과태료 부과 대상이다(제17조 제1항).